# ŒUVRES
# DE POTHIER.

TABLE ALPHABÉTIQUE, ANALYTIQUE ET
RAISONNÉE DES MATIÈRES.

IMPRIMERIE DE J. TASTU,

RUE DE VAUGIRARD, N° 36.

# ŒUVRES

# DE POTHIER,

CONTENANT

## LES TRAITÉS DU DROIT FRANÇAIS.

### NOUVELLE ÉDITION

MISE EN MEILLEUR ORDRE ET PUBLIÉE PAR LES SOINS

# DE M. DUPIN,

AVOCAT À LA COUR ROYALE DE PARIS;

AUGMENTÉE D'UNE DISSERTATION SUR LA VIE ET LES OUVRAGES
DE CE CÉLÈBRE JURISCONSULTE, PAR LE MÊME.

Ornée d'un beau portrait et d'un fac-simile.

## TOME ONZIÈME.

## PARIS.

### BÉCHET AÎNÉ, LIBRAIRE,

QUAI DES AUGUSTINS, N° 47.

### F.-M. MAURICE, LIBRAIRE,

RUE DES MATHURINS-SAINT-JACQUES, N. 1.

## 1825

L'AUTEUR de cette Table, en la donnant au public, n'a pour but que d'être utile. Les longs travaux qu'elle a exigés de lui, ont le seul mérite de la patience; tout autre aurait pu les achever comme lui. En lisant, en analysant les Œuvres de Pothier, en faisant les extraits de ses Traités, son premier dessein a été de s'instruire. Il a entrevu plus tard la possibilité de contribuer à l'instruction des autres; il s'est décidé à coordonner ses matériaux et ses notes, et à les livrer à l'impression. L'instruction qu'il a cherchée lui-même dans ce travail, est une garantie de son exactitude. Il espère que l'utilité de cette Table en sera la récompense.

Elle offrira aux jurisconsultes les plus éclairés, comme aux jeunes avocats et aux étudians des écoles, des avantages également précieux. Les premiers, au milieu de leurs occupations laborieuses, y retrouveront de suite et sans peine, les principes et les décisions souvent disséminés parmi des matières étrangères, et dont le besoin se fait quelquefois sentir, sans que le temps permette de les chercher. Pour les seconds, elle sera une source d'instruction appropriée à toutes les parties de leurs études ; elle leur fournira des réponses aux nombreuses questions du droit civil, la solution des difficultés, le résumé des principes sur chaque matière, les règles de l'interprétation des lois, l'explication des termes, et, pour ainsi dire, l'histoire de l'ancienne législation. Car Pothier, dans ses OEuvres, embrasse toutes les parties du droit.

Cette Table, élaborée et classée avec soin, mérite plutôt le nom d'un dictionnaire général de droit que d'une table ordinaire, qui le plus souvent ne fait que répéter sous chaque mot les sommaires des chapitres, articles et sections. Celle-ci donne la définition de chaque mot telle que Pothier l'a faite, et l'analyse de toute la matière qui s'y rapporte, en renvoyant avec exactitude à tous les volumes et à toutes les pages où elle se trouve traitée.

Quelques personnes avaient manifesté le désir que l'on établît une concordance entre cette Table et les articles de nos Codes. Ce travail a paru inutile à l'auteur de la Table et aux jurisconsultes plus éclairés que lui qu'il s'est fait un devoir de consulter. Il n'est pas un homme, en effet, tant soit peu versé dans la connaissance du droit, qui ne puisse retrouver facilement, à l'aide des titres et des numéros de nos Codes, les articles qui confirment ou qui abrogent les principes développés par Pothier; et réciproquement, après avoir lu un article du Code, en cherchant dans la Table au mot qui s'y rapporte, on rencontrera facilement tout ce que Pothier a écrit sur le même sujet.

La concordance ne serait donc utile qu'à ceux que l'on supposerait incapables de faire une comparaison aussi simple et d'en tirer les conséquences : et encore, peut-on dire qu'elle serait insuffisante pour eux ; car rien ne suffit à des gens assez ineptes pour n'être pas en état de chercher dans une Table le mot qu'il leur faut, ou, dans un Code aussi peu volumineux que le Code civil, l'article dont ils ont besoin. Les auteurs comme les législateurs doivent dire : *Sufficit, si in summâ et majori parti prodesse possimus.*

Les chiffres romains désignent les volumes de l'édition. Les chiffres arabes désignent les pages de ces volumes. La lettre **V.** signifie *voyez;* et le mot qui la suit , imprimé en italiques , est celui auquel on renvoie, pour retrouver le même principe ou quelque décision analogue.

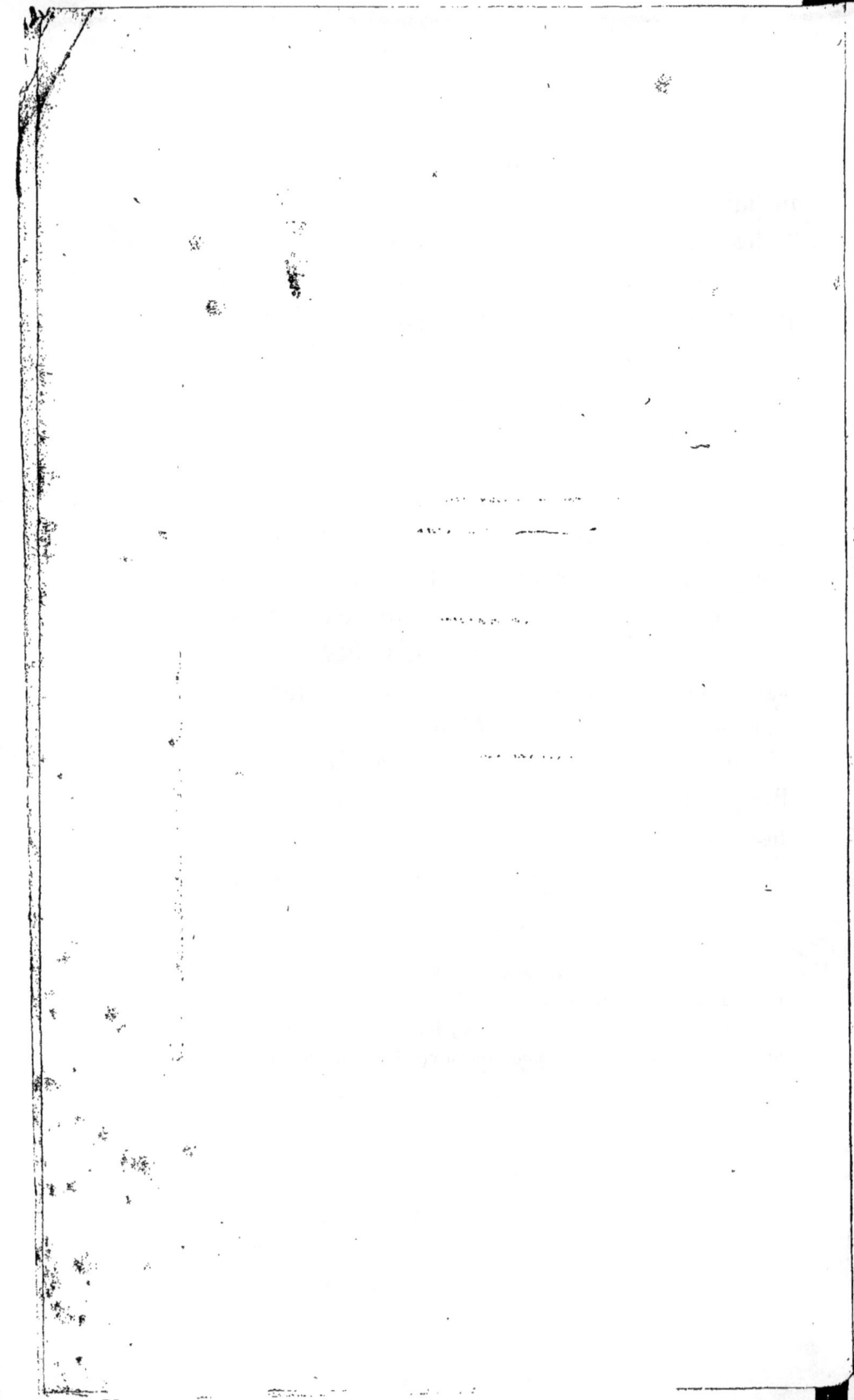

# TABLE

ALPHABÉTIQUE, ANALYTIQUE ET RAISONNÉE

## DES MATIÈRES

DU

# DROIT CIVIL FRANÇAIS

CONTENUES

## DANS LES ŒUVRES DE POTHIER.

⸺⸺◆⸺⸺

**V.** *Adultère.* Elle peut en être encore déchue par sentence, lorsqu'elle a refusé, sur plusieurs sommations, de rentrer avec son mari. *Ibid.* Si la femme ou ses héritiers ont une fois opté, ils ne peuvent plus varier, vi. 332, 333, à moins que la partie, qui a renoncé, ne fût mineure, ou qu'elle ait été engagée à le faire par le dol du mari. 333. V. *Mineur. Dol.* Les créanciers de la femme peuvent néanmoins revenir contre la renonciation faite par elle en fraude de leurs droits. *Ibid.* V. *Créancier.* Le mari ne peut opposer au droit qu'a la femme d'opter, que la prescription de trente ans. *Ibid.* Le mari ne peut renoncer à la communauté. *Ibid.*

La communauté s'accepte expressément ou tacitement. *Ibid.* Expressément, lorsque la femme a pris la qualité de commune dans quelque acte depuis la dissolution. vi.333,334.x.320.Tacitement, lorsque l'acceptation s'induit de quelque fait de la femme, qui suppose en elle la volonté d'être commune. *Ibid.* Par exemple, la disposition qu'elle aurait faite, depuis la dissolution, de quelques effets de la communauté. *Ibid.* Quand même ces choses n'auraient pas dépendu de la communauté, pourvu qu'elle ait cru qu'elles en dépendaient. vi. 334,335. La femme fait encore acte de commune en payant quelque dette de la communauté pour sa part. 335.Il n'en est plus ainsi, si la femme avait une autre qualité que celle de commune, pour disposer des objets ou pour payer les dettes de la communauté. 335, 336. Tout ce que la femme a fait pour la garde et pour la conservation des effets de la communauté, ne peut passer pour acte de commune. 336. Pas plus que la continuation de son

commerce faite par la veuve d'un marchand. *Ibid.* Ni la consommation des provisions de ménage qui se trouvent dans la maison après la mort du mari. *Ibid.* Ni le paiement des frais funéraires du mari, ou la poursuite de la vengeance de sa mort. 336, 337. La cession que la femme fait de ses droits dans la communauté, en est une acceptation tacite. vi. 337. x. 320. Il en est de même de la renonciation qu'elle ferait en faveur de l'un des héritiers seul du mari. *Ibid.* Si elle a reçu une somme d'argent des héritiers de son mari pour renoncer, fait-elle acte de commune? vi. 337, 338. Ces règles s'appliquent aux héritiers de la femme, comme à elle-même. 338. Peuvent-ils accepter la communauté sous bénéfice d'inventaire? *Ibid.* V. *Bénéfice d'inventaire.*

La femme, par l'acceptation, est censée avoir été propriétaire de sa moitié du jour de la dissolution. 338, 339. Elle devient par-là débitrice pour sa part de toutes les dettes de la communauté. 339. Mais jusqu'à concurrence, seulement, de ce qu'il en a amendé. *Ibid.* V. *Communauté légale.*

Le droit de la femme sur la communauté se divise entre tous les héritiers qui acceptent. 350. V. *Divisibilité.* Mais si les uns renoncent et qu'un seul accepte, cet acceptant aura-t-il en entier la moitié de la femme, ou n'aura-t-il que son quart de ladite moitié? 350, 351, 352. x. 321. Il n'y a pas lieu, dans ce cas, à accroissement. vi. 350, 351. V. *Accroissement.* Dans la même espèce, si la reprise de l'apport a été stipulée au profit des enfans, en cas de renonciation, pour quelle part chacun des enfans renonçant aura-t-il la reprise de cet apport, et par qui leur est-elle due? 352, 353. L'héritier aux propres, qui n'a aucun droit dans la communauté, peut-il, au préjudice de l'héritier aux meubles et acquêts, renoncer à une communauté avantageuse, pour se décharger de la part des dettes qu'il en doit supporter; et *vice versâ,* ce dernier peut-il accepter au préjudice de l'héritier aux propres, une communauté onéreuse? 353, 354, 355. Cas où il y a un héritier qui se tient aux quatre quints, et qui renonce avant d'avoir saisi le légataire universel qui reste avec lui. 355, 356. V. *Légitime. Renonciation à la communauté.* La femme ou ses héritiers, en acceptant la communauté, opèrent-ils mutation? IX. 720, 721. V. *Continuation de communauté. Communauté tripartite.*

ACCEPTATION DES DONATIONS. V. *Donation entre-vifs.*

ACCEPTATION DES LETTRES-DE-CHANGE. III. 137. Elle doit être faite par écrit et signée. 137, 138. L'acceptation barrée est de nul effet. 138. Le mot *vu,* mis au bas des lettres tirées à tant de jours de vue, vaut acceptation. *Ibid.* Rien ne peut faire admettre d'acceptation tacite. 138, 139. L'acceptation faite sous condition n'est pas valable, et passe pour refus d'accepter. 139. L'acceptation *pour payer à moi-même,* ou *à qui sera par justice ordonné,* n'est pas conditionnelle. *Ibid.* L'acceptation pour une somme moindre que celle portée dans la lettre, n'est pas valable. *Ibid.* Effets de l'acceptation pour payer à un terme plus long, consentie par le porteur. *Ibid.* V. *Lettre-de-change.*

ACCEPTATION DES SUCCESSIONS. Manifestation de la volonté que nous avons d'être héritiers d'un défunt dont la succession nous est déférée. VII. 146. X. 642. On accepte une succession en prenant la qualité d'héritier dans un acte, VII. 146. X. 643, ou en faisant quelque chose qui suppose nécessairement la volonté d'être héritier. *Ibid.* Quelle appréhension des biens de la succession passe pour acte d'héritier. VII. 147. Celui qui les appréhende en une qualité distincte de celle d'héritier, ne fait pas acte d'héritier. 147, 148. En les appréhendant en qualité de créancier ou légataire, sans appeler ses cohéritiers, il fait acte d'héritier. *Ibid.* En disposant d'une chose du défunt, dans la croyance qu'elle lui appartenait, l'héritier ne fait pas acte d'héritier. 149. Il fait acte d'héritier au contraire, s'il a disposé d'une chose qui n'appartenait pas au défunt, dans la croyance qu'elle lui appartenait. 149. On fait encore acte d'héritier, en payant les dettes de la succession, 149, 150, à moins que l'héritier n'eût une autre qualité que celle d'héritier pour faire ces paiemens. *Ibid.* Une cession de droits successifs est un acte d'héritier. 150. Il n'en est pas de même de la renonciation faite par l'un des héritiers moyennant une somme que lui paient ses cohéritiers. 150, 151. A moins qu'il ne renonce au profit de l'un d'eux préférablement aux autres, auquel cas c'est acte d'héritier. 151. Ordonner les obsèques du défunt, et venger sa mémoire, n'est pas acte d'héritier. *Ibid.*

La succession peut être acceptée soit par l'héritier lui-même, soit par un mandataire. VII. 151. X. 642, 643. Elle peut être acceptée par le tuteur pour le mineur, par le curateur pour les interdits, par la femme autorisée, par les créanciers au nom de leur débiteur. vII. 151, 152. x. 643. V. *Mineur. Femme mariée. Mari. Créancier. Tuteur.* Une succession ne peut être acceptée qu'elle ne soit ouverte. vII. 152. x. 643. Ni par l'héritier qui n'a pas encore connaissance qu'elle lui est déférée. vII. 153. x. 643. L'héritier, qui a renoncé, ne peut plus ensuite accepter la succession. *Ibid.* Il ne peut plus faire acte d'héritier; l'appréhension par lui des choses de la succession est un vol. 153, 154. On peut accepter de nouveau, dans tous les cas où la renonciation peut être rescindée. 154, 155.

L'effet de l'acceptation est que l'héritier, qui a accepté, est censé avoir été saisi dès l'instant de la mort du défunt. 155. L'héritier, qui a accepté en minorité, peut se faire restituer contre son acceptation, quand il n'a pas ratifié depuis sa majorité. 155, 156. Le majeur ne peut être restitué, qu'en cas de dol de la part des créanciers pour l'engager à accepter. 156. L'effet de la restitution est de décharger celui qui avait accepté, de toutes les obligations qu'il avait contractées comme héritier, en rendant un fidèle compte. *Ibid.* 354. V. *Bénéfice d'inventaire. Quasi-contrat. Renonciation aux successions. Succession.*

ACCEPTEUR. Obligations de l'accepteur d'une lettre-de-change. III. 171 *et suiv.* V. *Acceptation des lettres-de-change.*

ACCEPTILATION, Mode par lequel s'opérait, dans le droit romain, la remise de la dette. 1. 358, 359. V. *Pacte. Remise de la dette.*

ACCESSION. Manière d'acquérir le domaine, par laquelle tout ce qui est un accessoire et une dépendance d'une chose, est acquis de plein droit à celui à qui la chose appartient. vIII. 176. Une chose est accessoire à la mienne, ou parce qu'elle en a été produite, ou parce qu'elle y a été unie. *Ibid.* Cette union se forme ou naturellement, ou par le fait de l'homme. *Ibid.* Les fruits pendans sur ma terre m'appartiennent par droit d'accession. 176, 177. Quand même un autre aurait ensemencé et cultivé ma terre, à la charge de lui rembourser ses impenses. 177. Les petits qui naissent des animaux qui nous appartiennent, sont à nous par droit d'accession. *Ibid.* S'il y a un usufruitier, c'est à lui que sont acquis les fruits par droit d'accession, comme étant à la place du propriétaire. 178. Il en est de même pour le fermier, ou pour le créancier à qui le propriétaire délègue les fruits. *Ibid.* Il en est de même encore à l'égard du propriétaire apparent, qui fait les fruits siens. 178, 179. Ces trois cas ne sont pas des exceptions au principe. *Ibid.* Exemples de l'union qui se fait naturellement à ma chose, et dont j'acquiers le domaine. 179. Alluvion qui se fait sur le bord des rivières non navigables. 179, 180. V. *Alluvion.* Iles qui se forment dans les rivières; lit qu'elles abandonnent. 180. V. *Iles.* Terres entraînées par la pluie sur les champs inférieurs. 182. Pigeons, lapins et poissons qui viennent s'établir, sans fraude de ma part, dans mon colombier, dans ma garenne, ou dans mon étang. 182, 183.

Du droit d'accession qui résulte de ce que des choses ont été unies à la mienne par le fait de l'homme. 183.

Règles pour discerner quelle est celle de deux choses unies qui est la partie principale du tout qu'elles composent, faisant acquérir à son maître la propriété des choses accessoires. 183, 184. De deux choses, dont l'une ne peut exister sans l'autre, c'est celle qui peut exister séparément qui est regardée comme principale. 184. Exemples : constructions, plantations, semences faites sur mon terrain par un tiers. 184, 185. Cas où je les ai faites moi-même sur mon propre fonds, avec les matériaux, les arbres, et les semences d'autrui. *Ibid.* Exception au principe dans le cas auquel la chose, qui peut subsister séparément, est presque de nulle valeur. 185. Application à l'écriture et à la peinture, qui ne peuvent subsister sans le papier ou la toile qui les soutient, et qui sont cependant la chose principale, 185, 186. De deux choses, celle-là est la principale qui peut exister sans l'autre, et pour l'usage, l'ornement ou le complément de laquelle cette autre lui a été unie. 186. Exemples. 186, 187. Lorsque les deux choses peuvent exister séparément, et que l'une d'elles n'est pas faite pour l'autre, c'est celle qui surpasse l'autre en volume ou en valeur, qui est la principale. 187. Lorsque des matières brutes sont réunies en une seule masse, chacun des propriétaires de ces matières est propriétaire de la masse pour la part qu'il y a. *Ibid.* Si la chose unie à la mienne n'en est pas séparable, le domaine, que j'en acquiers par accession, est perpétuel. 188. Si elle en est séparable, le propriétaire de cette chose a l'action *ad exhibendum* contre moi pour que je la lui rende. *Ibid.*

La loi des Douze-Tables ne permettait pas cette action à celui dont j'avais employé les matériaux à la construction de mon bâtiment. 189. Dans notre droit, je suis tenu de les lui payer. *Ibid.* Cela doit s'étendre à tous les cas où la chose accessoire ne pourrait être détachée de la mienne sans l'endommager. 189, 190. Si la chose est de nature fongible, on en rend pareille quantité. 190. Il n'y a pas d'accession emportant propriété des choses accessoires, lorsque l'union a lieu en un corps composé de parties qui ne sont pas cohérentes ensemble, tel qu'un troupeau. *Ibid.* V. *Confusion. Douaire de la femme. Propre de communauté. Propre réel. Propriété. Spécification.*

ACCESSOIRES. L'obligation de livrer la chose vendue renferme celle de livrer ses accessoires. II. 21. V. *Fruits. Titres. Vendeur.*

ACCOMMODEMENS DE FAMILLE. Il ne faut pas confondre les accommodemens de famille, par lesquels les père et mère donnent à leur fille un immeuble en paiement de sa dot, avec la vente. IX. 647, 648. V. *Dot.*

ACCROISSEMENT. Droit par lequel un légataire recueille la part dans le même legs de son colégataire qui, par son prédécès, son incapacité ou sa volonté, ne l'a pas recueillie. VII. 392. X. 585. Il faut, pour qu'il ait lieu, que le colégataire qui ne recueille pas, n'ait pas de substitué. *Ibid.* Les légataires conjoints par une même disposition, ou par une disposition séparée, ont également droit à l'accroissement. VII. 392, 393. X. 585. Cependant les premiers sont préférés aux seconds. *Ibid.* De même

ACC

ceux qui sont compris sous un nom collectif avec celui qui ne recueille pas, sont préférés aux autres colégataires. VII. 393. X. 585. Les colégataires partagent la part qui leur accroît dans la même proportion qu'ils partagent la chose léguée. *Ibid.* Celui, qui a répudié le legs, peut-il, en la qualité de son colégataire, en acceptant le legs, acquérir la part qu'il a répudiée de son chef? *Ibid.* Dans le cas d'un legs en usufruit, il y a lieu à accroissement en faveur des colégataires, de la portion de chacun des colégataires usufruitiers, qui meurent successivement. VII. 393, 394. X. 586. Il n'y a lieu au droit d'accroissement qu'entre les légataires de la même chose, ou de la même somme, chacun pour le total. VII. 394. X. 585. On peut être légataire de la même chose ou somme, par des phrases séparées. VII. 394, 395. X. 585. On l'est encore, lorsque la chose est léguée par une même phrase. VII. 395. X. 585. Pour être légataires conjoints de ces deux manières, il faut que le testateur ne leur ait point assigné de parts, ni expressément, ni tacitement. *Ibid.* Il n'y a pas d'accroissement entre les légataires conjoints par une seule et même phrase, si la chose a été léguée pour être partagée. VII. 396. Lorsque la chose a été léguée à deux personnes sous une alternative, il n'y a pas lieu à accroissement entre elles. VII. 396, 397. X. 583, 584. Des différences qu'il y avait par la constitution de Justinien entre les différentes espèces de conjoints, et de leur application chez nous. VII. 397, 398. V. *Legs.*

ACCROISSEMENT ENTRE HÉRITIERS. La portion du cohéritier qui re-

nonce accroît à la portion de celui qui accepte. II. 238. VII. 182, 183. X. 651. 713. V. *Acceptation de communauté. Continuation de communauté. Douaire des enfans. Renonciation aux successions. Vente des droits successifs.*

ACCROISSEMENT. V. *Accession. Acquéreur (Retr. lign.).*

ACCUSATION. Chez les Romains, tous les citoyens avaient le droit de l'intenter. IX. 356. Chez nous, ce droit est réservé à la partie publique. *Ibid.* Cependant le particulier, lésé par le crime, peut intenter l'accusation de ce crime, comme partie civile. 356, 357. Les accusations se poursuivent aux dépens de l'État, ou de la partie civile, s'il y en a une, sauf son recours contre le condamné. 357. Elles ne peuvent être intentées que contre celui qui a commis le crime. 357, 358. Crimes qui peuvent être poursuivis contre la mémoire de celui qui les a commis. 358. L'accusation a lieu contre toutes personnes, même étrangères, ou mortes civilement. *Ibid.* L'accusation se poursuit devant le juge du lieu où le crime a été commis. 358, 359. L'exécution fait le crime; le complot n'en est qu'une circonstance. *Ibid.* Quid, des crimes qui consistent dans une continuation d'action, qui s'étend dans différens lieux? 359, 360. Exception au principe que le juge du lieu où le crime a été commis en connaît, à l'égard des cas royaux. 360, 361, 362. V. *Cas royaux.* Autre exception à la règle, par rapport à certaines qualités de la personne des accusés. 365, 366. Privilége accordé aux gentilshommes, aux officiers de judicature, aux pairs de France, etc., de n'être accusés que devant certains juges. *Ibid.* Devant quel juge un ecclésiastique peut être poursuivi. 366. Troisième limitation de la règle générale, qui concerne la prévention touchant les cas ordinaires. 366, 367. Quatrième limitation, touchant les cas prévôtaux. 367, 368, 369, 370, 371. V. *Cas prévôtaux.* Quelques crimes sur la compétence desquels il y a des règles particulières. 371. Le vagabond a pour juge naturel et compétent celui dans le territoire duquel il est arrêté. 371, 372. L'adultère est de la compétence du juge du lieu du domicile des époux, et non du lieu où il a été commis. 372. Chaque juge est le juge naturel de la rébellion à ses mandemens, à l'exception des consuls et des officiaux. *Ibid.* Le juge, qui a la connaissance du crime principal, a la connaissance de tout ce qui est accessoire de ce crime. 373. Même des crimes commis conjointement, quoique hors de son ressort, pourvu que l'accusation n'en soit pas pendante autre part, et que leur nature n'excède pas son pouvoir. 373, 374. V. *Information. Plainte.*

ACHETEUR. Ses engagemens envers le vendeur. II. 128. Ils naissent de la nature du contrat, de la bonne foi, ou des clauses particulières. *Ibid.* L'acheteur est obligé à payer le prix. *Ibid.* Le vendeur a contre lui l'action *venditi. Ibid.* S'il n'y a pas de terme, le vendeur peut actionner de suite l'acheteur. *Ibid.* A moins qu'il ne soit lui-même en demeure de livrer la chose , *ibid.*, ou que l'acheteur ne soit troublé dans sa possession. *Ibid.* V. *Prix.* Il peut être contraint à déposer le prix qu'il ne veut pas payer, faute par le vendeur de présenter caution. 129. Il peut lui-même demander à le déposer. *Ib.* S'il a payé, il ne peut demander la restitution du prix, sous prétexte de trouble. *Ibid.* V. *Trouble.* Il doit les intérêts du prix du jour de l'entrée en jouissance. 129. A moins que l'objet vendu ne produise pas de fruits. *Ibid.* On peut convenir d'intérêts au-dessous du taux, mais non au-dessus. *Ibid.* L'acheteur qui a terme par le contrat , peut s'obliger licitement à payer les intérêts de son prix jusqu'au terme. 130. Ces intérêts ne sont pas usuraires. *Ibid.* Ils représentent la jouissance que l'acheteur a de la chose. *Ibid.* S'il ne s'y est pas obligé, le vendeur ne peut pas les lui demander. 130, 131. Si le terme est accordé depuis le contrat , les intérêts courent. 131, 132. A moins qu'il ne l'ait été par testament. 132. Au reste, ils courent de plein droit après le terme. *Ibid.* V. *Intérêts. Terme.* L'acheteur doit enlever les marchandises vendues. 132. S'il est en demeure, il est tenu des dommages-intérêts du vendeur. *Ibid.* A défaut de conventions, le vendeur peut le sommer incontinent de les enlever. *Ibid.* Cas où l'on suit l'usage des lieux. *Ibid.* L'acheteur doit rembourser les frais depuis le contrat. 132, 133. A moins que le vendeur n'ait perçu les fruits. 133. Au quel cas, il doit cependant les grosses réparations. *Ibid.*

Dol que l'acheteur peut commettre dans le contrat de vente. *Ibid.* Mensonge et manœuvres pour porter le vendeur à vendre, ou à vendre moins cher. *Ibid.* Dissimulation par l'acheteur de la connaissance qu'il a de la chose. 134. Elle oblige l'acheteur dans le for de la conscience, mais non dans le for extérieur. *Ibid.* C'est au vendeur à connaître la chose. *Ibid.* L'acheteur n'est pas tenu du surplus de contenance de la chose vendue.117. Il peut demander raison de l'éviction de ce surplus. *Ibid.* La clause de contenance n'est qu'en faveur de l'acheteur. *Ibid.* V. *Contenance.*

L'acheteur ne peut acheter au-dessous du juste prix, 135, à moins qu'il n'entre pas en possession de la chose vendue, et qu'elle produise des fruits. *Ibid.* Si elle ne produit pas de fruits, l'acheteur ne peut rien diminuer du prix. *Ibid.* Cas où il s'agit de marchandises à livrer dans un mois, et qui peuvent baisser de prix. 135, 136. La vilité du prix n'est pas admise, lorsqu'il s'agit de meubles. 136. On ne peut acheter de blés en vert, ou autres fruits, avant qu'ils soient recueillis. 136, 137. S'il n'y a pas de soupçon de vilité de prix, ces ventes doivent être maintenues. 137. V. *Demeure. Dol. Fruits. Lésion. Réparations. Tradition. Vilité de prix.*

L'acheteur peut s'obliger par des clauses particulières du contrat de vente, 137, à donner ou à faire, 138; à souffrir le réméré; à la restitution de la chose à défaut de paiement; à la résolution du contrat, dans le cas de conditions plus avantageuses dans un temps donné. *Ibid.* V. *Addictio in die. Obligation de faire. Pacte commissoire. Réméré.*

V. *Action ex-empto. Action de garantie. Action rescisoire. Arrhes. Eviction. Fait et cause. Garantie. Perte. Prestation. Rescision. Résolution. Risque. Transport. Vente de droits litigieux et successifs.*

ACQUÉREUR (*Retrait*). Obligations de l'acquéreur sur qui le retrait a été adjugé. II.437.x.728. Il est obligé de délaisser l'héritage. *Ibid.* Avec les accroissemens naturels qui ont eu lieu. *Ibid.* V. *Accession.* Ce délais doit être fait aussitôt après le remboursement du prix et autres sommes liquides. *Ibid.* Si le prix n'est pas liquidé, l'acquéreur n'est pas tenu de le faire. II. 437, 438.

Il doit rendre l'héritage avec les fruits pendans lors de l'adjudication du retrait, 438; à la charge par le retrayant de rembourser les labours et semences. *Ibid.* V. *Labours et semences.* Il doit ceux perçus avant l'adjudication, lorsqu'ils ont été recueillis depuis la demande et les offres. *Ibid.* Variété des coutumes. *Ibid.* Il doit même tous ceux que le retrayant aurait pu recueillir, si l'héritage lui eût été délaissé. 439. Ces fruits ne s'estiment que sous la déduction des frais de semence et de culture. 439, 440. L'acquéreur ne doit pas ceux qu'il a recueillis avant les offres. 440. Pourvu qu'il ne les ait pas recueillis avant leur maturité. *Ibid.* Dans ce cas même, il ne les doit pas, s'il l'a fait pour une juste cause, *ibid.*, et si le retrait n'a été donné qu'après le temps de leur maturité. *Ibid.* L'acquéreur doit les fruits pendans au moment de la vente, et qui ne lui ont pas été vendus par un prix séparé. 440, 441. Ils sont aux risques du retrayant. 441. Il ne les doit pas, lorsqu'ils ont été vendus pour un prix séparé, 441, 442, à moins qu'il n'y ait fraude. 442. Il ne doit pas les fruits, perçus par lui, dont les semences et labours ont été faits depuis la vente. *Ibid.* Le retrayant fera déduction sur son prix de ceux dont les labours et semences étaient faits avant la vente, mais qui n'étaient pas pendans, lorsqu'elle a eu lieu, et qu'il a perçus. 442, 443.

De même de ceux qui étaient la production de plusieurs années, tels qu'une coupe. 443. Les fruits naturels et industriels sont perçus dès qu'ils sont séparés de terre. *Ibid.* Les fermes de campagne, du jour où les fruits sont recueillis par le fermier, quoique le terme de paiement ne soit pas échu. *Ibid.* L'acquéreur ne doit pas les fermes dues pour raison des fruits coupés avant la demande en retrait. *Ib.* A moins que la récolte de ces fruits ne fût imminente lors de la vente, 444, ou que ces fruits fussent le produit d'un certain nombre d'années, dont plusieurs étaient écoulées lors de la vente, *ibid.*, ou lorsque une ou plusieurs années de terme pour le paiement du prix, ont été accordées à l'acquéreur, qui est entré de suite en jouissance. *Ibid.* V. *Fruits.*

Les loyers et arrérages, échus avant la demande, appartiennent à l'acquéreur. 444. V. *Arrérages.* Les fruits casuels appartiennent à l'acquéreur, s'ils sont arrivés avant la demande. 445. L'amende n'est due au seigneur que du jour du jugement. *Ibid.* V. *Amende. Fruits. Retrayant.* L'acquéreur doit rendre au retrayant la portion qu'il a eue dans le trésor trouvé sur l'héritage sujet au retrait. 445, 446. V. *Trésor.* Il doit faire raison des dégradations survenues par sa faute dans l'héritage. 446. Même de celles qui ne résultent que de son défaut de faire. *Ibid.* De quelle faute est-il tenu à cet égard? 447. V. *Faute.* Différence entre celles commises avant et après la demeure. *Ibid.* Le second acheteur, qui a ignoré que l'héritage était sujet au retrait, n'est pas tenu des dégradations. 447, 448. L'acquéreur ne peut changer la forme de l'héritage de quelque manière que ce soit. 448. La moins value des meubles usés par leur service ordinaire, n'est pas une dégradation. *Ibid.* V. *Dégradation.*

Les obligations de l'acquéreur, sur qui s'exerce le retrait seigneurial ou conventionnel, sont les mêmes que celles de celui sur qui s'exerce le retrait lignager. 519. Différences et distinctions relatives aux réparations et aux impenses faites par l'acquéreur dans le cas du retrait conventionnel. II. 519, 520. X. 747. Ce qui a lieu relativement aux dégradations. II. 520. X. 747. Application au cas du retrait féodal. *Ibid.* V. *Retrait seigneurial. Retrait conventionnel. Retrayant.*

ACQUET. Immeuble qui ne nous vient pas de famille, et que nous avons acquis nous-même, soit à titre gratuit, soit à titre onéreux. VII. 649. V. *Communauté légale. Conquêt de communauté. Propre de communauté. Retrait lignager.*

ACQUIESCEMENT. On n'est plus recevable à appeler d'un jugement auquel on a acquiescé. I. 501. Quand est-on présumé avoir acquiescé? *Ibid.* V. *Appel.*

ACTE AUTHENTIQUE. V. *Titre authentique.*

ACTE D'ALIÉNATION. V. *Interdit. Mineur. Puissance maritale. Séparation contractuelle.*

ACTE D'ADMINISTRATION V. *Puissance maritale. Séparation contractuelle.*

ACTE CONSERVATOIRE. Peut être fait par celui qui a un droit en espérance. I. 113. VII. 623. V. *Condition. Substitution. Fidéicommissaire.*

ACTE ÉQUIPOLLENT A LA VENTE. VIII. 415, 416. IX. 636, 637, 638, 639 *et suiv.* 761 - 767 *et suiv.* V. *Vente.*

ACTE EXÉCUTOIRE. Les jugemens et les actes passés pardevant notaires, sont des actes en vertu desquels on peut exécuter un débiteur. IX. 170, 171. Les actes notariés sont exécutoires dans tout le royaume. IX. 171. X. 855. Les jugemens, pour être exécutoires hors de la juridiction qui les a rendus, doivent être revêtus d'un *pareatis* du grand sceau. IX. 171, 172. Les sentences consulaires s'exécutent dans tout le royaume sans *pareatis. Ibid.* Les jugemens d'Eglise n'ont, sans *pareatis,* qu'une exécution personnelle. 172. Les jugemens rendus, et les actes de notaire passés en pays étranger, ne peuvent être exécutés dans le royaume, où ils ne forment que de simples promesses. *Ibid.* Forme dans laquelle les actes et les jugemens doivent être expédiés pour être exécutoires. IX. 172, 173. X. 855, 856. Un acte exécutoire contre le défunt, ne l'est contre son héritier, qu'en vertu d'un titre nouvel, ou lorsqu'il a été déclaré tel. IX. 173. X. 856. Il en est de même du titre exécutoire contre une fille, à l'égard de son mari. VI. 169. IX. 173. *Vice versâ,* le droit d'exécuter ne cesse pas par la mort du créancier. IX. 174. X. 856. V. *Saisie-exécution, Saisie réelle.*

ACTE D'HÉRITIER. V. *Acceptation des successions. Héritier.*

ACTE DE MARIAGE. Par qui, dans quelle forme, et avec quelles formalités doit-il être rédigé. V. 211, 212. V. *Mariage.*

ACTE SOUS-SEING PRIVÉ. V. *Ecriture privée.*

ACTION. Droit que chacun a de poursuivre en jugement ce qui lui est dû. X. 45. Réelle, personnelle ou mixte. 46, 47, 48, 49, 50. V. *Jus ad rem. Jus in re.*

ACTION AD EXHIBENDUM. Quelle elle était dans le droit romain. VIII. 238, 248. V. *Revendication.*

ACTION CONFESSOIRE. V. *Action réelle. Servitude.*

ACTION DIVISIBLE OU INDIVISIBLE. V. *Obligation dividuelle ou individuelle.*

ACTION EXERCITOIRE ET INSTITOIRE. V. *Charte-partie. Commettant.*

ACTION EX-EMPTO, par laquelle le vendeur peut être contraint de livrer la chose. II. 26. C'est une action personnelle. *Ibid.* Ne peut être reçue que lorsque l'acheteur a payé, ou offre le prix convenu. *Ibid.* L'acheteur, pour l'exercer, doit offrir le prix tout entier. 27. Il en est de même, lorsque cette action a été divisée entre les héritiers de l'acheteur. *Ibid.* V. *Indivisibilité.* Exception. *Ibid.* L'acheteur doit offrir le prix, encore que le jugement qui ordonne de lui livrer la chose, ne lui en fasse pas une charge expresse. 27, 28. Ce principe reçoit exception, lorsqu'il y a un terme pour le paiement. *Ibid.* V. *Terme.* A moins qu'il n'y ait péril pour le vendeur. *Ibid.* A défaut de tradition, l'action *ex-empto* a pour but la restitution du prix, et les dommages-intérêts. 31. La restitution du prix doit être entière, quoique la chose ait diminué de valeur. *Ibid.* V. *Dommages-intérêts. Eviction. Prix.* L'acheteur a cette action pour défaut de contenance. 119. Elle a pour but la diminution du prix. *Ibid.* V. *Acheteur. Contenance.*

ACTION DE GARANTIE. V. *Garantie.*

ACTION HYPOTHÉCAIRE. Il y a trois actions qui naissent de l'hypothèque ; l'action hypothécaire simplement dite; l'action personnelle hypothécaire ; et l'action d'interruption. VIII. 544. L'action hypothécaire simplement dite est celle qu'a le créancier contre le tiers-détenteur de l'immeuble hypothéqué, aux fins qu'il soit condamné à le délaisser, si mieux il n'aime satisfaire aux causes de l'hypothèque. VIII. 544. X. 47. 830, 831. C'est une action réelle. VIII. 544, 545. X. 830. Par qui et contre qui elle doit être intentée. VIII. 545, 546. Elle ne peut l'être avant le terme du paiement de la dette. VIII. 546. X. 831.

Exceptions que le tiers-détenteur peut opposer contre l'action hypothécaire. VIII. 546. Il peut opposer l'exception de discussion des biens du débiteur et de ses cautions. I. 243. VIII. 546. X. 831. Cette exception est dilatoire, et doit être opposée avant la contestation en cause. V. *Discussion. Exception dilatoire.* Elle ne peut être opposée par les tiers-détenteurs, et non par ceux qui sont personnellement tenus de la dette. VIII. 547. X. 831, 832. Diversité des coutumes sur cette exception de discussion. VIII. 547, 548. C'est la coutume qui régit l'héritage qui doit être suivie. 548, 549. Quels biens le créancier est obligé de discuter. VIII. 549. X. 832. Le créancier qui veut exercer une hypothèque générale, peut-il être renvoyé à discuter l'immeuble frappé de son hypothèque spéciale ? VIII. 549,

550. La discussion doit se faire aux frais de celui qui l'oppose. 550. Exception qui peut être opposée contre l'action hypothécaire, pour raison des impenses faites à l'héritage. VIII. 550. X. 832, 833. Quelles impenses doivent être remboursées aux tiers-détenteurs. VIII. 550, 551. X. 833, 834. Impenses nécessaires, utiles et voluptuaires. *Ibid.* V. *Impenses.* L'obligation de garantie de la part du créancier hypothécaire envers le tiers-détenteur, fournit à celui-ci une exception qui détruit l'action du premier. VIII. 551, 552. X. 834. Si le créancier n'est garant que pour partie, il n'est exclus de son action que pour partie. *Ibid.* L'exception de garantie a lieu, lorsque le créancier, sans être personnellement garant, est possesseur d'immeubles affectés hypothécairement à la garantie. VIII. 552, 553. X. 834. Différence entre ces deux cas. VIII. 553. V. *Exception de garantie.* Exception tendante à faire subroger le tiers-détenteur à tous les droits, actions et hypothèques du créancier. VIII. 553, 554. X. 834, 835. En vertu de cette subrogation, le tiers-détenteur subrogé fait contribuer à la dette qu'il a payée, les autres détenteurs d'immeubles, hypothéqués à cette dette. VIII. 554. X. 836. Cette contribution n'a pas lieu, lorsque tous les tiers-détenteurs ont acquis du même vendeur. VIII. 554. X. 835, 836. Pourquoi. Exemples. VIII. 554, 555. V. *Subrogation.*

L'effet de l'action hypothécaire est de faire condamner le tiers-détenteur à délaisser l'héritage hypothéqué. VIII. 555. X. 836. Il peut éviter le délais en payant la dette, soit avant, soit après la condamnation. VIII. 555, 556. X. 836. Si c'est une rente qui est due, il doit s'obliger à la servir, et passer titre nouvel. VIII. 556. X. 836, 837. Il n'est pas tenu des dégradations qu'il a faites sur l'héritage avant la demande. VIII. 557. X. 837. V. *Dégradations*. Ni au rapport des fruits perçus avant la demande. *Ibid*. V. *Fruits*. Si la dette est une rente constituée, le tiers-détenteur, pour délaisser, n'est pas obligé à payer les arrérages courus pendant le temps de sa détention. VIII. 557. X. 837, 838. Il n'y est pas obligé, quand même il aurait été expressément chargé de l'hypothèque. VIII. 557, 558. *Secus*, s'il a été chargé de continuer la rente. 558.

S'il a passé titre nouvel pour éviter le délais, il est tenu des arrérages courus pendant sa détention. 558. Il n'est pas obligé, pour délaisser, d'acquitter les hypothèques, servitudes et autres charges réelles qu'il a lui-même imposées, 559, ni de sommer en cause son garant avant de délaisser. *Ibid*. Le détenteur ne délaisse que la possession de l'héritage. *Ibid*. On crée un curateur à cet héritage, sur lequel le créancier le fait saisir et vendre. *Ibid*. Les charges imposées par le tiers-détenteur ne sont purgées que par l'adjudication. 559, 560. Le délais se fait par un acte au greffe, qui doit être signifié au demandeur. X. 838.

L'action personnelle hypothécaire est celle qui s'intente par le créancier contre l'héritier de son débiteur, détenteur des immeubles hypothéqués. VIII. 560. X. 838, 839. Elle s'intente pour le total contre cet héritier, quoiqu'il ne soit obligé que pour partie. *Ibid*. Il reste toujours débiteur pour sa part, même après le délaissement qui ne

le décharge que de ce qu'il doit hypothécairement. VIII. 561, 562. X. 838, 839. Il y a deux actions distinctes, l'une personnelle et l'autre hypothécaire, dans l'action personnelle hypothécaire. *Ibid*.

Action d'interruption qui appartient au créancier hypothécaire, pour faire reconnaître son hypothèque par le tiers-détenteur, afin d'interrompre le temps de la prescription. VIII. 562, 563. X. 47, 48, 839, 840. V. *Action de rente foncière. Hypothèque. Ordre*.

Action hypothécaire des créanciers d'une succession contre les héritiers. VII. 264, 265. V. *Dettes des successions*.

V. *Action réelle. Action de rente foncière*.

ACTION IMMOBILIÈRE. V. *Action personnelle. Choses*.

ACTION MIXTE. X. 50. V. *Action. Action personnelle. Action de rente foncière*.

ACTION MOBILIÈRE. V. *Action personnelle. Choses*.

ACTION NÉGATOIRE. V. *Action réelle. Servitude*.

ACTION PERSONNELLE. Action qu'a un créancier contre son débiteur, pourqu'il soit tenu d'accomplir l'engagement qu'il a contracté avec lui. X. 46. Il y en a autant que de contrats, quasi-contrats, délits et quasi-délits. 48, 49. Il y en a qui naissent des engagemens que la loi seule forme, et qu'on appelle *condictio ex lege*. *Ib*. La réintégrande et la complainte sont des actions personnelles. *Ibid*. V. *Complainte. Réintégrande*. Actions personnelles, mobilières et immobilières. 49. Actions mixtes. *Ibid*. Il y en a trois; l'action de bornage, de partage entre cohéritiers, et de partage entre toutes autres personnes. 49 , 5o. Actions mixtes ou personnelles-réelles. 5o. V. *Action. Action réelle.* V. *Avantage entre époux. Jus ad rem. Obligation.*

ACTION PIGNERATITIA. V. *Nantissement.*

ACTION POSSESSOIRE. V. *Complainte. Possession. Réintégrande.*

ACTION PUBLICIENNE. Quelle elle était dans le droit romain. VIII. 24o. V. *Revendication.*

ACTION QUANTÒ MINORIS. A lieu pour les vices rédhibitoires. II. 104. V. *Action rédhibitoire.*

ACTION RÉELLE. Action que le propriétaire d'une chose, ou celui qui y a quelque droit, a contre le possesseur, pour qu'il soit tenu de lui délaisser la chose, ou de le servir ou le laisser jouir du droit qu'il y a. x. 46. Pétition d'hérédité. 46, 47. Revendication. 47. Entiercement. *Ibid.* Action confessoire et négatoire. *Ibid.* Action hypothécaire. *Ibid.* V. *Ces mots.* V. *Jus in re.*

ACTION RÉDHIBITOIRE. A pour but de demander la résolution du contrat. II. 100. L'acheteur a droit à la restitution du prix, des intérêts depuis le jour du paiement, et de tous les frais. *Ibid.* V. *Dommages-intérêts. Garantie.* L'acheteur doit offrir de rendre la chose avec les fruits. *Ibid.* Si elle a cessé d'exister sans sa faute, il offre ce qui en reste. 101. Si c'est par sa faute, il fait déduction au vendeur de ce qu'elle aurait valu. *Ibid.* Il tient compte de ce dont elle est dépréciée par sa faute. *Ibid.* V. *Résolution de la vente.* Cette action

est indivisible de la part de l'acheteur. 101. Divisible de la part du vendeur. 101, 102. V. *Obligation dividuelle ou individuelle.* Si une seule, de plusieurs choses vendues, a un vice rédhibitoire, et qu'elle soit indépendante des autres, la rédhibition n'a lieu que pour elle. 102, 103. A moins qu'elle ne soit principale, et les autres accessoires. *Ibid.* Ou qu'elles ne puissent pas se séparer. 103. Et, dans ces derniers cas, quand bien même les prix eussent été séparés. *Ibid.* Elle n'a pas lieu, quand il est convenu que le vendeur ne garantit pas les vices ; à moins qu'il n'y ait dol. 103, 104. Elle s'éteint par un laps de temps. 104. Il faut suivre l'usage. *Ibid.* V. *Fins de non-recevoir.* Elle n'a quelquefois pour objet qu'une diminution dans le prix. 104. Elle s'exerce alors dans les mêmes cas, et selon les mêmes règles. *Ibid.*

Action rédhibitoire, en matière de louage. III. 283. V. *Louage des choses.*

V. *Action rescisoire. Rescision de la vente.*

ACTION RESCISOIRE DE LA VENTE. Elle appartient au vendeur, dans le cas de lésion énorme. II. 155. Elle a pour but la nullité du contrat, ou le supplément du juste prix. *Ibid.* C'est une action *utilis in rem.* 155, 156. Les parties doivent se rendre, si la nullité est prononcée, le prix et la chose réciproquement. *Ibid.* L'acheteur peut suppléer ce qui manque au prix. *Ibid.* Il n'en est pas de même, s'il s'agit d'un échange. *Ibid.* C'est le prix au temps du contrat. 156, 161. L'acheteur qui donne le supplément du prix, n'en doit pas les intérêts. 156, 157. L'action rescisoire est divisible. 157 , 158. Toutefois l'acheteur peut appeler les cohéritiers en cause. 158. Il en est de même à l'égard de plusieurs vendeurs communs. 158,159. A moins que chaque vendeur n'ait vendu que sa portion. *Ibid.* L'action rescisoire a , dans la succession du vendeur, la même qualité qu'y aurait eue l'héritage. 158. V. *Lésion entre majeurs.* Le délai pour l'intenter est de dix ans. 163. Il ne court pas contre les mineurs, *Ibid.* Elle ne peut avoir lieu , lorsque l'immeuble a péri, depuis la vente, sans la faute de l'acheteur. 163 , 164. A moins que l'acheteur n'ait revendu la chose pour un prix plus considérable qu'il ne l'avait achetée. 164. Ou qu'il ne s'agisse d'une seigneurie utile , réversible. *Ibid.* Elle a lieu , si la perte est arrivée par sa faute. 164, 165. Elle doit être admise, même dans le cas où il est prouvé que le vendeur connaissait bien le juste prix au temps du contrat. 165 , 166. A moins qu'il n'ait eu l'intention de gratifier l'acquéreur. 166. Elle doit l'être encore, malgré la clause formelle par laquelle le vendeur aurait renoncé à s'en prévaloir. *Ibid. Secùs* , si la renonciation était postérieure au contrat. 166, 167. Même décision dans le cas de donation dans l'acte du surplus de la valeur de l'immeuble. 167. Lettres de rescision nécessaires pour intenter cette action. *Ibid.* Elle s'intente contre le tiers-possesseur. *Ibid.*

L'acheteur peut aussi l'exercer pour lésion énorme dans le prix. 174. Elle a de même pour but de faire déclarer le contrat nul. 175. Elle exige des lettres de rescision. *Ib.* Elle est personnelle contre le vendeur. *Ibid.* Il peut l'arrêter, en se restreignant

au juste prix. *Ibid.* Différence avec l'action rédhibitoire. *Ibid.* Elle ne peut avoir lieu dans les ventes mobilières , de droits successifs ou judiciaires. 176. La lésion doit être de plus de moitié de la valeur. *Ibid.* Pourvu que le prix ne soit pas un prix d'affection. *Ibid.* L'action a lieu , quoique la chose ait cessé d'exister. *Ibid.* Elle n'a pas lieu lorsque l'acheteur a eu connaissance de la valeur de la chose au moment du contrat. *Ibid.* Elle diffère en ces deux points de celle du vendeur. *Ibid.* V. *Action rédhibitoire. Lettres de rescision, Prix. Remploi. Rescision du bail à rente. Rescision de la vente.*

ACTIONS STRICTI JURIS ET BONÆ FIDEI. Ne sont pas en usage dans notre droit. II. 43.

ADDICTIO IN DIE. Clause du contrat de vente, par laquelle la vente est déclarée résolue , si le vendeur trouve, dans un certain temps, une condition plus avantageuse. II. 201. IX. 658 , 659. Chez les Romains, elle était ou condition suspensive, ou clause résolutoire. *Ibid.* Pour qu'elle ait lieu , il faut un second acheteur qui achète à une condition plus avantageuse. II. 201, 202. Quand la condition est-elle plus avantageuse? 202, 203. Il faut que le vendeur ait accepté les offres du nouvel acheteur. 203. Cas où il y a plusieurs vendeurs, et où un seul d'entre eux rejette les offres. 203 , 204. Ces offres doivent être notifiées au premier acheteur, qui sera préféré aux mêmes conditions. 204. L'action qui naît de cette clause a pour but la résolution du contrat. *Ibid.* Elle est personnelle réelle. *Ibid.* Le tiers-détenteur a le droit, comme l'acheteur, de retenir l'héritage, en se soumettant aux nouvelles conditions. 204 , 205. Elle est transmissible aux héritiers , et cessible. 205. Le second acheteur peut l'exercer. *Ibid.* V. *Prestations. Tiers-détenteur.*

V. *Acheteur. Adjudication sauf quinzaine. Vente en justice.*

ADJECTUS SOLUTIONIS GRATIA. On appelait ainsi chez les Romains celui à qui la convention donnait qualité pour recevoir, I. 120 , 309 , sur l'indication d'une personne à qui l'on paiera. Voyez aux mots *Offres de paiement. Paiement.*

ADJUDICATAIRE. Quelles personnes peuvent être adjudicataires. III. 386 , 387. IX. 251. X. 899, 900. V. *Adjudication pour décret. Bail judiciaire.*

ADJUDICATION PAR DÉCRET des héritages saisis réellement. IX. 250, 251. Toutes personnes , capables de contracter et d'acheter hors justice, peuvent se rendre adjudicataires en justice. IX. 251. X. 899. Personnes et officiers publics qui ne peuvent se rendre adjudicataires, ni même acheter , dans les trois ans, des adjudicataires. IX. 251, 252. X. 899. Ces empêchemens n'ont pas lieu pour les décrets volontaires. IX. 252. Le saisi, en qualité d'héritier bénéficiaire, peut être adjudicataire ; le saisissant et les opposans peuvent toujours l'être. *Ibid.* L'adjudication est parfaite différemment, selon les différentes coutumes et usages. 252 , 253.

Toute personne est admise à faire pendant huitaine une enchère du tiers en sus de l'adjudicataire. IX. 253. X. 901. V. *Tiercement.* Diversité des usages sur le tiercement. *Ibid.* On suit l'usage du lieu où le décret se poursuit.

*Ibid.* Si l'enchère du tiercement a lieu, on remet l'héritage aux enchères. *Ibid.* Si elle n'a pas lieu, le greffier délivre à l'adjudicataire la grosse du décret, après qu'il a payé les droits de consignation. IX. 253 , 254. X. 905.

Le procureur doit, dans la huitaine , déclarer pour qui il s'est rendu adjudicataire. IX. 254. X. 901, 902. Sinon il peut être poursuivi en son nom personnel. *Ibid.* Après sa déclaration, il est complètement déchargé, en rapportant le pouvoir qui lui a été donné , à moins que la personne ne fût notoirement insolvable. *Ibid.*

L'adjudicataire doit, dans la huitaine , consigner le prix de son adjudication, moyennant quoi il est libéré. IX. 255. X. 902, 903. V. *Consignation.* Il retient les portions de prix convenues par les conditions de l'ajudication , si fait a été. *Ibid.* Le saisi est-il pareillement libéré envers ses créanciers du jour de la consignation, en telle sorte que les intérêts cessent de courir contre lui, et que les espèces consignées soient aux risques des créanciers? IX. 255, 256. X. 904.

Le saisi est-il considéré comme le vendeur, ou sont-ce les créanciers? IX. 256. L'adjudicataire peut être contraint par corps au paiement, s'il n'a déposé son prix dans la huitaine. IX. 257. X. 902. V. *Contrainte par corps.* L'héritage peut en outre être revendu à sa folle enchère. *Ibid.* Comment on y procède et à quoi elle peut obliger le fol-enchérisseur. IX. 257 , 258. X. 902. 903. V. *Folle enchère.*

L'adjudication ne donne pas d'action en garantie pour cause d'éviction. IX. 258. L'adjudicataire n'a que la répétition du prix contre les créanciers, dans les proportions de ce dont il souffre éviction. *Ibid.* Elle n'est pas sujette à la rescision pour lésion d'outre-moitié, ni au retrait lignager. 258, 259.

L'héritage adjugé devient la propriété de l'adjudicataire avec les seules charges exprimées par l'affiche. ix. 259. x. 905. Tous les autres droits et charges sont purgés par le décret, quelles que soient les personnes à qui ils appartiennent, excepté les droits seigneuriaux. ix. 259, 260. x. 905, 906. Est aussi excepté le droit de champart, quoique non seigneurial. ix. 261. x. 906. Les droits de servitudes visibles, le douaire de la femme et des enfans du saisi, et les substitutions non encore ouvertes, ne sont pas purgés par le décret. ix. 261, 262. x. 906, 907. Le décret purge indistinctement tous les droits d'hypothèque, faute d'opposition. ix. 262. x. 907. V. *Décret volontaire.*

Le saisi, les créanciers opposans, et même les tiers, en certains cas, peuvent interjeter appel de l'adjudication par décret, comme de tous autres jugemens. ix. 269. x. 912. Le temps d'interjeter appel des adjudications par décret est le même que pour l'appel des autres jugemens. ix. 270. x. 912. V. *Appel.*

Peut-on interjeter appel pendant trente ans, lorsque l'adjudication n'a pas été signifiée au saisi, ou ne le peut-on après dix ans? ix. 270. x. 912. Ces moyens d'appel peuvent être tirés du fonds, ou de la forme, ou de la qualité de l'adjudication. ix. 271. x. 912, 913. L'appel de l'adjudication n'en suspend pas l'exécution. ix. 271, 272. L'adjudicataire peut-il demander à être déchargé de son adjudica-

tion, lorsqu'on en interjette appel? 272. Si la nullité de l'adjudication est prononcée sur l'appel, et qu'elle procède de la part du saisissant, il est tenu de tous dommages-intérêts envers l'adjudicataire. 272, 273. Si la nullité vient d'un défaut de procédure, le procureur du saisissant doit l'acquitter des condamnations contre lui prononcées. ix. 273. x. 913. V. *Procureur ad lites.* Si l'adjudication a été faite par un juge en dernier ressort, les tiers ne peuvent se pourvoir contre elle que par la tierce-opposition, et le saisi par la requête civile. ix. 273. x. 913, 914. La lésion d'outre moitié du prix donne-t-elle lieu de se pourvoir contre l'adjudication, de même qu'elle donne lieu de se pourvoir contre une vente ordinaire? ix. 273, 274. x. 913. V. *Lésion entre majeurs.*

V. *Saisie-réelle.*

ADJUDICATION SAUF QUINZAINE. Adjudication provisoire des héritages saisis, qui se fait quarante jours après le décret d'adjuger, sous la condition qu'il ne se trouvera pas de plus fortes enchères dans la quinzaine. ii. 228, 229, 230. ix. 247, 660. x. 887, 888. L'adjudication sauf quinzaine met la chose aux risques de l'adjudicataire. ix. 249. x. 900. En quoi elle diffère par sa nature de l'enchère. *Ibid.* V. *Enchère. Remise. Saisie-réelle.*

ADMINISTRATION. V. *Bénéfice d'inventaire.*

ADMINISTRATEUR. V. *Commissaire aux saisies. Donation entre-vifs. Gérant. Hypothèque. Legs.*

ADOPTION. N'est plus en usage parmi nous. v. 101. V. *Parenté.*

ADPROMISSOR. On appelait ainsi les cautions dans le droit romain. t. 344. Il diffère de l'expromissor. V. *ce mot.*

ADULTÈRE L'adultère de la femme dissout-il le mariage? v. 270, 271. Interprétation des paroles de l'Evangile. 271, 272. Doctrine des conciles et des pères de l'Eglise. 273-278. Selon saint Augustin, l'adultère de l'un des conjoints ne donne lieu qu'à la séparation d'habitation, et ne rompt pas le lien du mariage. v. 274, 275 *et suiv.* vi. 317, 318. Son opinion a été suivie. v. 276, 277. Quand l'adultère est un empêchement dirimant du mariage. 124-129. V. *Acceptation de la communauté. Accusation. Communauté légale. Divorce. Dispenses. Douaire de la femme. Empêchement de mariage. Mariage. Séparation d'habitation.*

AFFICHES qui doivent être apposées pour parvenir à l'adjudication des héritages saisis. ix. 246, 247. V. *Saisie-réelle.*

AFFINITÉ. Rapport qu'il y a entre l'un des conjoints par mariage, et les parens de l'autre conjoint. v. 87. L'affinité de l'un des conjoints par mariage, avec les parens de l'autre conjoint, est censée être dans la même ligne et au même degré qu'est leur parenté avec l'autre conjoint. *Ibid.* L'affinité, selon le droit civil, résulte du mariage, quoiqu'il n'ait pas été consommé. *Ibid.* L'affinité, qui existait entre l'un des conjoints et les affins de l'autre conjoint, selon les canonistes, a été abrogée par le concile de Latran. 92. Affinité qui naît d'une union illicite. 93, 94. V. *Empêchement de mariage. Parenté.*

AFFRÈTEMENT. V. *Charte-partie.*

AFFRÉTEUR. V. *Charte-partie.*

AGE. Il établit une différence entre les personnes. viii. 56. Mineurs, majeurs. *Ib.* Age nécessaire pour occuper certaines fonctions publiques. *Ib.* Privilége d'un certain âge; Contrainte par corps. *Ib.* V. *Personnes.*

AGENS DE CHANGE. Il leur est défendu de prendre ou fournir des lettres de change, et de les signer par aval. iii. 131, 132. En général, ils ne peuvent faire aucun trafic en leur nom, ni conséquemment tenir caisse chez eux. 132. V. *Lettre de change.*

AINESSE (DROIT D'). Variété des Coutumes sur le droit d'aînesse. vii. 53, 54. Droit d'aînesse accordé par les Coutumes de Paris et d'Orléans. vii. 54. x. 160. Le fils aîné est celui, qui, lors de l'ouverture de la succession à partager, se trouve l'aîné des enfans mâles. vii. 54. Le second fils a-t-il le droit d'aînesse, lorsque l'aîné est exhérédé, ou a renoncé. vii. 54. x. 160. Quelques Coutumes où la fille aînée a le droit d'aînesse. vii. 54, 55. Le fils, légitimé par le mariage, a-t-il le droit d'aînesse sur les enfans nés d'un mariage intermédiaire. vii. 55. x. 160. V. *Légitimation. Quid*, entre deux jumeaux? *Ibid.* Les enfans de l'aîné, qui le représentent, recueillent son droit d'aînesse. v. 56. L'aîné de ses enfans, dans la subdivision, prend un droit d'aînesse, à moins qu'il n'y ait que des filles. 56, 57. La subdivision des successions se règle sur le partage principal, et on y suit les mêmes règles que dans le partage principal. *Ibid.* Application de ce principe à diverses questions. 57, 58. Le droit d'aînesse n'est accordé, par les Coutumes de Paris et d'Or-

2

léans, que sur les biens nobles, qui consistent en fiefs et en franc-aleux nobles. VII. 58. X. 161, 162. Quels biens sont fiefs ou franc-aleux nobles. *Ibid.* V. *Fief. Franc-aleu.* La créance d'un fief est consi-dérée comme le fief même et sujette au droit d'aînesse. VII. 58, 59. X. 161. Il en est de même de l'ac-tion en réméré, ou rescisoire d'un fief. VII. 59. Si l'aîné exerce avec ses frères une action rescisoire du défunt, dans laquelle il a sa part avantageuse, il n'est tenu néan-moins que pour sa portion virile de la restitution du prix. *Ibid.* L'aîné peut-il obliger ses puînés à contribuer, pour leurs portions viriles, à la restitution du prix, quand même il ne leur plairait pas d'exercer l'action rescisoire? 59, 60. La créance d'un fief est-elle considérée comme chose féo-dale, dans laquelle l'aîné ait son droit d'aînesse lorsqu'elle ne se termine qu'en des dommages-inté-rêts? VII. 60, 61. X. 161, 162. Les choses dont le défunt n'avait qu'une propriété imparfaite sont sujettes au droit d'aînesse. VII. 62. Quelle part aura l'aîné dans le prix resti-tué, en cas de résolution de la propriété? 62, 63. *Quid*, du sup-plément du juste prix payé par les enfans, pour ne pas souffrir la res-cision? *Ibid.* L'aîné a-t-il dans le prix de la licitation d'un fief resté indivis entre les enfans et un co-propriétaire, la même portion qu'il avait dans l'héritage même? 63, 64. V. *Licitation. Quid*, des préten-tions de l'aîné, s'il se rend adjudica-taire conjointement avec ses frères? 64, 65. Il exerce son droit sur les choses qui n'appartenaient pas au défunt, tant qu'elles ne sont pas réclamées. 65, 66. Quelle por-tion a-t-il dans l'action de garantie

contre le vendeur, en cas d'évic-tion? VII. 65, 66. X. 162, 163. Si les enfans deviennent propriétaires *ex nová causá*, l'exercice de son droit cesse. VII. 66. Le droit d'aî-nesse consiste d'abord dans le droit de choisir un manoir. VII. 67. X. 165. On entend par manoir, une maison à demeurer, tant de ville que de campagne. 67, 68. L'aîné le prend tel qu'il est et avec ses dé-pendances. *Ib.* De quoi se compose le manoir de campagne. 68, 69. Le four, le pressoir et le moulin ba-nal, font-ils partie du manoir? *Ibid.* L'aîné doit-il contribuer à leur ré-paration? 69, 70. Les droits de justice, de mouvances féodales et censuelles, et de patronage, font-ils partie du manoir? 70. L'aîné a droit à un arpent de terre de l'enclos, autour du manoir, qu'on appelle vol de chapon. 70, 71. Si l'enclos au-tour de la maison a moins d'un ar-pent, il doit s'en contenter. *Ibid.* S'il n'y a pas d'enclos, il n'y a pas de vol de chapon. 71, 72. S'il n'y a pas de manoir, il prend l'arpent de terre où il voudra. *Ibid.* Ne doit-il prendre, en ce cas, qu'un arpent de terre nue? 71, 72. S'il y a un manoir, il ne peut le laisser pour préférer l'arpent de terre. 72. L'aîné peut-il prendre pour son manoir, la créance d'un manoir, ou une rente à prendre sur un ma-noir? 72, 73. L'aîné peut-il pren-dre un manoir dans chacune des suc-cessions de père, mère, aïeul, etc.? 73, 74, 75. Lorsque l'aîné laisse un manoir qu'il a pris dans la succes-sion du premier décédé, pour en prendre un autre dans la succession du dernier décédé, est-il tenu de faire raison des jouissances à ses puînés? 75, 76. Quand l'aîné, après avoir pris un manoir, peut-il en prétendre un autre au lieu de celui qu'il a pris? 75, 76, 77. L'aîné ne peut prétendre le préciput d'un manoir entier, si, par-là, la légitime de ses frères et sœurs se trouvait attaquée. 78. V. *Légitime*. Cas auquel l'aîné peut avoir plusieurs préciputs de manoir dans la succession d'une même personne. 79. Outre le manoir et le vol du chapon, l'aîné a les deux tiers, lorsqu'il n'y a que deux enfans, et la moitié, s'ils sont en plus grand nombre, dans le surplus des biens nobles. *Ibid.* Compte-t-on, dans le nombre des enfans, celui qui renonce à la succession, même gratuitement? 79, 80, 81. L'aîné n'exerce son droit qu'à titre d'héritier, et en acceptant la succession. VII. 81. X. 165. Il en est saisi comme des autres biens de la succession. VII. 81.

Le droit d'aînesse ne peut être diminué par les père et mère, ou autres ascendans, si ce n'est par donations entre-vifs faites à des étrangers. VII. 82. X. 166. Le peuvent-ils par donations entre-vifs des héritages féodaux faites aux puînés, qui renoncent pour s'en tenir à leur don? VII. 82, 83. Disposition particulière de la coutume d'Orléans, qui permet aux père et mère d'exclure le droit d'aînesse dans les fiefs qu'ils acquèrent. 83, 84. Nature et forme de la déclaration à faire dans ce cas. 84. Les simples fiefs sont seuls susceptibles de cette déclaration. 84, 85. Il faut encore qu'ils aient été acquis pour en être susceptibles. 85. Peut-on faire cette déclaration pour des fiefs donnés ou légués par un parent collatéral, ou par un étranger? 85, 86. Par qui cette déclaration peut-elle être faite, et pour quelle succession? 86. 87. L'aîné peut, après la succession échue, renoncer à son droit d'aînesse en faveur de ses puînés, 87. Le peut-il avant l'ouverture de la succession? *Ibid.* Autres prérogatives qui appartiennent à l'aîné. 88. V. *Dettes des successions. Douaire des enfans. Exhérédation. Succession.*

**AJOURNEMENT.** Doit être fait par un huissier. IX. 2. Un huissier peut-il faire un acte d'ajournement pour son parent? 2, 3. Il n'a pas besoin d'être assisté de témoins. 3. Devant quels juges une commission est nécessaire à l'huissier pour assigner valablement. 3, 4. L'ajournement se fait à personne ou à domicile. 4. Exceptions à ce principe, d'après lesquelles l'ajournement peut être fait, dans les cas y prévus, autre part qu'au domicile réel. 5. Les étrangers sont assignés au parquet du procureur général. *Ibid.* Où doivent être assignés les absens, les bannis, les condamnés aux galères à temps, les corps et communautés, les mineurs et les femmes mariées. 6. Les ajournemens ne peuvent être faits de nuit, ni les jours de fêtes fêtées. 6, 7. Forme intrinsèque des ajournemens. 7. Ils doivent être faits en original et en copie. *Ibid.* Il est laissé une copie à chaque personne assignée. *Ibid.* Ils sont écrits sur papier timbré. *Ibid.* Ils doivent contenir les conclusions de la demande, les jour, mois et an où ils sont donnés; les noms, juridiction, demeure et signature de l'huissier; la demeure, la qualité et le nom du procureur du demandeur; mention de la personne à qui la copie a été laissée. 8, 9. Toutes ces choses sont requises à peine de nullité. 9. Formes extrinsèques des ajournemens. 9, 10. Ils doivent être contrôlés. *Ibid.* Ils doivent

2*

porter copie en tête, de la commission de l'huissier, quand il en est besoin. 10. Et des titres qui servent de fondement à la demande. *Ibid.* Par extrait, lorsqu'ils sont trop longs. *Ibid.* Faut-il en donner copie à chacune des parties assignées? *Ibid.* Délais qui doivent être suivis dans les assignations, selon les différentes juridictions. 10, 11. Obligation de se présenter au greffe des présentations dans la quinzaine après l'échéance de l'assignation. 11, 12.

AJOURNEMENT PERSONNEL. V. *Décret.*

ALIBI. Quand l'accusé est admis à le prouver. IX. 438. V. *Défense de l'accusé.*

ALIÉNATION. V. *Bail à longues années. Communautés. Femme mariée. Interdit. Mineur. Substitution fidéicommissaire.*

ALIMENS. Les père et mère doivent des alimens à leur enfant indigent ou incapable, par ses infirmités, de s'en procurer. v. 215, 216. Quand même ils l'auraient précédemment établi. *Ibid.* Cette obligation est une charge de la communauté. 216. Elle existe à l'égard des petits-enfans, comme à l'égard des enfans. 216. Les enfans, de leur côté, sont tenus de donner des alimens à leurs père et mère qui sont dans le besoin. 217. Les père et mère, qui demandent des alimens à leurs enfans, et qui ont un peu de bien, doivent leur en faire l'abandon. *Ibid.* Si les enfans n'ont pas les moyens de payer une pension à leurs père et mère, ils doivent les recevoir et les nourrir chez eux. *Ibid.* Si tous les enfans ont le moyen de payer la pension, ils y sont condamnés

solidairement. 217, 218. Ceux des enfans qui ont moins de moyens que les autres, sont condamnés pour une somme moins forte. 218. Ils ne sont pas tenus de payer les dettes de leurs père et mère. 219. Les petits-enfans sont tenus subsidiairement des alimens envers leurs aïeul et aïeule. *Ibid.* L'obligation de se fournir des alimens, existe entre le bâtard et ses père et mère. 219, 220. V. *Bâtard. Enfant. Mariage.*

Les dettes pour alimens sont insaisissables. 1. 373. On ne peut opposer contre elles la compensation. *Ibid.* V. *Compensation.*

Alimens qui doivent être déposés au greffe de la geôle, par le créancier qui fait emprisonner son débiteur. IX. 299, 302, 303. V. *Contrainte par corps. Emprisonnement.*

ALLIANCE SPIRITUELLE. Sorte de parenté spirituelle qui existe entre la personne baptisée, celle qui l'a baptisée, ses parrains et marraines, et les enfans de ceux-ci. v. 101, 102. Quand cette alliance spirituelle est un empêchement de mariage. 102 et suiv. V. *Empêchement de mariage.*

ALLUVION. Accrue qu'une rivière a faite à la longue à un champ, par les terres qu'elle y a apportées d'une façon imperceptible. VIII. 179. Par le droit naturel, ces terres appartiennent au propriétaire du champ. 180. A moins qu'elles n'aient été portées en un seul bloc reconnaissable sur le champ du riverain. *Ibid.* Par notre droit français, les alluvions, faites sur le bord des fleuves et rivières navigables, appartiennent au roi; les autres aux riverains. *Ibid.* V. *Accession.*

Le vendeur n'est pas garant de

l'éviction des accrues par alluvion.
II. 71, 72. V. *Garantie.* Dans le
cas de réméré, l'acheteur profite
de l'alluvion. 186. V. *Promesse de
vente. Réméré.*

V. *Garantie. Louage des choses.*

AMÉLIORATION. Cas où certaines
personnes sont tenues de faire
raison des améliorations faites par
des tiers aux immeubles qui leur
appartiennent. II. 59, 62. V. *Délivrance des legs. Eviction. Douaire
des enfans. Ordre. Promesse de
vendre. Rapport. Remploi. Reprise
d'apport. Revendication.*

AMENDE. V. *Acquéreur ( retrait
lignager ). Cens. Communauté légale. Fruit. Profit de vente. Séparation de dettes.*

AMEUBLISSEMENT (CONVENTION D').
Convention par laquelle les parties
font entrer dans leur communauté
tous leurs immeubles, ou quelques-
uns d'eux. VI. 198. X. 305. Elle donne
de l'étendue à la communauté.
*Ibid.* L'ameublissement est général
ou particulier. VI. 198, 199. X. 306,
307. Il est général, lorsqu'on apporte à la communauté une universalité de biens immeubles. VI. 199.
Il est particulier lorsqu'on promet
d'y apporter quelques immeubles
particuliers. *Ibid.* Celui-ci est déterminé, lorsque c'est tel ou tel
immeuble; indéterminé, lorsqu'on
fait entrer ses immeubles jusqu'à
concurrence de tant dans la communauté. VI. 199, 200. X. 306, 307.
Exemples de différentes clauses qui
ne doivent pas être confondues
avec celle d'ameublissement indéterminé. VI. 199, 200. X. 306,
307.
Les mineurs sont-ils capables de
la convention d'ameublissement?
VI. 200, 201. X. 305. V. *Mineur.*

Dans le cas de l'ameublissement
général, tous les immeubles des
conjoints deviennent effets de la
communauté à partir de la célébration. VI. 201. Il en est de même
dans le cas de l'ameublissement
particulier déterminé. *Ibid.* Les
immeubles sont aux risques de la
communauté, et le mari en est le
maître. *Ibid.* Il peut en disposer à
quelque titre que ce soit sans le
consentement de sa femme. *Ibid.*
Ils sont compris dans la masse du
partage à faire après la dissolution. 202. Néanmoins le conjoint,
qui a ameubli l'héritage, peut le
retenir, en le précomptant sur sa
part, pour le prix qu'il vaut au
temps du partage. *Ibid.* Le conjoint, qui a fait l'ameublissement,
est-il tenu de l'éviction que souffre
la communauté de l'héritage ameubli? 202, 203. V. *Eviction.* Les effets de l'ameublissement n'ont lieu
qu'entre les parties contractantes
et leurs héritiers, et pour le cas de
la communauté. VI. 203, 204. X.
307.
L'effet de l'ameublissement indéterminé est de donner contre le
conjoint, qui l'a fait, une action
pour l'obliger à comprendre dans
la masse, lors de la dissolution,
quelques-uns de ses immeubles,
jusqu'à concurrence de la somme
promise. VI. 204, 205. Les immeubles restent à ses risques, tant qu'ils
sont indéterminés. *Ibid.* Le mari
peut aliéner ceux des immeubles
de la femme qu'il jugera à propos,
jusqu'à concurrence de la somme
pour laquelle ils sont ameublis.
205. La différence qui distingue
l'ameublissement de la convention
d'apport, c'est que la créance qui
existe contre le conjoint qui a fait
l'ameublissement, est immobilière,
tandis qu'elle est mobilière dans

l'autre cas. 205, 206. V. *Apport.*

L'ameublissement des propres du mari ou de la femme opère-t-il mutation ? v. IX. 724, 725, 726. V. *Communauté conventionnelle. Dettes de la communauté. Partage de la communauté. Propre de communauté. Retrait lignager. Succession.*

AMIRAUTÉ. V. *Assurance.*

AN ET JOUR. Qu'entend-on par cette expression ? II. 378. V. *Retrait lignager.*

ANNEAU. Les Romains donnaient un anneau pour arrhes. II. 222. V. *Arrhes.*

ANTICIPATION D'APPEL. IX. 136. V. *Appel.*

ANTIDATE. V. *Communauté légale.*

ANTICHRÈSE. Convention par laquelle un débiteur accorde à son créancier et à ses successeurs le droit de jouir d'un héritage, jusqu'au paiement de la somme qui lui est due, pour lui tenir lieu des intérêts de cette somme. VIII. 596. C'est un droit réel qui ne s'acquiert que par la tradition. 596, 597. En quoi il diffère de l'hypothèque et du nantissement. *Ibid.* Le droit d'antichrèse une fois acquis, le débiteur ne peut aliéner qu'à la charge de ce droit. 597. Dans le droit romain, le créancier percevait valablement les revenus au-delà du taux légitime des intérêts de la somme due. *Ibid.* Le créancier antichrésiste est tenu des charges annuelles de l'héritage. 597, 598. Action du créancier pour revendiquer l'héritage à lui donné à antichrèse. 598. Le droit d'antichrèse s'éteint des mêmes manières

que le nantissement. *Ibid.* Antichrèse prohibée par Justinien, à l'égard des laboureurs. *Ibid.* Chez nous, l'antichrèse ne peut avoir lieu dans le prêt d'argent. *Ibid.* Peut-elle avoir lieu entre le créancier et le débiteur d'une rente, ou d'une dette exigible qui produit des intérêts. 598, 599. V. *Contrat pignoratif. Hypothèque. Nantissement.*

APANAGE. Le droit de l'apanagiste est un véritable droit de propriété ; c'est à lui que la foi doit être portée pour les fiefs de l'apanage. IX. 497, 529. V. *Foi et hommage.*

APPEL. Recours d'une partie au juge supérieur, contre les griefs qu'elle prétend lui avoir été faits par les juges inférieurs. IX. 124. Appel simple, qualifié, ou indéfini. 124, 125. Appellations verbales et appellations sur procès par écrit. 125. De quels jugemens on peut appeler. 125, 126. Les parties à un jugement, et même les tiers auxquels le jugement préjudicie, peuvent en appeler. 126. Les tuteurs et administrateurs doivent se faire autoriser pour appeler. *Ibid.* L'appel n'est plus recevable, lorsque la partie condamnée par le jugement y a formellement acquiescé. 501. Quand est-on censé avoir acquiescé. *Ibid.* V. *Acquiescement.* Il cesse d'être recevable, lorsque la partie a laissé passer le temps dans lequel il devait être interjeté. 501, 502. Sages principes du droit romain sur la forme et le temps de l'appel. *Ibid.* Dans notre droit, on a dix ans pour appeler, du jour de la signification du jugement à partie ; et trente ans, s'il n'a pas été signifié. I. 502, 503. IX. 126, 127. Après trois ans,

la partie peut être mise en demeure d'appeler, auquel cas elle
n'a plus que six mois pour le faire.
*Ibid.* Les délais d'appel sont plus
courts dans les juridictions spéciales. 127. Ces délais ne courent pas
contre les mineurs. *Ibid.* 1. 503.
Le délai de trois ans est de six ans
contre l'Église, les hôpitaux, etc.,
etc. *Ibid.*

Forme dans laquelle doit être
interjeté l'appel. ix. 128. L'appel est
suspensif, à moins que la sentence
ne soit exécutoire nonobstant appel. *Ibid.* Sentences qui s'exécutent
nonobstant appel, par la nature
même de l'affaire jugée. 128, 129,
130, 131. Sentences qui s'exécutent nonobstant l'appel, par la
qualité des juges qui les ont rendues. 131, 132. Défense aux juges
d'ordonner l'exécution de leurs sentences nonobstant appel, hors les
cas où elles doivent l'être. 132.
Lorsqu'ils l'ont cependant ordonné, l'appelant doit se pourvoir devant le juge supérieur, pour obtenir des défenses d'exécution. *Ibid.*
L'exécution des sentences provi-
soires s'étend-elle aux dépens? 132,
133. V. *Dépens.* Les sentences ne
peuvent s'exécuter par provision
pendant l'appel, qu'à la charge de
donner caution. 133. Exception à
l'égard de certaines sentences. *Ibid.*
V. *Caution.*

Ce que c'est que de relever appel, et comment on y procède.
134. L'appel se relève devant le
juge supérieur immédiat. *Ibid.* On
intime sur l'appel la partie au profit de qui a été rendue la sentence.
134, 135. Cas où l'on peut intimer
le juge qui a rendu la sentence.
*Ibid.* Délai dans lequel doit être
relevé l'appel, après qu'il a été interjeté. 135, 136. Faute d'être relevé, l'intimé peut faire prononcer

la désertion de l'appel. 136. Si
l'appelant comparaît, la demande
en désertion est convertie en anticipation d'appel. *Ibid.* Forme de
procéder, dans les instances d'appellation verbale, et d'appellation
sur procès, par écrit. 136, 137,
138, 139. Comment se forme l'appointement de conclusions en appel. 138, 139. On peut former en
appel des demandes incidentes,
lorsqu'elles sont connexes à l'objet
de l'appel. 139. Procédure particulière aux appels d'incompétence,
et déni de renvoi. 139, 140. Les
instances d'appel se périment par
la discontinuation de procédures
pendant trois ans, de même qu'une
instance principale. 140. V. *Péremption.* Après la péremption prononcée, l'appelant ne peut pas interjeter un nouvel appel. *Ibid.* Les
juges d'appel ne peuvent qu'infirmer ou confirmer la sentence qui
leur est soumise. 141. Ils peuvent
cependant, sur l'appel d'une sentence interlocutoire, évoquer le
fond, et prononcer au principal,
s'il est en état. V. *Adjudication par
décret. Chose jugée. Retrait lignager.*

APPEL EN MATIÈRE CRIMINELLE.
Recours d'une partie au juge supérieur, contre la sentence du juge
inférieur, pour la faire corriger,
s'il y a lieu. ix. 442. On peut appeler de toutes les sentences, dé-
finitives ou interlocutoires, qui ne
sont pas en dernier ressort. *Ibid.*
Sentences qui ne peuvent être exécutées sans avoir été confirmées par
les cours, quand même les parties
n'appelleraient pas. 442, 443. L'accusé, la partie civile et la partie
publique, ont également le droit
d'appeler. 443, 446. Devant quel
juge l'appel doit-il être porté? *Ibid.*

APP

Ce qui doit être observé sur l'appel, et comment on y procède. 443, 444. L'appel des jugemens définitifs, et de ceux qui ne seraient plus réparables, a seul un effet suspensif. 445. Condamnations pécuniaires, qui peuvent, jusqu'à une certaine somme, être exécutées nonobstant appel. *Ibid.* L'accusé mort pendant l'appel, meurt dans l'intégrité de ses droits. Ibid. V. *Jugement en matière criminelle.*

APPEL COMME D'ABUS. Appel qui a lieu toutes les fois que le juge d'Eglise entreprend sur la juridiction séculière, ou décerne quelque chose de contraire aux saints canons, aux libertés de l'Eglise gallicane, aux ordonnances, édits et déclarations de nos rois. IX. 124. Cas où il y a lieu à l'appel comme d'abus des sentences de l'official, qui prononcent sur la validité ou l'invalidité des fiançailles. v. 27, 28. V. *Fiançailles.* Cas où il est ouvert contre la concession des dispenses de bans. 39, 40. V. *Bans de mariage.* Pour poursuivre la cassation des mariages. 254, 255. V. *Cassation de mariage.* On peut appeler comme d'abus des sentences contradictoires des officiaux, incompétemment rendues. IX. 20.

APPOINTEMENT. Sentence interlocutoire par laquelle le juge ordonne un supplément d'instruction ou met la cause en délibéré. IX. 72. L'appointement en droit ordonne la production des titres et pièces, et que les parties donneront sommairement par écrit les moyens de droit sur lesquels elles se fondent. *Ibid.* Cas et procès dans lesquels on peut prononcer l'appointement en droit. 72, 73. Le juge, dont l'opinion est pour l'appointement, peut-il, lorsqu'on passe outre,

opiner au fond? 73. Appointement de jonction de la nouvelle demande formée sur une instance appointée. 73, 74. Procédure à suivre, après l'appointement, pour la production des pièces. 74, 75, 76. Dans quels cas la forclusion est-elle encourue par la partie qui n'a pas produit dans le délai? 75, 76. L'appointement à mettre ne diffère du premier qu'en ce qu'il ordonne la production entre les mains de l'un des juges qui a connu de l'affaire. 76, 77. L'appointement de délibéré ordonne que les pièces seront remises entre les mains de l'un des juges, pour en être délibéré. 77, 78. Le juge fait quelquefois un rapport. *Ibid.* D'autres fois, le délibéré a lieu sur-le-champ. 78. Les juges renvoient aussi devant arbitres. *Ibid.*

APPORT (CONVENTION D'). Convention par laquelle chaque conjoint promet apporter à la communauté une certaine somme déterminée. VI. 192. X. 303. Par cette clause, le conjoint devient débiteur de cette somme envers elle. *Ibid.* Tous les effets mobiliers, qu'il avait lors du mariage, s'imputent sur la somme qu'il a promis apporter. *Ibid.* C'est le jour de la bénédiction nuptiale, et non l'époque du contrat, qu'il faut considérer. VI. 192, 193. C'est de ce jour que doit être estimée la valeur des effets à imputer sur la somme promise pour apport. 193. Les dettes actives des conjoints ne s'imputent sur cette somme qu'autant qu'elles ont été payées durant la communauté. *Ibid.* Différence entre le mari et la femme, relativement à la preuve du paiement de ces dettes. *Ibid.* Tout ce qui fait partie de la dot mobilière d'un conjoint, et qui est entré dans la communauté, s'impute sur la somme qu'il a promise pour son apport. *Ibid.* Ainsi les fruits d'un héritage donnés en dot sont imputables. vi. 193, 194. x. 3o3, 3o4. Dans ce cas les fruits de la dot, qui n'est elle-même composée que de fruits, consistent dans les intérêts de la somme à laquelle elle est estimée. vi. 194. x. 3o4. Il n'en est pas de même d'un usufruit. *Ibid.* V. *Dot. Fruits. Usufruit.* Il faut, pour que le principal de la dot se compose de fruits, que les parties se soient clairement exprimées. vi. 194, 195. Le mobilier qui advient par succession, donation, etc., n'est pas imputable sur l'apport. vi. 195. x. 3o3. Si ce mobilier a été stipulé propre, il se fait compensation entre l'apport, et la reprise de ce mobilier. *Ibid.* C'est au conjoint débiteur de l'apport, à justifier de la quantité de son mobilier qui est entré dans la communauté. vi. 195. x. 3o4, 3o5. Elle peut être prouvée par le contrat de mariage, quittancé par le mari, lorsqu'il s'agit du mobilier de la femme, et sur sa simple déclaration pour le sien. vi. 195, 196. A défaut de contrat, il peut en être justifié par un état fait entre les conjoints, même depuis le mariage. 196. Ils ne sont pas reçus à l'attaquer en alléguant qu'ils ont diminué la quantité de leur mobilier pour s'avantager. *Ibid.* L'héritier du conjoint prédécédé y est admis. *Ibid.* La quantité du mobilier peut encore être prouvée par des actes non suspects faits avant ou peu après le mariage. vi. 196, 197. x. 3o5. S'il n'y a aucun acte, la preuve par commune renommée est admise. vi. 197. x. 3o5. Le juge doit être plus indulgent envers la femme qu'envers le mari. *Ibid.*

Différence que la convention d'apport établit entre la communauté légale et la communauté conventionnelle. vi. 197. La première acquiert tout le mobilier des conjoints à titre universel, la seconde à titre particulier, et jusqu'à concurrence de la somme promise. *Ibid.* La première supporte les évictions du mobilier qu'elle a reçu; dans la seconde, c'est le conjoint à qui il appartenait qui le souffre. 197, 198. V. *Communauté légale. Communauté conventionnelle. Eviction. Reprise d'apport.*

ARBITRES. Personnes privées que les parties se sont choisies pour juger leurs contestations, par une convention écrite que l'on appelle *compromis.* iii. 5o3, 5o4. ix. 122. Ce que doit contenir le compromis. *Ibid.* Arbitres devant lesquels on est renvoyé par le juge. *Ibid.* Forme de procéder devant les arbitres. 122, 123. Forme de la sentence et comment elle doit être homologuée. 123. V. *Société.* Quand sont-ils appelés à prononcer sur les contestations relatives aux assurances? iv. 521, 522. V. *Assurance.*

ARBRES. Le droit romain défendait de planter des arbres à moins de cinq pieds de l'héritage voisin. iii. 554. x. 439. Il faut suivre, à cet égard, chez nous, les usages des différens lieux. *Ibid.* Quoique l'arbre fût planté à cinq pieds de distance de l'héritage voisin, le propriétaire de l'arbre était obligé de couper les extrémités des branches pendantes sur cet héritage à quinze pieds de hauteur. iii. 555. x. 439. V. *Voisinage.*

V. *Communauté légale.*

ARCHIVES PUBLIQUES. Dépôt de titres, établi par autorité de justice.

1. *444.* Les actes privés qui en sont tirés font foi sans avoir été reconnus. *Ibid.* V. *Ecritures privées.*

ARMATEUR. V. *Prise.*

ARMES. Les armes secrètes sont prohibées. II. 7. V. *Port d'armes.*

ARRÉRAGES. Somme que le débiteur d'une rente constituée s'est obligé de payer par chacun an à perpétuité, jusqu'au remboursement du capital. III. 56. Le créancier ne peut exiger que ceux de l'année révolue, à moins que le débiteur ne soit convenu d'un autre terme. 62. Ils doivent être payés en la maison du créancier, lorsque le débiteur et le créancier demeurent dans le même lieu. *Ib.* Il continue d'en être de même, quoique le débiteur transfère son domicile autre part. *Ibid.* La rente est payable au domicile du débiteur, lorsqu'au temps du contrat, le créancier et lui avaient des domiciles différens, sauf convention contraire. 62, 63. V. *Paiement.*

Faculté donnée aux débiteurs des rentes constituées par les édits des dixièmes et vingtièmes, de retenir, sur les arrérages, les dixièmes et vingtièmes qu'ils paient au roi. 63. Ils doivent justifier, pour faire cette retenue, du paiement des dixièmes et vingtièmes, par le rapport des quittances. 63, 64. Ils ne peuvent retenir qu'une portion proportionnelle à la valeur de la rente, comparée à celle de leurs autres biens. 64, 65. Lorsque la levée des dixièmes et vingtièmes frappe les revenus de l'industrie, le débiteur, qui n'a pas de biens fonds, peut-il faire la retenue sur les arrérages de la rente? 65. Les communautés ecclésiastiques peuvent-elles retenir à leurs créanciers, les dixièmes et vingtièmes des rentes qu'ils leur doivent? *Ibid.* Le débiteur ne peut faire la retenue au créancier qui est dispensé par l'édit du paiement de l'imposition. 65, 66. L'exemption accordée au clergé, de payer les vingtièmes, n'est pas admise par les parlemens. 66. Le débiteur ne peut faire de retenue que pour les impositions générales, mais non pour les impositions particulières et locales. 66, 67. La rente constituée ne contribue pas à ces dernières qui grèvent l'immeuble sur lequel elle est assignée. *Ibid.*

Prescriptions contre les arrérages des rentes constituées. 67. Les quittances de trois anuées consécutives forment une présomption de paiement des années précédentes. *Ibid.* V. *Quittances.* Le créancier ne peut, dans tous les cas, exiger plus de cinq années d'arrérages. 67, 68. Cette prescription ne décharge le débiteur que dans le for extérieur. 68. Cas où elle le décharge, même dans le for de la conscience. 68, 69. Cette prescription a-t-elle lieu à l'égard des rentes constituées pour le prix d'un héritage, par le contrat de vente qui en a été fait? 69, 70. Elle a lieu contre les créanciers quels qu'ils soient. 70. *Quid*, si le mineur n'avait pas de recours, soit par l'insolvabilité de son tuteur, soit parce qu'il en était destitué? 70, 71. Cette prescription s'interrompt par une interpellation judiciaire. 71. V. *Prescriptions particulières. Interruption de la prescription.* Elle ne court pas pendant la saisie réelle des biens du débiteur, par le créancier. *Ibid.* La promesse de payer les arrérages, faite par le débiteur, arrête la prescription, qui ne recommence à courir qu'à partir de cette promesse. 71, 72. Comment cette prescription peut être couverte? 72. Elle ne peut l'être, une fois acquise contre un mineur ou interdit. *Ibid.* La convention de ne pas user de cette prescription pour les arrérages à venir, est nulle. *Ibid.*

Comment les quittances du paiement des arrérages, peuvent prouver l'existence de la rente constituée? 73-85.

Tout ce qui a été dit de la prestation des arrérages des rentes perpétuelles, reçoit application aux rentes viagères. 117, 118. La prescription de cinq ans a-t-elle lieu à l'égard des rentes viagères créées à prix d'argent? 118.

Les arrérages des rentes sont des charges de la jouissance. VII. 604.

V. *Acquéreur* (*Retrait lignager*). *Communauté légale. Constitution de rente. Déguerpissement. Fruits. Rente constituée. Rente foncière. Rente viagère. Rachat des rentes. Séparation de dettes.*

ARRÊT. Acte judiciaire par lequel un créancier, pour sa sûreté, met sous la main de justice les choses appartenantes à son débiteur, pour l'empêcher d'en disposer. IX. 205. Différence avec la saisie-arrêt. *Ibid.* Les meubles corporels, ou incorporels, peuvent être également arrêtés. 205, 206. Cas dans lesquels on peut arrêter, sans titre exécutoire, avec et sans permission du juge. 206, 207. Différence entre l'arrêt et la saisie exécutoire. *Ibid.* Il se convertit quelquefois en saisie-exécution. V. *Revendication. Saisie-arrêt. Saisie exécutoire.*

ARRÊT DE PRINCE. V. *Avarie.*

*Charte-partie. Louage de matelots.*

ARRHES. Elles se donnent avant ou après le marché conclu. II. 220. Lorsqu'elles sont données avant, elles forment un contrat particulier. 220, 221. Nature de ce contrat. *Ibid.* Il donne lieu à l'obligation de garantie de la part de celui qui les donne. 221. Celui qui les reçoit, les garde, si l'autre refuse le marché. *Ibid.*

Il les rend au double, si c'est lui qui refuse. 221. Elles peuvent être restituées sans rien conclure, par leur consentement réciproque. *Ibid.* Celui qui les reçoit est tenu de la faute légère. *Ibid.* Lorsqu'elles sont données après le marché conclu, elles en font la preuve. 222. Elles se donnent en argent ou autrement. *Ibid.* Denier d'adieu *Ibid.* Anneau des Romains. *Ibid.* L'abandon des arrhes n'empêche pas les parties d'exiger l'exécution du contrat, ou à son défaut, des dommages-intérêts. 222, 223, 224. L'acheteur contraint à payer, après refus, ne perd pas ses arrhes. 224. Cas où il est incertain si les arrhes sont données pour un contrat conclu, ou seulement projeté. 224, 225. V. *Faute. Fiançailles.*

Elles peuvent avoir lieu dans le contrat de louage, comme dans le contrat de vente. III. 390. Celui qui a reçu des arrhes, pour sûreté de la convention de louage, est-il tenu de les rendre au double en cas d'inexécution de sa part? *Ibid.*

ASSIGNAT. Les rentes avec assignat sont dues par la personne, et ne doivent pas être confondues avec les rentes foncières. VII. 247. L'assignat n'a d'autre effet que de donner une hypothèque spéciale sur l'héritage assigné. III. 33. VIII. 408. V.

*Constitution de rente. Rente foncière. Rente constituée.*

ASSIGNATION. V. *Ajournement. Confrontation. Décret. Exploit. Information. Interrogatoire des accusés. Récolement.*

ASSOCIÉ. Un associé oblige ses co-associés, lorsqu'il contracte pour le compte social. I. 47. Il est censé contracter pour le compte social, lorsqu'il ajoute à la signature ces mots: *et compagnie.* 47, 48. Droits et obligations des associés entre eux. III. 492 *et suiv.* V. *Obligation solidaire. Société.*

ASSURANCE. Contrat, par lequel l'un des contractans se charge du risque auquel une chose est exposée, et s'oblige envers l'autre contractant à l'indemniser de la perte que lui causeraient les cas fortuits qui peuvent arriver, moyennant une somme que le premier lui donne pour le prix des risques. IV. 436, 437. Ce contrat est aléatoire. 435, 436. Il peut avoir différens objets. 437. L'assurance maritime est la plus usuelle. *Ibid.* Explication des mots *prime* et *police* d'assurance. *Ibid.* L'assurance est de la classe des contrats consensuels, synallagmatiques, intéressés, aléatoires, et du droit des gens. 437, 438.

Des choses qui sont de l'essence du contrat d'assurance. 439. Il faut une ou plusieurs choses qui en soient la matière. *Ibid.* Le contrat est valable, quoique les choses qui en font la matière, n'existassent plus quand il a été passé. 439, 440. Pourvu que l'assuré n'ait pas connu, lors du contrat, la perte de la chose. 440. L'assureur peut prouver cette connaissance par témoins, afin d'obtenir la nullité du contrat pour dol. *Ibid.* Il peut même prendre la voie criminelle. 440, 441. L'assuré, convaincu d'avoir eu cette connaissance, paie la double prime à l'assureur. 441. Il y a preuve contre l'assuré, quand il refuse de prêter le serment qui lui a été déféré sur ce fait. *Ibid.* Si l'assuré est un tuteur, ayant agi pour le compte de son pupille; en cas de dol, le mineur n'est tenu qu'à la restitution simple de la prime. 442. Le tuteur est tenu sans répétition de la double prime. *Ibid.* Il en est de même du commissionnaire qui a fait assurer frauduleusement des effets de son commettant, dont il connaissait la perte. 442, 443. Cas où le commissionnaire était de bonne foi, et ignorait la perte, quoique son commettant la connût. 443. Présomption suivant laquelle l'assuré est censé, au temps du contrat, avoir su la perte des effets assurés. 443, 444. Il faut qu'il se soit passé une heure pour chaque lieue et demie de l'endroit où le vaisseau a péri, jusqu'au lieu du contrat. 444. Ce temps est compté par heure, lorsque l'heure de la perte est connue. *Ibid. Quid*, si l'on ne sait que le jour? *Ibid.* L'assureur peut-il être reçu à prouver par témoins que l'acte n'a été passé que le soir? *Ibid.* Lorsque la présomption légale existe contre l'assuré, est-il tenu de la double prime? 445. Les parties peuvent renoncer à la présomption légale, en déclarant que le contrat est fait sur bonnes ou mauvaises nouvelles. 445, 446. Espèce. 446. V. *ci-dessous.*

Toutes choses sujettes à des risques sont susceptibles du contrat d'assurance. 447. On ne peut faire d'assurance sur la vie des hommes. *Ibid.* On peut faire assurer le prix payé pour le rachat de captifs, et la liberté de sa personne. 447, 448.

On ne peut faire assurer que ce qu'on court risque de perdre. 448. Ainsi, une somme empruntée à la grosse aventure ne peut être assurée pour l'emprunteur. *Ibid.* Elle peut l'être pour le prêteur, mais non le profit. 449. L'assuré ne peut faire assurer par un second assureur, ce qui l'est déjà par un premier, mais bien la solvabilité de celui-ci. *Ibid.* On peut faire assurer par un second assureur la prime promise au premier. 449, 450.

Un assureur peut faire réassurer les effets qu'il a assurés, mais non la prime. 450. Les propriétaires et maîtres de navires ne peuvent faire assurer le fret à faire de leurs bâtimens, 450, 451, ni les marchands, le profit espéré de leurs marchandises, *ibid.*, ni les matelots, les loyers qui ne leur seront dus qu'à l'arrivée du navire. *Ibid.* Les gens qui sont dans le vaisseau ne peuvent faire assurer les effets qu'ils y ont, que sous la déduction d'un dixième, qui demeure à leurs risques. 451, 452. Il en est de même du propriétaire du vaisseau, lorsqu'il fait assurer le vaisseau. *Ibid.* L'assuré peut comprendre dans le prix, dont il doit déduire le dixième, la prime qu'il paie pour l'assurance des neuf autres dixièmes. 453. Si le dixième réservé a été assuré, il y a lieu seulement à la distraire de la somme assurée. *Ibid.* Si deux choses ont été assurées, dont l'une pouvait l'être et l'autre non, le contrat d'assurance n'est nul que quant à celle qui ne pouvait en être l'objet. *Ibid.*

Il est de l'essence du contrat d'assurance, que la chose, qui en est l'objet, soit ou doive être exposée à des risques. 453, 454. Si les risques avaient cessé, lors du contrat, il n'en est pas moins va-

lable, pourvu que l'assureur n'ait ni su ni pu savoir qu'ils n'existaient plus. 454. Si l'assureur a été de mauvaise foi, il est tenu de la restitution de la prime et du double en sus. *Ibid.* La présomption, qui s'applique à l'assuré, pour savoir s'il a connu la perte, s'applique à l'assureur pour savoir s'il a connu la cessation des risques. *Ibid.* **V.** *ci-dessus.*

Quels sont les risques dont se charge l'assureur? 455. Il se charge des pertes et dommages qui arriveront par tempêtes, naufrages, échouemens. *Ibid.* Est-il tenu des frais extraordinaires auxquels donnent lieu les fortunes de mer? *Ibid.* Il est chargé des pertes et dommages qui arrivent par abordage, par changement de route, de voyage ou de vaisseau, 455, 456, par jet, 456, par feu, 457, par prise et pillage, *ibid.*, par arrêt du prince, 457, 458. Cas où l'arrêt du prince, fait en pays étranger, peut donner lieu au paiement de l'assurance. *Ibid.* Si l'arrêt a été fait pour contrebande, et que les marchandises aient été confisquées, cette perte tombe-t-elle sur les assureurs? 458, 459. Cas où l'arrêt fait dans les ports du royaume donne lieu au paiement de l'assurance, 460, par déclaration de guerre, 461, par représailles. *Ibid.* Temps pendant lequel les assureurs restent chargés des risques des choses assurées. *Ibid.* Ce temps est réglé par la police. *Ibid.* Quand il commence et quand il finit, si la police ne l'a pas réglé. 462, 463. Les assureurs ne sont pas tenus des pertes et dommages arrivés par la faute des maîtres et matelots, 463, à moins que, par la police, ils ne soient chargés de la baratterie du patron. 464. Les déchets, diminutions et pertes, qui arrivent par le vice propre de la chose, ne tombent pas sur les assureurs, 464, 465, à moins qu'ils n'aient été occasionés par fortune de mer. *Ibid.*

Les droits de pilotage, tonnage, lamanage, etc., etc., et autres droits, ne sont pas supportés par les assureurs, à moins qu'ils n'aient été causés par tempête ou autre fortune de mer. 465, 466. Les assureurs ne sont pas tenus des risques, lorsqu'on s'est écarté de ce qui est porté par la police, si ce n'est de leur consentement, ou en cas de nécessité. 466, 467, 468.

Il est de l'essence du contrat d'assurance qu'il y ait une somme que les assureurs s'obligent à payer en cas de perte des choses assurées. 468, 469. Elle ne peut excéder la véritable valeur des choses assurées. 469. L'assurance est nulle, et les marchandises sont confisquées, lorsque l'assuré a sciemment fait assurer pour une somme plus forte que la valeur. *Ibid.* S'il a été de bonne foi, l'assurance est seulement réductible à la véritable valeur des effets assurés. 469, 470. C'est aux assureurs à prouver la fraude, lorsqu'ils l'allèguent. 470. Lorsque l'assurance est faite pour une somme au-dessous de la valeur, et indéterminément, les risques se partagent entre l'assureur, au *prorata* de la somme assurée, et l'assuré pour le surplus. 470, 471. Si, depuis l'assurance, l'assuré a retiré du navire une partie de ses marchandises, de manière qu'il n'en reste que pour la valeur de l'assurance, l'assureur en court-il seul les risques? 471, 472.

Il est de l'essence du contrat d'assurance que l'assuré donne à l'assureur une prime pour le prix des risques dont il le charge. 472.

Etymologie du mot *prime. Ibid.* La prime augmente ou diminue en temps de guerre ou en temps de paix, en raison du plus ou moins de risque. 472, 473. Si le contrat a été fait en temps de paix, sans clause d'augmentation pour survenance de guerre, les assureurs peuvent-ils, la guerre étant survenue, demander une augmentation de prime? 473, 474. Les hostilités, avant la déclaration de guerre, donnent-elles lieu à l'augmentation de prime stipulée pour le cas de guerre? 474, 475. Si la police a été faite en temps de guerre, le retour d'une paix imprévue donne-t-elle lieu à une diminution de prime? 476.

Le consentement des parties sur tout ce qui constitue le contrat d'assurance, est de l'essence de ce contrat. *Ibid.*

Personnes entre lesquelles il peut intervenir. *Ibid.* Les mineurs commerçans peuvent y être parties. 477. V. *Mineur.* Les ecclésiastiques, les officiers de judicature, les commis des chambres d'assurance, notaires et courtiers, ne peuvent faire de contrat d'assurance, sans encourir des peines. 477, 478. Les nobles le peuvent. *Ibid.* V. *Noble.* Le contrat d'assurance peut avoir lieu avec des étrangers, et même avec des individus d'une nation ennemie. 478. L'assureur peut faire réassurer par un second assureur les choses qu'il a assurées. *Ibid.* L'assurance peut être contractée par l'intermédiaire des commissionnaires. 478, 479.

La police d'assurance doit être rédigée par écrit. 479. Cette forme n'est exigée que pour la preuve, et non pour la validité du contrat. *Ibid.* Ainsi, à défaut d'écrit, le serment décisoire peut être déféré sur la vérité et sur les conditions du contrat. 479, 480. V. *Serment décisoire.* Faut-il également un acte par écrit, lorsque l'objet du contrat n'excède pas cent livres? 480. S'il n'y a pas d'acte, la preuve testimoniale peut-elle être admise, lorsqu'il y a un commencement de preuve par écrit? 480. *Quid*, si l'acte a péri dans un incendie? 480, 481. La police peut être faite ou par acte devant notaires ou sous signatures privées. 481. Ce qu'elle doit contenir. 481, 482, 483, 484. Cas où elle est nulle pour omission ou erreur sur les choses qui doivent y entrer. *Ibid.* L'estimation des marchandises n'y est pas nécessaire. 484. Forme particulière des polices d'assurance pour la liberté des personnes. 485.

Obligations de l'assureur. 485, 486. Elles consistent à payer la somme assurée, et à indemniser des avaries arrivées par force majeure. *Ibid.* En cas de faillite de l'assuré, les assureurs peuvent demander la résolution du contrat, si l'on ne fournit suffisante caution pour le paiement de la prime. 486. Les assurés ont une action personnelle contre l'assureur, pour exiger d'eux le paiement de la somme assurée. 486, 487. Il n'y a que les cas de force majeure, qui causent la perte des choses assurées, à donner ouverture à cette action. 487. Elle a lieu en cas de prise du vaisseau, de naufrage, bris, échouement, arrêt de prime. 487, 488. Il n'est pas nécessaire que la perte soit entière, mais seulement presque entière. 489. L'action n'est ouverte qu'après qu'on a reçu nouvelle de l'accident. *Ibid.* A moins que, depuis un an pour les voyages ordinaires, et depuis deux ans pour les voyages de long cours, il n'ait été reçu au-

cune nouvelle du vaisseau. 489, 490. Et cela, quand même l'assurance aurait été faite pour un temps limité. 490. Quels sont les voyages de long cours? *Ibid.* L'assuré doit faire incontinent signification aux assureurs de l'accident qui a causé la perte. 490, 491. Avant d'avoir résolu s'il demandera la somme assurée en délaissant les effets assurés, ou un simple dédommagement. 491. La signification se fait au préposé qui a signé la police, aussi bien qu'à l'assureur. *Ibid.* Forme particulière en usage à Marseille. *Ibid.* Pour demander la somme assurée, l'assuré doit offrir le délaissement de toutes les choses assurées. 492. Si l'assurance n'a été faite que pour partie, le délaissement n'a lieu que pour cette partie. 493. L'assureur doit rembourser les frais faits par l'assuré pour sauver les objets délaissés. *Ibid.* En cas de prise, si l'assuré a fait une composition pour le rachat de ses effets, les assureurs peuvent la prendre à leur profit, ou la rejeter. 493, 494. S'ils l'acceptent, ils sont chargés du rachat et des risques jusqu'à l'arrivée. 494. S'ils la rejettent, ils paient la somme assurée, sans rien prétendre aux effets relâchés. *Ibid.* Les assureurs doivent, aussitôt qu'ils sont avertis, déclarer leur choix. 495. Le délaissement transfère irrévocablement aux assureurs la propriété des effets assurés. *Ibid.* L'assuré, en délaissant, doit déclarer toutes les assurances qu'il a fait faire, et l'argent qu'il a pris à la grosse, sur les effets assurés, 496, à peine d'être privé de l'effet des assurances. *Ibid.* Cette privation n'a lieu que lorsque les assurances ou les emprunts à la grosse recelés, excèdent, avec ceux qui ont été déclarés, la valeur des effets assurés. 496, 497. Elle n'a pas lieu, si l'omission n'était pas frauduleuse. 497, 498.

Les assurés doivent signifier aux assureurs, aussitôt après le délaissement, les actes justificatifs du chargement et de la valeur des effets assurés. 498. La principale preuve du chargement est le connaissement. *Ibid.* Moyen d'y suppléer, s'il est perdu. 448, 449. Lorsque le chargement est fait en pays étranger, un double du connaissement est laissé entre les mains du consul français, ou d'un marchand notable français. 499. Différens cas et moyens pour justifier de la valeur et de la quantité des marchandises, soit avec, soit sans cautionnement. 499, 500. Comment se fait l'estimation des marchandises assurées. 500, 501. Nécessité des justifications auxquelles est tenu l'assuré. 501. L'assureur qui a fait réassurer en est tenu comme l'assuré lui-même. *Ibid.* Les assurés doivent aussi faire signifier les actes justificatifs de la perte et des accidens de force majeure. 501, 502. Ces significations doivent être faites incontinent. 502.

Les assureurs peuvent opposer comme exception aux assurés, que le délaissement n'a pas été fait ni la demande donnée dans le temps réglé par l'ordonnance. 502, 503. La reconnaissance de l'assureur qu'il a été averti de la perte, fait-elle cesser l'exception? 503. Autre exception tirée de ce que la perte ou la force majeure ne sont pas suffisamment justifiées. 503, 504. Troisième exception tirée de ce que la somme demandée excède la valeur des effets assurés. 504. Cette exception tend à faire réduire la somme, ou à faire rejeter la demande de l'assuré, lorsqu'il y a eu fraude. *Ibid.*

Condamnation qui intervient sur l'action des assurés. 505. Les assureurs ont un terme de trois mois pour le paiement de la somme assurée. *Ibid.* La prime convenue doit être déduite de cette somme. *Ibid.*

Les assureurs s'obligent, par le contrat, à indemniser l'assuré des avaries dont ils acceptent les risques. 506. V. *Avarie.* Ils ne s'obligent ordinairement à l'indemnité des avaries, que dans le cas où elles seraient un peu considérables. *Ibid.* A défaut de stipulations, ils n'en sont pas tenus, si elles n'excèdent un pour cent. 506, 507. On stipule quelquefois qu'ils n'en seront nullement tenus. 507. Action de l'assuré pour demander cette indemnité, et comment il doit l'appuyer. 507, 508. Il n'y a lieu à cette action que dans le cas où l'action en paiement de la somme assurée n'est pas exercée. 508. Elle doit être donnée dans le même terme que celle-ci. *Ibid.*

Obligation des assureurs qui ont assuré la liberté d'une personne. 509. Action de l'assuré, et justifications à faire. *Ibid.* Temps dans lequel les assureurs doivent payer. *Ibid.* Si la personne assurée est morte en captivité, ou s'est sauvée, la somme n'en est pas moins due par les assureurs. 509, 510. Si une somme exorbitante est demandée pour rançon, les assureurs, qui n'ont limité aucune somme, sont-ils tenus de la donner? 510, 511. Ils sont tenus de la peine de leur retard, si le temps du paiement a été fixé par la police. 511. Cette assurance a lieu pour un voyage de terre, comme pour un voyage de mer,

*Ibid.* En ce cas, on limite le temps du voyage, pendant lequel les risques courent. *Ibid.*

L'assuré s'oblige à payer la prime aux assureurs. 511, 512. Soit que le vaisseau périsse ou arrive à bon port. 512. A moins qu'on n'ait stipulé qu'elle ne serait due que dans le cas où le vaisseau arriverait à bon port. *Ibid.* Il n'est pas dû de prime, si le vaisseau n'a pas couru de risques. *Ibid.* Si c'est par la faute des assurés, ils doivent aux assureurs demi pour cent pour dommages-intérêts de l'inexécution du contrat. *Ibid.* Le doivent-ils, si le voyage a été rompu par force majeure. 512, 513. Quand y a-t-il faute des assurés. 513. Si le contrat n'a été exécuté que pour partie de la somme assurée, la prime n'est due que pour cette partie, et doit être restituée pour le reste, si elle a été payée. 514. Le demi pour cent est dû pour le surplus. *Ibid.* Lorsque les risques ont commencé à courir, la prime entière est due, quoique le voyage ait été raccourci. 514, 515. A moins que la prime n'ait été convenue au jour ou au mois. 515. Si elle a été convenue pour l'aller et le retour, et que le retour ne se fasse pas, l'assureur doit rendre un tiers de la prime. 515, 516. Pourvu que le vaisseau soit arrivé au lieu de sa destination; *secùs*, s'il a péri en route. 516. *Quid*, s'il y a retour, mais pour une somme moindre que la somme assurée. 516, 517. On peut convenir d'une diminution plus ou moins grande de la prime, à défaut de retour. 517. La prime cesse encore d'être due, ou doit être restituée, après le commencement des risques, si les assureurs tombent en faillite. *Ibid.* Les assureurs ont leur action

pour le paiement de la prime, aussitôt que le contrat est parfait. *Ibid.* A moins qu'ils n'aient accordé terme. *Ibid.* Ils ont un privilége sur les effets assurés pour en être payés. *Ibid.*

L'assureur et l'assuré ne doivent rien se dissimuler sur ce qui peut augmenter ou diminuer les risques. 518. A quoi ils s'obligent par cette dissimulation dans le for intérieur. 518, 519. Il n'y a pas lieu à restitution pour cause de lésion dans le prix de l'assurance, si on n'allègue aucun dol. 519. La nullité de l'assurance peut être prononcée, lorsque le contrat n'a été consenti que sur les fausses déclarations de l'assuré. 520.

La connaissance des contestations sur les assurances appartient au siége de l'amirauté dans le ressort duquel elles ont été passées. 521. A moins que les parties ne soient convenues par le contrat de soumettre leurs contestations à des arbitres. *Ibid.* V. *Amirauté. Arbitre.* Différences entre le contrat d'assurance et le contrat de société par lequel les parties soumettent par avance leurs contestations à des arbitres. 521, 522. V. *Société.*

V. *Avarie. Charte-partie. Jet. Louage de matelots. Prêt à la grosse.*

**ATERMOIEMENT.** L'atermoiement oblige les créanciers absens et opposans, quoiqu'ils n'aient pas été parties au contrat. I. 49, 50. V. *Avantage entre époux. Caution. Lettre-de-change.*

**ATTROUPEMENT.** Quand y a-t-il attroupement? IX. 369.

**AUBAINE (DROIT D').** V. *Etranger. Pétition d'hérédité. Succession irrégulière.*

AUGMENTATION DE VALEUR. V.
*Acquéreur ( Retr. lignag. ). Commise. Condictio indebiti. Consignation. Délivrance des Legs. Eviction. Garantie. Promesse de vendre. Rapport.*

AUTHENTICITÉ. V. *Titre authentique.*

AUTORISATION MARITALE. Acte par lequel le mari habilite sa femme à faire tel contrat ou telle disposition. x. 341. V. *Femme mariée. Mari. Puissance maritale.*

AVAL. Cautionnement de celui qui s'oblige dans une lettre-de-change pour le tireur ou pour quelque endosseur. III. 139, 140, 174, 175, 200. Sa forme. *Ibid.* Ceux qui l'ont souscrit, quoique non commerçans, sont justiciables de la juridiction consulaire. 175. V. *Endossement. Lettre-de-change.*

AVANCEMENT DE SUCCESSION. V. *Douaire de la femme. Propre de communauté. Rapport.*

AVANTAGE ENTRE ÉPOUX. La coutume de Paris défend aux époux de se faire l'un à l'autre, pendant le mariage, aucun avantage, ni direct, ni indirect. VI. 562. Peu importe qu'ils soient communs en biens, ou séparés de biens, et même de corps. *Ibid.* La prohibition de la coutume s'applique-t-elle à un homme et une femme, dont le mariage serait nul. 562, 563. Un homme et une femme, qui vivent en concubinage, sont aussi incapables de se faire aucunes donations. 563. Mais s'ils contractent ensuite mariage, ils deviennent capables de s'en faire par leur contrat. 563, 564. V. *Concubine.* La coutume défend aux conjoints de s'avantager par donations entre-vifs. 564. Par-là elle entend non-seulement les donations d'immeubles, mais encore celles de meubles, lorsqu'elles sont considérables. 564, 565. Les sommes qu'un homme donne à sa femme, pour son entretien, ne sont pas considérées comme donation. 565. Les époux ne peuvent pas même se donner la jouissance d'une chose. *Ibid.* On ne regarde pas néanmoins comme donation défendue, le prêt qu'ils peuvent se faire de quelques-uns de leurs meubles, 565, 566, ni le paiement d'une somme d'argent due, payée avant l'échéance. 566. Mais la restitution anticipée des héritages dotaux de la femme, avant la dissolution, est une donation prohibée. *Ibid.* Il en est de même de la remise gratuite d'une dette, faite par l'un des conjoints à l'autre. *Ibid.* Au contraire, n'est pas telle la remise d'une partie du profit, faite par le conjoint, duquel relève en censive ou en fief, un héritage acquis par l'autre. 566, 567. Ni l'atermoiement, accordé par la femme, concurremment avec les autres créanciers au mari, tombé en faillite, dont tous les biens sont mobiliers. 567. Ni la remise, faite par la femme au mari, d'un droit d'hypothèque, qu'elle a sur un de ses héritages, en consentant à la vente. *Ibid.* Est nulle, la donation d'une somme d'argent faite par la femme au mari, pour frais de provisions et d'offices. 567, 568. De même que celle donnée pour la réparation de quelque dommage imprévu. 568. Les donations entre époux ne sont pas validées par le consentement des héritiers présomptifs inséré dans l'acte. 568, 569.
La coutume défend aussi les donations testamentaires entre mari

et femme , 569 ; quand même le testament aurait précédé le mariage. *Ibid.* Quand même le testateur déclarerait qu'il est débiteur de la somme qu'il a chargé son héritier d'acquitter. *Ibid.* Y a-t-il donation prohibée , lorsque le testament charge les héritiers de vendre un immeuble à l'autre conjoint pour le prix auquel il sera estimé? 569 , 570. Le legs d'une modique somme, fait par un conjoint à son conjoint qu'il nomme son exécuteur testamentaire, est valable. 570. Il en est de même d'une rente viagère alimentaire. *Ibid.*

Lorsque la donation est d'un héritage , et qu'elle a été exécutée par la tradition , il y a lieu à l'action de revendication. 570 , 571. V. *Revendication. Tradition.*

Il y a lieu aussi à une action personnelle contre le donataire. 571. Le donateur lui-même peut exercer l'action en revendication des choses qu'il a données, contre le conjoint donataire. 572. Son légataire universel peut aussi l'exercer. *Ibid.* Elle doit être donnée contre le possesseur des choses données. *Ibid.* Le donataire ou ses héritiers ne peuvent la repousser en opposant la prescription, quelque longue qu'elle soit. 572 , 573. Les tiers peuvent l'opposer, quand ils ont possédé pendant le temps requis pour la prescription par la loi du lieu où l'héritage est situé. 573, 574. V. *Prescription. Possession.* Sur la demande en revendication , l'héritage doit être délaissé en l'état où il se trouve. 574. A la charge de rembourser au possesseur les impenses qui l'ont rendu plus précieux. *Ibid.* Si l'héritage au contraire est dégradé , le donataire et ses héritiers , contre lesquels la demande est donnée, sont tenus des dommages-intérêts. *Ibid.* Le tiers-acquéreur, possesseur de bonne foi, n'en est pas tenu ; à moins qu'il n'en ait profité. 574, 575. V. *Dégradations.* Le donateur ou ses héritiers, peuvent conclure contre le donataire ou ses héritiers, à la restitution des fruits par eux perçus. 575, 576. V. *Fruits.* On ne peut, dans tous les cas, leur demander le rapport des fruits que des vingt-neuf années qui ont précédé la demande , et ceux perçus depuis. 576. On ne peut demander au tiers-acquéreur de bonne foi, que la restitution des fruits perçus depuis la demande. *Ibid.* Sauf le recours pour les jouissances contre le donataire ou ses héritiers. *Ibid.*

Le donateur et ses héritiers n'ont besoin d'exercer l'action personnelle, contre le donataire, que lorsqu'il ne possède plus l'héritage donné , et qu'ils n'ont plus l'action de revendication contre le tiers. 577. Cette action personnelle est sujette à la prescription de trente ans. *Ibid.* Elle ne court pas pendant la vie du donateur. *Ibid.* V. *Action personnelle.* Il y a encore lieu à l'action hypothécaire, contre les détenteurs de l'immeuble donné de la part des créanciers du donateur. *Ibid.*

Lorsque la donation consiste en meubles, le donateur peut les revendiquer, lorsqu'ils se trouvent encore en nature, en la possession du donataire ou de ses héritiers. 578. Il peut aussi les revendiquer sur des tiers , à moins qu'ils ne les aient achetés en justice ou en foire, *ibid.*, ou qu'il n'y ait prescription dans le temps de leur possession. *Ibid.* Quel est le temps de cette prescription des meubles? *Ibid.* Lorsque les meubles, donnés par le mari à sa femme, ont péri, la perte est pour le mari. 579. Si le donataire en a disposé, le donateur a, contre lui, une action personnelle pour se faire rembourser leur valeur. *Ibid*. Le donataire n'est tenu, dans tous les cas, de la restitution que jusqu'à concurrence de ce qu'il en a profité. *Ibid*.

Si la chose donnée est incorporelle, la quasi-tradition n'en transfère pas la propriété au donataire. 579, 580. Néanmoins le débiteur, qui, sur la signification du transfert, faite par le donataire, a payé, est valablement libéré. 580, 581. Le donateur peut seulement revendiquer la chose sur le donataire. 581. V. *Choses. Transport*.

Si la donation consiste dans la remise d'une créance, elle est regardée comme non-avenue. 581. V. *Remise de la dette*. Si elle consiste dans une simple promesse, elle ne produit aucune obligation. 582. Néanmoins, si les héritiers du donateur ont payé, après sa mort, à l'autre conjoint ce que le défunt lui avait promis, le paiement est valable. *Ibid*. Les donations testamentaires ne donnent au conjoint légataire aucune action pour en demander la délivrance. *Ibid*.

V. *Avantage indirect. Communauté légale. Convention matrimoniale. Donation entre-vifs. Donation entre mari et femme. Séparation de biens. Secondes noces.*

AVANTAGE INDIRECT ENTRE ÉPOUX. Contrats qui interviennent entre conjoints, qui renferment, ou sont suspects de renfermer quelque avantage que l'un fait à l'autre. VI. 583, 584. Distinction du droit romain entre les contrats simulés et ceux non simulés. *Ibid*. Principes des coutumes. 584. 585.

Faits qui renferment des avantages indirects entre mari et femme. 585. L'acte par lequel le mari reconnaît avoir reçu de sa femme plus qu'il n'a effectivement reçu, est un de ces faits. *Ibid*. Il en est de même si le mari diminue l'état de son propre mobilier. 585, 586. Les héritiers du mari sont reçus à la preuve, tant de ce que la femme avait de moins, que de ce que l'homme avait de plus qu'il n'est porté par les états respectifs. 586. Il en est de même des héritiers de la femme, lorsqu'elle a diminué l'état du mobilier dont elle a la reprise, ou souscrit les états enflés que le mari a faits du sien. *Ibid*. La suppression des pièces justificatives et enseignemens des reprises auxquelles a droit l'un des conjoints, faite par l'autre conjoint, est une espèce d'avantage indirect. 586, 587. V. *Apport. Reprise de l'apport*. Il en est de même de la fausse dénonciation du prix portée par le contrat de vente d'un héritage propre de l'un des conjoints. 587. Et des billets de principaux de rentes existans sous seing privé avant le mariage, et propres de l'un des époux, renouvelés pendant le mariage pour les rendre conquêts. 587, 588. L'extinction d'un droit de servitude existant sur l'héritage de l'un des conjoints en faveur de l'autre, n'est pas considérée dans notre droit comme un avantage indirect. 588. Y a-t-il un avantage indirect, lorsque le mari renonce à une succession, à dessein que la femme, appelée à son défaut, la recueille, ou lorsqu'il répudie un legs qui lui est fait par un parent de sa femme, qui en est héritière, et chargée à ce titre de la prestation du legs? 588, 589, 590. *Quid*, dans le cas où j'ai engagé un ami, qui voulait me faire un legs, à le faire plutôt à ma femme? 590. Y a-t-il avantage indirect, lorsque je paie intégralement à ma femme un legs, fait par un testateur dont j'étais l'unique héritier, qui entame considérablement les quatre quints des propres que je peux retenir? *Ibid.* Il n'y en a pas, lorsque j'ai choisi un legs qui m'a été fait par un de mes parens collatéraux, dont j'étais héritier pour partie, préférablement à la part qui m'était déférée dans la succession. 561.

Il y a avantage indirect, lorsque l'un des conjoints, en nommant l'autre son exécuteur testamentaire, le décharge de rendre compte. VI. 591. V. *Exécuteur testamentaire.* Il en est de même de la remise d'une certaine somme entre les mains du survivant, ordonnée par le testateur, pour être employée selon les intentions qu'il lui a fait connaître. *Ibid.*

Les conjoints ne peuvent pas plus se donner par personnes interposées que directement. 591, 592. La femme, qui a reçu par le canal d'un tiers, est obligée à la restitution. 592. A défaut par elle de faire cette restitution, la personne interposée en est tenue. 592, 593. Elle en est tenue à plus forte raison, lorsqu'elle a gardé la chose qu'elle était chargée de remettre. 593. Si elle n'était chargée de remettre qu'une partie de la chose donnée, la donation n'est nulle que pour cette partie. *Ibid.* S'il s'agit d'un legs fait à un tiers, à la charge de remettre une somme à la femme, ce tiers peut demander la délivrance du legs, en remettant la somme aux héritiers du mari. *Ibid.* Cas où un tiers, à qui le mari fait un legs, sans convention de le rendre à sa femme, et sans lui donner

connaissance de ses intentions, a des soupçons probables que le testateur a néanmoins voulu que ce legs fût remis à sa femme. 593, 594, 595. Ce légataire ne doit accepter le legs ni pour le faire passer à la femme, ni pour le retenir. 594, 595. Un legs fait à un tiers par le mari, à la charge qu'il liquidera sa succession, et qu'il la remettra ensuite à sa femme, est très-licite. 595. Tout ce que nous avons dit des legs faits par le mari à un tiers, pour les faire passer à la femme, s'applique à ceux que celle-ci ferait de même, pour les faire passer au mari. *Ibid.* La femme peut faire passer à son mari, par le moyen d'une personne étrangère, le montant de ce qu'elle lui doit. 596. Le mari peut aussi le faire à l'égard de sa femme, pour des causes dont celle-ci ne peut avoir aucune preuve. 597. Lorsqu'il a dissipé les biens de la communauté, il n'est pour cela tenu à aucune restitution. *Ibid.* Coutumes qui regardent comme faites à personnes interposées, les donations faites par un conjoint à des personnes dont l'autre conjoint est héritier présomptif. 597, 598. Hors de ces coutumes, les donations faites aux collatéraux de l'un des conjoints par l'autre, sont valables. *Ibid.* Celles faites au père ou à la mère de l'un des conjoints, ou à quelque autre de ses ascendans, sont-elles valables? 598. Si l'ascendant était chargé de substitution envers un étranger, la donation est valable. 599. La coutume de Paris défend aux conjoints de donner aux enfans l'un de l'autre d'un précédent mariage, au cas qu'ils, ou l'un d'eux, aient des enfans. 599. Dans les autres coutumes où la même restriction n'est pas portée, ces donations sont nulles, soit que les conjoints aient, ou non, des enfans. 600. Dans celles où il n'est pas parlé des donations faites aux enfans d'un précédent mariage, ces donations sont-elles valables? 601. La défense faite à l'un des conjoints de donner aux enfans de l'autre d'un précédent mariage, comprend-elle les donations mutuelles comme les simples? 601, 602. Les donations rémunératoires y sont-elles comprises? 602. Cette défense, à l'égard des enfans de l'un des conjoints d'un précédent mariage, cesse à la mort de ce conjoint. *Ibid.*

V. *Avantage entre époux. Communauté légale. Constitution de rente. Donations entre mari et femme. Préciput conventionnel. Rapport. Remploi. Secondes noces.*

AVANTAGE INDIRECT AUX ENFANS. V. *Rapport.*

AVANT FAIRE DROIT. V. *Jugement.*

AVARIE. Pertes et dommages soufferts pendant le cours d'une navigation. IV. 371. Avaries grosses ou communes et avaries simples. 371, 372, 540. Les avaries communes seules donnent lieu à la contribution. *Ibid.* Le jet est une des principales espèces d'avaries. 372. V. *Jet.* Les choses données par composition aux pirates pour le rachat du navire et des marchandises, sont une avarie commune qui donne lieu à la contribution. 387. Il n'en est pas de même de ce qu'un corsaire a pris par force. 387, 388. Différences entre la contribution pour le rachat et la contribution pour jet. 388, 389. Les cables ou mâts rompus ou coupés, les ancres abandonnées pour le salut commun, sont une avarie com-

mune. 389, 390. Si la perte en a été faite par fortune de mer, ce n'est qu'une avarie simple. 390. Le pansement et la nourriture du matelot ou du passager blessé dans un combat pour la défense du vaisseau, sont avarie commune. 390, 391. En est-il de même de ce qui est payé aux héritiers du matelot après sa mort? 391. Est aussi avarie commune le dommage souffert par le vaisseau dans un combat. *Ibid.* Les frais de décharge pour entrer dans un hâvre ou dans une rivière, ou pour mettre à flot un vaisseau, le sont aussi. 391, 392. Distinctions et explications sur ce cas. 392, 393. Les lamanages, tonages et pilotages sont avaries simples, qui se paient un tiers par le navire, et les deux autres tiers par les marchandises. 393, 394. Ils ne sont avaries que dans le cas où ils ont lieu par suite de tempête ou de chasse. 394. Il en est de même des droits de congé, visite, rapport, balises et ancrage. 394, 395. L'échouement volontaire, pour éviter une poursuite, est avarie commune. 395. Le sont aussi les frais de séjour dans un port ou sous une citadelle pour éviter l'ennemi. *Ibid.* L'arrêt de prince ne l'est pas, si le navire n'est loué au mois. 395, 396. Tous les dommages soufferts par le vaisseau ou par les marchandises, même par la faute du maître ou de ses gens, mais non pour le salut commun, sont avaries simples, et ne donnent pas lieu à la contribution. 396. Le dommage causé par l'abordage est supporté moitié par chacun des deux vaisseaux qui se sont heurtés. 397. Le maître ni les marchandises n'en sont pas tenus. 397, 398. Si l'abordage a eu lieu par la faute du maître, il est tenu du dommage causé. 398. V.

*Charte-partie. Jet. Louage de matelots. Prêt à la grosse. Propriété.*

AVENIR. Acte par lequel un procureur somme le procureur de la partie adverse de se trouver tel jour à l'audience, pour y plaider la cause d'entre les parties. IX. 41, 42. Quand doit-on donner avenir? *Ibid.*

AVEU. V. *Confession.*

AVIS DE PARENS. V. *Mariage.*

AVOCAT. La demande des parties contre eux, pour la restitution des pièces, se prescrit par cinq ans, du jour du jugement définitif, et par dix ans, lorsque le procès n'est pas terminé. I. 435. V. *Prescriptions particulières.* Le contrat qui intervient entre l'avocat et son client est un contrat de mandat essentiellement gratuit. III. 236. L'avocat re-

çoit un honoraire et non un salaire. *Ibid.* V. *Honoraires.* A Paris, les avocats se sont maintenus dans l'usage de ne mettre au bas de leurs écritures aucune mention des sommes qu'ils ont reçues. IX. 160. Cependant l'article 10 du titre 31 de l'ordonnance de 1667 le leur enjoint. *Ibid.* Les étrangers ne peuvent prêter le serment d'avocat en France. VIII. 26. V. *Etranger.* L'avocat n'est pas tenu de déposer comme témoin de la confidence de l'accusé qui l'a consulté. IX. 385. V. *Conseil des accusés. Donations entre-vifs.*

AYANT-CAUSE. Successeur à titre singulier. I. 40, 521. Tout ce qui a été fait avec son auteur par rapport à la chose qu'il tient de lui, est censé fait avec lui. *Ibid.* V. *Chose jugée. Contrat.*

# B

BAIL. On appelle ainsi le contrat de louage des maisons et des fonds de terre. III. 231, 232. Sur les obligations et les droits qui en naissent, V. *Louage des choses.*

Durée des baux faits sans écrit. III. 242, 243. A l'égard des baux des biens de campagne, ils sont présumés faits pour tout le temps nécessaire à la récolte des fruits. *Ibid.* A l'égard des maisons de ville, on suit l'usage des lieux. 343. A Paris, il y a quatre termes, d'où commencent, et auxquels finissent les baux. *Ibid.* Lorsqu'il n'y a pas contrat écrit, ils durent toujours jusqu'à l'un de ces termes. *Ibid.* Il faut donner congé pour les faire cesser. V. *Congé. Ibid.* A Orléans, il n'existe que deux termes, 243, 244. Les baux des chambres gar-

nies se font au jour, à la se m  ae au mois ou à l'année, selon la convention. 244. V. *Congé.*

Qui peut passer des baux? 248 *et suiv.* V. *Louage des choses.*

L'acquéreur ou le légataire ne sont pas tenus d'entretenir le bail, sauf l'action du conducteur en dommages-intérêts contre le locateur ou ses héritiers. *Ibid.* Il en est de même d'un usufruitier de l'héritage. *Ibid.* Le preneur d'un bail à vie d'un héritage déjà loué, peut-il expulser le locataire, ou fermier? 551, 352. L'hypothèque du conducteur par bail authentique, sur l'héritage loué, n'empêche pas l'acquéreur de cet héritage de l'expulser. 352. Il n'y a pas lieu à l'exception de garantie. *Ibid.* Le successeur à titre singulier du locateur est obligé d'entretenir le bail, lorsqu'il a acquis à cette charge. 352, 353. L'acheteur n'est tenu à rien vis-à-vis le conducteur, lorsqu'il s'est seulement obligé par l'acte de vente à dédommager le vendeur de ses dommages-intérêts envers le preneur, s'il était expulsé. 353. *Quid*, si le vendeur cède à l'acquéreur les droits des baux? *Ibid*. Celui qui a acquis du fisc, est tenu d'entretenir les baux. *Ibid*. Il en est de même de l'acquéreur sous faculté de rachat dans un temps court. 354. Le donataire entre-vifs et la douairière, doivent entretenir les baux faits par le donateur, ou par le mari. *Ibid*. Le successeur à titre singulier, doit au moins laisser jouir le conducteur pendant l'année courante et ne pas l'expulser en sur-terme. 355. De son côté, le conducteur n'est pas tenu d'entretenir le bail vis-à-vis du successeur à titre singulier. 355, 356. Il en est tenu, dans les cas où le successeur en est lui-même tenu vis-à-vis de lui. 356. Le successeur à titre singulier, qui n'en est pas tenu par le bail, peut, par la suite, s'y obliger par une convention avec le conducteur. *Ibid*. Dans ce cas, a-t-il les droits d'hypothèque de son vendeur sur les biens du fermier, résultans de ce bail? 357. Le substitué n'est pas tenu d'entretenir le bail fait par le grevé. *Ibid*. Il en est de même du successeur à un bénéfice. *Ibid*. Le seigneur, qui a saisi féodalement le fief de son vassal, est tenu d'entretenir le bail fait par ce dernier. 357, 358. V. *Saisie féodale*. Le commissaire à la saisie entretient ordinairement les baux des biens saisis, lorsqu'ils ont été faits de bonne foi. 358. La femme est tenue d'entretenir les baux de ses héritages propres faits

par son mari. *Ibid*. Celui qui rentre dans ses biens, dont il avait fait l'abandon à ses créanciers, doit entretenir les baux faits par le séquestre. *Ibid*.

Résolutions des baux qui se font de plein droit, ou qui doivent être demandées. 359. Le bail à ferme ou à loyer se résout de plein droit par l'expiration du temps pour lequel il est fait. *Ibid*. V. *Reconduction*. Cas auxquels le bail se résout de plein droit avant l'expiration du temps pour lequel il a été fait. 360. Lorsque la chose, qui a été louée, s'est éteinte par cas fortuit. *Ibid*. Lorsque le conducteur a succédé au locateur, soit pour la propriété, soit pour l'usufruit de la chose louée. *Ibid*. Le fermier, légataire du locateur, peut-il prétendre contre son héritier la restitution des impenses qu'il a faites pour faire venir les fruits de la dernière année? 360, 361. Le bail se résout de plein droit avant l'expiration du temps, par la résolution du droit du locateur, qui n'était que temporaire, survenu sans son fait. 361. Si la résolution de son droit est arrivée par son fait, il n'est pas libéré. 361, 362. Ses héritiers sont tenus de faire jouir le conducteur; sinon, à ses dommages-intérêts. 362, 363. Application de ces principes à l'usufruitier, au bénéficier, et au grevé de substitution. *Ibid*. Le bail n'est pas résolu par la mort de l'une des parties. 363. Si ce n'est lorsqu'il a été fait sans détermination de temps. *Ibid*. Causes pour lesquelles la résolution d'un bail peut être demandée. 364. Elle peut être demandée par le locateur, lorsque le locataire n'a pas dans la maison une quantité suffisante de meubles pour répondre des loyers. III. 364. X. 788. Lorsque la maison louée menace ruine, et qu'il est indispensable de la rebâtir. III. 364, 365. x. 788. Le locataire peut-il offrir de sortir de la maison, à la charge d'y rentrer quand elle aura été reconstruite? III.365. Lorsque le locataire ne jouit pas de la maison comme il doit en jouir. III. 365. x. 788. Dans ces cas, le locataire peut être expulsé, malgré toute clause contraire. *Ibid.* Il ne peut demander aucun dédommagement. III. 366. Le locataire peut de son côté demander la résolution du bail, lorsque la maison est devenue inhabitable. *Ibid.* Clause par laquelle chacune des parties peut, au bout d'un certain temps, résoudre le bail en avertissant l'autre. 566, 567. Dans quel temps cet avertissement doit être fait. 367. Il se fait verbalement ou par un huissier. *Ibid.* Celui qui a averti, ne peut plus ensuite, malgré l'autre partie, changer de volonté. *Ibid.* Cette clause peut être faite dans l'intérêt d'une seule des parties. *Ibid.* Le propriétaire locateur a le droit de résoudre le bail qu'il a fait de sa maison, lorsqu'il veut l'occuper lui-même. III. 367, 368. x. 789. Il suffit qu'il affirme qu'il a donné congé dans cette vue. III. 368. x. 789. Le propriétaire peut user seul, de ce droit; le locataire ne peut l'exercer vis-à-vis de ses sous-locataires. III. 368, 369. x. 789, 790. Un usufruitier peut-il en user? III. 369. Le titulaire d'un bénéfice le peut pour une maison dépendante de son bénéfice; un mari pour une maison propre à sa femme. *Ibid.* Le propriétaire, dans ce cas, ne peut donner congé que pour le prochain terme, et dans un temps suffisant pour que le locataire puisse trouver à se pourvoir d'une autre maison. III. 369, 370. x. 789, 790. On doit suivre, à cet égard, l'usage des lieux. III. 370. Dédommagement auquel le propriétaire est obligé envers le locataire qu'il renvoie. III. 370, 371. x. 790. Le propriétaire peut renoncer valablement, par le bail, à exercer ce droit. III. 371. x. 790. Son mandataire, afin de louer sa maison, ne peut y renoncer pour lui, sans un pouvoir exprès. *Ibid.* Le propriétaire n'est pas censé y renoncer, en affectant spécialement sa maison à l'exécution du bail. *Ibid.* Ce droit du propriétaire, n'a lieu qu'à l'égard des maisons propres à être habitées, et non à l'égard des métairies. III. 371, 372. x. 790. Baux des biens de la femme faits par le mari: quand la fraude s'y présume. VI. 36, 37, 38. V. *Puissance maritale.*

V. *Garde-Noble. Louage des choses. Puissance maritale. Puissance paternelle. Retrait lignager.*

BAIL A CENS. Contrat par lequel le propriétaire d'un immeuble l'aliène, sous la réserve de la seigneurie directe, et d'une redevance annuelle en argent ou en fruits, en reconnaissance de ladite seigneurie. VIII. 629. Nature et essence de ce bail. *Ibid.* Qui peut donner à cens, et quels immeubles? 629, 630. En quoi il diffère du bail à rente foncière. *Ibid.* V. *Action de rente foncière. Bail à rente. Cens.*

BAIL A FERME. V. *Bail. Louage des choses.*

BAIL A LOYER. V. *Bail. Louage des choses.*

BAIL A LONGUES ANNÉES. Quand un bail est-il à longues années? II. 300, 301. Les baux faits au-dessus de neuf ans, sont considérés comme aliénations. III, 233, 242. V. *Louage.*

des choses. *Retrait lignager. Re-*
*conduction.*

**Bail a rente.** Contrat par lequel
l'une des parties cède à l'autre un
héritage ou un droit immobilier,
moyennant une rente annuelle en
argent ou en fruits. ii. 525, 526. Il
ressemble aux contrats de vente et
de louage. 526. Trois choses constituent également l'essence de ces
contrats. *Ibid.* Il est, comme eux,
du droit des gens, synallagmatique
et commutatif. *Ibid.* Il ressemble
particulièrement au louage par la
rente que le preneur est obligé de
payer. *Ibid.* Néanmoins cette rente
est différente dans les deux cas.
526, 527. Par le louage, le locataire ou fermier n'est tenu que personnellement. *Ibid.* Par le bail à
rente, la rente est imposée sur le
fonds. *Ibid.* De-là, le nom de *rente
foncière.* 587. Le bail à rente ressemble surtout à la vente, par l'o-
bligation de garantie qui est commune au bailleur et au vendeur.
*Ibid.* Il en diffère parce que le
bailleur ne transfère pas tout le
droit qu'il a dans la chose. *Ibid.* Il
diffère encore de la vente et du
louage, en ce qu'il n'est pas comme
eux un contrat consensuel. *Ibid.* Il
n'est parfait que par la tradition
réelle ou au moins fictive. 527,
528. V. *Louage des choses. Vente.*

Trois choses constituent sa substance. ii. 528. Il faut une chose,
baillée à rente. *Ibid.* Les héritages
et les droits incorporels peuvent
être baillés à rente. *Ibid.* Néanmoins il n'y a que les immeubles à
pouvoir l'être. 528, 529. Ceux des
mineurs, interdits, etc., ne peuvent
l'être qu'en vertu du décret du juge.
529. Comment le bail à rente de
l'héritage d'autrui est valable. 529,
530. V. *Chose d'autrui.* Le contrat,

par lequel quelqu'un prend à rente
son propre héritage, est nul. 538. Il
est valable s'il était réversible au
bailleur après un certain temps. *Ib.*

Il faut une rente que le bailleur
se retienne dans l'héritage. *Ibid.*
V. *Rente foncière.* Il faut que les
parties aient donné leur consentement sur la chose baillée et sur la
rente. 539. V. *Consentement.* A
quoi s'obligent le bailleur et le preneur par le bail à rente. 539. V.
*Bailleur. Preneur.*

Clauses dont ce contrat est susceptible. 545. Les mêmes que celles
du contrat de vente concernant la
contenance et la qualité de l'héritage. *Ibid.* Il y en a d'autres qui
lui sont particulières. *Ibid.*

Clauses en faveur du bailleur.
*Ibid.* On peut stipuler des deniers
d'entrée. *Ibid.* Le contrat alors est
mêlé de vente. 545, 546. Le preneur peut s'obliger à fournir et faire
valoir la rente. 546. V. *Clause de
fournir et faire valoir.* L'effet de
cette clause est qu'il est tenu personnellement de la rente, comme
après avoir cessé d'être possesseur
de l'héritage. ii. 546. x. 805. Mais il
peut discuter les possesseurs. *Ib.* Son
héritier en est tenu comme lui, et à
perpétuité. *Ib.* Clause par laquelle
il s'oblige à payer la rente à toujours
et à perpétuité. ii. 547. Elle est
équivalente à celle de fournir et
faire valoir. *Ibid.* L'obligation personnelle que contracte le preneur
par l'une et par l'autre, n'est que
subsidiaire à l'obligation réelle. *Ib.*
Il peut encore s'obliger à améliorer l'héritage, de manière qu'il
vaille toujours la rente et plus. ii.
547. x. 805, 806. Cette obligation
s'éteint par la destruction totale
de l'héritage. *Ibid.* Cas où la clause
porte l'obligation de faire certaines
améliorations déterminées. ii. 548.

x. 806; Le bailleur a une action personnelle contre le preneur pour l'y obliger. *Ibid.* Il peut, à défaut d'exécution, rentrer dans l'héritage. *Ibid.* L'amélioration doit être faite dans le temps prescrit par le contrat, *ibid.*, sinon dans celui limité par le juge. *Ibid.* Le premier est toujours à temps de la faire, même sur l'appel. II. 548, 549. Il ne peut s'en dispenser en offrant d'autres sûretés au bailleur. 549. L'action, qu'a le bailleur, peut-être donnée contre le preneur, les héritiers, et les tiers détenteurs. *Ibid.* Ces derniers sont obligés d'exécuter l'obligation avant de déguerpir. *Ibid.* Cette obligation s'éteint par l'exécution, et par la destruction entière de l'héritage. 549, 550. Elle s'éteint encore par le rachat de la rente. 550. Clause par laquelle le preneur s'oblige à payer les arrérages sans aucune diminution. *Ibid.*

Clauses en faveur du preneur. 551. On peut stipuler que la rente sera rachetable par le preneur. *Ib.* L'expression de la somme pour laquelle elle le sera, n'est pas nécessaire. *Ibid.* Le tiers-acquéreur de la rente est obligé de souffrir le rachat. *Ibid.* Le droit de rachat passe à ceux des héritiers du preneur auxquels l'héritage est échu en partage en tout ou en partie. 551, 552. Même aux autres, lorsqu'il y a eu une clause de fournir et faire valoir, 552, ou lorsqu'ils sont garans de la rente envers leur cohéritier. *Ibid.* Le droit de rachat passe aux tiers-acquéreurs de l'héritage. 552, 553. La faculté de racheter la rente se prescrit par trente ans entre âgés et non privilégiés. 553. V. *Prescription trentenaire.* La prescription n'est pas interrompue par un acte recognitif

de la rente, et de la faculté de rachat, passé par un héritier du preneur au créancier. 553, 554. Cette prescription ne court pas contre les mineurs. 554. Elle est de quarante ans contre les corps ou l'Église. *Ibid.* L'énonciation de rente rachetable dans un acte recognitif, ne proroge pas le temps de la prescription. 554, 555. Ce qu'il y a de commun pour le rachat entre les rentes foncières rachetables et les rentes constituées. 555. V. *Rentes constituées.* En quoi elles diffèrent. 555, 556. Le rachat des rentes constituées est imprescriptible, tandis que celui des rentes foncières est sujet à la prescription ordinaire. *Ibid.* Les parties ne peuvent stipuler que la rente foncière sera rachetable à toujours. 556. Différence des pactes sur le rachat des rentes constituées, et sur celui des rentes foncières. *Ibid.* On peut apposer à celui de ces dernières telles conditions ou restrictions que bon semble. 556, 557. V. *Rachat des rentes constituées.* On peut stipuler encore que le bailleur se charge de la foi et des devoirs seigneuriaux. 557. Dans ce cas, la rente est seigneuriale. *Ibid.* Cette clause est appelée *Jeu de fief. Ibid.* Le bail à rente rachetable sans rétention de foi, est équipollent à vente, et donne lieu au retrait féodal. IX. 774, 775.

V. *Déguerpissement. Jeu de fief. Remploi. Rente seigneuriale. Rescision du bail à rente.*

**BAIL JUDICIAIRE.** Bail par lequel la jouissance d'une chose est adjugée par le juge à titre de ferme ou de loyer pour un certain temps, au plus offrant et dernier enchérisseur. III. 385. IX. 223. Baux judiciaires des biens du fisc, des corps et communautés, des mineurs. *Ibid.* Ils ont lieu surtout pour les biens saisis réellement. *Ibid.* En principe, il y a lieu au bail judiciaire, et le commissaire doit y faire procéder, soit que la chose soit déjà louée, ou non. III. 385, 386. IX. 223, 224. X. 891. Cependant le locataire ou le fermier peut obtenir la conversion du bail conventionnel en bail judiciaire. III. 386. IX. 224. X. 891, 892. Il faut, pour y être admis, que le bail conventionnel soit fait à prix d'argent, sans fraude, à juste prix, et que le locataire ou fermier soit contraignable par corps. IX. 224, 225. X. 891. La conversion ne peut avoir lieu après l'adjudication du bail judiciaire. IX. 225. Lorsqu'elle n'a pas lieu, le locataire ou fermier a droit à des dommages-intérêts contre le saisi, pour la résiliation du bail. *Ibid.* Les saisissans et les opposans peuvent-ils demander la conversion contre le locataire ou fermier qui ne la demande pas. IX. 225, 226. X. 892. Le commissaire doit assigner le saisissant, le saisi, et le procureur le plus ancien des opposans, six semaines après l'enregistrement de la saisie, pour voir procéder à l'adjudication du bail judiciaire. IX. 226, 227. Procédure à suivre pour y arriver. *Ibid.* L'adjudication ne se fait qu'à la dernière remise. 227. Les procureurs sont seuls admis à enchérir au nom des personnes qui leur en ont donné le pouvoir. III. 386, 387, IX. 227, 228. X. 892. Les juges, avocats, procureurs, huissiers, et solliciteurs, ne peuvent être fermiers judiciaires. *Ibid.* Peines prononcées contre eux. *Ibid.* La partie saisie ne peut l'être, ni cessionnaire de la personne qui l'est, à peine de

3000 francs d'amende contre le cédant. *Ibid.* Toute personne non contraignable par corps ne peut être fermier judiciaire. III. 386. IX. 228, 229. X. 892. V. *Contrainte par corps.* L'adjudicataire du bail doit donner caution. III. 387. IX. 229. X. 892. V. *Caution.* Surenchère du tiers toujours promise pour l'année suivante. IX. 229. X. 893. Manière dont les fermiers judiciaires doivent faire procéder à la visite et aux marchés des réparations. IX. 229, 230. X. 893. Jouissance du fermier judiciaire. IX. 230, 231. Le bail judiciaire finit, soit par l'expiration du temps pour lequel il est fait, soit par l'adjudication de l'héritage saisi, ou la main-levée de la saisie. III. 387, 388. IX. 231. X. 893. Il est résolu pour partie, lorsqu'il est fait distraction d'une partie des biens saisis. III. 387. La mort du commissaire aux saisies ne résout pas le bail. 387, 388. V. *Bail. Louage des choses. Saisie réelle. Séquestre.*

BAILLEUR. Celui qui donne une chose à loyer ou à ferme. III. 232. V. *Bail. Cheptel. Louage des choses.*

BAILLEUR (*Bail à rente*). Il s'oblige envers le preneur à rente à lui faire avoir l'héritage. II. 539. Il est tenu des évictions et des charges réelles non déclarées par le bail. *Ibid.* Sa garantie est la même que celle du vendeur. *Ib.* V. *Eviction. Garantie.* Il est tenu des mêmes obligations de bonne foi que ce dernier. 539, 540. V. *Action de rente foncière. Bail à rente. Preneur. (bail à rente). Rente foncière. Vendeur.*

BAILLISTRE. X. 200. V. *Garde-Noble.*

**Banalité.** Droit qu'a un seigneur de contraindre les gens demeurans dans sa seigneurie, à faire moudre leurs grains à son moulin , et cuire leurs pâtes à son four. x. 179. Etymologie. *Ibid.* x. 179. En quoi consiste le droit de banalité. *Ibid.* A qui il peut appartenir. 179, 180. La banalité du four et du moulin ne peut s'exercer que sur les personnes de la seigneurie. 180. La banalité du pressoir est réelle, et s'exerce sur toutes les vignes situées dans le territoire de la seigneurie. 180. 181. La première ne s'exerce que sur les grains et farines qui se trouvent dans le territoire sujet à la banalité, et qui doivent y être consommées. 181. Comment s'établit le droit de banalité et comment il se perd. 181. 182. V. *Fief. Prescription centenaire. Statut réel. Statut personnel.*

**Bannissement.** Les juges royaux ont le droit de le prononcer, aussi bien que les cours souveraines. VIII. 48. V. *Mort civile.*

**Banquier.** Conditions auxquelles un étranger peut être banquier en France. VIII. 27. V. *Etranger.*

**Bans de mariage.** Dénonciation publique qui se fait aux prônes des églises paroissiales , du mariage de deux personnes, avec injonction à ceux qui sauraient des empêchemens audit mariage, de les révéler. v. 34. Ancienneté de l'usage des bans. 35. Ils ont pour but d'empêcher la clandestinité des mariages , et de faire connaître les empêchemens qui peuvent y mettre obstacle. *Ibid.* Le défaut de bans n'annulle le mariage, que lorsqu'il est accusé de clandestinité. 35, 36. Le prêtre qui a célébré le mariage , sans s'être fait représenter le certificat des proclamations de bans , est tenu des peines canoniques, et des dommages-intérêts des parties. 36. Les bans contiennent les noms, surnoms, qualités et demeures des parties, et de leurs pères et mères. *Ibid.* La publication s'en fait par le curé de la paroisse, son vicaire, ou un prêtre par lui commis. *Ibid.* Dans l'église paroissiale de chacune des parties. 36, 37. Quelle résidence est nécessaire pour être d'une paroisse? *Ib.* La publication peut-elle se faire dans les églises annexes ou succursales.? 37. Les bans sont publiés par trois divers jours de fêtes, avec intervalle compétent. 37, 38. Le curé ne doit les publier que du consentement des deux parties, et de celui des personnes qui leur est nécessaire pour se marier. 38. Les évêques et les vicaires-généraux peuvent accorder des dispenses de bans. 38, 39. Ce ne peut être que pour quelque cause urgente et légitime. 39. Quelles sont ces causes. *Ibid.* Facilité avec laquelle on les obtient. 39, 40. L'évêque ne peut permettre qu'elles soient faites par un prêtre étranger, ou ailleurs qu'en la paroisse des parties, sous peine d'appel comme d'abus. 40. V. *Appel comme d'abus.* Toute personne qui a le droit d'empêcher le mariage, peut former opposition aux bans. *Ibid.* Comment elle se fait entre les mains du curé, et quand il doit passer outre. 40, 41. Procédure à suivre pour avoir main-levée de l'opposition. 41. Compétence du juge qui doit connaître des oppositions. *Ibid.* V. *Mariage.*

**Baptême.** Devoir du curé relativement à la forme de l'acte qui doit être dressé du baptême, et aux personnes qui ont été choisies pour être parrains ou marraines. v. 112, 113.

BARATTERIE DE PATRON. On appelle baratterie de patron toutes les espèces, tant de dol que de simple imprudence, défaut de soin et impéritie, tant du patron que des gens de l'équipage. IV. 464. V. *Assurance.*

BATARD. On appelle ainsi tous ceux qui ne sont pas nés d'un mariage contracté suivant les lois du royaume. VIII. 54. Le bâtard peut devenir légitime par le mariage subséquent de ses père et mère, et par lettres du prince. *Ibid.* Il jouit de l'état civil, mais il n'a pas les droits de famille. *Ibid.* Il ne peut recevoir de ses père et mère qu'à titre particulier. VII. 18, 19, 321. VIII. 55. X. 538. Quoique légitimé par lettres, il ne succède pas à la noblesse de ses père et mère. *Ibid.* Bâtards incestueux et adultérins. *Ibid.* V. *Légitimation. Noblesse.* Le bâtard a droit à des alimens de la part de ses père et mère naturels, et il est réciproquement obligé de leur en fournir, s'ils sont dans le besoin. v. 219, 220.

V. *Alimens. Donation entre-vifs. Grossesse. Mariage. Parenté. Succession irrégulière. Testament.*

BATARDISE (DROIT DE). V. *Pétition d'hérédité.*

BÉNÉDICTION NUPTIALE. V. *Communauté. Mariage. Puissance maritale.*

BÉNÉFICE. Les étrangers ne peuvent en posséder en France. VIII. 25, 26. Y a-t-il mutation de fief, par la mutation des titulaires de bénéfices, quoiqu'ils ne soient pas propriétaires de leurs bénéfices. IX.

736, 737. V. *Complainte bénéficiale. Etranger. Profit de rachat.*

BÉNÉFICE DE CESSION. Remise que la loi fait de la contrainte par corps, à un débiteur, qui fait cession et abandon de tous ses biens à ses créanciers. IX. 303. X. 806, 807. Son origine. *Ibid.* Les Français seuls et les naturalisés peuvent en jouir. VIII. 28. IX 304 X. 807. Il n'a pas lieu pour dettes qui procèdent de crimes, dol ou fraude. IX. 304, 305. X. 807. Application à différens cas. *Ibid.* Ni pour réparation civile en matière criminelle. IX. 305. Il n'a pas lieu pour les sommes qui font le prix de marchandises achetées en marché public, *ibid.,* ni pour les dettes de deniers royaux. 305, 306. Autres cas dans lesquels il ne peut avoir lieu sous la coutume d'Orléans. X. 817, 818, 819. Le bénéfice de cession peut être obtenu par le débiteur, soit avant, soit depuis qu'il a été constitué prisonnier par ses créanciers. IX. 306. X. 807. Procédure à suivre. IX. 306. Le débiteur doit se présenter en personne. *Ibid.* Condition imposée au débiteur de porter un bonnet vert. 307. Elle est toujours prononcée, et n'est jamais exécutée. *Ibid.* La cession ne donne aux créanciers sur les biens du débiteur, que le droit de les vendre, pour se payer de leurs créances sur le prix. 307, 308. Il en reste propriétaire, et peut y rentrer, en payant. 308. La cession ne libère pas le débiteur, et il est tenu de payer plus tard, si d'autres biens lui arrivent. *Ibid.* Elle rend le débiteur incapable de certaines fonctions. *Ibid.*

Forme dans laquelle le bénéfice de cession doit être demandé. X. 807. V. *Lettres de répit.*

**Bénéfice d'inventaire.** Bénéfice accordé aux héritiers de n'être point tenus, sur leurs propres biens, des dettes de la succession, et de ne point confondre les droits qu'ils pourraient avoir contre elle, à la charge de faire un inventaire. vii. 157. x. 643, 644. L'héritier bénéficiaire est, comme l'héritier pur et simple, saisi de la succession du jour qu'elle a été ouverte. *Ibid.* Un testateur peut-il défendre que son héritier ait recours au bénéfice d'inventaire? 157, 158. On ne peut jouir du bénéfice d'inventaire, sans avoir obtenu des lettres de la chancellerie du roi, qui l'accordent. vii. 158, 159. x. 644. Ces lettres ne sont pas nécessaires dans les pays de droit écrit. *Ibid.* Elles doivent être, dans les pays coutumiers, obtenues et entérinées avant que l'heritier ait fait aucun acte d'héritier. vii. 159. x. 644. Il suffit qu'elles le soient par un seul de plusieurs héritiers, sauf aux autres à les faire déclarer communes avec eux. *Ibid.* Dans tous les cas, l'héritier, pour jouir du bénéfice d'inventaire, doit faire inventaire des biens de la succession. vii. 159, 160. x. 644. A défaut de meubles, il faut un procès-verbal constatant qu'il ne s'en est pas trouvé. vii. 160. En pays coutumier, il n'y a pas de temps marqué pour faire cet inventaire. *Ibid.* Il peut être fait avant ou après l'obtention des lettres. *Ibid.* Il doit être fait devant notaire. *Ibid.* L'héritier qui a détourné quelques effets, est déchu du bénéfice d'inventaire. *Ibid.* Les créanciers sont appelés à l'inventaire, s'ils se sont fait connaître. *Ibid.*

L'héritier bénéficiaire administre les biens de la succession, et doit en rendre compte aux créanciers. 161. De quelle faute il est tenu. *Ibid.* V. *Faute.* Il ne peut vendre les meubles que publiquement et aux enchères. 161, 162. Il doit suivre pour la vente des meubles les solennités prescrites pour les décrets d'héritages. 162. Risques qu'il court en ne le faisant pas. *Ibid.*

L'effet du bénéfice d'inventaire est de faire considérer l'héritier bénéficiaire plutôt comme un administrateur comptable, que comme un véritable héritier. vii. 163. x. 644, 645. Il n'est tenu de rien sur ses propres biens, si ce n'est de présenter un compte de son administration aux créanciers. vii. 163. x. 644, 645. Comment le compte que l'héritier fait aux créanciers doit être établi, et ce qui doit lui être alloué en dépenses? vii. 163, 164. x. 645. Ce qu'il a payé aux créanciers les plus diligens est bien payé. vii. 164. x. 645. Le créancier, qui ne trouve plus de quoi être payé, peut-il agir en recours contre les autres créanciers et légataires, pour les obliger à rapporter? x. 645, 646. S'il y a des créanciers opposans ou arrêtans, il ne peut payer avant d'avoir fait régler qui recevra. vii. 164. L'enfant, héritier bénéficiaire, avec ses frères et sœurs, est-il obligé de compter aux créanciers des sommes que son père lui a données entrevifs? 164, 165. V. *Rapport.* Doit-il leur compter de la portion qu'il a dans le rapport des choses données à son cohéritier, et rapportées par ce dernier? 165.

Un second effet du bénéfice d'inventaire est que les droits et actions que l'héritier avait contre le défunt, ne se confondent pas dans sa succession. i. 246. vii. 166. x. 646. C'est pourquoi l'héritier bénéficiaire peut se faire payer de ses créances, sans renoncer à la succession. VII. 166, 167. X. 646.

Enfin, l'héritier bénéficiaire peut se décharger de la succession, en abandonnant les biens aux créanciers, et en rendant compte de son administration. VII. 167, 168. X. 646. Ce n'est pas là une véritable renonciation ; l'héritier reste toujours héritier et propriétaire des biens jusqu'à la vente. X. 646. L'héritier bénéficiaire, qui a renoncé, demeure-t-il sujet envers ses cohéritiers au rapport de ce qui lui a été donné par le défunt ? VII. 168, 169. X. 647. Le bénéfice d'inventaire a lieu contre quelque créancier que ce soit. VII. 169. X. 647. En pays coutumier, le parent, quoiqu'en degré plus éloigné, qui offre accepter purement et simplement, est préféré à celui qui, quoique plus proche en degré, n'accepte que sous bénéfice d'inventaire. VII. 169, 170, 171. X. 647, 705. Pourquoi ? *Ibid.*

Il n'y a que les héritiers de la ligne collatérale, qui puissent être exclus de la succession par un héritier simple. VII. 171, 172. X. 548, 705. Le conjoint survivant n'a pas le droit d'exclure un parent bénéficiaire du défunt, en offrant d'être héritier pur et simple. VII. 172, 173. X. 648. S'il y a des propres dans la succession, il faut être parent de la famille à laquelle la succession de ces propres est affectée, pour être admis à exclure l'héritier bénéficiaire. *Ibid.* L'héritier testamentaire bénéficiaire, ne peut être exclu par un héritier *ab intestat.* VII. 173. X. 648. Peut-il l'être par un héritier testamentaire pur et simple ? *Ibid.* La sœur peut-elle exclure ses frères, héritiers bénéficiaires, de la succession des fiefs ?

*Ibid.* Le parent du double lien peut-il être exclu par celui du simple lien ? VII. 174. X. 648, 649. Le mineur, sous les coutumes de Paris et d'Orléans, ne peut exclure l'héritier bénéficiaire qui est en plus proche degré. VII. 174, 175. X. 649. Les coutumes donnent un an aux parens pour se porter héritiers simples, à l'effet d'exclure l'héritier bénéficiaire. VII. 175. X. 649. L'héritier bénéficiaire peut, après la déclaration à lui signifiée de l'héritier simple, renoncer au bénéfice d'inventaire. *Ibid.* Il a quarante jours pour délibérer. VII. 175, 176. X. 649. Sentence de déchéance qui doit être obtenue contre lui. *Ibid.*

L'héritier bénéficiaire, exclu par l'héritier simple, est censé n'avoir jamais été héritier. VII. 176. X. 649. Ce qu'il a fait dans les bornes d'une simple administration, est valable. VII. 176, 177. X. 649. La vente des meubles n'est pas valable, lorsqu'elle n'a pas été faite publiquement et aux encbères. VII. 177. X. 649. Les immeubles, vendus par décret, sont bien vendus. *Ibid.* L'héritier simple peut revendiquer tout ce qui a été donné par l'héritier bénéficiaire. VII. 177, 178. X. 649. L'héritier bénéficiaire doit rendre compte à l'héritier simple de tout ce qui lui est parvenu au nom de la succession. VII. 178, 179. X. 549. Doit-il compter des fruits et revenus ? *Ibid.* V. *Fruits. Possession.*

V. *Acceptation et renonciation aux successions. Acceptation de la communauté. Confusion. Dettes de la communauté et des successions. Exception dilatoire. Réalisation. Succession.*

BIENS DOTAUX. V. *Dot. Puissance maritale.*

BIENS PARAPHERNAUX. V. *Puissance maritale.*

BILLET À ORDRE. Billet par lequel quelqu'un promet à un autre de payer quelque chose, à lui ou à son ordre. III. 222. Il se négocie de la même manière que les lettres de change ou billets de change. *Ibid.* Différences qui existent entre le simple billet et le billet à ordre. 222, 223. Différences qui existent entre le billet de change et le billet à ordre. 224. Le porteur du billet à ordre, ne peut, à défaut de paiement, exercer son recours que dans les dix jours, si le billet est censé pour prêt d'argent; et, dans les trois mois, s'il l'est pour marchandises. 223. Qui doit prouver si c'est en marchandises ou en deniers que la valeur du billet a été fournie? *Ibid.* Le billet à ordre ne donne lieu à la contrainte par corps que contre les marchands et banquiers. 224. V. *Billet de change. Contrainte par corps. Lettre de change. Rescription.*

BILLET AU PORTEUR. Sa nature. III. 225. La connaissance en appartient à la juridiction consulaire, et le porteur est soumis à la contrainte par corps. *Ibid.* V. *Billet de change. Billet à ordre. Contrainte par corps. Lettre de change.*

BILLET DE CHANGE. Billet qui est fait en exécution du contrat de change, pour lettres-de-change fournies ou qui devront l'être. III. 217. Forme, à peine de nullité, des billets de change par lesquels quelqu'un s'oblige envers un autre à lui payer une certaine somme pour le prix des lettres-de-change qu'il lui a fournies. 217, 218. Forme de ceux par lesquels quelqu'un s'oblige à fournir

des lettres-de-change sur tel lieu, pour la valeur qui lui en a été fournie. 218. Troisième espèce, qui serait tout à la fois pour lettres-de-change fournies, et pour lettres-de-change à fournir. 218, 219. Les billets de change sont ordinairement faits payables à ordre, et alors ils se négocient et s'endossent comme les lettres-de-change. 219. Cependant l'ordre n'est pas de leur essence. *Ibid.* L'ordre en transfère la propriété de plein droit et sans signification. *Ibid.* Actions accordées au porteur du billet, comme au porteur de la lettre-de-change. *Ibid.* Le porteur du billet, en cas de refus de paiement, n'est pas obligé de faire un acte de protêt; une simple sommation, afin de constater le refus, suffit. 219, 220. Il doit faire ses diligences dans les dix jours. 220. Le billet de change rend justiciable de la juridiction consulaire, et soumet à la contrainte par corps. 221. Billets payables à domicile. *Ibid.* V. *Billet à ordre. Lettre-de-change.*

BILLETS EN BLANC. Défendus, parce qu'ils favorisaient la fraude. III. 224. V. *Billet au porteur.*

BLANC-SEING. V. *Billet en blanc.*

BLÉ. La vente des blés en vert est défendue, II. 136, à moins que le prix ne soit payable qu'à la tradition. 137. V. *Acheteur. Vente.*

BOIS. V. *Retrait lignager.*

BONNE FOI. Le paiement fait de bonne foi au créancier apparent, est valable. I. 304. V. *Paiement.* Il en est de même du paiement fait à l'héritier apparent. 304, 305. V. *Héritier apparent.* Bonne foi du vendeur. II. 68, 96. V. *Eviction. Garantie.* Bonne foi requise dans le possesseur pour pouvoir prescrire. II. 151. VIII. 401 *et suiv.* Elle consiste dans la juste opinion, qu'a le possesseur, qu'il a acquis le domaine de la chose qu'il possède. *Ibid.* V. *Possession. Prescription de dix et vingt ans.* La bonne foi donne à un mariage nul les effets civils. V. 52. V. *Empêchement de mariage.*

V. *Assurance. Dol. Louage des choses. Tènement de cinq ans. Vente de droits litigieux.*

BORNAGE. Action de bornage qu'un voisin a contre son voisin, pour faire borner leurs héritages. III. 549. X. 427, 433. Elle est personnelle et réelle. *Ib.* Tout possesseur d'un héritage est capable pour intenter cette action, sans être forcé de justifier de son droit de propriété. III. 550. Elle s'intente de même contre le possesseur, *Ibid.* Son objet est de déterminer où l'un des héritages finit et l'autre commence, et d'y planter une borne, 550, 551 : cette opération se fait par des arpenteurs, et eu égard aux titres ou à la possession trentenaire qui les remplace. *Ibid.* Le bornage se fait à frais communs. 551. Dans les

villes, le voisin peut non-seulement demander le bornage, mais encore obliger son voisin à se clore. *Ibid.* Diversité des coutumes sur ce point. *Ibid.* Distinction, quant à l'obligation de se clore, entre les villes et les faubourgs. 551, 552. Hauteur des murs de clôture. 552. Celui qui a construit un mur de clôture sur son terrain, ne peut obliger son voisin à en acheter la mitoyenneté. *Ibid.* V. *Clôture. Communauté. Mur mitoyen.*

BRANDON. Ce que c'est, en matière de saisie. VIII. 658. V. *Saisie censuelle.*

BULLE. V. *Pape.*

BUTIN. On appelle ainsi les choses mobilières que les vainqueurs enlèvent aux vaincus. VIII. 151. Le butin fait dans un combat ou dans une expédition appartient au roi. 151, 152. On abandonne aux troupes celui qu'elles font dans le pillage d'une ville qu'on leur a permis. 152. Les partisans sont propriétaires du butin qu'ils font en pays ennemi. *Ibid.* V. *Conquête. Occupation. Prise.*

# C

CADUCITÉ des substitutions. VII. 621. V. *Substitution-fidéicommissaire.*

CAPACITÉ. Personnes capables de contracter. I. 29. *et suiv.* V. *Contrat.* Capacité de tester. VII. 309, 312. De recevoir par testament. 317. V. *Testament.* Capacité de la femme mariée. V. *Puissance maritale.*

V. *Caution. Communautés. Etranger. Femme mariée. Français. In-*

*fame. Interdit. Ivresse. Mineur. Mort civile. Obligation. Prêt de consomption. Profession religieuse. Serment décisoire. Société.*

CAPTATION. Quand est-elle une cause de nullité du legs? VII. 303. X. 533. V. *Legs.*

CARRIÈRE. V. *Communauté légale.*

CAS FORTUIT. V. *Extinction de la chose due. Obligation. Prêt à usage. Perte de la chose.*

CAS prévotaux. Crimes dont les
prévôts des maréchaux connaissent
à l'exclusion des autres juges. IX.
367, 368. Ils sont tels ou par la
qualité de la personne, ou par la
nature du crime. 368. Enumération des cas prévôtaux. 367, 368,
369, 370, 371. V. *Accusation.*
*Crime.* Procédures particulières au
prévôt des maréchaux. 453, 454,
455, 456.

CAS royaux. Crimes dans lesquels la majesté du prince, la dignité de ses officiers, et la sûreté
publique, dont il est le protecteur,
ont été violées. IX. 360, 361. Enumération des principaux cas royaux.
361-365. V. *Accusation. Crime.*

CASSATION. Voie extraordinaire
de se pourvoir contre un arrêt ou
jugement en dernier ressort, par le
recours au roi, pour en obtenir de
lui la cassation. IX. 152. Il y a
lieu, lorsque le jugement renferme
une contravention formelle aux
lois du royaume. *Ibid.* Quelquefois
pour une énorme injustice. 153.
Délai pour se pourvoir. *Ibid.* Procédure particulière devant le conseil du roi. *Ibid.* V. *Jugement.*

CASSATION DE MARIAGE. Jugement
par lequel le juge déclare que le
mariage n'a pas été valablement
contracté et qu'il est nul. V. 245.
Par qui les demandes en cassation
de mariage peuvent être intentées.
245, 246. Chacune des parties peut
l'intenter contre l'autre, lorsqu'elle
prétend qu'il y a un empêchement
dirimant qui rend le mariage nul.
*Ibid.* Même la partie qui a trompé
l'autre. 246. Distinction entre les
vices absolus et les vices respectifs.
*Ibid.* La demande en cassation de
mariage ne peut être donnée pour
raison des vices respectifs, que par

la partie dont les droits ont été
violés. 246, 247. Le vice d'impuissance de l'une des parties, doit-il
être regardé comme vice absolu,
ou seulement respectif? 247. Les
père et mère peuvent demander la
cassation du mariage, lorsqu'il a
été contracté sans leur consentement. 247, 248. L'approbation,
donnée par eux depuis le mariage,
les rend non-recevables, et fait
tomber l'exhérédation du fils qui
s'était marié sans leur consentement. *Ibid.* Le tuteur peut aussi
attaquer le mariage contracté sans
son consentement, comme entaché
de séduction. 248. Les parens collatéraux sont recevables à attaquer
la validité du mariage, après sa
dissolution, lorsqu'ils y ont intérêt.
248, 249. On ne peut leur opposer
comme fin de non-recevoir l'approbation qu'ils auraient donnée au
mariage. 249. Toute personne, qui
a un intérêt né, peut attaquer un
mariage par la voie de l'appel
comme d'abus. 249, 250. Le curé
n'a aucun droit pour attaquer le
mariage. 250. Le ministère public
peut, quand le vice d'un mariage
est public, poursuivre les parties
devant le juge séculier, pour les
faire condamner à se séparer. 250,
251. La connaissance de la nullité
des mariages, sur la poursuite du
ministère public, appartient au
juge séculier. 251. Cas dans lesquels le promoteur des officiali-
tés a le droit d'assigner les parties.
251, 252, 253. La partie, qui demande contre l'autre la cassation
du mariage, a pour cela la voie
ordinaire, et la voie extraordinaire. 253, 254. Par la voie ordinaire,
elle assigne devant l'official pour
voir prononcer la nullité du mariage. *Ibid.* V. *Official.* S'il s'agit
du fait, et non du lien, les juges

4*

séculiers sont seuls compétens. 254. La voie extraordinaire est l'appel comme d'abus. 254, 255. V. *Appel comme d'abus.* C'est par cette voie que les père et mère doivent agir, ainsi que les parens collatéraux. 255. L'acquiescement de la partie assignée ne suffit point aux juges pour prononcer la nullité du mariage. *Ibid.* Il faut que les empêchemens soient prouvés. 255, 256. Espèces d'empêchemens dont on n'admet que la preuve littérale. 256. Comment se fait la preuve de l'impuissance. *Ibid.* V. *Impuissance.* Ancienne coutume, aujourd'hui abrogée, des officiaux, d'ordonner aux parties, en prononçant la nullité de leur mariage, de les réhabiliter. 257. En cette matière, les jugemens passés en force de chose jugée peuvent être rétractés, sur la preuve que l'empêchement, qui leur a servi de base, n'existait pas. 257, 258. V. *Empêchement de mariage. Mariage. Requête civile.*

CAUSE DES CONTRATS. Tout engagement doit avoir une cause honnête. I. 24. L'engagement sans cause, ou avec une fausse cause, est nul. *Ibid.* Il est également nul, si la cause blesse la justice, la bonne foi, ou les bonnes mœurs. 24, 25. Cas où la répétition de la chose donnée en vertu de l'un de ces contrats, est accordée. 25, 26. La promesse pour faire commettre un crime, est-elle obligatoire, quand le crime a été commis? 26, 27. Peut-on répéter ce qui aurait été donné après le crime commis? 27. Y a-t-il une cause licite, lorsque quelqu'un s'oblige à donner ou faire une chose, qu'il était obligé déjà de donner ou de faire? 27, 28. V. *Contrat.*

CAUTION. Celui qui accède à l'obligation d'un autre, en s'obligeant pour lui, et conjointement avec lui, envers le créancier, à ce à quoi il est obligé. I. 210. IX. 16. Il est de l'essence de l'obligation des cautions qu'il y ait une obligation d'un principal débiteur qui soit valable. I. 210. La caution, en s'obligeant, ne décharge pas le débiteur principal. *Ibid.* Elle ne peut s'obliger qu'à la chose même, ou à une partie de la chose à laquelle est obligé le débiteur principal. *Ibid.* Elle ne peut valablement s'obliger à plus qu'à ce à quoi le débiteur principal est obligé. 211. Si la dette n'est pas liquidée, peut-elle être forcée de payer par provision la somme qu'elle a cautionnée? 211, 212. Si la dette principale est pure et simple, la caution s'oblige valablement à payer à un certain terme et sous une certaine condition. 212. Mais non *vice versâ. Ibid.* Si le cautionnement n'exprime rien, toutes les clauses de la dette principale y sont sous-entendues. *Ibid.* La caution, qui s'est obligée sous condition pour une dette à terme, ne peut être poursuivie lorsque la condition est arrivée, si le terme ne l'est pas. *Ibid.* La caution peut s'obliger sous la même condition que le débiteur principal, et sous une autre conjointement. *Ib.* Lorsque le débiteur a promis deux choses d'égale valeur sous une alternative, la caution s'oblige-t-elle valablement à payer l'une d'elles déterminément? 213. *Quid, vice versâ,* lorsque l'obligation principale étant déterminée, la caution s'oblige sous une alternative? *Ibid.* Lorsque la caution s'est obligée à plus que le débiteur principal, le cautionnement est-il entièrement nul, ou seulement en ce qui excède l'obligation principale. 214. La condition de la caution ne peut être à la vérité plus dure que celle du débiteur principal par rapport à ce qui est dû, mais elle peut être, quant au bien, plus étroitement obligée. 214, 215. Elle profite des conventions intervenues entre le débiteur principal, et les créanciers, sans y avoir été partie. 50.

L'extinction de l'obligation principale entraîne l'extinction du cautionnement. 215. La caution est également libérée par la novation qui est faite de la dette. 215, 216. Il en est de même par la confusion des qualités de débiteur et du créancier dans la même personne. 216.

Quelles exceptions du débiteur principal peuvent être opposées par les cautions. 216, 217. Distinction entre les exceptions *in rem*, et les exceptions *in personam. Ibid.* V. *Exception.*

Les exceptions *in rem* peuvent être opposées par les cautions, aussi bien que par le débiteur principal. 217, 218. Le débiteur principal peut-il, au préjudice des cautions, rapprocher par une nouvelle convention le terme d'exigibilité de la créance? *Ibid.* Les exceptions *in personam* ne peuvent être opposées par les cautions. 218, 219. Il en est ainsi de l'exception résultant pour le débiteur principal de la cession de biens ou d'un contrat d'atermoiement *Ibid.* Les cautions peuvent opposer au créancier la remise de la dette faite par lui au débiteur. 220, 221, 222, 223. Les principes du droit romain étaient différens, à cause de la nature particulière des simples pactes. *Ibid.* V. *Pactes.*

Si les cautions ne peuvent opposer la remise faite au débiteur

principal par le contrat d'atermoiement, c'est que la dette naturelle subsiste. 223. V. *Obligation naturelle.* La rescision par lettres de l'obligation du débiteur principal, entraîne-t-elle la rescision de celle des cautions? 224. Si la chose due a péri par le fait, ou pendant la demeure de la caution, elle en est tenue malgré l'extinction de l'obligation principale. 224. Le fidéjusseur de la caution n'est pas déchargé par la confusion dans une même personne de la qualité de caution et de débiteur principal. 225. Il en était autrement dans le droit romain. *Ibid.* Si le débiteur principal meurt sans héritiers, la caution reste obligée. 225, 226.

Division des cautions en conventionnelles, légales, et judiciaires. 226, 227. V. *Ces mots.* Qualités que doivent avoir les cautions. 227. Elles doivent être capables de contracter et de s'obliger. *Ib.* V. *Capacité.* Par le droit romain, les femmes ne pouvaient s'obliger comme cautions. *Ibid.* Droit du sénatus-consulte Velléien et de la novelle 34 de Justinien, admis et rejeté par les diverses coutumes. *Ibid.* On doit suivre la loi du domicile de la femme, lorsqu'elle a contracté le cautionnement. 227, 228. Le sénatus-consulte Velléien est un statut personnel. 228. V. *Statut personnel.* Les mineurs, même émancipés, ne s'obligent pas valablement comme cautions, pour les affaires des autres. 229. Cas exceptionnels dans lesquels le cautionnement des mineurs peut être déclaré valable. 229, 230. Il faut que la caution soit solvable et ait des biens suffisans pour répondre de l'obligation à laquelle elle accède. 230. Quels biens doivent être considérés? *Ibid.* La caution doit être domiciliée au lieu où elle doit être donnée. *Ibid.* Autres motifs de rejet pour le créancier. 231. Le débiteur, qui a donné une caution, peut-il être obligé d'en donner une autre, lorsqu'elle est devenue insolvable? *Ibid.* Celui qui est tenu de donner caution, peut-il être admis à donner à la place des gages suffisans pour répondre de la dette? 231, 232.

On peut se rendre caution pour quelque débiteur que ce soit, et envers quelque créancier que ce soit de celui pour qui on s'oblige. 232. Pour quelque obligation que ce soit, même naturelle, pourvu qu'elle ne soit pas réprouvée par les lois. 233. V. *Obligation naturelle.* On ne peut cautionner une femme qui s'est obligée contre la défense du sénatus-consulte Velléien, ou sans être autorisée. 233, 234. Mais l'obligation contractée, conjointement avec une femme non autorisée, n'est pas nulle. 234. On ne peut cautionner les obligations contraires aux bonnes mœurs. *Ibid.* On peut se rendre caution d'un fait personnel au débiteur. 235. On peut cautionner un cautionnement. *Ibid.* On peut se rendre caution d'une obligation qui doit se contracter, quoiqu'elle ne le soit pas encore. *Ibid.*

Comment se contracte le cautionnement; son étendue et son extinction. 235, 236, 237 et *ci-dessus.* V. *Cautionnement.*

La caution peut opposer au créancier, qui lui demande son paiement, l'exception de discussion. 240. V. *Discussion (exception de).* S'il y a plusieurs cautions, celle qui est actionnée peut opposer au créancier l'exception de division entre les cofidéjusseurs. 246. V. *Division (exception de).* La cau-

tion, qui paie, peut requérir le créancier de la subroger à tous les droits et actions contre le débiteur principal. 252. V. *Subrogation.* Si elle n'a pas requis la subrogation, elle a, de son chef, une action contre le débiteur principal, pour se faire rembourser de ce qu'elle a payé. 253. Cette action est l'action *mandati contraria*, ou *contraria negotiorum gestorum. Ibid.* V. *Mandat. Quasi-Contrat negotiorum gestorum.* Tout paiement, de la part de la caution, donne lieu à cette action. 253, 254. A moins que la remise de la dette ne lui ait été faite à titre purement gratuit, par le créancier. 254. Il faut cependant que la caution n'ait pas, par sa faute, négligé quelque fin de non-recevoir, qu'elle eût pu opposer au créancier. 254, 255. A moins que cette fin de non-recevoir lui fût personnelle. 255. Il faut, en outre, pour que cette action ait lieu, que le paiement ait été valable, et ait libéré le débiteur principal. 256. Exception pour le cas où la caution, qui a payé, aurait ignoré que le débiteur principal avait déjà payé. *Ibid.* Enfin, il faut que le débiteur principal n'ait pas payé une seconde fois par la faute de la caution. *Ibid.* La caution peut agir contre le débiteur principal aussitôt qu'elle a payé pour lui. 256, 257. A moins qu'il n'y eût un terme à l'obligation principale; auquel cas, elle doit attendre son échéance. *Ibid.* La caution peut agir contre chacun des débiteurs principaux qu'elle a cautionnés, lorsqu'il y en a plusieurs, pour la répétition du total de ce qu'elle a payé. 257. Elle doit subroger à ses droits, celui des débiteurs principaux, duquel elle exige le remboursement du total. *Ibid.* Si elle ne peut le subroger, parce qu'elle a négligé de demander elle-même la subrogation au créancier, le débiteur n'est tenu à lui rembourser que sa part. *Ibid.* A moins qu'il n'eût aucun intérêt à exiger cette subrogation. 258. Si la caution a cautionné un seul de plusieurs débiteurs solidaires, elle n'a d'action que contre lui. *Ibid.*

Cas où la caution a action contre le débiteur principal, même avant qu'elle ait payé. 258, 259. Lorsqu'elle est poursuivie par le créancier. 259. Lorsque le débiteur principal est en déroute. *Ibid.* Lorsque le débiteur s'est obligé à rapporter à la caution la décharge de son cautionnement dans un certain temps, et qu'elle ne l'a point fait. *Ibid.* Lorsque le cautionnement dure depuis très-long-temps, à moins que la caution n'ait su à quoi elle s'obligeait. 260. La caution d'une rente peut-elle obliger le débiteur au rachat? 260, 261. Distinction entre le cas où il y a eu ou non, une convention par laquelle le débiteur principal serait obligé à décharger la caution après un certain temps. *Ibid.*

Si la caution est devenue héritier unique du créancier de la rente; ou lorsque la rente est tombée dans son lot, s'il y a plusieurs héritiers, elle ne peut exiger le remboursement. 262. *Quid*, si la rente est tombée au lot de son cohéritier, ou que le partage ne soit pas encore fait? 262, 263. *Quid*, si le partage était fait, et que la rente soit restée en commun entre la caution et son cohéritier? 263, 264. La caution cesse aussi d'avoir le droit d'exiger le rachat, lorsqu'elle devient propriétaire et créancière de la rente à quelque titre que ce soit, universel ou particulier. 264. Si le droit auquel la

caution a acquis est résoluble, son cautionnement est plutôt suspendu qu'éteint. *Ibid.* Si la caution a elle-même racheté la rente, elle peut répéter, du débiteur principal, la somme qu'elle a payée. 264, 265. Elle peut aussi faire revivre la rente, moyennant la subrogation qui lui est accordée par le créancier. *Ibid.* La caution, qui a payé la dette, peut, sans subrogation d'action, en répéter une part de chacun de ses cofidéjusseurs. 266, 267. *Secùs*, dans le droit romain; la subrogation seule lui donne action contre eux. *Ibid.* Tant que la caution n'est pas poursuivie, elle n'a pas d'action contre les cofidéjusseurs. 267, 268.

La caution du vendeur ne doit pas être appelée en garantie par l'acheteur. 11. 50. Elle est tenue par la seule force de son obligation. *Ib.* V. *Éviction. Garantie.*

Celui qui doit donner caution, la présente par un acte signifié à partie ou à procureur. IX, 167, 168. L'autre partie peut la contester, si elle n'est pas résidente sur le lieu, capable de s'obliger, et solvable. 168. V. *ci-dessus.* On procède à la réception de la caution devant le commissaire, qui l'admet ou la rejette. *Ibid.*

V. *Appel. Bail judiciaire. Compensation. Constitution de rente. Dévolu. Don mutuel. Exception de garantie. Garde-Noble. Mandat. Retrayant. Usufruit.*

CAUTION CONVENTIONNELLE. V. *Caution.*

CAUTION JUDICATUM SOLVI. Caution d'acquitter les condamnations qui interviendront contre lui, que doit donner l'étranger demandeur devant les tribunaux français. VIII. 27. Quand et comment elle doit

être exigée. 27, 28. V. *Étranger.*
*Exception.*

CAUTION JUDICIAIRE. Celle qui
est ordonnée par le juge. 1. 227.
V. *Caution.*

CAUTION LÉGALE. Celle que la
loi ordonne de donner. 1. 227. V.
*Caution.*

CAUTIONNEMENT. Contrat par lequel quelqu'un s'oblige pour un
débiteur envers le créancier, à lui
payer, en tout ou en partie, ce
que ce débiteur lui doit, en accédant à son obligation. 1, 209. Il
renferme toujours un contrat de
mandat, ou un quasi-contrat *ne-*
*gotiorum gestorum* entre la caution
et le débiteur pour lequel elle s'o-
blige. *Ibid.* Il renferme un bienfait,
sans être de la classe des contrats
de bienfaisance. *Ibid.* Le cautionnement se contracte par une convention simple, soit notariée, soit
sous seing-privé. 235. Il faut distinguer la recommandation du cautionnement par lequel on entend
s'obliger. 236. Le cautionnement
se contracte avant ou depuis l'o-
bligation principale. *Ibid.* L'é-
tendue du cautionnement est fixée
par les termes de l'acte. 236,
237. V. *Caution.* Interprétation
des termes ordinaires des actes
de cautionnement. 237. Quelque
étendus qu'ils soient, ils ne s'appliquent qu'aux obligations qui naissent du contrat même pour lequel
la caution s'est obligée. 237, 238.
Le cautionnement s'éteint comme
toutes les autres obligations. 238.
En outre, par l'extinction de l'o-
bligation principale. *Ibid.* Lorsque le créancier s'est mis par son
fait hors d'état de subroger la caution à ses droits. *Ibid.* La caution
est-elle déchargée, lorsque le

créancier a reçu en paiement du
débiteur un immeuble, dont il a
été long-temps après évincé? 239.
*Quid,* si le créancier a accordé une
prorogation de terme au débiteur,
pendant lequel il est devenu insolvable? *Ibid.* V. *Caution. Discus-*
*sion. Division. Pacte constitutæ*
*pecuniæ.*

CENS. Redevance annuelle en
argent ou en fruits, imposée sur
l'héritage lors du bail à cens, qui
est due par le possesseur de l'héritage censuel au seigneur de censive, en reconnaissance de sa seigneurie. VIII. 629, 631. X. 232.
Cette redevance est due en vertu
du contrat de bail à cens. *Ibid.* Nature et essence du contrat de bail
à cens. VIII. 629, 630. V. *Bail à cens.*
Nature du cens. VIII. 631. X. 233,
234. De là formalité du cens, et si
les possesseurs en sont tenus personnellement. VIII. 631. Si le cens est
divisible ou indivisible. 631, 632.
Le cens est imprescriptible, quant
au droit; mais sa quotité est prescriptible. 632, 633. V. *Prescrip-*
*tion.* Le cens est-il sujet à la compensation? 633, 634. La saisie-arrêt, faite par les créanciers du seigneur de censive sur les censitai-
res, de ce qu'ils doivent et devront
à leur seigneur, ne les dispense
pas d'aller porter le cens. 635. Différentes espèces de cens, chef-cens,
sur-cens, gros-cens, cher-cens,
menu-cens, cens portable et cens
requérable. VIII. 635, 636. X. 234.
Défaut, consistant en une amende,
qu'encourt le censitaire faute de
paiement du cens. VIII. 637. X. 234,
235. En quoi consiste l'amende?
*Ibid.* Quand le défaut est-il encouru? VIII. 637, 638, 639. Est-il dû
plusieurs ou une seule amende,
lorsqu'il y a plusieurs héritages

possédés par une même personne, ou lorsque le cens est dû par plusieurs possesseurs, par indivis, ou à plusieurs co-seigneurs? VIII, 640. Le défaut est censé remis, lorsque le seigneur a depuis reçu les arrérages de cens, sans faire aucune réserve du défaut. 641. Du défaut dans les censives requérables. 641, 642.

Des profits censuels, de leur nature, et en quoi ils consistent. VIII. 643. X. 235, 236. V. *Profit censuel*. Action afin d'exhibition de titres qu'a le seigneur de censive contre les acquéreurs d'héritages situés en leur censive. VIII. 652. x. 236, 237. Contre quels acquéreurs a-t-elle lieu? VIII. 652, 653. En quoi consiste l'obligation d'exhiber? 654. De la reconnaissance censuelle qui est due par le nouveau censitaire. VIII. 654, 655. x. 237, 238. De la saisine ou ensaisinement qui est dû par le seigneur au nouveau censitaire. VIII. 655. Actions qu'a le seigneur pour être payé de ses cens et droits censuels. 656. De la saisie censuelle. VIII. 656. x. 238, 239. V. *Saisie censuelle*. Différentes espèces particulières de censives qui ont lieu dans la coutume d'Orléans. VIII, 663. Droit qu'ont les seigneurs de faire vider les mains aux mains-mortes. x. 239. V. *Relevoison*.

V. *Champart. Compensation. Fief. Prescription de trente ans. Saisie féodale.*

CENSITAIRE. Le possesseur de l'héritage censuel. VIII. 629. V. *Cens.*

CENSIVE. Droit de seigneurie directe qu'a le seigneur sur les héritages donnés à titre de cens. VIII. 629. x. 232. V. *Cens. Jus in re. Retrait lignager.*

CENTIÈME DENIER. V. *Don mutuel.*

CESSION. V. *Transport. Vente de droits litigieux.*

CESSION D'ACTIONS. V. *Paiement. Subrogation.*

CESSION DE BIENS. V. *Bénéfice de cession. Lettres de répit. Propriété.*

CESSIONNAIRE d'une créance ou d'une rente. V. *Communauté légale. Transport. Vente de droits litigieux.*

CHAMPART. Redevance foncière qui consiste dans une certaine quotité des fruits qui se recueillent sur l'héritage qui en est chargé. VIII. 677. x. 261. Nature du droit de champart. VIII. 677, 678. Comment il s'établit. x. 262. Il est ou n'est pas seigneurial. VIII. 450, 6-8. x. 261. Différences dans sa nature, pour l'un ou l'autre cas. VIII. 678, 679. Sur quelles terres se perçoit le champart. VIII. 679, 680. x. 262. Obligations des détenteurs des terres sujettes à champart, par rapport à la perception de ce droit. VIII. 681. x. 262. Obligation en laquelle sont les possesseurs des terres à champart de les cultiver, et s'ils peuvent en changer la forme. VIII. 683. Des actions qu'a le seigneur de champart. 684, 685. Il se perçoit publiquement. II. 92. Il ne se purge pas par décret sous la coutume d'Orléans. *Ibid.* V. *Décret.*

V. *Cens. Prescription de dix et vingt ans. Retrait lignager. Seigneur.*

CHANGE (CONTRAT DE). Contrat par lequel je donne ou je m'oblige à donner une certaine somme en un certain lieu, pour et en échange d'une somme d'argent, que l'on s'oblige à me faire compter dans un autre lieu. III. 121. Il s'exécute par la lettre-de-change. 121, 122. Pas de vestiges du contrat de change dans le droit romain. 123, 124. V. *Billet de change. Lettre-de-change.* Origine présumée du contrat et des lettres-de-change. 124. Le contrat de change ne contient rien d'usuraire. 141. Différences entre le contrat de change et le prêt d'argent. *Ibid.* Nature du droit de change que l'on paie aux banquiers pour l'argent qu'ils vous donnent pour une lettre-de-change. 142, 143. Ils ne doivent pas exiger un droit plus fort que le cours de la place. 143. Il y a également injustice à ne leur payer qu'un droit au-dessous du cours. 143, 144. Pas d'analogie avec le cas d'une constitution de rente, où celui qui donne son argent, peut, sans injustice, se contenter d'une rente au-dessous du taux légal. 144. Le contrat de change n'est qu'un simple prêt, et le droit de change est usuraire, lorsqu'il n'y a pas remise de place en place. 145, 146. V. *Billet de change. Billet à ordre. Lettre-de-change.*

CHANGEMENT D'ÉTAT. V. *Mandat. Mort civile.*

CHARGES RÉELLES. Le vendeur est tenu de les garantir. II. 90, 91. V. *Garantie.* Par qui, du locateur ou du fermier, doivent-elles être supportées? III. 322, 323, 324. V. *Bail à rente. Hypothèque. Rente foncière. Retraits. Retrayant. Saisie féodale. Servitude.*

CHARTE-PARTIE. Contrat de louage des navires et bâtimens de mer. IV. 329. Etymologie. *Ibid.* Ce contrat s'appelle aussi affrétement. *Ibid.* Et nolis sur les côtes de la

Méditerranée. *Ibid.* L'usage ordinaire pour lequel on loue les navires, est le transport des marchandises. 329, 330. Définition. 330. Ce louage est du navire entier ou d'une partie. *Ibid.* Louage au tonneau, au quintal, à la cueillette, au voyage, au mois. *Ibid.* Les principes généraux du louage s'appliquent à la charte-partie. 331.

Quelles sont les choses qui sont de l'essence du contrat de charte-partie. *Ibid.* Il faut un navire qui en soit l'objet. *Ibid.* Il faut un fret qui soit le prix du louage. 331, 332. V. *Louage des choses.* Si le prix du fret n'a pas été convenu, ce sera le prix moyen, pour les marchandises de pareille qualité, au temps et dans le lieu du contrat. 332. Cas auquel le fret, sur lequel on ne s'est pas expliqué, se règle au plus haut prix. *Ibid.* Le consentement des parties est de l'essence du contrat de charte-partie. *Ibid.* Sur quoi doit-il intervenir? 332, 333. Le maître, qui s'aperçoit que des marchandises ont été chargées à son bord à son insu, et qui met à la voile sans les faire décharger, consent tacitement. 333. S'il n'a aperçu les marchandises que depuis qu'il a mis à la voile, peut-il les décharger dans le premier port? 333, 334. Le contrat de charte-partie est parfait, par le seul consentement des parties. 334. L'ordonnance veut, pour la preuve, qu'il soit rédigé un acte par écrit. 334, 335. Ce que doit renfermer l'acte de la charte-partie. 335. Il doit être dressé un acte de connaissement. *Ibid.* Ce que c'est que le connaissement, et comment il doit être fait. IV. 335, 336. VIII. 163. Il doit contenir la qualité, quantité et marque des marchandises. ıv. 336. Ce qu'il doit encore contenir. 336, 337.

Le locateur du navire est obligé à en faire jouir l'affréteur. 337. C'est ordinairement le maître qui contracte pour le propriétaire. *Ibid.* Si le navire est loué en entier, l'affréteur est libre de ne lui faire porter qu'autant de marchandises qu'il veut. 337, 338. Si l'affréteur permet au maître de recevoir d'autres marchandises, celui-ci doit lui tenir compte du fret. 338. Le maître ne peut, sans la permission de l'affréteur, charger d'autres marchandises que les siennes, même pour son propre compte. *Ibid.* Il doit même lui tenir compte du fret des malles des passagers. 339. Si le navire est loué au quintal, le maître dispose à sa volonté du reste du chargement. *Ibid.* Le maître ne peut apporter d'empêchement au chargement des marchandises de l'affréteur. *Ibid.* Il est chargé de les garder. 340. Il doit mettre à la voile dans le temps convenu par le contrat. *Ibid.* Il est garant des vices de son vaisseau et des retards qu'ils ont occasionés, *ibid.*, surtout si le navire est parti sans avoir été visité par les préposés à cette visite. 340, 341. Le maître doit apporter le soin convenable pour la conservation des marchandises. 341. Il est tenu de la faute légère. *Ibid.* V. *Faute.* Il n'est pas tenu des cas de force majeure. *Ibid.* V. *Force majeure. Jet.* Il peut vendre les marchandises pour acheter des vivres, ou en cas de nécessité pressante. 341, 342. Avec quelles formalités et sous quelles charges? 342.

Le maître doit-il le prix des marchandises à l'affréteur, si, depuis qu'il les a vendues pour subvenir aux nécessités pressantes du vaisseau, le vaisseau a péri ou a été pris par les ennemis? 342, 343. Le propriétaire des marchandises vendues a-t-il action contre les propriétaires du vaisseau, pour la répétition du prix de ses marchandises? 343, 344. Le maître, arrivé à sa destination, doit décharger les marchandises et les remettre à leur adresse. 344. Il est tenu de la valeur de toutes celles portées au connaissement, qu'il ne représente pas, et des dommages-intérêts. *Ibid.* Si le connaissement de l'affréteur, et celui du maître, portent des quantités différentes, auquel se rapporte-t-on? 344, 345. Le maître doit représenter les marchandises dans le même état qu'il les a reçues, sans être tenu des accidens de force majeure. 345. En cas de contestation sur l'état des marchandises, le maître peut exiger le fret par provision. *Ibid.* Ce qu'il doit faire, si l'on refuse de recevoir les marchandises. 345, 346. Le maître doit récompenser par une contribution celui dont les marchandises ont été jetées à la mer. 346. V. *Avarie.* Obligations du maître, lorsqu'il a déclaré son vaisseau d'un plus grand port qu'il n'est. *Ibid. Quid*, lorsqu'il l'a déclaré d'un moindre port? 347.

Des obligations du maître, naît l'action *ex conducto*, qu'a l'affréteur contre lui. *Ibid.* Il a en outre, aux mêmes fins, l'action *exercitoria* contre les propriétaires du navire, qui ont préposé le maître. *Ibid.* Le maître peut-il engager ses commettans à leur insu et sans les consulter, lorsqu'ils sont sur les lieux? 347, 348. La personne que le maître s'est substitué pour passer les marchés, oblige-t-elle les propriétaires du navire? 348, 349. S'il y a plusieurs propriétaires, chacun d'eux est tenu solidairement de l'action exercitoire. 349. Ils ne sont jamais tenus que jusqu'à concurrence de l'intérêt qu'ils ont au navire. *Ibid.* Les affréteurs ont un privilège sur le navire, ses agrès et ses apparaux. 349, 350. V. *Privilége.*

L'affréteur a le droit de jouir du navire pendant le temps du voyage pour lequel il a été loué. 350. Il ne peut sous-louer à plus haut prix qu'à celui pour lequel il lui a été loué. *Ibid.* Celui à qui le navire a été vendu depuis la charte-partie, n'est pas obligé d'entretenir le bail qui en a été fait. 351. L'affréteur est obligé à payer le fret. *Ibid.* On entend par fret non-seulement la somme principale du fret, mais encore les sommes promises pour pot de vin. 351, 352. Le fret est dû lorsque les marchandises ont été déchargées au lieu de leur destination. 352. Il est dû en entier, quoique les marchandises se trouvent endommagées par quelque accident de force majeure. 352, 353. Cas où les futailles, qui contenaient des marchandises liquides, sont arrivées vides ou presque vides. 353. S'il y a des barriques qui sont vides et d'autres non, suffit-il à l'affréteur, pour être déchargé des barriques vides, de les abandonner, ou doit-il abandonner toutes les marchandises? 353, 354. Cas où le coulage est arrivé, soit par la faute du maître ou de ses gens, soit par le vice des futailles. 354. Si les marchandises ne sont pas arrivées à leur destination par la faute du maître, il n'est pas dû de fret. 355. Le maître est tenu de dommages-intérêts. *Ibid.* Il n'est pas dû de fret, lorsque le voyage a été rompu avant qu'il fût commencé, par force majeure. *Ibid.*

Lorsque les marchandises ont péri en chemin, ou ont été prises ou pillées, l'affréteur doit-il le fret? 355, 356. Il doit le fret de celles qui ont été sauvées. 356. Et de celles qui ont été rachetées. *Ibid.* Le fret est dû, en cas de prise ou de perte, pour les marchandises extantes, à proportion de ce que le voyage était avancé. 356, 357. Pourvu que la prise ou la perte ne soient pas arrivées par la faute du maître. 357. V. *Perte.* On ne doit que le fret de l'aller, s'il arrive pendant la route une interdiction de commerce avec le pays de la destination, et que le vaisseau soit obligé de revenir. 357, 358. Le fret est dû en entier en cas de jet, quoique les marchandises n'aient pu arriver à leur destination. 358, 359. V. *Jet.* Il en est de même, lorsqu'elles ont été vendues pour les nécessités pressantes du navire. 358. Si le vaisseau périt dans le cours du voyage, après la vente des marchandises, le fret est-il dû? 359, 360. L'affréteur doit le fret en entier, si c'est par son fait que les marchandises ne sont pas arrivées à leur destination. 360. Il en est de même, s'il retire ses marchandises durant le voyage. *Ibid.* Ou s'il arrête le navire pendant sa route. *Ibid.* Ou s'il le laisse revenir sans chargement, l'ayant loué pour l'aller et le retour. 360, 361. Cas où l'affréteur peut retenir ses marchandises avant le départ, à la charge de payer la moitié du fret. 361. Celui qui n'a pas encore chargé peut à plus forte raison rompre le voyage aux mêmes conditions. 361, 362. Cela doit être fait avant que le vaisseau soit prêt à mettre à la voile. 362. L'affréteur peut-il ne payer que pour moitié le fret d'une partie de marchandises qu'il ne

charge pas? *Ibid.* Il faut que l'affrètement soit au tonneau ou au
quintal, pour que l'affréteur ait
cette faculté. *Ibid.* Si le navire est
retardé, l'affréteur et le maître
doivent des dommages-intérêts,
lorsque c'est par leur faute. 362,
363. Si le retardement a lieu par
force majeure, et que le navire
soit loué au voyage, le fret est dû
en entier. 363. Si le navire est
loué au mois, le fret n'est pas dû
pour le temps qu'a duré la détention. 363, 364. Pendant ce temps,
l'affréteur contribue à la nourriture
et aux loyers des matelots. *Ibid.*

A quelle époque le fret peut être
demandé. 364. Le locateur a la
voie d'action, et quelquefois celle
d'exception, pour s'en faire payer.
*Ibid.* Par qui l'action peut être intentée. 364, 365. Le propriétaire a
un privilége sur les marchandises
transportées, avant tous les créanciers de l'affréteur. 365. V. *Privilége.* Pendant combien de temps
dure ce privilége. 365, 366. L'action est prescrite, si elle n'est pas
exercée dans l'année, mais non
l'exception. 366.

Autres obligations que contracte
l'affréteur par le contrat de charte-
partie. 366, 367.

Le contrat de charte-partie se
résout par le consentement des parties. 367. Il est résolu également,
s'il survient avant le départ une
force majeure qui l'empêche de
s'exécuter. *Ibid.* La guerre survenue, si elle n'existe pas contre le
pays de la destination, ne résout
pas le contrat. 367, 368. Ni la force
majeure, qui retarde seulement le
voyage. 368. L'affréteur peut, dans
ce dernier cas, décharger ses marchandises, sous l'obligation de les
recharger. *Ibid.* Il n'est pas tenu
de les recharger, si les marchandi-

ses étaient de nature à ne pouvoir
être conservées. 368, 369.

Autre rapport sous lequel peut
être considéré le contrat de charte-partie. 369, 370.

V. *Avarie. Jet. Louage de matelots. Prise.*

CHASSE. Espèce d'occupation par
laquelle le chasseur acquiert la propriété du gibier dont il s'empare.
VIII. 123, 124. Principes du droit
romain sur la chasse. 124. Elle
était permise à tout le monde. *Ib.*
L'animal tué sur l'héritage d'autrui appartenait au chasseur. *Ibid.*
Mais le propriétaire de l'héritage
pouvait empêcher le chasseur d'y
entrer. *Ibid.* Dans le cas de cette
défense, à qui appartenait le gibier
tué sur l'héritage? *Ibid.* Le chasseur est propriétaire du gibier, dès
qu'il a été en son pouvoir, sans
qu'il ait encore mis la main dessus.
124, 125. L'animal blessé appartient-il au chasseur qui l'a frappé?
125, 126.

Restriction du droit de chasse
par les lois civiles françaises. 126.
Le souverain a-t-il le droit de se
réserver le droit de chasse, et de
l'interdire à ses sujets? 126, 127.
Ordonnance de Charles VI, de
1366, qui défend la chasse aux roturiers. 127. Ordonnance de François Ier de 1515. *Ibid.* Ordonnance
de Henri IV de 1601. 127, 128.
L'ordonnance de 1669, règle aujourd'hui le fait des chasses. 128.
Défenses et peines qu'elle contient.
*Ibid.* Le roi a seul le droit de
chasse dans son royaume. 129.
Ceux qui en jouissent, ne le font
qu'en vertu de sa permission. *Ibid.*
Permission générale de chasser,
octroyée par l'ordonnance de 1669.
*Ibid.* Les permissions octroyées par
le roi ne s'étendent pas aux capi-

taineries royales, réservées pour ses plaisirs. 129, 130. Le propriétaire des terres tenues en fief a le droit d'y chasser ; le seigneur le peut aussi quelquefois. 130. Le propriétaire de celles tenues en censive ne l'a pas ; le seigneur le conserve. *Ibid.* Un gentilhomme, propriétaire de terres en censive, doit-il au moins, à cause de sa qualité, avoir le droit d'y chasser en personne. 131. Le propriétaire des terres en franc-aleu noble, et le propriétaire gentilhomme en franc-aleu roturier, ont le droit de chasse sur leurs terres. 132. Le propriétaire, non noble, du franc-aleu roturier, ne peut le prétendre. *Ibid.* Les seigneurs hauts-justiciers ont le droit de chasse dans toute l'étendue du territoire de leur justice. 133. Ils ne peuvent y chasser qu'en personne. *Ibid.* Si la haute-justice, ou le fief appartiennent à plusieurs, comment se divise le droit de chasse? 133, 134.

Ceux qui ont le droit de chasse, n'en doivent user que pour leur plaisir et celui de leurs enfans et amis. 134, 135. Ils ne peuvent l'affermer. 135. Ils ne doivent chasser que le gibier non défendu, dans les lieux et dans les terres non défendus, et de la manière dont les ordonnances le permettent. 135, 136. Ils ont le droit d'empêcher les autres de chasser sur leurs terres. 136. Ils ont, à cet effet, des gardes chargés de dresser procès-verbal des contraventions. *Ibid.* Exceptions au droit qu'a le propriétaire du fief d'empêcher de chasser. *Ibid.* Le ministère public a le droit d'empêcher de chasser ceux à qui la chasse est interdite. 137. V. *Occupation. Oiselerie. Pêche.*

Les délits de chasse appartiennent à la connaissance du juge des eaux et forêts. IX. 362.

V. *Louage des choses.*

CHEMIN PUBLIC. V. *Contenance.*

CHEPTEL Trois espèces de cheptels, le cheptel simple, le cheptel à moitié, et le cheptel de fer. III. 562.

Ce que c'est que le cheptel simple et ordinaire. 562, 563. Ce contrat peut être considéré sous deux points de vue. 562. Sous le premier point de vue, on le considère comme un contrat de société de bestiaux que les parties ont intention de faire. *Ib.* Le bailleur est censé fournir à la société le cheptel, tant pour lui que pour le preneur, qui est débiteur envers lui du prix de la moitié de ce cheptel. 562, 563. Le preneur supporte la moitié des pertes, comme il a la moitié du profit. *Ibid.* Le preneur est dédommagé des frais de garde et d'hébergement des bestiaux, par le profit des laitages, fumiers et labours, qui lui sont laissés en récompense. *Ibid.* La société formée par le cheptel ne se dissout pas par la mort de l'un des associés. 563, 564. Sous le second point de vue, on considère le cheptel comme un bail, lorsque l'intention du bailleur a été de rester seul propriétaire du fonds du cheptel. 564. Le contrat de cheptel doit être précédé d'une prisée contenant juste estimation des bestiaux. 564, 565. Formalités dont doivent être revêtus les contrats de cheptel, pour éviter que les bestiaux du cheptel ne soient saisis avec ceux du preneur. 565. Réfutation de l'opinion de l'auteur des Conférences de Paris, qui considère comme illicite et usuraire, le contrat de cheptel simple et ordinaire, par lequel le preneur supporte la moitié de la perte. 566, 567, 568. Le contrat de cheptel simple est d'ailleurs autorisé par les coutumes. 568, 569. Énumération et discussion des textes de différentes coutumes sur le cheptel. 569, 570, 571, 572, 573. Le cheptel simple à moitié de perte et de profit n'est pas licite dans tous les pays, lorsque les coutumes ne s'en sont pas expliquées. 574, 575. Il n'est licite qu'à l'égard des bêtes qu'il est d'usage de donner à cheptel, telles que les bêtes à laine, les chèvres, et les bêtes aumailles. 575, 576. Le cheptel de porcs est illicite, à moins qu'il ne soit fait par le bailleur à son métayer, dans le bail, ou que le bailleur ne s'oblige à payer une portion de la nourriture. *Ibid.* Conventions réprouvées dans les contrats de cheptel. 576. Le preneur ne peut être chargé pour le total du risque des pertes, ni même pour une plus grande part que celle que lui font supporter les coutumes. 576, 577. A moins qu'il n'en soit récompensé par une part plus forte dans les bénéfices. 577. On ne peut pas davantage retrancher au preneur la part des profits qui lui appartient. *Ibid.* Le bailleur ne peut se réserver de prélever au partage quelque chose de plus que la valeur du cheptel qu'il a fourni, selon la prisée. 577, 578. Ces clauses sont-elles également illicites, lorsque le preneur est le métayer du bailleur, et que le cheptel fait partie du bail à ferme. 578, 579. Obligations que contracte le bailleur par le contrat de cheptel simple. 579. Il est obligé de faire jouir le preneur du cheptel pendant tout le temps qu'il doit durer. 579, 580. Temps que doit durer le cheptel. *Ibid.* Il doit faire cesser tout trouble qui serait

apporté à la jouissance du preneur. 580. Le preneur peut-il former lui-même opposition à la saisie faite par le créancier du bailleur sur les bestiaux du cheptel? 580, 581. Obligations du preneur. 581. Il doit apporter à la garde et au gouvernement des bestiaux qui lui sont confiés, le soin d'un bon père de famille. *Ib.* Il est tenu de la faute légère. *Ibid.* V. *Faute.* Il ne doit divertir ni vendre aucune des bêtes du cheptel à l'insu et sans le consentement du bailleur. 581, 582. Ni des bêtes de croît, avant que le partage en ait été fait. 582. Il ne peut seul disposer des laines, ni surtout les enlever aux bêtes, avant le temps de la tonte. 582, 583. Lorsque le preneur a diverti les bêtes du cheptel, le bailleur a un droit de suite contre les acheteurs et les possesseurs de ces bêtes. 583, 584. Ce droit de suite est un véritable droit de revendication. 584. Le bailleur a-t-il le droit de suite pour les croîts, comme pour les bêtes du fonds du cheptel? *Ibid.* Il n'y a pas de temps limité pour exercer ce droit de suite. 584, 585. Justification à faire par le bailleur. 585. Cas où l'acheteur est considéré et puni comme recéleur. *Ibid.* Le droit de suite s'exerce sur les bêtes vendues même par vente judiciaire, sur une saisie des créanciers du preneur, faite à l'insu du bailleur. 585. Le bailleur n'est pas tenu de rendre le prix des bestiaux qu'il revendique aux adjudicataires sur vente judiciaire, ni à ceux qui ont acheté, en foire, les bêtes de son cheptel. 586, 587. Dans les coutumes, qui n'en ont pas de disposition expresse, le bailleur peut-il se faire rendre, sans en restituer le prix, les bestiaux qui ont été achetés de bonne foi, en foire ou

que ce soit dans un temps juste et opportun. 608, 609. Le preneur doit nourrir la vache et avoir pour elle les soins qu'un bon père de famille a des siennes. 609. Il ne peut la rendre qu'au temps réglé par le contrat. *Ibid.* Si ce temps n'a pas été réglé, il peut la rendre quand il lui plaît, pourvu que ce soit dans un temps opportun. 609, 610. V. *Communauté. Société.*

CHOSES. Elles sont corporelles ou incorporelles. VI. 59, 60. VIII. 96. X. 12. Les choses corporelles sont meubles ou immeubles. *Ibid.* Importance de cette distinction. VIII. 96, 97. Quelles choses sont meubles. VI. 60, 61. VIII. 96, 97. X. 12. Quelles choses sont immeubles. VIII. 97. X. 12, 13. Tout ce qui fait partie d'un fonds ou d'une maison, est immeuble comme le fonds ou la maison même. *Ibid.* Règles sur les choses qui sont censées faire partie d'un fonds de terre. VI. 61, 62. Les édifices, construits sur un fonds de terre, font partie de ce fonds. *Ibid.* Les semences, jetées dans une terre, font partie de cette terre. 62. V. *Semences.* Les arbres, arbustes, oignons de fleurs, plantés en pleine terre, font partie du fonds aussitôt qu'ils y sont plantés. *Ibid.* Exception pour les arbres de pépinières. *Ibid.* Dans le cas d'erreur sur la propriété de l'arbre ou du fonds, l'arbre ne fait partie de ce fonds que lorsqu'il y est attaché par des racines qu'il y a poussées. *Ibid.* Les choses placées sur un fonds pour perpétuelle demeure, sont censées en faire partie. VI. 62, 63, VIII. 97, 98. X. 12, 13. Ainsi les échalas, les moulins à vent, font partie du fonds, et sont immeubles. *Ibid.* Les moulins assis sur bateaux sont

meubles. *Ib.* De même que le moulin à vent placé par l'usufruitier ou le fermier. *Ibid.* Les choses, qui font partie d'un fonds de terre, sont réputées telles, même pendant qu'elles en sont détachées, tant qu'elles sont destinées à y être replacées, VI. 63, 64. VIII. 101; pourvu qu'elles en aient déjà fait partie auparavant, sans quoi elles sont choses meubles jusqu'à leur placement. *Ibid.* Les pailles et les fumiers, nés dans une terre, sont réputés en faire partie, VI. 64. VIII. 98. X. 12, 13; à moins que l'usage du père de famille ne soit de les vendre au lieu de les employer à fumer la terre. *Ibid.* V. *Immeuble par destination.* Les choses qui ne sont pas de nature à être par elles-mêmes dans nos biens, et qui ne nous appartiennent que par rapport à quelqu'une de nos terres, sont censées en faire partie. VI. 65. Ainsi, les animaux qui sont dans leur liberté naturelle dans un certain lieu, font partie de ce lieu. VI. 65. VIII. 98. X. 13. Mais s'ils ne sont pas dans leur liberté naturelle, ils nous appartiennent *per se*, comme meubles. *Ibid.* Les abeilles dans leurs ruches sont meubles. VI. 66. Distinction entre les animaux domestiques et les animaux *feræ naturæ.* VI. 66, 67. VIII. 98, 99. Les premiers ne font pas partie du fonds sur lequel ils sont. *Ibid.* Désir de l'auteur de voir une loi qui attache au fonds les animaux domestiques nécessaires à la culture. VI. 67, 68. Inconvéniens qui résultent du contraire. *Ibid.* V. *Accession.* Les fruits et productions de la terre, tant qu'ils y sont encore pendans, font partie de la terre qui les a produits. VI. 68. VIII. 99. V. *Fruits.* Les arbres de pépinière, qui en ont été arrachés, cessent d'en faire partie et deviennent meubles. vi. 68, 69.

Règles sur les choses qui sont censées faire partie d'une maison, ou d'un autre édifice. vi. 69. viii. 99, 100. Les choses qui sont dans une maison ou autre édifice, pour perpétuelle demeure, sont censées en faire partie. vi. 69. viii. 100. x. 13. Celles qui y sont attachées de manière à ce qu'on ne puisse facilement les en détacher, sont censées être à perpétuelle demeure. vi. 69, 70. Dispositions des coutumes relatives aux pressoirs et aux caves à vin. vi. 70. viii. 101. Les presses d'imprimerie, les métiers de tisserand, sont de purs meubles. Ibid. Secùs des forges de maréchal ou de serrurier. vi. 70, 71. Les choses, qui peuvent facilement être déplacées, n'en sont pas moins censées faire partie de la maison, lorsqu'elles y servent à compléter la partie de la maison où elles sont placées. vi. 71. viii. 100. Ainsi les marbres, les boiseries, les parquets, dont on revêtit les murs ou le sol, font partie de la maison. Ibid. Quand les glaces et tableaux sont censés en faire partie? vi. 71, 72. viii. 100. Les statues placées dans des niches en font partie. vi. 72. viii. 101. Les contre-feux, les cloisons, les alcoves, les rateliers d'écurie sont aussi réputés immeubles. Ibid. Il en est de même des chaudières enfoncées en terre, et scellées en maçonnerie, qui se trouvent dans les raffineries. Ibid. Les choses qui servent à compléter la maison, quoiqu'elles n'y soient pas attachées, sont censées en faire partie. vi. 72, 73. viii. 100. x. 13. Telles que les clefs d'une maison, l'artillerie d'un château fort, les vases sacrés d'une chapelle. Ibid. Les choses attachées à une maison, qui en font partie, continuent d'en

faire partie, quoique détachées, tant qu'elles sont destinées à y être replacées. vi. 73. viii. 101. Ainsi les matériaux d'une maison incendiée, destinés à la reconstruire, sont immeubles. vi. 73, 74.

Toutes ces choses, qui sont censées faire partie d'une maison, ne sont plus censées en faire partie, lorsqu'elles y ont été placées par le fermier ou l'usufruitier. vi. 74. Excepté les clefs. Ibid. Sont encore considérées comme immeubles les choses qui, quoique meubles en soi, sont l'accessoire d'un droit immobilier avec lequel elles ne font qu'un seul tout. 74, 75.

Les choses incorporelles sont des droits réels ou des créances. vi. 75. viii. 96. 102. 111, 112.

Règles pour reconnaître quelles sont les choses incorporelles qui sont meubles et celles qui sont immeubles. vi. 75. Les droits que nous avons par rapport à nos héritages, sont des droits immobiliers qui sont immeubles. vi. 75, 76. viii. 111, 112. x. 14. V. Jus in re. Les droits fonciers sont immeubles comme l'héritage qui en est le sujet. vi. 76.

Les créances sont mobilières ou immobilières, selon qu'elles tendent à quelque chose de mobilier ou d'immobilier. vi. 165, 166. viii. 102, 103. x. 14, 15. La créance d'un fait est mobilière. vi. 166. viii. 103. x. 15, 16. La créance d'un locataire résultant d'un bail, est mobilière. Ibid. La créance contre un architecte, qui s'est obligé à bâtir une maison, est mobilière. viii. 104. Les droits d'un acheteur de fruits, pendans par racines, ou d'un bois sur pied, pour le couper, sont mobiliers. x. 15, 16. La créance personnelle d'une somme d'argent, est un droit mobilier. vi. 76, 77. V. *Jus ad rem.*

La créance personnelle, pour se faire remettre un héritage, est un droit immobilier. 77. L'action d'un conjoint contre l'autre, pour qu'il effectue l'apport d'un immeuble promis par le contrat, est immobilière. viii. 104, 105. *Secùs*, si l'obligation consistait en une somme de deniers à prendre sur des héritages. 105. La créance d'un marchand de bois, contre le vendeur d'arbres, est un droit mobilier. vi. 77. Le droit de créance, qu'a le fermier d'un héritage contre le locateur pour qu'il l'en fasse jouir, n'est qu'un droit mobilier. vi. 77. 166. viii. 103. x. 15, 16. Le droit d'un usufruitier, d'un emphythéote, d'un preneur à bail, est au contraire immobilier. *Ibid.* V. *Emphythéote. Preneur à bail. Usufruit.* Le droit de créance, résultant d'une obligation de dommages et intérêts, est un droit mobilier. vi. 78. Lorsqu'un héritage est dû avec plusieurs choses mobilières, quoique ce soit l'héritage qui soit le principal objet de la créance, elle n'est néanmoins immobilière que par rapport à l'héritage. *Ibid.* Lorsque deux choses, dont l'une meuble, et l'autre immeuble, sont dues sous une alternative, la qualité de la créance est mobilière ou immobilière, selon que c'est le meuble ou l'immeuble qui est payé. 78, 79. V. *Obligation alternative.* Lorsqu'il n'y a qu'une chose due, avec faculté au débiteur d'en payer une autre à la place, c'est la nature de la chose due qui règle la qualité de la créance. 79. La créance d'une chose mobilière, quoiqu'elle soit accompagnée d'une hypothèque, n'en est pas moins un droit mobilier. vi. 80, 166. viii. 105. La cause d'où la créance procède n'est pas considé-

rée, pour savoir si elle est mobilière ou immobilière, mais seulement la chose qui en est l'objet. vi. 80, 81.

Les rentes constituées sont réputées immeubles, selon la coutume de Paris et le droit commun. iii. 58, 59. vi. 82, 83, 84. viii. 105, 106. x. 16. Raisons pour les assigner à la classe des meubles, et pour les assigner à celle des immeubles. *Ibid.* Il n'importe, pour qu'une rente constituée soit immeuble, qu'elle soit accompagnée d'hypothèque. vi. 84. C'est le principal de la rente, distingué des arrérages qu'il produit, que la coutume déclare immeuble. *Ibid.* Les arrérages sont meubles à mesure qu'ils naissent. 84, 85. Quoique le principal d'une rente constituée soit devenu exigible, la rente ne laisse pas de continuer d'être immeuble. 85. Dispositions des coutumes qui considèrent les rentes constituées comme meubles. 85, 86. C'est la coutume du lieu du domicile du créancier de la rente, qui décide si elle est réputée meuble ou immeuble. vi. 86, 555, 556. viii. 107. Exception à l'égard des rentes dues par le roi, qui ont pour situation le lieu où est établi le bureau de paiement. *Ibid.* Si la rente appartient à plusieurs personnes domiciliées sous des coutumes différentes, chaque portion est régie par la coutume de celui à qui elle appartient. vi. 86, 87. Si la propriété de la rente appartient à l'un, et l'usufruit à l'autre, c'est la loi du domicile du propriétaire qui règle sa nature. 87. La rente change de nature, lorsque le créancier transporte son domicile, d'une coutume qui réglait la nature d'une manière, sous une autre qui la règle différemment. *Ibid.*

Les rentes viagères sont meubles

sous les coutumes qui déclarent telles les rentes perpétuelles. III. 114, 115. VI. 88. VIII. 106, 107. X. 16, 17. Mais sont-elles immeubles de même que les rentes constituées, sous les coutumes qui déclarent telles ces dernières? VI. 88, 89. La créance d'une somme exigible, qui produit intérêt jusqu'au paiement, est-elle mobilière ou immobilière? VIII. 107. X. 17; *Quid*, si une rente constituée est devenue exigible? *Ibid.* V. *Rente viagère.*

Les offices sont réputés immeubles. VI. 89. VIII. 108. IX. 278. X. 17, 18. Il y a trois espèces d'offices. *Ibid.* Les offices qui sont à la disposition du roi, sans finance, ne sont pas dans nos biens. VI. 89. VIII. 108, 109. La seconde espèce consiste dans les offices vénaux, qui sont mis dans la classe des immeubles à cause de la finance qui y est attachée. VI. 89, 90. La *pratique* de certains offices, se composant de créances de sommes d'argent, est mobilière. 90, 91. La troisième espèce est celle des offices domaniaux, qui sont aussi réputés immeubles. 91. V. *Office.* Les priviléges des perruquiers sont aussi réputés immeubles. *Ib.*

Choses qui ont ou qui n'ont pas une situation. VIII. 109. Les premières sont régies par le statut réel. *Ibid.* Les secondes suivent la personne et sont régies par la loi du domicile. 109, 110. Situation des choses corporelles et incorporelles meubles et immeubles. *Ibid.* V. *Jus ad rem. Jus in re. Statut personnel et réel.*

Quelles choses sont hors du commerce? VII. 327, 328. V. *Legs. Tradition.*

Choses qui n'appartiennent à personne. VIII. 122, 123. V. *Occupation.*

CHOSES CORPORELLES. Choses qui s'aperçoivent par les sens, et qui ont un être réel. VI. 59, 60. VIII. 96. X. 12. V. *Choses.*

CHOSES D'AUTRUI. I. 69, 70. II. 123-127, 151, 529. III. 239, 250, 259. IV. 9. VII. 477, 610. VIII. 605. V. *Bail à rente. Donation entre-vifs. Legs. Louage des choses. Obligation. Prêt à usage. Tradition. Vente.*

CHOSES FONGIBLES. V. *Prêt de consomption.*

CHOSES GAIVES. V. *Varech.*

CHOSES INCORPORELLES. Celles qui n'ont qu'un être intellectuel, et ne s'aperçoivent que par l'entendement, comme une créance, un droit. VI. 59, 75. VIII. 96, 102, 111, 112. V. *Choses.*

V. *Avantage entre époux. Possession.*

CHOSE JUGÉE. Jugement définitif qui contient ou une condamnation ou un congé de demande. I. 495. Il résulte de la chose jugée une présomption *juris et de jure. Ibid.* V. *Présomption.* Les jugemens définitifs seuls peuvent avoir l'autorité de la chose jugée. *Ibid.* Les jugemens provisionnels, ou interlocutoires, ne l'ont pas. 495, 496. L'ordonnance de 1667 rapporte trois cas dans lesquels les jugemens peuvent avoir l'autorité de la chose jugée. 496. Il faut qu'ils soient rendus en dernier ressort, ou qu'il n'y ait pas d'appel. *Ibid.* Ces derniers n'ont qu'une autorité momentanée de chose jugée. *Ibid.* Les jugemens et arrêts rendus en dernier ressort, l'ont stable et perpétuelle. *Ibid.* S'ils sont susceptibles d'être attaqués par l'opposition ou la requête civile, ils ne laissent pas de l'avoir, mais elle peut être détruite par la rescision du jugement. 497. V. *Requête civile.*

Les jugemens dont l'appel n'est plus recevable forment le second cas rapporté par l'ordonnance, où il y a autorité de chose jugée. 501. Quand l'appel n'est-il plus recevable ? *Ibid.* V. *Appel.*

Le troisième cas de l'ordonnance est celui des jugemens dont l'appel a été déclaré péri. 503, 504. L'appel est péri, lorsque l'instance d'appel est tombée en péremption. *Ibid.* V. *Péremption.*

Un jugement nul n'a pas l'autorité de la chose jugée, à moins que la nullité n'en ait été couverte. 505. Il en est autrement d'un jugement inique. *Ibid.* Quand un jugement est-il nul? *Ibid.* V. *Jugement.* L'autorité de la chose jugée fait présumer vrai et équitable tout ce qui est contenu dans le jugement. 511. On peut revenir contre une erreur de calcul commise dans le jugement même. 512. La partie ne peut être admise à revenir contre le jugement, quand même elle apporterait des pièces décisives recouvrées depuis. *Ibid.* Il faut qu'elles aient été retenues par le fait de l'adversaire, pour qu'il y ait lieu à requête civile. *Ibid.*

L'autorité de la chose jugée n'a lieu qu'à l'égard de ce qui a fait l'objet du jugement. 512, 513. Pour que l'objet du premier jugement soit le même que celui de la demande, il faut que la même chose soit demandée, pour la même cause, et en la même qualité. 513. Le principe que la chose demandée doit être la même, ne doit pas être entendu trop littéralement. *Ibid.* Je suis censé demander la même chose, lorsque je demande quelque chose qui en fait partie. *Ibid.* Ou quel-

que chose qui en est parvenue, et qui ne m'appartiendrait qu'autant que la chose demandée d'abord m'appartiendrait aussi. 514. On ne peut demander les intérêts, après avoir succombé sur la demande de la somme principale. *Ibid.* Si j'ai succombé sur la demande d'un droit de passage pour les gens de pied et que je demande un droit de passage pour les bêtes de somme, peut-on m'opposer l'exception de la chose jugée? 514, 515.

Pour qu'il y ait chose jugée, il faut que la chose soit demandée pour la même cause. 515, 516. Distinction entre les actions personnelles et réelles à cet égard. 516. Après avoir succombé sur une demande, je puis demander de nouveau la même chose, en vertu d'une autre cause d'obligation personnelle. *Ib.* Au contraire, après avoir succombé sur une action réelle, je ne puis de nouveau demander la même chose, parce qu'on ne peut avoir qu'un seul droit de propriété de la même chose, qui a déjà été jugé. 516, 517.

Cela n'a lieu à l'égard de l'action réelle, que lorsqu'elle a été donnée d'une manière générale. 517. Si elle avait été restreinte à un moyen, on peut revendiquer la même chose par un autre moyen. *Ibid.* Quelque générale que fût la première demande, elle n'exclut pas une nouvelle demande, si le titre, auquel on la fait, est postérieur à l'autre. 517, 518.

Il faut encore, pour qu'il y ait chose jugée, que la nouvelle demande soit faite par la même partie, et en la même qualité. 518. Si la chose, la cause, et la qualité, sont les mêmes, peu importe, pour qu'il y ait chose jugée, que la question soit renouvelée par une action semblable ou différente. 518, 519. L'autorité de la chose jugée n'a lieu qu'entre les mêmes parties entre lesquelles le jugement a été rendu. 519. On est partie dans un jugement par son tuteur, curateur, ou autre légitime administrateur. 519, 520. Les héritiers et successeurs universels des parties sont censés avoir été eux-mêmes parties au jugement. 520. En matière réelle, les successeurs à titre singulier sont aussi censés y avoir été parties. *Ibid.* Quand même ils auraient acquis la chose à titre lucratif. 521. En un mot, tous les ayant-cause sont censés avoir été parties au jugement rendu avec leur auteur. *Ibid.* V. *Ayant-cause.* On peut leur opposer ce jugement comme ils peuvent l'opposer eux-mêmes. 521, 522. Le jugement rendu avec le successeur, n'est pas censé rendu avec son auteur. 522. Le jugement ne peut jamais être opposé à ceux qui n'y ont été parties, ni par eux-mêmes, ni par leur auteur. 522, 523. Les héritiers ne se représentent pas mutuellement, et ce qui est jugé avec l'un, n'est pas jugé avec l'autre. 523. A moins que la chose ne soit indivisible. 524. Si le jugement a été rendu par collusion, ceux qui n'y ont pas été en nom, peuvent renouveler le procès. *Ib.* Ils peuvent en appeler et y former tierce-opposition. *Ibid.* La caution est censée partie au jugement rendu avec le débiteur principal. 524, 525. Les légataires particuliers ne se représentent pas les uns les autres; mais ils sont représentés par l'héritier institué. 525. V. *Fins de non-recevoir.*

CHOSES LITIGIEUSES. V. *Retrait lignager. Vente de droits litigieux.*

CLANDESTINITÉ des mariages :

en quoi elle consiste. V. 203, 204, 205, 206, 237, 238. VII. 20. Elle les rend nuls. V. 205, 206. V. *Mariage.* Possession clandestine. V. *Complainte. Possession.*

CLAUSE. V. *Bail à rente. Deguerpissement. Franc et quitte. Preneur. Reprise d'apport.*

CLAUSE CODICILLAIRE. Clause par laquelle le testateur déclare qu'il entend que son testament vaille comme codicille, s'il ne vaut pas comme testament. VII. 291, 634. V. *Codicille. Testament.*

CLAUSES DE COMMUNAUTÉ. V. *Communauté conventionnelle.*

CLAUSE DE FOURNIR ET FAIRE VALOIR. V. *Bail à rente. Transport.*

CLAUSE PÉNALE. V. *Obligation pénale.*

CLAUSE RÉSOLUTOIRE. V. *Addictio in die. Pacte commissoire. Réméré. Rescision.*

CLEFS. Remise des clefs. V. *Communauté légale. Tradition.*

CLERC. V. *Personnes.*

CLERGÉ. V. *Ecclésiastiques.*

CLOAQUE. Règles à suivre pour la vidange d'un cloaque commun. III. 547, 548. V. *Privés. Mur mitoyen.*

CLOTURE. Obligation de se clore, et dispositions des coutumes sur ce point. III. 551, 552. V. *Bornage. Mur mitoyen.*

CLOTURE D'INVENTAIRE. V. *Continuation de communauté. Inventaire.*

CODICILLE. On appelait ainsi, en droit romain, le testament qui ne contenait pas d'institution d'héritier. VII. 274, 288, 289, 291. On appelle ainsi chez nous les dispositions supplémentaires ajoutées à un testament, et revêtues des mêmes formes. 274. Les codicilles, pour toute forme, devaient être faits en présence de cinq témoins. 289. V. *Testament*.

COLOMBIER. Dispositions y relatives de la coutume d'Orléans. x. 274 *et suiv*. V. *Accession*.

COLON. Celui qui prend à ferme un bien de campagne. III. 232. V. *Louage des choses*.

COMBAT DE FIEF. Contestation entre deux seigneurs sur la mouvance du fief servant, chacun d'eux prétendant qu'il relève de sa seigneurie. IX. 520. V. *Foi et hommage*.

COMMAND. V. *Profit de quint*.

COMMANDEMENT. Qui précède la saisie-exécution. IX. 176, 177. V. *Saisie-exécution*. Qui précède la saisie-immobilière. 213, 214. Ce qu'il doit contenir et comment il doit être fait. *Ibid*. V. *Saisie réelle*.

COMMENCEMENT DE PREUVE PAR ÉCRIT. Il y a commencement de preuve par écrit, lorsqu'on a un écrit soit authentique, soit privé, qui fait preuve de quelque chose qui conduit à la vérité du fait avancé. I. 469. L'appréciation du commencement de preuve par écrit suffisant pour admettre la preuve testimoniale, est laissée à l'arbitrage du juge. *Ibid*. Plusieurs exemples de ce commencement de preuve par écrit. 469, 470, 471. Il y a encore commencement de preuve par écrit, lorsqu'un acte, soit authentique, soit privé, fait preuve de la dette, mais non de la somme. 471, 472. On peut, dans ce cas, admettre à la preuve testi-

moniale de la somme. *Ibid*. Les écritures privées, non signées, forment contre celui qui les a écrites, un troisième genre de commencement de preuve par écrit de ce qu'elles contiennent. 472. V. *Ecritures privées*. Un commencement de preuve par écrit contre quelqu'un, ne peut résulter que d'un acte public, où il ait été partie, ou d'un acte privé signé de lui, ou du moins écrit de sa main. 472. Les registres des marchands, régulièrement tenus, font un commencement de preuve par écrit en leur faveur. *Ibid*. L'écrit d'un tiers ne peut jamais être considéré comme tel. *Ibid*. La reconnaissance faite par une veuve, dans son inventaire, d'une dette de la communauté, ne peut être regardée comme un commencement de preuve par écrit contre son mari. 473. Il en est de même de l'acte reçu par un notaire incompétent, ou nul dans la forme, lorsqu'il n'est pas signé des parties. V. *Preuve testimoniale*.

V. *Assurance*.

COMMERCE. Le commerce déroge à la noblesse. VIII. 18. Excepté en Bretagne. *Ibid*. Le commerce maritime et le commerce en gros ne dérogent pas. *Ibid*. V. *Assurance*. *Noblesse*.

COMMETTANT. L'obligation des commettans est accessoire à celles de leurs préposés. I. 274. Le commettant, en accédant aux contrats de ses préposés, fait sa propre affaire et non la leur. *Ibid*. Il diffère en cela des cautions et des *mandatores*. V. *ces mots*. Il y a lieu à l'obligation accessoire du commettant, lorque le préposé a contracté en son propre nom, et pour les affaires auxquelles il est préposé.

275. Exemples d'actes faits pour les affaires du commettant. *Ibid.* Les préposés obligent leurs commettans, tant que leur commission dure. *Ibid.* Même après la mort du commettant, tant qu'ils ne sont pas révoqués pour l'héritier. 275, 276. L'obligation du commettant s'étend à tout ce que renferme l'obligation du préposé. 276. Le commettant ne peut opposer l'incapacité de son préposé. *Ibid.* Il peut opposer toutes les exceptions, *in rem. Ibid.* S'il y a plusieurs commettans, ils sont tenus solidairement et sans division. 277. Ils ne peuvent opposer l'exception de discussion, quand même ils auraient déjà indemnisé le préposé. *Ibid.* L'armateur peut se décharger des obligations contractées par le capitaine, en abandonnant le vaisseau et le fret. *Ibid.* Le commettant est responsable des délits et quasi-délits commis par le préposé dans l'exercice des fonctions à lui confiées. 277, 278. Il n'en est tenu que civilement. 279. V. *Charte-partie. Mandat. Obligation accessoire.*

COMMISE ( DROIT DE ). Droit qu'a le seigneur de fief, de confisquer et réunir à toujours à son domaine le fief de son vassal, pour punition de son désaveu ou de sa félonie. IX. 567. X. 72. Quelles espèces de désaveu donnent lieu à la commise. IX. 567, 568, 569, 570, 571. X. 72, 73, 74. Il faut que le désaveu soit inexcusable. IX. 571, 572, 573. Faut-il absolument qu'il soit judiciaire? 574. Le vassal capable d'aliéner, peut seul commettre son fief, en désavouant son seigneur. 574, 575. Cas où le désaveu ne donne pas lieu à la commise, à cause de l'incapacité de celui qui le fait. 575, 576. La commise

n'a pas lieu de plein droit ; le seigneur a une action pour l'exercer par suite du désaveu. IX. 577, 578. X. 78. A quelles choses s'étend la commise? IX. 578, 579, 580. X. 78, 79, 80. *Quid,* des édifices élevés par le vassal sur le fief des impenses? *Ibid.* Les charges réelles et les hypothèques imposées sur le fief avant le désaveu par le vassal, ou ses auteurs, s'éteignent-elles par la commise? IX. 580, 581, 582. X. 81, 82. La commise a-t-elle lieu au préjudice des créanciers chirographaires et des engagemens purement personnels, contractés par le vassal par rapport au fief? IX. 582, 583. Au profit de qui est la commise, lorsqu'un mari a été désavoué pour le propre de sa femme, un titulaire pour la seigneurie dépendante de son bénéfice, un seigneur pour le fief qu'il tenait en sa main par la saisie féodale? 584, 585.

De la commise qui a lieu pour félonie du vassal. IX. 585. X. 75. Quelles injures sont assez atroces pour être félonie, et donner lieu à la commise? IX. 585, 586, 587. X. 75. Il faut que cette injure soit commise par le vassal. IX. 588, 589, 590, 591, 592, 593. X. 76, 77. Il faut qu'elle soit faite au seigneur reconnu pour tel. IX. 593, 594, 595, 596. X. 76, 77. De l'action de commise pour cause de félonie, et comment elle s'éteint? IX. 596, 597, 598. X. 82-85. V. *Désaveu. Félonie. Fief.*

COMMISSAIRE AUX FRUITS SAISIS. Personne préposée pour faire la récolte des fruits pendans par racine, qui ont été saisis. IX. 186. V. *Saisie-exécution.*

COMMISSAIRE AUX SAISIES RÉELLES. Personne préposée en titre

d'office par le roi, pour l'administration des biens saisis. IX. 220, 221.
X. 886-891. Ses fonctions. 221 et
suiv. V. Saisie réelle.

Commission. V. Commettant. Préposé.

Communauté. Quasi-contrat par
lequel une chose est commune entre deux ou plusieurs personnes,
sans qu'il y ait eu entre elles aucun contrat de société, ni aucune
autre convention. III. 525. Cette
communauté est une quasi-société,
qui peut se former à différens titres. 525, 526. Le droit des quasi-
associés dans les choses communes
est le même que celui des associés
dans les choses de la société. 526.
Chacun d'eux est tenu des dettes
de l'universalité de biens commune
entre eux pour la part qu'il y a.
526, 527. Il est tenu seul des
dettes contractées pour les affaires
communes, sauf son recours contre
ses quasi-coassociés. 527. S'ils ont
contracté ensemble, chacun d'eux
n'est tenu que pour sa portion virile. Ibid. Chacun est tenu des
charges réelles des héritages pour
la part qu'il a dans ces héritages.
Ibid. Les obligations respectives
des quasi-associés sont à peu près
les mêmes que celles des associés
entre eux. 528. Chacun d'eux doit
faire raison aux autres de tout ce
dont il est débiteur envers la communauté, ibid.; de ce qu'il en a
tiré. Ibid. De la valeur du dommage qu'il a causé. Ibid. De quelle
faute est tenu le quasi-associé?
529. V. Faute. Il est tenu d'indemniser son quasi-associé de ses
déboursés pour les affaires de la
communauté. Ibid. Et de contribuer aux réparations à faire aux
choses communes. 529, 530. Comment prend fin la communauté?

530. Les quasi-associés ont, pour
arriver au partage, l'action familiæ
erciscundæ, entre cohéritiers; et
l'action communi divi lundo, entre les autres espèces de quasi-associés. Ibid. Chacun des quasi-associés a le droit de faire cesser la
communauté par l'une ou l'autre
de ces actions. 530, 531. Les clauses d'un testament, ou les conventions qui prescriraient une indivision illimitée, sont nulles. 531. V.
Cloaques. Fossés. Haies. Indivision. Mur mitoyen. Partage. Privés.

Communautés. Les corps et communautés, établis suivant les lois,
sont de véritables personnes. VIII.
84. Ils peuvent acquérir et aliéner.
Ib. 118, 119. Les individus qui composent le corps, sont distincts du
corps. 84, 85. Les corps ou communautés ont des procureurs ou syn-
dics qui font leurs affaires. I. 29. 66.
VIII. 85 IX. 458, 459. V. Contrat.
Obligation. Les communautés se
font des statuts pour la police et la
discipline intérieure. VIII. 85, 86.
Ils doivent être homologués. 86.
Chaque corps a une juridiction
correctionnelle sur ses membres.
Ibid. Les communautés ne peuvent
pas acquérir à tous les titres auxquels acquièrent les particuliers.
Ibid. Différences. Ibid. Elles ne
peuvent pas acquérir toutes les
choses que peuvent acquérir les
particuliers. 87. Le procureur du
roi et les seigneurs peuvent les
forcer à vider leurs mains des héritages par elles acquis. VIII. 87. X.
239. V. Main-morte. Fins de non-
recevoir qu'elles peuvent opposer
aux seigneurs. VIII. 88. Lettres
d'amortissement. Ibid. Indemnité
due, dans ce cas, aux seigneurs.
Ibid. Fin de non-recevoir résultant
du consentement donné par le sei-

gneur à l'acquisition. 89. Autre tirée du laps de temps pendant lequel la communauté a joui sans trouble. *Ibid.* Par l'édit de 1749, les communautés sont devenues absolument incapables d'acquérir. *Ibid.* A aucun titre que ce soit. 90. Les legs à elles faits des choses qu'il ne leur est pas permis d'acquérir, sont entièrement nuls. *Ibid.*

Dans certains cas, le roi donne aux communautés le droit d'acquérir. 90, 91. Elles peuvent rentrer dans les héritages par elles aliénés. 91. En vertu de la résolution du premier contrat, ou du droit de réméré. *Ibid.* Elles ne le peuvent en vertu du droit de refus. 91, 92. V. *Droit de refus.* Elles n'exercent pas le droit féodal. 92. Peuvent-elles céder à des particuliers leur droit de refus ou de retrait féodal? *Ibid.* Les communautés ont le délai d'un an pour vendre les héritages qui leur sont échus par suite des droits attachés à leurs seigneuries. 92, 93. Toutes les acquisitions faites par les communautés avant l'édit de 1749, sont valables. 93. Un legs à elles fait avant la publication de l'édit, serait-il valable, quoique le testateur ne soit décédé que depuis? 93, 94. Les communautés ne peuvent aliéner leurs immeubles qu'en vertu du décret du juge. 94. Limitation au droit de former des demandes en justice. *Ibid.* Avantages des communautés sur les particuliers. 94, 95. Elles jouissent de certains droits accordés aux mineurs. *Ibid.* V. *Mineur. Péremption. Prescription de quarante ans. Testament.*

COMMUNAUTÉ. Espèce de société de biens qu'un homme et une femme contractent, lorsqu'ils se marient. VI. 49. X. 289. C'est une véritable société fondée sur la nature même du mariage, mais exorbitante des sociétés ordinaires. *Ibid.* Différence entre les diverses coutumes relativement à la communauté de biens. 50. Quatre espèces principales. *Ibid.* Les coutumes de Paris et d'Orléans établissent la communauté entre les conjoints à partir de la célébration. *Ibid.* Celles d'Anjou, du Maine, etc., exigent que le mariage ait duré an et jour, pour qu'elle existe, lorsqu'elle n'a pas été stipulée. *Ibid.* D'autres, avec les pays de droit écrit, ne l'admettent que lorsqu'elle a été stipulée. *Ibid.* Enfin, la coutume de Normandie non-seulement ne l'admet pas, mais défend de la stipuler. 50, 51. Dans les coutumes de la première et de la seconde espèce, on distingue la communauté conventionnelle et la communauté légale. VI. 51. X. 289. Définition de la communauté conventionnelle. VI. 51. V. *Communauté conventionnelle.* Définition de la communauté légale. *Ibid.* V. *Communauté légale.* Quoique appelée *légale,* elle n'en est pas moins l'effet de la convention des parties, qui, en se mariant sans stipulation expresse, se sont implicitement soumises à la loi de leur domicile. VI. 51. X. 289, 290. Il suit de-là que tous les biens acquis par la suite par elles, quoique situés *sous* des coutumes différentes, sont soumis à la communauté qu'elles ont contractée par la loi de leur domicile. VI. 51, 52. La disposition des coutumes qui établissent la communauté, est un statut personnel et non réel. 52. V. *Statut personnel.* Lorsque deux personnes se sont mariées à Lyon, sans stipulation de communauté, la femme ne peut prétendre droit de communauté dans un immeuble acheté par son mari, sous la coutume d'Orléans. 53. Si les deux conjoints sont domiciliés, chacun sous deux coutumes, dont l'une établit et l'autre n'établit pas de communauté, c'est celle de l'homme qui doit être suivie. *Ibid.* S'il avait intention de fixer son domicile où est celui de sa femme, c'est la loi de ce dernier qu'il faut suivre. 53, 54. V. *Domicile.* Et cela, quand même il aurait épousé sa femme dans un autre lieu que dans son domicile. 54. La disposition de la coutume de Normandie, qui interdit la communauté, est-elle un statut réel? 54, 55. V. *Statut réel.* Les personnes qui y sont soumises ne peuvent l'éluder, en passant leur contrat sous une coutume qui admet la communauté pour revenir ensuite en Normandie. 55. Lorsqu'un Parisien va épouser une femme en Normandie, il y a communauté selon la coutume de Paris. *Ibid.* Elle ne peut exister, au contraire, lorsque c'est un Normand qui va épouser une Parisienne. 55. Dans ce dernier cas, la Parisienne peut-elle, par une convention expresse de son contrat, stipuler valablement la communauté? 55, 56. Jurisprudence du parlement de Paris contraire à celle du parlement de Normandie. *Ib.*

La communauté légale ou conventionnelle ne peut être contractée que par des personnes capables de contracter un mariage civil. 57. Il suffit cependant que le mariage, quoique nul, produise des effets civils. *Ibid.* V. *Effets civils.* Les étrangers, domiciliés en France, qui se marient, la contractent selon la loi de leur domicile. 57, 58. V. *Etranger.* La communauté commence du jour de la bénédiction nup-

tiale. 58. V. *Bénédiction nuptiale.* Quoique conventionnelle, elle ne date pas du contrat de mariage. 58, 59.

COMMUNAUTÉ CONVENTIONNELLE. Celle qui est formée par la convention expresse des parties, portée par leur contrat de mariage. VI. 187, 188. X. 300, 301. Elle peut se faire purement ou sans condition. VI. 188. La simple clause qu'il y aura communauté, ne change rien à la communauté légale. *Ibid.* La communauté conventionnelle ne commence qu'à partir de la célébration du mariage. VI. 58, 59, 198. X. 301. C'est à ce temps qu'on doit avoir égard pour savoir si les choses qui appartiennent à chacun des conjoints doivent y entrer. *Ibid.* Néanmoins l'un d'eux ne peut, en fraude de l'autre, changer de nature les biens qu'il avait lors du contrat de mariage. 188, 189. Il ne le peut non plus dans la vue d'avantager son conjoint. 189. V. *Communauté légale.*

La communauté conventionnelle peut être stipulée avec des clauses différentes. X. 300, 301. Forme dans laquelle les conventions doivent être faites. 301. Conventions prohibées. 302, 303.

Les futurs peuvent convenir par une clause de leur contrat de mariage, que leur communauté sera réglée par telle coutume qui n'est pas celle du domicile du mari. VI. 189, 190. Lorsqu'un homme domicilié sous une coutume qui répute meubles les rentes constituées, prend une femme à Paris, la clause portée par le contrat, que la communauté sera régie par la coutume de Paris, exclut-elle de la communauté les rentes constituées des conjoints? 190, 191. Ces conventions n'ont d'effet que sur ce qui concerne la communauté. 191. Celle par laquelle il est dit que les parties s'épousent suivant une telle coutume, est plus générale, et s'étend à toutes les conventions matrimoniales. *Ibid.* Mais elle ne donne pas aux conjoints la capacité de disposer, que leur refuse la coutume de leur domicile. 191, 192. V. *Apport. Conventions matrimoniales.*

Les conjoints peuvent convenir par leur contrat de mariage qu'ils auront, ou leurs héritiers, des parts inégales au partage qui se fera des biens de la communauté. 287. Chacun doit supporter la même part dans les dettes, que celle qui lui est assignée dans le partage de l'actif. 287, 288. V. *Partage de la communauté.* La femme peut convenir qu'elle jouira séparément d'un certain héritage. 294. Les acquisitions faites par elle, de ses épargnes sur les revenus de cet héritage, tombent-elles en communauté? 294, 295. V. *Exclusion de communauté. Séparation contractuelle.*

V. *Ameublissement. Apport. Avantage entre époux. Donation entre mari et femme. Forfait de communauté. Franc et quitte. Préciput conventionnel. Réalisation. Reprise d'apport. Séparation de dettes.*

COMMUNAUTÉ LÉGALE. Celle qui a lieu entre des conjoints par mariage, suivant la loi du domicile qu'ils avaient lors de leur mariage, quand ils ne s'en sont pas expliqués, et qui est composée tant en actif qu'en passif, des choses dont cette loi déclare qu'elle doit être composée. VI. 51. Choses dont elle est composée en actif. 59. Elle est composée des meubles, des conquêts, et des fruits des propres

de chacun des conjoints perçus ou échus pendant sa durée. VI. 59. X. 290, 291.

La coutume entend parler des meubles tant corporels qu'incorporels. VI. 59, 60. X. 291. Tant de ceux appartenans aux conjoints lors du mariage, que de ceux acquis depuis. VI. 60.

Les meubles corporels sont des choses transportables d'un lieu à un autre, et qui ne font pas partie de quelques fonds d'héritage ou de maison. *Ibid.* V. *Meubles.*

Règles sur les choses qui sont censées faire partie d'un fonds d'héritage. 61-69. Règles sur les choses qui sont censées faire partie d'une maison ou d'un autre édifice. 69-74. Toutes ces choses n'entrent dans la communauté légale, qu'autant que le fonds de terre, ou la maison, dont elles font partie, y entre lui-même. 74. V. *Choses.* Règles pour reconnaître les choses incorporelles qui sont meubles et celles qui sont immeubles. 75-81. V. *Choses.* Application aux créances. *Ibid.* La cause d'où la créance procède n'est pas considérée, pour savoir si elle est mobilière, ou immobilière. 80, 81. C'est pourquoi la créance d'une somme d'argent, due à l'un des conjoints, pour retour d'un partage d'immeubles fait avant le mariage, est mobilière et entre dans la communauté. 81, 95. V. *Soulte.* La créance d'une somme d'argent, qu'a l'un des conjoints lorsqu'il se marie, tombe dans la communauté légale, quoiqu'elle soit une propriété pour le cas de sa succession. *Ibid.* V. *Propre de succession.* La créance d'une somme d'argent due à un mineur pour le prix de sa part dans un héritage licité avec ses cohéritiers, quoique propre de la ligne d'où l'héritage

procède, entre dans la communauté. 81, 82. Il en est de même
de celle due à un enfant, en sa
qualité d'héritier de sa mère, pour
la reprise des deniers dotaux de
celle-ci, laquelle par son contrat
de mariage, les avait stipulés propres à elle et aux siens. 82. Quand
même les deniers dotaux auraient
été stipulés propres *quant à tous
effets, même quant à la disposition.*
*Ibid.* V. *Propre conventionnel.*

Les rentes constituées sont-elles
meubles ou immeubles, pour entrer dans la communauté? 82, 88.
V. *Choses. Rente constituée.* La
rente constituée, entrée comme
meuble dans la communauté, n'en
sort pas en devenant immeuble
par la translation, sous une autre
coutume du domicile du conjoint
auquel elle appartient. 87. Ou si
elle était immeuble d'abord, elle
n'y entre pas en devenant meuble.
*Ib.* Les rentes de la femme, lorsque
la coutume du mari les déclare d'u-
ne nature différente de celle qu'elles avaient, prennent cette nature
par le mariage, pour entrer ou ne
pas entrer dans la communauté.
87, 88. Les rentes viagères sont-
elles meubles ou immeubles? 88,
89. Dans tous les cas, les arrérages
des rentes sont meubles, et considérés comme fruits, qui tombent
dans la communauté. 89. V. *Choses. Rente viagère et ci-dessous.* Les
offices sont réputés immeubles.
*Ibid.* V. *Choses.* La pratique de
certains offices est mobilière, et
tombe dans la communauté. 90,
91. V. *Office.*

Exceptions au principe qui fait
entrer dans la communauté légale
tous les meubles de chacun des
conjoints. *Ibid.* Toutes les choses,
quoique meubles, qui proviennent
de l'un des conjoints, de son im-

meuble propre de communauté
sans en être des fruits, n'entrent
pas dans la communauté. 91, 92.
Ainsi, les hautes-futaies abattues
durant le mariage n'y entrent pas.
92. Au contraire, la coupe d'un
bois taillis y entre. *Ibid.* Les pier-
res tirées d'une carrière ouverte
sur l'héritage propre de l'un des
conjoints durant le mariage n'y entrent pas. 92, 93. Il en est de même du trésor trouvé sur l'héritage
propre de l'un des conjoints durant
la communauté. 93. Au contraire,
le tiers qui appartiendrait au conjoint, soit *jure inventionis,* soit
comme haut-justicier, tombe dans
la communauté. *Ibid.* V. *Fruits.
Haute-Futaie. Trésor.* Les choses
mobilières substituées, durant la
communauté, à un propre de communauté de l'un des conjoints,
sont propres de communauté de ce
conjoint. VI. 93, 94. X. 291. La
créance de la soulte d'un partage
d'immeubles fait pendant la communauté, qui appartient à l'un
des conjoints, quoique mobilière,
n'entre pas dans la communauté.
VI. 94, 95. Si le partage avait été
fait avant le mariage, la créance
de la soulte est entrée dans la communauté. 81, 95. V. *Soulte. Subrogation réelle.* Les choses mobilières données ou léguées à l'un des
conjoints avec la clause qu'elles lui
seraient propres, n'y entrent pas.
95, 96. Ce qu'un mineur, qui se
marie *de suo,* a en biens immeubles de plus que le tiers de l'universalité de tous ses biens, n'entre pas
dans la communauté légale. 96.
Cette exception a été établie par la
jurisprudence. *Ibid.* Autre exception. 97. V. *Donation entre-vifs.
Legs.*

Les immeubles conquêts sont la
seconde espèce de choses dont est

composée la communauté légale.
VI. 97. X. 291, 292. V. *Conquêt de communauté. Propre de communauté.*

La troisième chose qui tombe dans la communauté légale, est les fruits des héritages et autres biens propres des conjoints, qui sont nés, perçus ou échus pendant sa durée. 148. C'est à cause de leur qualité particulière de fruits, et non pas seulement comme meubles, qu'ils y entrent. VI. 148, 149. X. 296. Car tous les meubles provenans des propres des conjoints ne tombent pas dans la communauté. *Ibid.* Quelles sont les choses qui sont fruits des biens propres des conjoints? VI. 149. Ils se divisent en fruits naturels, industriels et civils. 149. Définition de ces trois genres de fruits. *Ibid.* V. *Fruits.* Les fruits naturels et industriels sont acquis à la communauté, aussitôt qu'ils sont perçus pendant la durée. 150. Ils sont censés perçus par leur séparation de la terre où ils étaient pendans. *Ibid.* La communauté recueille tous les fruits perçus pendant sa durée, et non pas au prorata du temps qu'elle a existé. VI. 150. X. 296. Quand même les fruits cueillis peu de mois après le mariage, seraient le produit d'un grand nombre d'années. *Ibid.* Et *vice versâ*, elle ne peut rien réclamer de ceux perçus après la dissolution, quand même elle n'aurait rien recueilli pendant sa durée. VI. 150, 151. X. 296, 370, 371. Les fruits perçus avant le mariage y entrent, non pas à titre de fruits, mais comme meubles. VI. 151. Ceux qui n'ont été perçus que depuis la dissolution de la communauté n'y entrent pas. *Ibid.* Si le mari avait retardé la récolte d'un de ses propres jusqu'après la dis-

solution, les héritiers de la femme pourraient en réclamer leur part, comme ayant dû tomber dans la communauté. *Ibid. Vice versâ*, s'il avait avancé la récolte d'un propre de sa femme sur le point de mourir, les héritiers de celle-ci pourraient en prétendre la restitution et des dommages-intérêts. 151, 152. Celui qui perçoit à son profit seul les fruits de son héritage propre, après la dissolution de la communauté, doit rembourser à son conjoint la moitié des frais faits par celle-ci pour les faire venir. 152. Il ne peut se décharger de cette récompense, en offrant d'abandonner la récolte à la communauté. *Ibid.* Elle appartient à chacun des conjoints pour moitié, dans le cas d'acceptation. 152, 153. Dans le cas de renonciation, la femme qui la doit, doit en payer le total aux héritiers du mari. *Ibid.* Si c'est le mari qui la doit, il n'est rien dû à la femme qui renonce. *Ibid.* Les frais relatifs à l'entretien des vignes sont compris dans cette règle. 153. La femme doit la récompense à son mari, qui a fait les travaux de ses mains, quoiqu'il soit gentilhomme. 153, 154. Dispositions de quelques coutumes, qui abandonnent la récolte à la communauté pour les frais de culture par elle faits. 154. Application de ces dispositions au cas de la pêche d'un étang. *Ibid.* Il n'en résulte pas que ces coutumes considèrent les fruits pendans par racine comme meubles. 155. Doit-on suivre sur ce point là la coutume des lieux où les héritages sont situés, ou plutôt celle à laquelle les parties se sont soumises, soit expressément par une clause de leur contrat, soit tacitement, parce que c'était la loi de leur domicile? 155, 156, 157.

Parmi les fruits civils, il n'y a que ceux qui sont nés durant la communauté qui y entrent. 157. Ceux qui sont nés auparavant y entrent comme meubles. *Ibid.* Ils sont censés nés quand ils commencent à être dus. *Ibid.* Ainsi les fermes ne naissent que lors de la récolte des fruits pour lesquels la ferme est due. *ibid.* Il faut qu'elle ait eu lieu pendant la communauté, pour que les fermes y entrent. 157, 158. Les loyers des maisons au contraire échéent tous les jours et sont dus tous les jours par parties. 158. Ainsi la communauté a une part dans le terme qui court lors de sa dissolution, à proportion du temps qui s'en est écoulé. *Ibid.* Raisons de différence entre les fermes et les loyers. 158, 159. Il en est des arrérages des rentes comme des loyers de maisons; ils sont acquis de la même manière à la communauté. 159. Ces principes relatifs à la manière de compter les loyers des maisons, sont de droit commun. 159, 160. L'usage a interprété dans leur sens l'article 207 de la coutume d'Orléans qui paraît y déroger. *Ibid.* Les loyers et les arrérages se comptent de jour à jour. 160, 161. V. *Arrérages.* Les arrérages de cens sont tous aussi des fruits civils. 161. Mais ils n'appartiennent à la communauté que lorsque le jour de la reconnaissance de la seigneurie est arrivé pendant sa durée. *Ibid.* Si la communauté s'est dissoute le jour même de cette reconnaissance, elle a droit aux arrérages. 161, 162. V. *Cens.* Les fermes des dîmes et champarts sont fruits civils, et dus comme les autres fermes. 162. Les droits casuels sont aussi des fruits civils. *Ibid.* Les profits, les mutations, sont acquis à la communauté

aussitôt que leur ouverture arrive pendant sa durée. 162, 163. Si le fait ou l'acte, qui y donne lieu, arrive le même jour que la mort de l'un des conjoints, il faut qu'il soit arrivé avant cette mort, pour que les profits et mutations tombent dans la communauté. 163. V. *Profits.* Les amendes, les droits de déshérence et de confiscation, sont les fruits civils d'un droit de justice. 163, 164. Les amendes sont acquises à la communauté aussitôt qu'est rendu le jugement qui les prononce. 164. V. *Amende.* Les épaves n'y tombent que lorsque l'adjudication en a été faite pendant la communauté. *Ib.* V. *Epaves.* Le trésor, aussitôt qu'il a été trouvé. *Ibid.* Les biens acquis au seigneur, par droit de déshérence et de confiscation, du jour de la mort, ou du jour du jugement. 164, 165. Les fruits des héritages propres des conjoints, qui n'ont qu'une durée bornée, tombent également dans la communauté. 165. V. *Confiscation. Déshérence. Trésor.*

Des choses dont la communauté légale est composée en passif. vi. 165. x, 297. Elle est chargée des dettes mobilières, dont chacun des conjoints était débiteur au temps du mariage. vi. 165, 166. x. 297. Une dette est mobilière quand la chose due est mobilière. *Ibid.* L'obligation de faire ou de ne pas faire est une dette mobilière. *Ibid.* L'hypothèque qui les accompagne ne change pas leur nature. *Ibid.* V. *Choses. Obligation de faire.* La communauté est tenue pour le total de la dette contractée solidairement avec d'autres par un des conjoints avant le mariage. vi. 165. x. 297. Elle n'est tenue que de la portion du conjoint, lorsqu'il n'est obligé qu'hypothécairement pour le tout. VI. 166, 167. X. 297. En général elle n'est chargée que des dettes dont ils sont débiteurs personnels. VI. 167. Exception concernant les dettes mobilières, ayant pour cause le prix d'un propre de l'un ou de l'autre des conjoints. VI. 167, 168. X. 297. Pour qu'elles ne soient pas à la charge de la communauté, il faut que le conjoint soit, lors de son mariage, possesseur de l'héritage. VI. 168. Cette exception n'a pas lieu en faveur des dettes actives provenant du prix d'un immeuble de l'un des conjoints; elles tombent dans la communauté. *Ibid.* La dette passive d'un corps certain, appartenant à l'un des conjoints qui n'est pas entré dans la communauté, n'est pas à sa charge. 168, 169. Les dettes passives mobilières entrent dans la communauté, quand même elles excéderaient la valeur de l'actif mobilier. 169. Les créanciers de la femme ne peuvent poursuivre le mari qu'après avoir fait déclarer leurs titres exécutoires contre lui. *Ibid.* V. *Acte exécutoire.* La communauté n'est pas chargée des dettes passives immobilières, dont chacun des conjoints est débiteur lors du mariage. 169, 170. Si la dette est alternative de deux choses dont l'une mobilière et l'autre immobilière, c'est le paiement qui détermine sa nature. 170. V. *Obligation alternative.* S'il s'agit d'une rente constituée, c'est la loi du domicile du créancier qui en règle la nature et qui lui donne la qualité d'immeuble ou de meuble. VI. 170, 171. X. 297. Les arrérages des rentes constituées sont dettes mobilières qui sont dues dans tous les cas par la communauté. VI. 171. X. 297. Il en est de même de ceux des rentes foncières, quoique celles-ci, en leur qualité de dette immobilière, soient à la charge personnelle des conjoints. *Ibid.* V. *Arrérages. Rente constituée. Rente foncière.*

La communauté légale est chargée de toutes les dettes que le mari contracte pendant la durée du mariage et de la communauté. V. 172. X. 298. Il n'importe qu'elle en ait profité ou non. *Ibid.* Elle est même tenue des amendes auxquelles a été condamné le mari pendant le mariage. *Ibid.* Excepté de celles auxquelles il l'aurait été par un jugement à une peine capitale. VI. 173. X. 298. V. *Condamnation.* En est-il de même de la réparation civile à laquelle l'a condamné le même jugement? *Ibid.* V. *Réparation civile.* Exception relative aux dettes que le mari contracte pour ses propres affaires, et dont il profite seul. VI. 173, 174. Autre exception à l'égard de celles qu'il contracte en faveur de quelqu'un des enfans qu'il a d'un précédent mariage, ou même de ses héritiers présomptifs, qui seuls en profitent. VI. 174. X. 298. C'est au temps que le mari a contracté la dette, que l'on considère si la personne était son héritier présomptif. VI. 174, 175. La dette que le mari contracte, sans le consentement de sa femme, en faveur de leurs enfans communs, est une charge de la communauté. 175. La communauté est-elle chargée de l'obligation de garantie, contractée par le mari qui a vendu, sans le consentement de sa femme, un immeuble propre de cette dernière? II. 83, 84. VI. 175, 176, 494. V. *Exception de garantie.*

Les dettes contractées par la femme, autorisée par son mari, pour les affaires de la communauté

pendant sa durée, sont à la charge
de la communauté. vi. 176. x. 298.
Celles qu'elle a contractées sans
l'approbation de son mari, et par
autorisation de justice, ne sont à
la charge de la communauté que
jusqu'à concurrence de ce qu'elle
en a profité. vi. 177. x. 298. Si elle
n'en a pas profité, elle n'en est
aucunement tenue. vi. 177, 178.
Mais le créancier conserve ses droits
contre la femme. *Ibid.* Peut-il répéter du mari, durant le mariage,
les sommes qu'il paie pour les alimens de la femme qu'il a fait constituer prisonnière ? 178. Coutumes
qui chargent la communauté des
condamnations résultantes des délits du mari et de ceux de la femme sans distinction. 178, 179.
La communauté n'est pas tenue
des dettes sous signature privée
de la femme, qui ont une date
antérieure au mariage. 179. V.
*Avantage indirect.*

La communauté est tenue des dettes des successions toutes mobilières qui échoient à l'un des conjoints
pendant le mariage. vi. 179. x. 298,
299. Si c'est la femme qui a accepté, sur le refus de son mari, comme
autorisée par justice, la communauté n'est tenue que jusqu'à concurrence de l'actif dont elle a profité. vi. 179, 180. Si la succession est
toute composée d'immeubles, la succession n'est pas tenue des dettes.
180. Si ce n'est des arrérages et des
intérêts courus depuis l'ouverture
jusqu'à la dissolution. *Ibid.* Comment est-elle tenue dans le cas où
la succession, qui échoit à l'un des
conjoints pendant sa durée, est composée en partie de meubles, et en
partie d'immeubles ? vi. 180, 181.
x. 298, 299. Distinction entre les
différentes coutumes. 181. Coutumes
qui font contribuer les héritiers

aux différentes espèces de biens, à
toutes les différentes espèces de
dettes, soit mobilières, soit rentes,
à proportion de ce que chacun d'eux
a dans l'actif de la succession. *Ibid.*
Dans ce cas, la communauté est
chargée de la portion dans toutes
les dettes, tant mobilières que rentes, dont la coutume, qui a déféré
la succession, charge le mobilier.
181, 182. Le conjoint, à qui restent les immeubles comme propres,
est seul tenu de l'autre portion des
dettes dont la coutume charge les
immeubles de cette succession. *Ibid.*
Motifs de cette opinion. 182. Le
mari, créancier d'une rente constituée, qui devient héritier de son
débiteur, peut exiger que la communauté lui fasse raison de cette
rente, pour la portion dont elle
est tenue des dettes. vi. 183, 184.
x. 299, 300. De même, il doit
faire raison à la communauté de la
rente qu'il devait seul au créancier
dont il est devenu héritier. vi. 184.
x. 300. La communauté, lorsqu'il
échoit une succession à l'un des
conjoints, doit être considérée
comme un cessionnaire des droits
successifs mobiliers de ce conjoint.
vi. 182, 183, 184. V. *Cessionnaire.*

Les autres charges de la communauté légale sont les alimens
qu'elle doit fournir aux conjoints,
et l'éducation des enfans communs.
vi. 185. x. 300. Elle est aussi chargée de l'entretien des héritages
propres des conjoints. *Ibid.* A l'exception toutefois des grosses réparations. vi. 185, 186. Elle est chargée de celles des propres de la
femme occasionées par la négligence du mari. 186. V. *Réparation.*
Il lui est dû récompense de toutes
les impenses faites sur les propres
des conjoints, qui ne sont pas de

simple entretien. *Ibid.* Elle doit payer les frais d'inventaire, de liquidation de reprises, de partages, à sa dissolution. 186. x. 300. Elle n'est pas tenue des frais funéraires du prédécédé. VI. 186, 187. x. 300. L'habit de deuil de la femme fait partie des frais qui doivent être supportés par la succession du mari. VI 187. x. 300. V. *Deuil.* Les legs faits par le prédécédé sont dus par sa succession, et non par la communauté. *Ibid.* A moins qu'ils n'eussent pour cause quelque tort fait par le mari au légataire, dont la réparation est dette de la communauté. *Ibid.* V. *Frais funéraires.*

Droits des conjoints sur la communauté. VI. 296. Le mari, comme chef de la communauté, est réputé seul seigneur des biens, tant qu'elle dure, et peut en disposer à son gré, sans le consentement de la femme. VI. 296, 297. x. 344. Il peut la charger de toutes les dettes qu'il juge à propos de contracter pendant qu'elle dure. *Ibid.* Il peut à son gré en perdre les biens, sans en être comptable. *Ibid.* Leur imposer des charges réelles. *Ibid.* En disposer même à titre de donation entre-vifs envers personnes capables et sans fraude. *Ibid.* Disposition diverses des coutumes sur ce point. VI. 297, 298. Le mari peut intenter seul les actions mobilières et possessoires de sa femme, et y défendre. VI. 298. x. 344, 345. V. *Puissance maritale.* Le mari condamné, en cas de confiscation, ne rend confiscables, avec les propres, que la moitié des meubles et conquêts immeubles de la communauté. VI. 298, 299. x. 344. V. *Confiscation.*

Il ne peut disposer par testament que de la moitié de ces biens. VI. 299, 300. x. 344, 362. V. *Testa-*

*ment.* Lorsque le mari a légué un objet de la communauté, le legs est-il valable pour le total vis-à-vis de ses héritiers, en ce sens qu'ils doivent racheter la portion de la femme pour en faire la délivrance au légataire? VI. 300. Si les termes *mon, son,* ont été employés, le legs paraît devoir être restreint à la part du mari testateur dans la chose. *Ibid. Quid,* lorsque la chose a été léguée simplement, sans employer ces pronoms? 300, 301, 302. On doit rechercher la volonté du testateur dans les circonstances, dans la nature de la chose léguée, et dans la qualité du légataire? 302. S'il est dit qu'il *lègue la moitié d'une chose,* est-ce la moitié de sa part, et conséquemment le quart, dans ladite chose, ou la moitié de la chose même, formant la part entière du mari? 302, 303. S'il est dit clairement que la chose est léguée pour le total, les héritiers du mari doivent racheter la part de la femme, ou en payer l'estimation. 303.

Les dispositions des biens de la communauté, faites par le mari, ne sont valables qu'autant qu'elles n'ont pas été faites en fraude de la part de la femme ou de ses héritiers. VI. 303. x. 344, 362. L'excès de la donation, le temps auquel elle est faite, peuvent faire présumer la fraude. *Ibid.* Se présume-t-elle, lorsque le mari a fait une donation entre-vifs dont il s'est réservé l'usufruit? VI. 303, 304. Le principal cas de fraude est lorsque la disposition tend à avantager le mari ou ses héritiers, au préjudice de la femme ou de ses héritiers. 304. V. *Récompense.* Il ne peut s'avantager ni directement ni indirectement. VI. 304. x. 344. V. *Avantage entre époux.* Une donation est suspecte de fraude comme faite à un incapable, lorsqu'elle est faite à ses enfans. 304, 305. Il en est de même de celles que le mari fait à ses héritiers présomptifs. 305. V. *Avantage indirect.* Celles faites à des collatéraux qui ne le sont pas, ne sont pas considérées comme telles. *Ibid.* C'est au temps seul de la donation qu'on doit avoir égard, pour savoir si elle a été faite à personne capable et sans fraude. *Ibid.* Peu importe que l'héritier présomptif alors, ait cessé de l'être depuis. *Ibid.* Que doit-on décider dans le cas inverse, où le donataire, qui n'était pas l'héritier présomptif du mari, lors de la donation, est devenu depuis son héritier? 306, 307. Si le parent donataire n'était pas l'héritier du mari aux meubles et acquêts, mais aux propres d'une certaine ligne, la donation est-elle faite à une personne capable? 307. Tout ce que nous venons de dire ne peut s'entendre des enfans qui sont communs au mari, et à la femme. *Ib.* Lorsque le mari a doté seul un enfant commun de quelques biens de la communauté, la femme ne peut en prétendre récompense. 307, 308. Il en est de même de la donation qu'il a faite à une personne héritière présomptive de lui et de sa femme. 308, 309. V. *Dot.* Les donations d'alimens à ses enfans d'un précédent mariage ne sont pas censées faites en fraude par le mari. 309. C'est une dette qui tombe dans la communauté. *Ibid.* Il n'en est pas dû récompense à la femme, même dans le cas d'une clause de séparation de dettes. *Ibid.* A moins que l'enfant n'eût des biens suffisans pour ses besoins, et que le mari n'ait pas porté en dépenses dans son compte les

avances à lui faites par la communauté. 309, 310. Ce qui vient d'être dit s'applique aux alimens fournis par le mari à un collatéral son héritier présomtif. 310. Et au cas où il l'aurait reçu dans sa maison, sans qu'il lui payât de pension. *Ibid.* La donation à l'héritier présomptif collatéral est encore présumée faite sans fraude, lorsque la femme y a expressément consenti. 310, 311. Il n'en est pas de même relativement aux enfans que le mari a d'un précédent mariage. 311. Ce serait donner aux enfans de son mari, et l'avantager lui-même. *Ibid.* Les donations du mari à des personnes incapables, ne sont dépourvues d'effet que vis-à-vis de la femme. *Ibid.* Elles sont valables vis-à-vis du mari. *Ibid.* Il en fait récompense à la communauté en rapportant par fiction à la masse, lors du partage, le montant desdites donations, lequel est précompté sur sa part. 311, 312.

Le droit de la femme sur la communauté, pendant qu'elle dure, n'est qu'une espérance de partager les biens, lors de la dissolution. vi. 312. x. 345. Elle ne peut seule disposer des biens de la communauté. *Ibid.* Mais elle le peut conjointement avec son mari, soit en sa qualité de commune, soit en son propre nom. *Ibid.* En sa qualité de commune, elle est censée contracter tacitement dans tous les actes faits par le mari. 312, 313. Si elle est partie au contrat, elle contracte en outre en son propre nom. 313. Si elle contracte seule, comme marchande publique, elle est censée contracter conjointement avec son mari. *Ibid.* V. *Marchande publique.* Lorsque la dissolution de la communauté arrive par une condamnation capitale de la femme,

6*

sa moitié ne tombe pas en confiscation. 313, 314. La part de la
femme, dans lesdits biens, doit-
elle demeurer au mari, ou doit-
elle appartenir aux héritiers de la
femme? 314, 315.

Comment se dissout la communauté? 316. Par la mort naturelle
de l'une des parties, *ibid.*, et par
leur mort civile. 316, 317. V. *Mort
civile.* Dans le cas d'absence de l'un
des conjoints, elle est aussi provi-
sionnellement dissoute du jour de
la demande d'envoi en possession.
317. V. *Absent.* Elle se dissout encore par la séparation de biens.
*Ibid.* V. *Séparation de biens.* Et
par la séparation de corps. *Ibid.*
V. *Séparation d'habitation.* Le jugement qui déclare l'adultère de la
femme opère aussi la dissolution.
317, 318. V. *Adultère.* A moins
que le mari ne consente à reprendre sa femme. *Ibid.* La nullité du
mariage entraîne la nullité de la
communauté. 318. Cependant il
reste une société qui a existé de fait.
*Ibid.* V. *Cassation de mariage. Mariage.*

Après la dissolution de la communauté, on doit liquider les
créances de chacun des conjoints
contre la communauté, et ses dettes envers elle. 357. Dans le cas de
renonciation, il n'y a pas de liquidation à faire de la part du mari.
357, 358. La première créance des
conjoints consiste dans la reprise
du mobilier qu'ils se sont réservé
propre. VI. 358. x. 325. V. *Réalisation.* La seconde est le remploi du prix des propres aliè-
nés durant la communauté. VI.
358. x. 325, 328. V. *Remploi.*
Chacun des conjoints est encore
créancier de la reprise de toutes
les choses mobilières, qui, sans
en être des fruits, sont provenues

de ses propres. VI. 370. En général, chacun des conjoints est créancier de tout ce dont il a enrichi la
communauté, pendant qu'elle a
duré. VI. 370, 371. x. 326. Le
mari n'est créancier de la communauté que de ce qu'il y a fait entrer réellement; la femme au contraire est créancière de ses reprises, quoique le mari ne s'en soit
pas fait payer, si c'est par sa faute
ou sa négligence, VI. 371, 372. x.
329. Le mari, pour ses créances,
ne peut se venger que sur ce qui
reste dans la communauté; la femme, au contraire, à défaut de biens
dans celle-ci, peut se venger sur
ceux du mari. VI. 372. x. 329. Elle
a hypothèque sur les biens du mari
pour la reprise de ses propres, aliè-
nés du jour du contrat. VI. 372,
373. x. 329.

Chacun des conjoints est débiteur envers la communauté, lors
de sa dissolution, de ce qui reste dû
de la somme qu'il avait promis d'y
apporter. VI. 373. V. *Apport.* Il est
encore débiteur des récompenses
qu'il peut lui devoir pour ce qu'il
en a tiré pendant sa durée, pour
ses affaires particulières. *Ibid.* V.
*Récompense.*

Dettes de chacun des conjoints
envers l'autre, à la dissolution de
la communauté. 405, 406. V. *Dettes des conjoints entre eux.*

Le survivant doit faire inventaire
des biens de la communauté. 410,
411. V. *Inventaire. Recel.* Il doit en
outre, avant le partage, être établi un compte par lequel les parties se font respectivement raison
de ce que chacune d'elles a reçu de
la communauté, ou y a mis depuis
sa dissolution. 412, 413. Il doit
aussi être fait un acte de liquidation, contenant état des reprises
et créances sur la communauté,

des dettes et récompenses à elle dues. 413. V. *Récompense. Remploi.* Enfin, l'affirmation des conquêts de la communauté et des réparations faites aux héritages propres des conjoints, doit aussi avoir lieu avant le partage. 414. V. *Partage de la communauté.*

V. *Acceptation de communauté. Continuation de communauté. Dot. Exclusion de communauté. Préciput légal. Renonciation à la communauté. Séparation de biens.*

COMMUNAUTÉ TRIPARTITE. Communauté qui existe entre un conjoint survivant, ses enfans du premier mariage, et le conjoint avec lequel il contracte de nouveau mariage. VI. 523, 524, 525. X. 386, 387. V. *Continuation de communauté.*

Elle est composée des choses qui entrent dans l'une et dans l'autre communauté qui la forment. VI. 525. X. 387. Toutes les choses qui sont de la communauté du survivant avec les enfans, et que celui-ci fait entrer dans la communauté qu'il contracte avec la seconde femme, sont de la communauté tripartite. VI. 525, 526, 527. Toutes les choses que la seconde femme fait entrer dans la communauté conjugale que le survivant contracte avec elle, sont de la communauté tripartite. 527, 528. Toutes les choses que le survivant acquiert depuis le second mariage, et qui entrent dans les deux communautés, en sont aussi. VI. 528. X. 387, 388. Excepté, sous la coutume d'Orléans, le mobilier advenu au survivant, par succession, donation ou legs. *Ibid.* Sous la coutume de Paris, les immeubles même donnés ou légués au survivant pendant son second mariage, tombent dans la tripartite. VI.

528, 529. Ceux qui lui échoient par succession n'y tombent pas. 529. Elle est créancière de ce que la seconde femme, les enfans ou le survivant en ont tiré. *Ibid.*

Les charges de l'une et de l'autre communauté sont charges de la communauté tripartite. VI. 529. X. 388, 389. Toutes les dettes mobilières de la continuation de communauté du survivant avec ses enfans, sont de la communauté tripartite. VI. 529, 530. X. 388. Même les dettes envers le survivant ou les enfans. VI. 530. Les rentes dues par la communauté du survivant avec ses enfans, n'y tombent pas. *Ib.* Les dettes des deux communautés ne sont pas dues par la tripartite, lorsque le nouveau contrat porte séparation de dettes. *Ibid.* Les dettes mobilières propres du survivant n'y entrent pas. *Ibid.* Toutes les dettes passives mobilières de la seconde femme, qui tombent dans la communauté conjugale, sont de la communauté tripartite. VI. 531. X. 389. Les rentes dues par elle n'y entrent pas. *Ibid.* Toutes les dettes contractées par l'homme survivant pendant le temps de la communauté tripartite, sont dettes de cette communauté. VI. 531, 532. Les créances de la seconde femme, du survivant, et de ses enfans, pour la reprise de leur mobilier stipulé propre par le contrat du second mariage, le sont aussi. 532. La communauté tripartite est encore chargée de l'entretien de tous les héritages dont elle perçoit les revenus. VI. 532. X. 389.

L'homme, qui contracte un second mariage, est le chef de la communauté tripartite. VI. 532. X. 387. Si c'est la femme qui se remarie, son second mari en est le chef. VI. 532, 533. Le chef de la communauté tripartite n'a pas, vis-à-vis des enfans, le même pouvoir sur les biens de cette communauté, qu'il a vis-à-vis de la femme. vi. 533. x. 387. Différence à cet égard. *Ibid.*

La communauté tripartite se dissout par la dissolution de l'une ou de l'autre des communautés dont elle est composée. vi. 534. x. 389.

L'homme survivant ne peut renoncer, après la dissolution, ni à l'une ni à l'autre des communautés dont elle est composée. vi. 534. x. 392. La seconde femme ne le peut non plus, tant que la communauté conjugale dure. *Ibid.* Les enfans, en renonçant à la continuation de communauté qui était entre leur père et eux, renoncent à ce qu'ils auraient pu prétendre dans la communauté conjugale de leur père avec la seconde femme; mais ils ne peuvent renoncer à cette dernière seule. vi. 534, 535. Sous la coutume d'Orléans, les enfans ne peuvent renoncer ni à l'une ni à l'autre, vi. 535. x. 392. Effet de la renonciation des enfans à leur communauté avec le survivant. *Ib.* Dans ce cas, la communauté tripartite est censée n'avoir jamais existé. *Ibid.* La renonciation de la femme à la communauté conjugale produit le même effet. vi. 535, 536. Le second mari de la femme survivante, qui est chef de la communauté tripartite, ne peut renoncer ni à l'une ni à l'autre des communautés dont elle est composée. 536. La femme survivante ne peut non plus renoncer ni à l'une, ni à l'autre, tant que dure la communauté conjugale. *Ibid.* Mais elle le peut après la dissolution de la communauté conjugale. *Ibid.* Effet de cette renonciation. 537. Les enfans ne peuvent critiquer la renonciation ni l'acceptation que leur mère juge à propos de faire. *Ibid.*

Le partage de la communauté tripartite, après sa dissolution, se fait par tiers entre les trois parties qui y ont droit. *Ibid.* Ce qu'il y a à faire pour y parvenir. vi. 537. x. 389. Créances que le survivant, qui est en continuation de communauté avec ses enfans, peut avoir contre la communauté tripartite. vi. 537, 538. x. 390. Créances qui lui sont communes avec ses enfans, comme dépendantes de la continuation de communauté. vi. 538. x. 390, 391. Créances qui lui sont communes avec sa seconde femme ou son second mari contre la communauté tripartite. vi. 538, 539. x. 391. Dettes dont le survivant est seul débiteur envers la communauté tripartite. vi. 539. Dettes dont il est débiteur envers elle conjointement avec ses enfans. *Ibid.* Dettes dont il est débiteur envers elle conjointement avec sa seconde femme ou le second mari. 540. Créances que les enfans ont seuls contre la communauté tripartite, et dettes dont ils sont débiteurs seuls envers elle. vi. 540, 541. x. 390, 391. Créances qu'a la seconde femme contre la communauté tripartite, et dettes dont elle est débitrice seule envers elle. vi. 541. Prélèvemens auxquels donnent lieu les créances que chacune des parties a contre la communauté tripartite. 541, 542. Rapports auxquels donnent lieu les dettes dont chacune des parties est débitrice envers elle. 542. Les intérêts des rapports et des prélèvemens sont dus du jour de la dissolution. 542. Cas où un enfant du premier mariage, ou un enfant du second mariage, a été doté des biens de la communauté tripartite. *Ibid.*

Les parties qui ont part à la communauté tripartite, sont, entre elles, tenues des dettes de ladite communauté, chacune pour la part qu'elle a dans les biens de ladite communauté. VI. 542 , 543. X. 391, 392. Si le passif excède l'actif, la seconde femme n'est tenue de son tiers des dettes que jusqu'à concurrence de ce qu'elle a amendé des biens de la communauté conjugale. VI. 543. Il en est de même des enfans, lorsque c'est la femme qui était survivante. *Ibid.* Les enfans de la femme prédécédée n'en sont tenus que jusqu'à concurrence de ce qu'elles ont amendé des biens, tant de la continuation, que de la communauté d'entre le survivant et leur mère prédécédée. *Ibid.* Les dettes de la communauté tripartite sont dues pour le total vis-à-vis du créancier, par la partie qui les a contractées, ou du chef de qui elles procèdent. 544.

Espèce particulière dans laquelle il est question de savoir si un enfant peut prétendre, contre sa belle - mère, la continuation de communauté par tiers. VI. 544, 545, 546. X. 393, 394. V. *Communauté légale. Continuation de communauté.*

COMMUNICATION DES CHARGES. L'accusé ne peut l'obtenir après l'interrogatoire, que lorsqu'il s'agit de crimes légers. IX. 427. Sinon, il ne l'a que par la lecture qui lui en est faite lors de la confrontation. *Ibid.* V. *Confrontation.*

COMPENSATION. Extinction qui se fait des dettes dont deux personnes sont réciproquement débitrices, l'une envers l'autre, par les créances dont elles sont créancières réciproquement l'une de l'autre. I. 370. Équité de la compensa-

tion. *Ibid.* Elle peut être opposée contre les dettes d'une somme d'argent, ou d'une certaine quantité de choses fongibles. *Ibid.* La dette d'une chose indéterminée d'un certain genre en est aussi susceptible. 371. La dette d'un corps certain et déterminé, quoique fongible, n'en est pas susceptible, si ce n'est dans un cas. 371, 372. On peut opposer la compensation contre une dette qui en est susceptible, de quelque cause qu'elle procède. 372. Excepté contre celle qui a pour cause la spoliation, ou un dépôt. *Ibid.* En cas de dépôt, elle peut avoir lieu, si la dette à compenser procède du dépôt. *Ib.* V. *Dépôt.* Elle ne peut être opposée contre une dette causée pour alimens. 373. Ni contre l'obligation d'aller payer le cens au seigneur, ce dernier fût-il débiteur du censitaire d'une dette de pareille nature. *Ibid.* V. *Cens.* Le débiteur, obligé par serment, peut-il opposer la compensation de ce qui lui est dû par son créancier? 374. V. *Serment.* La compensation peut être opposée aux villes et aux corps. *Ibid.* Elle peut l'être au fisc, pourvu que les deux dettes dépendent du même bureau. *Ibid.*

Pour qu'une dette puisse être opposée en compensation, il faut qu'elle soit du même genre que celle contre laquelle on l'oppose. 375. On peut cependant, contre la dette d'une quantité, opposer la compensation d'un corps certain et déterminé, du même genre. *Ib.* Il faut que la dette qui est opposée en compensation, soit une dette échue. 376. Le terme de grâce n'empêche pas la compensation. *Ibid.* Il faut, en outre, que la dette soit liquide et déterminée. 376, 377. Qu'elle soit due à la personne

IX. 105. X. 945. Le possesseur seul peut intenter l'action en complainte. VIII. 362. X. 945. Ne le peuvent ceux dont la possession est violente, clandestine ou précaire, contre ceux sur lesquels ils l'ont usurpée, mais bien contre les tiers. VIII. 362, 363. IX. 105, 106. X. 945. Le mari peut l'intenter pour sa femme, hors le cas de séparation de bien. VIII. 363. Le saisi réellement et le saisi féodalement, peuvent l'intenter, ce dernier seulement contre les tiers. *Ibid.* Elle ne peut l'être par ceux qui détiennent pour un autre et en son nom. VIII. 363, 364. X. 945. L'usufruitier peut la former pour son droit d'usufruit, mais non pour l'héritage même. *Ib.* On l'intente contre tous ceux qui troublent la possession, quels qu'ils soient, fût-ce même le propriétaire de l'héritage. VIII. 364. X. 945, 946. Il y a deux espèces de trouble, le trouble de fait et le trouble de droit. VIII. 364. IX. 106. La complainte doit être intentée dans l'année du trouble. IX. 106,107. X. 946. Procédure de l'action en complainte. VIII. 365. IX. 106. 107. Si le défendeur ne conteste pas la possession, le demandeur y est maintenu. *Ibid.* S'il la conteste, on ordonne l'enquête. *Ib.* Le juge peut séquestrer la possession pendant le procès, ou accorder une possession provisionnelle à l'une des parties pendant le procès au pétitoire. VIII. 365. X. 946. V. *Action personnelle. Possession. Réintégrande. Revendication.*

COMPLAINTE (BÉNÉFICIALE). Action qu'a un bénéficier, pour être maintenu dans la possession du bénéfice dont il est pourvu, contre celui qui l'y trouble. VIII. 374. IX. 113. En quoi elle diffère de la com-

plainte, en matière profane? IX. 113. A quels juges en appartient la connaissance? VIII. 375. De la prise de possession du bénéfice qui doit précéder la complainte. 376. De la prise de possession réelle. 376, 377. De la prise de possession civile. 378. De la possession triennale qui exclut la complainte. 378, 379. Quelles choses sont requises pour que le possesseur d'un bénéfice puisse jouir du privilége accordé à la possession triennale? 379. Ce qu'on doit entendre par le titre coloré, dont cette possession doit être précédée; quels sont les vices que le titre coloré, soutenu de la possession triennale, peut purger? 380. Par qui et contre qui la complainte est-elle formée? VIII. 383. IX. 113, 114. De la procédure qui se tient sur la complainte. VIII. 384. IX. 114, 115, 116, 117. Des jugemens qui interviennent sur la complainte. VIII. 386. IX. 116, 117. V. *Possession.*

COMPROMIS. V. *Arbitres.*

COMPTABLES. Droits et obligations des comptables. IX. 98, 99-103. V. *Reddition de compte.*

COMPTE. V. *Mandat. Reddition de compte.*

COMPTE DE TUTELLE. V. *Tuteur.*

COMPULSOIRE. Ce qu'on entend par ce mot, et dans quels cas le juge peut autoriser des tiers à se faire délivrer des expéditions d'actes dans lesquels ils n'ont pas été parties, ou à compulser les archives particulières. IX. 47, 48. Comment la faculté de compulser doit être exercée; en présence de qui, et par qui? 48. Comment le dépositaire ou notaire, qui se refuse au compulsoire, peut y être contraint.

*Ibid.* Procédures avant et après le compulsoire. *Ibid.* V. *Notaire.*

CONCUBINAGE. Sorte de mariage expressément permis par les lois romaines. v. 4, 5, 6, 7. VII. 21. V. *Mariage.*

CONCUBINE. V. *Avantage entre époux. Donation entre-vifs. Donation entre mari et femme. Testament.*

CONDAMNATION. Les juges condamnent l'accusé convaincu du crime, à la peine qui leur paraît lui être due. IX. 439. Les juges inférieurs ne peuvent prononcer en termes généraux pour les cas résultans du procès. *Ibid.* Quelles condamnations sont capitales? X. 8. V. *Exécution des condamnations. Jugement en matière criminelle. Mort civile. Peines.*

CONDICTIO FURTIVA. II. 123. V. *Vol.*

CONDICTIO INDEBITI. Action qui a lieu toutes les fois que quelqu'un a payé à un autre une somme d'argent ou quelque autre chose, qu'il croyait par erreur lui devoir. IV. 129. Elle est personnelle. *Ibid.* Elle n'a lieu que jusqu'à concurrence de ce dont s'est enrichi celui à qui a été fait le paiement par erreur. *Ibid.* Il faut que ce qui a été payé ne fût pas dû. 129, 130. Cas dans lesquels on paie ce qui n'est pas dû, qui donnent lieu à l'action *condictio indebiti.* 130-135. Il faut qu'il n'y ait eu aucun sujet réel de payer la chose non due qui a été payée. 135. Le paiement d'une dette naturelle ne donne pas lieu à l'action *condictio indebiti.* 135, 136. V. *Obligation naturelle.* Elle n'a pas lieu non plus pour ce qui a été payé par transaction sur un pro-

cès prêt à naître ou déjà né, relativement à une chose non due. 136, 137.

Il faut que la chose non due, qui a été payée, l'ait été par erreur. 137, 138. Si l'on savait ne pas devoir la chose, la répétition n'a pas lieu. *Ibid.* Dans le doute si on le savait ou non, on est présumé l'avoir ignoré. 138. Il s'agit d'une erreur de fait, et non d'une erreur de droit. *Ibid.* V. *Erreur.*

L'action *condictio indebiti* appartient à celui qui a payé par erreur, soit par lui-même, soit par un mandataire. 138, 139. Les jurisconsultes romains l'accordaient directement au mandataire qui avait payé pour quelqu'un, afin d'éviter le circuit d'actions. 139. A plus forte raison, quand le mandant désavoue son mandataire. *Ibid.* Si le légataire universel a payé une dette non due des deniers de la succession, et que le testament soit annulé, la répétition appartient à l'héritier. 139, 140.

L'action s'exerce contre celui à qui le paiement a été fait, soit qu'il lui ait été fait à lui-même, ou à un autre, chargé de recevoir pour lui. 140, 141. Dans ce dernier cas, il faut un ordre exprès, ou une ratification postérieure. 141. Une procuration générale de recevoir tout ce qui est dû ne suffirait pas. *Ibid.* V. *Procuration générale.*

L'objet de cette action est la répétition de la chose payée par erreur. 141, 142. S'il s'agit d'une somme ou d'une chose fongible, la répétition est d'une somme ou d'une quantité pareille. 142. Sinon, c'est la chose même payée qui est l'objet de la répétition. *Ibid.* Celui, contre qui s'exerce la répétition de la chose même, ne supporte ni la perte, ni les détériorations de cette chose;

tant qu'il a cru de bonne foi qu'elle lui était due. 142, 143. Celui, qui a payé par erreur, recouvre la chose avec les augmentations naturelles et artificielles, en remboursant seulement la plus value. 143, 144. Si un immeuble a été donné en paiement d'une somme dont partie seulement était due, peut-on répéter l'immeuble seulement pour partie, ou en entier, à la charge de payer la somme due ? 144, 145.

L'action *condictio indebiti* s'éteint lorsque la chose, qui en est l'objet, vient à périr, ou devient hors du commerce. 145. Néanmoins celui qui a reçu la chose, doit faire raison de tout le profit qu'il en a tiré avant sa perte. 146. S'il ne la possède plus, parce qu'il l'a vendue, il est tenu de restituer le prix. *Ibid.* S'il savait que la chose ne lui était pas due, il doit des dommages-intérêts. 146, 147. Celui qui a payé par erreur, ne peut revendiquer la chose sur les tiers-détenteurs, lorsqu'ils l'ont acquise à titre onéreux, mais il le peut lorsqu'ils la possèdent à titre gratuit. 147, 148. V. *Quasi-contrat promutuum. Tradition.* V. *Compensation.*

CONDICTIO EX LEGE. I. 65. X. 48. Sorte d'action personnelle. V. *Loi.*

CONDITION. Cas d'un événement futur et incertain, qui peut arriver ou ne pas arriver, duquel on fait dépendre l'obligation. I. 101. VII. 547. Conditions positives ou négatives, potestatives, casuelles, ou mixtes. I. 101, 102. Pour qu'une condition suspende une obligation, il faut qu'elle soit d'une chose future. I. 102. X. 547, 548. D'une chose qui peut arriver ou ne pas arriver. I. 102, 103. *Quid,* si la chose était déjà arrivée, mais susceptible d'ar-

river une seconde fois ? X. 548. Il faut encore que ce soit la condition d'une chose possible, licite, et non contraire aux bonnes mœurs. I. 103. X. 548, 549. Sinon, l'acte est nul, lorsque l'acte est *in faciendo. Ibid.* Si ce n'est dans les testamens, où elle est regardée comme non écrite. I. 103. VII. 308. X. 534, 549. V. *Legs.* Effets de la condition impossible, illicite, ou contraire aux mœurs, *in non faciendo. Ibid.* Il faut enfin que la condition ne détruise pas la nature de l'obligation. I. 104.

Les conditions positives s'accomplissent, lorsque la chose arrive. I. 104. X. 551. Lorsque la condition consiste à donner ou à faire, il faut, pour son accomplissement, que la chose ait été donnée ou faite, de la manière dont il est vraisemblable que les parties l'ont entendu. I. 104, 105. Le fait, dans lequel consiste la condition, doit-il être nécessairement accompli par la personne elle-même ? 105, 106. Les conditions des actes entre-vifs peuvent s'accomplir après la mort de celui envers qui est contractée l'obligation. 106. Il n'en est pas de même des conditions des legs, *Ibid.* Ce principe s'applique-t-il aux conditions potestatives ? 106, 107. Cas où la condition renferme un temps préfix. 107, 108. Si elle ne renferme pas de temps préfix, peut-elle être accomplie en quelque temps que ce soit ? *Ibid.* Application aux conditions négatives. I. 108. X. 551. Toute condition doit passer pour accomplie, lorsque le débiteur, obligé sous cette condition, en a, par son fait et directement, empêché l'accomplissement. I. 108, 109. X. 552, 553. Différence, à cet égard, entre les conditions dont l'accomplissement est momentané, et celles qui ne s'accomplissent que par succession de temps. II. 109. X. 552, 553. Les conditions potestatives passent pour accomplies, lorsqu'il n'a pas tenu à un légataire de les accomplir. I. 109, 110. X. 553. Cette règle ne s'applique pas aux actes entre-vifs. I. 110. L'accomplissement des conditions est indivisible, même quand ce qui fait l'objet de la condition est quelque chose de divisible. 110, 111. La condition apposée à un legs se divise, lorsque le legs n'a effet que pour partie. 112.

L'effet de la condition est de suspendre l'obligation, jusqu'à ce que la condition soit accomplie, ou réputée pour accomplie. *Ibid.* La condition s'accomplit inutilement, si la chose a péri. *Ibid.* La chose est due en l'état où elle est, quand la condition s'accomplit. *Ibid.* L'accomplissement de la condition a un effet rétroactif au temps de la convention. *Ibid.* L'hypothèque est acquise du jour du contrat. 113. Le créancier conditionnel peut faire tous les actes conservatoires. *Ibid.* Lorsqu'une obligation est contractée sous plusieurs conditions, est-il nécessaire que toutes s'accomplissent ? 113, 114. Différence entre les conditions résolutoires et les conditions suspensives. 114, 115. Obligations résolubles, et dont la durée est limitée à un certain temps. *Ibid.* V. *Condition résolutoire. Obligation. Terme.*

V. *Acceptation. Adjudication sauf quinzaine. Caution. Contrat. Don mutuel. Enchère. Legs. Paiement. Prescription de dix et vingt ans. Quasi-contrat promutuum. Retrait lignager. Risque. Substitution fidéicommissaire. Testament. Terme de paiement.*

CONDITION POTESTATIVE. V. *Condition. Lien de droit.*

CONDITION RÉSOLUTOIRE. Condition, qui, par son existence, opère la résolution d'une obligation contractée. I, 406. Dans les contrats synallagmatiques, l'inexécution de quelqu'un des engagemens sert souvent de condition résolutoire. *Ibid.* Pour obtenir la résolution, il faut faire préalablement sommation d'exécuter. *Ibid.* L'inexécution peut souvent résoudre le contrat, sans qu'elle ait été apposée comme condition résolutoire. 406, 407. V. *Condition.*

CONDITION SUSPENSIVE. V. *Condition.*

CONDUCTEUR. Celui, qui prend une chose à loyer. III. 232. V. *Louage des choses.*

CONFESSEUR. V. *Donation entre-vifs. Legs.*

CONFESSION EXTRAJUDICIAIRE. Celle qui se fait hors justice, autrement que dans des contrats. I. 486, 487. Distinction entre le cas où elle est faite à moi-même ou à un tiers. 487. Dans le premier cas, elle fait une preuve complète, à moins qu'elle ne soit vague. *Ibid.* Dans le second cas, elle ne forme qu'une preuve incomplète, excepté dans quelques cas. 487, 488. C'est à celui qui excipe de la confession, à la prouver, soit par écrit, soit par des témoins, s'ils sont admissibles. 488. V. *Preuve testimoniale.* Pour qu'elle fasse preuve, il faut que celui, qui l'a faite, soit capable d'ester en jugement. *Ibid.* Elle fait preuve contre les héritiers de celui qui l'a faite. *Ibid.* A moins qu'il ne s'agisse d'une dette reconnue envers une personne à qui le confessant ne pouvait donner. 488, 489. La confession tacite a le même effet que la confession expresse. 489. Elle résulte du paiement; la chose est censée avoir été due, *Ibid.* C'est alors à celui qui veut la répéter, à faire la preuve qu'elle n'était pas due. *Ibid.* Exception. *Ibid.* V. *Confession judiciaire. Condictio indebiti.*

CONFESSION JUDICIAIRE. Aveu qu'une partie fait devant le juge, d'un fait sur lequel elle est interrogée, et dont le juge donne acte. i. 484. Cette confession fait pleine foi du fait confessé, et décharge l'autre partie d'en faire la preuve, lorsque celui, qui l'a faite, était capable d'ester en jugement. 485. La confession ne peut être divisée. *Ibid.* La preuve, qui résulte de la confession, peut être détruite en prouvant l'erreur qui y a donné lieu. 485, 486. Il faut que ce soit l'erreur d'un fait, dont la connaissance n'est survenue que depuis la confession, à celui qui l'a faite. 486. V. *Erreur.* Distinction entre l'erreur de fait et l'erreur de droit. *Ibid.* Si l'erreur est difficile et longue à prouver, celui, qui a fait la confession, peut être condamné par provision. *Ibid.* V. *Confession extrajudiciaire.*

CONFISCATION. La remise de la confiscation, faite par des lettres d'abolition au condamné lui-même, le fait rentrer dans ses biens, en la qualité qu'il les possédait auparavant. VII. 662, 663, 664. Lorsqu'elle est faite à ses proches parens, elle est un pur don du roi, qui ne fait que des acquêts. VII. 663. IX. 714, 715. V. *Propre réel.* Le profit de rachat est-il dû pour les mutations par confiscation? IX. 711, 712, 713. V. *Communauté légale. Exécution des condamnations. Propre.*

CONFRONTATION. Acte par lequel le témoin est représenté à l'accusé, pour que l'accusé fournisse contre lui ses reproches, s'il en a, et pour que le témoin reconnaisse l'accusé, et lui soutienne la vérité de sa déposition. IX. 416. La déposition d'un témoin ne peut faire charge contre l'accusé, s'il ne lui a été confronté, si ce n'est à l'égard des contumaces et de ceux qui se sont évadés, tant qu'ils ne se représentent pas. *Ibid.* Exceptions. *Ibid.* Quels témoins doivent être confrontés? 417. La confrontation ne peut se faire que lorsqu'elle a été ordonnée par le réglement à l'extraordinaire, et après l'interrogatoire de l'accusé. *Ibid.* Comment sont assignés les témoins pour la confrontation? 417, 418. Où se fait la confrontation? 419. Comment elle se fait; sa forme? 419, 420, 421. Le juge somme l'accusé de fournir ses reproches contre le témoin. 420. Il lit la déposition, et l'accusé la contredit. *Ibid.* Les pièces de conviction sont représentées. 420, 421. Le témoin est interpellé de déclarer si c'est de l'accusé présent qu'il a entendu parler. 421. Confrontation littérale, dans le cas où le témoin est mort, ou est contumace depuis sa déposition. 421, 422. *Quid*, à l'égard des sourds-muets, ou lorsque l'accusé refuse de répondre? 457, 458. V. *Faux incident. Information. Récolement.*

CONFUSION DE LA DETTE. Concours des qualités de créancier et débiteur d'une même dette dans une même personne. I. 387. Autre espèce de confusion, lorsque la caution succède au débiteur principal. *Ibid.* V. *Caution.* La confusion se fait, lorsque le créancier devient héritier de son débiteur, *aut vice versâ;* ou lorsque la même personne succède au créancier et au débiteur. 388. L'acceptation, sous bénéfice d'inventaire d'une succession, n'opère aucune confusion. *Ibid.* V. *Bénéfice d'inventaire.*

La confusion a pour effet d'éteindre la dette, en détruisant les qualités de créancier et de débiteur, qui ne peuvent exister dans la même personne. *Ibid.* L'extinction de l'obligation principale par la confusion, entraîne celle de l'obligation des cautions. 388, 389. Mais l'extinction de l'obligation de la caution par la confusion, n'entraîne pas l'extinction de celle du débiteur principal. 389, 390. La confusion diffère en cela des autres modes de paiement. *Ibid.* Si la confusion s'opère entre le créancier et l'un de deux débiteurs solidaires, comment et pour combien le second débiteur demeure-t-il obligé ? 390. V. *Obligation solidaire.* Si la créance a été cédée par le créancier avant la confusion, sans que la signification du transport ait été faite au débiteur, le créancier doit en payer le montant à son cessionnaire. 390, 391. Il y a confusion, lorsque le créancier succède au garant du débiteur. 391. Si le créancier ou le débiteur ne le sont que pour partie. *Ibid.*

La confusion, qui se fait des droits qu'une personne avait dans un héritage, par l'acquisition qu'elle fait de cet héritage, produit-elle une extinction absolue de ces droits, ou seulement une suspension et cessation de ces droits, qui revivent, si l'héritage cesse de lui ap-

partenir ? VIII. 578. X. 802, 803. V. *Déguerpissement.*

V. *Extinction des Obligations. Hypothèques. Lettre de change. Partage de communauté. Réalisation. Rétrayant.*

CONFUSION. Manière d'acquérir par droit d'accession. VIII. 195. Elle a lieu par le mélange de plusieurs matières appartenantes à différens propriétaires, qui acquièrent en commun la chose formée par ce mélange. 195, 196. Cela est ainsi, soit que les matières aient été mélangées par leur consentement ou par le fait du hasard. 196. Dans ce dernier cas seulement, la chose n'est commune que lorsque les matières ne peuvent pas se séparer. 196, 197. Il est plus équitable de décider que la chose appartient à celui, dont la matière surpasse celle des autres en valeur et en quantité, sauf remboursement du prix de leurs matières aux autres. 197. V. *Accession. Spécification.*

CONGÉ. Temps dans lequel on doit donner congé des baux faits sans écrit, à Paris. III. 243, 367. Acte de notoriété du Châtelet, du 20 mars 1713. *Ibid.* Il doit être signifié six mois d'avance, lorsque le loyer excède 1000 livres. *Ibid.* Trois mois d'avance, au dessous de 1000 livres et au-dessus de 300 livres. *Ibid.* Six semaines d'avance au-dessous de 300 livres. *Ibid.* V. *Bail. Louage des choses.*

CONGÉ. V. *Défaut.*

CONGÉ D'ADJUGER. Jugement qui ordonne que l'héritage saisi sera vendu et adjugé au bout de la quarantaine, dans la forme ordinaire, et qu'à cet effet affiches seront mises.

ix. 245 *et suiv.* V. *Adjudication par décret. Saisie réelle.*

CONNAISSEMENT. Reconnaissance, que le capitaine, préposé à la conduite du navire, donne au marchand de ses marchandises dont le vaisseau est chargé, et qu'il s'oblige de conduire à leur destination. iv. 336. viii. 163. V. *Assurance. Charte-partie. Prise.*

CONQUÊT. Sous ce terme, la coutume de Paris entend aussi bien les conquêts immeubles, que les conquêts meubles. v. 359. V. *Retrait, conventionnel. Retrait, féodal.*

CONQUÊT DE COMMUNAUTÉ. Acquêts faits durant la communauté par l'un ou l'autre des conjoints. vi. 97, 98. x. 291. Quels immeubles sont conquêts ou propres. vi. 97, 98. x. 291, 292. V. *Communauté légale. Propre de communauté.*

CONQUÊTE. Droit qu'a un souverain d'acquérir, lorsqu'il fait justement la guerre, le domaine des villes, châteaux et terres de l'ennemi, en s'en emparant. viii. 151. V. *Butin. Occupation. Prise.*

CONSEIL. Un conseil donné de bonne foi n'est pas un mandat; il n'oblige pas celui qui l'a donné. i. 271, 272. V. *Mandat.*

CONSEIL DES ACCUSÉS. Il n'est pas permis à l'accusé, avant le premier interrogatoire, de communiquer avec un conseil. ix. 426, 427. Après l'interrogatoire, il peut appeler un conseil pendant l'instruction, si le crime n'est pas capital. 427. Le juge n'est pas obligé de lui en nommer un, s'il n'en demande pas. *Ibid.* Si le crime est

capital, l'accusé ne peut être assisté d'un conseil, si ce n'est dans certains cas où il ne pourrait se défendre seul. *Ibid.* V. *Avocat.*

CONSEIL DE FAMILLE. Sa formation. viii. 64, 65. V. *Tutelle.*

CONSENTEMENT. Qui doit intervenir dans le mariage. v. 167 *et suiv.* Consentement des père et mère, ou des tuteurs, nécessaire aux enfans pour contracter mariage. 170 *et suiv.* V. *Mariage.* Les bâtards n'en ont pas besoin. 184. V. *Bâtard.* Fondement de la nécessité de ce droit. *Ibid.* V. *Puissance paternelle.*

Des contractans. V. *Cause des contrats. Contrat. Dol. Erreur. Lésion. Lien de droit.*

CONSERVATION. V. *Acte conservatoire.*

CONSIGNATION. Dépôt que le débiteur fait par autorité de justice, de la chose ou de la somme qu'il doit, entre les mains d'une tierce personne. i. 339. La consignation équipolle au paiement, et éteint la dette. i. 339. x. 903. Il faut pour cela, que le créancier ait été mis en demeure de recevoir par des offres valables à lui faites. *Ibid.* V. *Offres de paiement.* Lorsque la consignation a été ordonnée, elle se fait au jour et à l'heure indiqués; il en est dressé acte. i. 341. La consignation, jugée valable, libère pleinement le débiteur. *Ib.* Les espèces cessent d'être à ses risques. *Ibid.*

L'augmentation ou la diminution qui peut survenir dans leur valeur, est au profit ou à la perte du créancier. *Ibid.* Si le débiteur retire volontairement les espèces par lui consignées, la consignation est-elle considérée comme non avenue vis-à-vis de ses cautions et de ses coobligés? 341, 342. V. *Paiement. Rachat des rentes constituées. Retrayant.*

CONSIGNATION. Dépôt qui se fait chez un receveur préposé pour cela. IV. 198. Création des offices de receveurs des consignations sous Henri III. *Ibid.* Les adjudicataires des biens vendus en justice, consignent le prix de leur adjudication. IV. 198. IX. 255. X. 903, 904. V. *Adjudication par décret. Ordre.* Différence de la consignation et du dépôt. IV. 198, 199. La consignation n'est pas gratuite. *Ibid.* Elle ne renferme aucun contrat. 199. Le receveur est seulement obligé par le titre de son office à rendre aux créanciers le prix consigné. *Ibid.* L'adjudicataire est libéré du prix par la consignation. IV. 199. IX. 255. X. 904. La propriété des deniers consignés, est transférée aux créanciers saisissans et opposans, pour la part de chacun d'eux après l'ordre. IV. 200. Cette consignation diffère en cela de celle qui est faite sur le refus d'un créancier de recevoir. *Ibid.* La perte des deniers consignés avant la clôture de l'ordre, tombe sur les créanciers. IV. 200, 201. X. 903, 904. Doit-elle être supportée seulement par ceux qui devaient venir en ordre utile pour toucher? IV. 201, 202.

Obligations du receveur des consignations. 202, 203. Il doit garder avec soin les deniers consignés. *Ibid.* S'il s'en sert, il commet un vol. 203. V. *Dépôt. Vol.* Il est tenu de la faute la plus légère. *Ibid.* V. *Faute.* Il ne doit rendre les deniers qu'après le jugement d'ordre. *Ibid.* Il doit les rendre dans les mêmes espèces qui ont été consignées. 203, 204. L'obligation de rendre les deniers consignés est imprescriptible. 204. Il est contraignable par corps, à la restitution de ces deniers. 204, 205. V. *Contrainte par corps.* S'il les a dissipés, les créanciers, outre l'obligation personnelle, ont un privilège sur son office, qu'ils peuvent faire saisir réellement et vendre. 205. Il n'en est pas de même pour des consignations faites à un notaire ou à un greffier. *Ibid.* S'il y a plusieurs consignations, elles ont le même privilège, sans égard à leur ancienneté. *Ibid.* V. *Privilège.* Les créanciers ont une hypothèque sur tous les biens du receveur, du jour de la consignation. 205, 206. V. *Hypothèque.* L'obligation du receveur s'éteint par la perte des deniers consignés sans sa faute, ou par leur restitution. 206. Par la résignation de son office, le receveur transfère à son successeur toutes ses obligations. *Ibid.* V. *Dépôt. Séquestre.*

CONSOLIDATION. V. *Rente foncière. Usufruit.*

CONSTITUT (CLAUSE DE). Clause par laquelle le donateur ou le vendeur, en continuant de retenir la chose par devers lui, déclare qu'il entend désormais ne la tenir que pour et au nom de l'acheteur ou du donataire. VII. 453. VIII. 203. X. 469. V. *Donation entre-vifs. Saisine. Tradition.*

CONSTITUTION DE RENTE. Contrat par lequel l'un des contractans vend à l'autre une rente annuelle et perpétuelle, dont il se constitue débiteur pour une somme en deniers qu'il reçoit de lui, sous la faculté de pouvoir la racheter, quand il lui plaira, pour le prix de la constitution. 1. C'est une espèce de contrat de vente. 1. 2. Il est réel et unilatéral, et il diffère en cela du contrat de vente. 2. 3. En quoi il diffère du prêt à intérêt. 3. V. *Prêt de consomption. Usure. Vente.* Est-il licite? *Ibid.* En quel temps il a commencé d'être en usage. 3, 4, 5. L'était-il chez les Romains? 4, 5. Taux auquel les rentes doivent être créées. 6. Ancien taux. *Ibid.* Aujourd'hui, elles doivent être créées au denier vingt. *Ibid.* Le taux n'est réglé qu'en faveur des débiteurs; on peut acquérir une rente à un prix plus cher. 7. La constitution à un taux trop élevé, peut être considérée comme un avantage indirect, fait par le constituant au débiteur de la rente. *Ib.* V. *Avantage indirect.* Lorsque la rente est constituée au taux de l'ordonnance, on ne peut stipuler rien de plus du constituant, ni directement, ni indirectement. 8. Moyens d'excéder indirectement le taux légitime. *Ibid.* Quand la déduction des dixièmes et vingtièmes est considérée ainsi. 8, 9, 42, 43. On ne doit avoir égard qu'au temps où le contrat est passé pour régler la légitimité du taux de la rente. 9, 10. Il n'en est pas de même des intérêts d'une somme exigible, qui sont dus selon le taux de la loi du temps où ils ont couru. 10. V. *Intérêts compensatoires.* On ne peut convenir, dans un contrat de constitution de rente, que les arrérages seront dus aux différens taux qui pourront augmenter par la suite. 10, 11. Comment sont réprimés les contraventions à la loi qui règle le taux des rentes constituées? 11, 12. Cas où elles donnent lieu à la nullité du contrat, et à l'imputation des arrérages sur le principal. *Ib.* Cas où il y a lieu seulement à ré-

duire la rente au taux légitime, et à réformer le contrat. 13, 14. Aucun laps de temps, pas même de cent ans, ne peut couvrir le vice d'un contrat de constitution qui contient une contravention à la loi qui règle le taux des rentes. 14, 15, 16. L'usure ne se couvre jamais. 15. V. *Usure.* L'action en répétition des arrérages usuraires payés, se prescrit au contraire par trente ans. 15, 16. V. *Prescription de trente ans.*

On ne peut constituer à prix d'argent, que des rentes d'une somme d'argent. 16, 17. Le prix de la constitution doit être une somme d'argent; le contrat n'est parfait que lorsqu'il a été payé. 17. La tradition des deniers doit être une tradition réelle. 17, 18. Elle doit être faite avec les deniers appartenans à l'acquéreur de la rente. 18. Un marchand peut-il se faire constituer une rente en paiement de la somme pour laquelle il vend ses marchandises? 19. Cas où ces rentes peuvent être suspectées d'usure. 19, 20. Les décisions, dans ces différens cas, dépendent beaucoup des circonstances. 20. La somme en paiement de laquelle le débiteur peut constituer une rente, doit être une somme principale. 21. On peut en constituer une en paiement d'arrérages de rente foncière, de fermages, d'héritages et de loyers. *Ibid.* La constitution en paiement d'intérêts ou d'arrérages, n'est jamais illicite que vis-à-vis du créancier à qui ils sont dus. 21, 22. Si la somme pour laquelle j'ai constitué rente, n'était pas exigible, les arrérages ne sont dus que du jour où elle le sera. 22.

Il faut, pour que le contrat de constitution soit valable, que le sort principal soit aliéné. *Ibid.* Pas d'exception pour les deniers des mineurs. *Ibid.* Si le sort principal est exigible pour partie, ou pendant un certain temps, le contrat est nul seulement pour partie, ou pendant ce temps. 23. Quand la clause, que le débiteur sera tenu de racheter la rente au bout d'un certain temps, est valable? *Ibid.* Le débiteur de la rente peut être forcé au rachat, quand il a manqué aux conditions du contrat, et quand les sûretés sont diminuées. 23, 24. Le débiteur de la rente peut s'obliger à rembourser la rente envers sa caution. 24. Le débiteur, qui a constitué la rente, et les successeurs, ont toujours la faculté de racheter la rente et de s'en libérer. 24, 25. Cette faculté est imprescriptible, et sous-entendue dans tous les contrats de constitution; toute clause contraire est nulle, quand même elle ne ferait que gêner, sans la proscrire entièrement, cette faculté. 25, 26. Une telle clause peut rendre le contrat nul. *Ibid.* Fraude inventée pour éluder la loi en ce point. 26, 27.

La constitution de rente est une véritable aliénation. 28. Un tuteur peut-il, sans l'autorité du juge, constituer une rente pour son mineur? 28, 29. Un titulaire de bénéfice peut-il en constituer sur les biens de son bénéfice? 29. Le clergé, les états des provinces, les villes et communautés, les corps, les fabriques, les hôpitaux, peuvent en constituer en vertu de lettres-patentes dûment enregistrées. 29, 30.

Le contrat de constitution se passe aux frais du constituant. 30.

Différens pactes qui peuvent être opposés aux contrats de constitution. 31. Pactes qui concernent la sûreté du fonds de la rente. *Ib.* Pacte par lequel le débiteur d'une rente constituée par acte sous seing-privé, s'oblige d'en passer acte devant notaires, lorsque le créancier le requerra. 31, 32. Effet de ce pacte et conséquences du défaut d'exécution de la part du débiteur. *Ib.* Le créancier peut-il exiger, à défaut d'exécution, la restitution de la somme que le débiteur a reçue pour le prix de la constitution? 32. Cette clause est purement accidentelle au contrat, et ne s'y supplée pas, quand elle y a été omise. 32, 33. Clause d'assignat, n'a d'autre effet que de donner une hypothèque spéciale sur l'héritage assigné. 33. V. *Assignat.* Clause d'emploi de la part du débiteur qui a reçu la somme pour laquelle il doit la rente. 33, 34. Cas où les deniers sont laissés entre les mains du notaire jusqu'à l'emploi. 34. Cas où ils sont comptés au débiteur au moment du contrat, sous la condition de les employer. 35. Effets de cette cause et de son inexécution, dans l'un et l'autre cas. 34, 35. Elle a pour objet de procurer une sûreté à l'acquéreur de la rente, et peut être exécutée par équipollent. 35, 36. Si le constituant, avant d'être en demeure, ou avant d'avoir pu faire l'emploi, a perdu par force majeure les deniers qu'il avait reçus, est-il obligé de donner une sûreté équipollente, ou de rendre le prix de la constitution? 36. Peut-on convenir par le contrat que si une hypothèque stipulée vient à périr, le débiteur sera tenu de donner au créancier une autre sûreté équipollente, ou de rembourser la rente? 37. V. *Emploi.* On peut convenir que le débiteur donnera caution dans un certain temps, et, à défaut de le faire, restituera le principal. 37, 38. V. *Caution.* Clause par laquelle un héritage que le constituant hypothèque, pour la sûreté de la rente, est déclaré franc d'autres hypothèques. 38. Si le constituant a trompé l'acquéreur de la rente, et qu'il existât des hypothèques sur son immeuble, il est condamné comme stellionataire, et en outre à racheter la rente. 38, 39. V. *Stellionat.* A moins qu'il ne soit justifié que le créancier, au temps du contrat, avait connaissance des hypothèques existantes. *Ibid.* Il peut ignorer celle de la femme du constituant et du mineur dont il serait tuteur. 39. Il n'y a pas stellionat, lorsque le constituant a pu lui-même ignorer l'hypothèque qui grevait ses biens. *Ibid.* Différence entre ce cas-ci, et celui où il a été de mauvaise foi. 39, 40. Le créancier à qui le débiteur propose de décharger de l'hypothèque quelque héritage qu'il veut vendre, peut-il exiger quelque chose pour cette décharge sans diminution des arrérages ni du principal de la rente? 40, 41. Clause de délégation pour le paiement des arrérages de la rente, sur les fermes et loyers de l'héritage sur lequel elle est assignée. 42. La signification de cette délégation par le créancier aux fermiers et locataires, vaut saisie-arrêt. *Ibid.* V. *Délégation.* Clause qui déroge à la faculté qu'a le débiteur de faire déduction sur les arrérages des dixièmes, vingtièmes, etc. 8, 9, 42, 43. Quelles clauses peuvent paraître ou non renfermer cette dérogation? 42, 43, 44. Interprétation des termes des anciens contrats, *rétention pour faits de primes, franchement, quittement,* etc. 43, 44. La clause qu'on paiera par demi-terme de six mois en six mois, est valable. 44. Mais celle que l'on paiera chaque année d'avance n'est pas valable. 44, 45. Autres espèces de clauses par lesquelles on stipule qu'il sera dû plus à défaut de paiement au terme fixé. 47. Toutes les clauses qui tendent à faciliter la faculté de rachat sont valables. *Ibid.* Exemples de différentes clauses de ce genre. *Ibid. Quid,* de la clause que le rachat pourrait se faire en plusieurs paiemens, sans dire en combien? 47, 48. S'il est dit que le rachat pourra se faire en deux paiemens égaux, sans néanmoins, qu'après le premier paiement, la rente soit diminuée jusqu'à l'entier amortissement, la clause est-elle valable? 48, 49. Le créancier, dans cette espèce, peut-il opposer la nullité de la convention, et en conséquence refuser le remboursement partiel qui lui serait offert par le débiteur? 49. La clause par laquelle on convient que le rachat de la rente ne pourra se faire que dans la même espèce de monnaie que celle qui a été payée pour le prix de la constitution, est-elle valable? 49, 50. Clause par laquelle on s'oblige à ne pouvoir racheter la rente en papier. 50, 51.

Interprétation de ce qui peut se trouver d'ambigu dans un contrat de constitution de rente. 51. On doit suivre les règles générales d'interprétation. *Ibid.* V. *Interprétation du contrat. Quid,* lorsque le fur indiqué dans le contrat, ne coïncide pas avec la rente constituée? 51, 52. Comment et quand l'on supplée aux mots omis dans le contrat? 52, 53. Quels termes entend-on, lorsqu'il est dit que la rente sera payable par termes? 53,

7*

54. Nature de la rente constituée. 55 et suiv. V. *Arrérages. Rachat des rentes constituées. Rente constituée, Rente viagere. Usure.*

CONSTITUTION DE PROCUREUR. V. *Procureur.*

CONSTRUCTIONS faites sur le fonds d'autrui, ou avec les matériaux d'autrui. VIII. 184, 185, 189. V. *Accession.*

CONSULAT. Juridiction composée de marchands, établie pour juger les causes entre marchands, pour fait de marchandises. IX. 120. Procédure particulière à cette juridiction. *Ibid.* Point de procureur, point de présentation, point de défenses par écrit. *Ibid.* La preuve par témoins y est admise même au-dessus de 100 livres. 121. Forme pour entendre les témoins. *Ibid.* La reconnaissance préalable des écritures n'y est pas exigée. *Ibid.* Si elles sont déniées, les consuls les renvoient devant le juge ordinaire de la vérification. *Ib.* Foi des livres des négocians. *Ibid.* Leur compétence. 122. V. *Lettre-de-change. Preuve testimoniale. Reconnaissance et vérification d'écritures.*

CONTENANCE de la chose vendue. Ne doit comprendre que ce qui fait partie de la chose vendue. II. 116, 117. Le chemin public qui traverse un champ, n'en fait pas partie. *Ibid.* Les haies et les fossés en font partie. *Ibid.* Comment doivent s'entendre ces termes : *ou environ. Ibid.* La contenance se mesure selon l'usage du lieu, de la situation. 118, 119. S'il s'agit de choses mobilières, selon l'usage du lieu du marché. 119. La clause de contenance n'est qu'en faveur de l'acheteur. 117. V. *Acheteur. Action.*

*Louage des choses. Echange. Vendeur.*

CONTESTATION EN CAUSE. Il y a contestation en cause après le premier réglement, appointement, ou jugement qui intervient après les défenses fournies sur le fonds. II. 590. IX. 43. Un jugement de continuation à huitaine, forme la contestation en cause. *Ibid.* Il en est de même d'un jugement par défaut, tant qu'il n'y a pas d'opposition. *Ibid.*

V. *Déguerpissement.*

CONTINUATION DE COMMUNAUTÉ. Elle est simple ou composée. VI. 454. Elle est établie par les articles 240 et 241 de la coutume de Paris. *Ibid.* Leur disposition s'étend aux coutumes qui ne s'en sont pas expliquées. 454, 455. La continuation de communauté est une peine imposée au survivant des deux conjoints, faute d'avoir fait constater par un inventaire, après la mort du prédécédé, la part de leurs enfans dans la communauté. 455, 456. La continuation de la communauté, d'après la coutume de Paris, est-elle une nouvelle communauté qui se contracte entre le survivant et les enfans mineurs héritiers du prédécédé, ou bien est-ce la même communauté qui est censée avoir continué ? 456, 457, 458. D'après la coutume d'Orléans, la continuation de communauté est une nouvelle communauté, qui se contracte, après la mort du prédécédé, entre le survivant et les héritiers du prédécédé. 458, 459. La continuation de communauté entre le survivant et les héritiers du prédécédé, lorsque les conjoints ont changé de domicile pendant le mariage, se régit-elle suivant la coutume du lieu où ils ont contracté, leur communauté, ou de celui où ils avaient leur domicile, lors de la mort du prédécédé? 460, 461, 462.

Quand y a-t-il lieu à la continuation de communauté, suivant la coutume de Paris? 462. Il faut qu'au temps de la mort du prédécédé, il y ait eu une communauté de biens qui subsistait entre les deux conjoints. 463. Il faut que le prédécédé ait laissé pour héritiers un ou plusieurs enfans mineurs du mariage, et qu'ils lui aient succédé à une part dans la communauté. 463, 464. Si les enfans sont majeurs, il n'y a pas lieu à la continuation. 464. Dans les coutumes, où les enfans sont majeurs à vingt ans, lesquelles suivent sur la continuation la coutume de Paris, il y a lieu à cette continuation, lorsque le prédécédé a laissé un enfant majeur de vingt ans, mais au-dessous de vingt-cinq ans. 464, 465. Elle a lieu, quoique l'enfant mineur fût marié et doté par ses père et mère. *Ibid.* Si le prédécédé a laissé un enfant mineur, lors de sa mort, mais devenu majeur avant l'expiration des trois mois accordés au survivant pour faire inventaire, y a-t-il lieu à la continuation de communauté? 465. Y a-t-il lieu, dans le cas où l'héritier, laissé par le prédécédé, était majeur, mais en démence? 465, 466. Il faut que les enfans mineurs, laissés par le prédécédé, aient été ses héritiers ou du moins ses successeurs universels. 466. Il ne suffit pas même qu'ils aient été héritiers; il faut qu'ils aient succédé à une part dans les biens de la communauté. 466, 467. Il faut que les enfans soient enfans du prédécédé et du survivant, et non d'un précédent mariage du prédécédé. 467. Lorsque le survivant

est donataire de la part du prédécédé dans les meubles et conquêts, ou seulement dans les meubles de la communauté, y a-t-il lieu à continuation, faute par le survivant d'avoir fait inventaire avec ses enfans mineurs? 468, 469. Le survivant est-il dispensé de l'inventaire pour empêcher la continuation, lorsqu'un enfant a été doté avec la clause qu'il ne pourrait demander inventaire ni partage au survivant? 469, 470.

Il faut, pour qu'il y ait lieu à la continuation, que le survivant ait manqué à quelqu'une des choses prescrites pour la dissolution de la communauté. 470. A faire inventaire. *Ibid.* V. *Inventaire.* Ce que doit être cet inventaire. *Ibid.* Il doit contenir tous les effets de la communauté qui sont à la connaissance du survivant. 470, 471. Dans quelle forme il doit être fait? 471. Il doit être fait dans les trois mois de la dissolution de la communauté. 471, 472. Il doit être fait avec un légitime contradicteur. 472. C'est le tuteur des mineurs, lorsqu'ils en ont un autre que le survivant. *Ibid.* S'il est lui-même tuteur, il leur fait nommer par le juge un subrogé tuteur qui doit être présent à l'inventaire entier. 472, 473. L'inventaire doit être clos dans les trois mois. 473, 474. Il n'y a que les enfans qui puissent opposer le défaut des formalités qui empêche la continuation de courir. 474. Il faut, pour qu'il y ait lieu à la continuation de la communauté, qu'elle ait été demandée. 474, 475.

Quand y a-t-il lieu à la continuation, d'après la coutume d'Orléans? VI. 475. X. 375, 376, 377. Elle veut aussi qu'il y ait eu, au temps de la mort du prédécédé, une communauté entre les conjoints. VI. 475. x. 377, 378. Peu importe, d'après elle, que les héritiers du prédécédé soient des enfans d'un précédent mariage, ou même des collatéraux. *Ibid.* Il faut aussi que les héritiers du prédécédé lui aient succédé à une part des biens de la communauté. VI. 476. Il n'y a pas lieu à la continuation, sous la coutume d'Orléans, lorsque les héritiers du prédécédé sont des enfans mineurs qui tombent en la garde-noble du survivant. *Ibid.* V. *Garde-Noble.* Si les uns tombent, et les autres ne tombent pas en garde-noble, elle a lieu avec ces derniers. *Ibid.* Quelle sera, en ce cas, la part qu'auront, dans la continuation de communauté, les enfans avec qui elle a continué? 476, 477, 478. Il en est sous la coutume d'Orléans comme à Paris, relativement à la donation des meubles faite au survivant, et à la clause par laquelle il est interdit à l'enfant doté de lui demander un inventaire ni partage. 478. Il n'y est pas nécessaire, pour empêcher la continuation, que le survivant fasse un inventaire; mais la jurisprudence l'h établi. VI. 478, 479. x. 377. Elle ne requiert en aucun cas une clôture d'inventaire. VI. 479. x. 377. Il n'y est pas nécessaire que l'inventaire soit fait dans le délai de trois mois; il suffit qu'il intervienne dans l'année un acte contraire à la continuation. *Ibid.* Sous la coutume d'Orléans, la continuation a lieu de plein droit, sans avoir été demandée, lorsqu'elle n'a pas été empêchée de courir. VI. 479, 480.

Entre quelles personnes a lieu la continuation de communauté. 480. Si le prédécédé a laissé pour ses héritiers plusieurs enfans, dont un

mineur, et les autres majeurs, les enfans majeurs peuvent-ils, à la faveur du mineur, demander tous ensemble la continuation, pour la part entière de la succession du prédécédé, ou le mineur seul le peut-il pour sa part? VI. 480, 481, 482. x. 377. Ce qui s'applique aux majeurs dans cette espèce, s'applique aux enfans d'un précédent mariage. VI. 482. Pour que l'enfant mineur donne ouverture à la continuation, au profit des majeurs et des enfans d'un précédent mariage, suffit-il qu'il ait existé au temps de la mort du prédécédé, quoique mort depuis, sans l'avoir demandée, ou quoiqu'il y ait depuis expressément renoncé? 482, 483. Les filles dotées exclues de la succession du prédécédé, ne sont pas admises à la continuation. 483. Ces questions n'ont pas lieu sous la coutume d'Orléans, qui autorise la continuation avec les héritiers quels qu'ils soient. *Ibid.*

Quelles sont les choses qui tombent dans la continuation de communauté? VI. 484. x. 378, 379. Le mobilier, qui était dans la communauté, lors de la mort du prédécédé, y tombe de part et d'autre. *Ibid.* Il en est de même de tous les revenus des biens immeubles. *Ibid.* Les conquêts de la communauté ne demeurent dans la continuation que quant à leurs revenus. *Ibid.* Quant aux rentes constituées, conquêts de communauté, on doit avoir égard au temps de la mort du prédécédé, pour savoir si elles tombent ou non, comme meubles, dans la continuation. VI. 484, 485. Les droits et créances propres à chacun des conjoints n'entrent pas dans la continuation, sur laquelle elles pourront s'exercer après sa dissolution, comme elles se seraient

exercées sur la communauté. 485.
Toutes les choses, qui entrent
dans la communauté, lorsqu'elles
adviennent à l'un des conjoints
pendant sa durée, entrent dans la
continuation, quand elles adviennent au survivant. 485, 486. V.
*Communauté légale.* Le mobilier
advenant par succession aux conjoints, quoique stipulé propre de
communauté par le contrat, n'en
entre pas moins dans la continuation. 486, 487. De même les immeubles de succession ameublis
par le contrat, n'entrent pas dans
la continuation. *Ibid.* Rien de ce
que les enfans acquièrent, durant
la continuation, à quelque titre
que ce soit, ni de ce qu'ils avaient
d'ailleurs que de la succession du
prédécédé, n'entre dans la continuation de communauté. 487. La
coutume d'Orléans ne diffère de
celle de Paris, qu'en ce que celle-
ci ne fait entrer dans la continuation que ce que le survivant acquiert du fonds commun, ou par
son industrie. VI. 488. X. 378, 379.
Tout ce qui lui advient par succession, don ou legs, n'y entre pas,
pas même le mobilier. *Ibid.* La
jouissance même de ce qui est échu
à ces titres au survivant, n'y entre pas. VI. 489. Exception à cette
règle dans un cas. 489, 490, 491.
Toutes les dettes mobilières,
dont la communauté était tenue au
temps de la mort du prédécédé,
deviennent dettes de la continuation de communauté. VI. 491. X.
379. Même celles dont la communauté était débitrice envers chacune des parties. *Ibid.* Elle est
tenue encore des arrérages et intérêts des dettes propres de chacun
des conjoints. VI. 492. Les frais funéraires du prédécédé ne sont pas
dettes de la continuation. VI. 492,

493. X. 379, 380. Les arrérages des
legs de rentes ou pensions annuelles faits par lui, sont à la charge
de la continuation de communauté.
VI. 493. X. 379. Elle est tenue de
toutes les dettes que le survivant
contracte pendant le temps qu'elle
dure. VI. 493. X. 379, 380. Excepté
celles qu'il aurait contractées pour
ses affaires particulières, et dont
il profite seul. *Ibid.* Et celles qui
ont pour cause une pure donation.
*Ibid.* La garantie due par le survivant qui a vendu l'héritage propre de ses enfans, n'est pas
une dette de la continuation
de communauté. VI. 494. X. 380.
Différence entre la coutume d'Orléans et celle de Paris, relativement aux dettes contractées par
le survivant pendant la continuation de communauté. VI. 494,
495. X. 379, 380. La continuation
n'est pas tenue des dettes contractées pendant sa durée par les héritiers du prédécédé. VI. 495.
Les dettes des successions, qui
échéent au survivant durant la
continuation de communauté, sont
dettes de ladite continuation, à
proportion du mobilier desdites
successions qui y entre. *Ibid.* Il n'en
est pas de même sous la coutume
d'Orléans. VI. 495. X. 380. La continuation de communauté est chargée, tant des alimens du survivant,
que de ceux des héritiers du prédécédé, pendant qu'elle dure. VI.
495, 496. X. 380. Elle est chargée
des réparations et frais d'entretien
des héritages dont elle a la jouissance. VI. 496. X. 380, et des frais
de l'inventaire qui est fait pour sa
dissolution. *Ibid.*
Le survivant est le chef de la
continuation de communauté. VI.
496. X. 378. Il n'en est pas le maître
absolu, mais seulement l'adminis-

trateur affranchi de rendre compte. 496, 497. *Ibid.*

La dissolution de la continuation de communauté peut être demandée, soit par l'une, soit par l'autre des parties. vii, 497. x. 380, 381. Le survivant, pour opérer cette dissolution, doit faire un inventaire, tel que celui nécessaire pour empêcher la continuation. vi, 497, 498. x. 381. S'il est défectueux, les enfans peuvent demander la continuation. *Ibid.* La continuation se dissout encore par la mort du conjoint survivant. *Ibid.* La mort de l'un des enfans ne la dissout pas. vi. 498, 499. S'ils meurent tous sans enfans, elle est dissoute. 499. Dans le cas où ils meurent sans avoir demandé la continuation, elle n'est véritablement pas dissoute, puisqu'elle n'a pas existé. *Ibid.* Dans ce cas, si tous les enfans mineurs sont morts sans l'avoir demandée, continue-t-elle avec les majeurs qui restent? *Ibid.* L'enfant, quoique marié et doté pendant la continuation, ne cesse pas d'être en continuation de communauté. 500. Sous la coutume d'Orléans, il suffit, pour opérer la dissolution de la continuation, que les parties aient sur cela fait connaître leur volonté. *Ibid.* La mort de tous les héritiers du prédécédé ne la dissout pas. 500, 501. Elle continue avec leurs héritiers et même avec leur succession vacante. *Ibid.* x.

Si l'un des enfans, qui a continué la communauté, meurt, il y a lieu à accroissement de sa portion en faveur du ou des survivans. 501, 502. V. *Accroissement.* Le survivant n'est privé que des biens de ses enfans morts durant la continuation, faisant partie de la continuation, et non des autres.

502. C'est à titre de succession que la portion de l'enfant mort accroît aux autres enfans. 503. S'il laisse une veuve commune, elle a le droit à sa part comme commune dans la portion de son mari dans la continuation. *Ibid.* L'accroissement n'a lieu que lorsque l'enfant meurt lui-même sans enfans. *Ibid.* Il a lieu aussi entre les enfans représentant l'enfant mort dans la continuation. *Ibid.* Il n'y a que les enfans qui acceptent la continuation de communauté qui puissent prétendre à l'accroissement. 504. Différence de l'accroissement accordé par la coutume d'Orléans. 504. Le survivant a une année, du jour de la mort de l'enfant, pour se conserver sa succession, en faisant dissoudre dans ledit temps la continuation. *Ibid.* La coutume d'Orléans ne prive le survivant que de la portion de l'enfant mort, dans les revenus des acquêts, pendant le temps que dure encore la continuation, et non de la propriété. 504, 505.

Les enfans ont le choix d'accepter la continuation de communauté ou d'y renoncer. vi. 505. x. 385. Chacun des enfans peut la demander, faute par le conjoint d'avoir fait ce que la coutume ordonne pour l'empêcher. vi. 505, 506. Le droit de demander la continuation, accordé aux enfans, leur est-il personnel, sans que ceux qui sont à leurs droits, puissent être reçus à l'exercer? 506, 507. Ce droit est-il sujet à prescription, et à quelle prescription? 507, 508. Disposition de la coutume d'Orléans, relative à cette prescription. 508. V. *Prescription trentenaire.*

Par l'acceptation, les enfans ont, dans la continuation de communauté, la même part qu'ils ont dans la communauté. 508, 509. Chacun des enfans à ensuite dans cette part la même portion pour laquelle il succède dans les biens du prédécédé. 509. V. *Acceptation de communauté.*

Les enfans peuvent renoncer à la continuation; soit en le déclarant au bas de l'inventaire, ou par tout autre acte, soit par quelque fait qui renferme la volonté de renoncer. vi. 509, 510. x. 385. Ils peuvent renoncer tant à la continuation qu'à la communauté, ou seulement à la première, en acceptant celle-ci. vi. 510. L'effet de la renonciation est que tous les meubles qui se trouvent dans les mains du survivant, et tous les immeubles acquis par lui depuis la mort du prédécédé, lui appartiennent. 510, 511. V. *Renonciation à la communauté.*

Les uns des enfans du prédécédé peuvent demander continuation de communauté, et les autres y renoncer. vi. 511. x. 386. V. *Divisibilité.* Ils peuvent avoir, à cet égard, des intérêts différens. *Ibid.* Dans ce cas, quelle doit être la part de ceux qui demandent la continuation de la communauté? vi. 512, 513, 514. x. 385, 386. Sous la coutume d'Orléans, les héritiers du prédécédé ne peuvent renoncer à la continuation de communauté, mais seulement en demander la dissolution pour l'avenir. vi. 514. x. 385, 386, à moins qu'il n'y ait des mineurs, auquel cas ces mineurs peuvent y renoncer. *Ibid.* Il suffit qu'ils l'aient été au temps de la mort du prédécédé. *Ibid.* Ils peuvent faire cette renonciation même après l'âge de trente-cinq ans. vi. 514, 515. Elle doit être faite pour tout le temps que la continuation à duré depuis la mort du prédécé-

dé. 515. Son effet est qu'il est dû un compte par le survivant aux renonçans, pour leur part dans la succession du prédécédé. *Ibid.* Lorsque la communauté n'a continué qu'avec une partie des héritiers du prédécédé, sous la coutume d'Orléans, chacune des parties n'y a qu'une partie égale, proportionnée à ce qu'elle y a mis. 515, 516.

Ce qu'il y a à faire pour parvenir au partage des biens de la continuation de la communauté. vi. 516, 517. x. 381. Il faut d'abord faire inventaire. *Ibid.* Ensuite faire la liquidation des créances de chacune des parties, et de celles de la communauté. *Ibid.* Créances de chacune des parties à exercer contre la communauté. vi. 617. x. 381. Dettes dont chacune des parties est débitrice envers la continuation de communauté. vi. 517, 518. x. 381, 382, 383. Si les créances de l'une des parties excèdent ses dettes, elle prélève la somme dont elle demeure créancière. vi. 518. Si, au contraire, ses dettes excèdent ses créances, elle fait le rapport à la masse de la somme dont elle reste débitrice. *Ibid.* L'enfant marié, qui a reçu une dot du fonds de la continuation de la communauté, doit en faire le rapport. 518, 519. Il en est de même de ce qu'il aurait reçu à tout autre titre pour son établissement. *Ibid.* Lorsqu'une fille a fait profession religieuse pendant la continuation, et qu'elle a reçu une dot, les frères et sœurs précomptent, sur la portion qui leur accroît, la dot qu'elle a reçue. 519. V. *Partage de la communauté.*

Dans la subdivision, la partie qui a apporté plus en revenus, l'aîné, par exemple, ne peut prétendre que sa part virile et égale à celle de ses copartageans. 519, 520. Il ne peut prétendre non plus dans les acquêts de la continuation, quoique féodaux, qu'une part égale à celle de ses puînés. 520.

Le survivant est tenu des dettes de la continuation pour le total, pendant qu'elle dure, et même jusqu'au partage. VI. 520, 521. X. 383, 384. Après le partage, il est tenu pour le total, vis-à-vis des créanciers, de celles qu'il a contractées pendant la continuation. 521. Quant à celles de la communauté, qui sont tombées dans la continuation, il en est tenu comme s'il n'y avait pas eu de continuation. *Ibid.* V. *Dettes de la communauté.* Les héritiers du prédécédé ne sont tenus envers les créanciers des actes contractés par le survivant pendant la continuation, que pour la part qu'ils y ont. *Ibid.* Ils peuvent en être tenus hypothécairement. 523. Le privilége accordé à la femme et à ses héritiers de n'être tenus des dettes de la communauté que jusqu'à concurrence de ce qu'ils en ont accordé, a-t-il pareillement lieu à l'égard des dettes de la continuation de communauté ? VI. 522, 523. X. 384. *Quid*, sous la coutume d'Orléans ? *Ibid.* V. *Communauté tripartite.*

CONTRAINTE PAR CORPS. Droit qu'a un créancier, pour certaines espèces de créances, de faire, par le ministère d'un sergent, arrêter son débiteur, et le constituer prisonnier, jusqu'à l'entier paiement de la dette. IX. 284. Elle n'a pas lieu aujourd'hui en matière civile, si ce n'est pour les condamnations de dépens au-dessus de deux cents livres. 284, 285. Pour les condamnations de restitutions de fruits

et de dommages-intérêts aussi au-dessus de deux cents francs. 285. Pour les reliquats de comptes, certains et liquides, des tuteurs et administrateurs publics. *Ibid.* La contrainte par corps peut encore être prononcée pour stellionat. II. 107, 108. IX. 285, 286. V. *Dol, Stellionat.* En matière de réintégrande. IX. 286. V. *Réintégrande.* En matière de dépôt nécessaire ou judiciaire. 286, 287. V. *Dépôt nécessaire et judiciaire.* Pour lettres-de-change, quand il y a remise de place en place, 287, quelle que soit la qualité d'ailleurs des tireurs, endosseurs ou accepteurs. *Ibid.* V. *Lettre-de-change.* Pour dettes entre marchands, pour fait de marchandises dont ils se mêlent; 288. Elle n'a pas lieu contre l'héritier ou la caution du marchand, fussent-ils eux-mêmes marchands, s'ils n'ont pas pris part au marché. 288, 289. Autres cas où la contrainte par corps peut être prononcée. 289, 290. Pour qu'elle puisse être exercée, il faut qu'elle ait été expressément prononcée. 291. Certains cas où elle a lieu sans condamnation. *Ibid.* Les sujets du roi ne peuvent se soumettre, en contractant, à la contrainte par corps, si ce n'est les fermiers des baux à ferme. *Ibid.* Les ecclésiastiques ne sont pas sujets à la contrainte par corps, à moins qu'ils n'aient frauduleusement caché leur qualité, pour prendre celle de marchands. 291, 292. Les femmes et filles n'y sont pas sujettes, si elles ne sont marchandes publiques, ou s'il n'y a stellionat procédant de leur fait. 292, 293. V. *Marchande publique.* Y sont-elles sujettes pour lettres-de-change par elles tirées ou acceptées ? 293. Les septuagénaires ne peuvent être emprisonnés que pour stellionat, recélé et dépens en matière criminelle. 293, 294. Les septuagénaires sont ceux qui ont fini et non pas commencé leur soixante-dixième année. *Ibid.* Les mineurs, hors le cas de dol ou de commerce, ne peuvent être contraints par corps. 294. Autres personnes qui ne peuvent, à cause de leur qualité, être contraintes par corps. 294, 295. Pour les condamnations de dépens, restitutions de fruits et dommages-intérêts, la contrainte par corps ne peut être exercée que quatre mois après la signification du jugement, et après une nouvelle signification de ce jugement. 284, 285, 295. Dans les autres cas, elle peut l'être après la signification, avec commandement de payer. 295. Quel temps doit-il y avoir depuis la signification et le commandement, avant de pouvoir l'exercer? *Ibid.* La contrainte par corps exercée en vertu d'un jugement susceptible d'opposition ou d'appel, conserve son effet, si l'appel ou l'opposition n'avaient pas été précédemment signifiés au créancier. 296. La contrainte par corps ne peut être exercée que de jour. *Ibid.* Elle ne peut l'être les dimanches et fêtes, si ce n'est dans les cas pressans, et en vertu de l'ordonnance du juge. 296, 297. Lieux où la contrainte par corps peut être exercée. 297, 298. On ne peut arrêter un débiteur dans sa maison, *ibid.*, à moins d'une ordonnance du juge. *Ibid.* Comment s'exerce la contrainte par corps? 298, 299. V. *Ecrou. Emprisonnement. Recommandation.*

V. *Adjudication par décret. Bail judiciaire. Consignation. Etranger. Lettre-de-change. Louage des choses. Saisie-exécution. Séquestre. Tuteur. Vendeur.*

**Contrat.** Consentement de deux ou plusieurs personnes, pour former entre elles quelque engagement. 1. 3, 4. x. 48. En quoi il diffère de la simple promesse sans engagement. 1. 4, 5. Et de la pollicitation qui existait dans le droit romain. 5. V. *Pollicitation. Promesse.* Des choses qui sont de l'essence du contrat. 6, 7. Des choses qui sont seulement de la nature du contrat. 7, 8. En quoi elles diffèrent des choses qui sont accidentelles au contrat. 8, 9.

Division des contrats. 9. Les divisions en contrats nommés et inconnus, *bonæ fidei* et *stricti juris*, n'ont pas lieu dans notre droit. *Ibid.* Ils sont synallagmatiques ou unilatéraux. *Ibid.* x. 48. Contrats synallagmatiques parfaits et moins parfaits. 1. 9. Contrats consensuels ou réels. 10. Les parties, en contractant sous seing-privé, peuvent cependant faire dépendre la perfection du contrat de la rédaction pardevant notaire. 10, 11. Contrats intéressés, de bienfaisance et mixtes. 11. Les contrats intéressés sont commutatifs ou aléatoires. 11, 12. Les premiers sont distribués en quatre classes: *do ut des, facio ut facias, facio ut des, do ut facias. Ibid.* Contrats principaux et accessoires. 12. Parmi les contrats, les uns sont assujettis à certaines règles et formes du droit civil, les autres se règlent par le pur droit naturel. *Ibid.* L'écrit n'est que pour la preuve; la convention existe indépendamment de lui. *Ibid.* Des vices qui peuvent se rencontrer dans les contrats. 12, 13. V. *Cause. Dol. Erreur. Lésion. Lien de droit. Violence.*

Des personnes qui sont capables, ou non, de contracter. 29. V. *Communautés. Femme mariée. In-*

terdit. *Ivresse. Mineur.* Personnes, qui, étant capables de contracter par la nature, en sont rendues incapables par la loi civile. *Ibid.*

De ce qui peut être l'objet des contrats. 32. V. *Obligation.* Ce ne peut être, dans tous les cas, que ce que l'une des parties stipule pour elle-même ? *Ibid.* Pourquoi ne peut-on stipuler ni promettre pour un autre ? 33. La convention par laquelle on stipule pour un autre, est obligatoire dans le for intérieur. 33, 34. Celle par laquelle on promet pour un autre, n'est jamais valable, à moins qu'on ne se soumette à une peine. 34. On peut stipuler que la chose sera délivrée ou payée à un tiers. 35. La stipulation de faire quelque chose pour un tiers, est valable, lorsque celui qui stipule, a un intérêt appréciable à ce que cela se fasse. *Ibid.* S'il n'y a aucun intérêt, la convention n'est pas valable. 36. On peut stipuler et promettre pour ses héritiers considérés comme tels. 36, 37. Nous sommes même censés ordinairement l'avoir fait, quoique cela ne soit pas exprimé. 37. Exceptions à ce principe. *Ibid.* On peut restreindre la stipulation à l'un d'entre ses héritiers. 37, 38. La stipulation pour un seul de ses héritiers, n'est pas toujours restreinte à cet héritier. 37, 38. En général, nous ne pouvons stipuler et promettre pour quelqu'un, qu'autant et pour la part qu'il sera notre héritier. 39, 40. Nous pouvons stipuler, relativement à une chose qui nous appartient, pour nos ayant-cause à titre onéreux ou gratuit. 40. V. *Ayant-cause.* Nous sommes censés l'avoir fait, quoique cela ne soit point exprimé. 40, 41. Celui, qui stipule pour ses héritiers, n'est pas censé stipuler pour ses ayant-cause. 41. Ce qui concerne un autre que les parties contractantes, peut être le mode ou la condition d'une convention, quoiqu'il ne puisse pas en être l'objet. 41, 42. Effets de cette condition suivant les principes de l'ancien droit romain. 42. L'une des parties contractantes peut-elle remettre à l'autre, ce que celle-ci s'est obligée, par forme de condition, de donner à un tiers, sans l'intervention de ce tiers ? 43, 44. V. *Condition.* On peut stipuler et promettre pour soi par le ministère d'un tiers. 44. Ainsi, le tuteur, le curateur, l'administrateur, le mandataire, les préposés, l'associé, le mari commun, contractent au nom et pour d'autres. 45, 46, 47, 48. V. *Tous ces mots.*

Effet des contrats. 48, 49. Ils produisent des obligations. *Ibid.* V. *Obligation.* La convention n'a d'effet qu'à l'égard des choses qui en sont l'objet, et seulement entre les parties contractantes. *Ibid.* L'atermoiement, consenti par les trois quarts des créanciers, et obligatoire pour les absens et les opposans, n'est pas une exception à ce principe. 49, 50. V. *Atermoiement.* Exception relative aux cautions et aux substitutions. 50. V. *Interprétation des conventions. Sermens.*

CONTRAT ALÉATOIRE. V. *Assurance. Contrat. Don mutuel. Jeu. Prêt à la grosse. Rente viagère.*

CONTRAT DE BIENFAISANCE. V. *Contrat. Dépôt. Donation. Mandat. Prêt de consomption. Prêt à usage.*

CONTRAT COMMUTATIF. V. *Bail à rente. Change. Constitution de*

mariage sont affranchies de certaines règles exigées par les autres à peine de nullité. VI. 42. Les conventions contraires à l'ordre public ne sont cependant pas valables. VI. 42. X. 302. Celles qui tendent à soustraire la femme à l'autorité du mari, sont nulles. VI. 42, 43. Celles qui seraient contraires aux lois prohibitives, ou qui tendraient même à les éluder, sont également nulles. VI. 43, 558, 559. X. 302. Par exemple, celles qui laissent aux conjoints le pouvoir de s'avantager durant le mariage. *Ibid.* La convention par laquelle la femme ne pourrait renoncer à la communauté, est nulle. *Ibid.* L'est aussi celle qui affranchirait le survivant de faire inventaire. VI. 43, 44. Celle par laquelle on conviendrait que les conjoints n'auraient aucun remploi des propres aliénés. VI. 559. X. 302. Celle par laquelle les parties, se mariant sans communauté, se réserveraient néanmoins le pouvoir de l'établir, si bon leur semblait. *Ibid.*, etc., etc. Les clauses qui tendent à engager les propres de la femme sont aussi nulles. X. 303.

Les conventions matrimoniales doivent se faire avant la célébration du mariage. VI. 44. X. 304. Elles se font par un acte appelé *contrat de mariage. Ibid.* Il doit être passé devant notaires. *Ibid.* Provinces où les contrats de mariage sous seing-privé sont admis. *Ibid.* Les futurs conjoints ne sont pas obligés d'appeler leurs parens au contrat. *Ibid.* Mais s'ils y ont été appelés, tout changement, fait postérieurement hors de leur présence, est nul. VI. 44, 45. Ce qu'on entend par contre-lettres, par rapport au contrat de mariage. 45. Sont nulles, non-seulement celles qui interviennent entre les futurs

conjoints, mais qui interviennent entre l'un d'eux et un tiers. *Ibid.* L'absence d'un seul des parens ne rend pas nulle la contre-lettre. 45, 46. V. *Contrat de mariage.*

Toutes les conventions matrimoniales sont censées faites sous la condition que le mariage s'ensuivra. 46. Il n'y a qu'un mariage civil, et qui ait les effets civils, qui puisse accomplir cette condition. 46, 47. Les parties ne peuvent plus déroger aux conventions matrimoniales, même par consentement mutuel, après la célébration du mariage. 47. Elles ne peuvent pas même se réserver, par le contrat, la faculté de rien changer. 47, 48. Ce serait se réserver la faculté de s'avantager durant le mariage. *Ibid.* V. *Avantage entre conjoints. Communauté.*

Les conventions matrimoniales ne sont pas sujettes à l'insinuation. VII. 463. V. *Insinuation.*

V. *Don mutuel légitime. Institution contractuelle. Préciput conventionnel. Renonciation à la communauté.*

CONVOL. V. *Garde-noble. Secondes noces.*

COPARTAGEANT. V. *Licitation.*

COPIE DE TITRES. Elles ne font foi que de ce qui se trouve dans le titre original, lorsqu'il subsiste. I. 451. Quelle foi peuvent-elles faire, lorsque l'original est perdu, et qu'elles ont été tirées par une personne publique? *Ibid.* Les copies en forme tirées par l'autorité du juge, font la même foi que l'original, contre les parties prétendantes ou dûment appelées, lorsqu'elles ont été tirées. 451, 452. Lorsque ces copies sont nouvelles, une énonciation ne suffit pas pour constater l'ordonnance du juge, il faut la représenter. 452. *Secùs*, lorsqu'elles sont anciennes; elles sont présumées telles au bout de dix ans, pour ce cas. *Ibid*. Les copies faites en présence des parties, mais sans l'autorité du juge, ont à peu près le même effet que les copies *en forme*. 452, 453. La copie tirée hors de la présence de la partie, et sans qu'elle ait été appelée, ne forme contre elle qu'un indice ou commencement de preuve par écrit. 453. V. *Commencement de preuve par écrit*. Peu importe qu'il y ait ou non ordonnance du juge, ou que la copie soit tirée par le même notaire qui a reçu l'original. 453, 454. Les copies anciennes font foi contre tous, à défaut de l'original. 454. Elles sont anciennes au bout de trente à quarante ans. *Ibid*. La copie d'une donation sur le registre des insinuations, ne fait pas foi de la donation. 454, 455. Fait-elle au moins un commencement de preuve par écrit? 455. Cas où le donateur aurait souscrit sur le registre. *Ibid*. Les copies informes, qui ne sont pas tirées par une personne publique, ne font aucune preuve quoiqu'anciennes. *Ibid*. Il en est de même de celles tirées par une personne publique qui n'a pas rempli les solennités voulues. 455, 456. La copie de copie ne peut faire que la même preuve, qu'aurait faite la copie sur laquelle elle a été tirée. 45. Elle ne la fait même pas, lorsque celui, à qui on l'oppose, a de nouvelles raisons de contester cette copie, qu'il n'avait pas lorsque la première a été tirée. *Ibid*. V. *Titre authentique*.

**Corps certain.** V. *Dettes des successions. Legs. Obligations.*

**Corps du délit.** On appelle ainsi l'existence même du délit. x. 377. Cas où le juge doit se transporter sur les lieux pour le constater. 377, 378. V. *Procès-verbal des juges*.

**Corps et communautés.** V. *Communautés*.

**Corvée.** Coquille la définit ouvrage d'un jour pour l'aménagement du seigneur. x. 182. Différentes espèces de corvées. *Ibid*. Personnelles ou réelles. 182, 183. Le titre qui les établit en limite le nombre par an. 183. Sinon, limitées à douze par an par la jurisprudence qui en a aussi fixé les époques. *Ibid*. Cas où les héritages se divisent et où le nombre des feux augmente ou diminue. *Ibid*. Quand le seigneur peut demander la corvée en argent. *Ibid*. Les corvées ne sont pas cessibles par le seigneur, si ce n'est à son fermier par le bail. 184. Où la corvée doit être faite. *Ibid*. Comment le droit de corvée s'établit et se perd. *Ibid* V. *Fief*.

**Cote-Morte.** Pécule des religieux curés, auquel succèdent le monastère ou la fabrique. vii. 271. V. *Succession irrégulière*.

**Course.** Vaisseaux armés en course. V. *Prise*.

**Courtier.** V. *Agent de change. Lettre-de-change.*

**Coutumes.** Époque de leur rédaction. x. 1. Elles consistent en statuts personnels, en statuts réels, et statuts concernant la forme extérieure des actes. 2. V. *Statut personnel et réel.*

**Crainte.** Une obligation contractée par crainte peut être rescindée. IX. 322, 323. Il faut pour cela que la crainte ait été celle d'un mal considérable et imminent. *Ibid.* V. *Contrat. Rescision.*

CRÉANCE. V. *Choses. Communauté légale. Droits litigieux. Reprise d'apport.*

CRÉANCIER. Effet des obligations à son égard. I, 75. V. *Obligation.* Action qu'ont les créanciers contre les héritiers d'un défunt, leur débiteur, pour se faire payer ce qui leur est dû. VII. 263 *et suiv.* V. *Dettes des successions.* Droit des créanciers de revenir sur ce qui a été fait en fraude de leurs droits. VI. 343, 345, 346. VII. 151, 152.

V. *Acceptation de la communauté. Acceptation des successions. Interprétation des conventions. Paiement. Rente foncière. Reprise d'apport. Renonciation à la communauté.*

CRÉANCIER HYPOTHÉCAIRE. V. *Action hypothécaire. Hypothèque. Rescision. Saisie réelle.*

CRIÉES. Proclamations, qui sont faites par un sergent, pour annoncer. V. *Prise.*

DATE CERTAINE. Les actes sous-seing privé n'ont de date certaine vis-à-vis des tiers, que du jour où ils ont été contrôlés, ou de la mort de l'un de ceux qui les ont souscrits. I. 418, 443. VIII. 433. V. *Écritures privées.*

DATION EN PAIEMENT. Acte par lequel un débiteur donne une chose

cer au public qu'un tel héritage est saisi réellement, et sera vendu par décret. IX. 231 *et suiv.* V. *Saisie réelle.*

CRIME. Action injuste, qui tend à troubler l'ordre et la tranquillité publique. IX. 355. Comment se poursuivent les accusations des crimes? 356. V. *Accusation.* Crimes compris sous le nom de cas royaux. 361, 362, 363. Crimes d'hérésie, de sacrilège, lèse-majesté au premier et au second chef, et autres, etc. *Ibid.* 363, 364. Crimes compris sous le nom de cas prévôtaux. 368, 369, 370, 371. V. *Cas prévôtaux. Cas royaux.* Des crimes accessoires. 373, 374.

CURATEUR. Personnes auxquelles on nomme des curateurs. VIII. 81. Curateur aux causes des mineurs. 82. Aux actions contraires. 82, 83. Curateur au ventre. 83. V. *Puissance maritale. Tutelle.* Curateur aux successions vacantes. V. *Retrait lignager.* Curateur à la mémoire, ou au cadavre d'un défunt, dans le cas où on leur fait leur procès. IX. 459, 460. Aux sourds-muets, poursuivis criminellement. 458, 459. V. *Procès à la mémoire.*

CURÉ. V. *Testament solennel.*

D

à son créancier, qui veut bien la recevoir, à la place et en paiement d'une somme d'argent, ou de quelque autre chose qui lui est due. II. 267, 269. Ressemblance avec le contrat de vente. II. 267. IX. 771, 772. Leurs différences. II. 267, 268. La dation en paiement ne peut avoir lieu que par la tradition et la translation de propriété de la chose.

*Ibid.* Le créancier à qui est faite la dation en paiement a l'action pour cause d'éviction comme l'acquéreur. 269. Le débiteur est en outre tenu envers lui de la même garantie que le vendeur. *Ibid.* La bonne foi impose dans ce contrat les mêmes obligations que dans le contrat de vente. 269, 270. La dation en paiement donne lieu au retrait et au profit. 270. V. *Éviction. Garantie. Profit de vente. Retrait lignager. Vente.*

V. *Remploi.*

**Débiteur.** Effet des obligations à l'égard du débiteur. I. 72. V. *Interprétation des conventions. Obligation. Paiement.*

**Décès.** Comment se prouvent les décès. v. 53. Par quels actes peut-on suppléer aux actes mortuaires ordinaires, lorsque les registres ont été perdus ou détruits? 53, 54.

**Décharge** accordée à un débiteur par son créancier. I. 364. V. *Remise de la dette.*

**Déclinatoire** que propose l'accusé contre le juge devant lequel il est cité pour répondre à l'interrogatoire. IX. 409, 410. V. *Interrogatoire des accusés.*

V. *Exceptions déclinatoires.*

**Découverte** d'une terre nouvelle. Le navigateur, en s'y établissant, en acquiert la propriété, pourvu qu'elle ne fût pas habitée. VIII. 148. V. *Occupation.*

**Décret.** Ordonnance du juge par laquelle il cite l'accusé, pour répondre à l'accusation intentée contre lui. IX. 391. Décrets de prise de corps, d'ajournement personnel et d'assigné pour être ouï. 391, 392. On ne peut rendre aucune

autre espèce de décrets. 392. En quels cas et contre quelles personnes se décernent les décrets. 392, 393, 394. Les décrets se rendent par le juge chargé de l'instruction du procès, et sur les conclusions du ministère public. 394, 395. En cas de flagrant délit et lorsque le décret est rendu en la chambre, les conclusions du ministère public ne sont pas nécessaires. 395. Comment s'exécutent les décrets de soit-ouï et d'ajournement personnel. 395, 396. Conversion du décret d'assigné pour être ouï en, décret d'ajournement personnel et de ce dernier en décret de prise de corps. 393, 396, 401. Comment s'exécute le décret de prise de corps? 396, 397. En quel temps et comment peut se faire l'arrestation de l'accusé, en vertu de ce décret? 397. Inventaire qui doit être fait de ses effets. *Ibid.* Le décret qui ne peut être exécuté par la capture de l'accusé, s'exécute par la perquisition de sa personne. 398. Comment et où se fait la perquisition? 398, 399. Saisie des biens du contumace qui peut être faite, en ce cas, à la requête de la partie civile ou publique. *Ibid.* Comment on continue d'agir contre le contumace qui ne se représente pas. 399, 400. V. *Contumace.* Les décrets peuvent être exécutés sans *pareatis*, hors du territoire du juge dont ils sont émanés. 400. Ils peuvent être exécutés nonobstant appel, à moins de défenses qui ne s'accordent que difficilement, et après avoir vu les charges. 400, 401. En quoi les différentes espèces de décrets diffèrent entre elles? 401. Les décrets d'assigné d'être ouï n'emportent aucune note contre l'accusé. *Ibid.* Il n'en est pas de même des deux autres qui entraînent de plein droit

8

contre l'accusé l'interdiction des fonctions publiques qu'il exerce. 401, 402. V. *Exoine. Information. Interrogatoire des accusés.*

DÉCRET FORCÉ. V. *Adjudication par décret. Saisie réelle.*

DÉCRET VOLONTAIRE. Celui qui intervient sur une saisie réelle qu'un acquéreur fait faire fictivement sur lui, de l'héritage qu'il a acquis, à l'effet de purger les hypothèques et autres charges réelles. IX. 274. 275. X. 916. On observe pour les décrets volontaires toutes les formalités des saisies réelles. IX. 275. X. 916. Les créanciers du vendeur, délégués par le contrat à l'acheteur, doivent former opposition au décret pour conserver leurs hypothèques. *Ibid.* L'acquéreur qui fait décréter sur lui, doit-il former lui-même opposition pour les créances hypothécaires qu'il a contre son vendeur? IX. 275, 276. X. 917. L'acquéreur, après la procédure, se fait adjuger à l'audience l'immeuble pour le prix qu'il l'a acheté. IX. 276. X. 916. L'adjudication, dans ce cas, n'est qu'un acte confirmatif du premier contrat. IX. 276, 277. X. 916. Différence dans les effets de cette adjudication, avec l'adjudication sur saisie réelle forcée. *Ibid.* S'il n'y a pas de créanciers opposans, il n'y a lieu à consigner le prix. IX. 277. Pour éviter les droits de consignation, on peut obtenir un jugement qui convertit les oppositions en saisies-arrêts sur le prix. 277, 278. Cas où le décret devient forcé, lorsque l'un des créanciers opposans porte une enchère au-delà du prix, et que l'on procède à une adjudication nouvelle qui est sérieuse. X. 917, 918. V. *Adjudication par décret. Ordre. Saisie réelle.*

DÉFAUT. Acte qu'on donne en justice au demandeur, de la demeure en laquelle est la partie assignée de se présenter, de défendre ou de venir plaider. IX. 92. Dans quels cas on donne défaut de se présenter? 92, 93. Il faut que la demande soit bien fondée, pour adjuger le profit du défaut. 93. S'il y a plusieurs défendeurs, dont quelques-uns ne se présentent pas, le défaut est joint au principal, pour y être statué par un seul jugement. *Ibid.* Quand se donne le défaut faute de se présenter? 93, 94. V. *Présentation.* Défauts, faute de communiquer, faute de venir plaider, etc. 94. V. *Jugement.*

DÉFENSES. Le défendeur doit, sur la demande qui lui a été donnée, constituer un procureur. IX. 12, 13. Juridictions où le ministère du procureur n'est pas nécessaire. *Ibid.* Le défendeur doit satisfaire à la présentation. 13. Il doit signifier ses moyens contre la demande au procureur du demandeur. *Ibid.* Dans les affaires sommaires, elles se plaident à l'audience. *Ibid.* Le défendeur doit présenter ses exceptions. 14. V. *Exceptions. Présentation.*

DÉFENSE DES ACCUSÉS. Lorsque les faits justificatifs allégués par l'accusé pour sa défense, sont admissibles et pertinens, il est admis à en faire la preuve. IX. 432. Ces faits sont pertinens, lorsqu'on pourra en tirer la conséquence que l'accusé n'est pas coupable. *Ibid.* Un de ces faits les plus ordinaires est l'alibi. *Ibid.* Lorsque l'accusé est admis à la preuve, il doit sur-le-champ nommer ses témoins, sans pouvoir par la suite en nommer d'autres. 433. L'accusé ne doit point être élargi pendant l'enquête sur les faits justificatifs. *Ibid.* Les juges peuvent d'office ordonner la preuve de la démence de l'accusé, au temps où le crime a été commis. 434. Les premiers juges peuvent-ils admettre la preuve des faits de démence, ou la cour seule le peut-elle sur l'appel? 434, 435. V. *Jugement en matière criminelle.*

DÉGRADATIONS. Cas où le vendeur est tenu de faire raison à l'acheteur des indemnités qu'il a été condamné à payer pour les dégradations faites par le premier sur l'héritage évincé. II. 53 - 62. V. *Eviction.*

V. *Acquéreur (Retrait lignager). Action hypothécaire. Avantage entre époux. Déguerpissement. Douaire de la femme et des enfans. Partage des successions. Pétition d'hérédité. Rescision de la vente. Revendication. Tiers-détenteur.*

DEGRÉ DES SUBSTITUTIONS. Comment ils se comptent? VII. 642-647. V. *Substitution fidéicommissaire.*

DEGRÉ DE PARENTÉ. Distance qu'il y a entre deux parens, laquelle se règle par le nombre des générations qui forment leur parenté. V. 66. Manière de compter les degrés en ligne directe et collatérale d'après le droit civil et d'après le droit canonique. 66 *et suiv.* V. *Parenté. Retrait lignager.*

DÉGUERPISSEMENT. Acte par lequel le possesseur d'un héritage chargé d'une rente foncière, pour se décharger de cette rente, abandonne en justice l'héritage au créancier de la rente. II. 572. X. 792. Le preneur et les détenteurs de l'héritage, chargé de la rente foncière, ont le droit de déguerpir. II. 573, 574. X. 792, 793. Le dé-

guerpissement ne peut être fait que par le propriétaire de l'héritage. II. 574. X. 792. Un usufruitier ne peut déguerpir. *Ibid.* Un mari ne peut déguerpir seul l'héritage propre de la femme. *Ibid.* Si le propriétaire grevé de substitution a déguerpi l'héritage de la substitution, cet héritage reste chargé de la substitution. *Ibid.* V. *Substitution fidéicommissaire.* La saisie réelle n'empêche pas de déguerpir l'héritage saisi. *Ibid.* Pour déguerpir, il faut avoir la capacité de disposer et d'aliéner. II. 575. X. 793.

Pour que le déguerpissement soit valable, il faut qu'il soit de tout l'héritage chargé de la rente. *Ibid.* Le déguerpissement fait par le possesseur de toute la partie de l'héritage qu'il possède, le libère seul de la rente. *Ibid.* Le déguerpissement doit être total même dans le cas où la rente aurait été répartie par le contrat sur chaque arpent de l'héritage. II. 575, 576. X. 793. Doit-on déguerpir ce qui a été, depuis le bail, uni à l'héritage baillé à rente? II. 576. Distinction entre l'union naturelle, l'union industrielle et l'union de simple destination. *Ibid.* Ce qui a été uni des deux premières manières doit être déguerpi avec l'héritage. 576, 577. *Secùs,* à l'égard de l'union de simple destination. *Ibid.* V. *Union.* Le déguerpissement peut se faire de gré à gré, si le créancier consent à rentrer dans l'héritage. 578. Sinon, pour être valable, il doit être fait par justice. *Ibid.* Il ne suffit pas, dans ce cas, d'assigner l'un de plusieurs à qui la rente est due. *Ibid.* A moins qu'il ne consente à reprendre l'héritage, et alors il devient lui-même débiteur de la rente envers les autres créanciers. *Ib.* Lorsque l'héritage est chargé de plusieurs rentes, le déguerpissement en doit être fait aux créanciers de toutes ces rentes. *Ib.*

Conditions sous lesquelles le preneur ou les héritiers sont admis au déguerpissement. II. 579. x. 795. Ils doivent satisfaire préalablement pour le passé à toutes les obligations du bail à rente. *Ibid.* Cela consiste d'abord à payer tous les arrérages dus et échus jusqu'au jour du déguerpissement. *Ibid.* Coutumes qui veulent que le déguerpissant paie encore le *terme ensuivant*. *Ibid.* Lorsque le créancier refuse de recevoir les arrérages, la consignation est-elle nécessaire pour rendre le déguerpissement valable, et libérer de déguerpissant de la rente? II. 579, 580, 581. Le preneur et ses héritiers, pour pouvoir déguerpir, doivent payer les deniers d'entrée stipulés par le contrat. 581. Ils doivent remettre l'héritage en aussi bon état qu'il était lors du bail. II. 581. x. 795, 796. Distinction à cet égard entre les réparations de simple entretien et les reconstructions ou plantations nouvelles. *Ibid.* Ils doivent faire les réparations d'entretien, de quelque cause qu'elles procèdent. II. 581, 582. x. 796. Ils ne sont tenus que de celles des reconstructions ou plantations nouvelles, auxquelles ils ont donné lieu par leur fait ou par leur négligence. II. 582. Ils n'en sont pas tenus si les bâtimens ou les plantations ont été détruits par quelque force majeure. 582, 583. V. *Force majeure. Réparation.*

Le preneur et ses héritiers ne sont pas obligés, pour être reçus à déguerpir, de remettre l'héritage dans la même forme qu'il avait lors du bail. II. 583, 584. x. 796. Il suffit qu'il soit dans une forme aussi fructueuse. II. 584. Celui qui veut déguerpir, ne serait pas reçu à offrir le prix des dégradations, sans remettre l'héritage au même état. *Ibid.* Si le preneur a imposé des servitudes sur l'héritage, il doit les racheter ou en payer la valeur si le rachat est impossible. II. 584. x. 796. Le déguerpissant n'est pas tenu de purger les hypothèques qu'il a imposées sur l'héritage. II. 584, 585. x. 796. *Quid*, si le déguerpissant avait trouvé un trésor? x. 797. Le déguerpissement se fait aux frais de celui qui déguerpit. II. 585. x. 797.

Conditions sous lesquelles le tiers-détenteur qui a acquis à la charge de la rente ou qui en a eu connaissance, est reçu au déguerpissement. II. 585. x. 797. Il doit payer tous les arrérages courus et les dégradations survenues depuis son acquisition. *Ibid.* Il doit également les arrérages courus et les dégradations survenues avant son acquisition. II. 585, 586. Il doit aussi indemniser le créancier des servitudes et charges imposées depuis le bail, quoiqu'elles ne l'aient pas été par lui. *Ibid.* La coutume d'Orléans ne s'oblige pas à payer les arrérages échus avant son acquisition. II. 586. x. 797, 798. Mais elle l'oblige à tenir compte des dégradations faites avant son acquisition. 587. Il a son recours contre son vendeur pour le remboursement des arrérages échus avant son acquisition, et payés par lui; mais non pour les dégradations. *Ibid.* Le créancier qui accepte le déguerpissement sans se faire payer des arrérages, conserve son action, soit contre le détenteur, soit contre ses auteurs. 587, 588.

A quoi est obligé le tiers-détenteur qui déguerpit, lorsqu'il n'a pas eu connaissance de la rente. II. 588. x. 799. Cas où il ne l'a pas eue jusqu'au temps de la demande donnée contre lui. *Ibid.* Il peut déguerpir sans payer les arrérages de la rente, même ceux de son temps. *Ibid.* Il peut déguerpir l'héritage en l'état où il se trouve. *Ibid.* Il n'est tenu que des dégradations dont il a profité. *Ibid.* Le détenteur, qui produit son contrat d'acquisition dans lequel il n'a pas été chargé de la rente, est réputé n'en avoir pas eu connaissance. II. 589. S'il ne présente pas son contrat, c'est à lui à prouver qu'il n'en a pas eu connaissance. *Ib.* Le tiers-détenteur, pour être dispensé des arrérages et des réparations, doit déguerpir avant contestation en cause. II. 589. x. 799, 800. Est-il pareillement nécessaire qu'il ait auparavant sommé en garantie son vendeur? II. 589, 590. Si le détenteur ne déguerpit qu'après la contestation en cause, il doit payer les arrérages courus depuis sa détention, et les dégradations jusqu'à concurrence des fruits. 590. Quand y a-t-il contestation en cause? *Ibid.* V. *Contestation en cause.* A plus forte raison en est de même tenu celui qui ne déguerpit qu'après la sentence définitive. 590, 591. Si la sentence est par défaut et suivie d'opposition, elle est comme non-avenue. II. 591. x. 800, 801. Cas auquel la connaissance de la rente est survenue au détenteur depuis son acquisition et avant la demande. *Ibid.* Il ne peut être reçu a déguerpir qu'en payant les arrérages courus depuis le temps qu'il a eu cette connaissance. II. 591, 592. Cette connaisance, acquise depuis le contrat, doit être plus formelle que celle qu'il aurait pu avoir

avant l'acquisition. II. 592. x. 801.

Effets du déguerpissement a l'égard de celui qui déguerpit. II. 592. x. 802. Il opère la résolution du bail à rente. *Ibid.* Seulement pour l'avenir. *Ibid.* Il fait revivre les droits de servitudes ou d'hypothèques que le déguerpissant avait dans l'héritage déguerpi, lors du bail ou de l'acquisition. II. 592, 593. x. 802. V. *Confusion.* Cela a-t-il lieu également, lorsque le déguerpissant est un tiers-détenteur ayant acquis sous la charge de la rente, ou lorsque c'est le preneur ou un acquéreur ayant acquis à la charge de la rente? II. 593, 594. x. 802, 803. Les droits qui revivent par le déguerpissement, ne sont sujets à aucune prescription pendant la possession du déguerpissant. II. 594, 595.

Effet du déguerpissement à l'égard de celui à qui il est fait. II. 595. x. 804. Le créancier rentre dans la propriété de l'héritage, mais n'acquiert pas une propriété nouvelle. *Ibid.* Il n'a le droit de rentrer que par l'acceptation qu'il fait du déguerpissement. *Ibid.* Tant qu'il n'a pas accepté, et qu'il n'est pas rentré dans l'héritage, cet héritage est sans maître. *Ibid.* Le déguerpissement n'étant pas un titre d'acquisition pour le créancier, ne donne pas ouverture aux droits seigneuriaux. II. 595, 596. Si le déguerpissant n'était possesseur que d'une partie de l'héritage, le créancier fait extinction de la rente pour une partie proportionnée à la partie de l'héritage dans laquelle il est rentré. 596. Les autres débiteurs, qui n'ont pas déguerpi, sont-ils tenus du reste de la rente solidairement? 596, 597. Même raison de décider dans le cas où le créancier est devenu de quelque manière que ce soit propriétaire d'une portion de l'héritage. 597. Si le créancier refuse le déguerpissement, il conserve le droit de se faire payer la rente en entier par ceux des débiteurs qui n'ont pas déguerpi. 597, 598. Quoique le déguerpissement soit de tout l'héritage, le créancier peut cependant le refuser. 598. Mais le débiteur est déchargé vis-à-vis de lui. *Ibid.* S'il y a plusieurs créanciers de la rente, qui acceptent le déguerpissement, ils rentrent chacun dans l'héritage, pour la même portion qu'ils ont dans la rente. *Ibid.* La portion de celui qui refuse accroît aux autres. *Ibid.* Le créancier sur la poursuite duquel est déguerpi l'héritage chargé de plusieurs rentes, est préféré aux autres créanciers pour rentrer dans cet héritage. *Ibid.* S'il y a plusieurs poursuivans, c'est celui dont la rente est la plus ancienne. *Ibid.* Si c'est un déguerpissement volontaire, le créancier de la plus ancienne rente est préféré. *Ibid.* Le déguerpissement n'opère pas la résolution des droits de servitudes ou d'hypothèques, que le preneur ou ses successeurs ont, depuis le bail à rente, accordé à des tiers sur l'héritage déguerpi? 599. Si le créancier n'a pas exigé du déguerpissant le rachat de ces droits, ceux, à qui ils ont été accordés, pourront les exercer sur l'héritage. 600. Sauf au créancier à leur abandonner l'héritage pour ces droits. *Ibid.* S'ils refusent cet abandon, le créancier est libéré envers eux. *Ibid.* Le créancier, qui a désintéressé un créancier hypothécaire, a-t-il un recours de garantie contre celui qui lui a fait le déguerpissement? *Ibid.*

Le preneur et ses héritiers ne sont pas reçus au déguerpissement, lorsque, par une clause du bail,

le preneur a renoncé à cette faculté. II. 601. x. 805. Clauses qui renferment cette renonciation. V. *Bail à rente.* Celle par laquelle le preneur, pour une certaine somme, s'oblige à payer à un tiers, en l'acquit du bailleur, une rente d'une pareille somme, est de ce nombre. *Ibid.* Il n'en est pas de même lorsque le preneur s'oblige à payer la rente *tant qu'elle aura cours,* ou lorsqu'il *oblige tous ses biens. Ib.* Il en est de même de celle par laquelle il s'oblige de fournir et faire valoir la rente. x. 805. Celle par laquelle il s'oblige à faire une amélioration, l'empêche de déguerpir jusqu'à ce que cette amélioration ait été faite. II. 601, 602. x. 805. Toutes ces clauses ne peuvent être opposées à un tiers-débiteur, quand même il a acquis expressément à la charge de la rente. II. 602. x. 806. V. *Action de rente foncière. Bail à rente. Possession. Propriété. Rente foncière.*

DÉGUSTATION. V. *Vente.*

DÉLAI. Délai accordé par les lois, et toujours présumé dans les obligations de faire et de donner, nécessaire pour arriver au lieu où la chose doit être donnée ou faite. IX. 509, 510. Par le droit romain, il était estimé à raison de vingt milles par jour; chez nous à raison de dix lieues par jour. I. 354. IX. 510. *Passim.* V. *Ajournement.*

DÉLAI DE PAIEMENT. Quand le juge peut en accorder. I. 75. VII. 363. V. *Délivrance des legs. Lettre de-change. Obligation.*
    V. *Eviction. Retrayant.*

DÉLAI POUR PRENDRE QUALITÉ ET DÉLIBÉRER. V. *Bénéfice d'inventaire. Exception dilatoire. Renonciation* à la communauté, et aux successions.

DÉLAISSEMENT. V. *Action hypothécaire. Assurance. Eviction. Remploi.*

DÉLÉGATION. Espèce de novation, par laquelle un débiteur, pour s'acquitter envers son créancier, lui donne une tierce personne, qui, à sa place, s'oblige envers ce créancier, ou envers la personne qu'il indique. 1. 353. La délégation se fait par le concours de trois personnes. 354. Pour qu'elle ait lieu, il faut que la volonté du créancier de décharger le premier débiteur, soit bien marquée. *Ibid.* La délégation contient ordinairement une double novation. *Ibid.* La personne déléguée n'en est pas moins obligée envers le créancier, quoiqu'elle ne fût pas débitrice du délégant. 354, 355. Elle ne l'est pas si le créancier n'était pas créancier du délégant. 355. Si la personne déléguée ne s'oblige que sous condition, son obligation et la libération du délégant, sont suspendues jusqu'à ce que la condition soit arrivée. 355, 356. Si la délégation a été faite aux risques du délégant, le créancier peut recourir contre lui en cas d'insolvabilité du délégué. 356. Pourvu qu'il ait fait les diligences nécessaires pour être payé. *Ibid.* Le délégant est encore tenu de l'insolvabilité du débiteur délégué, si cette insolvabilité était arrivée avant la délégation, et ignorée du créancier. 356, 357. Différence entre la délégation, le transport, et la simple indication. 357, 358. V. *Constitution de rente. Indication. Novation. Rescription. Transport.*

DÉLIBÉRÉ. V. *Appointement.*

DÉLIT. Fait par lequel une personne, par dol ou malignité, cause du dommage ou quelque tort à une autre. 1. 62. x. 48. Celui qui le commet est obligé à sa réparation. 1. 62, 63, 64. Il n'y a de capables d'un délit, que les personnes qui ont l'usage de la raison. 63. Quelles personnes n'ont pas l'usage de leur raison. 63, 64. V. *Démence. Ivresse. Interdit. Mineur.* Les personnes responsables de ceux qui commettent un délit, sont tenues de la réparation; mais civilement, et non par corps. 64. V. *Obligation.*

On est toujours admis à le prouver par témoin. 474. V. *Preuve testimoniale.*

V. *Commettant. Maître. Père de famille. Puissance maritale.*

DÉLIVRANCE. V. *Don mutuel.*

DÉLIVRANCE DES LEGS. Les légataires ont une action en délivrance contre les héritiers ou autres personnes, grevées de la prestation du legs. vii. 354, 355. x. 553, 554. S'il y a un exécuteur testamentaire, c'est contre lui qu'elle doit être formée. vii. 355. x. 556. Elle est dénoncée par lui aux héritiers; il doit les mettre en cause. *Ibid.* La demande peut être donnée aussi contre l'héritier, à la charge par lui de mettre en cause l'exécuteur testamentaire, s'il y en a un. *Ibid.* Si un héritier est grevé seul et nommément du legs, l'action en délivrance ne se donne que contre lui. vii. 355, 356. x. 556. Si plusieurs en sont grevés, ils en sont tenus chacun pour sa part virile, à moins que le testateur ne les y ait obligés solidairement. vii. 356. x. 556. Quand même l'un des grevés nommément, aurait une plus grande part que les autres dans la succession. *Ibid.* Si le testateur n'a chargé personne nommément des legs, ils sont une charge de la succession, lorsqu'ils ne sont pas de corps certains. VII. 356. x. 556. L'héritier aux propres contribue-t-il aux legs, au *prorata* seulement de la portion disponible des propres, ou par proportion de la valeur entière des propres qui lui échéent? VII. 356, 357. x. 555, 556. Si le legs est d'un corps certain, celui qui y succède en est tenu. VII. 357. x. 555. *Quid*, lorsque le corps certain légué appartient à l'héritier ou à un étranger? VII. 357, 358. x. 555. Lorsque l'héritier ou autre, qui a été grevé nommément de la prestation d'un legs, ne recueille pas la succession, ou ce qui lui a été laissé, celui qui recueille à sa place, est-il tenu de ce legs? VII. 358, 359. x. 556. La délivrance du legs d'un corps certain, consiste dans la tradition qui en est faite, et qui en procure au légataire la libre possession. VII. 359, 360. Si le corps certain est engagé pour une dette de la succession ou d'un tiers, l'héritier est tenu de le dégager? 360. Est-il obligé de racheter l'usufruit dont ce corps certain est grevé? 360, 361. Si c'est un héritage, il le délivre avec ses servitudes actives et passives, et n'est pas tenu de garantir les évictions. 361. V. *Garantie*. Si le legs est d'un corps indéterminé, ou d'une quantité, la délivrance consiste à en transférer au légataire la propriété irrévocable. 361, 362. Le corps certain, légué, est délivré dans l'état où il se trouve lors de la délivrance. 362. Cependant l'héritier, ou autre grevé du legs, est responsable de sa faute ou de sa demeure. *Ibid.* V. *Demeure. Faute.* La chose indéterminée doit être délivrée loyale

et marchande. 362, 363. Le legs de tant de louis d'or est-il sujet aux augmentations ou diminutions de valeur qui ont pu survenir? 363.

La chose léguée doit être délivrée aussitôt qu'elle est demandée, s'il n'y a ni condition ni terme. VII. 363. x. 557. Quoiqu'il y ait une condition ou un terme, l'héritier peut faire cependant la délivrance anticipée du legs, avant l'expiration du terme ou l'accomplissement de la condition. x. 558, 559. *Quid*, si le légataire, par sa mort prématurée ou la défaillance de la condition, n'eût pas dû recueillir? 559. Si le legs est d'une somme d'argent, le juge peut quelquefois accorder un délai. VII. 363. x. 559, 560. Autres cas où la chose léguée n'est pas délivrable sur-le-champ. VII. 364. Où la chose léguée doit-elle être délivrée? VII. 364. x. 560. Dans quel état la chose léguée doit-elle être délivrée? x. 560, 561. L'héritier doit délivrer, avec la chose léguée, ses accessoires nécessaires. VII. 364, 365. x. 561, 562. Il ne doit que les fruits qu'il a perçus depuis la demande en délivrance. VII. 365, 366. x. 562, 563. Ils peuvent être dus du jour du décès, si le testateur l'a ordonné. VII. 366. Cas où l'estimation de la chose léguée doit être donnée au légataire à la place de la chose, et cas où elle ne lui est pas due. VII. 366, 367. x. 563. Quelles choses sont comprises dans la délivrance d'un legs universel? x. 564, 565, 566, 567. V. *Fruits. Legs.*

DÉLOYAUTÉ du seigneur. V. *Seigneur.*

DEMANDE pour obtenir la chose due. I. 78, 79. V. *Obligation.* Elle doit être formée devant le juge compétent , par un acte appelé ajournement ou assignation. ix. 1 , 2. V. *Ajournement.*

**DEMANDE INCIDENTE.** Demande formée par le défendeur par un simple acte de procureur à procureur. ix. 39. Le demandeur peut aussi former une demande incidente dans le cours de l'instance. *Ibid.* Toutes les demandes incidentes , tant du demandeur que du défendeur , doivent être formées par un même acte. 39, 40. V. *Réconvention.*

**DÉMENCE.** V. *Testament.*

**DÉMENCE DES ACCUSÉS.** V. *Défense des accusés. Jugement en matière criminelle.*

**DÉMEMBREMENT DE FIEF.** Dumoulin distingue trois espèces de démembrement de fief. ix. 809, 810. x. 153 , 154. Variété des coutumes , et dispositions de la coutume de Paris sur le démembrement. ix. 811, 812, 813. V. *Fief. Jeu de fief.*

**DEMEURE.** Quand un débiteur est en demeure de payer ce qu'il doit. I. 74, 75, 377. V. *Extinction de la chose due. Obligation.* Effets de la demeure. vii. 386, 387. La demeure, en laquelle est l'acheteur, de payer le prix , peut donner lieu à la résolution de la vente. ii. 210 , 211. V. *Pacte commissoire. Résolution.* V. *Acquéreur (Retrait lignager). Délivrance des legs. Dépôt. Dommages - intérêts. Force majeure. Livraison. Obligation. Obligation pénale. Perte. Prêt de consommation. Prêt à usage. Réintégrande. Retard. Spoliateur. Vendeur.*

**DÉMISSION DE BIENS.** Acte par lequel une personne, en anticipant le temps de sa succession , se dé-

pouille de son vivant de l'universalité de ses biens , et en saisit d'avance ses héritiers présomptifs , en retenant néanmoins le droit d'y rentrer, lorsqu'elle le jugera à propos. x. 676. Elles sont conservées par l'ordonnance de 1739. *Ibid.* La démission doit être de l'universalité des biens , et non de choses particulières. 676, 677. La démission ne peut être faite que par ceux qui ont le droit de transmettre leur succession, seulement à leurs héritiers présomptifs , et pour les parts auxquelles ils auraient droit. 677. Si l'un des démissionnaires prédécède le démettant, la démission devient nulle quant à lui. 677, 678. *Quid,* s'il laisse des enfans? *Ibid.* Les enfans survenus au démettant, depuis la démission de biens, peuvent, après sa mort, demander leur part. 678. Les immeubles compris dans la démission de biens sont propres en la personne des démissionnaires, quoiqu'ils soient de la ligne collatérale. *Ibid.* Le démettant transfère aux démissionnaires, dès avant sa mort, la propriété des biens dont il se démet, par la tradition qu'il leur en fait. *Ibid.* Il a droit de révoquer la démission jusqu'à sa mort, 678 , 679 , à moins qu'elle ne soit faite par contrat de mariage. 679. Les démissionnaires peuvent, après la mort du démettant , accepter sa succession sous bénéfice d'inventaire, ou y renoncer. 680. Peuvent-ils , en renonçant à la succession, pour n'être pas tenus des dettes postérieures à la démission, retenir les biens compris en la démission, nonobstant leur renonciation, en se chargeant des dettes antérieures? *Ibid.*

**DÉNI DE JUSTICE.** V. *Juge. Prise à partie.*

DENIER D'ADIEU. V. *Arrhes.*

DENIERS D'ENTRÉE. V. *Bail à rente. Déguerpissement.*

DENIERS DOTAUX. On entend par deniers dotaux, non - seulement ceux que la femme a stipulés propres, mais ceux qu'elle a fait entrer en communauté lors et depuis le mariage, et dont elle a stipulé la reprise, en cas de renonciation. v. 568, 569. V. *Dot.*

DÉNOMBREMENT. Description que le vassal doit donner à son seigneur, par le détail de tous les héritages et droits qu'il tient en fief de lui. IX. 600. X. 85. Forme intrinsèque du dénombrement. IX. 600, 601, 602. X. 85, 86. Sa forme extrinsèque. IX. 602, 603, 604. X. 86. Il est dû, toutes les fois qu'il y a mutation de vassal, par le nouveau vassal. IX. 605. X. 86, 87. Le seigneur ne peut l'exiger qu'après que le vassal a été reçu en foi. IX. 606. Quel délai a le vassal pour le donner, et quand peut-il l'offrir? IX. 606. X. 87. Le dénombrement est dû par le vassal, c'est-à-dire par le propriétaire du fief servant, ou celui qui en tient lieu. IX. 606, 607, 608. X. 87, 88. Par qui doit-il être présenté? IX. 609, 610, 611. A qui est-il dû, et comment doit-il être donné? XI. 611, 612. X. 87, 88. Blâmes que le seigneur peut fournir contre le dénombrement. IX. 613, 614, 615. X. 88, 89. De la réception du dénombrement: elle est expresse, ou tacite. IX. 615, 616, 617. X. 89. Quelle foi fait le dénombrement, tant vis-à-vis du seigneur que vis-à-vis du vassal. IX. 618, 619, 620, 621. X. 90. Faute par le vassal de donner le dénombrement dans le délai prescrit, le seigneur peut saisir féodalement le fief jusqu'à ce qu'il le donne. IX. 622. X. 88. V. *Fief. Saisie féodale.*

DÉNONCIATION. Acte par lequel un particulier donne avis à l'officier du ministère public d'un crime qui a été commis. IX. 377. Tout citoyen peut se rendre dénonciateur. *Ibid.* La dénonciation doit être signée et inscrite sur un registre. *Ibid.* Le dénonciateur est tenu de dommages-intérêts envers l'accusé. *Ibid.* V. *Monitoire.*

DÉPENS. La partie qui succombe doit être condamnée aux dépens. IX. 156, 157. Celle qui succombe sur un incident, doit être condamnée aux dépens de cet incident. 157. Lorsque chacune des parties succombe sur quelque chef, les dépens peuvent être compensés. *Ibid.* La partie, qui a fait des offres suffisantes, dès l'origine du procès, ne peut être condamnée aux dépens. *Ibid.* Si les offres sont faites durant l'instance, elle n'est pas condamnée aux dépens faits depuis les offres. 157, 158. Le ministère public ne peut être condamné aux dépens. 158. Dans les justices subalternes, et dans les prévôtés royales, les sentences contiennent liquidation des dépens. *Ibid.* Dans les autres juridictions, les dépens sont taxés sur une déclaration de dépens, signifiée de procureur à procureur. *Ib.* Cas où cependant la liquidation se fait sans cette procédure, dans ces juridictions. *Ibid.* La déclaration de dépens est un état détaillé de tous les articles de frais légitimement faits. 159. Quels frais peuvent entrer dans cet état? 159, 160. Sur la déclaration de dépens, la partie condamnée doit faire des offres par acte de procureur à procureur. 161. A défaut par elle d'en avoir fait, ou si elles ont été refusées, il faut procéder à la taxe. *Ibid.* Comment et dans quelle forme elle se fait par un procureur tiers? 161, 162. Quand le droit d'assistance pour la taxe est dû aux procureurs? *Ibid.* Dans quel cas la déclaration de dépens arrêtée par le procureur tiers doit être portée au juge? *Ibid.* Comment et devant quels juge son interjette appel de la taxe des dépens? 163. Cette procédure n'a lieu que de la part de la partie à laquelle les dépens ont été adjugés, contre celle qui a été condamnée à les payer. *Ibid.* Le procureur a une action en paiement de salaire contre sa partie, pour le remboursement de ses frais. *Ibid.* Elle se prescrit par deux ans, du jour du décès de la partie, ou de la révocation du procureur. *Ibid.* Elle ne se prescrit que par trente ans, s'il y a un arrêté de compte. *Ibid.* Le procureur, en obtenant la distraction des dépens à son profit, est subrogé aux droits de sa partie contre la partie condamnée. *Ibid.* V. *Appel. Procureur ad lites. Séparation de dettes.*

DÉPENS EN MATIÈRE CRIMINELLE. IX. 442, 439.

DÉPOSITAIRE. Gardien des choses saisies, qui est présenté par le saisi, et accepté par le saisissant. IX. 181. V. *Saisie-exécution.*

DÉPOSITAIRE. V. *Dépôt.*

DÉPÔT. Contrat par lequel l'un des contractans donne une chose à garder à l'autre, qui s'en charge gratuitement, et s'oblige de la rendre, lorsqu'il en sera requis. IV. 149. Distinction entre le dépôt et le séquestre. *Ibid.* Les choses corporelles peuvent seules être l'objet du dépôt. 150. Les immeubles ne peuvent être donnés en dépôt. 150, 151. Il n'y a pas de dépôt, lorsque la chose appartient au dépositaire. 151, 152.

Le contrat de dépôt peut intervenir entre toutes les personnes capables de contracter. 152. V. *Capacité. Consentement.*

Le dépôt est un contrat réel qui n'a lieu que par la tradition. 153. V. *Tradition.* La tradition feinte, appelée *brevis manus*, est suffisante. 153, 154. Il faut, pour qu'il y ait dépôt, que la fin de la tradition soit uniquement la garde de la chose. 154, 155. Distinction à faire en certain cas entre le dépôt et le mandat. 156. Règle à suivre. 155, 156. Si le dépôt consiste en choses fongibles, dès qu'elles ont été consommées, un contrat de prêt succède au dépôt. 156. Le déposant reste propriétaire et possesseur de la chose déposée. *Ibid.*

Le dépôt est essentiellement gratuit. 156, 157. Le consentement des parties est de l'essence du contrat de dépôt, de même que de tous les autres contrats. 157. Il peut être exprès ou tacite. *Ibid.* Il doit intervenir sur le contrat même. 157, 158. Et sur la chose qui en fait l'objet. 158. L'erreur sur la qualité et quantité de la chose, et l'erreur sur la personne, ne vicient pas le contrat de dépôt. 158, 159. Le contrat de dépôt est de pur droit naturel. 159. Il fait partie des contrats de bienfaisance. *Ibid.* Il est réel et synallagmatique. *Ibid.*

L'obligation du dépositaire est la principale obligation du contrat de dépôt. 160. Elle consiste; 1° à garder avec fidélité la chose; 2° à la rendre au déposant. *Ibid.* Le dépositaire doit apporter le même soin à la garde de la chose qui lui a été confiée qu'à la garde des siennes. *Ibid.*

Il est tenu de la négligence crasse. 160; 161. Cette négligence est assimilée au dol. *Ibid.* Une clause qui l'affranchirait de la fidélité à la garde du dépôt, est nulle comme contraire aux mœurs. 161. Il n'en est pas de même de celle par laquelle le déposant s'en rapporte à la bonne foi du dépositaire. 161, 162. Le dépositaire n'est pas responsable des fautes, même légères, commises dans la garde de la chose. 162. En est-il de même, si l'on prouve qu'il est soigneux et attentif pour ses propres affaires? 162, 163. Exemples de la faute légère. 164. V. *Faute.* Exceptions au principe qui rend le dépositaire responsable de la faute légère. 165, 166. Il n'est pas tenu des accidens de force majeure, à moins qu'il n'ait été mis en demeure de rendre la chose. 166. V. *Demeure.* Le dépositaire ne peut pas se servir des choses qui lui ont été confiées. 166, 167. S'il s'en sert, il commet un véritable vol. 167. V. *Vol.* A moins que ce soit avec le consentement exprès ou présumé du déposant. 168. Quand le consentement du déposant peut être présumé? 168, 169. Le dépositaire ne doit pas chercher à connaître les choses qui lui ont été données en dépôt. 169. S'il les connaît, il ne doit pas en donner connaissance aux autres. 169, 170.

Le dépositaire doit restituer *in individuo* ces mêmes choses qu'il a reçues en dépôt. 170, 171. S'il s'agit d'un dépôt d'argent, dont la valeur a changé; à défaut de bor-dereau qui constate la nature des espèces, le dépositaire doit en être cru sur sa bonne foi. 171. Il n'est tenu de rendre la chose qu'en l'état où elle se trouve, même détériorée, si ce n'est par son dol. *Ibid.* Il n'est tenu de la rendre, qu'autant qu'il l'a par devers lui. 171, 172. Si c'est par son dol qu'il ne l'a plus, il est tenu d'en rendre le prix. 172. Lorsqu'il n'a plus la chose, il est tenu de rendre ce qui en reste, ou ce qu'il a reçu à la place. 172, 173. L'héritier du dépositaire, qui a vendu la chose de bonne foi, n'est tenu de rendre que le prix, ou son action pour l'obtenir, s'il n'est pas payé. 173. Le dépositaire doit encore restituer les fruits qu'il a perçus de la chose déposée. *Ibid.* Et ceux qu'il aurait dû percevoir, s'il a été mis en demeure de rendre la chose. *Ibid.* De même pour les intérêts d'une somme d'argent. 174. La chose doit être rendue au déposant. *Ibid.* Et non à celui qui a été chargé de déposer pour un autre. *Ibid.* Le déposant n'a pas besoin de prouver qu'il est le propriétaire. 174, 175. Le déposant ne peut demander la restitution de la chose, qu'autant qu'il a conservé son état civil. 75, 76. La chose peut être rendue à celui qui est chargé de la recevoir pour le déposant. 76. Après la mort du déposant, la restitution de la chose se fait à ses héritiers. *Ibid.* Si cette chose a été léguée, la restitution s'en fait au légataire. 177. La restitution du dépôt doit se faire dans l'endroit dont on est convenu, et, à défaut de convention, au lieu où se trouve la chose. *Ibid.* Elle n'est jamais aux frais du dépositaire. *Ibid.* Elle doit être faite aussitôt que le déposant la requiert. 178. Exceptions à ce principe dans quatre cas. 178, 179.

De l'obligation du dépositaire, naît l'action *depositi directa*. 179. Elle n'appartient qu'au déposant, quand même il n'est pas propriétaire de la chose. 179, 180. Si plusieurs personnes ont donné la chose en dépôt, elle peut être rendue à l'une d'elles. 180. Le déposant n'a pas d'action contre les tiers, à moins que la chose n'ait été donnée en dépôt par le dépositaire. *Ibid.* Si la chose a été donnée en dépôt à deux personnes, elles sont tenues solidairement de la restitution. 180, 181. V. *Obligation solidaire.* Les héritiers du dépositaire en sont tenus chacun pour leur part, du chef de leur père. 181. Exceptions qui peuvent être opposées à l'action *depositi directa.* 182. La prescription ne peut pas l'être par le dépositaire, ni par ses héritiers, à moins qu'ils ne soient pas détenteurs de la chose déposée. 182, 183.

Le déposant doit rembourser au dépositaire les avances faites pour la conservation de la chose. 183. Il doit aussi l'indemniser de tout ce que lui a coûté le dépôt. *Ibid.* Cas où il y a lieu à cette indemnité. 183, 184. Le dépositaire a contre le déposant l'action *depositi contraria.* 184.

Du dépôt nécessaire. 185. L'infidélité dans ce dépôt était punie du double chez les Romains. *Ibid.* La preuve par témoins est toujours admise pour le prouver. *Ibid.*

Du dépôt de l'hôtellerie. 186. En quoi il diffère du dépôt ordinaire. *Ibid.* Lorsque la chose déposée a été volée ou endommagée dans l'auberge, l'aubergiste en est responsable. 186, 187. Pour qu'il y ait dépôt, en ce cas, il faut que la chose ait été expressément donnée en garde à l'aubergiste. 187. Il ne suffit pas, pour rendre celui-ci responsable, que la chose ait été apportée dans l'auberge. *Ibid.* Le dépôt peut être fait entre les mains d'une personne préposée par l'aubergiste pour le recevoir. 187, 188. La preuve, par témoins, du dépôt d'hôtellerie, peut toujours être reçue. 188. V. *Preuve testimoniale.*

Du dépôt irrégulier et de la différence avec le dépôt ordinaire. 188, 189. Il ressemble beaucoup au contrat de prêt *mutuum.* 189. En quoi il en diffère. *Ibid.* Dans la pratique, ces contrats ont les mêmes effets. 190. V. *Prêt de consomption.*

V. *Compensation. Consignation.*

DÉPÔT D'HÔTELLERIE. V. *Dépôt.*

DÉPÔT IRRÉGULIER. V. *Dépôt.*

DÉPÔT JUDICIAIRE. Quel dépôt est considéré comme tel? IV. 193 *et suiv.* IX. 286, 287. Il donne lieu à la contrainte par corps. *Ibid.* V. *Contrainte par corps. Gardien. Séquestre.*

DÉPÔT NÉCESSAIRE. V. *Dépôt.*

DÉPRI. Acte par lequel on demande terme au seigneur pour le profit censuel qui lui est dû. VIII. 647. *et suiv.* X. 242. V. *Cens. Profit censuel.*

DERNIER RESSORT. Jugemens rendus en dernier ressort. I. 496, 497. V. *Chose jugée.*

DÉROGEANCE. V. *Noblesse.*

DÉSAVEU. V. *Procureur ad lites.*

DÉSAVEU (*matière féodale*) Du seigneur, par son vassal. IX. 565, 566, 567, 568. Distinction entre le désaveu parfait et le désaveu *rei tantùm*. 568 *et suiv*. Quel désaveu donne lieu à la commise ? 567-585. V. *Commise* (*droit de*).

DESCENTE DES JUGES. Elle a lieu lorsqu'il est nécessaire que le juge, pour son instruction, voie de ses propres yeux, les lieux contentieux. IX. 35. Quels magistrats, dans les cours, bailliages et présidiaux, peuvent être commis pour descendre sur les lieux? 53; 54. Le juge-commis fixe, par une ordonnance, le jour où il fera la descente. 54. Les parties, au jour fixé, doivent se trouver sur les lieux. *Ibid*. Le juge-commissaire dresse un procès-verbal de sa visite. 54, 55. Taxe par chaque vacation. 55.

DÉSERTION D'APPEL. V. *Appel*.

DÉSHÉRENCE. Quel est le titre auquel on succède par déshérence ? VII. 653. IX. 711.

V. *Communauté légale. Pétition d'hérédité. Propre réel. Succession irrégulière*.

DÉSISTEMENT. V. *Résolution de la vente*.

DESTINATION. V. *Choses. Propres de communauté*.

DÉTENTEUR. V. *Action de rente foncière. Bail à rente. Déguerpissement. Rente foncière*.

DÉTÉRIORATION. II. 185, 186. IV. 17, 18, 142, 143. VII. 362. V. *Condictio indebiti. Délivrance des legs. Demeure. Dommages-intérêts. Nantissement. Pacte commissoire. Perte. Promesse de vente. Prêt à usage. Retard. Rescision. Revendication. Risque*.

DETTES. V. *Garde-Noble. Séparation de dettes. Société*.

DETTES DE LA COMMUNAUTÉ. Le survivant et les héritiers du prédécédé, sont tenus, après la dissolution, chacun pour moitié, de toutes les dettes de la communauté. VI. 432. X. 337. Le mari reste toujours débiteur, après la dissolution, envers les créanciers, de ses dettes personnelles qui étaient tombées dans la communauté. VI. 432, 433. Il en est de même des dettes des successions qui lui sont échues, soit avant, soit depuis son mariage. 433. Le mari est tenu envers ses créanciers pour le total des dettes qu'il a contractées pendant la communauté. VI. 433, 434. X. 337. Même dans le cas où la femme se serait obligée conjointement avec lui, mais non solidairement. VI. 434. X. 338. Il n'est tenu que pour sa moitié, envers les créanciers, des dettes qui procèdent du chef de la femme. VI. 434, 435. X. 338. La femme, après la dissolution, est débitrice pour le total, envers les créanciers, des dettes qui procèdent de son chef. VI. 435. X. 338. Si son mari s'est obligé conjointement avec elle, elle n'est débitrice que pour moitié envers le créancier. VI. 435, 436. X. 338, 339. Elle n'est débitrice que pour moitié envers les créanciers, de toutes les autres dettes de la communauté auxquels elle ne s'est pas personnellement obligée. VI. 436. En renonçant à la communauté, elle se décharge de toute contribution aux dettes. *Ibid*. V. *Renonciation à la communauté*.

En cas d'acceptation, elle et ses héritiers ne sont même tenus des dettes, que jusqu'à concurrence des biens qu'ils ont eus dans la communauté. vi. 436, 437. x. 337, 357, 358. Ils sont déchargés des dettes, en abandonnant ce qui leur est venu de la communauté. vi. 437. Cet abandon ne détruit pas la qualité de commune. *Ibid.* Ce privilége donne-t-il seulement à la femme une exception contre les créanciers, ou même la répétition de ce qu'elle aurait payé, par erreur, au-delà de ce qui lui restait des biens de la communauté? vi. 437. x. 358. Différence entre ce privilége de la femme, et le bénéfice d'inventaire. vi. 438. x. 358. V. *Bénéfice d'inventaire.* Ce privilége a lieu non-seulement contre les héritiers du mari, mais même contre les créanciers de la communauté. *Ibid.* Il n'a lieu à l'égard des premiers que pour les dettes que le mari a contractées seul, tandis qu'il a lieu pour toutes les dettes indistinctement à l'égard des seconds. vi. 439. x. 358. La femme a également ce privilége à l'égard des dettes dont la communauté est débitrice envers elle. *Ibid.* V. *Partage de la communauté.* Tout ce qui est dit de la femme s'applique à ses héritiers. *Ibid.*

La femme, pour obtenir le bénéfice de ce privilége, doit faire inventaire. vi. 440. V. *Inventaire.* Elle doit le faire, dans ce cas, quand même la dissolution serait arrivée par une séparation de corps. *Ibid.* V. *Renonciation à la communauté.* Les héritiers de la femme, lorsque la dissolution est arrivée par son prédécès, doivent aussi représenter un inventaire aux créanciers, pour jouir de ce privilége. 440, 441. L'inventaire est indispensable vis-à-vis des créanciers, mais il ne l'est pas vis-à-vis du mari. 441.

Pour que la femme ou ses héri-

tiers soient admis à ce privilége, il faut encore qu'il n'y ait ni faute ni fraude de leur part. vi. 441. x. 359. Lorsqu'ils veulent en jouir, ils doivent aux créanciers un compte des biens qui leur sont échus de la communauté. 442. La femme doit être chargée en recette dans ce compte de tout ce qui lui est advenu de quelque manière que ce soit de la communauté, soit pendant sa durée, soit après. 442, 443. On lui alloue en mises et déductions tout ce qu'elle a payé pour l'acquit ou au profit de la communauté, et les prélèvemens qu'elle n'a pas faits lors du partage. 443. D'après la balance de ce compte, la femme est tenue de ce qu'elle a amendé des biens de la communauté. 443, 444. Si le créancier, qui poursuit la femme, est privilégié sur certains meubles qui lui restent, elle ne peut repousser son action. 444. V. *Privilége.* La femme, détentrice des immeubles de la communauté, peut être poursuivie hypothécairement pour le total, par les créanciers auxquels son mari les a hypothéqués, pour des dettes contractées par acte notarié par lui pendant le mariage. vi 444, 445. x. 339, 359. Il n'en est pas de même des créanciers envers qui le mari s'est obligé avant le mariage, qui n'ont aucun droit d'hypothèque sur les conquêts échus à la femme par le partage. vi. 445. Disposition contraire de la coutume d'Orléans. 445, 446. Le mari ne peut être poursuivi hypothécairement par les créanciers de la femme, que lorsqu'il est échu à son lot un propre ameubli par elle, qu'elle aurait hypothéqué avant son mariage. 446. V. *Ameublissement. Hypothèque.* La femme est obligée de délaisser l'immeuble hypothéqué, sur la demande du créancier hypothécaire. *Ibid.* Si elle a acquitté des dettes préférables sur l'immeuble à celles du demandeur, celui-ci doit lui en faire raison. 446, 447. Et de celles qu'elle se serait payées elle-même sur son hypothèque légale. 447. Mais non de ce qu'elle aurait payé à des créanciers chirographaires, ou hypothécaires postérieurs à lui. *Ibid.*

Chacun des conjoints a un recours d'indemnité contre l'autre, pour être remboursé de ce qu'il a payé de plus qu'il n'en devait supporter. 447. Le mari ne peut avoir de recours contre la femme ou ses héritiers que dans le cas d'acceptation de la communauté, tandis que la femme peut l'avoir contre lui dans les deux cas. 447, 448. Le mari n'a de recours d'indemnité contre les héritiers de la femme, qu'après qu'il a payé les dettes, tandis que la femme l'a contre les héritiers du mari, pour être acquittée des dettes de la communauté auxquelles elle est obligée en son nom. 448. Le mari n'a pas d'hypothèque sur les propres de la femme pour l'action d'indemnité qu'il a contre elle ou ses héritiers. VI. 448. X. 339. La femme, au contraire, a hypothèque du jour du contrat, sur tous les biens de son mari, pour l'indemnité qu'il lui doit pour les dettes de la communauté, qu'il est tenu d'acquitter. VI. 449, 450. V. *Hypothèque de la femme. Dettes des conjoints entre eux.*

Charges dont la communauté est tenue pendant sa durée, et qui font partie de son passif. 185 et suiv. V. *Communauté légale.*

V. *Communauté tripartite. Continuation de communauté. Dettes des successions.*

DETTES DES CONJOINTS, ENTRE EUX. Chacun des conjoints est débiteur envers l'autre des sommes que celui-ci a employées à payer les dettes propres du premier. VI. 405, 406. Si c'est la femme qui est créancière, elle a hypothèque sur les biens du mari, pour cette créance, du jour du contrat. *Ibid.* V. *Hypothèque de la femme.* Si la dette existait avant le mariage, et qu'elle ait été exclue de part et d'autre de la communauté, les conjoints seuls en sont débiteurs. 406. De même, si l'un d'eux a succédé pendant le mariage, au créancier de l'autre. *Ibid.*

Chacun des conjoints a un recours d'indemnité contre l'autre, pour se faire rembourser ce qu'il a payé de plus des dettes de la communauté, qu'il n'en devait supporter. 447. V. *Dettes de la communauté.*

Le douaire de la femme et son deuil sont des créances que la femme a contre les héritiers de son mari. 406, 407. V. *Douaire de la femme.* En quoi consiste le deuil, et à qui il est accordé. 407. V. *Deuil.* Les donations faites par l'un des conjoints à l'autre ne sont pas dues par la communauté. *Ibid.* Les créances que l'un des conjoints a contre l'autre ne se prélèvent pas sur les biens de la communauté. *Ibid.* V. *Communauté légale. Récompense.*

Dettes des conjoints envers la communauté. V. *Récompense.*

DETTES DES SUCCESSIONS. Toutes les dettes du défunt résultantes des obligations qu'il a contractées, sont dettes de la succession. VII. 241. X. 666. Les frais funéraires, de partage et liquidation, et les legs, sont dettes de la succession.

sans avoir été dettes du défunt. *Ibid.*

Les héritiers, et ceux qui sont à leurs droits, les donataires universels, les légataires universels, et tous successeurs universels, sont tenus des dettes. vii. 242. x. 666. L'héritier succédant à tous les droits, tant actifs que passifs du défunt, est obligé à ses dettes. *Ibid.* Les héritiers aux différentes espèces de biens, sont tous tenus des dettes du défunt, sans en considérer l'origine. vii. 242, 243, 244, 245. x. 668. Les reprises, que le survivant a droit d'exercer sur la communauté, sont-elles, pour la moitié dont le prédécédé est tenu, une dette de la succession de ce dernier, à laquelle son héritier aux propres, qui n'a rien à prétendre dans la communauté, doive succéder? vii. 245, 246. x. 668, 669, 670. *Quid,* des reprises de la femme, soit qu'elle renonce ou accepte, et de son préciput? vii. 246. x. 670, 671. Les arrérages des rentes foncières courus jusqu'au jour du décès, sont dettes de la succession. vii. 246, 247. x. 671. L'obligation de fournir et faire valoir la rente est aussi une dette de la succession, dont est tenu chacun des héritiers. vii. 247. La dette d'un corps certain n'est due que par l'héritier qui a succédé à ce corps certain. 247, 248, 250. Si le corps certain n'existe pas dans la succession du défunt, tous les héritiers sont tenus de l'obligation du défunt. 248.

Dans certaines Coutumes, celui qui succède au mobilier, est seul chargé des dettes mobilières. 248, 249. Ce droit n'est pas suivi dans les Coutumes qui ne s'en sont pas expliquées. 249. Par qui sont payées les dettes mobilières, lorsque le

défunt laisse des propres situés, les uns sous une Coutume qui fait payer les dettes mobilières par les héritiers aux meubles, les autres sous une Coutume qui les fait payer indistinctement par tous les héritiers? *Ibid.* L'héritier au mobilier, chargé de toutes les dettes mobilières, en est-il tenu au-delà du mobilier, lorsqu'il y a des propres plus que suffisans pour les payer, auxquels succède un autre héritier? 249, 250. Quoique le défunt ait chargé les héritiers à une espèce de biens particulièrement de quelques legs, dans le droit commun les autres héritiers doivent y contribuer. 250, 251. Les frais de liquidation et partage de chaque espèce de biens, sont dus par les héritiers seuls à cette espèce de biens. 251.

Tous ceux qui sont aux droits de l'héritier, tels que les héritiers de l'héritier, ses cessionnaires de droits successifs, sont tenus comme lui des dettes de la succession. vii. 251, 252. x. 666, 667. V. *Vente de droits successifs.* La femme, qui accepte la communauté, dans laquelle sont tombées les successions de son mari, est tenue des dettes de ces successions pour sa moitié dans la communauté. vii. 252. Si le mobilier seul, et non les propres des successions échues au conjoint, est tombé dans la communauté, les dettes se partageront entre le conjoint et la communauté, proportionnellement aux biens qu'ils auront amendés. *Ibid.* V. *Dettes de la communauté.*

Les donataires et légataires universels d'une personne, sont tenus de ses dettes. vii. 252, 253. x. 667. Quelles personnes sont donataires ou légataires universels? *Ibid.* V. *Donataire. Légataire.*

Le donataire universel des biens présens n'est tenu que des dettes contractées au temps de la donation. VII. 253, 254. X. 667. Les donataires universels des biens à venir sont tenus de toutes les dettes du défunt, si ce n'est des legs. VII. 254. X. 667. Les légataires universels sont tenus tant des dettes que des legs, et autres charges. *Ibid.* Les légataires particuliers n'en sont jamais tenus. *Ibid.* Cependant leurs legs peuvent être réduits au marc le franc, lorsqu'il ne reste pas assez de biens libres pour les acquitter. *Ibid.* Le roi et les seigneurs, lorsqu'ils succèdent, sont aussi tenus des dettes. VII. 254, 255.

Tous ceux qui sont tenus des dettes doivent faire constater la valeur des biens par un inventaire, sous peine, à défaut de l'avoir fait, d'en être tenus indéfiniment. 255. L'héritier, soit pour partie, soit unique, est tenu des dettes du défunt, même au-delà de la valeur de ses biens. 255, 256. Exception pour les héritiers sous bénéfice d'inventaire. 256. V. *Bénéfice d'inventaire.* Il en est tenu ainsi, même lorsqu'il a cédé ses droits successifs, ou qu'il y a un donataire ou légataire universel, sauf son recours. *Ibid.* Il n'est tenu des legs que jusqu'à concurrence des biens. *Ibid.* En abandonnant les biens, il demeure quitte envers les légataires. *Ibid.* Tous ceux qui sont tenus des dettes, autres que l'héritier ou ses cessionnaires, peuvent s'en décharger en abandonnant les biens. 256, 257.

Chaque héritier est tenu des dettes pour la part dont il est héritier. 257. Coutumes qui les y obligent solidairement. *Ibid.* En cas de représentation, les représentans sont tenus des dettes chacun pour leur part, dans la part de celui qu'ils représentent. *Ibid.* S'il y a des héritiers à différentes espèces de biens, ils supportent une part des dettes proportionnée à la valeur des biens qu'ils recueillent. VII. 258. X. 671. Il faut faire une ventilation pour connaître cette valeur. *Ibid.* Dans les successions de fiefs, les mâles supportent une plus grande part des dettes que les filles. *Ibid.* Mais l'aîné n'est tenu que de la même portion des dettes dont les puînés sont tenus. VII. 258, 259. X. 672. V. *Aînesse (droit d').* Cependant le préciput de l'aîné peut être attaqué, dans le cas où les dettes absorberaient le surplus des biens. VII. 259, 260. On doit même en retrancher une légitime pour les puînés. 260. Les donataires et légataires universels d'une quotité de biens, sont tenus des dettes pour la même part. 251. Les donataires et légataires de tous les biens sont tenus de toutes les dettes, même au-delà de la valeur des biens, s'il n'y a point de légitimaires. *Ibid.* Chaque héritier ou successeur est tenu pour le total des dettes indivisibles. VII. 261, 262. X. 672. Quelles dettes sont indivisibles? 262. V. *Obligation dividuelle ou individuelle.* Les héritiers et successeurs sont tenus des legs pour la même part dont ils sont tenus des dettes. 263. Lorsqu'il y a un héritier aux propres, et un héritier aux meubles et acquêts, le premier ne doit-il contribuer aux legs qu'à proportion de la valeur du total des propres? *Ibid.*

Les créanciers de la succession ont une action personnelle contre chacun des héritiers, pour la part dont il est héritier, ou pour sa portion virile, si la part dont il est héritier n'est pas fixée, sauf son recours contre ses cohéritiers. vii. 264. x. 671, 672. Les créanciers hypothécaires ont une action réelle contre les héritiers et successeurs, et même contre les tiers-détenteurs des immeubles de la succession. 264, 265. L'héritier peut éviter la condamnation hypothécaire, en abandonnant tous les immeubles échus en son lot. *Ibid.* Mais sa condamnation personnelle pour sa part subsiste toujours. 265. L'héritier pour partie qui a cessé, sans fraude, de posséder les immeubles de la succession, continue-t-il d'être tenu solidairement envers les créanciers hypothécaires ? *Ibid.* L'héritier obligé de payer la dette tout entière sur l'action hypothécaire, a son recours contre ses cohéritiers. 265, 266. Lorsqu'il s'est fait subroger aux actions du créancier, les exercera-t-il solidairement contre chacun de ses cohéritiers ? 266. V. *Obligation solidaire. Subrogation.* Les créanciers du défunt n'ont pas d'hypothèques sur les biens des héritiers. *Ibid.* Ils ne peuvent les exécuter, avant d'avoir un nouveau titre contre eux. *Ibid.* Actions des légataires pour se faire délivrer leurs legs. *Ibid.* V. *Délivrance des legs. Legs.* Les créanciers et les légataires ont le droit de demander la séparation des biens de la succession d'avec ceux de l'héritier, pour être payés préférablement aux créanciers de celui-ci, 266, 267. V. *Séparation des patrimoines.*

**DETTE MOBILIÈRE.** Dette de quelque somme d'argent exigible, ou de quelque autre chose mobilière. vi. 166. x. 297. V. *Chose. Communauté légale.*

**DEUIL.** La femme a une créance contre la succession de son mari, qui est tenue de lui fournir la somme qui lui est nécessaire pour porter le deuil de son mari. vi. 187, 406. 407. x. 300. En quoi consiste le deuil. *Ibid.* Il fait partie des frais funéraires, et doit jouir du même privilége. vi. 187, 407, 655. x. 511. V. *Frais funéraires.* V. *Dettes des conjoints entre eux.*

**DÉVOLU.** Dans quels cas et comment s'intente la demande en dévolu d'un bénéfice ? ix. 117, 118. Le demandeur doit donner caution de cinq cents livres. 118. Comment le dévolutaire doit prendre possession du bénéfice, et quand commence-t-il à jouir des fruits ? *Ibid.* V. *Complainte bénéficiale.*

**DIMES INFÉODÉES.** V. *Retrait lignager.*

**DIRECTE.** V. *Fief. Seigneur.*

**DISCUSSION (EXCEPTION DE).** Qui peut être opposée par la caution, au créancier qui lui demande son paiement. i. 240. Elle n'avait pas lieu dans le droit romain avant la novelle 4 de Justinien, par laquelle elle a été introduite. *Ibid.* Les cautions judiciaires et pour les fermes du roi, ne peuvent l'opposer. *Ibid.* Ni celle qui s'est obligée à la garantie de la vente. ii. 82. Ni celles qui ont renoncé à cette exception. i. 241. Est-on censé y renoncer, lorsque, dans le cautionnement, on s'oblige comme débiteur principal ? *Ibid.* Clauses de style qui n'emportent avec elles aucune espèce de renonciation. *Ibid.* Le créancier n'est pas obligé à une discussion qui serait trop difficile. *Ibid.* On peut discuter les biens d'un absent. *Ibid.*

9*

*Secùs*, dans le droit romain, *ibid.* L'exception de discussion doit être opposée. 242. Elle est dilatoire. *Ibid.* V. *Exception dilatoire.* Elle peut être opposée après la contestation en cause, si les biens ne sont échus que depuis au débiteur. *Ibid.* Le créancier, à qui elle est opposée, commence par saisir les meubles du débiteur, et ensuite les immeubles, qui doivent être indiqués par la caution dans un même acte. 242, 243. Le créancier ne peut être obligé à la discussion des biens du débiteur situés hors du royaume, ou litigieux, ou possédés par des tiers. 243. Ces tiers, au contraire, détenteurs des biens hypothéqués, ont le droit de renvoyer le créancier à la discussion du débiteur et de ses cautions. I, 243. VIII. 546. X. 832. V. *Action hypothécaire.* Mais les détenteurs, donataires ou légataires universels, doivent subir la discussion des biens qu'ils tiennent du débiteur principal. *Ibid.* La caution peut-elle obliger le créancier à discuter non-seulement le débiteur qu'elle a cautionné, mais encore ses codébiteurs solidaires principaux ? I. 243, 244. La discussion se fait aux frais et aux risques de la caution qui l'oppose. 244. Le créancier, qui a manqué à faire la discussion, est-il tenu de l'insolvabilité survenue du débiteur, sans pouvoir revenir contre la caution ? 245, 246. V. *Caution. Cautionnement. Division (exception de).*

Discussion des biens du débiteur, qui a lieu pour constater l'insolvabilité qui donne lieu au recours du cessionnaire d'une créance contre son vendeur. II. 250. Elle se fait par un procès-verbal de saisie ou de carence. *Ibid.* Le vendeur ne peut indiquer de nouveaux biens, lorsque l'acheteur a commencé une saisie réelle. *Ibid.* Ce dernier n'est obligé à discuter que les biens qui sont en la possession du débiteur. 250, 251. V. *Transport.*

DISCUSSION DU MOBILIER. V. *Mineur.*

DISPENSES. Le pouvoir d'accorder des dispenses d'empêchement de mariage appartient à la puissance séculière. V. 137. Il appartient aussi à l'Église, puisqu'elle a le pouvoir d'établir des empêchemens dirimans. 138. Ce droit ne lui appartient qu'en vertu de l'approbation tacite du prince. *Ibid.* chaque évêque a-t-il, dans son diocèse, le droit d'exercer le pouvoir qu'a l'Église de dispenser des empêchemens de mariage, ou ce droit est-il réservé au pape seul ? 139. Décisions des conciles et usages différens, dans les différens diocèses de la France. 139, 140. Dans les diocèses où le pape est en possession de les accorder, n'en a-t-il pas acquis par prescription le droit exclusif contre les évêques ? 140, 141, 142. Les vicaires-généraux, les chapitres, abbés, et autres qui ont une juridiction quasi-épiscopale, peuvent-ils les accorder ? 142, 143.

Pour quelles espèces d'empêchemens on peut obtenir dispenses 143. On ne peut les obtenir pour les empêchemens résultans du défaut de raison ou puberté, de l'impuissance, ou d'un mariage subsistant. *Ibid.* Quand les accorde-t-on pour celui qui résulte des ordres sacrés ? *Ibid.* La dispense de l'empêchement résultant de la profession religieuse, ne peut pas s'obtenir. 143, 144. Eût-elle même été accordée par le pape, le religieux ne pourrait contracter mariage, puisqu'il est mort civilement. *Ibid.* Il en est autrement, lorsque ses vœux ont été déclarés nuls par un jugement de l'official. 144. On n'accorde jamais de dispenses d'empêchement de mariage, dans la ligne directe. 144, 145. En collatérale on n'en accorde pas pour le mariage du frère et de la sœur, ni pour celui du neveu avec sa tante. *Ibid.* Mais elles s'accordent fréquemment pour le mariage de l'oncle avec la nièce. 145. Et pour ceux des cousins-germains avec leurs cousines-germaines, ou en degré plus éloigné. 145, 146. Elles ne s'obtiennent pas pour affinité en ligne directe. 146. En quels cas on les accorde pour affinité en ligne collatérale. 146, 147. On accorde facilement les dispenses pour parenté spirituelle. 147. Quand elles s'accordent pour les empêchemens tirés de l'honnêteté publique, du rapt, de l'adultère, et de la diversité de religion. 147, 148. Nature du pouvoir qu'ont les supérieurs ecclésiastiques d'accorder des dispenses. 148, 149.

Les dispenses des empêchemens de mariage ne doivent s'accorder que très-rarement. 150, 151. Relâchement de la discipline à la cour de Rome, qui les accorde trop facilement. 151. Distinction, à l'égard de la concession des dispenses, entre les mariages non encore contractés et ceux à la célébration desquels les parties ont déjà passé. 151, 152. Principales causes qu'on a coutume d'exposer pour obtenir les dispenses, et cas où elles s'accordent sans cause. 153, 154. Forme des dispenses. 155. L'official est délégué par le pape pour les accorder. *Ibid.* Bref de la pénitencerie pour lever les

empêchemens secrets. 156. Supplique qui doit être présentée pour obtenir les dispenses, et ce qu'elle doit contenir. 157, 158, 159. Cas où existent plusieurs empêchemens, où deux parentés entre les parties. 158, 159. Fulmination des dispenses par l'official. 160. Si le fait exposé dans la supplique était faux, la dispense est obreptice et nulle, l'official ne doit pas la fulminer. 160, 161. Il en est de même si elle est subreptice, c'est-à-dire si elle ne contient pas tout ce qui doit y être exposé. 161. Marche à suivre, en ce cas, pour en obtenir la fulmination. 161, 162. V. *Empêchement de mariage.* Dispenses pour célébrer le mariage aux heures et dans les temps défendus. 209, 211. V. *Mariage.*

DISSOLUTION DE LA COMMUNAUTÉ. V. *Communauté légale. Communauté tripartite. Continuation de communauté.*

DISSOLUTION DE MARIAGE. V. *Adultère. Divorce. Profession religieuse. Séparation d'habitation.*

DISTRACTION DES DÉPENS. V. *Dépens.*

DIVISIBILITÉ. V. *Obligation dividuelle et individuelle.*

DIVISION (EXCEPTION DE). Elle a lieu entre plusieurs cautions, obligées à la même obligation principale. 1. 246. En cela, il est dérogé à la solidarité qui existe entre les cofidéjusseurs. *Ibid.* Cette exception a été introduite par l'empereur Adrien. *Ibid.* Quelles cautions ne peuvent opposer l'exception de division? 246, 247. Elle peut l'être, lorsqu'elle a lieu, même par les héritiers des cautions. 247. La division s'opère entre les cofi-

DOMAINE. Domaine utile et domaine direct. VIII. 113, 114. V. *Fief.* Distinction du domaine dans le droit romain, en *quiritarium* et *bonitarium: Ibid.* V. *Jus in re. Propriété.*

DOMAINE DU ROI. Est-il imprescriptible même par la possession centenaire? VIII. 522, 523, 524. V. *Prescription centenaire.*

DOMESTIQUE. Le maître est responsable de ses faits. II. 24, III. 315. X. 377. V. *Louage de services. Maître. Serviteur. Testament.*

DOMICILE. Lieu où une personne a établi le siège principal de sa demeure et de ses affaires. X. 22. La demeure dans un lieu n'est pas indispensable pour que le domicile y existe. 23. Le domicile de la femme est le même que celui du mari. 3. Celui des enfans est le même que celui du père. V. 198. X. 3. Changement de domicile. X. 3. Un majeur peut le transférer en tel lieu que bon lui semble. 3, 4. Il faut pour cela le concours de la volonté et du fait. *Ibid.* Quand ces deux conditions sont présumées? 4. Un mineur ne peut à son gré transférer son domicile. 4, 5. Cas où il le peut. *Ibid.* Le mineur, à la mort de son père, acquiert-il le domicile de son tuteur? 5. Il suit le domicile de sa mère, tutrice légale, tant qu'elle n'est pas remariée. *Ibid. Quid*, dans le cas où le domicile est incertain? 6. On peut, sans fraude, changer de domicile, afin d'acquérir par les lois auxquelles on devient soumis, une capacité qu'on n'avait pas. VI. 557, 558. V. *Statut personnel.*

V. *Communauté légale. Donation entre mari et femme. Fief. Mariage. Paiement.*

DOMMAGES-INTÉRÊTS. Ils se composent de la perte faite et du gain qu'on a manqué de faire. I. 80, 88. II. 34. IX. 164. Modération dans l'estimation des dommages-intérêts. I. 80, 84, 85. Lorsqu'il n'y a pas de dol, on n'accorde que ceux que l'on a pu prévoir lors du contrat. 80, 84. Quels dommages sont présumés avoir été prévus par le contrat. 80, 81, 84. Distinction entre les dommages-intérêts intrinsèques et extrinsèques au contrat, ou qui sont la suite directe de son inexécution, ou seulement la suite éloignée. 81, 82, 83. La loi romaine voulait que les dommages ne fussent pas taxés au-delà du double de la valeur de la chose. 84, 85. Cette règle n'est pas admise dans notre droit. 85, 86. Si le débiteur a usé de dol, il est tenu indistinctement de tous les dommages-intérêts soufferts, 86, pourvu qu'ils soient une suite nécessaire et directe de son dol. 86, 87. On n'est pas tenu de les modérer comme les autres. 87, 88.

Dommages-intérêts qui résultent du retard dans l'exécution. 88. Les règles générales sont les mêmes que pour le cas d'inexécution. *Ibid.* Ils consistent dans l'intérêt légal, lorsqu'il s'agit du retard à payer une somme d'argent. 88, 89. Exception pour les lettres-de-change; on doit en outre le rechange. 89. Les intérêts ne sont pas dus dans le for intérieur, lorsque le créancier n'a souffert aucune perte du retard. 89, 90. Les intérêts sont dus du jour où le débiteur est mis en demeure. *Ibid.* Il n'est pas besoin toujours, dans le for de la conscience, d'une interpellation judiciaire pour les faire courir. *Ibid.* V. *Demeure. Intérêts compensatoires.* Procédure à suivre pour la liquidation des dommages-intérêts auxquels une partie a été condamnée. IX. 164, 165. Les parties sont quelquefois renvoyées devant un tiers, ou devant des arbitres, pour cette liquidation. 165.

Dommages-intérêts dus par le vendeur à défaut de tradition. II. 33. Ils consistent dans tout ce que l'acheteur perd ou manque de gagner. 34. V. *Tradition.* Ils sont dus toutes les fois qu'il y a dol ou fraude. 97, 98. Ils ne peuvent être supportés que pour ce qui a rapport à la chose même vendue. 34. L'action *ex empto* ne s'étend pas à ceux dont l'inexécution du contrat n'a été que la cause éloignée, 34, 37, à moins qu'ils n'aient été prévus lors du contrat. 34, 35. V. *Action ex empto.* Ils sont dus pour le retard apporté dans la tradition. 35. Ils consistent dans tout ce que l'acheteur perd ou manque de gagner par ce retard. *Ibid.* Le vendeur, en ce cas, est tenu de la détérioration de la chose survenue pendant sa demeure. *Ib.* A moins que la perte causée par cette détérioration n'eût également eu lieu, si la chose eût été entre les mains de l'acheteur. 35, 36. L'acheteur peut refuser de prendre sa chose après le retard. 36. Le vendeur est tenu des diminutions survenues depuis le retard dans le prix de la chose. *Ibid.* En général il doit indemniser l'acheteur de toutes les dépenses auxquelles le retard l'a obligé. 36, 37. Il est tenu des fruits perçus, ou qui auraient dû l'être. *Ibid.* V. *Détérioration.*

Dommages-intérêts dus par le vendeur en cas d'éviction. 57-62. V. *Éviction. Perte.*

V. *Fiançailles. Lettre-de-change. Louage des choses et d'ouvrage. Preuve testimoniale. Prix. Promesse de vente. Réintégrande.*

DONATAIRE. Particulier ou universel. VII. 252, 253, 478, 479. V. *Dettes des successions. Don mutuel. Donation entre-vifs. Exception de garantie.*

DONATION A CAUSE DE MORT. Est nulle, si elle n'est faite par testament. VII. 425-431. V. *Donation entre-vifs. Étranger. Institution contractuelle.*

DONATION CONDITIONNELLE. V. *Communauté légale.*

DONATION CONTRACTUELLE. V. *Conventions matrimoniales. Propre de communauté.*

DONATION DÉGUISÉE. Est nulle. II. 18. V. *Avantage entre époux. Avantage indirect. Vente. Vente de droit litigieux.*

DONATION DE PART D'ENFANT. V. *Secondes noces.*

DONATION ENTRE-VIFS. Convention par laquelle une personne, par libéralité, se dessaisit irrévocablement de quelque chose au profit d'une autre personne qui l'accepte. VII. 423. X. 464. La donation est du droit des gens. VII. 423, 424. X. 464.

Un étranger peut donner entre-vifs. *Ibid.* V. *Étranger.* Les religieux, les femmes mariées, les mineurs, les interdits peuvent-ils donner? VII. 424, 425. X. 464, 465. V. *ces mots.* L'interdit pour cause de démence, en recouvrant la raison, recouvre-t-il de plein droit la faculté de donner, sans être relevé de son interdiction? VII. 425. *Quid*, du sourd-muet? *Ibid.* Un malade de la maladie dont il meurt par la suite, cesse d'être capable de donner entre-vifs, dès que sa maladie se déclare avoir un trait

prochain à la mort. VII. 425, 426.
X. 465. Quand même le donateur aurait déclaré qu'il entendait que la
donation eût le même effet, que
s'il eût donné en pleine santé.
VII. 426. Temps différent, sous
les diverses Coutumes, dans lequel
il faut que la mort soit arrivée,
pour que la maladie soit censée
avoir eu un trait prochain à la
mort. 426, 427. C'est la coutume où
les biens sont situés qui doit décider. 427. V. *Statut réel*. S'il s'agit
de biens-meubles, c'est la coutume du domicile du donateur. *Ibid*.
Peu importe que le testateur ait
été malade au lit, ou levé dans un
fauteuil. 427, 428. Une donation
faite par un malade dans un temps
où on désespérait de sa vie, mais
qui a été guéri, est-elle réputée
pour cause de mort, et peut-elle
être en conséquence révoquée par
le donateur revenu en santé? 428,
429. *Quid*, de celle faite par un
novice, qui, depuis, a quitté l'habit? VII. 429, 430. X. 465. La donation faite par un accusé de crime capital, pendant l'accusation,
est-elle réputée pour cause de mort,
lorsque le donateur est mort avant
le jugement? VII. 430. *Quid*, si la
donation avait été faite depuis une
condamnation capitale, et que le
donateur fût mort pendant l'appel?
*Ibid*. Une donation faite à la veille
d'un grand danger, ou par une
femme pendant sa grossesse, ou
par un homme quelque âgé qu'il
soit, mais non malade, n'est pas
réputée à cause de mort. VII. 430,
431. X. 465.

Les étrangers sont capables de
recevoir des donations entre-vifs.
VII. 431. X. 466. Les mineurs et
interdits peuvent recevoir des donations sans l'assistance de leurs
tuteurs. VII. 432. Les fous et les

enfans ne le peuvent. *Ibid*. Les
femmes mariées ont besoin pour
les recevoir de l'autorisation de
leurs maris. *Ibid*. Les religieux ne
peuvent rien recevoir, si ce n'est
des choses mobilières, lorsqu'ils
sont hors du cloître. VII. 432. X.
466. Les communautés et établis-
semens, qui ne sont pas érigés par
lettres-patentes du roi, enregistrées, ne peuvent recevoir de donations. VII. 433. X. 467. Ceux qui
font profession de pauvreté ne peuvent jamais recevoir. *Ibid*. Les maris et femmes ne peuvent se faire
pendant le mariage aucune donation entre-vifs, si ce n'est par don
mutuel. VII. 433, 434. X. 467. V.
*Don mutuel*. Les enfans des époux
sont également incapables de recevoir desdits époux. VII. 434. Cette
défense ne s'étend pas aux héritiers présomptifs de l'un des époux
ou collatéraux; ils sont seulement
tenus du rapport. 434, 435. V.
*Rapport*. Les concubines sont incapables de recevoir des donations
entre-vifs de ceux avec qui elles
vivaient, si ce n'est de modiques et
pour cause d'alimens. VI. 562, 563,
564. X. 467. V. *Concubine*. Les bâtards incestueux et adultérins ne
peuvent recevoir que des alimens. VII. 436. X. 467. V. *Bâtard*.
Tous juges, officiers et ministres
de justice, ne peuvent rien recevoir
de ceux qui ont des procès devant
eux, ou qui ont affaire à eux. VII.
436, 437. X. 467. Les tuteurs et
administrateurs ne peuvent recevoir de ceux qu'ils administrent.
VII. 437, 438. X. 467. Il faut, pour
qu'ils soient incapables, qu'ils aient
quelque pouvoir sur l'esprit de ceux
qui leur donnent. *Ibid*. Les ascendans, tuteurs de leurs enfans, sont
exceptés de la prohibition. VII. 438,
439. L'incapacité des tuteurs dure

après la tutelle finie, jusqu'à ce que le compte ait été rendu. 439. Cesse-t-elle, lorsque le tuteur a rendu compte, s'il n'en a pas payé le reliquat? 439, 440. Les enfans des tuteurs et administrateurs sont, comme eux, incapables de recevoir du vivant de leur père. 440. Les pédagogues ne peuvent recevoir de leurs élèves et disciples. *Ibid.* On comprend sous ce nom les pensions, colléges et communautés, 440, 441. La jurisprudence a étendu cette incapacité aux directeurs et confesseurs; aux médecins, chirurgiens et apothicaires, à l'égard de ceux qu'ils dirigent ou qu'ils soignent. 441. Les procureurs ne peuvent recevoir de leurs cliens, lorsque l'affaire est embarrassée. 441, 442. Il n'en est pas de même des avocats. 442. Les donations modiques, ou dont le motif est apparent, faites à ces personnes, ne sont pas nulles. *Ibid.*

La capacité de donner et de recevoir doit exister au temps de la donation. VII. 442, 443. X. 467, 468. Exception en faveur des contrats de mariage, dans lesquels on peut donner aux enfans à naître du mariage. VII. 443. X. 464, 466. Variété des coutumes sur ce dont elles permettent de disposer par donation entre-vifs. VII. 443, 444. C'est celle du lieu où les héritages sont situés qui doit être suivie. *Ibid.* V *Statut réel.*

La donation, pour être valable, doit être acceptée solennellement et expressément. VII. 445, 446. X. 473. Une acceptation tacite, et prouvée de quelque manière que ce soit, si elle n'est solennelle, n'est pas valable. *Ibid.* Elle peut être faite par acte séparé, après la donation. VII. 446. X. 476. Dans ce cas, la donation n'est valable que du jour de l'acceptation. *Ibid.* Les mineurs ne peuvent être restitués contre le défaut d'acceptation, de la part de leurs tuteurs, d'une donation à eux faite. VII. 447. X. 473, 474. L'acceptation a-t-elle un effet rétroactif au jour de la donation, quant au donataire? La ratifie-t-elle? VII. 447, 448. L'acceptation ne peut se faire que du vivant du donateur et du donataire. VII. 448, 449. X. 476. Il faut que le donataire soit capable de recevoir au temps de l'acceptation. VII. 449. X. 476. Si le donataire, dans le temps intermédiaire de la donation et de l'acceptation, est devenu le médecin, le procureur... etc., du donateur, la donation est-elle valable? *Ibid.* Quelles personnes peuvent ou doivent faire l'acceptation des donations? VII. 449, 450. X. 474, 475. Les donations fidéicommissaires n'ont besoin d'être acceptées que par le premier donataire. VII. 450. X. 477. V. *Substitution fidéicommissaire.* Les donations aux enfans nés et à naître, par les enfans nés seulement. VII. 450, 451. X. 464, 466, 477. Les Institutions contractuelles, et donations par contrat de mariage, ne sont pas sujettes à l'acceptation. VII. 451. X. 477. Les donations de meubles corporels avec tradition, sont valables sans acceptation, et même sans acte. *Ib.* Il faut, pour qu'une donation soit valable, qu'il y ait tradition de la chose donnée, et irrévocabilité parfaite de la donation. VII. 451, 452. Variété des Coutumes sur la tradition qu'elles exigent. 452, 453. Les unes veulent une tradition réelle, les autres se contentent d'une tradition feinte. VII. 453. X. 469. La clause de rétention d'usufruit, de constitut, de précaire, forment une tradition feinte suffi sante. vii. 453, 454. x. 469. Il en est de même de la clause de dessaisine-saisine. x. 469. 516, 517. V. *Constitut. Précaire. Rétention d'usufruit.* La tradition n'est pas nécessaire dans les donations sous condition ou à terme. vii. 454, 455. La tradition est aussi requise pour la donation des choses incorporelles, dans la forme qui leur est propre. vii. 455. x. 469, 470. La donation d'une somme ou d'une rente n'est pas susceptible de tradition. *Ibid.* Le défaut de tradition ne peut être opposé par le donateur lui-même. vii. 455, 456. x. 470. V. *Tradition.*

Tout ce qui est contraire à l'irrévocabilité de la donation, relativement au donateur, la rend nulle, conformément à la maxime, *donner et retenir ne vaut.* vii. 456. x. 468. C'est pourquoi on ne peut donner les biens à venir, ni sous une condition potestative, ni à la charge de payer les dettes futures du donateur. vii. 456, 457. x. 468. S'il y a charge de payer ces dettes futures, jusqu'à une certaine concurrence seulement, la donation ne sera nulle que jusqu'à cette concurrence. vii. 457. x. 468. La donation des biens présens et à venir est-elle totalement nulle? vii. 457, 458.

Exception à tous ces principes en faveur des donations faites par contrat de mariage. vii. 458, 459. x. 470, 471.

Toutes les donations entre-vifs, quelles qu'elles soient, sont sujettes à l'insinuation. vii. 459. V. *Insinuation.*

Tous actes portant donations entre-vifs doivent être passés devant notaires, et il doit en rester minute, à peine de nullité. vii. 474, 475. x. 472. Exception pour les donations de choses mobilières, lorsqu'il y a tradition réelle. vii.

475. x. 472. La donateur peut-il lui-même opposer le défaut d'authenticité de la donation? *Ibid.*

La donation dépouille le donateur de la propriété de la chose donnée, et la transfère au donataire, par la tradition qui en est faite. vii. 476. x. 483. Le donateur n'est pas tenu de la garantie envers son donataire. *Ibid.* Doit-il au moins, en cas d'éviction, le remboursement des dépenses qu'il aurait occasionées? vii. 476, 477. Quel effet a, à l'égard du donateur, la donation de la chose d'autrui? 477. Le donataire peut acquérir par prescription la propriété de la chose d'autrui, qui lui a été donnée. 477, 478.

Le donataire particulier n'est pas tenu des dettes du donateur, à moins que le donateur ne fût complètement insolvable au temps de la donation. vii. 478. x. 484. Les donataires universels sont tenus des dettes qu'avait le donateur lors de la donation. *Ibid.* Quelles personnes sont donataires particuliers ou donataires universels? vii. 478, 479. V. *Donataire.* Le donataire d'une certaine espèce de biens est tenu de la portion des dettes dont est chargée la portion des biens dont il est donataire. 479. Les donataires des biens présens ne sont tenus que des dettes qui existaient lors de la donation. 479, 480.

Quand y a-t-il lieu à la révocation des donations? 480 *et suiv.* V. *Révocation des donations.* Retranchement des donations pour la légitime des enfans. vii. 504 *et suiv.* V. *Légitime.*

V. *Avantage entre époux. Don mutuel. Donation entre mari et femme. Dot. Douaire. Prêt à usage. Retrait lignager. Secondes noces. Substitutions.*

les donations entre-vifs, entre conjoints par mariage, et qui ne se
sont pas expliquées sur les testamentaires, doivent-elles être ran-
gées dans cette classe? 551, 552.
La troisième classe est de celles
qui admettent non-seulement les
donations testamentaires, mais
même les donations entre-vifs,
lorsque le conjoint est prédécédé
sans les avoir révoquées. 552. La
quatrième est de celles qui permettent à l'un des conjoints par mariage, de faire à l'autre donation
entre-vifs simple, en certains cas,
et sous certaines restrictions. 552,
553. Ces restrictions doivent-elles
s'appliquer aux donations testamentaires, lorsque la coutume ne s'en
est pas expliquée? 553, 554. Sous
les coutumes, qui exigent que les
conjoints n'aient pas d'enfans, pour
que les donations soient valables,
suffit-il que le conjoint donateur
n'en ait pas, quoique l'autre en ait
d'un précédent mariage? 554.

Les lois municipales, qui concernent les donations entre mari
et femme, sont des statuts réels.
554, 555. V. *Statut réel*. C'est la
loi du lieu, où les biens sont situés, qui décide si les donations,
que s'en font les conjoints par mariage, sont permises ou défendues. 555. Les rentes constituées
n'ont pas de situation, et les donations qui en sont faites sont régies conséquemment par la loi
du domicile de la personne.
555, 556. V. *Rente constituée*.
Il en est de même des donations de choses mobilières, corporelles ou incorporelles. 555,
556. Ainsi les conjoints, en trans-
portant leur domicile d'une Coutume sous une autre, peuvent changer leur capacité relativement aux
rentes et aux meubles. 556. Pour-

vu toutefois que cette translation
soit sincère, et faite avec la véritable intention d'y établir son
domicile. 556, 557. Et cela quand
même le changement de domicile
n'aurait eu lieu que dans la vue de
pouvoir se faire une donation dont
ils étaient incapables sous la Coutume de leur ancien domicile. 557.
Les donations testamentaires de
rentes ou de meubles, sont régies
par la loi du domicile, lors de la
mort. 557, 558. V. *Domicile*.

Les conjoints ne peuvent, par
leur contrat de mariage, déroger
aux lois prohibitives qui défendent les donations entre mari et
femme. 43, 558, 559. Toute convention, qui tend même indirectement à laisser aux conjoints le
pouvoir de se faire, pendant le mariage, quelque avantage indirect
défendu par ces lois, est nulle.
559. V. *Avantage indirect*. Telle
est la clause que les conjoints n'auront aucun remploi du prix de
leurs propres aliénés pendant le
mariage. VI. 559. X. 302. Et celle par
laquelle, en se mariant avec exclusion de communauté, ils convien-
draient qu'il leur serait permis
d'établir une communauté pendant
le mariage, si bon leur semblait.
*Ibid*. Il en est de même encore de
celle par laquelle il serait dit que
la femme aurait moitié dans la communauté, et ne serait point tenue
des dettes, ou n'en serait tenue
que pour un tiers. *Ibid*. V. *Conventions matrimoniales. Exclusion de
communauté. Remploi*. Les conjoints peuvent-ils, par leur contrat
de mariage, déroger aux lois qui leur
permettent de se donner, et s'interdire cette faculté? 559, 560. V.
*Avantage entre époux. Avantage
indirect. Don mutuel*.

DONATION TESTAMENTAIRE. V.

*Avantage entre époux. Donation entre mari et femme. Testament.*

DON MUTUEL. Variété des Coutumes par rapport au don mutuel entre mari et femme. VI. 603. Différens cas dans lesquels les Coutumes permettent le don mutuel. *Ibid.* Différentes espèces de biens dont les Coutumes permettent aux conjoints de se faire don mutuel. 604. Coutumes qui ne permettent de faire le don mutuel qu'en usufruit, et d'autres en propriété. *Ibid.* Coutumes qui requièrent, pour sa validité, une égalité parfaite dans ce que l'un des conjoints donne à l'autre. 604, 605. Coutumes qui requièrent une égalité d'âge entre les conjoints. 605. Coutumes sous lesquelles le don mutuel est sujet à délivrance. *Ibid.* Coutumes qui, en permettant le don mutuel en usufruit, obligent le donataire à donner caution. *Ibid.* Coutumes qui font perdre au survivant, qui a des enfans, son don mutuel, lorsqu'il se remarie. 605, 606.

Sous la Coutume de Paris, le don mutuel est un don entre-vifs égal et réciproque, que deux conjoints par mariage se font réciproquement l'un à l'autre, à défaut d'enfans de l'un et de l'autre, et, en cas de survie, de l'usufruit des biens de leur communauté. VI. 606. x. 503, 504, 509. Ce don mutuel est-il un véritable don entre-vifs, ou n'est-il qu'un contrat intéressé de part et d'autre, de la classe des contrats aléatoires, qui n'a de la donation que le nom ? VI. 607, 608.

Il doit être irrévocable et égal. VI. 608, 609. x. 504. Il est irrévocable aussitôt qu'il est fait. 609. Toutes les clauses par lesquelles les parties se réserveraient de lui

porter quelque atteinte le rendent nul. VI. 609, 610. Les parties ne peuvent, sans le rendre nul, se réserver une faculté indéterminée de tester de leurs meubles et conquêts, à moins d'excepter de ce don une certaine somme, égale pour chacune d'elles. 610, 611. Si les parties stipulaient, qu'au cas où elles n'auraient pas disposé de cette somme, elle demeurerait comprise dans le don mutuel, cette clause rendrait le don entièrement nul. 611. Le don mutuel, fait par contrat de mariage, ne peut se révoquer pendant le mariage, même par le consentement mutuel des parties. 611, 612. V. *Conventions matrimoniales.* Celui qui est fait pendant le mariage, peut l'être. *Ibid.* La révocation, pour être valable, doit se faire dans la même forme que le don mutuel. 612. Elle ne peut se faire pendant la maladie de l'une des parties. *Ibid.* Est-elle, comme le don mutuel, sujette à l'insinuation ? *Ibid.* V. *Insinuation. Révocation des donations.* L'irrévocabilité du don mutuel est moins parfaite que celle des donations entre-vifs. 612, 613. Leur différence. *Ibid.* V. *Donation entre-vifs. Irrévocabilité.*

Le don mutuel est nul, s'il n'y a pas une parfaite égalité dans les choses que chacune des parties se sont données. VI. 613, 614. x. 504, 505. Les héritiers de la femme ne peuvent attaquer pour défaut d'égalité, le don mutuel qu'elle a fait au mari, en soutenant que, si le mari fût prédécédé, la femme n'eût pu profiter du don qu'il lui avait fait de sa part dans la communauté, laquelle aurait été absorbée par les dettes. VI. 614, 615. L'égalité, exigée pour le don mutuel, ne porte pas seulement sur les choses données, mais encore sur l'espérance de survivre qui doit être égale. 615. Cas où l'égalité n'existe pas, et où le don mutuel devient nul. x. 504, 505, 506.

Pour que les conjoints puissent se faire un don mutuel, il faut qu'ils soient unis par un légitime mariage. vi. 616. Le don mutuel devient nul, si, par la suite, le mariage est déclaré nul. 616, 617. A moins que le mariage ne conserve les effets civils, à cause de la bonne foi des contractans, auquel cas le don mutuel continue d'exister. 617.

Il faut que les conjoints soient communs en biens, pour pouvoir se faire un don mutuel. 617, 618. Ils ne peuvent se le faire, lorsqu'il y a une clause dans le contrat, par laquelle la femme ou ses héritiers auront, pour tout droit de communauté, une somme fixe. 617. Il en est de même, quand même le forfait de communauté est réciproque. Ibid. Les conjoints ne peuvent se donner, par don mutuel, la moitié que chacun d'eux a dans un immeuble qu'ils ont acheté en commun pendant le mariage. 618, 619.

La Coutume de Paris exige encore que les conjoints soient en santé, lorsqu'ils se font le don mutuel. 619. Doit-on entendre par-là l'exemption de toute maladie, ou que le don mutuel ne peut être fait pendant une maladie dangereuse de l'un des conjoints, ou seulement pendant la dernière maladie dont ce conjoint est mort ? 619, 620, 621, 622. Dans les Coutumes qui ne se sont pas expliquées sur la santé des conjoints, il suffit que le don mutuel n'ait pas été fait pendant la dernière maladie. 622. Excepté dans celles qui requièrent l'égalité d'âge, où le don mutuel,

fait pendant une maladie dangereuse, n'est pas valable. Ibid. Dans les Coutumes qui annulent le don mutuel fait dans la dernière maladie, on ne regarde pas comme tel celui qui est fait dans le cours d'une maladie longue, quoique mortelle dès son principe, mais qui n'avait pas atteint les derniers périodes. 622, 623. Il en est autrement dans les Coutumes qui exigent une égalité de probabilité de recueillir le don mutuel. 623. L'état de grossesse de la femme n'est pas considéré comme un état de maladie. Ibid. Dans les Coutumes qui ne se sont pas expliquées sur l'âge des conjoints, la grande inégalité d'âge est-elle un obstacle au don mutuel ? 623, 624. Les conjoints par mariage, mineurs, peuvent se faire le don mutuel. 625. Un mari et une femme peuvent-ils se le faire, lorsque le mari est interdit pour cause de prodigalité ? Ibid. Des conjoints étrangers, non naturalisés, mais domiciliés en France, le peuvent-ils ? Ibid. V. Etranger.

Les conjoints ne peuvent se donner, par don mutuel, que les biens meubles de la communauté, pour la part qui leur en appartient. vi. 626. x. 508. Lorsque le mari est débiteur d'une somme envers la communauté, qu'il en avait tirée pour payer sa propre dette, et qu'il prédécède ; la femme, donataire universelle, pourra-t-elle prétendre que la moitié de cette somme, qui appartenait au mari dans la créance entière que la communauté avait contre lui, et dont il a fait confusion, est entrée dans le don universel que son mari lui a fait ? vi. 626, 627, 628. x. 509. Le mari survivant, donataire mutuel, peut-il prétendre jouir en usufruit de l'apport fait par la femme, dont la reprise a été stipulée en faveur de ses père et mère, lesquels ont renoncé? VI. 628, 629. X. 508, 509. Le mari a-t-il droit, en ce cas, de jouir en don mutuel de toute cette reprise, ou seulement de la moitié? VI. 629. X. 508, 509. La femme qui, ayant stipulé la reprise de son apport, renonce à la communauté, peut-elle demander le don mutuel que son mari lui a fait des biens de la communauté? VI. 629, 630, 631. Lorsque les conjoints se sont donnés par don mutuel plus que la loi ne leur permettait de se donner, le don mutuel est entièrement nul de part et d'autre. 631, 632. Même dans le cas où le surplus de ce qui était permis par la loi eût été donné par un acte séparé. 633. V. *Réduction.*

Le don mutuel doit être fait par acte devant notaires, dont il reste minute. VI. 633, 634. X. 507. Il doit être fait par un seul et même acte. 634. Est-il sujet à la forme de l'estimation? VI. 634, 635. VII. 461. V. *Insinuation.* Elle n'est nécessaire, sous la Coutume de Paris, que pour la donation que la femme fait à son mari. VI. 636. La femme peut-elle révoquer le don mutuel pour défaut d'insinuation? 636, 637. Le délai de quatre mois prescrit par la Coutume pour faire l'insinuation, n'est pas de rigueur; elle peut être faite pendant tout le temps de la vie de la femme. 637. Il suffit que l'insinuation du don mutuel soit faite au domicile des parties. 637, 638. Le don mutuel n'est pas sujet à l'acceptation, ni aux autres formalités des donations entre-vifs. 638. La tradition ne peut en être exigée. *Ibid.* La femme doit être autorisée de son mari pour le faire. VI. 638. X. 507, 508.

Le don mutuel est toujours fait sous la condition de survie du conjoint donataire. VI. 638, 639. La mort civile de l'un des conjoints, par condamnation à une peine capitale, fait-elle exister la condition de la survie de l'autre conjoint? 639. V. *Mort civile.*

Il est encore fait sous la condition que ni l'un ni l'autre conjoint n'aura des enfans lors du décès du premier mourant. VI. 624, 625, 639, 640. X. 506. Les enfans du donataire, aussi bien que ceux du donateur, font défaillir la condition. *Ibid.* Il suffit pour cela d'un seul enfant. VI. 640. L'enfant non encore né, mais conçu lors du décès du premier mourant, fait défaillir la condition. VI. 640, 641. X. 506. Quelque peu de temps qu'il ait vécu, pourvu qu'il soit né à terme. *Ibid.* Si l'enfant vient mort au monde, quoiqu'à terme, il ne fait pas défaillir la condition. VI. 641. C'est aux parens du prédécédé à prouver que l'enfant venu à terme a eu vie. *Ibid.* C'est également à eux à prouver que l'enfant est mort le premier, lorsqu'il a péri avec l'un des conjoints dans le même naufrage. 641, 642. Le terme *enfant* de la coutume s'entend de tous les enfans en quelque degré qu'ils soient. 642. Elle n'entend parler que de ceux qui sont habiles à succéder. *Ibid.* Ainsi les bâtards de l'un des conjoints n'y sont pas compris. *Ibid.* Il en est de même de ceux qui ont perdu leur état civil avant la mort du premier mourant des conjoints. VI. 642, 643. X. 506, 507. L'état civil de l'enfant étant en suspens par une condamnation capitale par contumace, le don mutuel reste aussi en suspens, malgré la délivrance par provision qui en est faite. VI.

643. Les enfans exhérédés ne font pas non plus défaillir la condition. VI. 643, 644. X. 507. Il faut qu'ils soient exhérédés par l'un et par l'autre des conjoints. *Ibid.* L'enfant, qui renonce à la succession, ne laisse pas de faire défaillir la condition. VI. 644. Il n'est pas permis aux conjoints de déroger à la clause qu'il n'y ait pas d'enfans, ni de la modifier en aucune manière. VI. 644. X. 507. L'intervention des enfans majeurs au contrat de don mutuel des père et mère, ne dispense pas les conjoints de la condition. 644, 645.

Les conjoints peuvent opposer au don mutuel telles conditions que bon leur semble. 645. Ces conditions doivent être casuelles, et non potestatives, sans quoi le don mutuel est nul. *Ibid.* Il faut que la condition, pour être valable, soit apposée à chacune des donations que les conjoints se font réciproquement. 645, 646. V. *Condition.*

La mort du premier mourant des conjoints donne ouverture au don mutuel. VI. 646. X. 510. Le survivant est obligé de demander aux héritiers du prédécédé la délivrance du don mutuel. *Ibid.* Le don mutuel fait par contrat de mariage, saisit de plein droit le donataire. *Ibid.* Les clauses de constitut et précaire insinuées dans le contrat de don mutuel ne l'empêchent pas d'être soumis à la délivrance. 646, 647. Le survivant donataire mutuel doit tenir compte des fruits des biens de la communauté dont il est en possession, aux héritiers du prédécédé pour leur part, jusqu'au jour de la délivrance, 647, ou jusqu'au jour où il leur a présenté une caution suffisante pour l'obtenir. *Ibid.* Est-il nécessaire qu'il ait préalablement justifié de la caution

qu'il a présentée? *Ibid.* Si la caution a été débattue et rejetée, le survivant est-il censé être entré en jouissance du jour de sa présentation. VI. 647, 648. X. 511. Si le donataire ne trouve pas de caution, il ne peut obliger les héritiers à jouir par leurs mains du don mutuel et à lui en tenir compte. VI. 648. Les conjoints ne peuvent pas, par le don mutuel qu'ils se font pendant le mariage, se décharger de cette caution. *Ibid.* Il en est autrement de celui qu'ils se font par contrat de mariage. *Ibid.* V. *Caution.*

Les héritiers du prédécédé peuvent, après l'ouverture du don mutuel, remettre au donataire la caution qu'il leur doit. 649. La nullité de la clause qui déchargerait le donataire de la caution, ne rend pas nul le contrat. *Ibid.* La Coutume d'Orléans exige, comme celle de Paris, que le donataire donne une caution valable pour être saisi de son legs. *Ibid.* Il n'est pas nécessaire, sous la Coutume d'Orléans, que la caution soit présentée en jugement. 649, 650. Le donataire y est même saisi par la simple présentation de la caution jugée insuffisante. 650. Coutume où le donataire est saisi de plein droit, du jour de la mort du prédécédé. *Ibid.* Le droit d'usufruit du donataire mutuel par rapport aux conquêts immeubles de la communauté est un droit d'usufruit ordinaire. VI. 650. X. 509, 510. V. *Usufruit.* A l'égard de l'argent et des effets mobiliers, le donataire a un droit de quasi-usufruit, et la propriété lui en est transférée, à la charge d'en rendre aux héritiers du prédécédé le montant, suivant la prisée faite par l'inventaire. VI. 650, 651. X. 510. Le donataire mutuel n'est pas obligé d'ajouter à la prisée de l'inventaire la crue du parisis. VI. 651, 652. X. 510. V. *Inventaire.* Le donataire peut, après l'inventaire, faire une vente publique des meubles, auquel cas il ne doit, à la fin de sa jouissance, que la somme provenant de cette vente. VI. 652. Il a ce droit de quasi-usufruit, non-seulement sur les choses qui se consomment par l'usage, mais encore sur les meubles susceptibles d'un usufruit proprement dit. *Ibid.* V. *Quasi-usufruit.* Il peut se faire payer des dettes actives, à la charge d'en restituer la valeur. 652, 653. Il doit même faire raison de celles qu'il a manqué de recevoir. *Ibid.* Il n'est tenu que de ce qui lui est parvenu des dettes déclarées caduques par l'inventaire. 653. Application du quasi-usufruit du donataire mutuel, à une rente viagère constituée sur sa tête, qui se trouve dans la communauté, et appartenant conséquemment pour moitié à la succession du prédécédé. 653, 654. Cas où la rente viagère est constituée sur la tête d'un tiers. 654. V. *Rente viagère.*

Quelles sont les charges du don mutuel? VI. 655. X. 511. Le donataire mutuel doit avancer les frais funéraires du prédécédé. IV, 55. X. 511. V. *Frais funéraires.* Il est tenu d'avancer encore la part des dettes communes, dues par le premier décédé. VI. 655, 656. X. 511. On ne peut le contraindre à avancer le paiement d'aucune autre dette. VI. 656. Ainsi la femme donataire mutuelle ne souffre sur son don mutuel aucune diminution ni confusion de son douaire préfix. *Ib.* Elle a le droit de l'exiger de l'héritier du prédécédé. *Ib.* Les créanciers personnels du prédécédé peuvent saisir sa part dans la communauté, avant que la délivrance en ait été faite au donataire.

*Ibid.* Celui-ci doit avancer tant les dettes contractées avant le don mutuel, que celles qui l'ont été depuis. 656, 657. De ce nombre sont celles dont la communauté est débitrice envers chacun des conjoints. 657. Lorsqu'il y a des héritiers aux meubles et acquêts, et des héritiers aux propres, le donataire mutuel doit-il avancer le total des frais funéraires, et le total de la part des dettes de la communauté, ou seulement pour la part dont en est tenu l'héritier aux propres? VI. 657, 658. X. 512. Le donataire mutuel est encore tenu d'avancer les frais d'inventaire. VI. 658. X. 511. Le donataire mutuel n'est pas tenu de payer les legs, ni autres dispositions testamentaires. VI. 658, 659. Si le prédécédé n'a pas laissé d'autres biens que ceux de la communauté, les légataires peuvent-ils exiger incontinent leurs legs de l'héritier qui n'a succédé qu'à une nue-propriété. 659, 660. Quelques Coutumes obligent le donataire mutuel à acquitter les legs. 660. C'est la Coutume qui régit les biens compris au don mutuel, qui décide si le donataire mutuel en doit être chargé ou non. 660, 661. Si le don mutuel n'est que d'une portion de la part du prédécédé dans la communauté, le donataire mutuel n'est tenu des charges que pour cette portion. 661, 662.

Le donataire mutuel est en outre tenu des charges dont tous les usufruitiers sont tenus. 662. V. *Usufruit.* Il doit faire les réparations viagères, sans pouvoir se les faire rembourser. *Ibid.* Il n'est pas chargé des grosses réparations. 663. V. *Réparations.* A moins qu'elles n'aient eu lieu par sa faute. *Ibid.* Le donataire mutuel peut-il obliger le propriétaire de l'héritage à

les faire? 663 , 664. Le propriétaire qui les a faites peut-il exiger
de l'usufruitier donataire qu'il lui
paie l'intérêt de ce qu'elles ont
coûté, pendant le temps de l'usufruit, jusqu'à concurrence de ce
qu'elles augmentent sa jouissance?
664, 665. Le donataire mutuel
n'est chargé que des réparations
qui surviennent à faire pendant le
temps de son usufruit. 665, 666. Il
fait seulement l'avance des autres.
*Ibid.* Il doit payer les rentes foncières échues depuis la jouissance
du don mutuel, et les charges annuelles. vi. 666. x. 512. Il n'est
pas tenu d'acquitter le profit de rachat dû par la mort du prédécédé,
*ibid.*, ni celui de l'héritier du prédécédé mort pendant la jouissance.
vi. 666, 667. Il n'en est pas de
même du profit de relevoisons à
plaisir sous la Coutume d'Orléans.
667. Le centième denier dû par la
mort du prédécédé est dû par son
héritier. *Ibid.* Le donataire mutuel
doit encore acquitter les arrérages
des rentes constituées pendant la
communauté, qui courront pendant
le temps de la jouissance. vi. 667,
668. x. 512. Il faut qu'ils aient été
courus et échus depuis et pendant
tout le temps de la jouissance. vi.
668. x. 512. Le mari, jouissant comme donataire mutuel, de la moitié
appartenante à l'héritier de sa femme, dans un office acquis pendant la
communauté, doit payer à ses dépens et sans répétition, le prêt et
l'annuel de cet office. 668, 669. A
l'égard des taxes imposées sur l'office, on en fait raison à l'héritier
du donataire mutuel, si elles ne
sont pas des taxes sèches. 669.

L'usufruit du donataire mutuel
s'éteint par la mort. *Ibid.* Il ne s'é-
teint pas par le convol à un second
mariage, sous la Coutume de Paris,

à moins d'une clause expresse apposée dans le contrat du don mutuel. 669, 670. Aussitôt l'extinction de l'usufruit du donataire mutuel arrivée, les héritiers du prédécédé, ou leurs successeurs, rentrent dans la jouissance des biens
qui composaient le don mutuel.
670. Lorsqu'il consistait en deniers
et effets mobiliers, les héritiers du
prédécédé ont une action contre
ceux du donataire, aux fins de restitution de la somme à laquelle avait
été estimé le don mutuel. 670, 671.

Avantage mutuel que peuvent
se faire les époux dans le contrat
de mariage de leurs enfans, d'après
l'article 281 de la Coutume de Paris. 672. La réciprocité et l'égalité
sont requises dans cette espèce de
don mutuel, pour qu'il soit valable.
672, 673. Le défaut d'égalité annulle la disposition quant à la donation, mais non quant à la condition qui était apposée à la dot
donnée à l'enfant. 673, 674. La
condition défaillant, et la mère re-
prenant la dot, elle peut, à défaut
d'héritages conquêts de la communauté, obliger l'enfant au rapport
de la dot. 674, 675. Cette espèce
de don mutuel, de même que celui de l'article 280 de la Coutume,
n'est permis aux conjoints que lorsqu'ils sont communs en biens. 675.
Il diffère de l'autre en ce que les
conjoints ne se le font pas directement l'un à l'autre, mais qu'il résulte seulement de la convention
portée au contrat de mariage d'un
enfant commun. *Ibid.* Autres différences entre ces deux espèces de
dons mutuels. 675, 676. La convention permise par l'article 281
ne peut se faire que par le contrat
de mariage des enfans, et non par
un acte subséquent. 676. Pas même
par un acte, dans lequel les père

et mère donneraient à l'enfant, depuis son mariage, une augmentation de dot. 677. Elle ne peut se faire que lorsque les époux donnent une dot à leur enfant qu'ils marient. 677, 678. Peu importe la modicité de la dot. 678. Il faut que la dot ait été fournie par les père et mère conjointement. 678, 679. Il suffit que la dot consiste en biens de la communauté, sans qu'il y soit parlé de la mère, pour qu'elle soit censée y avoir contribué. 679. Les conjoints par mariage peuvent-ils, en mariant leurs petits-enfans, comme en mariant leurs enfans, se faire valablement la convention permise par l'article 281? 679. Cas où les conjoints marient un petit-enfant qu'ils ont de leur enfant prédécédé. 679, 680, 681. Cas où ils marient un petit-enfant, qu'ils ont de leur enfant encore vivant. 681, 682. Dans tous les cas, la Coutume n'entend parler que des enfans communs aux deux conjoints. 682. Quel est le sens de ces termes de l'article 281, *pourvu qu'il ne se remarie?* 682, 683, 684. C'est l'usufruit de la portion du prédécédé dans les biens de la communauté qui peut être compris dans le don mutuel de l'article 281, de même que dans l'autre. 684, 685. Ce don mutuel ne peut être valablement fait d'autres choses. 685. Dans ce cas, ces conventions sont nulles seulement par rapport au don mutuel qu'elles renferment, mais valables par rapport à l'enfant. 685, 686. Quelles sont les charges de l'espèce de don mutuel permis par l'article 281? 686. L'effet de cette convention est que les enfans ne sont pas recevables à demander au survivant le partage des biens de la communauté. 686. Il en est de même à l'égard des enfans de l'en-

fant mort avant ses père et mère. 687. *Quid,* dans le cas où l'enfant mort était unique, et où les enfans viennent de leur chef à la succession des père et mère? 687. Si un autre enfant non marié avec cette convention, ou qui n'a pas été marié du tout, demande le partage au survivant, quel est, en ce cas, l'effet de la convention, à l'égard de celui qui a été marié avec cette convention? 687, 688, 689. Si l'enfant est légataire universel du prédécédé, est-il tenu de laisser jouir le survivant de toute la part qu'il a dans la communauté comme légataire universel, ou seulement de la partie héréditaire, sa dot prélevée? 690. Effet de la clause de ne pouvoir provoquer le survivant à inventaire ni partage, dans les Coutumes qui ne permettent pas l'espèce de don mutuel que celle de Paris permet par l'article 281. 690, 691. V. *Avantage entre époux.*

Interprétation de l'article 68 de la Coutume de Dunois, qui ne permet aux conjoints par mariage de se rien donner, que par une donation mutuelle, confirmée par un testament mutuel. 692-712. V. *Testament.*

Le don mutuel donne-t-il lieu au profit de rachat? IX. 727, 728.

V. *Donation entre mari et femme. Donation entre-vifs. Etranger. Retrait de mi-denier. Usufruit.*

DONNEUR DE VALEUR. V. *Lettre-de-change.*

DOT. Les dots des enfans communs sont une dette naturelle de l'un et de l'autre des conjoints. VI. 391, 307, 308, 309. Néanmoins elle n'est pas une dette de leur communauté, mais plutôt une dette propre de chacun d'eux, pour la part dont chacun doit y contribuer. *Ibid.* La loi ne donne aucune action aux enfans contre leurs pères et mères pour leur dot. 392. Ainsi chacun des conjoints ne contribue à la dot pour la part qu'il veut. *Ibid.* Le mari peut, sans le consentement de la femme, l'y faire contribuer pour la part qu'elle a dans les effets de la communauté, qu'il donne en dot à un enfant commun. *Ibid.* V. *Communauté légale.* Le mari qui donne en dot à un enfant commun des effets de la communauté, est censé, si le contraire ne paraît, avoir fait cette donation en qualité de chef de la communauté, pour sa femme et pour lui. 393. 679. Dans quels cas l'un des époux doit récompense à la communauté, pour la dot fournie aux enfans communs? 390-398. V. *Récompense.* Cas où la dot est censée constituée par le père et la mère conjointement, ou par l'un d'eux seul. v. 574, 575. vii. 208, 209. x. 657, 658. La dation d'un immeuble en paiement de la dot par les père et mère n'est pas une vente. ix. 647, 648. V. *Accommodement de famille.* Quand la prescription de la dot peut avoir lieu, et de quelle époque elle court? viii. 418, 419, 420. V. *Prescription de dix et vingt ans.*

V. *Apport. Communauté légale. Deniers dotaux. Donation entre mari et femme. Donation entre-vifs. Hypothèque. Ordre. Rapport. Renonciation aux successions futures. Séparation de biens. Séparation de dettes.*

\* La plupart des principes analysés sous ce mot, se trouvent répétés au mot RÉCOMPENSE.

**DOUAIRE DE LA FEMME.** Ce que la convention ou la loi accorde à la femme, dans les biens de son mari, pour sa subsistance, en cas qu'elle lui survive. v. 383. x. 399. On distingue le douaire conventionnel, et le douaire coutumier. v. 383, 384, 386. x. 399. Les Coutumes qui accordent un douaire, ne l'accordent pour la plupart qu'à défaut de conventionnel. v. 384. Quelques-unes accordent le choix entre les deux. *Ibid.* La femme peut renoncer au douaire par le contrat de mariage; cette renonciation doit être expresse. v. 384. x. 399.

Origine du douaire; inconnu chez les Romains. v. 385, 386. Le douaire n'est pas considéré comme une donation. 386. Pas même l'excédant du douaire conventionnel sur le douaire coutumier. 387. Le douaire est-il sujet à retranchement pour la légitime des enfans? 387, 388. V. *Légitime.* Dans le cas de secondes noces, le douaire conventionnel est présumé donation en ce qu'il excède le coutumier. 388. V. *Secondes noces.*

Le douaire est un effet civil du mariage. *Ibid.* Il a lieu, quoique le mariage soit nul, lorsqu'il a les effets civils. *Ibid.* La femme étrangère, qui se marie en France, a droit au douaire conventionnel qui a été stipulé. v. 388. x. 399. A-t-elle droit au douaire coutumier? v. 388, 389. x. 399. Coutumes qui n'accordent le douaire qu'aux femmes nobles seulement, ou qu'aux femmes roturières. v. 390.

Le douaire coutumier, dans la plupart des Coutumes, consiste dans l'usufruit d'une partie des biens du mari. v. 390. x. 401. Cet usufruit, selon le droit commun, porte sur les biens que le mari avait à l'époque du mariage, ou qui lui adviennent de ses père,

mère, ou autres ascendans. v. 391.
Différences entre ce droit commun
qui est celui de la Coutume de Paris, et celui de plusieurs autres
Coutumes. 391, 392. Les Coutumes, sur la quotité de la portion
des biens sur laquelle porte l'usufruit de la femme, se sont partagées
entre la moitié et le tiers. 392,
393. Autres Coutumes qui règlent
le douaire différemment. 393. Dans
cette variété de Coutumes, le douaire en usufruit se règle par celles
des lieux où sont situés les héritages du mari. v. 593, 594. x. 401.
V. *Statut réel*. S'ils sont situés dans
différentes Coutumes, la femme a
dans chacun la portion que la Coutume assigne pour le douaire. *Ib.*
Le douaire, qui consiste dans une
créance de la femme contre le mari, se règle par la loi du domicile
du mari, lors du mariage. 394. V.
*Statut personnel*.

Quels sont les biens du mari que
la Coutume de Paris, et le droit le
plus commun, assujettissent au
douaire? 394, 395. Par le terme
d'*héritages*, la Coutume entend les
immeubles tant incorporels que
réels. v. 395. x. 401, 402. Les offices ne sont sujets au douaire que
subsidiairement; et à défaut d'autres immeubles. *Ibid.* Le droit d'u-
sufruit, ou la rente viagère, cons-
titués sur la tête d'un tiers, au profit du mari, sont sujets au douaire.
v. 395, 396. x. 402. Le propre
conventionnel du mari n'est jamais
sujet au douaire. v. 396, 397. x.
492. Ni la somme d'argent à lui
donnée par ses père et mère, pour
être employée en achat d'héritages.
v. 397. Pour être sujet au douaire,
il faut que l'héritage ait été possédé
par le mari, à l'époque du mariage, à titre de propriétaire. 397,
398. Il n'est pas nécessaire cepen-

dant qu'il ait le domaine direct,
pourvu qu'il ait le domaine utile.
*Ibid.* Les immeubles ameublis par
le mari ne sont pas sujets au douaire. v. 398. x. 402. Même dans
le cas où la femme renonce à
la communauté. *Ibid.* Sont sujets au douaire les immeubles
dont le mari n'est devenu propriétaire que depuis le mariage,
mais sur lesquels il avait le droit
en vertu duquel il l'est devenu. v.
398, 399. x. 402, 403. Il n'est
pas même nécessaire que ce droit
fût ouvert et formé au temps du
mariage, pourvu que ce soit en
vertu de ce droit, alors conditionnel, mais ouvert depuis, que l'immeuble ait été acquis. v. 399. Sont
sujets au douaire les biens échus
au mari par le partage, postérieur
au mariage, d'une succession ouverte à l'époque du mariage. v.
399, 400. x. 403, 404. Ces héritages ne sont sujets au douaire,
qu'à la charge du retour dont ils sont
chargés. v. 400. x. 404. Pour que
l'héritage acquis au mari en vertu
d'un droit qu'il avait à l'époque du
mariage, soit sujet au douaire,
il faut que ce droit ait été la cause
immédiate de l'acquisition. v. 401.
*Quid*, du droit de retrait ouvert
en faveur du mari à l'époque du
mariage, mais qui n'a été exercé
que depuis? 401, 402. Pour que
les immeubles, dans lesquels rentre le mari, soient sujets au
douaire, il faut qu'il y rentre
*ex causâ antiquâ*. v. 402. x. 403.
Cas où le mari, entre les fiançailles
et la célébration du mariage, aurait aliéné les immeubles sujets au
douaire. v. 402; 403. x. 402. La
Coutume rend sujets au douaire les
immeubles qui échéent et avien-
nent en ligne directe au mari. v.
403, 404. Non-seulement à titre

de legs, mais à autre titre qui soit avancement de succession. *Ibid.* Il faut que ces choses soient immeubles non-seulement dans la personne du mari, mais encore dans celle du défunt à qui il a succédé. 404. Les immeubles provenans de succession directe au mari, cessent d'être sujets au douaire, lorsque, par une clause du contrat, ils entrent en communauté. *Ibid.* Les successions des ascendans du mari, qui ne se sont ouvertes qu'après sa mort, sont-elles sujettes au douaire? 404, 405. *Quid*, dans ce cas, lorsque le père du mari lui a assuré, par le contrat de mariage, la part qu'il doit avoir dans sa succession? 405. Quelles choses sont censées avenues, en ligne directe? 405, 406. V. *Avancement de succession.*

Le douaire est de la moitié des immeubles que le mari possède à l'époque du mariage, et de ceux qui lui adviennent en ligne directe pendant sa durée, d'après l'article 248 de la Coutume de Paris. 406. *Quid*, si les biens du mari, à l'époque d'un second ou ultérieur mariage, sont déjà engagés au douaire d'un précédent mariage? 406, 407. Réduction du douaire du dernier mariage. 407. Explication de la règle : *Douaire sur douaire n'a lieu.* 407, 408. Cette règle s'applique-t-elle, lorsque par le contrat du premier mariage, il y a clause d'exclusion de douaire. 408. Que doit-on décider, lorsqu'il y a un douaire préfix d'une somme d'argent, moindre que le douaire coutumier? 408, 409. *Quid*, au contraire, si le douaire du premier mariage est plus fort que le coutumier? 409. Le principe *douaire sur douaire n'a lieu*, ne s'applique

pas au douaire de la mère du mari. 409, 410. Il ne s'applique pas dans les Coutumes qui n'admettent pas le douaire des enfans. 410.

La douairière est tenue des charges usufruitières des héritages sur lesquels porte son douaire. v. 410. x. 410, 411. Elle est tenue proportionnellement à son douaire des arrérages de rentes dont le mari était débiteur à l'époque du mariage. v. 411. x. 410, 411. Ventilation à faire pour connaître la part qu'elle doit en payer, lorsque les immeubles, sujets à son douaire, sont situés sous des Coutumes qui disposent différemment sur la qualité du douaire. *Ibid.* Elle ne contribue pas aux dettes mobilières; l'héritier du mari doit la garantie des poursuites hypothécaires. v. 411, 412. x. 412. Même lorsque les dettes mobilières excédaient les biens mobiliers à l'époque du mariage. v. 412. La douairière n'est pas tenue des rentes créées par son mari depuis le mariage. *Ibid.* A moins que cette rente ne soit subrogée à une charge réelle frappant les immeubles du mari avant le mariage. 412, 413. Elle n'est pas tenue des rentes créées entre le contrat et la célébration du mariage. 413. Elle contribue proportionnellement aux dettes des successions échues en ligne directe au mari. *Ibid.*

Les biens, dont le mari est grevé de substitution, peuvent être sujets au douaire de la femme, subsidiairement, et à défaut de biens libres. v. 413, 414. x. 407. Lorsque l'auteur de la substitution est le père ou la mère, ou quelque autre ascendant du mari. v. 414. x. 407. Il suffit, pour cela, que le mari n'ait pas une quantité suffisante de biens, pour assigner un douaire convenable, eu égard à ses facultés. v. 414, 415. Le douaire, à défaut de biens libres, se prend-il sur les biens substitués, même dans le cas où la substitution n'aurait été faite que depuis le mariage? 415. Lorsque l'auteur de la substitution n'est pas un ascendant du mari, pour que les biens substitués soient sujets au douaire, il faut que ce soient les enfans du grevé qui soient appelés à la substitution ou qu'elle soit faite sous la condition qu'il mourra sans enfans. v. 415. x. 407, 408. Les biens substitués sont-ils sujets au douaire même des second et subséquens mariages? v. 415, 416. x. 408. Sont-ils sujets au douaire dans tous les degrés de substitution, lorsque la substitution est graduelle? v. 416. x. 408. L'auteur de la substitution, qui a rempli de sa légitime l'enfant grevé, peut-il ordonner que les biens substitués ne pourraient être obligés ni au douaire, ni à la dot de la femme, ni pour autre cause? 416, 417.

Ce qui est uni, par union naturelle, depuis le mariage, à l'héritage sujet au douaire, y est sujet comme l'héritage même. v. 418, 419. V. *Accession.* Tout ce qui reste d'un héritage sujet au douaire, détruit par force majeure et sans la faute du mari, reste sujet au douaire. v. 419. x. 404. Ce que le mari reçoit à la place d'un immeuble sujet au douaire, est subrogé à cet immeuble et devient sujet au douaire. v. 420, 421. x. 404, 405. L'héritage, sujet au douaire, cesse d'y être sujet, lorsqu'il cesse d'exister. *Ibid.* La douairière n'a droit à une indemnité, que lorsqu'il a cessé d'exister par le fait ou la faute du mari. *Ibid.* Droits immobiliers que le mari peut laisser prescrire, sans être tenu de l'indemnité. 421, 422.

L'héritage, sujet au douaire, cesse d'y être sujet, lorsque le droit, qu'avait le mari sur cet héritage au temps du mariage, vient à se résoudre *ex causâ antiquâ et necessariâ.* v. 422. x. 406, 407. Si la résolution n'a lieu que pour l'avenir, les sommes que le mari reçoit à la place de l'héritage, sont sujettes au douaire; mais non si les droits du mari sont rescindés même pour le passé. v. 423. Application de ce principe à plusieurs exemples. 423, 424, 425. L'héritage, sujet au douaire, aliéné volontairement par le mari, pendant le mariage, continue d'y être sujet en quelques mains qu'il passe. v. 425. x. 405, 406. Si l'aliénation est nécessaire, le droit de la femme est transféré sur la somme que le mari reçoit pour prix. v. 425, 426. x. 406, 407. Tant que le mariage dure, l'affectation au douaire de l'immeuble aliéné ne peut être purgée ni par prescription ni par décret. v. 426. La femme ne peut poursuivre son douaire contre les tiers-détenteurs que subsidiairement et à défaut d'autres biens du mari. v. 426. x. 406. Le déguerpissement d'un héritage par le mari, pour se décharger d'une rente foncière, n'est pas considéré comme aliénation nécessaire. v. 427. La femme peut exercer son douaire sur lui. *Ibid.* La vente par décret d'un héritage sujet au douaire par des créanciers du mari, postérieurs au mariage, n'est pas une aliénation nécessaire. *Ibid.* Il en est autrement si le saisissant, ou les opposans, avaient des hypothèques antérieures au mariage. 427, 428. Ce qui reste du prix de l'adjudication, tous frais de saisie réelle, et créances antérieures au mariage, étant payés, est-il sujet au douaire ? 428. Les créanciers postérieurs au mariage, qui ont touché ce reliquat à l'ordre, sont-ils tenus de le rapporter à la femme ? *Ibid.* La femme n'a aucun droit sur les immeubles qui, indivis au temps du mariage, sont échus par le partage aux héritiers du mari. 428, 429. Il en est de même pour les immeubles communs au temps du mariage, qui, depuis, ont été licités ; la femme n'a de droit que sur la somme qui forme la part du mari dans le prix. 429. Si le mari, dans la succession de ses père et mère ou ascendans, a reçu plus de meubles que d'immeubles dans sa portion, la femme doit être indemnisée de la réduction que son douaire en éprouve. 429, 430. L'héritage rapporté par le mari à la succession de ses ascendans, cesse d'être sujet au douaire. 430. S'il n'a tenu qu'au mari de le garder, elle en doit être indemnisée sur ses autres biens. 431.

La Coutume de Paris, à défaut de biens soumis au douaire, n'en accorde aucun à la femme. *Ibid.* Au contraire, la Coutume d'Orléans lui accorde un douaire subsidiaire sur les autres biens du mari. v. 431. x. 409, 416. Il faut, pour cela, qu'il n'y ait eu par le contrat de mariage aucune convention de douaire, v. 432, et que le mari n'ait aucuns propres héritages soumis au douaire ordinaire. 432, 433. C'est au temps de la mort du mari qu'on a égard pour savoir s'il y a quelque immeuble soumis au douaire ordinaire. 433. Si, à cette époque, il ne s'en trouve pas, mais que le mari en ait aliéné quelqu'un, il n'y a pas lieu au douaire subsidiaire. 433, 434. Si, pour tout

bien sujet au douaire, il n'y a qu'une rente dont le débiteur est insolvable, il y a lieu au douaire subsidiaire. 434. Il en est de même, si le seul immeuble sujet au douaire est chargé d'un usufruit antérieur au douaire. 434, 435. La femme a l'option d'attendre la fin de l'usufruit. *Ibid.* L'héritier du mari peut racheter l'usufruit, pour éviter le douaire subsidiaire. *Ibid.* S'il n'y a qu'un immeuble de nulle considération, tel qu'une rente de vingt sous, il y a lieu au douaire subsidiaire. 435. Des héritages propres, situés sous d'autres Coutumes, excluent-ils le douaire subsidiaire de la Coutume d'Orléans ? 436, 437. La femme a pour son douaire subsidiaire le quart des conquêts de la portion des héritiers du mari en usufruit. 437. Si elle renonce, elle a le quart de tous les conquêts. *Ibid.* Lorsqu'il y a une clause d'exclusion de communauté, les héritages, que le mari a acquis depuis le mariage, sont-ils sujets au douaire subsidiaire ? 437, 438. *Quid*, en cas de séparation de biens? 438. *Quid*, des héritages échus au mari par la succession collatérale, pendant le mariage ? 438, 439. Trois différences qui existent entre le douaire ordinaire et le douaire subsidiaire. 439, 440. A défaut de conquêts, la Coutume d'Orléans accorde un douaire subsidiaire sur les meubles. 440. La douairière a dans ce cas le quart des meubles en toute propriété, les dettes déduites. 440, 441. Douaire solidaire accordé par quelques autres Coutumes. 441, 442.

Les parties, par leur contrat de mariage, peuvent faire consister le douaire conventionnel en telles choses qu'il leur plaît. v. 442. x. 400. Le douaire conventionnel est toujours présumé viager, à moins que la propriété entière ne soit attribuée à la femme en termes formels. v. 442, 443. x. 400. Dispositions contraires de certaines Coutumes. v. 443. Est-ce par celle du lieu où le contrat a été passé, ou par celle du domicile des parties, que la question doit être décidée, lorsqu'elles sont contraires? 443, 444. Variété des Coutumes sur la question, si le douaire conventionnel peut excéder le coutumier. 444, 445. Dans cette variété, par quelle Coutume doit-on décider si le douaire conventionnel, qui se trouve plus fort que le coutumier, doit être réduit ou non au coutumier? 445, 446. V. *Statut réel.* Si les choses, qui composent le douaire n'ont pas de situation, le douaire est réglé par la Coutume du domicile du mari. 446. Est-ce la Coutume du domicile du mari, lors de son mariage, ou lors de son décès? 446, 447. Distinction du cas où le douaire est formé de certains biens que le mari laissera à son décès. 447, 448. Dans ce cas, la loi du domicile au temps du décès est seule applicable. *Ibid.* La femme, qui souffre retranchement de son douaire conventionnel, sous une Coutume qui ne permet pas de l'accorder plus considérable que le coutumier, peut-elle demander récompense sur les biens soumis à une autre Coutume qui le permet? 448. Lorsque le douaire conventionnel consiste en une somme d'argent, et excède le coutumier, quoique la loi du domicile du mari restreigne le douaire conventionnel au coutumier, la femme pourra se faire payer sur les biens situés sous une Coutume qui n'apporte aucune restriction. 449, 450. Dans les Coutumes, qui restreignent le

douaire conventionnel au coutumier, la femme peut-elle avoir le premier, lorsque le second ne pourrait avoir lieu, n'existant aucuns des biens dans lesquels la Coutume accorde un douaire? 450, 451. Disposition de la Coutume d'Auxerre, qui, à défaut de douaire coutumier, déclare le conventionnel non sujet à la réduction. 451. Le douaire constitué par un tiers à la femme n'est pas réductible. 452. L'héritier du mari est seul reçu à demander la réduction. *Ibid.* La femme est-elle recevable, en renonçant au douaire conventionnel qui lui a été constitué, à prétendre le continuer? 452, 453. Variété des Coutumes sur cette question. *Ibid.* Suivant quelle Coutume doit-on décider la question? 453. *Quid,* dans le cas où les biens du mari sont situés sous plusieurs Coutumes, dont l'une accorde le choix à la femme, et l'autre l'en exclut? 454. Si l'homme avait des rentes constituées au temps du mariage, c'est la Coutume du domicile du mari à cette époque, qui doit régler le choix de la femme. 454, 455. *Quid,* de celles qui adviennent au mari pendant le mariage depuis sa translation de domicile? 455. Lorsque, par le contrat, il est dit que la femme aura pour douaire une rente de tant, ou le coutumier, à qui, sous la Coutume de Paris, appartient le choix du mari ou de la femme? 455, 456. Lorsque la femme a le choix, soit par la Coutume, soit par la convention, dans quel temps doit-elle l'exercer? 456. La femme, qui a fait son choix, peut-elle se faire restituer pour lésion? 457. Les héritiers de la femme succèdent-ils à son droit d'option? 457, 458.

L'obligation du douaire coutumier se contracte par le mariage même. v. 458. x. 400. Celle du conventionnel, par le contrat de mariage, pourvu que la célébration s'ensuive. *Ibid.* Ancienne opinion qu'il fallait que le mari eût connu sa femme, pour que le douaire fût acquis à celle-ci. v. 459. Variété des Coutumes sur ce point. 459, 460. Selon d'autres, le douaire est acquis par la célébration du mariage. *Ibid.* Ce point est réglé par la Coutume de la situation des biens. 460. Ces dispositions de Coutumes n'ont lieu, qu'autant qu'il n'y a pas de conventions contraires par le contrat. *Ibid.* L'obligation du douaire est contractée par le mariage, même dans les Coutumes qui ne le font consister que dans une partie des biens que le mari laissera à son décès. 460, 461, 462.

Le douaire est ouvert par la mort du mari arrivant du vivant de la femme. v. 462. x. 400. Lorsque l'homme et la femme ont péri dans un naufrage, y a-t-il ouverture au douaire pour les héritiers de la femme? *Ibid.* La mort civile du mari donne-t-elle ouverture au douaire? 462, 463. V. *Mort civile.* L'absence, dans l'incertitude de la mort ou de la vie, n'y donne pas ouverture. 463. V. *Absent.* Cas où certaines Coutumes donnent à la femme le droit d'exiger le douaire du vivant du mari. 463, 464.

Coutumes selon lesquelles la femme est saisie de plein droit de son douaire. v. 464, 465. x. 415, 416. Il faut, pour cela, que les héritages sujets au douaire se soient trouvés dans la succession du mari. *Ibid.* Conséquence de ce principe. 465. La femme est-elle saisie de plein droit du douaire préfix? 466. Limitations apportées par quelques

Coutumes au principe que la femme est saisie du douaire de plein droit. 466, 467. Coutumes qui ont admis le principe contraire, que le douaire n'est dû que du jour qu'il est demandé. 467. Dispositions ambiguës de la Coutume d'Orléans, leur explication. 467, 468. Par quelle Coutume doit-on décider si la femme est saisie ou non de son douaire? 469, 470, 471. Distinction entre le douaire coutumier et le conventionnel. *Ibid.*

L'ouverture du douaire coutumier donne lieu à l'action de partage et à l'action, *confessoria servitutis ususfructûs.* v. 472. x. 413. Fins de non-recevoir qui peuvent exclure la femme de cette action. x. 413. Forme du partage à faire entre la douairière et l'héritier du mari. v. 472, 473. Sous plusieurs Coutumes, la douairière lotit, et l'héritier choisit. 473. Temps accordé à la douairière pour faire les lots. 473, 474. Sous les autres Coutumes, on suit la forme ordinaire des partages. 474.

Raisons respectives qu'ont à se faire quelquefois la douairière et l'héritier du mari. 474, 475. Lorsqu'ils ont des raisons à se faire l'un à l'autre, il s'en fait compensation jusqu'à concurrence. 475, 476. Si la femme a seule des raisons à faire à l'héritier du mari, et qu'elle soit commune en biens, il se fait compensation de ce qu'elle lui doit pour les sommes déboursées par le mari, avec la jouissance de la récompense du mi-denier desdites sommes, que l'héritier lui doit en sa qualité de commune. 476, 477. Cette compensation n'a pas lieu, lorsque la douairière a renoncé à la communauté. 477, 478. L'héritier peut-il alors demander à la femme l'intérêt des sommes déboursées par le mari sur les héritages sujets au douaire, pendant tout le temps de sa jouissance? 478, 479. La douairière et l'héritier se doivent réciproquement la garantie qui naît de tout partage. 479, 480. V. *Garantie*.

L'action *confessoria servitutis ususfructús* a pour objet la revendication de l'usufruit acquis à la femme sur les biens sujets au douaire, 480. Cette action est réelle. *Ibid*. Sous les Coutumes qui saisissent de plein droit, la femme a droit à la restitution des fruits de la part de l'héritier, et elle peut se mettre d'elle-même en possession, à moins de contestations sur le fond du droit. 480, 481. Elle n'a pas droit aux fruits vis-à-vis des tiers-détenteurs. 481. Cas où la femme peut donner son action contre les tiers-détenteurs, et où elle en est exclue. 481, 482.

L'ouverture du douaire conventionnel donne également lieu à l'action en partage et à l'action *confessoria ususfructús*. 482, 483.

Du droit d'usufruit de la douairière sur les héritages et autres immeubles qui y sont sujets. v. 483. x. 409, 410, 411. Ses obligations et droits sont les mêmes que ceux de tout autre usufruitier. *Ibid*. V. *Usufruit*. La douairière est-elle obligée d'entretenir les baux faits par son mari, des héritages sujets à son douaire? v. 501, 502. x. 409.

Pour quelles causes la femme peut être privée de son douaire? v. 502. x. 414. Elle peut l'être pour adultère, pourvu que l'action ait été intentée du vivant du mari. v. 522, 523. x. 414. V. *Adultère*. Elle en est également privée, lorsqu'elle a abandonné son mari. v. 523. x. 414. Sa débauche pendant sa

viduité, peut aussi l'en faire priver. v. 523, 524. Cas divers, selon les différentes Coutumes, dans lesquels la femme peut être privée de son usufruit. v. 524, 525. x. 414. Coutumes sous lesquelles la femme ne peut avoir don et douaire à la fois. v. 526. V. *Don mutuel*. Dans les Coutumes où elle le peut, elle a le choix du don ou du douaire. 526, 527. Les dispositions des Coutumes sur ce point sont des statuts réels. 527. V. *Statut réel*. A moins que le douaire ne consiste dans une somme d'argent. *Ibid*. Le douaire finit aussi par toutes les manières dont l'usufruit finit. x. 414.

A la mort de la douairière, l'héritier du mari rentre de plein droit dans la pleine jouissance de son héritage. v. 528, 529. Délai accordé aux héritiers de la douairière. *Ibid*. L'héritier du mari n'est pas tenu d'entretenir les baux faits par la douairière. 529. L'héritier du mari ou les successeurs à la propriété des héritages, doivent donner le temps à ceux de la douairière d'emporter les meubles qu'ils y ont. 529, 530. Ceux-ci peuvent emporter toutes les choses qui y ont été mises par la douairière, à la charge de remettre les lieux en même et semblable état. *Ibid*. A moins que ces choses n'y eussent été mises pour l'entretien de l'héritage. 530. L'héritier du mari, ou le successeur à la propriété, doit rembourser les frais faits par la douairière pour faire venir les fruits qui étaient pendans lors de sa mort. 530, 531. Peut-il abonner aux héritiers les fruits pendans, pour se décharger envers eux du remboursement des frais? 532. *Quid*, sous les Coutumes qui laissent à la communauté, lors de la dissolution, les fruits pendans sur les héritages propres des conjoints? 532. Le propriétaire doit-il rembourser les héritiers de la douairière des impenses autres que les réparations qu'elle a faites sur l'héritage et dont il a profité? 533, 534. Les améliorations viennent-elles au moins en compensation avec les dégradations? 534. Les héritiers de la douairière sont obligés de laisser l'héritage en bon état de réparations d'entretien. 534, 535. Ils sont tenus des dommages - intérêts du propriétaire, soit pour les dégradations par elle faites, soit pour ce qu'elle a laissé perdre par sa faute. 535, 536. Les héritiers de la douairière doivent faire raison des fruits ou loyers recueillis ou perçus par eux depuis sa mort, ou qu'elle même aurait indûment recueillis ou perçus durant son usufruit. 537, 538. V. *Douaire des enfans. Usufruit.*

Droit d'habitation accordé par certaines Coutumes aux veuves, outre le douaire. 594. V. *Habitation (droit d').*

V. *Dettes des conjoints. Don mutuel. Etranger. Exhérédation. Ordre. Prescription de dix et vingt ans. Secondes noces. Séparation de biens.*

DOUAIRE DES ENFANS. Quelques Coutumes accordent le douaire aux enfans. v. 539. Les unes ne l'accordent qu'entre non nobles, les autres entre nobles. *Ibid.* Quelques-unes distinguent entre les fiefs et les héritages roturiers. 539, 540. Dans la plupart des Coutumes le douaire des enfans consiste dans la propriété des mêmes choses, dont l'usufruit forme le douaire de la femme. 540, 541. Il est de même nature que ce dernier. 541. Il n'y est pas sujet à retranchement pour la légitime des autres enfans. 541, 542. Il y est sujet, lorsqu'il est stipulé dans les Coutumes qui ne l'accordent pas. *Ibid.* Ce douaire est une espèce de légitime que la loi ou la convention accorde aux enfans. 542. Ils en sont privés, lorsqu'il est stipulé que la femme n'aura pas de douaire. *Ibid.* Ils peuvent l'être également, quoiqu'elle en ait un. 543. La convention que la femme aura le douaire *sans retour,* ou l'aura en *propriété,* est-elle censée exclure du douaire les enfans? *Ibid.* Le douaire tient lieu aux enfans de la succession de leur père. 543, 544. Le douaire coutumier des enfans consiste dans la propriété des héritages dans l'usufruit desquels consiste celui de la femme. 544. C'est pourquoi tout ce qui a rapport à la nature, à la qualité et à la formation du douaire de la femme, s'applique au douaire des enfans. *Ibid.* V. *Douaire de la femme.* En quels cas les enfans doivent-ils avoir une indemnité pour les choses sujettes au douaire, qui ont cessé d'exister ou d'y être sujettes? 545, 546. Par quelle Coutume doit-on décider si la propriété des choses sujettes au douaire coutumier de la femme appartient aux enfans? 546, 547, 548. V. *Statut réel.* Les héritages sujets au douaire coutumier des enfans leur passent avec leurs charges réelles et foncières, antérieures au mariage. 549. *Quid,* des autres dettes antérieures ou postérieures au mariage? 549, 550.

Le douaire conventionnel des enfans est le même douaire que celui de la femme dont elle a la jouissance, et dont ils ont la propriété. 550, 551. Application de cette règle à différens cas qui peuvent se présenter. 551, 552, 553.

Par quelle Coutume doit-on décider si le douaire préfix de la femme doit être propre aux enfans, lorsqu'on ne s'en est pas expliqué par le contrat de mariage? 553, 554, 555, 556. V. *Statut réel.* En quoi doit consister ce douaire, lorsqu'on a laissé à la femme le choix de deux choses pour le sien. 556, 557. *Quid,* si la veuve a choisi le douaire coutumier consistant en héritages situés sous une Coutume qui n'accorde pas de douaire aux enfans? *Ibid.* Quand le choix passe-t-il aux enfans? 557, 558.

L'obligation du douaire coutumier des enfans se contracte par le mariage et lors du mariage. 559. Les immeubles du mari y sont affectés du jour du mariage, ou du jour qu'ils lui arrivent. *Ibid.* Le douaire des enfans n'est ouvert qu'à la mort de leur père. 559, 560. Les enfans qui meurent du vivant de leur père, ne transmettent rien du douaire dans leur succession. 560. Le décret fait du vivant du père sur les héritages sujets au douaire, ne purge pas le douaire. *Ibid.* Il en est autrement des provisions d'un office. 560, 561. En matière de douaire, la prescription commence à courir du jour de la mort du mari. *Ibid.* Les enfans sont, dans tous les cas, obligés de justifier de son décès. 561. Après cent ans depuis sa naissance, il est présumé mort. *Ibid.* La mort civile donne-t-elle ouverture au douaire? V. *Douaire de la femme. Mort civile.*

Le droit au douaire est acquis aux enfans dès l'instant de son ouverture. 561, 562. A partir de ce jour, ils sont saisis de plein droit de sa propriété. 562, 563. Ils ne sont pas saisis de plein droit dans

les Coutumes qui ne saisissent pas les femmes de plein droit. 563, 564. Les enfans, les héritiers de leur père, et leur mère, ont entre eux une action de partage après l'ouverture du douaire. 564. Raisons que la succession du père doit faire dans certains cas aux enfans douairiers. 564, 565. Quant aux dégradations, on doit faire raison aux enfans, de plus qu'à la douairière, de celles qui ont diminué le prix du fonds. 565. Raisons que les enfans douairiers doivent faire à la succession de leur père. *Ibid.* Ils doivent faire raison des améliorations qui ont augmenté le prix du fonds, sans augmenter le revenu. 565, 566. V. *Améliorations. Dégradations.* Compensation qui s'opère entre les raisons réciproquement dues. 566. La succession du père, qui ne doit aucunes raisons aux enfans, peut-elle exiger d'eux le remboursement des améliorations faites aux héritages sujets au douaire? 566, 567. Actions qu'ont les enfans contre les tiers détenteurs de ces héritages. 567. Action en délivrance du douaire qu'ils ont contre la succession de leur père dans les Coutumes qui ne saisissent pas de plein droit. 567, 568. Ils ont une hypothèque, pour garantie de leur douaire, sur les biens présens et à venir de leur père. 568. Elle date du contrat de mariage ou de la célébration, selon qu'il y a eu convention, ou non, pour le douaire. *Ibid.* L'hypothèque de la femme pour sa dot, et pour le remploi du prix de ses propres aliénés, passe avant celle du douaire. *Ibid.* V. *Hypothèque de la femme.*

Le douaire est dû aux enfans nés du mariage pour lequel il est constitué soit par la loi, soit par la convention. 569. Quels enfans sont regardés comme enfans du mariage, et quand les petits-enfans jouissent de ce bénéfice ? 569, 570. Il n'y a que les enfans habiles à succéder qui aient droit au douaire. 570. Ils doivent, pour prétendre au douaire, renoncer à la succession de leur père. 570, 571. Un enfant peut-il être douairier, et héritier sous bénéfice d'inventaire ? 571. Le peut-il vis-à-vis des créanciers de la succession de son père, postérieurs au mariage, de manière à prendre son douaire de préférence à eux, en leur abandonnant les autres biens ? 571, 572, 573. Les enfans ne peuvent avoir don et douaire. 573. Ils doivent imputer sur leur douaire tout ce qui leur a été donné par leur père. 573, 574. Ce qui a été donné par la mère n'est pas imputable sur le douaire. 574. Quand la donation faite aux enfans est censée faite par le père seul, ou par le père et la mère conjointement. 574. 575. V. Dot. L'enfant n'est pas tenu d'imputer sur son douaire ce qui lui a été donné par son aïeul paternel. 575. Lorsqu'il vient au douaire de son aïeul par représentation de son père, il doit imputer dans ce cas même les choses qui ont été données à la personne qu'il représente. Ibid. S'il vient de son propre chef, il n'est tenu d'imputer ce qui a été donné à son père, que lorsqu'il a été héritier de sondit père. 575, 576. Est-il obligé d'imputer sur son douaire, même ce qui a été donné à ses enfans ? 576, 577. Toutes les donations, qui ne sont pas sujettes à rapport en matière de succession, ne sont pas imputables sur le douaire. 577. La Coutume range dans cette classe les nourritures, entretenemens,

instructions, et apprentissages d'enfans. 577, 578. V. Rapport. Les fruits des biens donnés, et l'intérêt des sommes données, perçus et touchés avant l'ouverture du douaire, ne sont pas imputables. 578, 579. Il doit en faire raison depuis l'époque où l'héritier doit lui faire raison des fruits ou des intérêts du douaire. 579. Si la veuve a survécu, les doit-il seulement du jour du décès de sa mère ? 579, 580. Si la dot de l'enfant, consiste en fruits ou revenus, ces fruits sont alors imputables. 500. L'enfant a le choix, ou de rendre les choses à lui données pour prendre son douaire, ou de les imputer sur son douaire. Ibid. Dans le premier cas, il doit rendre les héritages donnés en nature, en bon état de réparations d'entretien, et non dégradés. 580, 581. La succession du père doit rembourser à l'enfant les réparations utiles et nécessaires qu'il a faites sur les héritages qu'il rend. 581. V. Impenses. Si l'enfant n'a plus en sa possession les héritages à lui donnés, et que ce soit sans son fait, il n'est tenu de restituer que ce qu'il a reçu à la place. 581, 582. S'ils sont sortis de ses mains par une aliénation volontaire, il doit rapporter à la place le prix qu'ils valent au temps de l'ouverture du douaire. 582. Que doit-il rapporter, lorsqu'il était donataire d'une part indivise dans un héritage qui a été licité ? Ibid. Quid, lorsqu'il était donataire de principaux de rentes dues par des tiers, ou d'une rente viagère ou perpétuelle dont son père s'était constitué débiteur ? 582, 583. S'il s'agit d'une donation mobilière, il en rapporte la valeur. 583. Le rapport des offices ne se fait pas en nature; l'enfant n'en rapporte que le prix, et les frais de réception ou de provisions fournis par son père. 583, 584. V. *Rapport.* Si l'enfant, au lieu de rapporter veut imputer les choses données sur le douaire, il faut établir la valeur des choses données et celle du douaire. 584. Que fait-on entrer dans la masse des choses données, lorsque ces choses ne se trouvent plus en nature dans la main de l'enfant ? 584, 585. On procède par expert à l'estimation des héritages donnés et de ceux sujets au douaire. 585, 586. On établit la balance des sommes dont la succession du père, et l'enfant, doivent réciproquement se faire raison. 586. Si le douairier reste créancier, il fait compensation jusqu'à due concurrence, de ce qui lui est dû, sur les sommes à imputer sur le douaire. 586, 587. On retranche ensuite des biens formant le douaire, une portion égale à ce qui reste à imputer sur ce douaire. *Ibid.* Est-ce l'héritier du père, ou le douairier, qui choisit les biens à retrancher du douaire ? 587. Si le montant des choses données excède le douaire, l'enfant peut-il, en renonçant au douaire, conserver tout ce qui lui a été donné ? 587, 588. Le douairier doit à la succession de son père, qui a survécu à sa femme, les fruits ou les intérêts des héritages ou des sommes qu'il rend, du jour où il a droit aux fruits ou aux intérêts du douaire. 588. Dans le cas où la femme a survécu, l'enfant doit-il les fruits et les intérêts du jour que les fruits et les intérêts du douaire ont commencé à appartenir à sa mère ? 589, 590.

Après l'ouverture du douaire, le douaire se partage entre les enfans qui y ont droit. 590. On ne compte pas dans le partage les enfans incapables de succéder. *Ibid.* On compte celui qui s'est exclu du douaire, en prenant la qualité d'héritier ? 490, 591. Il en est de même de celui qui a renoncé tant à la succession qu'au douaire, pour s'en tenir à la donation. 591. Mais s'il renonce gratuitement, sans avoir rien reçu de son père, sa part dans le douaire accroît-elle aux autres enfans douairiers ? 591, 592. Il n'y a plus de doute, lorsqu'il renonce expressément en faveur de la succession de son père. 592. V. *Accroissement.* Le partage du douaire entre les enfans douairiers, se fait comme tout partage entre copropriétaires. 592, 593. Le fils aîné n'a aucunes prérogatives dans les biens féodaux qui composent le douaire. *Ibid.* Si l'aîné se porte héritier, peut-il alors prétendre son droit d'aînesse sur les biens ? 593. V. *Aînesse ( droit d' ).*

V. *Douaire de la femme.*

DOUBLE LIEN. Parenté qui est formée de deux souches communes. VII. 11. Exemples et explication. *Ibid.* Prérogative accordée par les novelles 84 et 118, aux frères et sœurs, et aux neveux et nièces du double lien, sur les frères et sœurs, neveux et nièces conjoints d'un seul côté. 120. Variétés des Coutumes sur cette prérogative. *Ibid.* A-t-elle lieu dans les Coutumes qui ne s'en sont pas expliquées ? 120, 121. Dans les Coutumes qui ont admis les dispositions des novelles sur le double lien, les neveux, enfans du frère germain, excluent-ils les neveux enfans d'un frère cousanguin et utérin ? 122, 123. Dans les Coutumes qui ont exprimé les parens auxquels elles accordaient la prérogative du double lien, peut-elle être étendue à d'autres ? 123, 124. Lorsqu'elles l'accordent en termes généraux, quels parens sont censés compris dans la disposition ? 124, 125. La prérogative du double lien ne peut être exercée que sur les parens d'un seul côté au degré égal, 125, 126. A quels parens et sur quels parens la Coutume d'Orléans accorde-t-elle la prérogative du double lien ? 126, 127. Cette prérogative n'a lieu que pour la succession des meubles et acquêts, et non des propres. 127. A-t-elle lieu dans la succession des propres qui ne sont affectés à aucune ligne ? 127, 128. V. *Parenté. Succession.*

Droits censuels. V. *Cens.*

Droits civils. V. *Communauté.*

Droit commun. Les choses de droit commun sont toujours censées connues. ii. 90, 91. V. *Garantie.*

Droit d'aînesse. V. *Aînesse.*

Droit d'aubaine. V. *Aubaine. Étranger.*

Droit de justice. V. *Retrait lignager.*

Droit de prélation. V. *Droit de refus.*

Droit de refus. Droit que se réserve un vendeur, en aliénant son héritage, d'avoir la préférence pour l'acheter toutes les fois que l'acheteur ou ses successeurs le mettront en vente. viii. 91. x. 742. Il s'appelle aussi droit de prélation et de retrait conventionnel. *Ibid.* V. *Retrait conventionnel.*

Droit de suite sur les meubles. iii. 342. V. *Louage des choses.* Le

bailleur à cheptel a un droit de suite sur les bestiaux vendus par le preneur sans son consentement. 583, 584. V. *Cheptel.*

Droits féodaux. Ne sont pas purgés par le décret. ix. 259, 260, 261. V. *Adjudication. Fief.*

Droits fonciers. V. *Communauté légale. Rente foncière.*

Droits immobiliers. V. *Choses. Communauté légale. Jus in re.*

Droits incorporels. V. *Choses. Complainte.*

Droits litigieux. Droits qui sont contestés ou peuvent l'être en total ou en partie, soit que le procès soit commencé, soit qu'il y ait lieu seulement de l'appréhender. ii. 259. V. *Vente de droits litigieux.*

Droits mobiliers. V. *Choses. Communauté légale.*

Droits personnels. V. *Continuation de communauté. Domicile. Personne.*

Droits réels. V. *Chose. Prescription par dix et vingt ans. Situation.*

Droits seigneuriaux. V. *Fief. Prescriptions. Rescision. Seigneur.*

Droits utiles. V. *Douaire. Profits de fief.*

Droits successifs. Il n'y a pas lieu à la garantie de la part du vendeur de droits successifs, dans le cas d'éviction d'une chose de la succession. ii. 46. ix. 657, 658. V. *Vente de droits successifs.*

Duel. Procédure et dispositions particulières contre le crime de duel. ix. 364, 429, 461, 463, 465.

E

somme dont il s'agit, écrit de sa main en toutes lettres. 441, 442. Exceptions en faveur du commerce, pour les marchands, artisans, laboureurs, et gens de la campagne. Ibid. Si la somme exprimée dans le corps est moindre ou plus forte que celle du corps de l'acte, la présomption est pour la moindre somme. 442. S'il s'agit d'un compte ou d'un bordereau, c'est la somme qui s'y trouve, et non celle exprimée par l'acte, qui est due. Ibid.

Les actes sous signatures privées ne font pas foi contre celui qui les a souscrits, lorsqu'ils se trouvent en sa possession. 442, 443. Ils ne font foi contre les tiers, de l'existence de la convention, que du jour qu'ils leur sont produits, 443, à moins qu'ils n'aient acquis une date certaine. Ibid. Les actes sous signature privée tirés des archives publiques, font foi, quoiqu'ils n'aient pas été reconnus. 444. Les papiers terriers et censiers ne font pas preuve pour le seigneur contre les autres; mais ils font preuve pour les autres contre lui. Ibid. Les livres des marchands ne font pas preuve entière des fournitures qui y sont parties, contre ceux à qui elles ont été faites. 445. Cependant les juges peuvent y avoir égard, surtout de marchand à marchand. Ibid. Cas où les mentions contenues dans ces livres ont plus ou moins de force en faveur du marchand, qui les produit. 445, 446. Les livres des marchands font une preuve complète contre eux. 446. Il n'en est pas de même des feuilles volantes trouvées dans le livre journal. Ibid. Le contenu dans les livres ne peut être divisé contre le marchand. Ibid. V. Livres des marchands. Les papiers domesti-

ques des particuliers ne font pas preuve en leur faveur. 447. Ils font preuve contre eux, lorsqu'ils tendent à les obliger envers quelqu'un, et qu'ils sont signés d'eux. Ibid. Si ce qui est écrit tend à libérer mon débiteur, signé ou non, cela fait foi contre moi. 447, 448. Les feuilles volantes non signées, tendantes à libération, qui se trouvent dans les mains du débiteur, peuvent quelquefois faire foi contre celui qui les a écrites. 448. Cas dans lesquels les écritures non signées, qui sont à la suite, ou à la marge, ou au dos d'un écrit signé, peuvent faire foi. 449. Distinction entre les écritures tendantes à libération, ou à une nouvelle obligation. 449, 450. Entre le cas où l'acte est aux mains du créancier, ou en celles du débiteur. Ibid. V. Commencement de preuve par écrit. Quittance. Tailles.

ECROU. Procès-verbal dressé par le geôlier à qui l'huissier remet le débiteur, contraint par corps. ix. 298. Ce qu'il doit contenir. Ibid. V. Emprisonnement. Ecrou en matière criminelle. 397. V. Décret.

EDIT DES SECONDES NOCES. V. Secondes noces.

EDUCATION. Les pères, et mères sont tenus de fournir à l'éducation de leurs enfans. v. 215. V. Mariage.

EFFETS CIVILS. V. Bonne foi. Communauté légale. Don mutuel. Douaires. Empêchement de mariage. Mariage.

EFFETS DES CONTRATS. V. Contrat. Obligation.

EGALITÉ. V. Contrats intéressés. Don mutuel. Partage.

11

EGLISE. V. *Communautés. Pé-*
*remption. Prescription de quarante*
*ans. Rente foncière. Ténement de*
*cinq ans.*

ELARGISSEMENT. Cas dans lesquels l'élargissement de l'accusé
doit être prononcé. IX. 423, 424.
Le siège assemblé peut seul l'ordonner. 424. Sur les conclusions de
la partie publique. *Ibid.* L'appel
interjeté par elle de la sentence
qui ordonne l'élargissement, en
suspend l'exécution. *Ibid.* V. *Emprisonnement. Ecrou. Requête au*
*criminel.*

EMANCIPATION. Par lettres du
prince. VIII. 77. V. *Garde-noble.*
*Mineur.*

EMPÊCHEMENT DE MARIAGE. Division des empêchemens de mariage
en prohibitifs et dirimans. v. 43.
Les empêchemens dirimans rendent
nul le mariage de la personne en
qui ils se rencontrent. *Ibid.* Les
empêchemens prohibitifs l'empêchent de contracter licitement le
mariage, mais non valablement.
*Ibid.* Quand les vœux sont un empêchement prohibitif ou dirimant
de mariage. *Ibid.* Les fiançailles
sont un empêchement prohibitif.
44.

Les empêchemens de mariage
sont absolus ou relatifs. *Ibid.* Ils
naissent de la nature même du mariage ou de la loi naturelle, des
lois des princes séculiers, ou de
la discipline ecclésiastique. 44,
45.

Empêchemens dirimans de mariage qui sont absolus. 45 *et suiv.*
Le défaut de raison rend absolument incapable de contracter mariage. 45, 46. Les fous sur un seul
objet, et les sourds et muets ne
sont pas en ce sens, incapables de

mariage. 46. Le défaut de puberté
est aussi un empêchement absolu
de mariage. 46, 47. La puberté
est présumée à quatorze ans pour les
garçons et douze ans pour les filles.
*Ib.* Si la femme mariée avant l'âge
de puberté, est devenue grosse, le
mariage est valable. *Ibid.* La coha-
bitation des époux, depuis la puberté survenue, rend le mariage
valable. 47. L'impuissance à la gé-
nération, est un empêchement dirimant de mariage, soit qu'elle soit
de naissance, ou survenue depuis.
47, 48. Mais il faut qu'elle soit
perpétuelle et incurable, et qu'elle
existât au moment du mariage. 48.
Un mariage subsistant, est un empêchement dirimant pour en contracter un autre. 48, 49. La polygamie est contraire à l'institution
primitive du mariage et à l'ordre
de Dieu. 49. Elle n'est pas contraire à l'essence même du mariage.
49, 50. Elle a été permise par Dieu,
à certaines époques. 50. La polyandrie est contraire au droit naturel,
et a toujours été condamnée. 50,
51. Depuis la promulgation de
l'Evangile, la polygamie est défendue. 51. Un mariage existant est
un empêchement dirimant de mariage, quand même le second mariage aurait été contracté de bonne
foi, dans la croyance que l'autre
était dissous. 51, 52. Cependant
ce second mariage, contracté de
bonne foi, conserve les effets civils.
52. Le prêtre ne doit pas marier
une personne déjà engagée dans les
liens d'un premier mariage, sans se
faire représenter les actes qui constatent la mort de son conjoint. 52,
53. Quels sont les actes qui font
foi du décès. 53, 54. Un premier
mariage nul n'est pas un empêchement dirimant pour un second mariage. 54. Les vœux solennels sont,

pour le religieux profès, un empêchement dirimant de mariage. 54,
55. A quelle époque cet empêchement a-t-il été introduit dans la
législation ? 55, 56, 57, 58. Les
vœux solennels seuls, sont un empêchement dirimant ; tout autre
vœu n'est qu'un empêchement prohibitif. 58, 59. Les vœux, faits dans
un ordre religieux, approuvé par
les lois du royaume, sont seuls regardés comme vœux solennels. 59.
Pour que les vœux soient valables,
il faut qu'ils aient été faits librement, publiquement, après une
année d'épreuve, et par une personne âgée de seize ans accomplis.
60. V. *Vœux*. Les ordres sacrés
sont aussi un empêchement dirimant de mariage. 60, 65. Pendant long-temps ils n'ont été qu'un
empêchement prohibitif. 61, 62,
63. Le mariage, qu'un prêtre a
contracté après avoir embrassé le
calvinisme, est-il valable ? 63, 64.
Le sous-diacre, qui a encouru l'ir-
régularité, peut-il se marier valablement ? 64. Les ordres sacrés ne
rompent pas le mariage contracté
précédemment. 64, 65.

Empêchemens de mariage relatifs, qui forment une incapacité
particulière à certaines personnes
de se marier. 65. Empêchemens
qui résultent de la parenté. 65, 66.
V. *Parenté*. La parenté de la ligne
directe, en quelque degré éloigné
qu'elle soit, a été de tous les temps,
et est encore un empêchement dirimant de mariage. 72, 73. Dans
la ligne collatérale, le mariage entre le frère et la sœur, le neveu et
la tante, sont condamnés comme
incestueux par la loi divine. 73.
Dispositions du droit romain sur
les empêchemens de mariage entre
parens de la ligne collatérale. 73,
74. Changemens de doctrines et de

législation depuis les Romains jusqu'à nous, dans les divers siècles
et selon les canons des différens
conciles. 74, 86. On suit aujour-
d'hui, parmi nous, la décision du
concile de Latran, qui a fixé au
quatrième degré inclusivement la
défense de mariage entre parens.
86. L'affinité dans la ligne directe,
en quelque degré qu'elle soit, est
un empêchement dirimant de mariage par le droit naturel. 87, 88.
V. *Affinité*. Par la loi du lévitique,
l'affinité de la ligne collatérale était
aussi, à l'égard de certaines personnes, un empêchement de mariage. 88. Dispositions des lois
romaines. 88, 89. Discipline de
l'Eglise ; monumens qui servent à
prouver que le mariage entre affins était défendu dans tous les mêmes degrés dans lesquels il est défendu entre parens. 89, 90, 91.
L'affinité qui existait entre l'un des
conjoints et les affins de l'autre
conjoint, selon les canonistes, a
été abrogée par le concile de Latran. 92. L'affinité, que produit
une union illicite entre l'une des
personnes qui ont eu un commerce
ensemble, et les parens de l'autre,
est entre ces personnes un empêchement dirimant de mariage. 93.
Cette espèce d'affinité était-elle
connue dans le droit romain ? en
formait-elle, par ce droit, un empêchement de mariage ? 94. En
formait-elle un dans les premiers
siècles de l'Eglise ? 95. Avant le
concile de Trente, le formait-elle
dans tous les mêmes degrés que
l'affinité proprement dite qui naît
du mariage consommé ? 95, 96.
Depuis le concile de Trente, il
n'existe d'empêchement qu'au premier et au second degré de cette
affinité. 97. Cette affinité forme-t-
elle un empêchement dirimant de

mariage même dans ces dégrés, lorsque le commerce illicite a été tenu secret ? 97, 98. Quelles preuves peut-on recevoir de ce commerce ? 98. Effet de l'affinité, formée par un commerce illicite, que l'un des conjoints a eu pendant son mariage avec le parent ou la parente de l'autre, par rapport au mariage, durant lequel elle a été contractée. 98, 99, 100. Empêchement dirimant qui résultait autrefois de la parenté purement civile. 100, 101. Empêchement dirimant qui résulte de l'alliance spirituelle. 101. L'alliance spirituelle se contracte entre la personne baptisée et les parrains ou marraines qui l'ont tenue sur les fonts de baptême; entre le parrain et la marraine, et le père et la mère de la personne baptisée; entre la personne baptisée, et les enfans de son parrain et de sa marraine. 101, 102, 103. Discipline de l'Eglise dans les différens siècles sur l'empêchement dirimant de mariage que forme l'alliance spirituelle. 103-110. Le concile de Trente restreint l'alliance spirituelle qui forme un empêchement de mariage, à celle que celui qui a conféré le sacrement, et les parrains ou marraines, contractent avec la personne baptisée, et avec le père ou la mère de cette personne. 110, 111. Elles continuent parmi nous d'être un empêchement dirimant de mariage. 111, 112. Elles ne sont pas une invention de la cour de Rome, pour avoir occasion d'en donner des dispenses bursales. Ibid. Devoir du curé, quant à l'acte du baptême qu'il doit dresser sur son registre. 112, 113. L'alliance spirituelle des parrains de catéchisme et de ceux qui le sont, lorsqu'on

suppléé les cérémonies du baptême, qui formait autrefois un empêchement de mariage, a été abolie par le concile de Trente. 113, 114. Ancienne question, également abolie aujourd'hui par le concile de Trente, de savoir si la parenté spirituelle s'étendait au mari ou à la femme des personnes avec qui elle est contractée. 114, 115, 116. Les enfans des deux compères ou commères pouvaient-ils valablement contracter mariage? 116. Le parrain et la marraine contractent-ils ensemble quelque alliance spirituelle qui les empêche de contracter mariage l'un avec l'autre ? 116, 117. Empêchemens d'honnêteté publique. 117. L'honnêteté publique ne permet pas que l'une des parties fiancées contracte valablement mariage, même après la dissolution des fiançailles, avec les parens de la ligne directe de l'autre partie. Ibid. Cet empêchement n'excède pas le premier degré de la ligne collatérale, et n'est formé que par des fiançailles valablement contractées. 118, 119. Les fiançailles n'ont pas besoin d'être bénites, pour former cet empêchement. Ibid. V. Fiançailles. Le mariage non consommé donne lieu à un empêchement d'honnêteté publique entre l'un des époux et les parens de l'autre époux, qui s'étend aussi loin que celui qui résulte de l'affinité. 120, 121. Loi des Egyptiens, qui permettait d'épouser la veuve de son frère, lorsqu'elle était encore vierge, le mariage n'ayant pas été consommé. Ibid. Y a-t-il empêchement d'honnêteté publique au mariage d'un homme avec la belle-mère de sa défunte femme ? 122. Le rapt est un empêchement dirimant de mariage, tant que la personne ravie est en la puissance du ravisseur.

123. V. *Rapt*. Il en est de même de la séduction. 123, 124. La séduction se présume de droit, lorsqu'un mineur s'est marié sans le consentement de ses père et mère, tuteur ou curateur. 124. V. *Séduction*. L'adultère, d'après les lois romaines, était un empêchement dirimant de mariage, qui empêchait que la femme adultère ne pût, après la mort de son mari, contracter valablement mariage avec lui. 124, 125. L'Église avait suivi ces lois dans sa discipline, qui, depuis, a subi des variations. 125, 126, 127. Aujourd'hui l'adultère n'est empêchement dirimant de mariage, que lorsqu'il a été accompagné d'une promesse de s'épouser, intervenue du vivant de l'autre époux. 127. Quand l'adultère public, que commet l'un des époux, en contractant un second mariage du vivant de son époux, empêche que ce second mariage puisse être réhabilité après la dissolution du premier. 127, 128. Ce mariage peut être réhabilité, lorsqu'il a été contracté de bonne foi, et dans l'ignorance du premier mariage. 128, 129. V. *Adultère*. Le meurtre de l'un des deux conjoints forme un empêchement dirimant de mariage entre le meurtrier et le conjoint survivant. 129, 130. Lorsque le meurtre s'est fait avec le consentement du conjoint survivant, ou que le meurtrier était son adultère. *Ibid*. Il faut que le meurtre ait été consommé. 130. V. *Meurtre*. Empêchement qui résulte de la diversité de religion. 130, 131. Le Nouveau Testament ne contient aucun texte sur cette matière. *Ibid*. Plusieurs conciles ont défendu les mariages des catholiques avec les infidèles ou hérétiques, à cause

du danger qu'il y avait pour la foi en se mariant avec eux. 131, 132. Ces conciles ne prononçaient que des peines canoniques, et ne déclaraient pas ces mariages nuls. 134. Lois des empereurs sur cette matière. 135. Édit de Louis XIV, de novembre 1680, qui les déclare nuls. 136. Dispenses qu'on accorde des empêchemens de mariage qui se rencontrent dans les personnes. 136, 137 et suiv. V. *Dispenses. Cassation de mariage. Mariage*.

EMPHYTÉOTE. V. *Communauté légale. Louage des choses. Revendication*.

EMPLOI. Stipulation de l'emploi du prix auquel s'oblige le vendeur. II. 121. A pour but la sûreté de l'acheteur. 122. Afin de lui faire acquérir la subrogation aux droits des vendeurs de son vendeur. *Ibid*. V. *Vendeur*.

Clause d'emploi de la part du débiteur d'une rente constituée insérée dans le contrat de constitution. III. 33-37. V. *Constitution de rente*. Emploi du prix des meubles que doit faire le grevé de substitution. VII. 625. V. *Substitution fidéicommissaire*.

EMPRISONNEMENT. Un débiteur ne peut être emprisonné que par un huissier compétent, porteur des titres en bonne forme, en vertu desquels il exerce la contrainte par corps. IX. 298. L'huissier remet le débiteur arrêté au geôlier de la prison, qui dresse un procès-verbal d'écrou. 298, 299. Ce que doit contenir cet écrou. *Ibid*. V. *Écrou*. L'huissier doit consigner entre les mains du geôlier des alimens taxés par le juge. 299. Le débiteur emprisonné peut être recommandé par tout autre créancier, ayant contre lui la contrainte par corps. *Ibid.* V. *Recommandation.* L'emprisonnement dure tant que le créancier n'est pas payé, à la charge par lui de payer de mois en mois et d'avance les alimens. 299, 3oo. Le débiteur peut obtenir son élargissement, en faisant prononcer la nullité de l'emprisonnement. 3oo. Si cette nullité est prononcée par des moyens du fond, les recommandations n'en continuent pas moins de subsister. *Ibid. Secùs,* pour les nullités en la forme. *Ibid.* Le consentement notarié du créancier, le paiement de la dette et des accessoires entre les mains du geôlier, et le défaut de consignation des alimens par le créancier, donnent lieu à l'élargissement. 3o1, 3o2. Comment, à défaut d'alimens, le débiteur doit-il agir pour obtenir son élargissement? 3o2, 3o3. V. *Contrainte par corps.*

Emprunteur. V. *Prêt à usage.*

Enchère. Acte par lequel une personne offre un certain prix de la chose exposée en vente, et s'engage à l'acheter pour ce prix, au cas que personne n'en offre davantage. ix. 248. x. 899, 900. Les enchères se font au greffe ou à l'audience. *Ib.* Personnes pour qui les procureurs ne peuvent enchérir. *Ib.* Nature de l'enchère et sous quelle condition elle est faite. ix. 248. x. 900. L'engagement qui en résulte est dissous de plein droit dès qu'il y a une autre enchère. ii. 229. x. 900. A moins que la seconde enchère ne soit nulle par défaut de forme. *Ibid.* Exception en matière d'eaux et forêts. ii. 280. La chose enchérie n'est pas aux risques de l'enchérisseur, jusqu'à ce qu'elle lui soit adjugée. ix. 249. Son engage-

ment cesse lorsque la chose est notablement détériorée depuis l'enchère. ix. 249. x. 900. Au contraire, l'adjudication sauf quinzaine, met la chose aux risques de l'adjudicataire, soit qu'on suppose la condition, sous laquelle il a acheté, résolutoire ou suspensive. ix. 249. x. 900. V. *Adjudication sauf quinzaine. Promesse d'acheter. Saisie réelle. Vente en justice.*

Endossement. Substitution que celui, à qui la lettre-de-change appartient, fait d'une autre personne à la sienne, pour en recevoir le paiement à sa place. iii. 129. Deux espèces d'endossement. *Ibid.*

L'endossement contenant cession de la propriété de la lettre, doit contenir les mêmes formalités que la lettre-de-change. 135, 136. Il doit en outre être daté. 136. Importance de cette formalité. *Ibid.* Les antidates sont défendues, à peine de faux. *Ibid.* Le défaut de date de l'endossement peut-il être suppléé par la date d'un aval, ou d'un protêt? *Ibid.* Les endossemens en blanc sont défendus. *Ibid.* Il n'importe de quelle main ils soient remplis. *Ibid.* L'endossement irrégulier ne vaut que comme un mandat de payer, et ne transfère pas la propriété de la lettre. 136, 137. Conséquences. 137.

La seconde espèce d'endossement est un simple mandat de recevoir. *Ibid.*

L'endossement de la première espèce contient un véritable contrat de change entre l'endosseur et celui à qui il passe son ordre, qui produit les mêmes actions et les mêmes obligations entre eux, qu'entre le tireur et le donneur de valeur. 155. L'endosse-

ment contient en outre une cession de tous les droits et actions de
l'endosseur. *Ibid.* L'endossement
régulier opère de plein droit ce
transport, sans signification. 156.
L'endossement fait dans les dix
jours avant la faillite est valable
lorsqu'il y a bonne foi. *Ibid.*
La seconde espèce d'endossement produit les obligations ordinaires du mandat. 156, 157. Celui qui a reçu pour l'endosseur,
n'est tenu de lui remettre l'argent
qu'au lieu où il l'a reçu. 157. Cependant il peut lui faire remise de
cette somme par une lettre-de-
change de pareille valeur, qui est
à ses propres risques. *Ibid.* Si,
n'ayant pas de papier sur la ville
de l'endosseur, celui qui a reçu
pour lui, fait tirer une lettre-de-
change par une personne du lieu
où il demeure, aux risques de qui
est cette lettre? 158. *Quid*, si l'endosseur avait indiqué le tireur?
*Ibid.* L'endosseur accorde ordinairement au mandataire chargé
de recevoir pour lui une commission de tant pour cent appelée provision. 158, 159. Le mandat étant
gratuit, cette provision n'est pas
due; à moins de conventions particulières. 159. Différences entre
l'endossement qui ne contient
qu'un simple mandat, et celui qui
contient un transport de la lettre.
159, 160. V. *Lettre-de-change.*
*Mandat. Transport.*

ENFANT. Les enfans doivent honneur, obéissance et assitance à leurs
père et mère. v. 216, 217. Ils ne
peuvent contracter mariage sans
leur consentement. *Ibid.* V. *Empêchement de mariage. Puissance
paternelle.* Ils leur doivent des
alimens. 217 et suiv. V. *Alimens.*
L'enfant né en mariage légitime

acquiert les droits de noblesse et
de famille de son père, la parenté
civile et le droit à la légitime. 222,
223. V. *Mariage.* L'enfant légitime suit la condition du père; l'enfant naturel celle de la mère. VIII.
24. Quelles personnes sont comprises sous le nom d'enfans, fils et
petits-fils? v. 569, 570. VI. 250,
251. VII. 575, 576. VIII. 490. X.
611, 612. V. *Don mutuel. Donation entre-vifs. Préciput légal. Reprise d'apport. Substitution fidéicommissaire. Succession. Retrait
lignager.*

ENGAGISTE. N'est pas propriétaire; n'a que le droit de percevoir les fruits; son droit est une
espèce d'antichrèse. II. 178. IX.
497, 498, 529. V. *Antichrèse. Contrat pignoratif. Possession. Retrait
lignager. Revendication.*

ÉNONCIATION. Quand le titre authentique fait foi des énonciations
qu'il contient. I. 438, 439. V. *Titre authentique.*

ENQUÊTE. Lorsque la décision
d'une cause dépend d'un fait contesté, on peut être admis à le prouver par témoins. IX. 55. La partie
qui demande à être admise à la
preuve, articule avec précision le
fait à prouver, et l'autre partie y
répond de même. *Ibid.* Cas auxquels la preuve par témoins peut
être admise ou non. 56. Elle n'est
admise que sur des faits, et non
sur le sens des Coutumes. *Ibid.* On
l'admet sur les faits d'une cause
actuellement pendante, et non sur
des affaires futures. *Ibid.* V. *Preuve
testimoniale.* La preuve par témoins doit être rejetée, lorsque
les faits dont on demande la preuve ne sont pas pertinens à la contestation. *Ibid.*

Procédure à suivre dans les enquêtes. 61, 62 *et suiv.* La partie, qui veut faire preuve, lève le jugement qui l'admet à faire preuve, et le signifie au procureur de la partie adverse. *Ibid.* Délai pour faire enquête à partir de cette signification. 61 ; 62. Le juge fixe le jour où les témoins seront entendus par une ordonnance. 62. Assignation des témoins. 62 ; 63. Comment ils doivent être entendus, et comment leur déposition doit être constatée. 63 ; 64. Formalités à suivre, et choses que doit contenir le procès-verbal de la confection de l'enquête. 64. L'enquête, nulle par le fait de la partie, ne peut être recommencée. *Ibid.* Elle peut l'être, si c'est par le fait du juge. 64, 65. Par qui le procès-verbal d'enquête doit être levé et signifié? *Ibid.* De la preuve qui résulte des enquêtes. 65. De la force du témoignage d'un seul témoin, de deux témoins irréprochables, de plusieurs témoins qui se contrarient, etc. 65, 66. On peut faire entendre dix témoins sur un même fait. 66. Quelles personnes peuvent être entendues comme témoins. 66; 67. Causes pour lesquelles on peut reprocher un témoin, et demander le rejet de sa déposition. 67, 68. Les reproches doivent être circonstanciés. 68. Forme dans laquelle ils doivent être proposés. *Ibid.* Ils doivent être jugés avant le procès. *Ibid.* V. *Matière sommaire. Reproche. Témoin.*

ENSAISINEMENT. Acte par lequel le seigneur déclare solennellement qu'il met le censitaire en possession de l'héritage tenu à cens de lui. VIII. 655. V. *Cens.*

ENTIERCEMENT. Acte judiciaire, par lequel celui qui se prétend propriétaire d'une chose mobilière, la fait saisir et arrêter par le ministère d'un huissier, lequel la séquestre entre les mains d'une tierce personne. VIII. 248. Cette forme nous vient des lois ripuaires. *Ibid.* Elle ne s'applique qu'aux meubles corporels, et sauf le droit d'autrui. 248, 249. Le possesseur peut demander main-levée de l'entiercement en donnant caution, ou même lorsqu'il offre une solvabilité suffisante. 249. La chose peut être remise entre les mains d'un séquestre. *Ibid.* L'ordonnance du juge est nécessaire pour faire entiercer les meubles qu'un tiers a dans sa maison. *Ibid.* On assigne celui sur qui la chose a été entiercée, pour en voir ordonner la restitution. 249, 250. Il peut mettre en cause ceux de qui il la tient. 250. C'est à celui qui a fait l'entiercement à prouver sa propriété. *Ib.* Il peut la prouver par témoins. *Ibid.* V. *Preuve testimoniale.* Après la sentence, il retire sa chose des mains du séquestre. 255. S'il y a appel, le séquestre, à qui il a été dénoncé, ne doit pas la remettre. *Ibid.* Il en est de même de l'effet d'une opposition à un jugement par défaut. 255, 256. Si la chose est entre les mains du défendeur, il doit la remettre au lieu où elle se trouve. 256. Le défendeur doit rendre la chose sur la première sommation qui lui est faite ; sinon on fait saisir et enlever par huissier. 275, 276. Si la chose ne se trouve plus entre les mains du possesseur, il est condamné aux dommages-intérêts du propriétaire. 279, 280. Dispositions différentes du droit romain sur ce point. *Ibid.* V. *Action réelle. Revendication.*

ENTREPRENEUR. A quoi est tenu

celui qui entreprend des ouvrages. III. 401 *et suiv.* V. *Louage d'ouvrage.*

EPAVES. Choses égarées dont on ne connaît pas le maître. VIII. 142. X. 271. Celui qui les trouve n'en acquiert pas le domaine. VIII. 142, 143. Il doit les déférer à justice. 143. Sur sa déclaration, le juge ordonne le dépôt au greffe, ou les met en fourrière, si ce sont des animaux. *Ibid.* Temps dans lequel la déclaration doit être faite; et punition contre celui qui ne la fait pas. *Ibid.* Il est tenu, outre la peine, des dommages-intérêts du propriétaire de la chose. 143, 144. Lorsque l'épave a été déférée à justice, elle doit être gardée pendant un certain temps, et vendue ensuite au profit du seigneur, après plusieurs proclamations. 144, 145. Diversité des Coutumes sur le temps qu'a le propriétaire pour la réclamer, et sur le nombre et la forme des proclamations. *Ibid.* Après les proclamations faites, et le temps expiré, le propriétaire de la chose peut encore la réclamer, tant qu'elle n'a pas été adjugée, en remboursant les frais. 146. Forme des adjudications. *Ibid.* Devoir des orfèvres et joailliers à qui l'on apporte des bijoux à acheter. 147. Certaines Coutumes accordent au seigneur haut-justicier le droit d'épaves sur les essaims d'abeilles que l'on trouve sur les arbres ou les buissons. 147. Ce droit ne leur appartient pas dans les Coutumes qui ne s'en sont pas expliquées. 147, 148. Parts des épaves qui appartiennent au seigneur, au propriétaire, et à l'inventeur. X. 271.
V. *Communauté légale. Fruits. Mine. Occupation. Trésor.*

EPINGLES. V. *Pot-de-vin. Réméré. Retrayant.*

ERREUR. L'erreur annulle les conventions parce qu'elle détruit le consentement. I. 13. IX. 323, 324. Il faut pour cela qu'elle tombe sur la chose, ou sur la qualité de la chose que les contractans ont eue principalement en vue. *Ibid. Secùs*, si elle tombe sur quelque qualité accidentelle. I. 13, 14. L'erreur sur la personne détruit-elle le consentement, et annulle-t-elle la convention ? 14, 15. L'erreur dans le motif l'annulle-t-elle? 15, 16. V. *Contrat. Consentement.*

Quand l'erreur vicie le consentement à l'égard du mariage, et le rend nul ? V. 163 *et suiv.* V. *Mariage.* Quand l'erreur sur la personne, sur la chose, ou sur le motif, peut être une cause de nullité des legs ? VII. 295, 298. V. *Legs.* On peut revenir contre la confession pour cause d'erreur de fait, mais non d'erreur de droit. I. 486. IV. 138. V. *Confession judiciaire.* Influence de l'erreur de fait ou de droit, qui porte sur la bonne foi requise dans le possesseur pour prescrire. VIII. 401, 402. V. *Prescription de dix et vingt ans.* L'erreur de fait ne peut servir d'ouverture à la requête civile. IX. 146, 147. V. *Chose. Condictio indebiti. Rescision. Vente.*

ESCLAVE. Suivant le droit romain, les esclaves acquéraient pour leurs maîtres. VIII. 225, 226. V. *Pécule. Propriété.* Ils ne pouvaient contracter mariage. V. 7. V. *Mariage.* Ils le peuvent chez nous. 42. L'esclavage de l'un des époux rompait le mariage. 260. Néanmoins la femme, avant de se remarier, devait attendre pendant cinq années le retour de son mari, et réciproquement. *Ibid.* V. *Communauté légale.*

Escompte. Déduction faite sur la somme payée avant l'échéance du terme, pour tenir lieu de l'intérêt de cette somme depuis le jour du paiement, jusqu'à celui de l'échéance du terme auquel cette somme était payable. IV. 122. Ressemblance entre l'escompte et l'intérêt du prêt. 122, 123. Il est licite, lorsque le paiement fait d'avance cause quelque perte à celui qui le fait, ou le prive de quelque gain. 123. Escompte pour négociations de billets ou de créances entre commerçans, est licite. 124, 125. Il en est de même de celui que retient un acquéreur sur son prix payé comptant, pour le temps où il ne jouira pas de l'immeuble, qui ne doit lui être livré que plus tard. 125. V. *Prêt de consomption. Usure.*

Espérance. Peut être l'objet des contrats. II. 4, 86, 87. V. *Garantie.*

Espèces. Diminution et augmentation des espèces. V. *Dépôt. Retrayant.*

Estimation. Quand l'estimation vaut vente. III. 317, 318, 603. IV. 29-32. VII. 211, 212. VIII. 419. V. *Cheptels. Communauté légale. Délivrance de Legs. Louage des choses. Prêt à usage. Rapport.*

Etang. Dispositions de la Coutume d'Orléans, sur les étangs. X. 276 *et suiv.* V. *Accession.*

État civil. V. *Don mutuel. Mort civile. Préciput conventionnel. Préciput légal. Testament.*

Etranger. Personne née de parens étrangers, et hors des pays de la domination française. VIII. 24, 25. Quels pays sont considérés comme étrangers. 25. Ancienne distinction des étrangers en aubains et épaves. *Ibid.* Ils étaient traités comme serfs. *Ibid.* Ils ne peuvent posséder ni bénéfice ni office, ni remplir aucune fonction publique dans le royaume. 25, 26. Application du principe aux archevêchés, évêchés, etc., etc., et bénéfices supérieurs. 26. Les étrangers ne peuvent prêter serment d'avocat en France. *Ibid.* Ils doivent donner la caution *judicatum solvi* lorsqu'ils sont demandeurs contre un Français. 27. A quoi est tenue cette caution, et quand elle doit être exigée? 27, 28. Deux étrangers peuvent-ils l'exiger l'un de l'autre? 28. L'étranger n'est pas admis au bénéfice de cession. *Ibid.* V. *Bénéfice de cession.* Il est contraignable par corps en matière civile. *Ibid.* V. *Contrainte par corps.* Il ne peut être témoin dans un testament. VII. 284. VIII. 28. X. 526. V. *Témoin testamentaire.* Les étrangers ne peuvent disposer de leurs biens situés en France, ni recevoir, soit par testament, soit par donation à cause de mort. VII. 310, VIII. 28, 29. X. 534, 535. Ils peuvent faire toutes sortes d'actes entre-vifs. *Ibid.* V. *Donation entre-vifs.* L'étranger était-il incapable de contracter un mariage légitime à Rome? V. 7. Deux conjoints étrangers peuvent-ils faire un don mutuel? VIII. 29. Un étranger peut-il faire par contrat de mariage une institution d'héritier? 30. Une femme étrangère peut-elle prétendre au douaire coutumier ou préfix sur les biens de son mari situés en France? *Ibid.* Les étrangers ne peuvent transmettre leurs successions à leurs parens,

ni recueillir les leurs. 30 , 31.
Exceptions dans certains cas. 31.
Les étrangers peuvent-ils se servir
de la prescription ? 31 , 32 , 397.
V. *Prescription de dix et vingt ans.*
Ils ne peuvent exercer le retrait
lignager. 32. Il en est autrement
du retrait féodal. *Ibid.* En cas de
guerre , il est enjoint aux étrangers de quitter la France. 32 , 33.
V. *Don mutuel. Retrait lignager
et féodal. Succession.*

Les étrangers ne peuvent devenir Français que par des lettres de
naturalité. 33. V. *Lettres de naturalité.* Droits des étrangers naturalisés. 33 , 34. Les plus proches
parens régnicoles leur succèdent.
34. Villes dans lesquelles les
étrangers, qui s'y établissent, sont
naturalisés. 34 , 35. Cas où le bénéfice de la naturalisation est accordé.
35. Les particuliers ou les peuples
exempts du droit d'aubaine , ne
sont pas pour cela citoyens. *Ibid.*
V. *Français. Personne. Testament*

ÉVICTION. Par éviction on entend en général le délaissement
qu'on oblige quelqu'un à faire d'une
chose, en vertu d'une sentence qui
l'y condamne. II. 38. Le mot éviction se prend aussi quelquefois pour
la sentence même. *Ibid.* Autres acceptions de ce mot. *Ibid.*

Le vendeur est tenu des évictions dont la cause existait dès le
temps du contrat. II. 39. L'acheteur
a contre lui l'action *ex empto*. 31 ,
32. A moins que le contrat ou la
loi n'en charge l'acheteur. *Ibid.* La
garantie n'a pas lieu si l'éviction
reste sans effet. 40. De même si c'est
une éviction dont l'acheteur était
obligé lui-même de défendre le vendeur. *Ibid.* De même lorsqu'elle
procède du fait de l'acheteur, quoique la cause soit antérieure au

contrat. *Ibid.* Le vendeur est tenu
des évictions dont la cause n'a commencé que depuis le contrat, mais
qui procèdent de son fait. 40, 41.
Il n'est pas tenu de celles qui procèdent de l'injustice du juge, lorsqu'il n'a pas été appelé en garantie
par l'acheteur. 41. Le vendeur est
tenu du délais fait à un tiers par
l'acheteur sans y être contraint par
sentence , pourvu que ce dernier
justifie des droits de celui à qui il a
délaissé. 41, 42.

Il y a éviction , dont est tenu le
vendeur, lorsque l'acheteur a succédé à quelque titre que ce soit , à
la chose qui lui a été vendue, dont
le vendeur n'était pas le propriétaire. 42 , 43.

A qui faut-il que la chose ait été
évincée, pour qu'il y ait lieu à garantie ? 43, 44 *et suiv.* V. *Garantie.*

En cas d'éviction le vendeur doit
être condamné à restituer le prix.
53. V. *Vendeur.* Cas où il y a lieu à
faire des déductions sur le prix. 53,
54. Si l'acheteur a été condamné à
restituer les fruits, le vendeur doit
l'en indemniser. 54. A moins que
l'acheteur n'ait seul soutenu le procès, le vendeur ayant déclaré qu'il
n'avait pas de moyens. 54 , 55. Il
en est de même des dégradations
dont l'acheteur a été condamné à
faire raison. 55. Distinction entre
celles dont l'acheteur a ou n'a
pas profité. 55. *Quid*, de celles
qu'il a faites, sachant qu'il n'était
pas propriétaire de l'héritage ? 55,
56. V. *Dégradations. Fruits.*

Le vendeur doit être condamné
à tenir compte à l'acheteur de tous
les dépens, depuis qu'il a été appelé. 57. A moins qu'il ait déclaré
ne pas avoir de moyens. *Ibid.* Il
doit être condamné encore aux
dommages-intérêts soufferts par l'a-
cheteur au-delà de son prix. *Ibid.*

Ceux seulement soufferts par rapport à la chose même, lorsque le vendeur était de bonne foi. 57, 58, 60, 61. Les loyaux coûts, l'augmentation en valeur de la chose en font partie. 58. A moins que cette augmentation n'eût pu être prévue lors du contrat. *Ibid.* Les améliorations faites par l'acheteur y entrent aussi. *Ibid.* Le vendeur cesse d'en être tenu lorsque le demandeur originaire a été condamné à en faire raison à l'acheteur. 59. Il est tenu du surplus lorsque le premier n'a pas été condamné à l'indemnité totale. *Ibid.* 60. *Quid,* lorsque la somme dépensée par l'acheteur excède celle dont l'héritage est augmenté de prix? *Ibid.* Si le vendeur était de mauvaise foi, il est tenu de tous les dommages causés par l'éviction, quoiqu'ils ne se rapportent pas à la chose même vendue. 61. Excepté ceux qui n'en seraient qu'une suite trop éloignée. *Ibid.* Cas particuliers où il en est tenu même lorsqu'il a été de bonne foi. *Ibid.* 62. V. *Dommages-intérêts.*

Cas où l'acheteur ne souffre éviction que d'une portion de la chose vendue. 62. Le vendeur doit être condamné, proportionnellement à cette portion, de même que dans le cas d'éviction totale, à faire raison du prix, des dépens, etc. *Ib.* L'incommodité de se trouver en communauté peut entrer dans les dommages-intérêts. *Ib.* Lorsque la portion évincée n'est pas indivise, il y a lieu à ventilation. 63. On doit considérer l'état de la chose au jour du contrat. *Ibid.* L'importance de la portion évincée peut donner lieu à la rescision du contrat en entier. *Ibid.* Cas où l'éviction ne porte que sur ce qui est provenu de la chose. *Ibid.*

Clause par laquelle l'acheteur s'oblige dans le contrat de vente, à rendre à l'acheteur, le cas d'éviction arrivant, le prix avec une certaine portion de ce prix en sus. 65. Différence de cette clause avec la stipulation *Duplæ* du droit romain. *Ibid.* C'est un forfait, qui fixe les dommages-intérêts. *Ib.* Le vendeur et l'acheteur sont également liés par lui. *Ib.* Cas où l'acheteur peut exiger d'autres dommages-intérêts outre ce forfait. 65, 66. Distinction de ce forfait et d'une clause pénale. 66. Cette convention faite avec la caution, n'a d'effet que vis-à-vis d'elle; elle restreint son cautionnement au forfait. *Ibid.* V. *Caution. Obligation pénale.*

Cas où c'est le second acheteur qui est évincé. 64. Le vendeur originaire est tenu, envers le second vendeur, de tout ce que celui-ci a été condamné à payer au second acheteur de plus que le prix du premier contrat. *Ibid.* Le second acheteur peut se faire subroger aux droits de son vendeur contre le premier vendeur. *Ibid.*

Explication des espèces contenues dans la loi 64 *ex mille* ff. *de evict.* 66–73. V. *Garantie.*

Éviction des choses louées que souffre le locataire; comment le locateur en est tenu. III. 270–275. V. *Louage des choses.*

Y a-t-il lieu à la répétition du profit, lorsque l'acheteur d'un fief a été évincé sur une demande en revendication? IX. 668–673. V. *Profit de vente.*

V. *Ameublissement. Apport. Dation en paiement. Partage de la communauté et des successions. Société.*

EVOCATION. Dans quel cas on peut évoquer d'un siége en un autre. IX. 23.

EXCEPTIONS. Moyens qui, sans attaquer le fond d'une demande, tendent à prouver que le demandeur ne doit pas être écouté à la proposer. IX. 14. Elles se divisent en exceptions péremptoires et dilatoires. *Ibid.* Celles-ci se subdivisent en déclinatoires et dilatoires simplement dites. *Ibid.* V. *Exceptions péremptoires. Exceptions dilatoires. Exceptions déclinatoires.*

Distinction entre les exceptions *in rem*, et les exceptions *in personnam*. I. 217, 218, 276. V. *Caution.*

EXCEPTION CEDENDARUM ACTIONUM. V. *Paiement. Subrogation.*

EXCEPTIONS DÉCLINATOIRES. Elles tendent à décliner la juridiction du juge devant qui la demande est portée. IX. 16, 17. Elles se jugent sommairement et à l'audience. 17. Elles doivent être opposées séparément et avant les autres. 16. Elles ont lieu pour cause d'incompétence, de privilége, ou de litispendance. *Ib.* La compétence résulte ou de la matière qui fait l'objet de la demande, ou de la qualité de la personne assignée. 17, 18. Quand y a-t-il incompétence, à raison de la matière, ou à raison de la personne. *Ibid.* Toute personne non justiciable d'un juge, peut le devenir, à raison de la matière qui fait l'objet de la demande, à raison de la garantie dont elle est tenue, et à cause du privilége du demandeur. 19. Il y a lieu à l'appellation de déni de renvoi, ou d'incompétence, lorsque le juge a débouté le défendeur de son exception déclinatoire, ou lorsqu'il a jugé une cause qui n'était pas de sa compétence. 19, 20. Où sont portées ces appellations, et comment sont-elles vidées ? 20. Le

juge, dont on a appelé, peut-il continuer l'instruction du procès ? *Ibid.* La juridiction, à qui appartient la connaissance de la cause, peut aussi la revendiquer. 20, 21. Ces revendications peuvent se faire en tout état de cause. 21. Le juge, qui a retenu une cause qui n'est pas de sa compétence, peut être pris à partie, et son jugement est nul. *Ibid.* V. *Prise à partie.*

EXCEPTIONS DILATOIRES. Elles tendent à différer la poursuite, sans exclure entièrement de la demande. IX. 16. Elles doivent être opposées avant la contestation en cause, et toutes par un même acte. *Ibid.* Cependant les exceptions déclinatoires doivent être opposées séparément et avant les autres. *Ibid.* Le délai, pour faire inventaire et pour délibérer, accordé aux héritiers et à la veuve d'un défunt, est une exception dilatoire qui doit être aussi opposée séparément. 16, 31, 32.

L'exception pour appeler garant est dilatoire. 33. Délai accordé au défendeur pour appeler son garant. 33, 34. Pour opposer cette exception, il doit signifier au demandeur originaire, la copie de l'exploit de demande en garantie. 34. V. *Garantie.*

Les exceptions de discussion et de division sont aussi des exceptions dilatoires. 37, 38. Elles doivent être proposées avant de défendre au fond. 38. V. *Discussion. Division. Exception.*

EXCEPTIONS PÉREMPTOIRES. Les unes concernent la forme, les autres le droit. IX. 14. Les premières tendent à faire renvoyer le défendeur de la demande, à cause de quelques nullités qui se trouvent dans l'assignation. *Ibid.* Elles doivent se proposer *à limine litis*, et sont couvertes par les défenses au fond. 14, 15. Les secondes sont celles qui, sans entrer dans le mérite de la demande, tendent à prouver que le demandeur n'a pas le droit de la former. Elles peuvent être présentées après la contestation en cause. 15, 16. V. *Exception*.

EXCEPTION DE GARANTIE. Elle a lieu lorsque le vendeur, qui n'était pas propriétaire, ou ses héritiers, ou son ayant-cause, intentent contre l'acheteur une demande en éviction de la chose par lui vendue, dont il est, depuis le contrat, devenu propriétaire. II. 76, 77. X. 413. Elle peut être opposée par l'acheteur qui a été mis en possession, à un second acheteur qui la revendiquerait contre lui, comme l'ayant acquise du vendeur depuis qu'il en est devenu propriétaire. 77. Elle a lieu contre les héritiers du vendeur, quoiqu'ils soient propriétaires de leur chef. *Ibid*. Même à l'égard du mineur héritier de son tuteur qui avait vendu un immeuble à lui appartenant. 78. Il n'en est pas de même à l'égard du substitué héritier du grevé qui aurait vendu les biens de la substitution. *Ibid*. L'ordonnance des substitutions a introduit un droit nouveau sur ce point. 79.

Celui, qui n'est qu'héritier en partie du vendeur, ne peut pas être exclu en entier de sa demande pour faire délaisser l'héritage, par l'exception de garantie qui lui est opposée. 79, 80. V. *Garantie*. Il peut l'exercer, excepté pour la portion dont il est héritier. 86. L'acheteur a le choix de retenir cette portion ou d'exiger les dommages-intérêts de l'héritier relatifs à cette portion, en délaissant le total. 80, 81.

L'héritier bénéficiaire ne peut être exclu aucunement par l'exception de garantie. V. *Bénéfice d'inventaire*. Elle peut être opposée aux légataires et donataires universels. 81. Ils peuvent s'en dégager en abandonnant les biens donnés ou légués. *Ibid*. Elle peut être opposée à la caution du vendeur qui intenterait une éviction contre l'acheteur. 81, 82. Celle-ci peut, pour s'en défendre, opposer l'exception de discussion. 82. L'exception de garantie peut être opposée aux héritiers de la caution par l'acheteur qu'ils actionneraient de leur chef en délaissement de la chose vendue. 82, 83. Peut-elle l'être à la femme commune en biens pour la moitié dont elle est tenue des dettes de la communauté? II. 83, 84. VI. 175, 176. Même quand elle revendique son propre. *Ibid*. Elle ne peut être opposée qu'à celui qui est obligé personnellement à l'acheteur. II. 84. V. *Caution. Garantie. Femme commune*.

Exception de garantie qui peut être opposée par le tiers-détenteur contre l'action hypothécaire de celui qui est son garant. VIII. 551, 552, 653. X. 834. V. *Action hypothécaire*.

Exception de garantie contre celui qui oppose le défaut d'insinuation d'une donation dont il est responsable. VII. 471, 472. V. *Insinuation*.

Exception de garantie que peut opposer le conducteur au locateur et à ses héritiers qui voudraient l'empêcher de jouir. III. 275, 276, 277, 278. V. *Louage des choses*.

EXCLUSION DE COMMUNAUTÉ (CLAUSE D'). Convention par contrat de mariage qu'il n'y aura aucune communauté de biens entre les conjoints. vi. 293. x. 316. La femme et ses héritiers n'ont aucun droit sur les acquisitions faites par le mari pendant le mariage, et ne sont pas tenues des dettes contractées par lui pendant ce temps. *Ibid.* Le mari a le droit de jouir des biens de sa femme. *Ibid.* Cette jouissance est celle de tous les fruits perçus ou nés durant le mariage. *Ibid.* V. *Communauté légale. Fruits.* Le mari, à la dissolution, doit rendre à sa femme ou à ses héritiers tous les biens qu'elle lui a apportés. *Ibid.* V. *Communauté conventionnelle. Puissance maritale. Séparation contractuelle.*

Excuse. V. *Tutelle dative.*

Exécuteur testamentaire. Personne nommée par le testateur à laquelle il confie l'exécution de ses dernières volontés. vii. 341. x. 576. Cette charge est purement volontaire. *Ibid.* Toute personne capable de s'obliger peut l'exercer. vii. 341, 342. x. 576, 577. Une femme, un mineur, un homme sans biens, le peuvent-ils ? *Ibid.* Ceux qui ne pourraient être légataires, un étranger, peuvent l'être. vii. 342, 343.

Les exécuteurs testamentaires sont saisis des biens de la succession, pour l'accomplissement du testament du défunt. vii. 343. x. 621. Le temps de cette saisine, selon la plupart des Coutumes, doit durer an et jour. vii. 343, 344. x. 622. La Coutume d'Orléans restreint la saisine des biens meubles et immeubles à la concurrence de ce qui est nécessaire pour l'exécution du testament. vii. 344. x. 621, 622. Le testateur peut restreindre cette saisine à une certaine somme. vii. 344, 345. x. 621. Si cette somme ne suffit pas à l'exécuteur testa-

mentaire, l'héritier doit y pourvoir. vii. 345. Le testateur peut-il étendre la saisine ? *Ibid.*

L'effet de la saisine est que l'exécuteur testamentaire peut se mettre en possession des biens dont il est saisi. vii. 346. x. 621. Il peut vendre les meubles jusqu'à concurrence de la somme nécessaire pour l'accomplissement du testament. *Ibid.* L'héritier peut l'en empêcher, en lui remettant somme suffisante entre les mains. *Ibid.* Il ne peut ni vendre les héritages, ni en faire les baux. viii. 346. x. 633. Il peut contraindre au paiement les débiteurs de la succession et recevoir d'eux ce qu'ils doivent. *Ibid.* Peut-il recevoir le remboursement des rentes? *Ibid.* Il peut intenter les actions pour raison des héritages. *Ibid.* Il peut défendre aux actions des créanciers de la succession, mais il est prudent de les dénoncer à l'héritier. 847. Les intérêts ne courent-ils au profit du créancier ou légataire, que du jour de la dénonciation à l'héritier. *Ibid.*

L'exécuteur testamentaire doit, avant tout, faire inventaire des effets de la succession. viii. 347, 348. x. 622. Le testateur peut-il le dispenser de cette obligation ? vii. 348. x. 622, 623. Il doit acquitter les legs et les dettes mobilières, et faire tous les actes de gestion d'un bon administrateur. *Ib.* Il doit rendre compte aux héritiers et aux autres successeurs universels. viii. 349. Quel est l'effet de la dispense de rendre compte portée dans le testament? *Ibid.*

L'exécution testamentaire finit après l'année révolue depuis le jour où elle a commencé. 349, 350. Elle finit avant l'an révolu, par la mort de l'exécuteur. *Ibid.*

C'est à l'héritier à prouver contre l'exhérédé la vérité de la cause. 31, 32. L'exhérédation prive l'exhérédé du droit de succéder au défunt qui l'a exhérédé. 32. Il ne peut prétendre le droit d'aînesse. *Ibid.* V. *Aînesse.* Peut-il prétendre douaire dans les biens de son père? *Ibid.* V. *Douaire des enfans.* Il n'est pas privé des biens substitués dont le défunt est grevé envers lui: 32, 635. Il succède à ses frères et sœurs. 33. Il ne perd pas les droits de famille. *Ibid.* L'exhérédation ne s'étend pas aux enfans de l'exhérédé. *Ibid.* Pour que l'exhérédation soit révoquée, il suffit qu'il existe des marques de réconciliation. 33, 34. V. *Représentation en ligne directe. Secondes noces. Succession.*

EXHIBITION DE TITRES. En quoi consiste l'obligation d'exhiber les titres. VIII. 654.

EXOINE. Acte qui contient les raisons pour lesquelles un accusé ne se présente pas sur l'assignation qui lui a été donnée en conséquence d'un décret. IX. 402. En quels cas, et pour quelles causes le juge adhère-t-il à l'exoine? 402, 403. Forme dans laquelle doit être présenté l'exoine. 403. V. *Décret.*

EXPERT. Cas où la visite d'expert est nécessaire. IX. 49. Jugement qui l'ordonne. *Ibid.* Nomination d'un juge qui doit recevoir le serment des experts, et devant lequel les parties comparaissent pour convenir de ceux qu'elles choisissent. 49, 50. Si le lieu de la visite est éloigné, le juge du lieu peut être commis. 50. Moyens de récusation qui peuvent être présentés contre les experts; ils sont les mêmes que contre les juges. 50, 51. V. *Récu-*

*sation.* Serment à prêter par les experts. 51. Comment ils doivent s'acquitter de leur mission en présence ou en l'absence des parties. 51, 52. Cas où un tiers expert est nécessaire. 52, 53. Comment leur rapport doit être fait et déposé? *Ibid.*

Forme dans laquelle procèdent et sont entendus les experts nommés pour la comparaison des écritures, en matière de faux incident. 348, 349. V. *Faux incident.*

EXPLOIT. V. *Nullité d'exploit. Saisie réelle.*

EXPROMISSOR. On appelle ainsi la personne qui s'oblige pour un débiteur, lequel est lui-même déchargé. 1. 344. V. *Novation.* Il diffère de l'*adpromissor. Ibid.* V. *Caution.*

EXPROPRIATION. Pour cause d'utilité publique. V. *Vente forcée.*

EXPROPRIATION FORCÉE. V. *Adjudication par décret. Saisie réelle. Vente en justice.*

EXTINCTION DE LA CHOSE DUE. Elle emporte l'extinction de l'obligation. 1. 391, 392. Il en est de même, si elle cesse d'être dans le commerce. 392. L'obligation s'éteint encore lorsque la chose cesse seulement de pouvoir être due au débiteur. *Ibid.* Par exemple, lorsque le créancier d'un corps certain, en vertu d'un titre lucratif, en devient propriétaire en vertu d'un autre titre pareillement lucratif. 392, 393. Lorsque la chose a été perdue sans la faute du débiteur, il est déchargé de son obligation. 394. Lorsque le débiteur allègue la perte de la chose, ou un cas fortuit, est-ce à lui à en faire la preuve, ou au créancier à éta-

12*

blir qu'il y a eu faute de sa part?
*Ibid.* Les obligations alternatives
ne s'éteignent pas par la perte de
l'une des choses dues. 395. Il en
est de même des obligations de
quelque qualité, ou d'un corps indéterminé. *Ibid.* Si la chose, quoique indéterminée, fait cependant
partie d'un nombre déterminé de
certaines choses, l'extinction a lieu
par la perte de toutes ces choses.
396. La dette est éteinte, lorsque
la chose est totalement périe; autrement elle subsiste pour ce qui
en reste. 396, 397. Il faut en outre
que la perte arrive sans le fait ni la
faute du débiteur, et avant qu'il
ait été mis en demeure. 397. V.
*Demeure. Faute.* Pour que la perte, arrivée depuis la mise en demeure, perpétue l'obligation, il
faut qu'avant cette perte, la demeure n'eût pas été purgée, et que
la chose ne fût pas également périe chez le créancier. 397, 398.
Pour les choses volées, on est toujours en demeure, et le voleur en
est tenu, sans examiner si elles eussent péri également chez le créancier. 398. La créance du prix de
la chose, lorsqu'elle a péri, et que
le débiteur en est tenu, existe non-
seulement contre lui et ses héritiers, mais aussi contre les cautions et tous ceux qui ont accédé à
son obligation. 398, 399. Si la
chose a péri au contraire par le
fait ou la faute de la caution, ou
depuis sa demeure, elle seule en
est tenue, et le débiteur principal
est libéré. 399. Si c'est par le fait
ou la faute, ou depuis la demeure
de l'un des codébiteurs solidaires,
les autres codébiteurs en seront tenus. *Ibid.* V. *Obligation solidaire.*
Si c'est par la faute de l'héritier,
les cohéritiers n'en sont pas tenus.
*Ibid.* Si le débiteur s'est chargé
des cas fortuits, il est tenu de la
perte de la chose. 399, 400. Cette
convention n'a rien de contraire à
l'équité, quand même le débiteur
ne recevrait rien pour le risque
dont il se charge. 400. Dans tous
les cas, cette clause ne comprend
jamais que les risques qui ont pu
être prévus au moment du contrat.
400, 401. Lorsque l'obligation est
éteinte par l'extinction de la chose
due, est-elle éteinte à ce point
qu'elle ne subsiste pas pour ce qui
reste de cette chose, ni pour les
droits et actions qu'a le débiteur,
par rapport à cette chose? 401,
402, 403, 404. V. *Extinction des
obligations. Force majeure. Hypothèque. Perte de la chose. Risque.
Usufruit.*

EXTINCTION DES LEGS. V. *Legs.
Révocation des testamens.*

EXTINCTION DES SUBSTITUTIONS.
V. *Substitution fidéicommissaire.*

EXTINCTION DES OBLIGATIONS.
V. *Compensation. Confusion. Con-
signation. Condition résolutoire.
Extinction de la chose due. Fin de
non-recevoir. Novation. Paiement.
Prescriptions. Remise de la dette.
Temps.*

# F

FABRIQUE. V. *Communautés.*

FAILLITE. V. *Société.*

FAIT ET CAUSE. Lorsque le vendeur prend le fait et cause, l'acheteur peut être mis hors de cause. II. 51. Le jugement qui intervient n'en est pas moins rendu pour ou contre lui. *Ibid.* Le jugement ne s'exécute, en cas de condamnation, contre l'acheteur, que pour le principal. *Ibid.* Le vendeur seul est tenu des dommages-intérêts, *Ibid.* 52. C'est à lui à juger ses moyens de défense. 52. S'ils sont mauvais, il peut offrir à l'acheteur de lui rendre le prix, et de l'indemniser de l'éviction, sans soutenir le procès. *Ibid.* Si l'acheteur veut le soutenir, c'est à ses risques. *Ibid.* Parmi les héritiers garans, l'un peut prendre le fait et cause, et les autres acquiescer. V. *Acheteur. Action de garantie. Dommages-intérêts. Eviction. Garantie.*

FAITS PERTINENS. V. *Défense de l'accusé. Enquête.*

FAMILLE. V. *Retrait lignager.*

FAUTE. Distinction entre trois espèces de fautes, la faute lourde, légère et très-légère. I. 543. Le débiteur, dans les contrats qui sont faits pour le seul intérêt du créancier, n'est tenu que de la faute lourde. *Ibid.* Exception à l'égard du mandat et du quasi-contrat *negotiorum gestorum.* 543, 544. Dans les contrats qui se font pour l'intérêt réciproque des parties, le débiteur est tenu de la faute légère. 544. Dans les contrats qui se font pour le seul intérêt du débiteur, il

est tenu de la faute très-légère. *Ibid.* Le droit romain ne fait qu'une division bipartite entre le dol et la faute. 344, 345. Mais la prestation de la faute s'y subdivise entre la prestation de la faute légère et de la faute très-légère. *Ibid.* Opinion nouvelle de Lebrun. Réfutation. 545, 546, 547, 548, 549. La faute lourde est assimilée au dol, II. 23. V. *Dol.*

V. *Acquéreur (Retrait lignager). Arrhes. Bénéfice d'inventaire. Charte-partie. Communauté. Consignation. Délivrance des legs. Dépôt. Extinction de la chose due. Legs. Louage des choses. Nantissement. Quasi-contrat negotiorum gestorum. Obligation. Père de famille. Précaire. Prêt à usage. Séquestre. Saisie féodale. Substitution fidéicommissaire.*

FAUX. Procédure particulière pour instruire le faux en matière criminelle. IX. 461. V. *Faux incident.*

FAUX INCIDENT. Accusation de faux ou d'altération, que l'une des parties, en matière civile, propose contre quelque pièce sur laquelle l'autre partie prétend établir sa demande ou ses défenses. IX. 340. Elle n'a d'autre objet que de faire rejeter la pièce du procès. *Ibid.* Elle se fait tant contre les pièces authentiques que privées. *Ibid.* Elle n'est nécessaire, contre celles-ci, que lorsqu'elles ont été déclarées pour reconnues. 340, 341. Procédure qui précède l'inscription de faux. 341. Il faut demander, par requête, au juge, la permission de la former. *Ibid.* On fait sommation au défendeur de déclarer s'il veut, ou non, se servir de la pièce arguée de faux. 341, 342. Il doit répondre dans les trois jours, augmentés de deux jours, par dix lieues de distance de son domicile. 342. S'il déclare vouloir s'en servir, il doit, dans les vingt-quatre heures, la déposer au greffe, et, dans le même délai, signifier le dépôt au demandeur. *Ibid.* Cas dans lesquels le rejet de la pièce arguée de faux est ordonné, sans que le demandeur ait besoin de passer à l'inscription de faux. 342, 343. Le demandeur en faux doit former, hors ce cas, son inscription de faux, au greffe, sous les vingt-quatre heures du dépôt de la pièce ou de la signification qui lui en a été faite. 343. Procès-verbal qui doit être dressé par le juge, de l'état des pièces arguées de faux. 343, 344. Ce que doit contenir ce procès-verbal. 344. Le juge peut ordonner l'apport des minutes des actes accusés de faux, et différer jusque-là le procès-verbal, pour le dresser sur le tout ensemble. 344, 345. Tout dépositaire de minutes est forcé de les apporter sur la réquisition du juge. *Ib.* Trois jours après la clôture du procès-verbal, le demandeur doit déposer ses moyens de faux au greffe. 345. Il intervient un jugement, sur les conclusions du ministère public, qui les admet ou les rejette en tout ou en partie, et ordonne qu'il en sera informé tant par titres que par témoins, et nomme des experts, s'il y a lieu. *Ibid.* Instruction qui se fait en vertu du jugement, qui permet d'informer sur le faux. 346, 347, 348. Après l'information, le juge peut décréter l'accusé, et procéder à un nouvel interrogatoire. 348, 349. Procédure qui se fait, lorsque le

juge ordonne que l'accusé écrira un corps d'écriture. 349. Cas où le juge ordonne le réglement à l'extraordinaire; réglement et confrontation qui se font en exécution de ce récolement. 449, 350. V. *Confrontation. Récolement.* Requête de l'accusé, pour faire nommer de nouveaux experts, ou pour fournir de nouvelles pièces de comparaison. 351, 352. Cas auxquels le demandeur en incident de faux doit être condamné en l'amende, et cas auxquels on doit lui accorder la restitution de celle qu'il a consignée. 352. Comment et quand s'exécute le jugement qui ordonne la radiation ou la réformation d'une pièce? 353. Remise et renvoi des pièces déposées au greffe sur l'inscription de faux. 353, 354. V. *Experts. Faux.*

FÉLONIE. Injure atroce faite par un vassal à son seigneur. IX, 585. Quelle injure est assez atroce pour être félonie? 585, 586, 587. Quand la félonie donne lieu à la commise? *Ibid. et suiv.* V. *Commise ( droit de ).*

FEMME. Les fonctions civiles et offices publics sont interdits aux femmes. VIII. 55. Pourquoi? 55, 66.

FEMME COMMUNE. V. *Communauté. Exception de garantie. Femme mariée.*

FEMME MARIÉE. Elle doit suivre son mari partout où il juge à propos de résider, à moins que ce ne soit hors du royaume. V. 214. Le mari a action pour l'y contraindre. *Ibid.* Autres obligations de la femme. *Ibid.* V. *Mariage. Puissance maritale.* Elle prend le nom de son mari et suit sa condition. 221.

222. Elle perd son domicile et acquiert celui de son mari, aux lois duquel elle est soumise du jour de son mariage. *Ibid.* V. *Domicile.* Elle a droit au douaire. *Ibid.* V. *Douaire de la femme.*

Elle est incapable de contracter sans l'autorisation de son mari ou de justice, I. 29. Nullité des aliénations par elle faites. II. 342. Différence entre l'incapacité des femmes mariées, et celle des mineurs. VIII. 210, 211, 537, 538.

V. *Acceptation des successions. Communauté légale. Domicile. Donation entre-vifs. Hypothèque. Jeu. Jugement. Lettre-de-change. Mari. Prescriptions. Possession. Propriété. Rachat des rentes. Renonciation aux successions. Testament.*

FEMME SÉPARÉE. V. *Compensation. Puissance maritale. Rachat des rentes. Remploi. Séparation de biens. Séparation d'habitation.*

FERME. Prix de la jouissance ou de l'usage d'un bien de campagne donné à louage. III. 244. V. *Communauté légale. Fruits. Louage des choses.*

FERMIER. Celui qui prend à ferme un bien de campagne. III. 232. V. *Louage des choses.*

FERMIER JUDICIAIRE. V. *Bail judiciaire.*

FÊTES. Quand l'huissier peut instrumenter un jour de fête. II. 394, 395. IX. 6, 7. V. *Action de retrait lignager. Ajournement. Retrayant.*

FIANÇAILLES. Convention par laquelle un homme et une femme se promettent réciproquement qu'ils contracteront mariage. V. 17, 18. Ancienneté de l'usage des fiançail-

les. 18. Motif des fiançailles. *Ibid.* Ceux-là seuls peuvent contracter les fiançailles, qui sont capables de contracter ensemble mariage, ou qui peuvent espérer de le devenir. 18, 19. Les impubères, âgés de plus de sept ans, peuvent les contracter. 19. Forme dans laquelle les fiançailles doivent être rédigées. 19, 20. Les parties doivent jouir de toute leur liberté, pour y consentir. *Ibid.* Le consentement tacite suffit. *Ibid.* Il faut que les personnes soient certaines et déterminées. 20. Il faut pour la validité des fiançailles, le consentement des personnes requis pour la validité du mariage. *Ibid.* L'engagement doit être réciproque. *Ibid.* Les fiançailles peuvent être contractées à terme et sous condition. 21. Les conditions, qu'on peut apposer aux fiançailles, doivent être honnêtes et possibles. *Ibid.* Un mariage nul peut-il au moins valoir comme fiançailles ? 22. Les fiançailles doivent être accompagnées de la bénédiction nuptiale. 22, 23. Cette bénédiction n'est cependant pas de leur essence. 23. Arrhes que se donnent en contractant le fiancé et la fiancée. 23, 24. Dispositions des lois romaines sur ce point. *Ib.* La partie, qui refuse d'accomplir son engagement, perd ses arrhes, et rend celles qu'elle a reçues. 24. Si les arrhes étaient trop considérables, elles peuvent être réduites par le juge. *Ibid.* Présens qui ont coutume d'accompagner les fiançailles. 24, 25. Si le mariage n'a pas lieu, on peut répéter les choses données. 25. Loi romaine sur ce point. *Ibid.* Les fiançailles sont ordinairement accompagnées ou suivies du contrat de mariage. 25, 26.

L'effet des fiançailles est d'obliger chacune des parties à accom-

plir sa promesse. 26. Les fiançailles sont pour les parties un empêchement prohibitif de se marier à
un autre, et un empêchement
dirimant d'épouser les parens de
l'autre partie. *Ibid.* V. *Empéche-
mens de mariage.*

Les juges d'église, par tolérance,
connaissent de la validité ou de
l'invalidité des fiançailles. 26, 27.
Comment on procède devant l'official, et à quoi se réduit sa juridiction. 27, 28. Il ne peut employer
que les voies d'exhortation vis-à-vis
des parties, sous peine d'appel
comme d'abus. V. *Appel comme
d'abus. Ibid.* Il ne peut prononcer
sur les dommages-intérêts, pour
inexécution de l'engagement, sous
la même peine. 28. Les parties
sont obligées de se pourvoir devant
le juge séculier de la partie refu-
sante. *Ibid.* De quoi se composent
les dommages-intérêts. 28, 29.

Les fiançailles peuvent être dissoutes par le consentement mutuel
des parties. 29. Si l'une d'elles est
mineure, elle a besoin du consentement des personnes qui lui a
été nécessaire pour contracter.
*Ibid.* Cas où le consentement mutuel des parties est présumé intervenir tacitement. 29, 30. Causes
pour lesquelles une des parties est
dégagée de son engagement, sans
le consentement de l'autre. 30.
Lorsqu'une des parties a manqué à
la foi qu'elle avait donné. 30, 31.
Lorsqu'il est survenu quelque
chose à l'une des parties, qui eût
certainement empêché l'autre, ou
qui l'eût empêché elle-même de
contracter, si elle l'eût prévu. 31,
32. *Quid,* s'il est survenu une
grosse fortune depuis les fiançailles à l'une des parties, qui l'eût
empêché de les contracter, si elle
l'avait prévu? 32, 33. Les fiançailles

sont également dissoutes, lorsqu'un motif, qui les aurait empê-
chées, s'il avait été connu, n'a été
découvert que depuis. 33. Si, depuis
la découverte, les parties ont continué à se fréquenter, elles sont
non-recevables à s'en dégager.
*Ibid.* L'une des parties peut se dégager des fiançailles, en faisant des
vœux solennels de religion. *Ibid.*
Les vœux simples et l'habit religieux ne suffisent pas. 34. V.
*Empéchement de mariage. Mariage.
Puissance maritale. Vœux.*

FICTION. V. *Communauté légale.*

FIDÉICOMMIS. V. *Avantage indirect. Substitution fidéicommissaire.*

FIDÉJUSSEUR. V. *Caution.*

FIEF. Concession qui est faite à
quelqu'un d'un héritage ou d'un
droit immobilier, pour être tenu
et possédé à la charge de la foi et
hommage, et sous la réserve de la
seigneurie directe. IX. 477, 478,
480. X. 51, 52. Explication des
termes fief dominant, fief en l'air,
fief servant, vassal, seigneur, tenure ou mouvance féodale, plein-
fief et arrière-fief. IX. 478, 479. X.
52. Origine et progrès des fiefs. IX.
479. Les immeubles seuls peuvent
être donnés à titre de fief. 480. Il
est de la nature du fief, que celui
qui donne la chose à ce titre, s'en
retienne la seigneurie directe. IX.
480, 481. X. 53. Celui qui tient en
fief, peut sous-bailler à titre de
fief ou à titre de cens, et celui qui
tient à cens ne le peut pas. *Ibid.*
V. *Cens.* La charge de la foi envers le seigneur de qui le fief est
tenu, est de l'essence du fief. IX.
481, 482. X. 53. Le service militaire est de sa nature. IX. 482. X.
53. Droits qui appartiennent aux

seigneurs de fiefs. *Ibid.* V. *Aînesse (droit d').* *Banalité. Dénombrement. Démembrement de fief. Foi et hommage. Jeu de fief. Profit de vente. Profit de rachat. Retrait féodal. Réunion des fiefs. Saisie féodale. Souffrance. Succession aux fiefs.*
V. *Chasse. Jus in re. Retrait lignager. Succession.*

FIN DE NON-RECEVOIR. Certaines causes qui empêchent le créancier d'être écouté en justice pour exiger sa créance. 1, 409. L'autorité de la chose jugée est une fin de non-recevoir. *Ibid.* V. *Chose jugée.* Il en résulte une aussi du serment décisoire déféré au débiteur et par lui prêté. *Ibid.* V. *Serment décisoire.* La prescription est une fin de non-recevoir. 410. V. *Prescriptions.* Les fins de non-recevoir, tant qu'elles subsistent, font présumer la créance éteinte et acquittée. *Ibid.* On peut opposer une créance en compensation, lors même qu'on serait repoussé de la demande par la prescription. *Ibid.* Les fins de non-recevoir doivent être opposées : le juge ne les supplée pas. *Ibid.* Elles se couvrent par la renonciation tacite ou expresse du débiteur. 410, 411.
Fin de non-recevoir, résultante d'un laps de temps contre l'action rédhibitoire. II. 103, 104. V. *Action rédhibitoire.*

FLEUVE. V. *Alluvion. Ile. Rivière.*

FOI ET HOMMAGE. Reconnaissance solennelle de la tenure du fief, faite par le vassal à l'égard de son seigneur. IX, 482, 483. X. 54, 55. La foi doit être portée à toutes les mutations de seigneur ou de vassal. IX. 483. X. 55, 56. Les mutations

imparfaites, comme les mutations parfaites, y donnent ouverture. IX. 484, 485. Quand la femme, après le décès de son mari, est-elle tenue de porter la foi pour les conquêts de la communauté? 485, 486, 487. Si le fief servant est vendu ou donné avec rétention d'usufruit, l'acquéreur ou le donataire n'est tenu d'entrer en foi qu'après l'extinction de l'usufruit. 489. Autre exception à la règle. 490.
La foi doit être portée par le vassal en personne. IX. 491. X. 56. En cas d'empêchement, le seigneur accorde souffrance. *Ibid.* Age auquel on peut porter la foi, et quelles personnes peuvent le faire. IX. 491, 492, 493, 494, 495, 496, 497. X. 57.
La foi doit être portée au seigneur propriétaire du fief. IX. 497. X. 57. Le seigneur n'est pas tenu de la recevoir en personne. IX. 498. Elle peut même, dans certains cas, être portée sans qu'il y ait personne pour la recevoir. *Ibid.* La foi doit être portée au chef-lieu du fief dominant. IX. 498, 499. X. 58. Hors le cas d'impossibilité par force majeure, les offres de foi faites ailleurs sont nulles. IX. 499. Exception dans le cas de laquelle le vassal est tenu d'aller faire la foi ailleurs qu'au chef-lieu. 499, 500. *Quid,* si le vassal ne trouve pas son seigneur au lieu de sa demeure? 501. Le seigneur peut-il changer, sans le consentement de ses vassaux, le chef-lieu du fief dominant, en se construisant un château dans un autre lieu? 502. Où la foi doit-elle être portée, lorsque le fief dominant est un fief en l'air? 503.
Comment la foi doit-elle être portée; cérémonies qui doivent être observées? 504. Le vassal doit dire

à son seigneur pour raison de quel fief il porte la foi, à quel titre il le possède, et le requérir de l'y recevoir. 504, 505. Le port de foi doit contenir les offres de payer les droits utiles, lorsqu'il en est dû. 505. Quels profits doivent être offerts par le vassal? 506, 507. Comment ces offres doivent être faites? 508. Délai qu'a le vassal pour porter la foi; ce délai s'appelle souffrance. IX. 509. X. 58, 59. V. *Souffrance*. Réception en foi par main souveraine, en cas de combat de fief. IX. 520. V. *Combat de fief*. Quand a-t-elle lieu? 520, 521, 522, 523. Bénéfice que la Coutume accorde au vassal, dans le cas de combat de fief, et conditions qu'elle y met. 523, 524, 525, 526, 527. V. *Fief. Retrait lignager. Saisie féodale. Seigneur*.

FOIRE. Faveur accordée aux ventes, et marchés faits en foire. III. 342, 343, 588 *et suiv*. V. *Cheptel*.

FOLIE. V. *Démence. Empêchement de mariage*.

FOLLE ENCHÈRE. Réadjudication d'un héritage déjà vendu à un adjudicataire qui n'en a pas payé le prix. IX. 257. X. 902. Quand il y a lieu, et comment on y procède? IX. 257, 258. X. 902. À quoi elle oblige le fol enchérisseur? *Ibid*. V. *Adjudication par décret*.

FONDS DOTAL. V. *Deniers dotaux. Dot. Prescription de dix et vingt ans*.

FORCLUSION. V. *Appointement*.

FORCE MAJEURE. V. *Charte partie. Déguerpissement. Demeure. Extinction de la chose due. Louage d'ouvrage. Obligation. Prêt à usage. Réintégrande. Rente foncière. Spoliateur*.

FORFAIT. Qui fixe les dommages-intérêts en cas d'éviction. II. 65. V. *Dommages-intérêts. Eviction*.

FORFAIT DE COMMUNAUTÉ. Convention par laquelle il est stipulé dans un contrat de mariage, que les héritiers de la femme auront pour tout droit de communauté, une certaine somme. VI. 208, 209. X. 315, 316. Le mari ne peut, dans le cas d'insuffisance des biens de la communauté pour payer cette somme, s'en décharger en offrant d'admettre les héritiers de la femme au partage. *Ibid*. À moins qu'on n'ait ajouté la clause restrictive, *si tant s'en trouve*. 289. Ou que le choix ait été laissé au mari de donner une certaine somme aux héritiers de la femme, ou de les admettre au partage. 290. Cette clause n'exclut du partage que lesdits héritiers et non la femme, et ne peut avoir lieu que lors de la dissolution par son prédécès. *Ibid*. Elle comprend tous ses héritiers. *Ibid*. Le mari retient sur la somme qu'il doit aux héritiers, la valeur de toutes les créances que la communauté a contre la femme. VI. 290. X. 315. Si ces créances excèdent la somme, les héritiers de la femme sont débiteurs du surplus envers le mari. *Ibid*. V. *Séparation de dettes*. La somme tirée de la communauté pour laquelle la femme a contribué pour sa moitié, à la dot des enfans communs, fait partie de ces créances. IV. 290, 291. X. 315. V. *Dot*. Le mari, dans ce cas, est seul tenu pour le total des dettes de la communauté. IV. 294. Les héritiers de la femme, qui ont reçu la somme du mari, n'en sont pas tenus, même envers les créanciers, à moins que la femme ne se fût obligée envers eux. *Ibid*.

Quelquefois c'est à la femme qu'on assigne par le contrat une somme pour tout droit de communauté. 291, 292. On suit les mêmes règles que dans le cas précédent. *Ibid.*

Enfin on peut convenir que ce seront les héritiers du prédécédé, tant du mari que de la femme, qui n'auront qu'une certaine somme. 292. Dans cette troisième espèce, la femme survivante n'est pas privée du droit de renoncer, par la faculté qu'elle a de conserver tous les biens. *Ibid.* Si elle renonce, les héritiers du mari restent investis de toute la communauté et ne peuvent rien lui demander. *Ibid.* V. *Acceptation de la communauté. Communauté conventionnelle.*

Fossé. Règles pour reconnaître, à défaut de titres, si un fossé qui sépare les héritages de deux voisins, leur est commun, ou s'il appartient seulement à l'un d'eux. III. 546. x. 426, 436, 437. S'il est commun, les deux voisins sont tenus de contribuer à son entretien. 647. V. *Communauté. Contenance. Haie. Mur mitoyen.*

Frais. L'acquéreur est toujours tenu des frais extraordinaires de vente. VIII. 563, 564. Les frais extraordinaires sont privilégiés dans l'ordre du prix. *Ibid.* V. *Ordre.* Distinction entre les frais ordinaires et extraordinaires faits par le poursuivant d'une saisie. IX, 264. x. 908. V. *Dommages-intérêts.*

Frais funéraires. Les frais funéraires du conjoint prédécédé, comme de toute personne, sont dus par sa succession, et non par la communauté : le deuil de la femme en fait partie. V.

646, 647. VI. 186, 187, 492, 655. VII. 241. IX. 193, 194, 202. x. 511. V. *Communauté légale. Continuation de communauté. Dettes des successions. Deuil de la femme. Don mutuel. Garde-Noble. Ordre. Préciput légal des nobles.*

Français. Quelles personnes sont Françaises. VIII. 22. x. 9. *Quid*, de ceux qui sont nés dans des provinces réunies à la France, ou qui en ont été démembrées, ou qui, ayant été conquises, ont été rendues par un traité de paix ? VIII. 22, 23. Pour qu'un enfant, né en pays étranger, soit Français, faut-il que le père et la mère, ou l'un d'eux indistinctement, ou l'un plutôt que l'autre, soient Français ? 23, 24. L'enfant né en légitime mariage suit la condition du père ; l'enfant naturel celle de la mère. 24.

Comment les Français perdent les droits de régnicoles ? VIII. 36. x. 9, 629. En abandonnant leur patrie sans aucun esprit de retour. *Ibid.* L'esprit de retour se présume toujours. *Ibid.* Le Français, qui a perdu cette qualité, de cette manière, recouvre ses droits en revenant en France avec dessein de s'y fixer, *ibid.*, mais seulement du moment de son retour. 36, 37. Les enfans, nés de Français expatriés, recouvrent leurs droits de citoyens, en revenant en France. 37. Peines particulières contre les religionnaires fugitifs. *Ibid.*
V. *Étranger. Succession.*

Franc-aleu. On appelle terres en franc-aleu celles qui ne relèvent d'aucun seigneur. VIII. 131. x. 437. Deux espèces de franc-aleu, le noble et le roturier. *Ib.* et VII. 58.

Franc et quitte ( clause de ). Convention par laquelle les parens de l'un des futurs conjoints se font fort envers l'autre qu'il n'a pas de dettes. vi. 238. x. 316, 317, 318. Ce sont ordinairement les parens de l'homme qui, en la faisant, s'obligent à indemniser la femme du préjudice à elle causé par les dettes de son mari antérieures au mariage. *Ibid*. Le plus grand préjudice qu'elle souffre est pour la dot, pour laquelle elle ne serait pas utilement colloquée, ou pour une si grande somme qu'elle l'eût été sans lesdites dettes. vi. 238. x. 316, 317. La seconde espèce de préjudice consiste en ce que sa part, dans la communauté, eût été meilleure, si elle n'eût pas été diminuée par ces dettes. *Ibid*. La clause de franc et quitte oblige-t-elle à l'indemnité de ces deux espèces de préjudice, ou seulement de celui de la première espèce? vi. 238, 239, 240. x. 317. L'obligation des parens du mari, qui l'ont déclaré franc et quitte, est acquittée, lorsque la femme a trouvé dans ses biens, à la dissolution de la communauté, de quoi être payée entièrement de toutes ses créances. vi. 240. x. 317, 318. Même de celles qu'elle a contre son mari, pour son indemnité des obligations qu'elle a contractées pour lui durant le mariage. vi. 240, 241.

La clause de franc et quitte est très-différente de la convention de séparation de dettes. 241. Elle n'intervient pas entre les futurs conjoints, mais entre la femme et les parens de l'homme. *Ibid*. Elle ne concerne pas la communauté, et peut exister sans elle. 241, 242. Elle est très-différente aussi de celle par laquelle les parens promettraient de payer les dettes de leur fils antérieures au mariage. 242. Et de celle par laquelle les parens du mari se seraient rendus cautions envers la femme de la restitution de sa dot. *Ibid*.

Cas où c'est la femme qui a été déclarée franche et quitte. vi. 242. x. 318. La clause alors a pour but d'empêcher que les dettes de la femme, antérieures au mariage, ne diminuent la communauté. vi. 242, 243. x. 318. Ou d'assurer la donation faite au mari par le contrat. *Ibid*. La garantie des dettes de la femme, déclarée franche et quitte, comprend celles dont elle était débitrice envers les parens qui l'ont déclarée franche et quitte. vi. 243. Différence de la clause de franc et quitte à l'égard de la femme et de la convention de séparation de dettes. 243, 244. La première oblige les parens de la femme à acquitter la communauté même des intérêts des sommes dues par la femme avant le mariage. *Ib*. Cette clause n'existant qu'entre le mari et les parens de la femme, celui-ci, dans le cas d'insolvabilité de ceux-là, n'a pas de recours contre la femme qui n'est pas héritière de ces parens. 244. La clause de franc et quitte à l'égard de la femme, est différente de celle par laquelle les parens s'obligent d'acquitter les dettes antérieures au mariage. *Ibid*. Dans ce dernier cas, ils s'obligent, tant envers l'homme qu'envers elle, à laquelle ils sont censés faire une donation. *Ibid*. Dans le premier, ils ne garantissent que le mari, et ont un recours contre elle pour la répétition des sommes qu'ils ont payées à son acquit. 244, 245. Ils n'ont pas de recours, si l'action peut réfléchir contre le mari, comme dans le cas où n'y ayant pas eu de séparation de dettes, la femme a renoncé à la communauté. 245. La clause de franc et quitte .peut avoir lieu à l'égard de la femme , dans le cas même où il y a exclusion de communauté. 245. V. *Renonciation à la communauté. Séparation de dettes.*

FRANC-FIEF. V. *Fief. Retrayant.*

FRAUDE. Peut toujours se prouver par témoins. 1. 471. V. *Contrat. Preuve testimoniale. Puissance maritale. Retrait lignager.*

FRET. V. *Affrétement. Chartepartie.*

FRUITS. Les fruits sont un accessoire de la chose. 11. 21. V. *Choses.* Ils se divisent en fruits naturels et fruits civils. v. 485, 480, 635. vi. 149, 157. ix. 547, 548. Les fruits naturels sont des êtres physiques qu'une chose produit et reproduit. v. 485, 635. vi. 149. ix. 547. Les fruits civils sont les revenus d'une chose, qui n'ont aucun être physique , et ne consistent qu'en droits et créances, comme les loyers, les fermages. v. 490. vi. 157. ix. 548. Les fruits naturels se subdivisent en fruits purement naturels, et fruits industriels. v. 485. Quand les fruits naturels sont meubles ou immeubles , et appartiennent au nouveau propriétaire du fonds ou à l'ancien? v. 484-489. vi. 148-157. ix. 548, 549, 550, 551. Comment les fruits civils s'acquièrent? v. 490, 491. vi. 157-165. ix. 551, 552, 553, 554. Quand celui qui perçoit les fruits doit rembourser les frais de labour et de semences? v. 488,489.vi. 152, 153, 154, 155, 156. ix. 557, 558.

Restitution des fruits. Elle a lieu dans l'action de revendication, soit qu'il s'agisse de restituer un immeuble ou des meubles. vii. 258, 259. Le possesseur de mauvaise foi est tenu de faire raison de tous les fruits de la chose revendiquée qu'il

a perçus. 259, 260. Et de ceux qu'il n'a pas perçus; mais que le demandeur eût perçus, s'il eût possédé la chose. 260. L'héritier du possesseur de mauvaise foi est également tenu de compter de tous les fruits. *Ibid.* Dans le droit romain le possesseur de bonne foi n'était tenu des fruits que depuis la litiscontestation. 261, 262. Motifs de cette décision. *Ibid.* Il devait rendre en outre ceux qu'il n'avait pas consommés, et qui existaient encore en nature pardevers lui. 262. Cette obligation cessait, lorsqu'il en avait prescrit la possession. 263. Il était tenu de rendre ceux qu'il avait perçus et consommés avant le procès, depuis que sa bonne foi avait cessé par la connaissance du véritable propriétaire. 263, 264. Les principes de notre droit sur la restitution des fruits du possesseur de mauvaise foi sont les mêmes que ceux du droit romain. 264. Le possesseur de bonne foi n'est tenu d'aucuns fruits par lui perçus jusqu'au jour de la demande. 264, 265. Dans notre droit , la restitution des fruits est-elle due par l'acheteur du jour que la mauvaise foi est survenue, par la connaissance qu'il a eue que son vendeur n'était pas propriétaire de la chose vendue? 265, 266. Liquidation des fruits par le possesseur condamné à restituer l'immeuble. 277, 278. Comment on les estime. 278. Balance des prestations dues par le propriétaire et des fruits à restituer. 279. V. *Pétition d'hérédité. Revendication.*

Lorsqu'une partie a été condamnée à une restitution de fruits , on procède devant le juge ou devant le commissaire de la juridiction, à la liquidation de ces fruits. ix. 165. Procédure à suivre. *Ibid.* Les impenses sont déduites de la somme des fruits de chaque année. 165, 166. S'il y a contestation sur la quantité des fruits, les parties sont admises à la preuve tant par titres que par témoins. 166. S'il y a contestation sur les frais de labour, semences, etc., etc., on ordonne l'expertise. *Ibid.* Le prix des fruits chaque année est le prix moyen de ces fruits sur les marchés, constaté par la mercuriale. 166, 167. On ne peut être condamné à restituer en nature tous les fruits de la dernière année. 167.

V. *Acheteur. Action hypothé-*

*caire. Acquéreur.* (*ret. lign.*) *Apport. Avantage entr'époux. Bénéfice d'inventaire. Choses. Communauté légale. Délivrance de legs. Exclusion de communauté. Eviction. Pétition d'hérédité. Prix. Promesse de vente. Réintégrande. Réméré. Remploi. Retrait lignager. Saisie-exécution. Saisie féodale. Substitution fidéicommissaire. Tiers-détenteur. Usufruit.*

FULMINATION DES DISPENSES. V. *Dispenses.*

FUTAIE. V. *Récompense. Rescision de la vente. Usufruit.*

# G

GAIN DE SURVIE. V. *Don mutuel. Préciput conventionnel. Préciput légal.*

GAGE. V. *Nantissement.*

GAGERIE. V. *Louage des choses. Saisie-gagerie.*

GARANTIE. Obligation de défendre une personne de quelque action donnée, ou qui pourrait être donnée contre elle. IX. 33. Elle est formelle ou simple. *Ibid.* Délai accordé à celui qui est assigné pour appeler son garant. 33, 34. Le défendeur peut n'appeler son garant qu'en appel. 34, 35. Faute de l'avoir appelé, il n'est pas déchu de son droit à la garantie. *Ibid.* Mais alors il doit prouver contre son garant, quand il agira contre lui, le droit du tiers qui a obtenu contre lui. 35. Il n'a pas la répétition des dépens faits sur la demande principale, si ce n'est le coût de l'exploit de demande. *Ibid.*

Dans quelle forme doit être fait l'exploit de demande en garantie? 35, 36. Le garant doit défendre devant le juge où il est assigné, 36, à moins que la demande n'ait été donnée qu'à dessein de le traduire hors de sa juridiction, ou qu'il ne soit privilégié. *Ibid.* Le garant formel doit prendre le fait et cause du défendeur originaire. 36, 37. Le garanti, dans ce cas, peut être mis hors de cause. *Ibid.* Le garant simple intervient pour défendre conjointement avec le défendeur originaire. 37. V. *Exception dilatoire.*

L'acheteur a l'action en garantie, soit qu'il ait été évincé lui-même, ou son successeur, II. 43, à moins qu'il n'ait transféré la chose à titre de donation. 43. Dans ce cas-là même, l'action en garantie a lieu, lorsque l'acte contient la cession des droits et actions du donateur. 44. L'acheteur a l'action en garantie, soit qu'il soit évincé de son chef, ou comme héritier d'un tiers

à qui il avait vendu. 44, 45.
L'éviction de quelque partie que
ce soit de la chose donne lieu à la
garantie. 45. Il n'en est pas de
même dans le cas d'une vente de
droits successifs. 45, 46. V. *Vente
de droits successifs.* Le vendeur est
garant de tout ce qui reste de la
chose après son extinction. 46.

L'action en garantie est une
branche de l'action personnelle
*ex empto.* 47. Elle a lieu non-seulement dans le cas d'éviction, mais
même dans le cas de trouble. *Ibid.*
Elle a pour objet la prise de fait
et cause pour l'acheteur. *Ibid.* Elle
est indivisible. *Ibid.* Elle se résout
en cas de refus de prendre le fait
et cause, ou, si le garant succombe, dans une obligation divisible de payer des dommages-intérêts. 48. Cas où ces dommages-
intérêts cessent d'être divisibles.
*Ibid.* V. *Dommages-intérêts. Trouble.*

L'acheteur peut appeler le vendeur en garantie aussitôt qu'il est
troublé, et devant le même juge où
est portée la demande originaire.
49. Différence avec le droit romain.
*Ibid.* Néanmoins l'acheteur est
toujours à temps de le faire, même
après la sentence qui le condamne.
*Ibid.* A moins qu'il n'y ait prescription de trente ans. *Ibid.* Il doit,
dans ce cas, agir devant le juge
du vendeur. *Ibid.* V. *Compétence. Prescription trentenaire.* Intérêt de l'acheteur à l'exercer
avant la sentence définitive. *Ibid.*
L'action de garantie s'intente contre le vendeur, ses héritiers ou autres successeurs universels. 50. Elle
peut s'exercer contre un seul d'entre eux. *Ibid.* Intérêt de l'acheteur
à l'exercer contre tous. *Ibid.* L'a-
cheteur n'est pas tenu d'appeler
les cautions. *Ibid.* Celui qui a

simplement consenti à la vente,
n'est pas tenu de la garantie.
51.

V. *Caution. Exception de garantie. Fait et cause.*

Plusieurs espèces particulières
qui donnent lieu aux questions de
savoir pour quelles portions l'action de garantie peut être exercée,
lorsque, depuis la vente, une partie de la chose vendue ayant péri,
tout ce qui en restait ou une partie seulement, a été évincé. 66 *et
suiv.* Première espèce. 66, 67, 68.
Seconde espèce. 68, 69, 70. Opinion de Papinien, sur la loi *ex
mille de evict.* 69; suivie par
Dumoulin. *Ibid.* Cas inverse, ou
la chose vendue s'est accrue par
alluvion, et où une partie de cette
chose totale, y comprise l'accrue,
a été évincée. 70, 71. L'éviction
d'une partie de l'accrue peut-elle
entrer dans les dommages-intérêts à
titre d'augmentation? 71. V. *Éviction.* Le vendeur n'est tenu de la
garantie que de la portion évincée
sur l'acheteur; il profite de la
perte de la partie de la chose vendue, qui aurait donné lieu à l'éviction, si elle eût encore existé, pourvu
qu'il ait été de bonne foi. 66, 67,
68. Comment est tenu le vendeur
dans le cas où l'acheteur est évincé
d'une partie de la chose vendue,
dont un cinquième a péri, tandis
qu'elle s'est accrue d'un cinquième
par alluvion d'un autre côté? 71,
72. *Quid,* dans le cas où l'accrue
a remplacé la portion de la chose
périe? 72, 73. A quoi est obligé le vendeur d'une seigneurie
utile ou d'un usufruit, dont l'acheteur a été évincé, après en avoir
joui pendant long-temps? 73, 74.
Il n'y a dans ce cas éviction que
d'une partie de la chose. *Ibid.* Il
en est de même dans le cas de

l'éviction d'un esclave, dont l'acheteur a joui depuis long-temps. 74, 75.

On peut déroger à la garantie par la convention. 85. Cette dérogation est plus ou moins étendue. *Ibid.* Dans tous les cas, le vendeur est toujours tenu de ses faits. *Ibid.* La suppression de la garantie n'empêche que les dommages-intérêts, dans le cas d'éviction, mais non la restitution du prix de la part du vendeur. 86. V. *Eviction.* A moins qu'il n'ait vendu qu'une espérance. 86, 87.

La garantie cesse, si le vendeur prouve que l'acheteur avait connaissance, lors du contrat, de la cause qui a donné lieu à l'éviction. 87. Mais il y a lieu à la restitution du prix. 87, 88. A moins qu'il ne s'agisse d'un recéleur ayant acheté d'un voleur. 88. Cette connaissance n'empêche pas la garantie, si elle avait été expressément stipulée. 88, 89. Cas où il n'y a pas lieu à la garantie, quand même elle aurait été stipulée. 89, 90.

Le vendeur doit la garantie des charges réelles qu'il n'a point déclarées. 90. Celles, que l'acheteur est censé ne devoir pas ignorer, n'y donnent pas lieu. *Ibid.* Ce sont celles qui sont de droit commun, telles que la dîme, le centième, les tailles, les droits seigneuriaux, réglés par les Coutumes. 90, 91. S'ils sont plus forts que ne le dit la Coutume, il y a recours de garantie. *Ibid.* Les servitudes visibles sont dans la même classe. 98. Le vendeur est garant du champart qu'il n'a pas déclaré. *Ibid.* La garantie des charges réelles a lieu dans les mêmes cas et la même forme que pour l'éviction. 93. Elle se résout en une diminution sur le prix. *Ibid.*

Le vendeur est garant des vices rédhibitoires. 93, 94. Non-seulement à l'égard de la chose principale, mais encore des choses accessoires, *spécialement* comprises dans le contrat. 94. Si le vice n'a pas été connu de l'acheteur lors du contrat, 96 ; à moins que celui-ci n'ait expressément stipulé la garantie, *ibid.* ; pourvu qu'il n'y ait pas dol de sa part. *Ibid.* Il faut que le vice n'ait pas été excepté de bonne foi de l'obligation de garantie, *ibid.*, et qu'il ait existé au temps du contrat. V. *Vice rédhibitoire.* A quoi la garantie des vices rédhibitoires oblige le vendeur? 97. Il n'est tenu qu'à la restitution du prix, lorsqu'il a ignoré le vice. *Ibid.* S'il l'a connu, il est tenu du dommage souffert par l'acheteur dans ses autres biens. *Ibid.* Il suffit même qu'il l'ait soupçonné. *Ibid.* Il en est de même pour l'ouvrier, quand même il n'a pas connu le vice, 97, 98, ainsi que du marchand fabricant ou non fabricant. 98. Cas où l'acheteur s'est servi de la chose à un autre usage que celui auquel elle était destinée. *Ibid.* Le vendeur n'est tenu alors du dommage que jusqu'à concurrence de la somme à laquelle il aurait pu monter, si la chose avait été employée à l'usage auquel elle était destinée. 98, 99. Hors ces cas, le vendeur n'est tenu qu'à rendre le prix. 99. L'acheteur peut toutefois se faire céder les droits et actions de celui-ci contre son précédent vendeur. *Ibid.* V. *Action rédhibitoire.*

rantie pour une donation. II. 40, 44. V. *Donation entre-vifs.* Y a-t-il lieu à la garantie pour éviction des choses léguées ? x. 564. V. *Legs.*

V. *Acheteur. Action hypothé-caire. Action de garantie. Adjudi-cation. Dation en paiement. Déli-vrance de legs. Douaire de la fem-me. Echange. Exception de garan-tie. Garde-Noble. Licitation. So-ciété. Transaction. Transport. Vendeur. Vente. Vente de droits successifs.*

GARDE. V. *Puissance paternelle. Tutelle.*

GARDE-BOURGEOISE. Tutelle lé-gitime du survivant des époux, qui ne lui donne aucun droit dans les biens des mineurs. v. 615, 632. x. 278, 279. Sous la Coutume de Pa-ris, elle est la même que la garde-noble. *Ibid.* Elle est accordée tel-le, par privilége, aux bourgeois de Paris. v. 624. Il faut avoir les mê-mes qualités que pour la garde-noble, pour l'exercer, sauf la no-blesse. *Ibid.* Elle n'a lieu que sur les impubères. *Ibid.* Garde-bour-geoise sous la Coutume d'Orléans. v. 624, 625. x. 273. La garde-bourgeoise ne se défère que par la mort du père ou de la mère des mi-neurs. v. 627, 628. La garde-bour-geoise s'accepte comme la garde-noble. 628, 629, 630. Le survivant, bourgeois de Paris, qui se croyait, par erreur, noble, est-il censé avoir accepté la garde-bourgeoise, par l'acceptation inutile qu'il a faite de la garde-noble ? 629, 630. Coutu-mes sous lesquelles le gardien est obligé de donner caution. 640. Com-ment finit la garde-bourgeoise. 651. V. *Garde-Noble. Tutelle.*

GARDE-CHASSE. Mode de leur nomination. VIII. 136. Ne peuvent contraindre à remettre son fusil, celui qu'ils trouvent en contraven-tion. *Ibid.* V. *Chasse.*

GARDE-NOBLE. Droit que la loi municipale accorde au survivant de deux conjoints nobles, de perce-voir à son profit le revenu des biens que ses enfans mineurs ont eus de la succession du prédécédé. v. 613. x. 166, 167. Extension donnée à ce droit par quelques Coutumes. v. 613, 614. Restric-tions sous quelques autres. *Ibid.* Ce droit est quelquefois appelé bail, et le gardien baillistre. v. 614. x. 167. Signification de ces mots. *Ib.* Origine de la garde-noble. v. 614, 615. x. 167. La garde-noble est déférée, selon les Coutumes, soit au père ou à la mère survi-vant, soit aux aïeux ou aïeules. v. 617. Dans les Coutumes qui ne l'é-tendent qu'aux aïeux, à défaut des père et mère et des aïeuls, un au-tre ascendant peut-il prétendre la garde? 617, 618. S'il se trouve des aïeuls ou aïeules, tant du côté du survivant que du côté du prédécédé, concourent-ils, ou y aura-t-il lieu à préférence ? 618, 619.

Coutumes qui défèrent la garde-noble aux ascendans, en quelque degré qu'ils soient. 619, 620. La Coutume d'Orléans la défère même aux collatéraux à titre de bail. v. 620. x. 168. Ont-ils l'émolument? v. 620, 621. La garde-noble ne peut être déférée qu'à des nobles. 621. Les morts civilement, les infâmes, les interdits, peuvent-ils avoir la garde de leurs enfans? 621, 622. V. *Infâme. Interdit. Mort civile.* Les mineurs en sont capables. 622. V. *Mineur.* La garde-noble ne peut être déférée que sur des mi-neurs nobles. v. 622, 623. x. 169.

Age des mineurs auquel cesse la garde. v. 623, 624. La garde-noble se défère par la mort du père ou de la mère des mineurs. v. 626. x. 169, 170. Elle ne se défère que cette fois. *Ibid.* Autre chose est de refuser purement et simplement la garde, ou de refuser l'émolument. v. 627. x. 170. Un conjoint peut-il, par son testament, défendre que la garde soit déférée à son conjoint survivant? *Ibid.* Peut-on stipuler, par contrat de mariage, que le survivant ne l'aura pas? *Ibid.*

Coutumes sous lesquelles la garde a besoin d'être acceptée. v. 628, 629. Forme et délai de l'acceptation, selon les différentes Coutumes. *Ibid.* L'acceptation, en quelque temps qu'elle soit faite, fait-elle gagner au gardien les fruits perçus même avant son acceptation? 629. Le survivant peut-il accepter la garde, à l'égard de l'un de ses enfans, et y renoncer à l'égard des autres? 630, 631. Coutumes qui ne requièrent pas l'acceptation de la garde. *Ibid.*

En quoi consiste la garde-noble. v. 632. x. 170. La garde-noble ne s'étend que sur les biens de la succession du prédécédé du père ou de la mère, échus aux mineurs. v. 632, 633. x. 170. Les autres biens, qui échéent aux enfans, font l'objet de la tutelle. v. 633. Quels biens sont considérés comme faisant partie de la succession du prédécédé. 633, 634. Dispositions des Coutumes relatives aux meubles de ces successions. v. 634. Le gardien noble a le droit de percevoir tous les fruits, tant naturels que civils, qui sont à percevoir sur les biens sujets à la garde-noble, pendant le temps qu'elle dure. v. 634, 635. x. 172, 173. V. *Fruits.* Le droit de retrait féodal des héri-

tages mouvans en fief des seigneuries de la succession du prédécédé, est-il considéré comme un fruit de la garde, et le gardien peut-il l'exercer, sans être obligé de restituer les immeubles retraits à ses mineurs? v. 636, 637. Gain des meubles que quelques Coutumes attribuent en propriété au gardien noble. v. 637, 638. x. 171, 172. Inventaire qu'il est obligé de faire sous la Coutume de Paris, qui ne lui donne que l'administration des meubles. 639, 640. V. *Inventaire.* Coutumes sous lesquelles il est tenu de donner caution. 640.

Le gardien doit nourrir et entretenir les mineurs à ses frais, et leur donner une éducation convenable. v. 640, 641. x. 173, 174, 175. Il doit entretenir en suffisant état les héritages sujets à la garde. v. 641. Il doit faire les frais des procès nécessaires à leur conservation. 641, 642. Dettes et charges que le gardien est tenu d'acquitter. 642, 643, 644. Doit-il acquitter les frais funéraires, et les legs du prédécédé? 646, 647. V. *Frais funéraires. Legs.* Est-il tenu des dettes et charges de la garde même au-delà de l'émolument qu'il en retire, et peut-il se faire restituer contre l'acceptation qu'il en a faite? 647, 648.

La garde finit par le mariage du mineur, par son émancipation, lorsqu'il a acquis un certain âge, par sa mort naturelle et civile, et par celle du gardien, et lorsque celui-ci se remarie. v. 649, 650. x. 176, 177. Quand la gardienne noble, qui se remarie, perd la garde? v. 650. La garde peut encore finir par la destitution du gardien par le juge. *Ibid.* Les dispositions des Coutumes touchant la garde-noble, sont-elles statuts personnels ou réels? v. 652, 653, 654. x. 177,

178. V. *Garde-bourgeoise. Statut personnel.*

V. *Continuation de communauté. Puissance paternelle.*

GARDIEN. Personne préposée par l'huissier, de la part du saisissant, à la garde des choses saisies. IV. 193 et suiv. IX. 180, 181. V. *Saisie-exécution. Séquestre.*

GARENNES. Dispositions de la Coutume d'Orléans sur les garennes. X. 274 *et suiv.* V. *Accession.*

GARNISON. On appelle ainsi plusieurs gardiens établis à une saisie. IX. 181. V. *Saisie-exécution.*

GENS DE MAIN-MORTE. On appelle ainsi les titulaires de bénéfices, les hôpitaux, les fabriques, et toutes les communautés, tant ecclésiastiques que séculières. VIII. 546. X. 205. Parce que les héritages, qui tombent dans leurs mains, sont morts pour le commerce. *Ibid.* Droit accordé au seigneur de leur faire vider les mains. *Ibid.* Comment ils prescrivent ce droit. *Ibid.* V. *Communautés. Prescriptions particulières. Rente viagère. Retrayant. Retrait conventionnel. Serf. Testament.*

GÉRANT d'une société. Ses pouvoirs doivent être fixés par l'acte social. III. 470. Quels sont-ils, lorsqu'ils n'ont pas été fixés par l'acte? 471, 472. V. *Société.*

GESTION. V. *Mandat. Quasi-contrat negotiorum gestorum.*

GREVÉ. V. *Substitution fidéicommissaire.*

GROSSESSE. Plainte que peut former une fille contre l'homme des faits duquel elle est grosse. V. 219. S'il est prouvé que cet homme a eu commerce avec elle, il est condamné à se charger de l'enfant. 219, 220.

GRUERIE. Droit qui appartenait au duc d'Orléans, d'avoir une portion dans le prix des coupes de bois situés sous la Coutume d'Orléans, qui étaient sujets à ce droit. V. 487, 488. X. 213. V. *Usufruit.*

GUERRE. V. *Otage. Prise. Prisonnier de guerre. Rançon.*

GUESVEMENT. Terme employé dans la Coutume d'Orléans, en matière de relevoisons. X. 254, 255. V. *Relevoisons.*

# H

HABITS. Quelles choses sont comprises sous ce mot? VI. 281, 282. V. *Préciput conventionnel.*

HABITATION ( DROIT D' ). Droit que certaines Coutumes donnent aux veuves, outre le douaire, ou qui est quelquefois stipulé en leur faveur dans les contrats de mariage.

V. 594. La femme peut renoncer à ce droit par son contrat de mariage. 595. Est-elle censée y renoncer, en renonçant au douaire? *Ibid.* La stipulation d'une habitation conventionnelle, est-elle une renonciation au droit d'habitation des Coutumes? 595, 596. Variété des Coutumes sur la qualité des veuves à qui elles accordent un droit d'habitation. 596, 597, 598. Faut-il que la femme soit noble ou roturière ? *Ibid.* Variété des Coutumes sur la chose qui fait l'objet du droit d'habitation. 598, 599. La veuve peut-elle prendre son habitation sur les biens grevés de substitution de son mari ? 599, 600.

Le droit d'habitation s'étend à tout ce qui fait partie de la maison. 600. La femme peut-elle louer à son profit la maison sujette à son droit d'habitation ? 600, 601. A-t-elle le droit d'obliger l'héritier de son mari à mettre en bon état la maison qu'elle a choisie pour y avoir son habitation ? 602. Différence entre le cas de l'habitation coutumière, ou de l'habitation conventionnelle. 602, 603. La femme doit acquitter les charges foncières, souffrir les servitudes, et faire les réparations d'entretien, de la maison sur laquelle elle a son droit d'habitation. 603, 604. Elle n'en est tenu que pour partie, si elle n'a que partie de la maison. *Ibid.* Mais non pas seulement des réparations locatives. 604.

Le droit d'habitation s'éteint par la mort naturelle ou civile de la veuve, par le non usage, par la consolidation. *Ibid.* Par la destruction de la maison. *Ib.* La veuve peut-elle, en ce cas, prétendre jouir de la place, et du prix qu'ont été vendus les matériaux ? 604, 605. Est-elle fondée à demander à l'héritier du mari une autre maison, lorsqu'il y en a plusieurs dans la succession ? 605. Le droit d'habitation s'éteint, lorsque la veuve passe à un autre mariage. 606. La disposition des Coutumes qui accordent une habitation à la femme, est un statut réel. 606,

607. La veuve exerce-t-elle son droit sur plusieurs maisons, lorsque le mari en a laissé plusieurs situées sous différentes Coutumes qui toutes accordent l'habitation à la femme ? 607. V. *Statut réel.*

Comment se stipule l'habitation conventionnelle. 608. On peut désigner une maison. *Ibid.* Dans ce cas l'héritier est tenu de la mettre en bon état. *Ibid.* Convention que la femme aura son habitation dans tel château, ou telle maison. 608, 609. *Quid,* si la maison a péri par la faute du mari ? 609. Conventions diverses relatives à l'habitation de la femme. 609, 610, 611. V. *Douaire de la femme. Jus in re.*

HAIE. Règles pour reconnaître, à défaut de titres, si une haie, qui sépare les héritages de deux voisins, leur est commune, ou si elle appartient seulement à l'un d'eux. III. 546. Tout ce qui provient de la haie commune appartient aux voisins en commun, de même qu'ils sont tenus en commun de son entretien. 547. V. *Communauté. Contenance. Fossé.*

HAUTE-FUTAIE. V. *Communauté légale. Rescision. Usufruit.*

HEURE. V. *Retrait lignager*

HÉRÉSIE. En quoi consiste le crime d'hérésie ? IX. 361. V. *Cas royaux.*

HÉRÉDITÉ. V. *Succession. Vente de droits successifs.*

HÉRITAGE. Quelles choses sont réputées héritages, relativement à l'exercice du retrait ? II. 300 et suiv. V. *Retrait lignager.*

HÉRITIER. L'héritier est celui qui succède à tous les droits actifs et passifs du défunt. VII. 255. On est toujours censé stipuler pour ses héritiers. I. 37. Les héritiers du vendeur sont tenus, comme lui, de la garantie. II. 50. V. *Garantie.* Comment les héritiers sont tenus des dettes de la succession. V. *Dettes des successions. Divisibilité.* Comment les actes exécutoires, contre le défunt, peuvent être exécutés contre eux ? VII. 266. IX. 173. V. *Acte exécutoire.* Qu'est-ce que faire acte d'héritier ? VII. 146.
V. *Acceptation des successions. Bénéfice d'inventaire. Exception de garantie. Mort du débiteur et du créancier. Obligation dividuelle et individuelle. Rapport. Succession.*

HÉRITIER AUX ACQUÊTS. V. *Acquêt. Retrait lignager. Succession.*

HÉRITIER APPARENT. Le paiement qui lui est fait est valable. I. 304, 305. V. *Bonne foi. Paiement.*

HÉRITIER AUX PROPRES. V. *Acceptation de communauté. Propre. Retrait lignager. Succession.*

HÉRITIER BÉNÉFICIAIRE. N'est pas tenu des obligations du défunt sur ses propres biens. II. 81. V. *Bénéfice d'inventaire. Exception de garantie.*

HONNÊTETÉ PUBLIQUE. Empêchemens de mariage fondés sur l'honnêteté publique, qui ne permet pas de le contracter. V. 117-123. V. *Dispenses. Empêchement de mariage.*

HONORAIRE. V. *Avocat. Mandat.*

HÔPITAUX. V. *Communautés. Péremption.*

HUISSIER. Responsable des défauts de forme. II. 398, 399. Pas de loi précise, qui établisse une prescription contre la demande en paiement de leurs salaires. I. 434. V. *Prescriptions particulières. Retrait lignager.*

HYPOTHÈQUE. Droit qu'un créancier a dans la chose d'autrui, qui consiste à pouvoir le faire vendre, pour, sur le prix, être payé de sa créance. VIII. 525. X. 820. C'est un *jus in re. Ibid.* V. *Jus in re.* L'hypothèque est générale ou spéciale. VIII. 525, 526. X. 821. Elle est conventionnelle, légale ou tacite. VIII. 526. X. 521. Hypothèques privilégiées. *Ibid.*
Les causes qui produisent l'hypothèque, sont : les actes notariés, les jugemens, et la loi seule, en certains cas. VIII. 527. Comment s'acquérait l'hypothèque dans le droit romain? *Ibid.* Chez nous, la simple convention ne peut produire hypothèque, il faut qu'elle soit munie du sceau de l'autorité publique. VIII. 527. X. 821, 822. Les actes des notaires étrangers ne produisent pas hypothèque en France. VIII. 528. X. 822, 823. Car ils n'y ont aucune autorité de pouvoir et de juridiction. *Ibid.* Les actes des notaires royaux apostoliques, et des notaires subalternes, produisent aussi hypothèque. VIII. 529. X. 823. Pour produire hypothèque, il faut que les actes des notaires aient été passés dans le territoire de leur juridiction. *Ibid.* Les notaires de Paris, d'Orléans et de Montpellier, ont le droit d'en passer dans tout le royaume. *Ibid.* V. *Notaire.* Formes dont les actes des notaires doivent être revêtus pour produire l'hypothèque. VIII. 530. X. 823, 824. Les actes sous signa-

ture privée, reconnus pardevant notaire ou en justice, produisent hypothèque du jour de cette reconnaissance. VIII. 531. x. 824. S'il y a dénégation de signature, et qu'elle ait été reconnue, du jour de la dénégation. *Ibid.*

Tous les jugemens, rendus par des juges du royaume, produisent hypothèque. VIII. 531. x. 824,825. Les jugemens étrangers n'en produisent pas sur les biens situés en France. *Ibid.* Les jugemens des officiaux n'en produisent pas. VIII. 531,532. Ceux des arbitres, du jour seulement de l'homologation. 532. V. *Arbitres.* Il faut que la partie, contre laquelle le jugement a été rendu, fût capable d'ester en jugement. VIII. 532. x. 824, 825. De quel jour l'hypothèque judiciaire est acquise. VIII. 532, 533.

Hypothèque tacite, produite par la loi seule sans autre titre. VIII. 533. x. 825. En faveur des femmes mariées et des mineurs, sur les biens de leurs maris et de leurs tuteurs. *Ibid.* Sur les biens des administrateurs, en faveur de ceux pour qui ils administrent. VIII. 533,534. x. 825, 826. Quelles personnes sont regardées, à cet égard, comme administrateurs. *Ibid.* Aux substitués, sur les biens du grevé, pour les dégradations dont il est tenu. VIII. 534. x. 826. Au fisc, sur les biens de ses débiteurs. *Ibid.* Hypothèque tacite, limitée à certains biens que la loi accorde au copartageant, au légataire, à l'ouvrier, au vendeur. VIII. 534, 535. x. 826.

Tous les immeubles qui sont dans le commerce sont susceptibles d'hypothèques. VIII. 535. x. 826, 827. Coutumes qui admettent l'hypothèque sur les meubles. *Ibid.* Le droit d'hypothèque lui-même, les rentes constituées, lorsqu'elles sont immeubles, les offices, le droit d'usufruit, sont susceptibles d'être hypothéqués. VIII. 536. Une chose ne peut être hypothéquée que par celui qui en est propriétaire. VIII. 536, 537. x. 827. Il ne suffit pas d'être propriétaire de la chose ; il faut avoir le droit d'en disposer ; ceux qui ne l'ont pas ne peuvent l'hypothéquer. *Ibid.* Lorsque le mineur ratifie, à sa majorité, un acte, contracté pendant sa minorité, l'hypothèque date du jour de l'acte. VIII. 537, 538. x. 828, 829. Au contraire, si une femme ratifie, après le mariage, un acte contracté par elle sans autorisation, pendant sa durée, l'hypothèque ne date que du jour de la ratification. VIII. 538. Les actes des tuteurs, administrateurs et mandataires, faits valablement, produisent hypothèque ès-noms. VIII. 538. Lorsqu'on s'est porté fort pour quelqu'un et qu'il est intervenu une ratification, l'hypothèque ne date que de la ratification. VIII. 538, 539. x. 828. L'hypothèque, sur les biens présens et à venir, n'a d'effet sur les biens à venir que du jour où ils sont acquis par le débiteur. VIII. 539, 540. Les différens créanciers hypothécaires sur les biens à venir, dont les droits existent avant l'acquisition, viennent-ils sur les biens acquis par concurrence ou à leur rang ? 540. L'hypothèque donnée par un possesseur est valable. *Ibid.* Il n'y a pas d'hypothèque sans dette. VIII. 549. x. 829. Un contrat nul ne peut produire d'hypothèque. VIII. 540, 541. x. 829. On peut constituer des hypothèques pour quelque dette que ce soit, d'autrui, conditionnelle et même future. VIII. 541, 542. x. 829.

L'effet de l'hypothèque est d'affecter au total de la dette la chose hypothéquée et chacune de ses parties. VIII. 543. X. 830. En quoi elle diffère de l'obligation personnelle. *Ibid.* La fin de l'hypothèque est la vente de la chose hypothéquée. *Ibid.* V. *Saisie réelle.* Il faut avoir entre les mains un titre exécutoire pour poursuivre cette vente. *Ib.* V. *Titre exécutoire.* Actions qui naissent de l'hypothèque. VIII. 544. V. *Action hypothécaire.* De l'exécution des hypothèques. 563. V. *Saisie réelle. Vente en Justice.* De la subrogation des hypothèques d'une créance à une autre. *Ib.* V. *Subrogation.* De l'ordre entre les créanciers hypothécaires. 563 *et suiv.* V. *Ordre.*

Des manières dont s'éteint l'hypothèque. VIII. 575. X. 840. Elle s'éteint par l'extinction de la chose hypothéquée. *Ibid.* Cette règle s'applique aussi aux hypothèques assises sur des immeubles incorporels ou sur des rentes. VIII 575,576. X. 840. Le créancier hypothécaire peut empêcher l'extinction de la rente hypothéquée par le rachat, en faisant arrêt du fonds de cette rente. VIII. 576. X. 846. Pour que l'hypothèque soit éteinte, il faut qu'il ne reste rien de la chose. *Ibid.* Le changement de forme accidentelle n'éteint pas la chose, ni conséquemment l'hypothèque. *Ib.* Il en est autrement du changement qui arrive dans la forme substantielle. VIII. 576. 577. L'hypothèque est éteinte, lorsque la chose cesse d'être dans le commerce. VIII. 577. X. 840. V. *Extinction de la chose.* L'hypothèque s'éteint par la confusion, lorsque le créancier acquiert la propriété de la chose sur laquelle il avait hypothèque. VIII. 577, 578. X. 840. Il faut pour cela que l'acquisition soit irrévocable. *Ibid.* Autrement, le droit d'hypo-

thèque revit, lorsque l'acquisition est résolue. *Ibid.* V. *Confusion.* Elle s'éteint par la résolution et l'extinction du droit du propriétaire qui l'a constituée. VIII. 579. X. 840, 841. Nul ne peut transférer à un autre plus de droits dans une chose qu'il n'en a lui-même. *Ibid.* Exception en faveur de l'hypothèque de la dot et du douaire sur les biens substitués. *Ibid.* Pour que l'hypothèque soit éteinte de cette manière, il faut que le droit du propriétaire fût résoluble au moment où elle a été constituée. VIII. 579 ; 580. La résolution, pour cause de lésion d'outre-moitié, de la vente en vertu de laquelle mon débiteur possédait un héritage, est-elle une résolution nécessaire qui éteigne l'hypothèque qu'il m'y avait constituée ? X. 841. L'hypothèque s'éteint par l'extinction de la dette pour laquelle elle a été constituée. VIII. 580. X. 842. Tous les modes de paiement, qui éteignent la dette, éteignent l'hypothécaire. *Ibid.* Il faut que le paiement soit entier. *Ibid.* Cas où le paiement entier transfère l'hypothèque à celui qui le fait. VIII. 580, 581. X. 842. La novation et la confusion de la dette éteignent aussi l'hypothèque. *Ib.* V. *Confusion de la dette. Novation. Subrogation.* L'extinction de la dette par la prescription de trente ans n'éteint pas l'hypothèque. VIII. 581. La chose jugée et le serment décisoire la rendent de nul effet. 582. L'hypothèque s'éteint par la remise expresse ou tacite que fait le créancier de son droit d'hypothèque. VIII. 582. X. 842, 843. Quelles personnes peuvent faire remise du droit d'hypothèque. VIII. 582, 583. X. 843. Le consentement donné par le créancier à l'aliénation ou même à l'obligation de la chose hypothéquée, renferme une remise tacite de son droit d'hypothèque, lorsqu'il n'a pas fait de réserve. VIII. 583. X. 843. Il faut que ce consentement soit formel. *Ibid.* La simple connaissance de la vente n'a pas le même effet. VIII. 583, 584. X. 843, 844. La remise par le consentement n'a pas lieu, lorsque la vente n'a pas eu son entière exécution, ou lorsqu'elle est nulle ou simulée, ou lorsque les parties s'en sont désistées. VIII. 584, 585. X. 843, 544. Le consentement du créancier peut être limité à certains titres d'aliénation, et alors il n'a aucun effet pour les autres. VIII. 585, 586. X. 843, 844. *Quid*, s'il n'a consenti qu'à une vente faite sous certaines conditions qui n'ont pas été suivies? VIII. 586. L'hypothèque ne revit pas, si le débiteur acquiert de nouveau le même héritage. X. 844. Le consentement, qu'un créancier donne à ce que son débiteur hypothèque son immeuble à autre créancier, peut-il être considéré comme une remise d'hypothèque? 844, 845. L'hypothèque s'éteint par le décret. 845. Enfin elle s'éteint par la prescription. VIII. 586. X. 845. Différence pour le temps de la prescription entre le tiers-détenteur et le possesseur personnellement obligé. VIII. 586, 587, 588. V. *Prescriptions.*

V. *Action hypothécaire. Consignation. Constitution de rente et déguerpissement. Décret volontaire. Dettes de la communauté et des successions, des conjoints. Jus in re. Mandat. Partage. Prescription de dix et vingt ans. Rente foncière. Retrait lignager. Tuteur.*

HYPOTHÈQUE CONVENTIONNELLE. V. *Hypothèque.*

HYPOTHÈQUE DE LA FEMME. Hypothèque tacite, produite par la loi seule, sans aucun titre, en faveur des femmes mariées, sur les biens de leurs maris. VIII. 533. Elle a lieu pour la restitution de la dot, et date du jour de la célébration du mariage, s'il n'y a pas de contrat. *Ibid.* La femme à hypothèque du jour du contrat sur tous les biens de son mari, pour l'indemnité qu'il lui doit pour les dettes de la communauté, qu'il est tenu d'acquitter. VI. 449, 450. X. 339. Ou du jour de la célébration, s'il n'y a pas de contrat. *Ibid.* Lorsqu'une femme séparée a contracté quelque obligation pour son mari, a-t-elle pareillement hypothèque pour son indemnité du jour du contrat de mariage? VI. 450, 451, 452. X. 339, 340. Les créanciers de la femme, qui s'est obligée pour le mari, sont colloqués à l'hypothèque de la femme, du jour du contrat sur tous les biens du mari. VI. 452. La femme, qui s'est obligée conjointement avec son mari, depuis la saisie réelle des biens de celui-ci, faite par des créanciers postérieurs au mariage, a-t-elle hypothèque sur ces biens du jour du mariage? *Ibid.* L'a-t-elle pour les dettes de la communauté, auxquelles elle n'était pas obligée, qu'elle a payées depuis le décès de son mari, et après qu'elle a renoncé? 452, 453. V. *Dettes de la communauté. Dettes des conjoints. Hypothèque.* La femme a hypothèque du jour du contrat pour la créance des sommes qu'elle a employées à payer les dettes propres de son mari. VI. 405, 406. V. *Dettes des conjoints entre eux.*

V. *Ordre.*

HYPOTHÈQUE JUDICIAIRE. V. *Hypothèque.*

HYPOTHÈQUE TACITE. V. *Hypothèque. Hypothèque de la femme.*

# I

ÎLES. Par le droit romain, les îles qui se formaient dans le fleuve, et le lit entier, lorsque le fleuve l'avait abandonné, appartenaient aux propriétaires riverains. VIII. 180. Chez nous, sur les fleuves et les rivières navigables, ils appartiennent au roi. 181. Le champ, enveloppé par le fleuve, continue d'appartenir à son propriétaire. *Ibid.* Les îles flottantes appartiennent aussi au roi. *Ibid.* Dans les rivières non navigables, le domaine en appartient aux riverains. *Ibid.* V. *Accession.*

IMMEUBLÉS. Les immeubles sont les fonds de terre, les maisons, et tout ce qui en fait partie. VIII. 97. X. 12, 13. V. *Choses. Communauté légale.*

IMMEUBLES PAR DESTINATION. V. *Choses. Communauté légale. Retrait lignager.*

IMPENSES. Nécessaires, utiles ou voluptuaires. II. 169, 170, 171, 177, 194. IV. 307. V. 581. VII. 605, 606. VIII. 550, 551, 267-275. Grosses ou d'entretien. VII. 605, 606. V. *Action hypothécaire. Douaire des enfans. Forfait de communauté. Louage des choses. Pétition d'hérédité. Promesse de vente. Quasi-contrat negotiorum gestorum. Rapport. Récompense. Réméré. Rescision de la vente. Retrayant. Revendication. Secondes noces. Tiers détenteur. Substitution fidéicommissaire.*

IMPOSITIONS. Quand elles donnent lieu à la retenue? III. 65, 66.

V. *Arrérages. Dixième.* Doivent-elles être payées par le locateur ou par le conducteur? 322 *et suiv.* V. *Charges réelles.*

IMPUISSANCE. Comment en doit être faite la preuve? v. 266. V. *Cassation de mariage. Empéchement de mariage.*

IMPUTATION DES PAIEMENS. I. 333. Le débiteur, qui paie, a le pouvoir de déclarer sur quelle dette il entend imputer la somme qu'il paie. *Ibid.* Il peut imputer sur le capital, avant les intérêts, lorsque le créancier l'accepte. *Ibid.* Si le débiteur ne fait pas d'imputation, le créancier peut la faire par la quittance. *Ibid.* Mais il faut que cette imputation ait été faite dans l'instant, et qu'elle soit équitable. 333, 334. Quand cette imputation, faite dans la quittance par le créancier, doit-elle être contredite? 335. Si l'imputation n'a été faite ni par le débiteur ni par le créancier, elle doit se faire sur celle des dettes que le débiteur avait alors le plus d'intérêt d'acquitter. 336. Elle doit se faire plutôt sur la dette non contestée que sur celle contestée; sur la dette exigible que sur celle non encore échue; sur la dette avec contrainte par corps que sur celle purement civile; sur celle qui produit intérêts que sur celle qui n'en produit pas; sur la dette hypothécaire que sur la dette chirographaire; sur la dette avec caution que sur la dette sans caution; sur une dette principale, que sur celle due à titre de caution; sur la plus ancienne, entre plusieurs d'égale nature, proportionnellement sur chacune, si elles sont de même date, et d'ailleurs égales ; sur les intérêts, quand la dette en produit, avant le capital. 336, 337, 338. Quand même la quittance porterait que la somme a été payée à compte du principal et des intérêts. 338. Elle s'impute sur le capital, quand on n'aurait parlé que des intérêts, lorsqu'elle surpasse les intérêts. *Ibid.* Règles de l'imputation pour le cas où un créancier se paie par lui-même sur le prix d'une chose, à lui hypothéquée, qu'il a fait vendre. 338, 339. V. *Douaire des enfans. Paiement. Quittance. Secondes noces.*

IMPUTATION DES DONATIONS. Sur le douaire, que doit faire l'enfant douairier. v. 573-590. V. *Douaire des enfans. Rapport.*

INCENDIE. V. *Louage des choses.*

INCIDENS A LA SAISIE RÉELLE. V. *Saisie réelle.*

INCOMPÉTENCE. V. *Compétence. Exception déclinatoire. Jugement.*

INDICATION d'une personne à qui payer. I. 120, 309, 310, 311. V. *Adjectus solutionis gratiâ. Paiement.*

INDIGNITÉ. Les causes d'exhérédation, sont aussi causes d'indignité, qui excluent de la succession celui à qui elles sont opposées. VII. 29, 30, 34, 380. X. 633. V. *Exhérédation. Legs.* L'indignité n'a pas lieu de plein droit, elle doit être prononcée. VII. 35. V. *Représentation en ligne directe. Succession.*

Indignité des légataires, qui annulle les legs. VII. 380, 381. V. *Legs.*

INDIVISIBILITÉ. V. *Obligation dividuelle et individuelle.*

INDIVISION. Nul n'est tenu de rester dans l'indivision ; les clauses d'un testament, ou les conventions contraires sont nulles. III. 530, 531. VII. 186, 187. V. *Communauté. Partage des successions.*

INFAME. Etat de l'infâme chez nous. VIII. 51. Quelles personnes sont infâmes, et quelles peines emportent infamie. 51, 52. Effets de l'infamie, relativement à la capacité de ceux qui l'ont encourue. 52, 53. Différence entre les effets de l'infamie et ceux du décret d'ajournement personnel ou de prise de corps, ou d'assigné pour être ouï. *Ibid.* L'infamie peut être effacée par des lettres de réhabilitation en bonne renommée. 53, 54. V. *Mort civile.*

INFORMATION. Acte qui contient les dépositions des témoins en matière criminelle. IX. 383. Toutes personnes, qui sont présumées avoir quelque connaissance du crime, peuvent indistinctement, et sans limitation de nombre, être appelées en témoignage. *Ibid.* Les témoins sont assignés à la requête de la partie civile et publique, devant le juge qui a permis d'informer. 384. Délais pour les assigner. *Ibid.* Commission rogatoire, lorsque les témoins sont éloignés. *Ibid.* Le témoin peut être contraint de déposer, par amende et emprisonnement. 384, 385. Cas où certaines personnes ne peuvent être obligées à déposer contre d'autres. *Ibid.* Le juge entend les témoins dans sa maison. 385. Cas où il se transporte auprès d'eux pour les entendre, soit par nécessité, soit par déférence. 385, 386. Comment

nateur peuvent aussi l'opposer. *Ib*. De même, la femme, à l'égard d'un conquêt de communauté donné par son mari et ses héritiers. VII. 470, 471. Celui qui oppose le défaut d'insinuation peut être repoussé par l'exception qu'il est responsable de ce défaut envers le donataire. 471, 472. Les héritiers du donateur ne sont pas garans de ce défaut envers lui. 472. La faute de celui en la puissance de qui le donataire a été, ne lui donne pas d'exception contre les tiers. 472, 473. Les administrateurs des biens du donataire, leurs héritiers et leurs ayant-cause, ne peuvent lui opposer le défaut d'insinuation. x. 482. Le donataire peut opposer au défaut d'insinuation la possession pendant trente ans de l'héritage donné, depuis la mort du donateur. VII. 473. Quoiqu'il paraisse prescrire contre le titre de sa donation, qui serait vicieux et imparfait par le défaut d'insinuation. 473, 474. V. *Prescription*. Nulle personne ne peut se faire restituer contre le défaut d'insinuation. x. 483.

Insinuation des substitutions. VII. 554 *et suiv*. V. *Don mutuel. Substitution fidéicommissaire*.

V. *Donation entre-vifs*.

INSINUATION. En matière de retrait lignager. II. 382, 383. V. *Retrait lignager*.

INSTITUTION CONTRACTUELLE. Donation que quelqu'un fait de sa succession en tout ou en partie, par contrat de mariage, à l'une des parties contractantes, ou aux enfans qui naîtront du futur mariage. x. 680, 681. Elle est irrévocable. 681. Est-elle à cause de mort? 681, 682. Quelles personnes peuvent la faire, et à qui? 682, 683. L'institu-

tion contractuelle, en tant qu'elle est institution d'héritier, a les mêmes effets que l'institution testamentaire, dans les provinces où elle est admise. 683, 684. En tant qu'elle est clause d'un contrat de mariage, l'instituant ne peut donner atteinte. 684, 685. Cependant il peut aliéner et engager ses biens sans fraude par contrat entre-vifs depuis l'institution. *Ibid*. L'institution contractuelle est sujette à révocation pour cause de survenance d'enfans. 685. V. *Révocation des donations*. Toute institution contractuelle contient une substitution directe vulgaire en faveur des enfans à naître du mariage, qui est irrévocable comme elle. 685, 686. V. *Institution d'héritier*.

INSTITUTION D'HÉRITIER. Acte par lequel le testateur nomme une ou plusieurs personnes pour lui succéder en tous ses droits actifs et passifs. VII. 291. Sous le droit romain, il n'y avait pas de testament sans institution d'héritier. *Ibid*. Si l'institution est nulle ou caduque, le testament est nul, à moins qu'il ne contienne la clause codicillaire. *Ib*. Dans nos Coutumes, l'institution d'héritier n'a lieu. 292. L'institution d'héritier, qui y est faite, vaut comme legs universel. *Ibid*. V. *Legs universel*. La loi sur l'institution d'héritier est un statut réel. *Ibid*. Le lieu où le testament est fait, et le domicile du testateur, ne sont pas considérés. 292, 293. On y a égard pour décider si le legs universel, fait par un domicilié en pays de droit écrit, sous une Coutume, peut valoir comme institution. 293. V. *Statut réel*.

V. *Institution contractuelle*.

INSTRUCTION. V. *Appointemens*.

*Compulsoire. Enquête. Interroga-toire sur faits et articles. Reconnais-sance d'écritures. Rapport d'experts. Vérification d'écritures. Visite.*

INTERDICTUM *Uti possidetis, un-dè vi, utrubi,* etc., etc. Actions possessoires accordées dans le droit romain à ceux qui étaient troublés dans leur possession. VIII. 358 *et suiv.* Leur différence avec la com-plainte et la réintégrande. 358-366 *et suiv.* V. *Complainte. Réin-tégrande.*

INTERDICTION DE COMMERCE. V. *Avarie. Charte-partie. Louage de matelots.*

INTERDIT. L'interdit est incapa-ble par le droit civil de contracter. I. 29, 30. Différence entre les inter-dits pour folie, et les autres, quant à la validité des actes faits par eux avant l'interdiction. *Ibid.* V. *Con-trat. Donation entre-vifs. Femme mariée. Garde-Noble. Mineur. Pro-priété. Prescription de dix et vingt ans. Prêt à usage. Rachat des ren-tes constituées. Renonciation aux successions. Testament. Tradition.*

INTÉRÊTS. Les intérêts des som-mes dues sont des charges de la jouissance. VII. 604. Intérêts du prix de la vente dus par l'acheteur. V. *Prix.* Intérêts des sommes prê-tées. V. *Intéréts compensatoires.* V. *Dommages-intéréts. Imputa-tion. Obligation pénale. Péremp-tion. Pétition d'hérédité. Prêt de consomption. Remploi. Rente fon-cière. Rescision. Séparation de det-tes. Usure.*

INTÉRÊTS COMPENSATOIRES. Dé-dommagement licite que perçoit le prêteur du préjudice que lui cause le prêt, *damnum emergens.* V. 116, 117. Il n'est licite que jus-qu'à concurrence de la perte réelle. 117. Le préjudice peut aussi con-sister dans la privation d'un profit que souffre le prêteur, *lucrum ces-sans.* 118. Pour que le dédomma-gement soit licite dans ce cas, il faut que le profit, dont s'est privé le prêteur, fût certain, 118, 119, et qu'en outre le prêteur eût l'in-tention de faire l'emploi qui devait lui procurer ce profit. 119, 120. Le dédommagement n'est dû que lorsque l'emprunteur s'y est sou-mis. 120. Quoique licite dans le for intérieur, il est prohibé dans le for extérieur. *Ibid.* Les intérêts, que les monts-de-piété se font payer pour les sommes qu'ils prê-tent, sont compensatoires et non usuraires. 120, 121. Il en est de même de ceux qui se paient pour le risque dans le prêt à la grosse. 121. V. *Prêt à la grosse.* Le risque, que court le prêteur par l'insolva-bilité de l'emprunteur, ne peut lé-gitimer des intérêts compensatoi-res. 121, 122. V. *Usure.*

INTERLIGNE. V. *Testament olo-graphe.*

INTERPOSITION DES PERSONNES. V. *Avantage indirect. Ténement de cinq ans.*

INTERPRÉTATION DES CONVEN-TIONS. Règles d'interprétations. I. 50. On doit rechercher la commune intention des parties, plus que le sens grammatical des termes. 50, 51. Une clause, qui a deux sens, doit être entendue dans celui dans lequel elle peut avoir quelque effet. 51. Les termes qui ont deux sens, doivent être entendus dans celui qui convient le plus à la nature du contrat. 51, 52. Ce qui est ambigu s'interprète par ce qui est d'usage dans le pays. 52. Les clauses d'usage sont sous-entendues dans un contrat, sans y être exprimées. *Ib.* Une clause s'interprète par les clauses qui précèdent et qui suivent. 52, 53. Dans le doute, une clause s'interprète contre celui qui a stipulé. 52, 53. Les conventions ne comprennent que les choses sur lesquelles il paraît que les parties ont voulu contracter. 53, 54. Un contrat, qui a pour objet une universalité de choses, comprend toutes les choses particulières qui composent cette universalité. 54. Un cas exprimé ne restreint pas l'engagement à ce seul cas. 55. Une clause conçue au pluriel se distribue souvent en plusieurs clauses singulières. *Ibid.* La fin d'une phrase se rapporte à toute la phrase, pourvu qu'elle convienne avec elle en genre et en nombre. 55, 56. V. *Contrat. Constitution de rente. Legs.*

INTERPRÉTATION DES LEGS. Règles. VII. 399. V. *Legs.*

INTERPRÉTATION DES SUBSTITUTIONS Règles. VII. 574 *et suiv.* V. *Substitution fidéicommissaire.*

INTERROGATOIRE DES ACCUSÉS. Acte qui contient les interrogations faites par le juge à l'accusé, et ses réponses sur les faits qui sont l'objet de l'accusation. IX. 405. Il ne peut jamais être fait qu'après le décret. *Ibid.* Les accusés, contre lesquels il y a décret de prise de corps, doivent être interrogés dans les vingt-quatre heures au plus tard de leur emprisonnement. *Ibid.* Le juge peut réitérer l'interrogatoire. *Ibid.* L'interrogatoire doit être fait par le juge. 406. Où et sur quels faits? *Ibid.* Il se fait secrètement, et séparément pour chaque accusé. *Ibid.* L'accusé prête ser-

ment de dire vérité. *Ibid.* Beau discours du premier président contre l'usage de ce serment, dans le procès-verbal de l'ordonnance. 406, 407. Représentation qu'on fait à l'accusé des choses servant à conviction. 407. *Quid*, s'il change ses premières réponses, ou s'il refuse de répondre. 408. Forme des interrogatoires. 408, 409. L'accusé peut décliner le juge qui l'interroge, lors du premier interrogatoire. 409. Il doit, pour cela, comparaître en personne. *Ibid.* L'incident est jugé sur le procès-verbal du juge par siége assemblé. 409, 410. V. *Décret. Quid*, lorsque l'accusé ne veut pas répondre? 458. Comment agit-on envers les sourds-muets? 457, 458.

INTERROGATOIRE SUR FAITS ET ARTICLES. Une partie, qui ne peut prouver par écrit ni par témoins un fait d'où dépend la décision de la cause, peut en chercher la preuve dans les réponses que fera l'autre partie, en la faisant interroger par le juge. IX. 68, 69. Quelles personnes peut-on faire interroger? *Ibid.* Sur quels faits doit porter l'interrogatoire. 69, 70. Il peut être demandé en tout état de cause. 70. Il se fait par un juge commis à cet effet. *Ibid.* Procédure à suivre pour arriver à l'interrogatoire sur faits et articles. 70, 71. L'effet de cet interrogatoire est de faire résulter une preuve, une présomption ou un argument, des aveux et contradictions contenues dans les réponses. I. 535, 536. IX. 71. Peine encourue par la partie qui refuse de comparaître ou de répondre. IX. 71, 72. Les faits sont tenus pour confessés. *Ibid.* Les réponses ne peuvent pas être divisées. I. 536. V. *Serment.*

INTERRUPTION DE LA PRESCRIPTION. Elle est naturelle ou civile. VIII. 406. Principes sur l'interruption naturelle, et sur l'interruption civile. 407 et s. V. *Arrérages. Prescriptions. Ténement de cinq ans.*

INTERRUPTION D'INSTANCE. Elle a lieu ou par des lettres d'état, ou par la mort et le changement d'état, soit des parties, soit des procureurs. IX. 78, 79. Les lettres d'état sont données par le roi, et ont pour effet d'empêcher toutes poursuites de la part des personnes à qui elles sont signifiées. 78, 79, 80. Elles ne s'accordent qu'aux personnes occupées au service de l'état. 78, 79. Comment elles se propagent. 79. Instances dont elles ne peuvent arrêter le cours. 79. 80. V. *Lettres d'état.* Toutes procédures cessent, après le décès de l'une des parties légalement connu. 80, 81. Il en est de même, lorsque l'une des parties change d'état. 81. Ou lorsque l'un des deux procureurs meurt. *Ibid.* L'instance n'est qu'interrompue, et elle doit être reprise. 82. V. *Reprise d'instance.*

Interruption des instances de saisie réelle. 249, 250. V. *Saisie réelle.*

INTERRUPTION D'HYPOTHÈQUE. V. *Action hypothécaire. Hypothèque.*

INTERVENTION. Acte par lequel un tiers demande à être reçu partie dans une instance formée entre d'autres parties, pour se joindre, soit au demandeur, soit au défenseur. IX. 40. Forme dans laquelle se fait l'intervention. 40, 41. Si l'intervenant est privilégié, il peut faire renvoyer la cause devant le juge de son privilége. 41. Les parties en instance doivent défendre à l'intervention. *Ibid.* Lorsque la cause est en état,

on peut, en recevant l'intervention, faire droit sur le tout par un seul et même jugement. *Ibid.*

INVENTAIRE. En matière de communauté. VI. 408. X. 323. Description détaillée de tous les effets dont la communauté est composée. *Ibid.* Ce qu'on doit y faire entrer. VI. 408, 409. X. 323. On joint à chacun des meubles corporels qui y sont compris, une mention de la somme à laquelle il a été estimé. X. 323. Les huissiers priseurs sont chargés de cette estimation. *Ibid.* Après la description des meubles corporels, l'inventaire doit comprendre la déclaration de tous les titres, papiers et enseignemens des biens de la communauté, tant dettes actives que passives. *Ibid.* L'inventaire se fait ordinairement par acte devant notaire, en la maison qui était le domicile des parties. VI. 409, 410. Il se fait à la requête du survivant et quelquefois à celle des héritiers du prédécédé. 410. Le survivant doit faire l'inventaire en présence des héritiers du prédécédé, ou eux dûment appelés. *Ib.* V. *Communauté légale. Recel.*

Inventaire que doit faire le grevé de substitution. VI. 623, 624. V. *Substitution fidéicommissaire.*

V. *Bénéfice d'inventaire. Continuation de communauté. Dettes de la communauté. Don mutuel. Exécuteur testamentaire. Garde-Noble. Préciput légal des nobles. Renonciation à la communauté. Séparation de dettes. Tuteur.*

INVENTION. Sorte d'occupation par laquelle celui, qui trouve une chose qui n'est à personne, en acquiert la propriété en s'en emparant. VIII. 139. Exemples de différentes inventions. 139, 140. Les choses, qui ont un maître quoiqu'inconnu, ne peuvent être l'objet de l'invention. *Ibid.* V. *Epave.* La découverte d'un trésor est-elle une invention qui appartienne à celui qui la fait ? 140. V. *Trésor.* Pour acquérir le domaine des choses que nous trouvons, faut-il mettre la main dessus, ou suffit-il de les avoir regardées, avec le dessein de s'en emparer ? 140, 141. V. *Occupation.*

IRRÉVOCABILITÉ. V. *Don mutuel. Donation entre-vifs.*

IVRESSE. Une personne en état d'ivresse est incapable de contracter. 1. 29. V. *Contrat.*

# J

JÉSUITES. Variations, et dernier état de la jurisprudence sur leur état civil. VIII. 43, 44, 45, 46, 47. V. *Profession religieuse.*

JET. Il a lieu pour alléger le vaisseau, dans le cas de tempête ou de poursuite par l'ennemi. IV. 372. Il donne lieu à la contribution, lorsqu'il procure la conservation du navire et des marchandises qui y sont restées. 373. Il faut, pour cela, qu'il ait été à propos de le faire. *Ibid.* Le maître doit prendre l'avis des marchands et des principaux de l'équipage. 373, 374. Non-seulement pour savoir si le jet est nécessaire, mais encore pour savoir quelles marchandises doivent être jetées. 374. Formalités à remplir par le maître, pour être déchargé des marchandises jetées à la mer, et reçu à faire contribuer les autres. 374, 375. Il faut que le jet, pour qu'il donne lieu à la contribution, ait effectivement empêché le naufrage ou le pillage du vaisseau. 375. Si, dans la même navigation, un autre accident a fait périr ou prendre le vaisseau, il y a lieu à la contribution. 375, 376. Toute la perte, et tout le dommage causé pour le salut commun, doit être réparé par la contribution. 376, 377. Les choses, non sujettes à contribution, y donnent cependant lieu, si elles sont jetées. 377. Les effets jetés, dont il n'y a pas de connaissement, ne sont pas payés. *Ibid.* Ni ceux qui étaient sur le tillac, sauf le recours contre le maître. 377, 378. Les propriétaires du navire sauvé par le jet, contribuent à la perte. 378. Mais non pour les munitions de guerre ou de bouche, qui sont restées dans le navire. 378, 379. Les propriétaires des marchandises conservées y contribuent au *prorata* de la valeur de ces marchandises. 379. Déduction faite, toutefois, du fret. *Ibid.* Les propriétaires des marchandises conservées entrent eux-mêmes pour leur part dans la contribution. *Ib.* Mais non dans le cas où les marchandises sauvées ont été endommagées par un accident postérieur au jet de celles-là. 380. Les passagers contribuent pour leurs hardes et leurs bijoux. *Ibid.* Les matelots ne contribuent pas. 380, 381. Les affréteurs ont contre le maître l'action *ex locato,* pour qu'il les fasse indemniser par une contribution. 381. Et il a l'action *ex conducto,* pour les y appeler. *Ibid.* Pour parvenir à la contribution, on dresse deux masses, l'une du montant des pertes, l'autre du montant des effets sauvés. 381, 382. Comment se fait l'estimation des marchandises tant sauvées que jetées? *Ibid.* Différence entre l'ordonnance et le droit romain. 382 , 383. Comment s'établit la masse des pertes , et celle qui contient le montant des effets sujets à contribution? 382 , 383 , 384.

Si les propriétaires des marchandises refusent de contribuer, le maître peut vendre par justice leurs marchandises , jusqu'à concurrence de leur portion. 385.

Si les marchandises jetées à la mer en sont retirées , elles appartiennent aux propriétaires. 385 , 386. Cas où la contribution était ou n'était pas faite , avant que les marchandises eussent été recouvrées. 386. V. *Avaries. Charte-partie.*

JEU. Contrat aléatoire et intéressé de part et d'autre, par lequel deux joueurs conviennent que celui d'entre eux, qui sera le perdant, donnera une certaine somme à celui d'entre eux qui sera le gagnant. IV. 549, 550. Les jeux d'adresse et les jeux mixtes n'ont rien de mauvais en eux-mêmes. 550, 551. En est-il de même des jeux de pur hasard ? 551 , 552. Opinion des théologiens sur ce point. 551 , 552 , 553. Conditions à observer pour que le jeu soit juste. 553. Il faut que chacun des joueurs ait droit de disposer de la somme qu'il joue. 553 , 554. Si le fils de famille, le mineur et la femme mariée, peuvent jouer valablement. *Ibid.* La somme qu'ils gagnent ne leur est pas due. 555. V. *Femme mariée. Mineur.* Il faut que chacun des joueurs ait apporté son libre consentement au jeu. 555, 556. Le contrat du jeu avec un homme ivre , ne produit aucun effet, soit qu'il perde , soit qu'il gagne. 556, 557. Si l'un des joueurs a contraint l'autre à jouer , le con-

trat de jeu n'est pas valable. 557. Puis-je recevoir licitement , si je gagne , le prix du jeu, de la part de celui qui m'a contraint ? 557 , 558. Il faut que les chances soient égales de part et d'autre. 559. Lorsque le risque est égal , il faut que le prix du jeu soit égal. *Ibid.* Lorsque le risque est inégal, par la supériorité de talent de l'un des joueurs, cette inégalité se compense ou par un avantage donné au plus faible joueur, ou en jouant une somme plus forte contre lui. 560, 561. Lorsque l'un des joueurs a été averti de la supériorité de l'autre, le contrat est-il nul , ou seulement réductible à la somme que le plus faible joueur aurait pu jouer équitablement contre l'autre? 561, 562. *Quid,* si les deux joueurs ne se connaissaient pas? 562 , 563. Dans les jeux d'adresse, le joueur le plus fort ne peut égaliser la partie qu'en accordant à l'autre un avantage au jeu. 563, 564. Les joueurs se doivent mutuellement la fidélité au jeu. 564. Celui, qui a gagné en trichant, doit la restitution de la somme gagnée. *Ibid.* Les tricheries de la part d'un joueur ne les autorisent pas de la part de l'autre. 564 , 565. On doit avertir son adversaire de la méprise qu'il fait au jeu. 565. Fins légitimes que l'on peut se proposer dans les jeux désintéressés. 566, 567. Fins illicites dans les jeux intéressés. 567 , 568. Mauvais calcul de jouer pour gagner. 568, 569. L'avarice et la paresse sont les passions qui portent à jouer gros jeu. 569. Le désir du gain, en jouant gros jeu, est contraire à la charité chrétienne. 569, 570. Lois des Romains sur le jeu. 571 , 572. Lois françaises ; ordonnances de nos rois. 573, 574.

Toute action pour le jeu est déniée. 574. Si ce n'est à l'égard des jeux propres à exercer au fait des armes, et pourvu que l'on n'ait pas joué de trop grosses sommes. 575. Les gagnans sont-ils obligés, dans le for de la conscience, à la restitution des sommes gagnées, et les perdans sont-ils obligés dans ce for au paiement des sommes perdues? 576-580. Examen de la question dans les pays où il y a une loi en vigueur qui donne aux perdans une action pour la répétition des sommes perdues, contre les gagnans qui les ont reçues. 581, 582, 583. La vente faite pour le prix d'une somme gagnée au jeu, ne donne pas lieu à la garantie, quand même elle aurait été stipulée. II. 90. V. *Garantie.* V. *Contrat aléatoire.*

JEU DE FIEF. En quoi consiste le jeu de fief, et sa différence du démembrement. IX. 813, 814. X. 155. Dispositions des Coutumes; explications; questions. IX. 814, 815, 816, 817, 818, 819. Effets du jeu de fief, et principes sur cette matière. IX. 819, 820, 821, 822. X. 156. V. *Bail à rente. Démembrement de fief. Fief.*

JOYAUX. Ce qu'on entend par ce mot. VI. 281, 282. V. *Préciput conventionnel.*

JUGE. Le juge doit juger les causes en état de l'être. IX. 88, 89. Action en déni de justice pour l'y contraindre. 89. Devant quelle juridiction elle doit être portée. *Ibid.* Les juges en dernier ressort ne peuvent être poursuivis pour déni de justice; il faut se pourvoir en prise à partie au parlement. *Ibid.* V. *Prise à partie.*

JUGEMENT. Tout jugement, qui n'est pas nul, est présumé équitable. I. 505. Un jugement peut être nul par rapport à ce qu'il contient, aux personnes qui y ont été parties, au juge qui l'a rendu, ou par l'inobservation de quelque forme. *Ibid.* Un jugement est nul, lorsque l'objet de la condamnation qu'il prononce, est incertain. 505, 506. Il suffit qu'il soit expliqué par quelque acte auquel le jugement se rapporte. 506. Il n'est pas nécessaire que l'objet de la condamnation soit liquidé, pourvu qu'il puisse le devenir. *Ibid.* Un jugement est encore nul, lorsque l'objet de la condamnation est quelque chose d'impossible, ou lorsqu'il a prononcé expressément contre les lois. 506, 507. Il l'est également, lorsqu'il contient des dispositions contraires, qui impliquent contradiction. 507. V. *Requête civile.* Et lorsqu'il a prononcé sur choses non demandées et non contestées. *Ibid.* Les nullités doivent être opposées par la voie de l'appel ou de la requête civile, si le jugement est en dernier ressort. 508. Un jugement rendu avec un incapable, est nul. *Ib.* Les personnes, qui ont perdu l'état civil, sont incapables d'ester en jugement. *Ibid.* V. *Mort civile. Profession religieuse.* Les mineurs ne peuvent ester en jugement qu'avec leur tuteur *ad hoc,* s'ils sont émancipés. *Ibid.* V. *Mineur.* Les femmes mariées, en pays coutumier, ne le peuvent pas davantage, sans avoir été autorisées par leur mari. 509. Exception relative aux actions pour injures. *Ibid.* La femme est censée autorisée, lorsque son mari est en cause avec elle. *Ibid.* V. *Femme mariée. Puissance maritale.* Un jugement, rendu contre une personne morte, est-il valable? 509, 510. Le jugement est nul, lorsqu'une partie a procédé pour une autre, sans avoir qualité pour défendre ou pour agir pour elle. 510. Le mandataire, afin d'intenter une demande, doit la donner au nom du mandant. *Ib.* Le jugement est encore nul par le défaut de caractère du juge qui l'a rendu, 511, ou pour l'inobservation de certaines formalités. *Ibid.* Comment se pourvoir dans ces deux cas? *Ib.* V. *Appel. Chose jugée. Opposition. Requête civile.*

Le jugement est le résultat de l'opinion des juges. IX. 89, 90. Les opinions d'un père et d'un fils, d'un frère et d'un beau-frère, d'un oncle et d'un neveu qui siégent ensemble, ne comptent que pour une, lorsqu'elles sont les mêmes. 90. Ce qu'on fait, en cas de partage. *Ibid.* Formule du jugement. *Ib.* Jugement avant faire droit. *Ib.* Le jugement existe, aussitôt qu'il a été prononcé ou publié à l'audience. 90, 91. Devoirs du greffier et du président. 91. Jugement par défaut. 92. V. *Défaut.*

Quels jugemens sont exécutoires, et quand ont-ils besoin, pour l'être, d'un *pareatis* du grand sceau? 171, 172. Voies pour contraindre une partie à exécuter le jugement. 169. V. *Contrainte par corps. Saisie-arrêt. Saisie-exécution. Saisie-gagerie. Saisie réelle.*

Manières de se pourvoir contre les jugemens. 124. V. *Appel. Cassation. Opposition. Requête civile. Tierce opposition.*

**JUGEMENT EN MATIÈRE CRIMINELLE.** Aucune sentence, au criminel, ne peut être rendue par un seul juge. IX. 428. Dans les juridictions où il n'y en a qu'un, il se fait assister de deux gradués. 428, 429. Ces gradués doivent être Français,

jouissans de l'état civil, et licenciés dans une université du royaume. *Ibid.* Les mineurs, les interdits, les sourds, les muets, ne peuvent l'être. *Ibid.* Si le jugement est en dernier ressort, il faut sept juges au moins pour le rendre; le nombre en est complété par des gradués. 429. Avant de prononcer au fond, les juges statuent sur les reproches, quand il en a été présenté par l'accusé. 430. Dans le cas où il s'agit d'une peine afflictive, l'accusé subit interrogatoire sur la sellette. *Ibid.* Il est interrogé par le président. *Ibid.* Ce dernier interrogatoire se fait principalement pour la défense et justification de l'accusé. *Ibid.* On procède ensuite au jugement; en cas de partage, l'avis le plus doux prévaut. 431. Degrés des peines. *Ibid.* V. *Peines.* Le greffier écrit le jugement; il est signé par tous les juges. *Ibid.*

Les jugemens sont interlocutoires ou définitifs. 432. Jugement interlocutoire qui ordonne que les faits justificatifs allégués par l'accusé, seront prouvés. 432, 433. V. *Défense des accusés.* Ce jugement est-il exécutoire nonobstant appel? 433, 434. V. *Appel en matière criminelle.* Jugement qui ordonne d'office la preuve de la démence des accusés, dans le temps que le crime a été commis. 434, 435. V. *Démence des accusés.* Jugement qui ordonne la question préparatoire. 435. Il ne peut être rendu que par les cours souveraines. *Ib.* V. *Question préparatoire.* Jugement qui ordonne qu'il en sera plus amplement informé dans un certain temps. 438. Il est libre aux juges, quoiqu'il ne soit survenu aucunes preuves nouvelles, de condamner ou d'absoudre. *Ibid.*

14*

Jugemens définitifs d'absolution ou de condamnation. 438, 439. V. *Absolution. Condamnation. Exécution des condamnations. Peines.*

JURIDICTION. V. *Compétence. Exception déclinatoire. Privilége. Revendication de cause.*

JURIDICTION CONSULAIRE. V. *Consulat. Écritures privées. Lettre-de-change. Preuve testimoniale. Reconnaissance d'écritures.*

JUS AD REM. Ce droit naît d'une obligation personnelle, et ne donne aucun droit dans la chose qui en est l'objet. VIII. 111. X. 45. Il n'empêche pas le propriétaire, contre lequel il existe, d'aliéner la chose. X. 45. En quoi il diffère du *jus in re.* IV. 52, 53. V. *Action personnelle. Jus in re. Choses. Obligation personnelle.*

JUS IN RE. Droit dans la chose. VIII. 111. X. 40. La principale es-

pèce de droit dans la chose est le droit de propriété. *Ibid.* V. *Propriété.* Définition de la propriété. X. 40, 41. Les conventions ne transfèrent pas la propriété, si elles ne sont accompagnées ou suivies de tradition réelle ou feinte. 41, 42. V. *Tradition.* Le domaine direct est un droit dans la chose. VIII. 112 et suiv. X. 44. V. *Censive. Fief.* Il en est de même des droits de rente foncière, de servitude et d'hypothèque. V. *Hypothèque. Rente foncière. Servitude. Ibid.* L'usufruit, l'usage et l'habitation, sont des servitudes personnelles et des droits dans la chose. *Ibid.* V. *Habitation. Usufruit (droit d').* La possession n'est pas proprement un droit dans la chose. *Ibid.* En quoi le *jus in re* diffère du *jus ad rem.* IV. 52, 53. V. *Action réelle. Choses. Jus ad rem. Possession.*

JUSTE TITRE. V. *Titre.*

# L

LABOURS ET SEMENCES. V. *Acquéreur (Retr. lign.). Fruits. Promesse de vente. Réméré. Saisie féodale.*

LAINES. Ne peuvent être achetées avant la tonte. II. 137. V. *Vente.*

LAÏQUE. V. *Personnes.*

LÉGALISATION. Attestation donnée par le juge royal, par laquelle il certifie qu'un officier, qui a reçu et signé un acte, est effectivement officier public. I. 438. Elle est nécessaire aux actes des notaires,

qui doivent être présentés hors de la juridiction où ils ont été passés. 438. V. *Titre authentique.*

LÉGATAIRE. Droits et actions du légataire, relativement aux choses qui lui ont été léguées. II. 367. V. *Délivrance de legs. Legs.* Obligations du légataire. X. 570, 571. Lorsque le legs a été fait sous une certaine charge. 571, 572, 573. Lorsque la chose léguée renferme elle-même quelque charge. 573, 574. Coutumes où a lieu la maxime, nul ne peut être héritier et légataire à la fois, et développement des principes y relatifs. VII. 219 et suiv. 322, 592, 593. V. *Rapport.*

*Testament.* Légataire particulier et légataire universel. 252, 253. V. *Dettes des successions. Legs.*

LÉGITIMATION. Origine de la légitimation par mariage subséquent. v. 223, 224. Constitution de Constantin ; loi de l'empereur Zénon ; lois de Justinien. 224, 225. Selon le droit canonique, la légitimation est admise en faveur des enfans, pourvu que, lors du commerce dont ils sont nés, leurs père et mère aient été capables de contracter ensemble mariage. 225. On présume qu'ils avaient intention alors de contracter mariage. 225, 226. Cette intention ne peut se présumer, lorsque le mariage était impossible. 226, 227. Les principes du droit canonique, qui n'ont par eux-mêmes aucune force dans l'ordre civil, ont été admis dans notre droit. 227. Non-seulement l'enfant des père et mère qui se marient, mais encore les enfans de celui-ci, jouissent du bienfait et des droits de la légitimation. 228. Les descendans de l'enfant mort avant le mariage, sont-ils légitimés par ce mariage ? *Ibid.* Il suffit, pour qu'il y ait lieu à la légitimation, que les parties, lors du commerce qu'elles ont eu ensemble, fussent capables de contracter mariage à l'aide d'une dispense facile à obtenir, quoique non encore obtenue. v. 229. vii. 24. Si elles étaient absolument incapables de contracter, la légitimation n'est pas possible. v. 229, 230. L'enfant né d'un commerce adultérin ne peut être légitimé. vii. 24, 25. Cette règle souffre-t-elle exception, dans le cas où l'une des parties aurait ignoré que l'autre était mariée, lors du commerce charnel qu'elles ont eu ensemble ? v. 230, 231, 232. vii. 25. Suffit-il

que les parties fussent libres dans le temps où l'enfant est venu au monde ? v. 232, 233.

Un mariage valable et produisant les effets civils, peut seul légitimer les enfans nés auparavant. v. 233. vii. 25. Mariages qui, quoique nuls, ont les effets civils, et opèrent la légitimation. v. 233, 234. vii. 25, 26. Un second mariage opère la légitimation des enfans nés avant le premier mariage, qui avait été contracté et qui est dissous. v. 234, 235, 237. La légitimation se fait par la seule force et efficace du mariage, sans le consentement du père et de la mère. 235. Le mariage, pour opérer la légitimation, doit-il être accompagné d'un contrat devant notaire ? vii. 26. Un enfant peut-il empêcher l'effet qu'a le mariage de le légitimer, en protestant par écrit qu'il ne veut pas l'être ? v. 235, 236.

La légitimation rend les enfans nés avant le mariage aussi parfaitement légitimes que s'ils étaient nés durant le mariage. v. 236. vii. 26, 27. Différence en cela entre la légitimation par lettres du prince, et la légitimation par mariage subséquent. *Ibid.* vii. 28. V. *Bâtard. Mariage.* L'enfant légitime a-t-il le droit d'aînesse sur les enfans nés d'un mariage intermédiaire entre sa naissance et sa légitimation ? vii. 27, 28.

LÉGITIME. Portion de la part qu'aurait eue un enfant dans les biens de ses père, mère ou autres ascendans, s'ils n'en avaient pas disposé par donations entre-vifs ou testamentaires, auxquelles on fait subir un retranchement pour la compléter. v. 216, 223. vii. 504. x. 484. L'enfant est saisi de plein droit de la légitime, dès l'instant de la mort de ses père et mère, ou autre ascendant. x. 485. La légitime est de moitié des biens sous les Coutumes de Paris et d'Orléans. vii. 504. x. 484. Dans les Coutumes qui ne s'en expliquent pas, doit-elle être réglée par celles-ci ou par la novelle? *Ibid.* La loi qui règle la légitime est statut réel pour les héritages, et statut personnel pour les biens qui n'ont pas de situation. *Ibid.* V. *Statut personnel et réel.*

Les enfans habiles à succéder ont seuls droit à la légitime. vii. 504, 505. x. 486, 487. Sous certaines Coutumes, la fille dotée, ou qui renonce par son contrat de mariage à la succession, n'y a pas droit. *Ibid.* Sous les Coutumes où elle y a droit, quoique dotée, doit-elle précompter sa dot sur la légitime? 505. Il faut qu'elle ait reçu effectivement la dot, pour être exclue de la légitime. *Ibid.* L'enfant, pour avoir droit à la légitime, doit-il accepter la succession au moins sous bénéfice d'inventaire? 505, 506.

Les donations faites avant que le légitimaire fût au monde, sont-elles sujettes au retranchement de la légitime? vii. 506. x. 485. Les dots des filles y sont-elles sujettes du vivant du gendre, et pendant que la communauté dure? vii. 506, 507. x. 485, 486. *Quid*, si la fille est exclue de la succession de son père, soit par sa renonciation faite par le contrat, soit par la loi du pays? vii. 507. x. 486. La dot fournie pour la profession religieuse d'une fille, les donations mutuelles, rémunératoires et onéreuses, y sont-elles sujettes? vii. 507, 508. x. 486. Les conventions matrimoniales n'y sont pas sujettes. vii. 508. x. 486.

Pour faire la supputation de la légitime, il faut composer une masse de tous les biens laissés par le défunt, même de ceux légués ou donnés, qu'on rapporte fictivement à la succession. vii. 508, 509. x. 487. Les biens mobiliers et les offices s'estiment eu égard au temps de la donation. *Ibid.* Les dettes déduites, la légitime est la moitié de la part qu'aurait eue le légitimaire dans les biens restans. vii. 509. x. 487, 488. Quels enfans on doit compter ou ne pas compter pour fixer la part des légitimaires. *Ibid.* L'enfant doit imputer et précompter sur sa légitime tout ce qu'il a reçu de la libéralité du défunt. vii. 510. x. 488. Dans le droit romain, il fallait, pour cela, une condition expresse imposée à la donation. *Ibid.* Les donations entre-vifs et les legs ne souffrent retranchement, pour la légitime des enfans, que lorsqu'il n'y a pas dans les biens du défunt de quoi la fournir. vii. 510, 511. x. 488, 489. Les donations entre-vifs n'y contribuent qu'après que les legs ont été épuisés. vii. 511. x. 489. Les legs y contribuent au sol la livre. *Ibid.* Les dernières donations doivent être épuisées avant les autres. *Ibid.* Un donataire par contrat de mariage, de tous les biens présens et à venir, est seul chargé d'acquitter les légitimes, avant les donations postérieures, à moins qu'il ne s'en tienne à la donation des biens présens. *Ibid. Secùs*, s'il n'est donataire que d'une partie des biens présens et à venir. vii. 511, 512. L'enfant donataire ne contribue pour les légitimes que pour raison de ce que son don ou legs contient de plus que sa propre légitime. 512. Si le dernier donataire est insolvable, l'enfant peut-il se pourvoir pour sa légitime

contre les donataires antérieurs ?
VII. 512; x. 490. La demande en
légitime a lieu contre les tiers-
acquéreurs des choses données.
VII. 512, 513, x. 493. La restitution de tout ou partie des choses données doit être faite en nature par le donataire au légitimaire. VII. 513. x. 490. La légitime se
fixe sur la valeur des biens, eu égard
au temps du décès. x. 490. L'enfant
légitimaire doit-il profiter des augmentations, et souffrir des diminutions survenues depuis le décès,
dans les choses dont est composée
la masse qu'on forme pour la supputation de la légitime ? 490, 491.
Les choses données reviennent
au légitimaire sans aucunes charges réelles constituées par le donataire. VII. 513. x. 484, 485. Le retranchement donne lieu à une sorte
de partage entre le légitimaire et
le donataire, dont ils se doivent
mutuellement la garantie. VII. 513,
514. x. 495. Le légitimaire a un
privilège pour cette garantie, avant
tout créancier, sur les biens du
donataire. VII. 514. L'enfant qui
a renoncé n'a aucun droit à la légitime. Ibid. Ses créanciers, lorsqu'il a renoncé en fraude de leurs
droits, peuvent exercer ses droits
pour raison de la légitime. Ibid. La
prescription de trente ans exclut la
demande en légitime. VII. 514, 515.
x. 495, 496. V. Prescription trentenaire. L'enfant, qui n'a pas fait
inventaire, est-il recevable dans la
demande en retranchement de la
légitime ? VII. 515. x. 496.

Légitime coutumière, consistant
dans une portion des propres dont
certaines Coutumes défendent de
disposer. VII. 515., 516. Cette légitime est accordée aux héritiers
de la ligne dont dépendent les propres. 516. Quelles donations sont
sujettes à ce retranchement ? Ibid.
C'est au temps du décès du donateur qu'il faut avoir égard pour
juger de quels biens il a pu disposer. 517. Le donataire entre-vifs
ne peut imputer sur la légitime des
propres situés sous une Coutume,
les propres auxquels succède le légitimaire sous une autre Coutume.
Ibid. En est-il de même des légataires ? 517, 518. Lorsqu'une personne, ayant des propres de différentes lignes, a donné tous ceux
d'une ligne, les héritiers de cette
ligne peuvent-ils demander le retranchement de cette donation ?
518. La légitime coutumière est-
elle sujette aux dettes de la succession, lorsque l'héritier légitimaire
l'a acceptée sous bénéfice d'inventaire ? Ibid.

Retranchement que peuvent souffrir les donations par le premier et
le second chef de l'édit des secondes noces. 518-544. V. Secondes
noces.

La légitime des puînés ne peut
être attaquée par l'exercice du droit
d'aînesse. VII. 78, 259, 260. x.
491, 492, 493, 494. V. Aînesse
(droit d').

Légitime féodale. Légitime de
l'aîné, qui consiste dans son droit
d'aînesse, tel que la Coutume le
lui accorde, auquel il ne peut être
donné atteinte. VII. 821 V. Aînesse
(droit d').

Legs. Disposition directe que le
testateur fait au profit de quelque
personne, soit de l'universalité ou
d'une quotité de ses biens, soit de
quelque chose particulière. VII.
293, 294. x. 523. Différences entre
les legs universels et les legs particuliers. VII. 294. x. 523. En quoi
les legs diffèrent des fidéicommis

en substitutions. *Ibid.* V. *Substitution fidéicommissaire.*

Un legs est nul, lorsqu'on ne peut absolument discerner quel est celui au profit de qui le testateur a voulu le faire. vii. 295, 296. x. 531. Il est valable, si quelques circonstances peuvent faire présumer quelle est cette personne. vii. 296. x. 531. Il n'est pas nécessaire que la personne soit nommée, pourvu qu'elle soit désignée, et qu'on puisse la connaître, *Ibid.* L'erreur dans le nom, ou dans la désignation, ne vicie pas le legs, lorsque la personne est constante, vii. 296, 297. x. 533. Le legs est également nul, lorsqu'il est incertain quelle est la chose que le testateur a voulu léguer. vii. 297. x. 532. Si la cause du legs fait connaître la chose léguée, le legs est valable. *Ibid.* L'erreur sur le nom de la chose léguée ne vicie pas, lorsque cette chose est constante. vii. 297, 298. x. 530. L'erreur sur le motif qui a porté le testateur à léguer, n'empêche pas le legs d'être valable; à moins que le testateur n'ait voulu le faire dépendre de la vérité de ce motif. vii. 298. x. 532, 533, 534. Les legs faits *ab irato* sont-ils valables? vii. 298, 299. Le legs fait par le testateur en vue de punir son héritier est nul, lorsqu'il a pour objet de faire réussir quelque chose que les lois défendent. vii. 299, 300. x. 532, 533. Les legs, par lesquels le testateur insulte le légataire, sont nuls. vii. 301. x. 532. Les legs faits par pur caprice sont nuls. x. 532. Les legs faits à une personne incertaine, fondés sur un motif plausible, et non sur le pur caprice du testateur, sont valables. vii. 301, 302. Les legs qui tendent à récompenser le vice, sont nuls, comme contraires aux bon-

nes mœurs. vii. 302, 303. x. 533. Il en est de même de ceux qui sont fondés sur la captation, ou la suggestion. vii. 303, 304. x. 533. V. *Suggestion.* Les legs faits sous la condition, si l'héritier le veut, sont nuls. vii. 305. Il en est autrement de ceux qui sont faits sous la condition d'un fait, dont l'accomplissement dépend de la volonté de l'héritier. 305, 306. Subtilités du droit romain sur ces différens cas. *Ibid.* Le legs, que le testateur laisse entièrement à la volonté d'un tiers, est-il valable? 306, 307. Les conditions impossibles, apposées aux legs, sont regardées comme non écrites. i. 103. vii. 308. x. 534, 549. V. *Condition.*

Le legs peut être ou de l'universalité, ou d'une quotité de biens, ou de corps certains, ou de choses indéterminées. vii. 324. x. 539. On peut léguer la chose de l'héritier, et même celle d'un tiers. vii. 324, 325. x. 540. Le legs de la chose d'un tiers est valable, lorsque le testateur, en la léguant, a su qu'elle ne lui appartenait pas. vii. 325. x. 540. Quand le legs d'une chose commune entre le testateur et un tiers, est présumé de la chose entière. vii. 325, 326. Si la chose léguée n'appartenait qu'imparfaitement au testateur, il est censé n'avoir légué que le droit qu'il y avait. vii. 326. x. 540, 541. Le legs d'une chose, qui appartenait déjà au légataire, est nul. *Ibid.* Si la propriété de cette chose n'était qu'imparfaite dans la main du légataire, l'effet du legs est de la consolider. vii. 326, 327. x. 540, 541. Le legs d'une chose qui n'est pas dans le commerce est nul. vii. 327, 328. x. 540. Quelles choses sont considérées comme étant hors du commerce. *Ibid.* V. *Chose.* Le legs d'une chose qui s'éteint par la mort du testateur, est nul. 328. Le legs peut consister dans un fait, pourvu qu'il soit possible, licite, et utile au légataire. VII. 328. x. 541.

Jusqu'à quelle concurrence de ses biens un testateur peut-il léguer? VII. 328, 329. x. 541. V. *Légitime. Réserve.*

Les legs ont effet du jour du décès du testateur. VII. 350, 351. x. 546, 547. Le terme apposé par le testateur en diffère seulement l'exigibilité. VII. 351. x. 547. V. *Terme de paiement.* Mais s'il est incertain quand le terme arrivera, et s'il arrivera du vivant du testateur, le legs devient conditionnel. *Ibid.* Il est pur et simple, si le terme incertain n'est apposé qu'à l'exécution du legs. VII. 351, 352. x. 549, 550, 557, 558. Ne rendent pas le legs conditionnel, les conditions qui tiennent à la nature même de la chose léguée. x. 549. Il ne faut pas confondre avec les conditions, les phrases qui n'expriment que le motif du testateur, ou la destination de la somme. 550. Il faut aussi distinguer de la condition, la charge de donner ou de faire quelque chose. 550, 551. V. *Condition.* Lorsque le legs est pur et simple et d'un corps certain, la propriété de la chose léguée passe au légataire de plein droit, et sans tradition. VII. 352. S'il est conditionnel, la propriété ne lui passe qu'à l'accomplissement de la condition. VII. 352. x. 551. Quand la condition est-elle accomplie? x. 551, 552. Elle est réputée pour accomplie, toutes les fois que c'est par le fait de l'héritier, ou autre grevé du legs, qu'elle ne l'a pas été. 552, 553. Les conditions potestatives passent pour accomplies, dès qu'elles ont

cessé de pouvoir l'être. 553. V. *Condition.* L'héritier ne peut aliéner la chose léguée avant l'échéance de la condition. VII. 352. La possession de la chose léguée ne passe au légataire que du jour où la tradition et délivrance lui en est faite. 352, 353. Quand même le testateur aurait ordonné qu'il serait saisi de plein droit. 353.

Le légataire a le droit de demander la délivrance de la chose léguée, et l'héritier est dans l'obligation d'y satisfaire, du jour du décès du testateur. VII. 353, 354. x. 553, 554. V. *Délivrance des legs.* Le légataire est obligé de demander cette délivrance, quand même le testateur l'en aurait dispensé. x. 554, 555.

Le légataire, après avoir été saisi par l'héritier, peut revendiquer sur un tiers le corps certain qui lui a été légué. VII. 367. Il a une hypothèque sur les biens du testateur pour l'exécution du legs. VII. 367, 368. x. 568. Mais il ne peut exercer l'action hypothécaire, qu'après avoir été saisi. VII. 368, 369. Cette hypothèque n'a lieu sur la part des biens attribuée à chaque héritier, que pour la part dont cet héritier est tenu du legs. VII. 369. x. 568. V. *Hypothèque.* L'héritier est-il garant des évictions que souffre le légataire? x. 564.

Comment s'éteignent les legs. VII. 370 *et suiv.* x. 577. La survenance d'enfans au testateur peut quelquefois annuler le testament. VII. 370, 371. x. 579. La mort civile du testateur l'annule toujours. VII. 371, 372. x. 577. V. *Mort civile.* Le legs devient nul par la révocation expresse ou tacite qui en est faite par le testateur. VII. 372 *et suiv.* x. 578, 579. V. *Révo-*

cation des testamens et des legs.
Le legs s'éteint par le prédécès
ou l'incapacité du légataire avant
la mort du testateur ; ou avant la
condition qui y donne ouverture.
vii. 378, 379, 380. x. 580. Les
legs, faits à des personnes qui ne
meurent pas, ne s'éteignent pas de
cette manière. vii. 379, 380. Les
legs s'éteignent par l'indignité du
légataire. vii. 380. x. 580. Causes
d'indignité du légataire, chez
nous. vii. 380, 381. x. 580. Le
legs est éteint, lorsque le légataire
refuse d'accomplir la charge sous
laquelle il lui a été fait. x. 580.
Le legs s'éteint, lorsque le légataire le répudie. vii. 381. x. 580,
581. Il faut être usant de ses droits,
pour répudier un legs. Ibid. Le
mari peut-il répudier le legs fait
à sa femme? Ibid. La répudiation
d'un legs est expresse ou tacite.
Ibid. Le légataire de plusieurs legs
ne peut pas accepter l'un fait sans
charges, et répudier l'autre à
cause des charges. vii. 382. x. 581.
Le legs d'une chose certaine et
déterminée s'éteint, lorsque cette
chose a péri sans la faute et avant
la demeure du grevé. vii. 382,
383. x. 581. Le legs alternatif
s'éteint, lorsque les deux choses
ont péri. vii. 383. x. 583. Une chose
a péri, lorsque ce qui constituait son
essence ne subsiste plus. vii. 383,
384. x. 581, 582. V. Perte de la
chose. Lorsqu'il reste quelque partie de la chose léguée, qui n'a pas
péri en entier, le legs subsiste
pour cette partie. vii. 384, 385.
x. 582. Lorsque la chose avait
péri en entier avant l'ouverture du legs, le légataire ne peut
avoir aucunes prétentions sur ce
qui en reste. vii. 385. x. 582, 583.
Si elle n'a péri que depuis l'ouverture du legs, il a droit à ce qui en

reste et à ses accessoires. vii. 386.
x. 583. Application à diverses espèces. vii. 385, 386. Si la chose
léguée a péri par le fait ou la faute
de celui qui est grevé du legs, ou
pendant sa demeure, il en doit
l'estimation au légataire. vii. 386,
387. V. Demeure. Faute. L'héritier n'est tenu, à cet égard, que de
la faute légère. 387. S'il y a plusieurs
héritiers, celui-là seul est tenu de
la perte de la chose léguée qui l'a
occasionée, par son fait, sa faute,
ou sa demeure. Ibid. Le legs est
éteint, lorsque la chose léguée a
cessé d'être susceptible du legs qui
en a été fait au légataire. 388. Si
elle a cessé d'être dans le commerce par le fait ou la faute de l'héritier, ou pendant sa demeure, il
est tenu d'en indemniser le légataire. Ibid.

Si le légataire ne recueille pas
le legs et qu'il y ait substitution,
le substitué le recueille à sa place.
vii. 389. x. 583. A défaut de substitué, il y a lieu au droit d'accroissement, s'il y a plusieurs légataires. vii. 389. x. 583, 584. V.
Accroissement. A défaut de substitué et de colégataires, la chose
reste aux héritiers. Ibid. Sont-ce
les héritiers ou le légataire universel, qui profitent de l'extinction
des legs particuliers. vii. 389, 390.
x. 583, 584. La même chose, léguée à plusieurs, se partage par
portions égales entre les légataires.
vii. 390. x. 584. Si les uns sont nommés séparément, les autres par une
appellation collective, ces derniers
ne prennent pour eux tous qu'une
part. vii. 390, 391. x. 585. Il faut
toujours consulter, dans ces espèces, la volonté présumée du testateur. vii. 391.

Lorsque deux ou plusieurs choses ont été léguées sous une alter-

native, ou lorsqu'une chose a été léguée à prendre dans un certain genre de choses, est-ce à l'héritier ou au légataire à qui le choix appartient? x. 569, 570. Obligations des légataires. 570, 571. Lorsque le legs a été fait sous une certaine charge. 571, 572, 573. Lorsque la chose léguée renferme elle-même quelque charge. 573, 574.

Règles générales sur l'interprétation des legs. vII. 399. x. 587. Les dernières volontés doivent être interprétées largement; il faut s'attacher à découvrir la volonté du testateur. *Ibid.* Il ne faut pas s'écarter de la signification propre des termes. *Ibid.* On doit les prendre dans un autre sens que leur sens naturel, lorsqu'il y a de justes raisons de croire que le testateur les a entendus ainsi. vII. 399, 400. x. 587, 588. Exemples de cas où il y a justes raisons de le penser ainsi. *Ibid.* Une disposition s'entend plutôt dans le sens où elle a effet, que dans le sens où elle n'en aurait aucun. vII. 401. x. 588. Si la chose léguée n'est pas clairement désignée, on fait usage de toutes les circonstances qui peuvent servir à découvrir la volonté du testateur. vII. 401, 402. x. 588, 589. A défaut de circonstances sur la quantité, on doit décider pour la moins grande. vII. 402. x. 589, 590. Exception, lorsque la personne du légataire est très-favorable. vII. 402, 403. Ce n'est pas toujours celui par qui le testateur a marqué que la somme serait comptée, qui est grevé du legs. vII. 403. x. 590. Ni celui à qui il a marqué qu'elle serait comptée, qui est le légataire. vII. 403, 404. x. 590, 591. Le legs général de toutes les choses d'une certaine matière, renferme celles qui contiennent quelque autre matière

comme accessoire. vII. 404. x. 591. Le legs des choses d'une certaine espèce avec leurs accessoires, renferme celles qui ont ces accessoires et celles qui ne les ont pas. *Ibid.* L'énonciation de plusieurs espèces d'un même genre restreint le legs aux espèces énoncées, lorsqu'il ne porte pas: *et autres.* vII. 404, 405. x. 592. Il en est de même pour les choses énoncées d'une même espèce. vII. 405. x. 592, 593. Un legs général ne renferme ni les choses de ce genre qui n'appartenaient pas au testateur, ni les choses de ce genre acquises depuis sa mort, ni celles de ce genre qui ont été léguées en particulier à d'autres personnes. vII. 405, 406. x. 593. Le legs d'une somme, à des personnes d'un certain genre, ne comprend pas celles qui étaient mal avec le testateur, ou à qui il a légué en particulier. vII. 406, 407. x. 593, 594. La recommandation de quelques-unes de ces personnes ne restreint pas le legs à elles seules. vII. 407. x. 594. Une disposition conçue au pluriel se distribue en plusieurs propositions singulières. vII. 407, 408. x. 595. Les termes, *mon héritier*, signifient tous mes héritiers. vII. 408. *Une telle chose*, signifie la chose entière. *Ibid.* Ce qui est à la fin d'une phrase se rapporte à toute la phrase, lorsqu'il y a accord en genre et en nombre avec toute la phrase. vII. 408. x. 595. Le genre masculin renferme le féminin; mais le féminin ne comprend jamais le masculin. vII. 408, 409. x. 596. Une disposition, conçue par termes du présent ou du passé, ne s'étend pas à ce qui survient depuis. vII. 409. x. 596, 597. Exceptions, dans le cas desquelles on considère ce qui est à l'époque de la mort du testateur. VII. 409, 410. X. 596, 597. Une disposition conçue par terme de futur, se réfère au temps de la mort du testateur. VII. 410. X. 597. Celle qui n'exprime aucun temps, ni passé, ni futur, se rapporte ordinairement au temps du testament. VII. 410, 411. X. 597, 598. Exception relative aux choses qui se subrogent les unes aux autres. VII. 411. X. 598. Il faut bien distinguer les particules disjonctives des particules copulatives. X. 598. Deux dispositions qui se contredisent, se détruisent mutuellement, et n'ont pas d'effet. VII. 411. Ce qui est écrit en dernier lieu, est censé contenir la dernière volonté du testateur. VII. 411. X. 598, 599. La répétition du legs de la même somme, au même légataire, par le même testament, est présumée faite par inadvertance, sauf la preuve contraire. VII. 412. X. 599, 600.

Règles pour l'interprétation de certaines clauses dans les testamens. VII. 411, 412. X. 600. Clause par laquelle on dérogerait par avance aux dispositions qu'on pourrait faire plus tard. VII. 411, 412. La clause d'exception d'une certaine chose d'un legs général, a son effet, quand même elle absorberait le legs entier. VII. 413. X. 600. Clause de prorogation, par laquelle le testateur accorde à ses héritiers un certain terme pour le paiement de ses legs. VII. 413, 414. X. 600, 601. Elle ne comprend pas les legs faits à un créancier de ce qui lui est dû. *Ibid.* Clause de répétition par laquelle le testateur répète, au profit de quelqu'un, le legs d'une somme ou d'une chose, qui lui a déjà été fait. VII. 414. X. 601, 602. Cette clause peut quelquefois rendre valable un legs qui était nul. *Ibid.* Clause par laquelle le

testateur, lègue à ses légataires une ou plusieurs fois autant qu'il leur a déjà légué. VII. 415. X. 602. Cette clause ne comprend que les legs de sommes d'argent, ou de quantité. *Ibid.*

Interprétation de différens noms employés par les testateurs. VII. 415. X. 602. Interprétation des mots maisons, biens de ville, dans les legs. *Ib.* Ce que comprend le legs des meubles, et celui des biens meubles, ou effets mobiliers. VII. 415, 416. X. 603. Quels meubles sont compris dans le legs d'une terre avec les meubles servant à son exploitation? VII. 416. X. 603. Que comprend le legs d'une terre ou d'une maison meublée? VII. 416, 417. X. 603, 604. Le legs des choses qui sont dans un tel lieu, comprend celles qui n'en sont que momentanément absentes, et ne comprend pas celles qui ne s'y trouvent qu'en passant. VII. 417, 418. X. 604, 605. L'argent comptant, les billets et cédules qui s'y trouvent, font-ils partie du legs? VII. 418. X. 605. Que comprend le legs de l'argenterie? VII. 418, 419. X. 605, 606. Que comprend celui de la garde-robe, de la toilette, des bijoux? VII. 419, 420. X. 606, 607. Celui des provisions de ménage, ou de maison? VII. 420. X. 607. Celui des meubles d'hôtel ou meubles meublans? VII. 421. X. 608. Le legs d'une certaine somme par chacun an, fait à quelqu'un pour la durée de sa vie, équivaut à une rente viagère, et est dû par jour. VII. 421, 422. X. 608, 609. Lorsque le nombre d'années est limité, chaque somme est due par chacun an, et acquise dès que l'an est commencé. VII. 422. X. 608, 609.

Règles d'interprétation sur les conditions et les termes de paiement des legs. x. 609. Quand la condition ou le terme, apposés à une disposition, se rapportent aux dispositions précédentes ou subséquentes? 609, 610. Autres espèces. 610, 611. *Quid*, des conditions: *Lorsqu'il sera en âge, lorsqu'elle se mariera, lorsqu'il aura des enfans, après quelques années, etc.*, etc. 611, 612.

V. *Dettes des successions. Garde-Noble Substitution fidéicommissaire. Testament.*

LEGS CONDITIONNEL. V. *Communauté légale. Legs.*

LEGS PARTICULIER. Legs de quelque chose particulière. VII. 293. V. *Legs. Légataire. Testament.*

LEGS UNIVERSEL. Legs d'une universalité, ou d'une quotité des biens, ou d'une certaine espèce de biens du testateur. VII. 293. V. *Legs. Testament.* Il faut qu'un legs, pour être universel, soit fait *per modum universitatis.* 294. V. *Legs. Propriété.*

LÈSE-MAJESTÉ. Le crime de lèse-majesté au premier chef, est tout attentat direct contre la personne du roi et de l'état. IX. 363. On appelle crimes de lèse-majesté au second chef, les crimes qui blessent, soit directement, soit indirectement, le respect dû à la majesté et autorité royale. *Ibid.* Enumération des crimes de lèse-majesté au premier et au second chef. 363, 364, 365. V. *Cas royaux.*

LÉSION ENTRE MAJEURS. La lésion est une cause de rescision dans les contrats intéressés. I. 21. IX.

325. Dans le cas de lésion, il y a imperfection du consentement. I 21. Quel est le juste prix? *Ibid.* V. *Prix.* Il faut que la lésion soit de plus de la moitié du juste prix. I. 21, 22. II. 136, 137, 176. Dans les partages, il suffit qu'elle excède le quart. I. 22. II. 283. Les transactions ne peuvent être rescindées pour lésion, quelque énorme qu'elle soit. I. 22, 23. V. *Transaction.* La La restitution pour lésion n'est pas plus admise dans les contrats aléatoires, ou dont l'objet est incertain, tels qu'une vente de droits successifs, 23, ni dans les contrats où il y a un prix d'affection, *ibid.*, ni enfin, dans ceux qui n'ont pour objet que des choses mobilières. *Ib.* La lésion n'opère pas la rescision du contrat de louage. III. 245, 246. V. *Contrat. Consentement. Louage des choses. Vente de droits successifs.*

V. *Action rescisoire. Adjudication. Echange. Louage des choses. Partage de la communauté. Partage des successions. Rescision de la vente. Vilité de prix.*

LÉSION ENTRE MINEURS. Les mineurs sont admis à la restitution contre toutes leurs conventions pour quelque lésion que ce soit. I. 23, 24. Si ce n'est contre les conventions pour l'aliénation ou l'acquisition des choses mobilières. 24.

LETTRE. Le consentement à la vente et au louage, peut se donner par lettre. V. *Consentement. Louage des choses. Vente.*

V. *Testament olographe.*

LETTRE D'ANOBLISSEMENT. V. *Noblesse.*

LETTRE-DE-CHANGE. Lettre revêtue d'une certaine forme prescrite
par les lois ; par laquelle vous man-
dez au correspondant que vous avez
dans un certain lieu, de m'y compter, ou à celui qui aura mon ordre,
une certaine somme d'argent en
échange d'une somme d'argent ou
de la valeur que vous avez reçue
ici de moi, ou réellement, ou en
compte. 111. 121. Quatre espèces de
lettres-de-change : valeur reçue,
valeur reçue comptant, valeur en
soi-même, valeur entendue ou en
compte. 124, 125. Lettres-de-
change payables à vue, à tant de
jours de vue, à jour fixe, à une ou
plusieurs usances, à certaines époques de foires. 126, 127.

Il faut au moins, pour que la
lettre-de-change existe, l'intervention de trois personnes, le tireur,
le preneur et l'accepteur; et presque toujours une quatrième, le
porteur. 127, 128, 129. Il peut en
intervenir un plus grand nombre,
au moyen des endossemens. 129.
V. *Endossement.* Deux espèces
d'endossement ; ils contiennent ou
un mandat ou une cession à la personne qui y est dénommée. 129,
130. Il intervient encore d'autres
personnes dans la lettre-de-change, soit pour accepter par intervention, soit pour cautionner le
tireur ou les endosseurs. 130. Toute
personne capable de contracter
peut faire une lettre-de-change. *Ib.*
Elle se soumet par-là à la juridiction consulaire et à la contrainte
par corps. *Ibid.* Les ecclésiastiques
ne le peuvent. *Ibid.* Les mineurs
commerçans, et les femmes mariées
marchandes publiques le peuvent.
130, 131. Il est défendu aux agens
de change et courtiers, de fournir
et prendre des lettres-de-change,
ou de les signer par aval. 131, 132.

Trois choses constituent l'essence
de la lettre-de-change. 132, 133.
Il faut qu'il y ait un tireur, un tiré,
et un preneur. 133. Il faut qu'il y
ait remise d'un lieu à un autre. 133,
144, 145. Il faut que la lettre soit
revêtue des formes prescrites par
l'ordonnance. 133. L'ordonnance
exige qu'elle contienne le nom du
porteur, le temps du paiement, le
nom du donneur de valeur, et en
quoi la valeur a été fournie. *Ibid.*
Pourquoi veut-elle qu'on exprime
en quoi la valeur a été fournie? 133,
134. La lettre doit en outre contenir le nom du tiré et une désignation suffisante de la somme. 134.
Quand le tireur est obligé de donner avis de la lettre au tiré. 134,
135. Cas où il est nécessaire ou
d'usage de faire plusieurs exemplaires de la lettre, et règles à suivre. 135. Forme des endossemens.
135, 136. V. *Endossement.* Celui
sur qui est tiré une lettre-de-change, doit en faire l'acceptation par
écrit. 137, 138. Forme de l'acceptation. *Ibid.* V. *Acceptation.* De
l'aval. 139, 140. V. *Aval.*

Différens contrats que renferme
la négociation des lettres-de-change. 140.

Contrat de change qui intervient
entre le tireur et le donneur de
valeur. 140, 141. V. *Change.* Réfutation de l'opinion qui regarde le
change comme un commerce usuraire et illicite. 141. Différences
entre le contrat de change et le
prêt d'argent. *Ibid.* Nature du
droit de change que l'on paie aux
banquiers pour l'argent qu'ils vous
donnent pour une lettre-de-change.
142, 143. Les banquiers ne doivent
pas exiger un droit de change plus
fort que le cours de la place. 143.
Il y a également injustice à ne leur

payer qu'un droit au-dessous du cours. 143., 144. Pas d'analogie avec le cas d'une constitution de rente, ou celui, qui donne son argent, peut sans injustice se contenter d'une rente au-dessous du taux légal. 144. Pour qu'il y ait contrat de change par la lettre-de-change, il faut qu'il y ait remise de place en place. 144, 145. Quand y a-t-il remise de place en place? *Ibid.* Autrement, le contrat n'est qu'un simple prêt. 145, 146. Le droit de change, dans ce cas, est usuraire. 146. Le tireur contracte l'obligation de faire payer au porteur de la lettre-de-change, au temps et au lieu convenu, l'argent ou la valeur qu'il a reçu de lui en échange de cette lettre. 147. Il est tenu de fournir la lettre, lorsqu'il en reçoit la valeur. 147, 148. On peut convenir que la valeur ne sera fournie que lorsque la lettre aura été acceptée ou payée. 148. Le tireur ne peut plus tard exiger caution, lorsque cette convention existe. *Ibid.* Le tireur, à défaut de paiement de la lettre, est tenu des dommages-intérêts du donneur de valeur. *Ibid.* A quoi s'étendent ces dommages-intérêts? 148, 149. V. *Dommages-intérêts.* Entre autres choses, le tireur doit rembourser le rechange à celui à qui il a à fournir la lettre. 149. V. *Rechange.* Le tireur est tenu, en cas de protêt faute de paiement, d'indemniser le porteur de tout ce dont il est tenu envers celui au profit de qui il a endossé la lettre, et des frais de la dénonciation des poursuites à lui faites. 150, 151. Le donneur de valeur, au lieu de dommages-intérêts, peut réclamer ce qu'il a donné pour la valeur de la lettre. 151. Le refus de paiement de la lettre donne ouver-

ture à ces actions; elles doivent être intentées par le propriétaire actuel de la lettre à qui elle est arrivée par voie d'endossement. *Ib.* Lorsque la lettre n'est payable qu'à terme, le tireur contracte l'obligation de la faire accepter en attendant, sinon de donner caution. 151, 152. Le donneur de valeur n'a aucun recours contre le tireur, lorsqu'il lui a répondu de la solvabilité du tiré. 152. Le donneur de valeur doit payer la remise, à moins de conventions contraires. 152, 153. Action et privilége du tireur pour se faire payer le prix de la lettre-de-change qu'il a fournie. 153. Ils cessent, lorsque la lettre a été endossée à un tiers par le porteur. *Ibid.* Obligation du porteur de présenter la lettre à son échéance, d'en faire le protêt en cas de refus de paiement, et de dénoncer ce protêt au tireur. 153, 154. A défaut d'avoir fait accepter, le porteur n'est pas déchu de son recours en garantie. 154. Le contrat de change intervenu entre le tireur et le donneur de valeur, ne peut se résoudre ni recevoir aucun changement, sans le consentement des deux parties. 154, 155.

Des contrats qui interviennent entre l'endosseur ou le tireur, et celui à qui il passe son ordre. 155. V. *Endossement.*

Contrat qui intervient entre le tireur et le tiré. 160. C'est un véritable contrat de mandat. *Ibid.* Il est parfait par l'acceptation du tiré ou par son consentement donné par lettre. *Ibid.* Si le tiré est débiteur du tireur, le contrat existe sans son acceptation ou son consentement, et il est tenu de payer. 160, 161. Le tiré, faute d'accepter ou de payer, est tenu, par l'action directe de mandat, des

dommages-intérêts du tireur. 161.
Cas où il peut ne pas accepter
quoique l'ayant promis. 161, 162.
Le tireur est obligé à indemniser
le tiré de tout ce qu'il lui en a coûté
pour l'exécution du mandat. 162.
Lorsque le porteur a falsifié la
lettre en augmentant la somme, le
banquier, qui a payé la somme telle
qu'elle paraissait portée sur la lettre, a-t-il son recours contre le tireur, son mandant, pour ce qu'il a
payé de plus que la somme qui y
était effectivement portée ? 162,
163. Cas où c'est par la faute du
tireur que le tiré a pu être induit en
erreur. 164. Cas où le tiré pouvait
s'apercevoir facilement de la falsifi-
cation. 165. Lorsque la lettre-de-
change a été fabriquée tout entière par le faussaire, le banquier,
qui a payé, n'a pas de recours contre la personne faussement indiquée comme tireur. *Ibid.* Si la lettre a été enlevée par violence, et que
le voleur en ait reçu le paiement,
en se faisant passer pour le véritable
porteur, qui, du tireur ou du tiré,
devra en supporter la perte ? 166.

Si la lettre-de-change est tirée
pour le compte d'un tiers, c'est ce
tiers qui est le mandant du tiré,
et qui en contracte les obligations.
166, 167. Si le tiré, ne voulant
pas accepter le tiers pour débiteur,
déclare payer la lettre par honneur
pour le tireur, le tireur est-il tenu
envers lui ? 167, 168. Le tiré doit
faire connaître ses protestations et
son refus au tireur. 168. Malgré la
gratuité du mandat, le tiré peut
recevoir un droit de commission.
169. Les endosseurs ne contractent
aucun engagement envers l'accepteur. 169.

Quasi-contrat *negotiorum gestorum*, qui intervient entre celui
qui, pour faire honneur au tireur

ou à l'un des endosseurs, acquitte
la lettre au refus de celui sur qui
elle est tirée, et le dit tireur ou
endosseur. 169, 170. V. *Paiement
par intervention.*

Contrat qui intervient entre l'accepteur et le porteur de la lettre.
171. L'accepteur s'oblige à payer
à l'échéance de la lettre la somme
qui y est portée. *Ibid.* Faute de
paiement à l'échéance, il est tenu
des dommages-intérêts, des frais
et du rechange, à l'égard du tireur.
171, 172. L'accepteur ne peut se
dispenser de payer, sous prétexte
qu'il n'a pas reçu les fonds, ou que
le tireur a fait faillite depuis l'acceptation. 172. Il peut se faire restituer contre son acceptation, lorsque c'est le dol du porteur qui l'a
engagé à la donner. 172, 173. Il
doit payer, quand même il aurait
accepté depuis la faillite, 173, à
moins que le porteur ne fût un
créancier du failli, et qu'il le fût
aussi lui-même. *Ibid.* Le porteur
n'a aucune action contre le tiré,
tant qu'il n'a pas accepté. 174.

Obligation qui naît des avals.
174, 175. C'est un véritable cautionnement, qui a tous ses effets.
*Ibid.* V. *Aval.*

Toutes les actions qui naissent
de la lettre-de-change doivent être
portées devant la juridiction consulaire. 175. V. *Consulat.* La lettre
n'a pas besoin d'être contrôlée,
*ibid.*, ni d'être préalablement reconnue. 175, 176. On peut, en
vertu de la lettre-de-change, saisir
et arrêter aussitôt après le protêt,
avec permission du juge. 176. Les
sentences de condamnation sur des
lettres-de-change emportent la
contrainte par corps. *Ibid.* V. *Contrainte par corps.*

Exécution de la négociation de
la lettre-de-change. 176, 177. Le

porteur de la lettre, qui n'est que le mandataire du tireur, doit la faire accepter le plutôt possible. *Ibid.* S'il en est le propriétaire, il ne la fait accepter que s'il le juge à propos. 177. Dans tous les cas, il doit se présenter à l'échéance pour en recevoir le paiement. *Ibid.* S'il a égaré la lettre, il doit s'en faire donner un second exemplaire. 177, 178. Formalité à suivre pour se faire payer sur ce second exemplaire. 178. Le porteur, à défaut d'acceptation, ou de paiement par le tiré, doit faire protester la lettre, pour avoir son recours contre le tireur. 179. V. *Protêt.*

Différentes actions qu'a le porteur d'une lettre-de-change à défaut de paiement. 192. Il peut intenter en même temps toutes ses actions contre les différens débiteurs qui sont tenus. *Ibid.* Le tireur a de son côté action contre l'accepteur à qui il a remis les fonds, pour qu'il le garantisse de l'action du porteur. 192, 193. Il en est de même de chacun des endosseurs contre les endosseurs précédens. 193. Comment les collocations de tous ces ayant-droit doivent être faites dans une distribution? 192, 193, 194.

Différentes manières dont s'éteignent les créances de la lettre-de-change. 194, 195. Le paiement de la lettre n'est valable que lorsqu'il est fait au véritable propriétaire, ou à son mandataire. 195. Différence, pour la validité du paiement, entre le transport fait par endossement, ou par acte séparé. 195, 196. V. *Transport.* Quand le paiement d'une lettre-de-change fait à un mineur est valable. 196. V. *Mineur.* Quand le paiement fait à une femme mariée est valable. 196, 197. V. *Femme mariée.* Le paiement reçu par

le voleur de la lettre-de-change, qui s'est fait passer pour le mandataire du propriétaire, libère-t-il l'accepteur et le tireur envers ce propriétaire? 197, 198, 199. *Quid,* lorsque c'est par la faute du propriétaire, ou de son mandataire, que l'accepteur a été induit en erreur? 199. Par qui le paiement de la lettre-de-change peut être fait. 200. Si la lettre est à terme, le paiement ne peut être exigé qu'après l'échéance du terme. *Ibid.* Le débiteur jouit en outre d'un terme de grâce de dix jours après l'échéance. 200, 201. Le porteur de la lettre-de-change ne peut être obligé à en recevoir le paiement avant l'échéance du terme. 201. V. *Terme de paiement.* Le porteur de la lettre retardataire, est tenu de recevoir le paiement sur le pied de la valeur des espèces lors de l'échéance. 201, 202.

La créance de la lettre-de-change s'éteint par la remise qu'en fait le créancier au débiteur. 202. La remise se fait au tireur, à l'accepteur, ou aux endosseurs. *Ib.* V. *Remise de la dette.* La remise faite par une lettre missive du propriétaire à l'accepteur, ne peut être opposée par ce dernier aux tiers auxquels la lettre-de-change aurait depuis été transférée par le propriétaire. 202, 203. La remise faite à l'accepteur avant qu'il ait été, par le protêt, constitué en demeure de payer, profite-t-elle au tireur? 203, 204. Si la remise a été faite à l'accepteur depuis le protêt, décharge-t-elle le tireur et les endosseurs des actions auxquelles le protêt avait donné ouverture? 204, 205. Différence entre l'effet des remises volontaires et des remises forcées, à l'égard du tireur et des endosseurs. 205. L'atermoiement avec l'accepteur n'ôte pas au porteur ses actions contre

TOME XI.                           15

ceux-ci. *Ibid.* La remise faite au tireur opère la libération de l'accepteur. *Ibid.* En est-il de même, lorsque l'accepteur a reçu les fonds pour l'acquittement de la lettre-de-change, ayant la remise qui a été faite au tireur? 205, 206. La décharge du tireur libère les endosseurs. 206. La décharge d'un endosseur ne libère ni l'accepteur, ni le tireur, ni les endosseurs précédens. *Ibid.* La lettre-de-change s'éteint par la compensation, lorsque l'accepteur se trouve à l'échéance créancier du porteur d'une somme égale à celle portée dans la lettre. 207. V. *Compensation.* Cette compensation éteint la créance de la lettre-de-change, de même qu'elle l'aurait été par un paiement réel. *Ibid.* Elle ne peut se faire que lors de l'échéance ou depuis. 207; 208. Est-il nécessaire, pour qu'elle ait lieu, d'attendre aussi l'échéance du terme de grâce? 208. La diversité des lieux auxquels les deux dettes sont payables, en empêche-t-elle, dans ce cas, la compensation? 208, 209. La compensation peut aussi avoir lieu, lorsque le porteur se trouve débiteur du tireur, après le protêt et sa dénonciation à celui-ci. 209. La créance d'une lettre-de-change peut aussi s'éteindre par la novation. 209; 210. V. *Novation.* Espèce dans laquelle il est question de savoir s'il y a novation d'une lettre-de-change. *Ibid.* La lettre-de-change s'éteint par la confusion, lorsque le porteur devient héritier pur et simple de l'accepteur, ou *vice versâ.* 211. V. *Confusion.* Du moment où la confusion a eu lieu, il ne peut plus se faire d'endossement valable. 211, 212. Il y a aussi confusion, lorsque le porteur devient héritier du tireur. 212. Quand l'accepteur et les

endosseurs sont libérés par cette confusion. *Ibid.* Cas où le porteur devient héritier, ou *vice versâ,* de l'un des endosseurs. 212, 213. La confusion peut n'avoir lieu que pour partie. 213. Les lettres-de-change s'éteignent par la prescription de cinq ans. *Ibid.* V. *Prescriptions particulières.* De quand courent les cinq ans à l'égard des lettres à vue qui n'ont pas été protestées? *Ibid.* Cette prescription a-t-elle lieu contre l'action que l'accepteur, qui a payé la lettre, sans que le tireur lui en eût remis les fonds, a contre ce dernier pour en être acquitté? 213, 214. *Quid,* de l'action du tireur contre l'accepteur qui a laissé protester, quoiqu'il eût reçu les fonds? 214. La prescription court du jour des dernières poursuites. *Ibid.* Si l'accepteur a obtenu des lettres de répit, et qu'il les ait signifiées au porteur, la prescription court-elle pendant le temps du répit? 214, 215. Le porteur, auquel on oppose la prescription, peut déférer le serment au défendeur. 215. Prescription particulière pour les lettres payables à Lyon. 215, 216. Prescription de trois ans en faveur des cautions des lettres-de-change. 216. Ces prescriptions courent contre les absens et les mineurs. *Ibid.* V. *Billet de change. Billet à ordre. Change.*

V. *Contrainte par corps. Subrogation.*

LETTRE DE CRÉDIT. Lettre par laquelle un banquier mande à son correspondant, dans un autre lieu, de compter à la personne dénommée dans la lettre, l'argent dont il témoigne avoir besoin. III. 230. Ces lettres sont limitées ou illimitées. *Ibid.* Elles contiennent un mandat entre celui qui écrit la let-tre, et la personne à qui elle est adressée. *Ibid.* V. *Mandat.*

LETTRES D'ÉTAT, par lesquelles le roi ordonne qu'il soit sursis, pendant un certain temps, à toutes poursuites contre celui qui les a obtenues. IX. 78, 79, 80. V. *Inter-ruption d'instance.*

LETTRES DE GRACE. Le droit de faire grâce aux criminels est atta-ché à la souveraineté, et en est in-séparable. IX. 464. Il y a différen-tes espèces de lettres de grâce. 464. 465. Lettres d'abolition qui s'ac-cordent par le roi en grande chan-cellerie, pour un crime capital. *Ibid.* Crimes pour lesquels on ne les accorde pas. 465. Lettres de rémission ou de justice, pour les homicides involontaires, ou com-mis dans la nécessité d'une légitime défense de la vie. *Ibid.* Lettres de pardon, pour les cas où il n'échet pas peine de mort, et qui ne peu-vent être excusés. *Ibid.* Forme des lettres de grâce, et où elles doivent être adressées. 466, 467. Présen-tation des lettres de grâce, et ses effets. 467, 468. Procédure pour parvenir à l'entérinement des let-tres. 468, 469. Jugement pour l'en-térinement des lettres. 469, 470. Effet de l'entérinement; élargisse-ment de l'impétrant; appel. 470, 471. Le procureur du roi peut-il appe-ler de l'entérinement des lettres de grâce. 471. Lettres de commu-tation de peine, de rappel de ga-lères, de rappel de ban et de réha-bilitation. 471, 472. Différence en-tre toutes ces lettres. VIII. 50, 51. V. *Mort civile.*

LETTRES DE NATURALITÉ, néces-saires à l'étranger pour devenir Français. VIII. 33. X. 10. Comment elles s'obtiennent. *Ibid.* V. *Etran-ger. Français.*

LETTRES DE RATIFICATION. Let-tres qu'obtiennent en la grande chancellerie les acquéreurs des rentes sur la ville de Paris, à l'ef-fet de purger les hypothèques de leurs auteurs. IX. 282, 283. V. *Hy-pothèque.*

LETTRES DE RÉHABILITATION. V. *Etranger. Infamie. Lettres de répit. Noblesse.*

LETTRES DE RÉPIT. Lettres qui s'accordent en grande chancelle-rie, par lesquels on donne terme et délai aux débiteurs qui ne peu-vent présentement payer leurs créances. IX. 309. X. 808. Les juges ne peuvent accorder de délais; deux cas où ils peuvent faire des défenses générales. IX. 309, 310. X. 808. Les lettres de répit ne s'accor-dent pas pour plus de cinq ans. IX. 310. X. 808. Les étrangers ne les obtiennent pas. *Ibid.* Dettes pour lesquelles elles ne peuvent être ac-cordées même à des Français. IX. 310, 311, 312. X. 808. Ceux qui en ont obtenu, ne peuvent en ob-tenir de secondes. IX. 312. Elles ne peuvent être accordées que pour des considérations importantes. IX. 312. X. 808. Il faut joindre à la de-mande, des commencemens de preuves authentiques des causes qui les font solliciter. IX. 312, 313. X. 808, 809. Elles sont adressées au plus prochain juge royal du domi-cile de l'impétrant, par qui elles doivent être entérinées dans les six mois. IX. 313. XI. 808, 809. L'im-pétrant, après l'expédition des let-tres, doit déposer aux greffes du juge et du consulat, un état exact de ses effets et dettes. 313, 314. Il

15*

signifie les lettres aux créanciers, avec copie de cet état. 314, 315. Délai de cette signification. *Ibid.* L'effet de ces lettres, par rapport au débiteur, est de surseoir pendant quelques années au paiement de ses dettes. IX. 315. x. 809. Par rapport aux créanciers, c'est de les empêcher d'attenter à la personne du débiteur, et aux meubles servant à son usage. IX. 315, 316. x. 809. A moins qu'ils n'eussent commencé leur exécution, avant la signification des lettres. IX. 316. x. 809. Toutes les fois que des lettres de répit ont été obtenues, un créancier ne peut être payé plutôt que l'autre. *Ibid.* Les lettres de répit n'ont pas d'effet en faveur des tiers. *Ibid.* Tâche qu'impriment les lettres de répit; incapacité de celui qui les obtient, pour remplir certaines fonctions; réhabilitation après le paiement. IX. 317, 318. V. *Bénéfice de cession.*

LETTRES DE RESCISION. Lettres qui s'obtiennent en grande chancellerie, et qui ont pour objet de faire rescinder un acte, contre lequel il existe quelque juste cause de restitution, envers la partie lésée. IX. 319. Elles s'obtiennent ou incidemment à quelque contestation, ou sans aucune contestation. 326, 327. A quel juge elles doivent être adressées? *Ibid.* On peut opposer comme fin de non-recevoir à ces lettres, l'approbation qu'un majeur aurait donnée à l'acte attaqué; ou la ratification du mineur depuis sa majorité. 327. Une seconde fin de non-recevoir est tirée du laps de dix années qui s'est écoulé sans qu'on ait obtenu ces lettres. 327, 328. Ce délai court du jour que les actes ont été faits, ou que la cause empêchant la poursuite de la res-

cision, a cessé. *Ibid.* Elle ne court pour les mineurs, qu'à partir de leur majorité. 328. Elle court contre la femme en puissance de mari, à moins que son action en rescision ne dût réfléchir contre son mari. *Ibid.* Par l'entérinement des lettres de rescision, l'acte est rescindé, et les parties sont remises au même état qu'auparavant. 328, 329. La rescision de l'engagement de celui qui a obtenu les lettres, entraîne-t-elle la rescision des engagemens de ses codébiteurs et cautions? 329. V. *Dol. Lésion. Rescision. Violence.*

LICITATION. Acte par lequel des cohéritiers ou copropriétaires indivis d'une chose, la mettent aux enchères, pour être adjugée et appartenir en entier au plus offrant et dernier enchérisseur. II. 284. VII. 228. Elle a lieu entre héritiers ou propriétaires communs d'un héritage qui ne peut se partager. II. 226. III. 519. VII. 228. Les étrangers doivent être admis, sur la demande de l'une des parties. II. 227. VII. 228. Formes à suivre, lorsqu'il y a des mineurs. II. 226. VI. 421, 422. Les étrangers sont admis à peine de nullité. *Ibid.* Elle se fait devant le juge. *Ibid.* Les mineurs ne peuvent la demander. VI. 422. Mais on peut la demander contre eux. *Ibid.* Des experts constatent que le partage ne peut avoir lieu. II. 226. Le cohéritier ou le copropriétaire, qui s'est rendu adjudicataire, possède au même titre qu'auparavant. II. 226. VI. 423, 424. V. *Experts. Mineurs.*

Elle tient lieu de partage. II. 284. VII. 670, 671. IX. 644, 645. Le cohéritier ou le copropriétaire qui se rend adjudicataire, a l'immeuble au même titre que s'il était

tombé tout entier dans son lot.
*Ibid.* Les cohéritiers ou copartageans sont censés n'en avoir jamais
été propriétaires. *Ibid.* Les licitations ne donnent ouverture ni au
retrait, ni au profit. 11. 285. 1x.
643, 644. L'adjudication n'est pas
tenue des hypothèques de ses colicitans. 11. 285. Ceux-ci ne lui doivent que la garantie dont sont tenus les copartageans, *ibid.*, même
dans le cas d'une clause expresse
de garantie. *Ibid.* Tout ce qui vient
d'être dit s'applique à l'acte par
lequel le cohéritier ou le copartageant vend à son cohéritier ou à
son copartageant sa part dans l'objet commun. 11. 285, 286. v11. 670,
671. 1x. 644. Ce dernier est censé
avoir acquis le tout par partage. 11.
286. v11. 671.

V. *Partages. Retrait lignager.
Société.*

LICITATION A LOYER OU A FERME.
Espèce de bail que des copropriétaires d'une chose font pour le temps
porté dans l'acte de licitation,
chacun pour sa portion, à celui
d'entre eux qui en offre le plus. 111.
388. Différences entre cette licitation, et celle du fonds et de la propriété. *Ibid.* Le trouble que souffre
dans sa jouissance l'adjudicataire
du bail de la part d'un tiers, ne
donne lieu à aucuns dommages-intérêts de la part de ses colicitans,
mais seulement à une remise pour
défaut de jouissance. 388, 389. La
licitation de la jouissance d'un héritage n'empêche pas de le liciter
au fonds avant l'expiration du bail.
389.

LIEN DE DROIT. Il est de l'essence
des conventions qu'elles contiennent un lien de droit obligatoire.
1. 28. L'entière liberté de tenir ou

de ne pas tenir à la convention, la
rend nulle. *Ibid.* Subtilité du droit
romain, non admise chez nous. *Ib.*
Conditions potestatives qui sont
valables. *Ib.* V. *Condition. Contrat.*

LIEU DU PAIEMENT. Il est censé
convenu à la fois pour le créancier
et le débiteur. 1. 118, 119. Action
*de eo quod certo loco,* dans le droit
romain. 119. Elle n'a pas lieu chez
nous. *Ibid.* Domicile élu au lieu où
doit se faire le paiement. *Ibid.* V.
*Domicile.* S'il y a différens lieux de
paiement convenus, il se fait partie
dans l'un, partie dans l'autre. *Ib.*
V. *Paiement.* Lieu où la chose
vendue doit être livrée. 11. 22.

LIGNE DE PARENTÉ. Suite des personnes par lesquelles la parenté est
formée entre deux parens. v. 66.
Deux lignes de parenté, la directe
et la collatérale. *Ibid.* V. *Parenté.*
Côté et ligne. V. *Réalisation. Retrait lignager.*

LIQUIDATION. V. *Dépens. Dommages-intérêts. Fruits. Partage de
la communauté.*

LIVRAISON de la chose vendue.
11. 19-24, 29. V. *Tradition. Vendeur. Vente.*

LIVRES DES MARCHANDS. Quelle
force ils ont, lorsque les marchands
les invoquent en leur faveur. 1.
445, 446. Ils font une preuve complète contre eux. 446. V. *Commencement de preuve par écrit.
Ecritures privées.*

LOCATAIRE. Celui qui prend une
chose à loyer. 111. 232. V. *Louage
des choses.*

LOCATEUR. Celui qui donne une

chose à loyer. III. 232. V. *Louage des choses.*

Loi. Obligations qui naissent de la loi. I. 64, 65. Elles produisent l'action appelée *condictio ex lege.* 65. V. *Obligation.*

Lods et ventes. V. *Profit de vente.*

Louage des choses. Contrat par lequel quelqu'un s'oblige à faire jouir ou user une personne d'une chose pendant un temps convenu, moyennant un certain prix. III. 231, 232. X. 770. Ce contrat s'appelle aussi bail à loyer, ou bail à ferme, quand il s'agit de fonds de terre. *Ibid.* En quoi ce contrat convient avec le contrat de vente. III. 232. X. 771. Il en diffère en ce que le locateur ne s'oblige pas à faire avoir la chose au conducteur, mais seulement à l'en faire jouir ou user. *Ibid.* Cette différence est essentielle. *Ibid.* Incertitude, dans certains cas, s'il y a contrat de louage ou de vente. III. 233. Lorsque le temps de la jouissance excède neuf ans, et que le prix consiste dans une somme unique, il est présumé contrat de vente. *Ibid.* Différences et rapports du bail à loyer et du bail à rente. *Ibid.* V. *Bail à rente. Vente.*

Ce qui est de la substance du contrat de louage. 234. Il faut qu'il y ait une chose louée. *Ibid.* Le contrat est nul, si la chose, qui en était l'objet, n'existait plus dès le temps où il a été passé. 234, 235. Il n'est pas nécessaire que la chose soit déterminée. 235. On peut louer toutes sortes de choses, meubles et immeubles, corporelles et in-

corporelles, droits seigneuriaux, de justice, offices, etc. *Ibid.* Choses qui ne sont pas susceptibles de vente, et qui sont susceptibles de louage. 235, 236. Choses, au contraire, susceptibles de vente, et non de louage, telles que celles qui se consomment par l'usage. 236. Choses qui ne peuvent ni se louer ni se vendre, telles que les choses spirituelles, les bénéfices, les fonctions ecclésiastiques, les choses consacrées au culte ou destinées aux usages publics. 236, 237. Le droit de chasse ne peut pas s'affermer seul, et indépendamment de la terre sur laquelle il s'exerce. 237, 238. V. *Chasse.* On ne peut louer le droit de servitude prédiale, ni celui de servitude personnelle. 238, 239. Il en est autrement d'un droit d'usufruit. 239. V. *Usufruit.* Comment dit-on qu'on peut louer la chose d'autrui. *Ibid.* V. *Chose d'autrui.* On ne peut prendre à loyer ou à ferme sa propre chose. 239, 240.

Il est de l'essence du contrat de louage qu'il y ait une jouissance ou un usage pour lequel la chose est louée. 240. Si l'espèce de jouissance ou d'usage n'est pas exprimée par le bail, la chose est louée pour celui auquel elle est par sa nature destinée, ou auquel on a coutume de la faire servir. 240, 241. Une chose ne peut être louée que pour un usage honnête, et non contraire aux bonnes mœurs. 241. Responsabilité du locateur dans le cas où il a loué sa chose sciemment pour un mauvais usage. *Ibid.* Les contrats de louage se font par un certain temps fixé par les parties. 242. Les baux faits pour un temps au-dessus de dix ans, sont regardés comme aliénations. *Ibid.* Si le temps de la durée du bail n'a pas été exprimé par le contrat, il n'en est pas moins valable. 242, 243. Lorsqu'il s'agit d'un bien de campagne, le bail est censé fait pour tout le temps nécessaire à la récolte des fruits. *Ibid.* A l'égard des baux des maisons de ville, il faut suivre l'usage des lieux. 243. Termes où les baux commencent, et auxquels ils finissent à Paris et à Orléans. 243, 244. V. *Bail. Congé.*

Il est de l'essence du contrat de louage qu'il y ait un prix sérieux payé pour la jouissance de la chose. 244. Un prix dont on ferait remise par le contrat même, ou de très-petite valeur, n'est pas un prix sérieux. 244, 245. Si la remise n'a été faite que long-temps après le contrat, le louage n'en a pas moins existé. 245. Il n'est pas nécessaire que ce prix égale la véritable valeur de la jouissance de la chose. 245, 246. La rescision du contrat de louage pour lésion n'a pas lieu. *Ibid.* V. *Lésion.* Le loyer doit être certain et déterminé. 246. Le contrat est-il valable, lorsqu'ayant été fait moyennant le prix qui serait réglé par un tel, cette personne a refusé de faire l'estimation, ou est morte sans l'avoir faite ? 246, 247. V. *Vente.* Le loyer doit consister en argent. 247. Exception en faveur des baux à ferme, où il peut consister en une certaine quantité de fruits. *Ibid.* Il n'est pas nécessaire que le prix soit exprimé par le contrat ; il suffit qu'il soit sous-entendu ou tacitement convenu. 247, 248.

Le consentement des parties est aussi de l'essence du contrat de louage. 248. Le contrat de louage ne peut intervenir qu'entre personnes capables. 248, 249. V. *Capacité. Consentement.* Certains contrats de louage sont interdits à certaines personnes, capables d'ailleurs de contracter. 249. V. *Bail judiciaire.* L'usufruitier peut louer son droit d'usufruit. 249, 250. Le locataire peut sous-louer. 250. Les tuteurs et administrateurs peuvent faire des baux des biens dont ils ont l'administration. *Ibid.* Ils ne peuvent les faire par anticipation. *Ibid.* V. *Administrateur. Tuteur.* Le bail de la chose d'autrui est valable, en ce sens qu'il oblige le bailleur aux dommages-intérêts du preneur. 250. 259. Le consentement des parties peut être donné verbalement ou par écrit, ou même par lettre. 250, 251. Il doit intervenir sur la chose qui est louée, sur ses qualités substantielles, sur l'usage pour lequel elle est louée, sur le temps du bail, et sur le prix. 251, 252.

Engagemens que contracte le locateur par la nature même du contrat. 253. Il doit faire jouir et user de la chose celui à qui il l'a louée. III. 353. x. 771, 772. A cet effet, il est tenu de la lui délivrer avec ses accessoires. III. 254. x. 771. La tradition doit s'en faire à ses frais. III. 254, 255. Mais l'enlèvement est aux frais du locataire. 255. La tradition des choses mobilières louées se fait au lieu où elles se trouvent, s'il n'y a convention ou usage contraire. 255, 256. Elle se fait au jour convenu par les parties, ou réglé par l'usage, lorsque les parties ne s'en sont pas expliquées. 256. Action qu'a le conducteur pour se faire délivrer la chose dont on lui a fait bail. 256, 257. Elle est personnelle et mobilière. 257. Elle est divisible ou indivisible, selon que la chose est divisible ou indivisible. *Ibid.* V. *Obligation divi-duelle ou individuelle.* Cette action n'a lieu que contre le locateur, ou ses héritiers. 258. *Quid*, lorsque la même chose a été louée à deux personnes différentes ? 258, 259. Trois cas dans lesquels cette action a lieu, à défaut par le locateur de délivrer la chose louée. 259, 260. Cette action n'a pas lieu, lorsque la chose a péri, ou qu'elle a été mise hors du commerce. 260. V. *Perte de la chose.* Le locataire peut-il se faire mettre en jouissance de la chose louée, sur le refus du locateur de l'en faire jouir, quoiqu'elle soit entre ses mains, par la force armée, ou n'a-t-il droit qu'à des dommages-intérêts ? 260, 261. Cette action a deux objets : la décharge du prix du loyer, et la condamnation aux dommages-intérêts pour inexécution du contrat. 261. Ces dommages-intérêts consistent dans la perte que l'inexécution du contrat a causée au conducteur, et dans le gain dont elle l'a privé. 261, 262. V. *Dommages-intérêts.* Lorsque ce n'est pas par mauvaise foi que le locateur manque à son obligation, il n'est tenu que des dommages-intérêts qui ont pu être prévus lors du contrat. 262, 263. Si c'est par mauvaise foi ; il est tenu indistinctement de réparer tout le préjudice que l'inexécution du contrat a causé, à moins qu'elle n'en ait été qu'une cause occasionelle et éloignée. 263. S'il y a eu seulement retard dans l'inexécution, le conducteur a droit à des dommages-intérêts pour ce retard. 264. Il faut que le locateur ait été constitué en demeure. *Ibid.* Le conducteur a même le droit, en cas de retard, de demander la résolution du contrat. *Ibid.* Si le retard a été occasioné par une force majeure, le conducteur n'a droit qu'à la réso-

lution du contrat. *Ibid.* Si la chose louée, que le locateur offre de délivrer au conducteur, n'est plus entière, ou n'est pas dans le même état que lors du contrat, le conducteur peut demander la résolution du contrat. 265. Il a droit à des dommages-intérêts, s'il y a eu dol de la part du locateur. *Ibid.* Le locateur ne doit apporter aucun trouble à la jouissance du conducteur pendant la durée du bail. III. 265, 266. X. 771, 772. Quand il y a trouble apporté à la jouissance d'une maison, d'une métairie ou d'une maison de ville. III. 266, 267. V. *Trouble.* Le locateur ne trouble pas la jouissance du locataire, en faisant les réparations nécessaires. III. 267. X. 773. Si elles durent plus de six semaines, le locataire peut demander une diminution de loyer. III. 267, 268. Si les réparations ne sont pas nécessaires, ou lorsqu'étant nécessaires, elles ne sont pas urgentes, le locataire peut s'y opposer. 268. V. *Réparations.* Le locateur est tenu de garantir le conducteur du trouble apporté à sa jouissance par des tiers. III. 268, 269. X. 772, 773. Il ne garantit pas les voies de fait. *Ibid.* Quels sont les troubles ou évictions que le locateur est tenu de garantir. III. 269. X. 771, 772. Il garantit l'éviction, lorsque le germe en existait au temps du contrat. III. 269, 270. X. 772. Lorsque le conducteur connaissait le droit du tiers, et que le locateur l'ignorait, au temps du contrat, la garantie n'a pas lieu. III. 270. X. 772, 773. Elle cesse, lorsque le conducteur est lui-même garant du locateur en une autre qualité. III. 270, 271. Quoique la cause de l'éviction n'ait existé que depuis le bail, le locateur en est garant, lorsqu'elle procède de son

fait. 271. Il est garant, non-seulement des évictions, mais des troubles qui ne font que gêner ou diminuer la jouissance. 271, 272. La
garantie est la même, lorsque le
trouble a été fait aux sous-locataires. 272. L'obligation de garantie de la part du locateur, donne
lieu à une action en garantie contre
lui de la part du conducteur. *Ibid.*
Elle conclut à des dommages-intérêts pour l'éviction ou la diminution de la jouissance. *Ibid.* Différence entre la garantie du vendeur,
et la garantie du locateur. 272,
273. L'action en garantie du locataire n'est ouverte que lorsqu'il
a été contraint de quitter la jouissance, ou que sa jouissance a
souffert quelque atteinte. *Ibid.*
Cette action a deux chefs, la décharge de loyer, et les dommages-
intérêts. 274. V. *Dommages-intérêts.* Comment s'estime, quant à la
décharge du loyer, la valeur des
parties de la chose louée, dont le locataire est évincé. 274, 275. Le conducteur a une exception de garantie contre le locateur et ses héritiers, qui voudraient l'empêcher
de jouir. 275. Exemples et question. 275, 276. Cette exception n'aurait pas lieu contre l'héritier sous
bénéfice d'inventaire du locateur.
276. Elle ne peut être opposée à
l'héritier pour partie du locateur
que pour la part à la garantie de
laquelle il est tenu. 276, 277. Cependant le conducteur peut délaisser la jouissance du total, sauf son
action en garantie contre les cohéritiers. 277. S'il s'agit d'un droit
de servitude réclamé par l'un des
héritiers du bailleur, l'exception
de garantie peut lui être opposée
pour le total, sauf son recours contre ses cohéritiers. *Ibid.* Elle peut
être opposée aux successeurs à ti-

tre universel du bailleur, qui n'en
sont tenus cependant que jusqu'à
concurrence des biens. 277, 278.
Elle ne peut être opposée au nouveau propriétaire, acquéreur à titre singulier, qui n'a pas été chargé
de l'entretien du bail, 278, ni aux
détenteurs d'un immeuble hypothéqué à la garantie, ou à ceux
qui ont simplement consenti au
bail. 278, 279. Cependant ces derniers sont garans de leur propre
trouble. *Ibid. Quid*, des héritiers
de celui qui a consenti au bail ?
279. Le locateur est obligé d'entretenir la chose de manière que
le locataire en puisse jouir. III.
279, 280. X. 773. Réparations locatives dont est tenu le locataire.
III. 280. V. *Réparations locatives.*
Le défaut de réparations d'entretien de la part du locateur peut
quelquefois donner lieu à la résolution du bail. 281. Le locateur est
obligé de garantir le conducteur
des vices de la chose louée. III.
281. X. 773, 774. Il n'est obligé de
garantir que ceux qui en empêchent entièrement l'usage, et non
ceux qui le rendent seulement
moins commode. III. 281, 282. Le
locateur est garant des vices qu'il
ne connaissait pas, comme de ceux
qu'il connaissait, qu'ils existassent
au temps du contrat, ou qu'ils ne
soient survenus que depuis. 282.
Vices dont il n'est garant que lorsqu'ils sont survenus depuis le contrat. 282, 283. Il n'est pas garant
des vices qu'il a exceptés de la garantie par une clause expresse,
pourvu qu'il ait été de bonne foi.
283. L'action en garantie, pour les
vices de la chose louée, est une
sorte d'action rédhibitoire. *Ibid.*
V. *Action rédhibitoire.* Elle a pour
objet la résolution du contrat, et
quelquefois des dommages-intérêts.

283, 284. Cas dans lesquels il y a lieu à dommages-intérêts. 284, 285. V. *Dommages-intérêts*. La bonne foi oblige le locateur de ne rien dissimuler de la connaissance qu'il a de ce qui concerne la chose louée. 285. Cela s'applique non-seulement aux défauts de la chose, mais même à tout ce qui y est relatif. 286. Le locateur ne doit pas louer au-dessus du juste prix. 286, 287. Cette obligation n'a lieu que dans le for de la conscience. 287. V. *Prix*. Le locateur doit rembourser au conducteur toutes les impenses nécessaires et extraordinaires qu'il a faites à l'égard de la chose louée. III. 287, 288. x. 774. Il n'en est pas de même des impenses utiles. III. 288. V. *Impenses*. Le locateur est obligé à tout ce qu'il a promis par les clauses particulières du contrat. 289. Il doit garantir la contenance. *Ibid.* V. *Contenance*.

Engagemens du conducteur, qui naissent de la nature du contrat. III. 290. x. 774. Il doit payer le prix convenu pour le louage. *Ibid.* Le loyer est payable en une seule somme, par année, par semestre, par trimestre, par semaine ou par jour, selon la convention et la nature du bail. III. 291. x. 774, 775. Le paiement du loyer doit se faire au lieu exprimé par le contrat. III. 291, 292. x. 774, 775. Où doit-il se faire, lorsque les parties ne s'en sont pas expliquées? III. 292. Le conducteur en demeure de payer ses fermes, en doit l'intérêt du jour de la demande judiciaire. *Ibid.* Quand le conducteur doit avoir remise des loyers pour le tout ou pour partie. III. 293. x. 775. Lorsque le locateur n'a pu lui procurer la jouissance ou l'usage de la chose louée. *Ibid.* Lorsqu'il n'a pu le faire jouir que pendant une partie du temps du bail. *Ibid.* Lorsqu'il n'a pu le faire jouir de quelque partie de la chose louée. III. 293, 294. x. 775. Le conducteur ne peut demander de remise, lorsque l'empêchement est venu de sa part. III. 294. Le loyer n'est dû que pour la jouissance que le conducteur a en vertu du bail. *Ib.* Application des principes aux baux à loyer des maisons. III. 294, 295. x. 775. Si la maison n'est pas exploitable à l'entrée du bail, le loyer n'est pas dû. *Ibid.* Le bail peut être résilié, et le locateur condamné aux frais du second délogement. III. 295. Le locataire qui est obligé de déloger par quelque force majeure, cesse de devoir les loyers, pourvu qu'il ait eu un juste motif. 295, 296. Le locataire privé d'une partie de sa maison, a remise du loyer pour cette partie. 296. S'il s'agit de réparations de peu de durée, le locataire doit souffrir cette incommodité. *Ibid.* Il n'y a pas de remise, lorsque l'empêchement vient du locataire. *Ibid.* Lorsque, par un accident imprévu, la jouissance de la chose a subi une altération et une diminution considérable, le locataire a droit à une diminution de loyer. 296, 297. Application des principes aux baux des métairies. III. 297. x. 775. Le fermier qui a été privé par force majeure de recueillir les fruits d'une année, a droit à une remise. III. 297, 298. x. 775. Pour qu'il y ait lieu à cette remise, il faut que la perte soit arrivée par une force majeure, sur les fruits étant encore sur pied. III. 298, 299. x. 775, 776. Il faut que le dommage ait été considérable. III. 299. x. 775, 776. *Quid*, s'il y a plusieurs espèces de fruits dans la métairie, et que la perte ne soit tombée que sur une espèce? III. 299, 300. Il faut encore que la perte d'une année du bail n'ait pas été récompensée par l'abondance des autres années. III. 300. x. 776. Quand la stérilité d'une année doit-elle être censée compensée par la fertilité des autres années? III. 301. Le locateur qui aurait fait la remise de la ferme pour l'année dont les fruits ont péri, pourrait-il la rétracter, en se fondant sur l'abondance des années suivantes? 301, 302. L'abondance d'une ou plusieurs années ne peut jamais donner lieu à un augmentation de ferme. 302. Enfin, il faut que la perte ait été causée par un accident extraordinaire. III. 302. x. 776. Tout ceci ne s'applique pas aux fermiers partiaires. *Ibid.* Le fermier peut convenir valablement par le bail qu'il ne pourra prétendre aucune diminution de sa ferme, pour quelque accident que ce soit. III. 307. x. 776. Cette clause ne se présume pas facilement. Elle doit être très-expresse. III. 307, 308. Fin de non-recevoir que les fermiers ou locataires peuvent opposer. 308. Les quittances des trois années consécutives établissent une présomption du paiement des loyers précédens. 308, 309. V. *Quittances.* Il faut pour cela que les fermes des années précédentes fussent dues à la même personne qui a donné les quittances et par la même à qui elles ont été données. 309. La présomption cesse, quand le créancier peut justifier de quelque raison pour laquelle il a reçu les nouvelles fermes avant les anciennes? 309, 310. A défaut de raison, il n'a d'autre recours que de déférer le serment décisoire au fermier. 310. Une quittance de trois années consécutives payées par un seul paiement, ou trois con-

signations de trois années consécutives, opèrent-elles une présomption suffisante de paiement des années précédentes? *Ibid.* Autre fin de non-recevoir établie par l'ordonnance de 1629, non enregistrée au parlement de Paris. 310, 311. Lorsqu'il n'y a pas de bail écrit, le locataire, qui a délogé au vu et su du propriétaire, est cru du paiement des loyers sur son affirmation. III. 311. x. 776, 777. Le conducteur est obligé de ne faire servir la chose qu'aux usages pour lesquels elle lui est louée. III. 311, 312. x. 776. Il doit jouir et user de la chose qui lui est louée en bon père de famille. III. 312, 313. x. 776, 777. En quoi consiste cette obligation pour les fermiers. *Ibid.* Il doit conserver la chose qui lui est louée et en empêcher les usurpations. III. 313, 314. x. 777. Quel soin doit apporter le conducteur à la conservation de la chose, et de quelle faute est-il tenu? III. 314. V. *Faute.* Le locataire est tenu, à l'égard de la conservation de la chose, de la faute de ses domestiques et de toutes les personnes dont il est responsable. III. 314, 315. x. 777. *Quid*, dans le cas d'incendie dans une maison où il y a plusieurs locataires, ou dans une auberge? III. 315, 316. x. 777. Le conducteur est tenu de la perte ou de la détérioration de la chose louée, lors même que sa faute n'en a été que l'occasion. III. 316, 317. Le soin du conducteur cesse, lorsqu'il y a une personne préposée à la garde de la chose louée. 317. Le conducteur est obligé de rendre la chose en bon état après l'expiration du bail. 317. Il est condamné à en payer l'estimation, s'il l'a perdue. 317, 318. L'estimation en vaut vente, et si la cho-

se est retrouvée, le locateur ne
peut être forcé à la reprendre. 318.
Le locataire n'est pas tenu de la
perte de la chose qui a péri sans
sa faute. *Ibid*. Il doit faire constater l'événement en présence du locateur, s'il est possible. *Ibid*. Le
locateur, qui a reçu la chose sans
protestation, ne peut plus réclamer
à cause des détériorations qu'elle
aurait souffertes, à moins qu'elles
ne fussent pas d'une nature apparente. *Ibid*. Obligations du conducteur qui naissent de la bonne
foi. 319. Il ne doit rien dissimuler
des bonnes qualités de la chose
qui fait l'objet du contrat. *Ibid*.
Le conducteur ne doit pas louer
la chose au-dessous du juste prix.
319. Beaucoup de fermiers tiennent
indûment des métairies à ferme à
bas prix. 319, 320. Le conducteur
doit, pendant le cours du bail,
donner avis au locateur de tout ce
dont il a intérêt d'être informé touchant la chose louée. 320. Il doit la
faire voir à ceux qui viennent la
visiter pour l'acheter, ou pour la
louer après lui. *Ibid*. Les Coutumes obligent le locataire d'une
maison à la garnir de meubles suffisans pour répondre des loyers. III.
320. X. 777, 778, 815. Les fruits
de la terre répondent des fermes.
III. 320. X. 778, 816, 817. Le conducteur est obligé de s'acquitter de
tout ce qu'il a promis par les clauses
particulières du bail. III. 321. Obligation de faire les voitures des matériaux nécessaires pour les réparations des bâtimens de la métairie.
III.321.X.778. De quels matériaux et
réparations entend-on parler ? *Ib*.
Convention que le fermier acquittera les cens et rentes seigneuriales.
322. C'est le locateur et non le fermier, qui doit supporter les charges
réelles de l'héritage loué, à moins

de convention contraire. *Ibid*. Application du principe au champart,
à la dîme, aux impositions publiques, et à celles pour réparations à
faire aux églises paroissiales. 323,
324. Le locateur est tenu de toutes
les réparations à faire à l'héritage
qu'il a donné à loyer. 324. Cependant il y a des menues réparations
dont le locataire est chargé. *Ibid*.
V. *Réparations locatives*. Le paiement des loyers ou fermes ne peut
être arrêté par aucunes lettres de
répit ou d'état. 328. On peut stipuler dans les baux à ferme, la
contrainte par corps contre les fermiers, à défaut de paiement de leurs
fermes. *Ibid*. V. *Contrainte par
corps*.
    Espèce de droit de gage qu'ont
les locateurs sur les fruits et sur
les meubles qui servent à l'exploitation des maisons. III. 329. X. 778,
779. Ce droit tire son origine du
droit romain. *Ibid*. Il n'est pas
admis par toutes les Coutumes. III.
329, 330. En quoi il diffère chez
nous de ce qu'il était dans le droit
romain. 330. Ce droit se contracte
par le bail, ne fût-il que verbal.
III. 330. X. 779. Il est accordé à
tout locateur, où à celui qui succède à ses droits. III. 330, 331. Il
s'étend à tous les fruits, qui ont
été recueillis de la métairie, et à
tous les meubles qui garnissent la
maison louée. III. 331. X. 779, 380.
Les sous-fermes et les meubles des
sous-locataires y sont sujets. III.
331. X. 780. Les meubles des personnes que le locataire loge gratuitement y sont aussi sujets. III. 331,
332. Le droit du locateur sur les meubles du sous-locataire, qui n'occupe qu'une partie de la maison, est
indéfini, et pour toute la location.
III. 332. X. 780. Le sous-locataire,
qui a été exécuté pour le total, et qui

est subrogé aux droits du locateur contre les autres sous-locataires, peut-il agir pour le total contre eux, moins sa part, ou seulement contre chacun pour sa part? *Ibid.* Les meubles du sous-locataire peuvent également être exécutés pour le total, quand même le locateur aurait contracté un sous-bail, à moins de clause contraire. III. 333. x. 780, 781. Ce droit sur les meubles existe même sur ceux qui appartiennent à des tiers, lorsque c'est de leur consentement exprès ou tacite qu'ils garnissent la maison. III.333,334.x. 781. Quand même le propriétaire des meubles aurait expressément protesté qu'il n'entendait point consentir que ces meubles fussent obligés au locateur. III. 334, 335. x. 721. Mais il faut toujours que ces meubles soient entrés dans la maison par la volonté de celui qui est propriétaire. III. 335. x. 781. Un marchand peut revendiquer, à défaut de paiement, des meubles qu'il a laissé emporter par le locataire. III. 335. x. 781, 782. Les meubles, pour être sujets au droit du locateur, doivent exploiter la maison ou métairie qui a été louée. III. 335, 336. x. 782. Les choses qui, n'appartenant pas au locataire, ne sont dans la maison qu'en passant, n'y sont pas censées placées pour l'exploiter. III. 336. x. 782. Il en est de même des meubles ou effets donnés en dépôt ou en nantissement, lorsqu'ils ne sont pas mis en évidence, et qu'ils ne sont pas de nature à garnir une maison. III. 336. x. 782, 783. Les marchandises qui garnissent la maison ou la boutique, sont soumises au droit de gage. III.337. L'argent comptant n'y est pas soumis. III. 337. x.783. Ni les créances ou cédules qui se trouvent dans la maison. *Ibid.* Les locateurs

ont le droit d'être préférés aux autres créanciers du conducteur, sur les fruits et les meubles de la métairie ou de la maison. III. 337, 338. x. 778, 785, 811, 812. Si le bail n'est que verbal, ou sous signature privée, leur droit de préférence ne peut s'exercer que pour les trois derniers termes échus. III. 338, 339. Le locateur de métairie est-il préféré, pour les avances qu'il a faites à son fermier pour faire valoir la métairie? III. 339. x. 779. Certains créanciers qui sont préférés au locateur. III. 339. 340. IX. 188, 189. V. *Privilége.* Le locataire a le droit d'empêcher le déplacement des meubles qui garnissent sa maison ou métairie. III. 340, 341. x. 783. Il a action pour les faire rétablir. *Ibid.* Il a aussi le droit de suivre ces meubles, et de les saisir. III. 340, 341. x. 783, 784, 815. Ce droit doit être exercé dans un court délai, suivant l'usage des lieux. II. 340,341. x. 784. Il peut l'être, même contre un acheteur de bonne foi. III. 341, 342. Les meubles du locataire ne peuvent passer à un autre qu'à la charge de ce droit. *Ib.* Exceptions, qui peuvent être opposées au locateur par les tiers. III. 342, 343. x. 784, 785. C'est à celui qui allègue ces exceptions à les prouver. III. 343. x. 784. Le locateur ne peut cependant empêcher le conducteur de disposer de ses meubles, tant qu'il en reste suffisamment pour répondre des fermes ou des loyers pour trois termes échus et deux à échoir. III. 343, 344. x. 785.

Droit d'exécution que la Coutume d'Orléans accorde au locateur sur les meubles du conducteur. III. 344, 345. x. 786, 787., 811. Il ne peut exécuter en vertu de sa simple qualité, que les meubles qui sont dans la maison ou métairie; autrement, il lui faut un titre exécutoire. III. 345. x. 786. Cette exécution ne peut avoir lieu que pour trois termes dus. *Ibid.* En quoi cette saisie diffère et se rapproche des autres saisies. III. 345, 346. x. 786. Le droit d'exécution subsiste contre l'héritier du locataire ou fermier. III. 346. Droit de gagerie ou saisie-arrêt accordé par la Coutume de Paris. *Ibid.* V. *Saisie-exécution.*

Droits du conducteur. 346, 347. Il a le droit de jouir de toute la chose qui lui a été louée. 347. Peut-il jouir, sans augmentation de la ferme, de l'accrue par alluvion qui s'est faite pendant le bail? V. *Alluvion.* Le fermier ne jouit pas du logement du maître, ni du bois de haute futaie. 347, 348. Il peut défricher les terres qui, lors du bail, étaient en friche. 348. Le droit du conducteur passe à ses héritiers, et peut être cédé à un tiers, pourvu que ce tiers jouisse comme il aurait joui lui-même. *Ibid. Quid,* s'il est dit par le bail que le locataire pourra sous-bailler à qui il lui plaira? 348, 349. Clause que le conducteur ne pourra sous-bailler sans le consentement par écrit du locateur. 349, 350. Comment cette clause doit être interprétée et exécutée. 350. Le conducteur possède pour le locateur. *Ibid.* En cas de trouble dans sa jouissance de la part de ce dernier ou d'un tiers, il n'a contre lui qu'une action personnelle afin de la faire cesser. 350, 351.

Différence entre le droit d'un locataire ou fermier, et celui d'un usufruitier ou d'un emphytéote. Quand les successeurs du bail-

leur ou du preneur, sont tenus d'entretenir les baux les uns vis-à-vis des autres? 351-358. V. *Bail.*

Comment se résout le contrat de louage, et de la résolution des baux à loyer et à ferme. 359 *et suiv.* V. *Bail.*

LOUAGE DE MATELOTS. Les matelots sont loués au voyage, au mois, au profit, ou au fret. IV. 399. Le maître choisit et loue les pilote, contre-maître, matelots et compagnons. 400. Si les propriétaires du navire sont sur les lieux, il doit les consulter. 400, 401. Le contrat de louage des matelots doit être rédigé par écrit. 401. L'ordonnance exclut la preuve par témoins, et veut que les matelots en soient crus à leur serment. *Ibid.* Cas où le serment peut et doit leur être déféré. 402.

Le matelot, loué au voyage, doit ses services avant le départ du vaisseau. 403. Son obligation ne cesse qu'au lieu de la destination et décharge. *Ibid.* Il en est de même, s'il est loué au mois; il n'y a de différence que dans le mode de paiement. 403, 404. Le matelot peut être contraint à rendre les services qu'il a promis. 404. Peines infligées au matelot qui déserte avant le voyage. *Ibid.* Il n'est sujet à aucune, s'il est retenu par une maladie. 405. *Quid,* s'il est prisonnier, comme prévenu d'un crime? *Ibid.* Cas où, suivant les anciennes lois, le matelot était dispensé de remplir son obligation. *Ib.* Le matelot est-il obligé de servir sous un autre maître que celui auquel il s'est loué? 405, 406. Et sur un autre vaisseau? 406. *Quid,* si le voyage est changé? *Ibid.*

La principale obligation du maître envers le matelot, est de lui payer le loyer convenu. *Ibid.* Cas de force majeure où l'obligation de payer le loyer du matelot peut changer selon la nature des causes qui l'ont empêché de faire son service. 406, 407. En cas d'interdiction de commerce avant le voyage, il n'est dû aucun loyer aux matelots. 407, 408. Si c'est pendant le voyage, ils sont payés à proportion du temps qu'ils ont servi. 408. Dans le cas d'arrêt du prince, avant le voyage, il ne leur est dû que les journées employées à équiper le vaisseau. *Ibid.* Si c'est pendant le voyage, le loyer des matelots au mois court pour moitié pendant l'arrêt, et celui des matelots en voyage est dû en entier. 408, 409. Les matelots au profit et au fret n'ont jamais droit à aucun dédommagement. 409. En cas de perte, bris et naufrage, avec perte entière du vaisseau et des marchandises, les matelots ne peuvent prétendre aucun loyer. 410. Ils ne sont pas tenus de restituer ce qui leur a été avancé. *Ibid.* Si quelque partie du vaisseau est sauvée, les matelots au voyage et au mois sont payés de leurs loyers échus sur les débris sauvés par eux. 410, 411. S'il y a des marchandises sauvées, les matelots, même ceux engagés au fret, sont payés par le maître, à proportion du fret qu'il reçoit. 411. Ils sont tous indistinctement payés des journées employées à sauver les débris des effets naufragés. *Ibid.* Il n'est dû aux héritiers du matelot mort, ou retenu pour maladie, lors du départ, que le prix des journées employées au service du vaisseau. 411, 412. Le matelot tombé malade ou blessé au service du navire, gagne en entier son loyer. 412, 413. Il perd cet avantage, s'il a été blessé, ou s'il est tombé malade par sa faute. 413. S'il est blessé en combattant pour la défense du navire, c'est une avarie commune. *Ibid.* V. *Avarie.* Le loyer du matelot au mois, mort pendant le voyage, est payé à ses héritiers jusqu'au jour de son décès. 413, 414. Si le matelot est engagé au voyage, il est dû la moitié du loyer, s'il meurt en allant, et le total, si c'est au retour. 414. Lorsqu'il est engagé au fret ou au profit, sa part est acquise à ses héritiers, si, lors de sa mort, le voyage était commencé. 414, 415. Le loyer du matelot tué en défendant le vaisseau est dû en entier, si le vaisseau arrive à bon port. 415. C'est une avarie commune. 415, 416. V. *Avarie.* Il n'y a lieu à contribution pour ce cas, que lorsque le navire n'est pas tombé entre les mains de l'ennemi. 417. Cas où le maître, par son fait ou par celui de ses commettans, n'a pas joui des services du matelot. 417, 418. Si le voyage est rompu avant le départ par le fait des propriétaires, maîtres ou marchands, les matelots loués au voyage ont droit au prix de leurs journées et au quart de leur loyer. 418. Quand même ils trouveraient incontinent un marché plus avantageux pour le service d'un autre navire. 418, 419. Ils ont une action en dommages-intérêts contre le maître, pour le préjudice que leur cause la rupture, 419, sauf son recours contre ceux qui l'ont occasioné. *Ibid.* Les matelots engagés au mois, sont payés dans la même proportion. *Ibid.* Quels sont les droits des matelots engagés tant au voyage qu'au mois, dans le cas de rupture du voyage depuis le départ? 419, 420, 421. Dans tous les cas, ils doivent être payés de leurs journées jusqu'au lieu du départ du vaisseau. 422. Le tiers du loyer est dû au matelot congédié sans cause valable par le maître avant le voyage commencé. 422, 423. Le total du loyer, avec les frais du retour, lui sont dus, s'il n'a été congédié que depuis le voyage commencé. 423. Quelles causes sont valables pour congédier un matelot? *Ibid.* Les matelots allant au fret ou au profit, ont part aux dommages-intérêts dus aux maîtres pour la rupture arrivée par le fait des marchands. 423, 424. Le maître ne peut, sous peine d'amende, payer les matelots de leur loyer, en pays étranger. 424. Moyens pour les faire payer après leur retour dans leurs foyers. *Ibid.* Le maître doit nourrir le matelot pendant son service, et lui fournir les pansemens, s'il est blessé. 425. Il doit, dans certains cas, leur payer les frais de conduite pour retourner chez eux. 425, 426. Cas où ces frais de conduite sont dus. 426, 427. Le maître et les propriétaires du navire sont-ils obligés de payer les rançons des matelots faits prisonniers? 427, 428. Autres obligations que peuvent contracter le maître et les propriétaires du navire. 428.

Actions qu'ont les matelots pour le paiement de leurs loyers. 429. Ils ont aussi un privilége sur tous les autres créanciers. *Ibid.* Leur action se prescrit par un an depuis le voyage fini. *Ibid.*

V. *Avarie. Charte-partie. Jet.*

Louage d'ouvrage. Contrat par lequel l'une des parties donne un ouvrage à faire à l'autre, moyennant un prix convenu qu'elle s'oblige de lui payer. III. 391. X. 770.

Différences entre le louage d'ouvrage et le louage des choses. III. 391, 392. En quoi ils conviennent. 392. Rapports qui existent entre le louage d'ouvrage et la vente, et manière de les distinguer. 392. Il n'y a pas de louage d'ouvrage, sans un ouvrage que le locateur donne à faire au conducteur qui se charge de le faire. 393. Il faut que cet ouvrage soit possible, et qu'il ne soit contraire ni aux lois ni aux mœurs. 393, 394. Il faut un prix que celui, qui donne l'ouvrage à faire, paie à celui qui s'est chargé de le faire. 394. Autrement le contrat est un contrat de mandat. *Ibid.* Ce prix doit être réel et d'une certaine valeur relativement à l'ouvrage. 394, 395. Il doit consister en une somme d'argent. 395. Il n'est pas nécessaire que cette somme soit déterminée dès le temps du contrat; il suffit qu'elle doive le devenir par l'estimation qui en sera faite. *Ibid.* Le consentement des parties doit intervenir sur les choses qui font la substance du contrat. 395, 396.

Obligations du locateur. 396. Elles dérivent, ou de la nature du contrat, ou de la bonne foi, ou des clauses particulières. *Ibid.* Le locateur est tenu de payer la somme convenue pour le prix de l'ouvrage. 397. Le conducteur n'est reçu, dans son action afin d'être payé, qu'après qu'il a fait l'ouvrage, à moins de convention contraire. *Ibid.* Le locateur doit en outre payer le prix des augmentations d'ouvrage qu'il a été nécessaire de faire, et qui n'avaient pas été prévues. 397, 398. Il faut, pour qu'il en soit tenu, qu'elles aient été nécessaires, ou qu'elles aient été faites de son ordre ou consentement. 398. Une femme qui accouche sur un vaisseau, est-elle tenue d'une augmentation de prix pour la traversée de son enfant ? *Ibid.* Le locateur doit faire ce qui dépend de lui pour mettre le conducteur en pouvoir de faire l'ouvrage qu'il lui a donné à faire. 398, 399. Faute d'y satisfaire, il est tenu des dommages - intérêts du conducteur, et le contrat peut même, en certains cas, être résolu. 399. Obligations du locateur de ne rien dissimuler de l'étendue de l'ouvrage, et de ne pas profiter de l'erreur du conducteur ou de l'iniquité du prix. 399, 400. Le locateur doit exécuter tout ce qu'il a promis par les clauses particulières du contrat, sous peine des dommages-intérêts du conducteur. 400. Grand nombre des clauses particulières qui peuvent être apposées au contrat. 400, 401. Clause que le locateur, après les travaux finis, donnera une gratification au conducteur, outre le prix convenu, s'il est content. 401.

Les obligations du conducteur naissent aussi de la nature du contrat, de la bonne foi ou des clauses particulières du contrat. *Ibid.* Le conducteur est obligé en premier lieu à faire l'ouvrage dont il s'est chargé. 402. Il peut le faire faire par un autre, à moins qu'on n'ait considéré son talent personnel. *Ibid.* De cette obligation naît une action qu'a le locateur pour faire exécuter l'ouvrage dont le conducteur s'est chargé. *Ibid.* Cette action est indivisible. *Ibid.* V. *Obligation individuelle.* Le conducteur doit faire et achever l'ouvrage dans le temps porté par le marché, sous peine des dommages-intérêts du locateur pour le retard. 403. V. *Dommages-intérêts.* Le conducteur est tenu des défectuosités de son ouvrage, soit qu'elles proviennent

de la mauvaise qualité des matériaux, ou de l'ignorance de l'ouvrier. 403, 404. En cas de doute, le juge ordonne la visite et l'expertise. 404. Si le locateur a fourni les choses avec lesquelles l'ouvrage doit être fait, le conducteur doit les employer. *Ibid.* S'il les a gâtées ou mises hors d'état de servir, il doit en fournir d'autres ou en payer la valeur au locateur. *Ibid.* Le conducteur est tenu du fait des sous-conducteurs à qui il a donné l'ouvrage à faire. *Ibid.* Il n'est tenu de rien, si la perte est arrivée par le vice de la chose fournie par le locateur, à moins qu'il ne se fût chargé expressément de tout risque. 405. Il est responsable du vol qui lui a été fait de la chose fournie, sauf la subrogation dans les droits et actions du locateur pour la répétition de cette chose. *Ib.* Quand est-il déchargé du paiement de la valeur de la chose, lorsque la chose a été retrouvée ? 405, 406. Le conducteur est obligé par la bonne foi à n'user d'aucun artifice relativement à l'ouvrage dont il se charge, et à le faire au juste prix. 406. Il est tenu d'exécuter toutes les clauses particulières apposées au contrat. *Ibid.* L'ouvrage, avant qu'il soit reçu, ni même parachevé, est aux risques du locateur. 407. En cas de perte par force majeure, le conducteur doit être payé du prix, ou de partie du prix seulement, si l'ouvrage n'était pas achevé. *Ibid.* Le travail du conducteur, et même les matériaux qu'il fournit, accèdent à la chose principale sur laquelle il travaille, et appartiennent comme elle, à mesure qu'ils s'y unissent, au locateur. 407, 408. Si la chose principale appartenait au conducteur, ce ne serait plus un louage, mais un contrat de vente. 408. Si l'ouvrage qui a péri, quoique par force majeure, était défectueux, la perte en tomberait sur le conducteur, en proportion de ce qu'il lui en eût coûté pour réparer les défectuosités. *Ibid.* Lorsque la force majeure n'est ni avouée ni prouvée, l'ouvrage est présumé péri par la faute de l'ouvrier, et le conducteur ne peut supporter la perte. 408, 409. L'entrepreneur à la toise peut faire recevoir son ouvrage au fur et à mesure des travaux. 409. L'ouvrage est censé reçu, lorsque le locateur en a payé le prix sans protestation. *Ibid.*

Comment se résout le contrat de louage d'ouvrage? 409, 410. Il peut se résoudre par le consentement mutuel des parties, même lorsque l'ouvrage a été commencé. 410. Il peut se résoudre par la volonté du locateur seul, en avertissant le conducteur et l'indemnisant. *Ibid.* Le conducteur est tenu de discontinuer les travaux du jour que la signification lui en a été faite. 410, 411. Si le prix de l'ouvrage avait été payé à l'avance par le locateur, peut-il le répéter, sous la déduction du prix des travaux déjà faits, et des dommages-intérêts du conducteur? 411. À l'égard du conducteur, lorsque le marché a été conclu, il ne peut se dispenser de l'exécuter. *Ibid.* La mort du locateur ne résout pas le contrat de louage; son héritier succède à ses droits. 412. S'il y a plusieurs héritiers, ils doivent convenir entre eux si on exécutera le marché ou non; le conducteur peut les assigner à cette fin devant le juge, qui prononce en cas de division entre eux. *Ibid.* Lorsque l'ouvrage est à faire sur un héritage propre d'une certaine ligne, et que le locateur

laisse un héritier aux propres de cette ligne, et un héritier à ses meubles et acquêts, lequel de ces deux héritiers succédera aux droits résultans du contrat de louage, et à l'action du locateur contre le conducteur? 412, 413, 414. L'obligation du locateur pour des ouvrages faits sur un de ses héritages propres est une dette de sa succession, dont tous ses héritiers sont tenus indistinctement chacun pour leur part héréditaire. 414. Il en est ainsi, lorsque l'ouvrage était achevé, à l'époque de la mort du locateur. *Ibid.* Si l'ouvrage n'a été commencé que depuis sa mort, l'héritier, qui a succédé à l'héritage sur lequel l'ouvrage devait être fait, est seul tenu. 415. Si le défunt, de son vivant, avait avancé le prix au conducteur, l'héritier aux propres en profite seul. *Ibid.* Si l'ouvrage était commencé du vivant du locateur, l'héritier au mobilier ne doit contribuer qu'au prix de ce qu'il y avait de fait lors de l'ouverture de la succession. *Ibid.* Si le marché n'a pas été exécuté par la volonté de l'héritier aux propres, l'héritier du mobilier est-il tenu de contribuer avec lui aux dommages-intérêts du conducteur pour l'inexécution? 415, 416. Le contrat de louage d'ouvrage est-il résolu par la mort du conducteur? 416, 417. Il ne l'est que dans le cas où le locateur a considéré, en contractant, les talens personnels du conducteur. 417. La mort du conducteur éteint-elle aussi l'obligation du conducteur, lorsque l'ouvrage était déjà commencé lors de cette mort. 417, 418. Le contrat de louage d'ouvrage est résolu, lorsqu'il survient une force majeure qui en empêche l'exécution. 418. V. *Louage des choses. Louage par échange.*

LOUAGE MARITIME. V. *Charte-partie. Louage des matelots.*

LOUAGE PAR ÉCHANGE. Contrat de louage par lequel l'une des parties s'oblige à donner à l'autre l'usage d'une certaine chose pour l'usage d'une autre chose, que l'autre partie s'oblige réciproquement de lui accorder. III. 419. Il intervient surtout entre les gens de campagne. *Ibid.*

Ce contrat n'est ni un contrat de société, ni un contrat de prêt à usage. 419, 420. Il ressemble beaucoup plus au contrat de louage, sans être précisément le louage. 420, 421. Il se régit par les mêmes principes et donne les mêmes actions. 421. Trois choses sont de l'essence de ce contrat : les deux choses données l'une pour l'autre, et le consentement des parties. *Ib.* Toutes les choses, susceptibles du louage ordinaire, le sont de celui-ci. 421, 422. V. *Louage des choses.* Il faut que l'usage de chacune des choses soit donné à peu près comme équivalent de l'autre. 422. Sur le consentement, voyez au mot *Louage des choses.*

Chacune des parties accorde l'usage de sa chose pour un temps qui peut être différent. 423. Lorsque le temps de la jouissance a été exprimé à l'égard de l'une des parties, il est censé le même à l'égard de l'autre. *Ibid.* Lorsque le temps n'est exprimé ni de part ni d'autre, on suit l'usage et les saisons. *Ibid.* Si l'usage et les saisons ne s'appliquent pas aux choses louées, le contrat est censé fait jusqu'à ce qu'il plaise à l'une des parties de redemander sa chose. 423, 424.

Chacune des parties, dans ce contrat, contracte à la fois les obligations d'un locateur et d'un conducteur. 424. Elles sont tenues des mêmes obligations imposées à ces derniers par la bonne foi. 425. V. *Louage des choses.* L'une des parties ne peut demander à l'autre l'exécution du contrat, qu'en lui offrant de l'exécuter de son côté. *Ibid.* Si l'usage de la chose n'avait lieu que tour à tour pour chacune des parties, celle, qui jouit la première, jouit à la charge de faire jouir l'autre à son tour. 425, 426. S'il n'a pas été réglé quelle est celle qui doit jouir la première, le sort en décide. 426. Si, par force majeure, l'une des parties cesse de pouvoir fournir l'usage de sa chose, l'autre cesse de devoir l'usage de la sienne. 426, 427. Si la maison, dont je jouissais en échange de la mienne, est brûlée par le feu du ciel, je peux déloger celui qui jouit de la mienne, quoique en sur-terme, pour m'y loger. 427. Si j'avais donné l'usage d'un bien de campagne en échange de la maison, je dois y laisser le fermier jusqu'à la récolte, qu'il ne percevra que proportionnellement au temps de la jouissance de sa maison. 428. Lorsque le plus grand prix de l'une des choses est compensé par un plus long temps de jouissance de l'autre ; *quid*, si la jouissance de la chose du plus grand prix cesse par force majeure ? *Ibid. Quid*, dans le cas inverse, lorsque la jouissance de la chose accordée pour un plus long temps, cesse par force majeure ? 428, 429.

Chacune des parties a-t-elle, comme locateur, les mêmes droits sur les meubles, et sur les fruits qui sont accordés aux locateurs ordinaires ? 429, 430. Chacune d'elles a les droits et les obligations d'un

16*

conducteur. 430. V. *Louage des choses.*

Le louage par échange se résout par l'expiration du temps pour lequel il a été fait, ou par l'extinction de la chose avant ce temps. *Ibid.* Cas où l'une des parties peut demander la résolution du bail pour l'avenir. 430, 431. V. *Bail.* L'une des parties peut-elle, avant l'expiration du temps de la jouissance, demander la résolution du contrat, afin de venir occuper elle-même la maison qu'elle a louée ? 431, 432. Tacite reconduction qui a lieu, lorsque les parties ont continué de jouir des choses après l'expiration du temps pour lequel elles s'en étaient réciproquement accordé la jouissance. 432. Pour quel temps est présumée faite cette double tacite reconduction ? 432, 433. V. *Reconduction. Quid,* lorsque l'une des parties a rendu la chose dont elle jouissait, et que l'autre a continué de jouir de la sienne ? 434. Lorsque la jouissance de l'une des choses était accordée pour un temps moins long que celle de l'autre, à raison de sa plus grande valeur, la continuation de jouissance de cette chose opère-t-elle une tacite reconduction ? 434, 435.

Contrat par lequel l'un des contractans donne ou promet de donner une chose à l'autre, pour tenir lieu du loyer d'une autre chose que l'autre contractant s'oblige de lui donner pour un certain temps. 435, 436. Ce contrat renferme une vente et un louage. 436. Si la chose, que l'on a promis de donner en échange d'une autre chose, a péri depuis le contrat, et avant la tradition, sur qui tombe la perte, et la jouissance de l'autre chose

doit-elle continuer ? 437, 438. Si, au contraire, c'est la chose qui devait être donnée en jouissance qui a péri, l'autre partie est-elle tenue de donner la chose qu'elle s'était obligée de donner ? 438, 439. *Quid,* si l'accident n'est arrivé qu'au bout d'un certain temps, et lorsque déjà des loyers avaient couru ? 439.

Contrat par lequel chacun des contractans donne à l'autre un ouvrage à faire, et se charge réciproquement d'en faire un autre pour lui. 439, 440. Rapports et différences de ce contrat avec le louage d'ouvrage. 440. Il contient un double contrat de louage d'ouvrage. *Ibid.* Chacune des parties est à la fois locateur et conducteur. 440, 441. V. *Louage d'ouvrage.*

LOUAGE DE SERVICES. Comment sont tenus réciproquement l'un envers l'autre le maître et celui qui loue ses services, lorsque les services n'ont pu être rendus ou ont cessé de l'être ? III. 302, 303. Lorsque les services n'ont pu être rendus, le maître est déchargé du prix des services. *Ibid.* Ouvriers pris à la journée, dont le travail a été interrompu par le mauvais temps. *Ibid. Quid,* des ouvriers ou serviteurs qui louent leurs services à l'année ou au mois, et qui ont été empêchés par une maladie de les rendre pendant un certain temps ? 303, 304. *Quid,* dans le cas où un ouvrier ou serviteur quitte son service par son propre fait avant le temps convenu. 304. Pour le service de l'État ? 305. Pour aller en prison, ou pour éviter un décret de prise de corps ? *Ibid. Quid,* lorsque le serviteur a quitté le service de son maître, par le fait de ce dernier, ou lorsqu'il a été renvoyé. 305, 306. Lès serviteurs des bourgeois de ville, ou des gentilshommes à la campagne, peuvent quitter le service de leurs maîtres quand il leur plaît, en les prévenant à l'avance. 306. Les domestiques des officiers sont considérés comme déserteurs, s'ils les quittent avant la fin de la campagne. *Ibid.* V. *Louage des choses. Louage de matelots.*

LOYAUX COUTS. En quoi ils consistent. II. 194, 410, 411, 412, 413. Le vendeur en est tenu envers l'acheteur évincé. 58. V. *Eviction. Retrayant.*

LOYER. Prix de la jouissance ou de l'usage des choses données à louage. III. 244. V. *Bail. Louage des choses et d'ouvrage.*

V. *Communauté légale. Fruits.*

MAIN-MORTE. V. *Communautés. Gens de main-morte. Donation entre-vifs. Testament.*

MAITRES. Sont tenus des délits de leurs domestiques, lorsqu'ils ne les ont pas empêchés, ayant pu le faire. I. 278. II. 24. III. 315. X. 377. Ils ne sont tenus de leurs engagemens, que lorsqu'ils ont été contractés pour leur service. I. 278, 279. V. *Commettant. Domestique. Louage de services. Père de famille.*

MAITRE DE NAVIRE. V. *Assurance. Avarie. Charte-partie. Jet. Louage de matelots. Prêt à la grosse.*

MALE. V. *Aînesse ( droit d' ). Noblesse. Succession.*

MANDAT. Contrat par lequel l'un des contractans confie la gestion d'une ou plusieurs affaires, pour la faire en sa place et à ses risques, à l'autre contractant, qui s'en charge gratuitement, et s'oblige de lui en rendre compte. IV. 207. Etymologie. *Ibid.* Il appartient à la classe des contrats du droit des gens, de bienfaisance, consensuels et synallagmatiques. 208.

Il est de l'essence du mandat qu'il y ait une affaire qui en soit la matière. 209. Il faut que ce soit une affaire à faire. 209, 210. Il faut qu'elle ne soit contraire ni aux lois ni aux bonnes mœurs. 210, 211. Ne fût-elle pas considérée telle en elle-même, il suffit, pour devenir illicite, qu'elle le soit dans les circonstances particulières du mandat. 211, 212. Il faut que l'affaire ne soit pas quelque chose d'incertain. 212. L'affaire doit être de nature que le mandant puisse être censé la faire lui-même par le ministère de son mandataire. 212, 213. Le mandat de faire une chose interdite par la loi au mandant, est-il nul? 213, 214. Il faut qu'on puisse supposer que l'affaire pourra se faire par le mandataire. 214. Il suffit de l'avoir cru sans absurdité. 214, 215. Le mandataire ne peut être chargé d'acheter sa propre chose, 215, à moins qu'il n'en soit que propriétaire pour partie, et qu'il y ait licitation. *Ibid.* L'affaire ne doit pas concerner l'intérêt seul du mandataire. 215, 216. Est-il nécessaire que l'affaire soit l'affaire du mandant, au moins pour partie? 216, 217.

Il est de l'essence du mandat que le mandant et le mandataire aient la volonté de s'obliger l'un envers l'autre. 217, 218. Par-là, le mandat diffère de la simple recommandation. 218. C'est ce qui le distingue aussi du conseil. *Ibid.* Le conseil n'oblige pas celui qui le donne, à moins qu'il n'ait été donné avec mauvaise foi. 219.

Il est de l'essence du mandat d'être gratuit. *Ibid.* La promesse d'honoraires ne change pas la nature du mandat. 219, 220. Les honoraires ne sont pas le prix des services rendus. *Ibid.* La promesse qui en est faite ne produit pas d'obligation. 220, 221. Quelques personnes sont cependant reçues à les demander en justice. 221. Différence entre la récompense due à ces personnes, et le loyer d'un service appréciable. 221, 222. V. *Honoraires, Salaire.*

Le mandat n'est assujetti à aucune forme. 222. Il peut être verbal, sauf la prohibition de la preuve par témoins au-dessus de cent livres. *Ibid.* Il peut être tacite. *Ibid.* Il s'établit le plus ordinairement par un acte appelé procuration. 222, 223. Il faut que la procuration soit acceptée par le mandataire. 223. Une acceptation tacite est suffisante. *Ibid.* Quand est-elle présumée. 223, 224. Le mandat peut être à terme ou sous condition. 224. Autrement, la procuration vaut tant qu'elle n'est pas révoquée. *Ibid.* On peut avoir plusieurs mandataires, même pour la même affaire. *Ibid.*

Le mandataire est tenu, sous peine de dommages-intérêts, de faire l'affaire dont il s'est chargé. 225. Cas dans lesquels il peut être légitimement empêché d'exécuter le mandat. 225, 226. Il n'est dispensé, dans tous les cas, qu'à la charge d'en donner avis au mandant. 227. Le mandataire peut se déporter du mandat, après l'avoir accepté, si la chose est encore entière. *Ibid.* Il doit cesser de l'exécuter, s'il apprend quelque chose qui doive porter le mandant à le révoquer. 227, 228. Le mandataire est tenu de toute espèce de faute envers le mandant. 228, 229. Non-seulement *in committendo*, mais encore *in omittendo.* 229. Il est tenu de son défaut d'habileté dans l'affaire qu'il a gérée. 229, 230. La faute dont il doit être tenu, se règle par la nature de l'affaire dont il est chargé. 230. Il n'est jamais tenu des cas fortuits et des accidens de force majeure, s'il ne s'en est chargé. *Ibid.* On peut stipuler qu'il ne sera pas responsable des fautes. 231. Le mandataire doit rendre compte de sa gestion. *Ibid.* Ce qui doit entrer au chapitre de la recette. 231, 232. Le dommage causé dans une affaire par le mandataire au mandant, peut-il se compenser avec de grands avantages qu'il lui a procurés dans d'autres affaires? 232. Ce qui doit entrer dans le chapitre des mises. 233. On ajoute quelquefois un chapitre des mises. *Ibid.* Le reliquat se compose de ce qui reste des sommes de la recette, après en avoir déduit les mises et les reprises. *Ibid.* Le mandataire en doit les intérêts du jour de sa demeure. *Ib.* Si les mises et les reprises excèdent la recette, il reste créancier pour cet excédant du mandant. 234. V. *Reddition de compte.* Le mandataire doit restituer au mandant tout ce qui lui est parvenu de sa gestion. *Ibid.* Si ce sont des corps certains, il peut les retenir jusqu'au remboursement de ses déboursés.

*Ibid.* Il subroge le mandant dans les droits et actions qu'il a acquis contre des tiers. *Ibid.* Des obligations du mandataire naît l'action *mandati directa* en faveur du mandant. 235. Celui-ci l'exerce, quand même l'affaire aurait été celle d'un tiers. *Ibid.* S'il y a plusieurs mandataires, cette action s'intente solidairement contre chacun d'eux. 235., 236. Elle peut s'intenter par les héritiers du mandant, et contre les héritiers du mandataire. 236. Chez les Romains cette action était infamante (*famosa*). *Ibid.* La procuration passée devant notaires ne donne pas d'hypothèque au mandant sur les biens du mandataire. *Ibid.*

Le mandant est tenu d'indemniser le mandataire des sommes qu'il a déboursées pour la gestion du mandat. 237, 238. Quand même le mandataire aurait action contre un tiers pour s'en faire payer. 238. Il doit aussi être remboursé du prix de la chose qu'il a employée ou aliénée pour la gestion de l'affaire. 238, 239. Cas où, chargé de cautionner le mandant, il a délégué le créancier de celui-ci, sur son débiteur personnel. 239. Le mandataire doit être remboursé non-seulement de ce qu'il a lui-même déboursé, mais encore de ce qui a été déboursé en son nom, par un tiers, ce tiers eût-il même voulu l'en gratifier. 239, 240. Peu importe que le mandataire ait payé réellement, ou payé par compensation, la somme qui doit lui être remboursée. 240. La remise de la dette faite par le créancier du mandant au mandataire qui l'a cautionné, en récompense de ses services personnels, n'ôte pas à ce dernier l'action *mandati contraria*. 240, 241. La conserve-t-il, si la remise lui a

été faite purement et simplement, et non pour récompense de services rendus ? 241, 242. *Quid,* si elle est faite à la charge que la caution en profitera seule ? 242, 243. V. *Caution.* Pour avoir droit au remboursement, il faut que les déboursés du mandataire aient eu pour cause le mandat. 243. Non - seulement la somme principale payée par le mandataire, mais tous les accessoires nécessités par le mandat, doivent lui être remboursés. 243, 244. Il doit lui être tenu compte des pertes dont le mandat a été la cause prochaine. 244. Il en est de même pour la gestion entre associés. *Ibid.* V. *Société.* Si la gestion du mandataire ou de l'associé n'a été que l'occasion, et non la cause de la perte, il n'est pas dû d'indemnité. 244, 245. Exemples puisés dans les lois romaines. 245, 246. Est-il dû une indemnité pour la perte que fait éprouver au mandataire l'emploi exclusif de son temps aux affaires du mandant ? 246, 247. Le mandataire n'est pas remboursé de ce qu'il a déboursé de trop par sa faute. 247. Mais il doit l'être, quoique l'affaire dont il était chargé, ait eu un mauvais succès. 247, 248. Le mandant doit procurer au mandataire la décharge des obligations qu'il a contractées pour l'exécution du mandat. 248, 249. Des obligations du mandant, naît en faveur du mandataire l'action *contraria mandati.* 249. S'il y a plusieurs mandans, cette action est-elle solidaire ? *Ibid.* Elle n'a lieu que contre le mandant et ses héritiers. 249, 250. Elle peut s'intenter aussitôt que le mandataire a fait des déboursés, ou contracté des obligations pour l'exécution du mandat. 250. Le mandant n'est pas reçu à offrir d'abandonner au mandataire tout ce qui est provenu de l'affaire. *Ibid.* Le mandataire a, pour cette action, hypothèque sur les biens du mandant, lorsque la procuration est notariée. 250, 251. Est-ce du jour de la procuration ou du jour de l'acceptation du mandataire que date cette hypothèque? 251, 252. Si la procuration n'est pas notariée, le mandataire a également un privilége sur les biens du mandant. 252.

Le mandant est censé contracter par le ministère de son mandataire, et s'obliger envers les tiers. *Ibid.* Si le mandataire n'a pas contracté en cette qualité, mais en son propre nom, il s'oblige personnellement avec son mandant. 252, 253. Il suffit, pour que le mandant soit obligé par le mandataire, que l'affaire ne paraisse pas, aux termes de la procuration, excéder le mandat. 253. Si le mandataire est sorti des bornes du mandat, il reste obligé pour son compte, et le mandant ne l'est pas. 253, 254. Le mandataire, qui fait précisément l'affaire portée par le mandat, sans aucune condition, n'excède pas ses pouvoirs, 254, ni lorsqu'il l'a faite à des conditions plus avantageuses que celles prescrites par le mandat. 254, 255. S'il l'a faite, au contraire, à des conditions plus dures, il est sorti des bornes du mandat. 255. Dans ce cas, le mandant peut approuver ou non le marché conclu par le mandataire. *Ibid.* Il n'est obligé ni envers ce dernier, ni envers les tiers. *Ibid.* Le mandataire peut-il obliger le mandant à prendre le marché, en l'indemnisant de la différence entre le mandat et ce qui a eu lieu? 255, 256. Le mandataire, qui a exécuté une partie du mandat, oblige le mandant pour cette partie. 256. A moins que l'intention

du mandant ne fût que l'affaire ne se fît que pour le total. 256, 257. Le mandataire, qui a fait plus que le mandat, oblige le mandant pour ce qui était porté dans le mandat. 257. Il ne l'oblige pas, s'il a fait une autre affaire que celle portée dans le mandat. 257. Quand même cette autre affaire serait plus avantageuse pour le mandant. 257, 258. A moins que le mandant ne ratifie ce qui a été fait, *ibid.*, ou qu'il y eût plusieurs manières d'accomplir le mandat, dont l'une a été prise. 258. Cas où le mandataire n'a pas fait par lui-même, mais par une personne substituée, l'affaire dont il était chargé. 258, 259. Cas où il a fait seul ce qu'il était chargé de faire avec un autre, ou par le conseil d'un autre. 259, 260. Tout ce que fait le mandataire, même hors des bornes du mandat, au vu et su du mandant, oblige ce dernier. 260.

Le mandat finit par la mort du mandataire. 260, 261. Si l'exécution du mandat était commencée, ses héritiers la continuent. 261. S'il y avait plusieurs mandataires, la mort de l'un éteint entièrement le mandat, à moins que chacun d'eux n'eût le pouvoir de faire seul l'affaire. 262. Le mandat s'éteint par la mort naturelle ou civile du mandant avant son exécution. *Ibid.* Le jugement, qui envoie en possession des biens d'un absent, éteint le mandat qu'il avait donné. *Ibid.* V. *Absent.* La mort du tuteur, qui a chargé quelqu'un d'une affaire de son mineur, éteint-elle le mandat? 262, 263. Le mandat du procureur substitué, s'éteint de même par la mort du procureur substituant. 263. Le mandataire, ignorant la mort du mandant, qui a exécuté le mandat, doit en être indemnisé par les héritiers de ce dernier. 263, 264. Il doit, dans certains cas, l'exécuter, quoiqu'il sache la mort du mandant. *Ibid.* Mandats qui ne doivent s'exécuter qu'après la mort. *Ibid.* Le changement d'état du mandant éteint aussi le mandat. 264, 265. V. *Mort civile.* Le mandat finit par la cessation des pouvoirs du mandataire. 265. Par la révocation. 266. Par qui peut-elle être faite? *Ibid.* La révocation se présume, lorsque quelqu'un, après avoir chargé d'une affaire un premier mandataire, en charge une autre personne. *Ibid.* Surtout s'il s'agit de deux procurations spéciales. 267. Quand il n'y a pas de circonstances contraires à cette présomption. *Ibid.* Une première procuration est-elle révoquée par une seconde passée à la même personne? 267, 268. Autres faits qui font présumer la révocation du mandat. 268, 269. Pour que la révocation éteigne le mandat, il faut qu'elle, ou les faits qui la font présumer, soient connus du mandataire. 269. V. *Procuration générale. Procureur ad lites. Procureur omnium bonorum.*

Mandat de recevoir un paiement. 1. 306, 307, 308. V. *Paiement.*

On peut contracter mariage par procureur spécial. v. 206, 207. V. *Mariage.*

*V. Endossement. Lettre de crédit. Mandator pecuniæ credendæ. Paiement. Quasi-contrat negotiorum gestorum. Rescription.*

MANDATAIRE. On peut contracter par mandataire. 1. 45. IV. 252, 253. Il faut que le contrat n'excède pas les pouvoirs. *Ibid.* Par quels actes le mandataire excède en contrac-

tant les pouvoirs qu'il a. 1. 45, 46. IV. 255-260. Je suis obligé par mon mandataire, s'il a suivi les termes d'un pouvoir apparent, quoique restreint par un pouvoir secret, ignoré des tiers. 1. 46. Le mandataire, qui a contracté dans l'ignorance de la mort du mandant, oblige sa succession. 1. 46. IV. 263, 264. 1. 307. Obligations du mandataire. V. *Contrat. Mandat.*

MANDATOR PECUNIÆ CREDENDÆ. Celui par l'ordre duquel on prête de l'argent à quelqu'un. 1. 269. Il répond de la personne à laquelle il a chargé de prêter. *Ibid.* En cela, il convient avec les cautions. *Ibid.* Il en diffère, en ce que son obligation n'est pas accessoire, mais a une cause principale autre que celle de la dette de l'emprunteur. 269, 270. L'emprunteur est tenu *ex causá mutui;* le *mandator ex causá mandati.* 269, 270. Le paiement fait par le *mandator,* n'éteint pas la dette de l'emprunteur comme celui de la caution éteint celle du débiteur principal. 270, 271. Le prêteur cède au *mandator,* qui l'a payé, ses droits contre l'emprunteur. 271. V. *Subrogation.* L'obligation du *mandator* n'en est pas moins accessoire à celle de l'emprunteur, en ce sens qu'elle cesse d'exister, si celle-ci n'est pas valable, ou est éteinte. *Ibid.* Pour que le *mandator* soit tenu, il faut qu'il ait véritablement donné mandat de payer. *Ibid.* Un simple conseil, donné de bonne foi, ne l'oblige pas. 271, 272. Le *mandator* n'est tenu envers le prêteur, que lorsqu'il s'est exactement renfermé dans son mandat. 272, 273. V. *Mandat.*

MANOIR. Maison à demeurer, soit de ville, soit de campagne,

qui appartient à l'aîné par privilége, et à son choix. VII. 67, 68
*et suiv.* X. 165, 226. De quoi se
compose le manoir. V. *Aînesse*
( *droit d'* ).

**MARCHAND.** Celui qui achète pour
revendre. IX. 288. Quand les marchands sont soumis à la contrainte
par corps? 288, 289. V. *Consulat.
Contrainte par corps.*

**MARCHANDE PUBLIQUE.** On appelle ainsi la femme qui fait un
commerce séparé, dont son mari
ne se mêle pas. VI. 8, 9. IX. 292.
V. *Communauté légale. Contrainte
par corps. Lettre-de-change. Puissance maritale.*

**MARI.** Il est obligé de recevoir sa
femme chez lui, et de l'y traiter
maritalement. V. 213, 214. La
femme a action contre lui, pour l'y
faire condamner. *Ibid.* Autres obligations du mari. *Ibid.* Il contracte
au nom de sa femme et pour elle.
I. 48.
    V. *Acceptation des successions.
Autorisation maritale. Communauté légale. Contrat. Femme mariée.
Mariage. Puissance maritale. Hypothèque.*

**MARIAGE.** Le contrat de mariage
est le plus ancien et le plus excel-
lent des contrats. V. 1. C'est un
contrat par lequel un homme et
une femme habiles à contracter,
s'engagent réciproquement l'un
envers l'autre à demeurer toute
leur vie ensemble dans l'union qui
doit être entre un époux et une
épouse. 3. L'union charnelle n'est
pas le seul but du mariage; elle
n'est pas même de son essence. 3,
4. Différentes espèces de mariages
que pouvaient contracter les ci-

toyens romains. 4, 5. Différence
chez eux entre le mariage légitime
et le concubinage. *Ibid* Légitimité
et effets du concubinage. 5, 6. Les
étrangers, à Rome, n'étaient capables ni de mariage ni de concubinage. 6. Ils n'étaient capables
que d'un mariage naturel appelé
*matrimonium. Ibid.* On admet encore en Allemagne le concubinage,
qui est appelé mariage de la main
gauche. 6, 7. Cette espèce de mariage n'a pas lieu en France. 7. Les
esclaves ne pouvaient contracter
qu'un mariage naturel, appelé *con-
tubernium*, destitué de tout effet
civil. *Ibid.*

    Le mariage est à la fois contrat
civil et sacrement. 8. Les princes
séculiers ont et ont toujours eu le
droit de faire des lois sur le mariage, soit pour l'interdire à certaines personnes, soit pour en régler les formalités. 8, 9, 10. Réfutation des docteurs ultramontains
qui soutiennent que la puissance
spirituelle a seule le droit de faire
des lois sur le mariage. 10, 11, 12.
Les mariages contractés contre la
disposition de la loi civile, sont
nuls, même quant au lien. 12, 13,
14. Le mariage, en tant que sacrement, est soumis aux lois de
l'Eglise. 14, 15. La loi civile a
admis plusieurs dispositions de la
loi ecclésiastique relativement aux
effets civils du mariage. 15, 16.
Choses qui ont coutume de précéder le mariage. 17. V. *Bans de
mariage. Fiançailles.*

    Peuvent contracter mariage tou-
tes les personnes dans lesquelles il
n'y a aucun empêchement de le
contracter, ou qui en ont obtenu
une valable dispense. 42. Chez
nous, les esclaves peuvent contracter mariage, mais qui n'a aucuns

effets civils. *Ibid.* V. *Dispenses.*
*Empêchement de mariage.*

Le mariage ne peut être formé
que par le consentement des parties. 163, 164. L'erreur de l'une
des parties qui tombe sur la personne même qu'elle se propose d'é-
pouser, détruit son consentement
et rend le mariage nul. 164. Lorsque j'ai consenti à rester uni avec
la personne que j'ai prise pour une
autre, après l'erreur reconnue, le
mariage devient valable. 164, 165.
L'erreur qui ne tombe que sur la
qualité de la personne, ne détruit
pas le consentement, et ne rend
pas le mariage nul. 165. Exception à l'égard de la condition de
servitude dans l'une des parties,
ignorée par l'autre. 165, 166. Cette
exception n'a pas d'application en
France. 166, 167. Difficulté à l'é-
gard de l'erreur sur l'état civil de
l'une des parties. 167. L'erreur de
nom, lorsque la personne est certaine, n'est d'aucune considération. *Ibid.* V. *Erreur.* La violence
détruit le consentement nécessaire
au mariage, et le rend nul. 167,
168. Il faut pour cela que la violence exercée soit capable de faire
impression sur une personne qui a
quelque fermeté d'esprit. 168. Il
faut que cette violence soit injuste
et atroce. *Ibid.* Des menaces vagues ou une crainte révérentielle,
ne sont pas considérées comme
violence. *Ibid.* V. *Violence.* La séduction rend aussi le mariage nul.
169. V. *Séduction.*

Consentement des personnes,
qui doit, dans les mariages, accé-
der à celui des parties contractantes. 169, 170. Les mineurs ne
peuvent contracter mariage qu'a-
vec le consentement de leurs père
et mère, ou de leurs tuteurs ou
curateurs. 170. Le mariage contracté sans consentement est-il
nul? 170-177. Discipline du concile de Trente; lois romaines; ordonnances de nos rois; opinion
de M. D'Aguesseau. *Ibid.* Y a-
t-il présomption de séduction
dans le mariage des mineurs contracté sans le consentement de
leurs père et mère, ou de leurs tuteurs ou curateurs? 174, 175. L'approbation donnée au mariage du
mineur par les plus proches parens
en l'absence des père et mère, ne
supplée pas au consentement de
ceux-ci. 177, 178. A moins qu'ils
ne soient absens de longue absence, ou retirés en pays étranger
pour cause de religion. 178. Le
consentement des père et mère qui
ont perdu l'état civil, n'est pas
nécessaire. 178, 179. Le mineur
peut-il, sur un refus injuste de ses
père et mère, être autorisé par le
juge, d'après un avis de parens, à
contracter mariage? 179, 180. Lorsque le mineur n'a ni père ni mère,
il doit requérir le consentement de
son tuteur ou curateur. 180. Le
tuteur ne peut donner consentement qu'après avoir pris l'avis des
parens. 180, 181. S'il refuse, il est
suppléé par le juge, sur l'avis des
parens rassemblés auprès de lui.
181. Le défaut de consentement
du tuteur ne rend le mariage nul,
que lorsqu'il y a présomption de
séduction du mineur. *Ibid.* Les enfans majeurs sont obligés, comme
les mineurs, de requérir le consentement de leurs père et mère à leur
mariage. v. 181, 182. VIII. 60, 61.
Cependant le défaut de ce consentement ne rend pas leur mariage
nul; ils les rend seulement sujets à
la peine de l'exhérédation, pour
avoir manqué à leur devoir. *Ibid.*
Lorsqu'une fille est majeure de vingt

ans, et un garçon majeur de trente ans, ils n'encourent pas même l'exhérédation, lorsqu'ils ont requis ce consentement, quoiqu'ils ne l'aient pas obtenu. 182, 183. Le mariage du majeur est soumis aux mêmes règles que celui du mineur, lorsqu'il n'a été contracté que par suite de la séduction pratiquée en minorité. 183. Formes des sommations respectueuses par lesquelles le consentement doit être requis. 183. Le garçon majeur de vingt-cinq ans, mais n'ayant pas trente ans, ne peut contracter mariage sans ce consentement; mais le mariage, une fois contracté sans ce consentement, n'est pas nul. 183, 184. Les enfans bâtards ne sont dans l'obligation ni d'obtenir, ni de requérir le consentement de leurs père et mère pour se marier. 184. S'ils sont mineurs, ils ont besoin de celui de leur tuteur. *Ibid.* V. *Bâtard.* Les princes du sang ne peuvent contracter mariage sans le consentement du roi. 184, 185.

De la célébration du mariage en face d'église. 186. Antiquité de cette célébration et de la bénédiction nuptiale. 186, 187, 188. La bénédiction nuptiale n'était qu'un pieux usage, elle n'était pas nécessaire pour le mariage. 188, 189, 190. La bénédiction nuptiale a été requise dans la suite pour remédier aux abus de la clandestinité. 190, 191. Elle ne se donnait qu'aux premiers mariages. *Ibid.* L'usage de la célébration en face d'église étant tombé en désuétude dans le douzième siècle et les suivans, jusqu'au concile de Trente, les mariages clandestins furent considérés comme valables. 192, 193. Division dans le concile de Trente relativement à la nullité qui y fut prononcée contre les mariages

clandestins. 193, 194. Ordonnances de nos rois contre les mariages clandestins. 194, 195. Elles requièrent, pour la validité du mariage, la présence du curé qui reçoit le consentement des parties et leur donne la bénédiction nuptiale. 196. Le curé doit célébrer le mariage, et ne pas se borner à recevoir le consentement. *Ibid.* Si le curé refuse de le célébrer, les parties se pourvoient devant l'official. 196, 197. Tous actes passés par les notaires pour suppléer à la célébration sont nuls. *Ibid.*

Pour que le mariage soit valable, il faut qu'il ait été célébré par prêtre compétent. 197. Le prêtre compétent pour la célébration des mariages est le curé des parties. *Ibid.* Le curé des parties est celui de leur domicile établi par six mois de résidence depuis qu'elles y demeurent, si elles n'ont pas changé de diocèses, et par un an si elles en ont changé. 197, 198. Le curé des parties mineures est celui de leurs père et mère ou de leurs tuteurs. 198. V. *Domicile.* Tout prêtre, avec la permission de l'évêque ou du curé, peut célébrer le mariage. 198, 199. Le mariage célébré par un prêtre incompétent est nul. 199, 200. Cette nullité est absolue, et ne peut se couvrir que par une nouvelle célébration du mariage faite par le prêtre compétent. 200. Le mariage célébré en pays étranger, par fraude, est également nul. 201. *Secùs,* si les parties y avaient leur résidence, et que l'absence du culte catholique les ait forcées d'avoir recours à l'aumônier de quelque ambassade catholique. *Ibid.* Peines des prêtres qui célèbrent les mariages sans le consentement par écrit du curé des

parties ou de l'évêque. 201, 202.
Le curé de l'une des parties, lorsqu'elles sont de différentes paroisses, peut-il valablement célébrer le mariage, sans le concours et le consentement du curé de l'autre partie? 202, 203, 204, 205, 206. Lorsque la publication des bans a été faite dans les deux paroisses, il y a concours suffisant du curé qui ne célèbre pas le mariage. 203. Pas de difficulté, lorsque l'évêque des deux parties a donné des dispenses des trois bans. *Ibid.* Lorsque les bans n'ont été publiés que dans la paroisse de celle des parties dont le curé a célébré le mariage, le mariage est nul par le défaut de concours et de consentement du curé de l'autre partie. 203, 204, 205, 206. Analyse de l'opinion de M. D'Aguesseau, développée dans un de ses mémoires. *Ibid.* On peut contracter mariage en face l'église par un procureur spécial. 206, 207. V. *Mandat.* Lorsqu'il y a des oppositions au mariage, le prêtre doit surseoir à la célébration jusqu'à ce qu'on lui en rapporte la main-levée. 208. S'il a passé outre, le mariage est néanmoins valable; mais le prêtre est passible des peines spirituelles et temporelles. *Ibid.*

Les mariages ne peuvent être célébrés dans les temps défendus, sans une dispense de l'évêque. 209. Temps de pénitence dans lesquels les mariages ne peuvent être célébrés. 209, 210. Heures auxquelles il est défendu de les célébrer. 211.

Acte civil du mariage qui est dressé par le curé. 211, 212. Dans quelle forme et avec quelles formalités il doit être rédigé. *Ibid.* En cas d'erreur, les juges civils seuls peuvent la réformer. 212. Ces actes font preuve des mariages et éta-

blissent les parentés qui en naissent. *Ibid.*

Obligations qui naissent du mariage entre les personnes qui le contractent. 213. Obligations du mari envers la femme. 213, 214. V. *Mari.* Obligations de la femme envers le mari. 214. V. *Femme mariée.* Obligations des père et mère envers leurs enfans. 215, 216. V. *Alimens. Education. Légitime.* Obligations des enfans envers leurs père et mère. 216, 217, 218. V. *Alimens. Enfans.* Obligations respectives des père et mère, et de leurs enfans bâtards. 219. V. *Bâtard.*

Effets civils du mariage. 220 *et suiv.* La confirmation des conventions matrimoniales, et des donations portées au contrat, la communauté légale, l'affinité civile, la puissance paternelle et maritale, sont des effets civils du mariage. 220, 221. V. *ces mots.* La femme prend le nom de son mari, et suit sa condition. 221, 222. Elle perd son domicile et acquiert celui de son mari, aux lois duquel elle est soumise du jour de son mariage. *Ibid.* V. *Domicile.* Son douaire. *Ib.* V. *Douaire de la femme.* Les enfans, nés en mariage légitime, acquièrent les droits de noblesse et de famille de leur père, la parenté civile, et leur droit à la légitime. 222, 223. Un des principaux effets civils du mariage est de légitimer les enfans nés d'un commerce que les parens ont eu ensemble avant leur mariage. 223 *et suiv.* V. *Légitimation.* Mariages qui, quoique valablement contractés, n'ont pas les effets civils. 237. *et suiv.* VII. 20, 21. Les mariages clandestins sont de ce nombre. v. 237, 238. VII. 7, 21. C'est à ceux qui attaquent ces mariages, à prouver la clandestinité. v. 238.

MEUBLES CORPORELS. V. *Choses. Communauté légale.*

MEUBLES INCORPORELS. V. *Choses.*

MEURTRE. V. *Dispenses. Empêchement de mariage.*

MINE. V. *Epave. Réméré. Rescision.*

MINEUR. Incapable par le droit civil de contracter sans l'autorité de son tuteur. I. 30. Rescision des actes par lui faits toujours permise dans le for extérieur. *Ib.* A moins qu'il n'ait fait sa condition meilleure. 30, 31. Les mineurs peuvent obliger les autres envers eux, et non s'obliger eux-mêmes. *Ibid.* Ils diffèrent en cela de la femme mariée non autorisée, dont les conventions sont absolument nulles. *Ibid.* V. *Contrat. Femme mariée.*

Les immeubles du mineur ne peuvent être vendus que pour cause nécessaire. IX. 215. C'est pourquoi ils ne peuvent être saisis qu'après discussion de son mobilier. *Ibid.* V. *Saisie réelle.* Le délai pour intenter l'action rescisoire ne court pas contre les mineurs. II. 163. Ils peuvent consentir le réméré. 179. Droits des mineurs émancipés. X. 284.

Droits du mari et de la femme mariée, mineurs, quant à l'autorisation, et à l'aliénation de leurs biens. VI. 12, 13. V. *Puissance maritale.*

V. *Acceptation de la communauté. Acceptation des successions. Ameublissement. Assurance. Communauté légale. Continuation de communauté. Don mutuel. Donation entre-vifs. Domicile. Garde noble et bourgeoise. Hypothèque. Jeu. Jugement. Lésion. Lettre-de-change. Mariage. Partages. Péremption. Propriété. Prescriptions. Possession. Prêt à usage. Propre fictif. Quasi-contrat negotiorum gestorum. Rachat des rentes constituées. Réalisation. Renonciation aux successions. Réméré. Retrait lignager. Serment décisoire. Société. Tènement de cinq ans. Testament. Tradition.*

MINISTÈRE PUBLIC. Il donne ses conclusions écrites et non motivées dans les procès criminels. IX. 426. Il les dépose cachetées au greffe : les juges ne les ouvrent qu'après avoir vu le procès. *Ibid.*

MINUTE. Tout dépositaire de minutes d'actes est tenu de les porter aux greffes, sur la réquisition du juge. IX. 344, 345. V. *Faux incident. Notaire.*

MODE. V. *Contrat. Condition.*

MOISONS. Prix du louage d'un héritage de campagne. III. 290 *et suiv.* V. *Louage des choses.*

MONITOIRES. Lettres publiées aux prônes des paroisses, par lesquelles l'official du diocèse avertit les fidèles de révéler la connaissance qu'ils ont des auteurs et complices d'un crime, avec menace d'excommunication contre ceux qui ne révéleraient pas. IX. 380. Ils s'obtiennent à la requête de la partie civile ou publique, sur la permission du juge qui connaît du crime. *Ibid.* Cas où l'on y a recours en matière civile. *Ibid.* Il faut, pour y avoir recours, qu'il s'agisse de faits graves, et qu'on ne puisse faire la preuve d'ailleurs. *Ibid.* Forme des monitoires, et ce qu'ils contiennent. 381. Obligation en laquelle sont tous les officiaux

des copropriétaires seul n'est pas mitoyenne. *Ibid.*

Règles à suivre pour la mitoyenneté, lorsqu'on ignore par qui et aux frais de qui un mur de séparation a été construit. *Ibid.* Lorsque le mur supporte des bâtimens d'un seul côté, il est présumé appartenir au propriétaire des bâtimens. 533. Dans les lieux où l'on est forcé de se clore, tout mur de séparation est présumé mitoyen jusqu'à la hauteur prescrite pour les murs de clôture. III. 533. x. 432. Lorsqu'il y a des bâtimens de chaque côté du mur, il est présumé mitoyen. *Ibid.* Il suffit pour cela qu'il reste des vestiges des bâtimens autrefois adossés au mur. *Ibid.* Les corbeaux de pierre saillans du côté où il n'y a pas de bâtimens, et les filets, peuvent servir d'indice pour établir la mitoyenneté. III. 533, 534. x. 434. Lorsque les filets existent des deux côtés, et que le chaperon a deux pentes, le mur est commun. III. 534. x. 434. Ces présomptions n'ont lieu qu'à défaut de titres. *Ibid.*

Droit que la communauté du mur mitoyen donne à chacun des voisins. III. 534. 535. x. 426. Chacun des voisins peut construire contre le mur mitoyen, et, à cet effet, le percer pour y placer et asseoir des poutres. III. 535. x. 431, 432. Différences entre les diverses Coutumes sur le point de savoir si les poutres ne peuvent traverser le mur qu'à moitié ou en entier. *Ibid.* Limitations apportées par les Coutumes à la faculté de bâtir contre un mur mitoyen. III. 535, 536. x. 432. Le mur mitoyen ne peut être percé, pour y asseoir des poutres, dans l'endroit où le voisin a ses cheminées, *ibid.*, ni à l'endroit où ses solives étaient déjà auparavant

mises et assises. III. 536. x. 432, 433, 434. La Coutume de Paris veut que l'on fasse faire dans le mur des jambes, chaînes et corbeaux suffisans de pierre de taille pour porter les poutres. III. 536, 537. x. 432. Défenses d'adosser aux murs mitoyens, sans un espace vide d'intervalle et un contre-mur, les forges, fours, fourneaux, fumiers, salines, privés, puits et cloaques. III. 537, 538, 539. x. 436. Largeur des intervalles, et hauteur des contre-murs. *Ibid.* Chaque voisin peut élever à ses dépens le mur mitoyen, qui, pour la partie élevée, lui sera propre. III. 539, 540. x. 431. Peut-il faire élever le mur, quoique l'habitation voisine s'en trouve obscurcie? III. 539. x. 426. Celui qui élève le mur mitoyen, doit payer à son voisin le prix de la surcharge que supporte la partie mitoyenne. III. 540. Si le mur a besoin d'être reconstruit en entier, et indépendamment de l'exhaussement à faire, le voisin peut être contraint à y contribuer. 540, 541. Si le mur n'est pas assez fort pour supporter l'exhaussement, celui qui veut l'exhausser, peut le reconstruire en prenant le surplus de largeur de son côté, et en indemnisant le voisin du préjudice que lui cause la reconstruction. 541. Dans ce cas, la surcharge ne se paie pas. *Ibid.* Le voisin, à qui la surcharge a été payée, et qui veut bâtir contre l'exhaussement, doit payer la moitié du prix de l'exhaussement, et rembourser la surcharge en proportion de la partie de l'exhaussement dont il se sert. 542. Le voisin ne peut faire des trous et fenêtres dans le mur mitoyen sans le consentement de l'autre voisin. *Ibid.* Si le mur mitoyen est dégradé par la faute de l'un des voisins, il doit le réparer ou le reconstruire à ses dépens, et l'autre voisin a action pour l'y contraindre. 543. Chacun des voisins doit y contribuer, si la nécessité de la réparation ou de la reconstruction, ne vient pas du fait de l'un d'eux. III. 543. X. 434. A la campagne, et dans les villes où la Coutume n'oblige pas les voisins à se clore, le voisin peut se décharger d'y contribuer, en abandonnant son droit de communauté au mur, et la terre sur laquelle il est assis. III. 543, 544. S'il ne veut pas renoncer à la mitoyenneté, il doit contribuer, mais seulement selon l'ancienne hauteur et l'ancienne qualité du mur. 544, 545. Dans les villes où la Coutume oblige les voisins à se clore, il est aussi forcé de contribuer, mais seulement jusqu'à la hauteur réglée pour les murs de clôture, et en raison de leur qualité ordinaire. 545, 546. V. Com-munauté. Le propriétaire d'un mur contigu à l'héritage de son voisin, est tenu de vendre à ce voisin la mitoyenneté de ce mur, s'il désire y appuyer un bâtiment. 556, 557. Le voisin, sans vouloir bâtir, peut-il forcer son voisin à lui vendre la moitié de son mur? 557. Cela a-t-il lieu à la ville comme à la campagne? *Ibid.* Le propriétaire du mur ne peut forcer son voisin d'acquérir la mitoyenneté de tout le mur, lorsqu'il n'en a besoin que d'une portion? 557, 558. Différentes espèces qui peuvent se présenter, relativement au prix qui doit être payé, et à la portion de mur vendu. 558, 559. Le prix doit être fixé eu égard à la valeur présente. 560. V. *Voisinage.*

MUTATION ( DROIT DE ). V. *Communauté légale. Fruits. Profit de rachat.*

# N

NANTISSEMENT. Contrat par lequel un débiteur, ou un autre pour lui, donne au créancier une chose pour la détenir par-devers lui pour la sûreté de la créance. VIII. 589, 603. En quoi le nantissement diffère de l'hypothèque. *Ibid.* Ce qui est de l'essence du contrat de nantissement. 603.

Il faut une chose qui soit l'objet du contrat. *Ibid.* Ce sont ordinairement les meubles corporels. 590, 605. L'argent comptant peut être donné en nantissement. 605, 606. Les choses incorporelles n'en sont pas susceptibles. 590, 606. Doctrine du droit romain, et arrêt contraire de la cour des aides. 606, 607. Le nantissement de la chose d'autrui est-il valable? 607. Il est de l'essence du nantissement qu'il y ait une tradition réelle de la chose, 607, 608; à moins que la chose ne se trouvât déjà à un autre titre par-devers le créancier. *Ibid.* La promesse de nantissement diffère du contrat de nantissement. 608. Il faut que la chose soit donnée au créancier, afin qu'il la détienne pour sûreté de sa créance. 591, 608. Il n'importe quelle que soit la créance pour sûreté de laquelle elle est donnée. *Ibid.* Il suffit qu'elle soit donnée pour sûreté d'une créance future. 608, 609.

Le nantissement est de la classe des contrats réels, synallagmatiques imparfaits, intéressés de part et d'autre, du pur droit naturel. 589, 609, 610. Les parties ne peuvent convenir que si, dans un certain temps, le débiteur ne retire pas la chose qu'il a donnée en nantissement, elle sera de plein droit acquise au créancier en paiement de sa dette. 592, 610, 611. Caractère de ce pacte commissoire, pour éviter de le confondre avec les conventions licites qui lui ressemblent. 611; 612. V. *Pacte commissoire*. La convention d'antichrèse est prohibée dans notre droit. 612. V. *Antichrèse*.

Le créancier a sur la chose qui lui est donnée en nantissement, un droit de gage, qui consiste à la détenir pour sûreté de sa créance. 589, 613. Le débiteur en conserve la propriété. *Ibid*. Le créancier n'a pas le droit de s'en servir. 614. Le droit du créancier de la chose renferme celui de la faire vendre pour être payé par privilége sur le prix. 591, 614. On ne peut donner en nantissement la chose d'autrui. 614, 615. Cependant si elle a été donnée, le débiteur n'est pas recevable à la retenir avant d'avoir payé la dette. 615. Le créancier est obligé de rendre la chose qu'il a en nantissement, quand il est payé. 593, 615. Cette obligation cesse, lorsque la chose est périe ou perdue, sans sa faute. *Ibid*. V. *Extinction de la chose. Perte de la chose.*

Le créancier est tenu de conserver la chose. 616. Quel est le degré de soin qu'il doit apporter à sa conservation, et de quelle faute est-il tenu ? 616, 617. V. *Faute*. Il doit rendre compte des fruits qu'il a perçus de la chose. 618. Doit-il rendre compte de ceux qu'il a manqué de percevoir par sa faute ? *Ibid*. Il doit,

après son paiement intégral, rendre au débiteur ce qui reste du prix de la chose. *Ibid*. Le débiteur a l'action *pigneratitia* contre le créancier. 593, 618, 619. Elle a pour objet la restitution de la chose ou de la valeur après le paiement. 619. Les dommages-intérêts dus pour détériorations faites à la chose, et le compte des fruits, ou du prix de la chose, sont des objets accessoires de cette action. 593, 594, 619, 620. Il y a ouverture à cette action, lorsque la dette a été entièrement payée, ou qu'on y a satisfait. 620. Tant qu'il reste encore quelque chose due, aucune partie de la chose ne peut être restituée. 591, 620, 621. Il faut que la dette soit totalement acquittée en principal et intérêts. 621. Si une seconde dette a été contractée depuis celle pour laquelle la chose a été donnée en nantissement, le créancier peut-il retenir la chose pour servir de gage à cette dette, lorsque la première a été payée ? 621, 622. Il faut, pour qu'il le puisse, que la seconde dette soit certaine et liquide. 622. Pour qu'il y ait ouverture à l'action, il n'importe de quelle manière, ni par qui la dette ait été acquittée. *Ibid*. Il suffit que le créancier ait été satisfait, sans avoir été payé. 622, 623. Différence dans l'exercice de l'action, dans le cas où le créancier reçoit son paiement, et le cas où il est satisfait. 623. L'action peut être intentée, quoique le créancier ne soit encore ni payé ni satisfait, lorsqu'il mésuse de la chose. 623, 624. Cette action est-elle sujette à prescription ? 624.

Le débiteur, en donnant une chose en nantissement, contracte l'obligation de faire avoir dans cette chose un droit de gage à son créancier. 625. Action qu'a le créancier contre le débiteur à cette fin. 825, 826. Ce dernier est tenu de tous les actes de mauvaise foi qu'il a pu commettre. *Ibid.* Le débiteur est obligé à rembourser le créancier des impenses nécessaires qu'il a faites pour la conservation de la chose. 595, 627. Quand est-il tenu des impenses utiles ? 525, 627, 628. V. *Hypothèque. Impenses.*

NATURE DES CONTRATS. V. *Contrat. Obligation.*

NATURALISATION ( LETTRES DE ). V. *Lettres de naturalisation.*
V. *Etranger. Français. Personnes.*

NEGOTIORUM GESTOR. V. *Quasi-contrat-negotiorum gestorum.*

NÈGRE. V. *Communauté légale. Esclave.*

NOBLESSE. Elle forme, après le clergé, le second ordre de l'Etat. VII. 5. X. 11. Noblesse de race et noblesse de concession. *Ibid.* Quelle est la noblesse de race et comment elle se prouve ? VIII. 5, 6. X. 11. Une possession de cent ans l'établit. VIII. 6. Son origine. 6, 7. Le roi seul donne la noblesse de concession. 7. Les concessions sont générales ou particulières. *Ibid.* Offices auxquels la noblesse est attachée par concession générale de mâle en mâle. *Ibid.* Conditions de la transmission. 7, 8. Offices municipaux qui confèrent la noblesse. 8. Elle s'acquiert aussi par le service militaire. VIII. 9. X. 11. Temps de service requis dans les différens grades pour l'obtenir. 9, 10, 11. Edit de Louis XV de 1750 sur cette matière. *Ibid.* Concession

particulière, ou lettres d'anoblissement. 11. Le roi seul les donne. *Ibid.* Elles doivent être scellées du grand-sceau, et enregistrées au parlement, à la chambre des comptes, et à la cour des aides. *Ibid.* Finance à payer. *Ibid.* Cas où elles sont irrévocables ou révocables. 12. Les fiefs de dignité anoblissent-ils ceux qui en ont reçu l'investiture ? *Ibid.* La noblesse est, par sa nature, transmissible. 13. Mais seulement par mâles, et en légitime mariage. 13, 14. Exceptions. *Ibid.* Noblesse personnelle. 14, 15. Simples privilèges. 15.

Privilèges principaux attachés à la noblesse, dans tout le royaume. 15, 16. Privilèges particuliers à certaines Coutumes. 16. Les étrangers nobles, non naturalisés, jouissent-ils en France des privilèges de la noblesse ? 16, 17. La noblesse se perd par la dégradation. VIII. 17. X. 11. La noblesse acquise par la réception en un office, se perd-elle par la destitution ? *Ibid.* Elle se perd par les actes qui y dérogent. 18. Par quels actes déroge-t-on ? VIII. 18. X. 11, 12. V. *Commerce.* Les enfans de ceux qui ont été dégradés de noblesse, ou qui l'ont perdue par quelque acte dérogeant, perdent-ils la noblesse avec leur père ? VIII. 18, 19. Comment se recouvre la noblesse ? 19, 20. Lettres de réhabilitation. VIII. 19, 20. X. 12. Usurpateurs de noblesse. VIII. 20. V. *Bâtard. Personnes.*

V. *Assurance. Garde-noble. Préciput légal des nobles.*

NOLIS. V. *Charte-partie.*

NOTAIRES. Notaires royaux, notaires apostoliques, notaires subalternes. VIII. 528, 529. Les notaires n'ont le droit d'instrumenter que dans l'étendue de leur justice. 1. 437. vIII. 529. x. 823. A l'exception de ceux de Paris, d'Orléans et de Montpellier, qui ont le privilége d'instrumenter dans toute la France. *Ibid.* Ils sont les seuls officiers compétens pour dresser des actes des conventions extrajudiciaires des particuliers. vIII. 529, 530. Forme dont doivent être revêtus les actes des notaires. vIII. 530. x. 824. Ils produisent hypothèque. vIII. 528, 529, 530. V. *Hypothèque.* Les notaires ne doivent délivrer d'expéditions des actes, ou les communiquer, qu'à ceux qui y ont été parties, ou à leurs héritiers ou représentans, à moins qu'ils n'y soient contraints par l'autorité du juge. IX. 47. V. *Compulsoire.* Pas de loi qui fixe la prescription de l'action qu'ont les notaires en paiement de leurs salaires. 1. 434. V. *Prescriptions particulières.* Il est notoire que le notaire qui signe un acte en second, n'assiste pas à cet acte. II. 359.

V. *Testament solennel. Titre authentique.*

NOVATION. Substitution d'une nouvelle dette à une ancienne. 1. 343. Elle est un des modes d'extinction des obligations. *Ibid.* Trois espèces de novation. *Ibid.* La première, lorsqu'un débiteur contracte un nouvel engagement avec son créancier. *Ibid.* La seconde, lorsque quelqu'un se rend débiteur à la place d'un autre envers un créancier qui l'accepte. 343, 344. La troisième, lorsqu'un débiteur s'oblige envers un nouveau créancier, du consentement du premier, envers lequel il est déchargé. 344. La novation d'une dette conditionnelle ne peut avoir lieu que lors-

que la condition existera. *Ibid.* Elle n'a pas lieu davantage, si la chose due a péri avant la condition. *Ibid.* Si la nouvelle dette est conditionnelle, il n'y a pas de novation, lorsque la condition n'est pas arrivée avant l'extinction de la première. 344, 345. On peut faire novation d'une dette à terme non encore échue, par une dette pure et simple, *et vice versâ.* 345. Pour qu'il y ait novation, il suffit que la première dette ait précédé la seconde d'un pur instant de raison. *Ibid.* Peu importe quelle que soit la première dette à la quelle on en substitue une nouvelle, et quelle que soit celle qu'on lui substitue. *Ibid.* Pourvu qu'elles ne soient pas réprouvées par la loi. *Ibid.* Il n'y a que ceux à qui l'on peut, et qui peuvent payer valablement, qui puissent faire novation. 346. V. *Paiement.* La novation se fait par la simple convention. *Ibid.* Dans le droit romain, elle ne pouvait se faire que par la stipulation. *Ibid.* Il faut pour la novation, une volonté de la faire dans la personne du créancier, ou dans celle qui le représente. 347. A moins que cette volonté ne paroisse évidente, la novation ne se présume pas. 347, 348. Cette volonté n'a cependant pas besoin d'être formellement exprimée. *Ib.* Il n'y a pas de novation, toutes les fois que la dette a seulement été modifiée. 348. Lorsque le débiteur constitue une rente à son créancier pour la somme qu'il lui devait, y a-t-il nécessairement, en ce cas, novation? 348, 349, 350. La clause par laquelle les parties déclarent qu'elles n'ont pas entendu faire novation, n'a d'autre effet que d'empêcher l'extinction des hypothèques de l'ancienne dette. 349. Ancienne jurisprudence sur ce point. 349, 350. Il faut, pour qu'il y ait novation entre les mêmes personnes, malgré la déclaration de l'intention où sont les parties de l'opérer, que la nouvelle dette contienne quelque chose de différent de la première. 351. La novation par l'intervention d'un nouveau débiteur s'opère sans le consentement du premier. *Ibid.* L'effet de la novation est que la première dette est éteinte avec tous ses accessoires. 352. On peut transférer à la seconde dette les hypothèques attachées à la première *Ibid.* Si la nouvelle dette est plus forte que l'autre, l'hypothèque ne sera transférée que jusqu'à concurrence de la première. *Ibid.* La translation ne peut s'en faire, dans tous les cas, qu'avec le consente-

ment de la personne à qui les choses hypothéquées appartiennent. 353. V. *Délégation. Paiement.*

V. *Hypothèque. Lettre-de-change. Obligation. Pacte constitutæ pecuniæ. Rente foncière. Transport.*

Nullité des actes. Il y a des actes nuls de plein droit, sans qu'il soit besoin de lettres de rescision pour les faire annuler. IX. 318. Il faut que la nullité soit prononcée par la loi. *Ibid.* Elle résulte ou de la forme de l'acte, ou de l'incapacité de la personne, ou du vice de la convention elle-même. 318, 319. V. *Lettres de rescision.*

V. *Action rescisoire. Autorisation maritale. Cassation de mariage. Empêchement de mariage. Testament.*

# O

Obligation. Signification de ce mot. 1. 1. Obligations parfaites et imparfaites. 1. 2. Définition de l'obligation.

Ce qui est de l'essence des obligations. 5. Il faut une cause d'où naisse l'obligation. *Ibid.* V. *Contrat. Délit. Loi. Quasi-contrat. Quasi-délit.* Il faut, dans toute obligation, deux personnes, dont l'une soit débiteur, et l'autre créancier. 65. Si le débiteur ou le créancier ne laissent pas d'héritiers, l'obligation continue dans ou contre la succession vacante. 66. Les communautés sont des personnes capables de contracter. *Ibid.* V. *Communautés. Personnes.* Les fous, les insensés, les enfans ne peuvent contracter par eux-mêmes. *Ibid.* Il faut une chose due qui soit la matière de l'obligation. 67. La chose due est une chose proprement dite,

ou un fait. *Ibid.* Toutes les choses qui sont dans le commerce peuvent être l'objet des obligations. 67, 68, 70. Quand même elle serait indéterminée, pourvu qu'elle soit déterminable. 68. Même celle qui n'existe pas encore, mais dont on attend l'existence. *Ibid.* Les successions futures ne peuvent être l'objet des obligations, si ce n'est par contrat de mariage. 68, 69. Autre exception par les lois de police. 69. Les choses qui ne nous appartiennent pas peuvent être l'objet d'une obligation. *Ibid.* Faute d'exécution, elle se résout en dommages-intérêts. 69, 70. On ne peut s'obliger de donner à quelqu'un une chose qui lui appartient déjà. 70. On ne peut s'obliger de donner à quelqu'un une chose qu'il est incapable d'avoir. *Ibid.* Il n'y a qu'un fait possible, et non contraire aux lois ou aux bonnes mœurs, qui puisse être l'objet d'une obligation. 70, 71. Il faut qu'il existe un intérêt appréciable à la chose que l'on doit faire ou ne pas faire. 71. Un fait sans intérêt, peut cependant être la condition ou la charge d'une obligation. *Ib.* Un intérêt de juste affection suffit pour qu'il y ait une obligation naturelle. 71, 72.

Effet des obligations de la part du débiteur. 72. De l'obligation de donner. *Ibid.* Le débiteur est obligé de donner la chose en temps et lieu convenables au créancier. *Ibid.* Si c'est un corps certain qui est dû, il est tenu de la conservation de la chose jusqu'au paiement. *Ibid.* Comment il en est tenu? 72, 73. V. *Faute.* Il n'est pas tenu des cas fortuits et de la force majeure. 73. V. *Cas fortuit. Force majeure.* De quoi est tenu le débiteur d'un corps certain qui a été en demeure de payer? 73, 74. V. *Demeure.* Quand l'obligation de donner s'étend aux fruits et aux intérêts? 74. L'effet de l'obligation de faire, est d'être tenu de dommages-intérêts, lorsque la chose n'a pas été faite. 74, 75. Le débiteur doit être mis en demeure, à moins que la chose ne pût se faire que dans un certain temps, qu'il a laissé passer. 75. Hors ce cas, le juge peut lui accorder un délai. *Ibid.* V. *Délai.* L'obligation de ne pas faire se résout aussi en dommages-intérêts. 75. Cas fortuit et force majeure. *Ib.*

Effet de l'obligation par rapport au créancier. 75, 76. V. *Caution. Compensation. Novation.* Droit qu'elle lui donne de poursuivre en justice le débiteur, pour le paiement de ce qui lui est dû. 76. C'est un droit contre la personne pour avoir la chose, mais non dans la chose. *Ibid.* La chose ne peut être

saisie entre les mains des tiers. 76, 77. A moins qu'il n'y ait eu fraude ou qu'il ne s'agisse d'un immeuble sur lequel l'obligation produit hypothèque. 77. Obligations à l'exécution desquelles la chose est affectée. 77, 78. Le créancier peut employer, pour obtenir la chose due, la voie de simple demande, ou de commandement d'exécution. 78, 79. Cas où l'on peut employer chacune de ces voies. *Ibid.* V. *Demande. Exécution.* L'obligation de faire, par rapport au créancier, se résout en dommages-intérêts. 79. Il en est de même de l'obligation de ne pas faire; à moins qu'on ne puisse détruire ce qui a été fait. 79, 80. V. *Dommages-intérêts.*

Division des obligations en différentes espèces. 91. Obligations civiles et obligations naturelles. Obligations qui sont à la fois civiles et naturelles, ou qui sont ou civiles ou naturelles seulement. 91, 92. Obligations pures et simples et conditionnelles. 92. Obligation de donner ou de faire. 93. Obligation liquide ou non liquide. *Ibid.* Obligation d'un corps certain ou d'une chose indéterminée. 94. Obligations dividuelles ou individuelles. *Ibid.* Obligations principales et accessoires. 94, 95, 96. Primitives ou secondaires. 95. Différente nature des obligations secondaires. 95, 96. Obligations pénales. *Ibid.* Obligations privilégiées et non privilégiées. 96. Obligations hypothécaires et chirographaires. 97. Obligations exécutoires et par corps. *Ibid.* V. *Tous ces mots.*

Une obligation peut être contractée à terme ou sans terme. 115. V. *Terme de paiement.* On peut y désigner le lieu du paiement. 118, 119. V. *Lieu de paiement.* On peut y désigner une personne, autre que le créancier, à laquelle se fera le paiement. 120. V. *Paiement.* On peut convenir du paiement d'une autre chose que celle qui est due, et qui fait l'objet de l'obligation. 120, 121. Des obligations accessoires des fidéjusseurs, et autres qui accèdent à celle d'un principal débiteur. 208 *et suiv.* V. *Caution. Cautionnement.*

OBLIGATION ACCESSOIRE. V. *Caution. Cautionnement. Commettant. Mandator pecuniæ credendæ. Obligation pénale. Pacte constitutæ pecuniæ. Père de famille. Préposé.*

OBLIGATION ALTERNATIVE. Obligation par laquelle quelqu'un s'oblige à donner ou à faire plusieurs choses à la charge que le paiement d'une chose l'acquittera de toutes. 1. 121. Pour qu'une obligation soit alternative, il faut que deux ou plusieurs choses aient été promises sous une disjonctive. *Ibid.* Le débiteur a le choix de la chose qu'il voudra payer. 121, 122. Les choses comprises dans une alternative sont toutes dues sans qu'aucune soit due déterminément. 122. Le créancier, pour agir régulièrement, doit demander les deux choses sous l'alternative. *Ibid.* Si l'une des deux choses n'était pas susceptible de l'obligation, l'obligation est déterminée. *Ibid.* L'extinction de l'une des deux choses n'éteint pas l'obligation. *Ibid.* Le débiteur n'est pas recevable à offrir le prix de la chose périe pour éviter de payer la chose qui reste. 122, 123. Peu importe que la chose ait péri sans le fait ni la faute du débiteur. 123. Si les deux choses ont péri successivement par sa faute, il doit le prix de la dernière. *Ibid.* Tant que

les deux choses dues subsistent, l'obligation reste indéterminée. 124. Lorsqu'une chose a été donnée avant que l'alternative fût connue, le débiteur peut-il, après avoir eu connaissance de l'alternative, répéter cette chose, pour donner l'autre? 124, 125, 126. Diversité d'opinion des jurisconsultes romains. *Ibid.* V. *Obligation.*

V. *Communauté légale. Obligation dividuelle et individuelle. Paiement. Risque.*

OBLIGATION CONDITIONNELLE. Obligation qui est suspendue par la condition sous laquelle elle a été contractée, qui n'est pas encore accomplie. 1. 101. V. *Condition. Obligation.*

OBLIGATION DE DONNER. V. *Obligation.*

OBLIGATION DE FAIRE OU DE NE PAS FAIRE. V. *Obligation. Dommages-intérêts.*

OBLIGATION DIVIDUELLE OU INDIVIDUELLE. Une obligation est dividuelle ou individuelle, selon qu'elle a pour objet une chose qui peut, ou non, se diviser. 1. 154. Une chose est divisible, lorsqu'elle est susceptible de division et de parties, soit réelles, soit intellectuelles et indivisées. 154, 155. La chose indivisible est celle qui n'est susceptible ni de parties réelles, ni de parties intellectuelles. 155. La même règle s'applique aux obligations de faire ou de ne pas faire, selon que le fait qui en est l'objet, est, ou non, divisible. 155, 156.

Il y a trois espèces d'indivisibilité. 156. Indivisibilité appelée par Dumoulin *individuum contrac-*

*tu;* elle est absolue. 156, 157. Indivisibilité d'obligation, *individuum obligatione;* une obligation n'est indivisible de cette manière que par l'intention des parties. 157, 158. Indivisibilité appelée *individuum solutione tantùm;* elle ne concerne que le paiement de l'obligation. 158, 159. L'obligation de livrer une pièce de terre, est une obligation divisible. 159, 160. L'obligation d'une journée ou corvée est indivisible. 160. L'obligation de faire un ouvrage est indivisible d'obligation. 161. L'obligation de donner une certaine somme pour quelque fin indivisible, est divisible. *Ibid.*

Nature et effets des obligations divisibles. 161. Distinction entre l'indivision et l'indivisibilité. 162. L'obligation se divise entre les héritiers du créancier, et ceux du débiteur. *Ibid.* Chaque héritier du débiteur n'est tenu de la dette que pour sa part. *Ibid.* Exception à l'égard des dettes hypothécaires, et des dettes d'un corps certain. 162. 163. L'exception s'étend à la restitution d'une chose dont le créancier est propriétaire, et dont le débiteur n'avait que la simple détention. 164. Celui des héritiers, par le fait ou la faute duquel la chose est périe, est tenu du total de la dette. 165. En ce cas, les autres héritiers sont libérés. *Ibid.* Ils sont tenus, chacun de sa part, dans la peine stipulée pour le cas où la chose ne serait pas rendue. 166. Il faut, pour cela, qu'il y ait une clause pénale, distincte de la première convention. 166, 167. V. *Obligation pénale.* Lorsque la chose a péri par le fait ou le dol de plusieurs des héritiers, chacun d'eux en est tenu solidairement. 167. L'un des héri-

tiers peut être tenu pour le total, par convention, par la volonté du défunt, ou par suite de partage. 168. Hors ces cas, l'héritier, qui n'est tenu que pour sa part, n'est pas même tenu subsidiairement du surplus, en cas d'insolvabilité de ses cohéritiers. 168, 169. Exceptions à ce principe, dans trois cas. 169, 170. Le paiement partiel d'une dette alternative, ou de choses indéterminées, quoique divisible, n'est pas valable. 170. V. *Obligation alternative. Obligation indéterminée.* Le paiement partiel, par les héritiers du débiteur, ne peut avoir lieu, lorsqu'on est convenu en contractant que ce paiement ne pourrait se faire par parties. 171. Même dans ce cas, les héritiers du créancier ne peuvent recevoir que chacun leur part. *Ibid.* Les héritiers ne peuvent acquitter la dette par parties, lorsqu'il résulte de la nature de l'engagement, ou de la chose qui en est l'objet, ou de la fin du contrat, que telle a été la volonté des parties. 172, 173. Comment, dans tous ces cas, les héritiers du débiteur doivent être assignés, et quelles offres ils doivent faire pour purger la demeure. 173, 174. Une rente constituée, sans hypothèque, se divise entre les héritiers du débiteur comme une autre dette. 174. La faculté de rachat ne se divise pas. *Ibid.* V. *Rente constituée.* Cas où la division de la dette se fait tant de la part du créancier que de celle du débiteur. *Ibid.* La réunion des portions, soit des héritiers du créancier, soit des héritiers du débiteur, en une seule personne devenue héritière des autres, fait cesser la faculté de payer la dette par parties. 174, 175. Il en est de même, lorsque l'un des héritiers a acquis par

cession, les droits de tous les autres.
175, 176. *Quid*, s'il n'y avait pas de
cession ? 176. Tout ceci ne serait
pas applicable au cas où une dette
a été contractée d'abord envers
deux créanciers ou par deux débiteurs, chacun pour leur portion.
*Ibid.* Différence entre la dette de
plusieurs corps certains et celle de
plusieurs choses indéterminées,
touchant la manière dont elles se
divisent. 176, 177.

Nature et effets des obligations
indivisibles. 177. Lorsqu'il y a plusieurs obligés à une chose indivisible, chacun des débiteurs en est
tenu pour le total. 177. Il en est
de même de ses héritiers. *Ibid.* La
chose est due pour le total à chacun des héritiers du créancier. *Ib.*
Différences entre l'indivisibilité et
la solidarité. *Ibid.* L'indivisibilité
est une qualité réelle de l'obligation; la solidarité est un fait personnel aux contractans. 177, 178.
Le débiteur d'une chose indivisible
doit pour le total, comme le débiteur solidaire, mais non *totaliter*.
178, 179. *Aliud est debere totum*,
*aliud est debere totaliter*. 179. Une
obligation indivisible ne laisse pas
de pouvoir souffrir retranchement.
*Ibid.* Chacun des héritiers du créancier d'une chose indivisible peut
donner la demande pour toute la
chose. 179, 180. Le codébiteur ne
peut être condamné aux dommages-intérêts, pour défaut d'exécution, que pour sa part. 180. Le
codébiteur solidaire peut au contraire l'être pour le tout. *Ibid.*
L'héritier pour partie d'une dette
indivisible, ne peut en faire remise
pour le tout. 180, 181. V. *Remise
de la dette.* La demande d'une
chose indivisible peut être donnée
contre chacun des débiteurs pour
la chose entière. 181. Il peut de-

mander un délai pour mettre en
cause ses cohéritiers. 181, 182. Le
codébiteur solidaire, au contraire,
est tenu de payer aussitôt qu'il est
interpellé, sauf la subrogation.
*Ibid.* Dans le cas où la dette est de
nature à ne pouvoir être acquittée
que par le seul des héritiers, qui
est assigné, il en est tenu seul,
sauf son recours en indemnité
contre ses cohéritiers. 182. Si elle
est de nature à pouvoir être acquittée séparément, soit par celui qui
est assigné, soit par chacun de ses
cohéritiers, celui-ci doit mettre les
autres en cause. 182, 183. Si elle
ne peut être acquittée que conjointement par tous les obligés, l'assigné n'est tenu à la remplir qu'autant qu'il est en lui de le faire. 184.
Différence à l'égard des obligations
indivisibles *in non faciendo*. 184,
185. La contravention, commise par
un seul des héritiers du débiteur,
donne ouverture à l'action contre
tous les héritiers. *Ibid.* Celui qui
a contrevenu, peut être condamné
pour le total; les autres pour leur
part, et sauf leur recours. 185.

L'action *ex empto*, la garantie du
vendeur, et l'action rédhibitoire,
sont indivisibles. II. 27, 47, 102.
V. *ces mots.* L'action rescisoire
pour lésion, l'action de réméré,
l'action de retrait lignager, et l'o-
bligation de garantie du vendeur
sont divisibles. 80, 157, 158, 299.
V. *ces mots.*

V. *Acceptation de communauté.
Cens. Dettes des successions. Louage des choses. Paiement. Prescription de dix et vingt ans. Retrait lignager. Prêt à usage. Servitude.*

OBLIGATION INDÉTERMINÉE. On
peut contracter l'obligation d'une
chose indéterminée d'un certain
genre. I. 149. Chacune des choses

du genre est *in facultate solutionis*. 150. Le créancier ne peut demander qu'indéterminément une des choses du genre. *Ibid*. La perte des choses du genre tombe sur le débiteur, à moins que la chose n'eût été déterminée par des offres au créancier. 150, 151. Il faut que la chose offerte soit bonne et loyale. 151. Le débiteur peut-il donner une chose qui n'aurait pas pu être valablement promise au créancier lors du contrat. 151, 152. Le débiteur d'un certain genre, qui a payé une certaine chose qu'il croyait devoir déterminément, en a la répétition. 152, 153. Si le choix de la chose appartient au créancier, toutes les choses du genre lui sont dues, jusqu'à ce qu'il ait fait son choix. 153. V. *Obligation. Paiement*.

OBLIGATION NATURELLE. Ce qu'on appelait ainsi dans le droit romain. 1. 97, 233, 276. Distinction entre les pactes et les contrats. 97, 98. Quelles sont les obligations purement naturelles dans notre droit ? 98, 100. Des fidéjusseurs s'obligent-ils valablement pour une dette naturelle ? 98, 99. Le seul effet des obligations naturelles, c'est que ce qui a été payé en vertu de ces obligations, n'est pas sujet à répétition. 99. Distinction entre les obligations naturelles et les obligations imparfaites. 100. V. *Obligation. Pacte*.

V. *Caution. Condictio indebiti*.

OBLIGATION PÉNALE. Celle qui naît de la clause d'une convention, par laquelle une personne, pour assurer l'exécution d'un premier engagement, s'oblige, par forme de peine, à quelque chose, en cas

d'inexécution de cet engagement. 1. 186. L'obligation pénale étant accessoire à une obligation principale, la nullité de celle-ci entraîne la nullité de la première. 186. La nullité de l'obligation pénale n'entraîne pas celle de l'obligation primitive. 188. L'obligation pénale a pour fin d'assurer l'exécution de l'obligation principale. *Ibid*. La peine stipulée est compensatoire des dommages-intérêts que souffre le créancier de l'inexécution de l'obligation principale. 188, 189. Le créancier a le choix entre la peine ou l'exécution de l'obligation principale. 189. La clause pénale n'ôte pas au créancier les exceptions et fins de non-recevoir qui résultent pour lui de l'engagement principal. 189, 190. Le créancier peut avoir à la fois le principal et la peine, lorsque la peine a été stipulée pour simple retard dans l'exécution. 190, 191. La peine stipulée en cas d'inexécution d'une obligation, peut, lorsqu'elle est excessive, être réduite et modérée par le juge. 191, 192, 193. La peine, en cas de défaut de paiement d'une somme d'argent, doit être réduite au taux légitime des intérêts. 193. V. *Intérêts compensatoires*. Quand il y a lieu à l'ouverture de l'obligation pénale. 194. S'il s'agit d'une obligation de ne pas faire, la peine est due aussitôt que la chose a été faite. *Ibid*. Est-il nécessaire que le fait, qui donne ouverture à l'obligation pénale, ait eu effet ? 194, 195. Si l'obligation est de donner ou de faire, la peine est due lorsque le débiteur a été mis en demeure de donner ou de faire ce qu'il a promis. 195. Différence des lois romaines et des nôtres sur le terme préfix et la demeure. 195, 196. V.

*Demeure.* Le débiteur ne peut, en offrant d'acquitter partie de son obligation, éviter la peine pour partie. 196. Mais si le créancier a volontairement reçu partie de sa dette, il n'a droit qu'à une partie de la peine, à défaut de paiement du reste de l'obligation. 196, 197. Quand même la peine serait stipulée pour le fait d'un tiers. 197. Cette décision a lieu dans certains cas, même à l'égard des obligations indivisibles. 197, 198. Elle a lieu, quand même la peine consisterait dans quelque chose d'indivisible. 198. La peine est-elle encourue pour le total et par tous les héritiers du débiteur, par la contravention de l'un d'eux ? 199. Si l'obligation est indivisible, chacun des héritiers, par le fait de la contravention d'un seul, est tenu de la peine pour la part dont il est héritier, sauf son recours contre celui qui y a donné ouverture. 199, 200. Le créancier peut demander la peine entière à celui qui a fait contravention. 200, 201. Si la contravention a été faite par plusieurs des héritiers, ils sont tenus solidairement de la peine. 201. Tout ceci s'applique aussi à plusieurs débiteurs principaux, qui ont contracté une obligation indivisible sous une peine. *Ibid.* Si l'obligation est divisible, celui des héritiers du débiteur, qui contrevient pour sa part à cette obligation, encourt-il seul la peine pour la part dont il est héritier ? 201, 202, 203. Antinomies des lois romaines sur ce point. *Ibid. Quid*, s'il a contrevenu pour le total, et non pas seulement pour la part dont il est héritier ? 204, 205, 206, 207. La peine est-elle encourue pour le total, et envers tous les héritiers du créancier, par la contravention faite envers l'un d'eux ?

V. *Obligation solidaire. Obligation dividuelle et individuelle.*

OBLIGATION PERSONNELLE. V. *Choses. Jus ad rem. Obligation.*

OBLIGATION SOLIDAIRE. Obligation solidaire entre plusieurs créanciers. 1. 127. Effets de cette obligation par rapport aux créanciers. 127, 128. Obligation solidaire de la part des débiteurs. 128. Ce qu'il faut pour qu'une obligation soit solidaire entre plusieurs débiteurs. *Ibid.* Il faut que chacun des débiteurs se soit obligé aussi totalement, que s'il eût contracté seul. *Ibid.* Il faut surtout qu'ils se soient obligés à la même chose. 128, 129. Peu importe qu'ils soient obligés différemment. *Ibid.* La dette n'est solidaire entre les débiteurs que vis-à-vis du créancier ; elle se divise entre eux. 129, 130. La solidarité, pour exister, doit être exprimée. 130. Cependant il y a des cas où elle existe de plein droit. *Ibid.* Elle a lieu de plein droit entre associés pour fait de leur commerce. *Ibid.* V. *Société.* Il en est de même entre les tuteurs ou administrateurs, pour une même question. 130, 131. Tous ceux qui ont concouru à un délit, sont tenus solidairement à le réparer. 131. Les héritiers ou successeurs sont tenus solidairement à la restitution d'un legs, lorsque le testateur a déclaré qu'il les chargeait solidairement de l'acquitter, ou lorsqu'il s'est servi d'une disjonctive pour les en charger. 131, 132. Effets de la solidarité entre plusieurs débiteurs. 132. Le créancier peut s'adresser pour le tout à un seul des débiteurs solidaires à son choix. *Ibid.* Le choix de l'un des débiteurs ne libère pas les autres, tant que le créancier n'est pas payé. *Ibid.* L'interpellation faite à l'un des débiteurs solidaires, interrompt la prescription contre tous. 133. V. *Prescriptions*. Si la chose a péri par la faute de l'un des débiteurs solidaires, la dette est perpétuée contre tous. 133, 134, 399. V. *Extinction de la chose due.* Mais ceux-ci ne sont pas obligés aux dommages-intérêts dont pourrait être tenu le premier. *Ibid.* Le paiement fait par l'un des débiteurs, libère tous les autres. 134. Le débiteur poursuivi peut-il opposer en compensation la dette que le créancier doit à son codébiteur? 134, 135. La remise, faite de la dette à l'un des débiteurs, libère les autres, s'il paraît que l'intention du créancier a été d'éteindre la dette pour le total. 135. Si un débiteur seul a été déchargé, le créancier ne peut poursuivre les autres pour le total, que déduction faite de la part de celui-ci. 135, 136. Quand même il aurait réservé sa créance entière contre les codébiteurs. *Ibid.* La confusion de la dette dans l'un des débiteurs, devenu héritier unique du créancier, n'éteint pas la dette vis-à-vis des autres débiteurs. 136. Le créancier peut renoncer à la solidarité soit en faveur de tous les débiteurs, soit en faveur de l'un seulement. 136, 137. Soit par une convention expresse, soit tacitement. 137. Quand un créancier est-il censé avoir renoncé tacitement à la solidarité. 137-141. Effets et interprétation des mots *pour sa part*, et *sans préjudice de la solidarité*, apposés par le créancier dans tout acte ayant pour objet de décharger ou de poursuivre l'un des débiteurs solidaires. *Ibid.* Application des principes à la quittance des arrérages d'une rente. 141, 142. Le débiteur solidaire,

qui a payé toute la dette, peut se faire subroger aux actions du créancier contre ses codébiteurs. 142. V. *Subrogation.* Quand même le créancier la refuserait, la subrogation a lieu de plein droit, lorsqu'elle a été requise. *Ibid.* A-t-elle lieu de plein droit, si elle n'a pas été requise? 142, 143, 144. Le débiteur subrogé exerce toutes les actions du créancier, même contre les cautions. 145, 146. Peut-il agir solidairement contre ses codébiteurs, déduction faite seulement de sa part? *Ib.* Le débiteur, qui, en payant, n'a pas requis la subrogation, a, de son chef, contre chacun de ses codébiteurs, une action en répétition de leur part. 146. Cette action diffère selon les causes d'où procède la dette. *Ibid.* Si l'affaire ne concernait que l'un des débiteurs, celui-là seul est tenu de la dette vis-à-vis du codébiteur qui a payé. 147, 148. Cas où la dette était contractée pour une affaire commune, où elle avait pour cause une donation, où elle procédait d'un délit. 147, 148, 149. V. *Obligation.* V. *Compensation. Confusion. Dol. Dettes des successions. Dépôt. Rachat des rentes constituées. Société en nom collectif.*

OBSCURITÉ DES ACTES. S'interprète contre celui qui a stipulé. II. 131. V. *Interprétation des conventions.* Quand est-elle une cause de nullité des legs? VII. 295 *et suiv.* V. *Legs.*

OBSTACLE. Empêchement qu'on met à la jouissance du censitaire, en cas de saisie censuelle. VIII. 658, 659. V. *Saisie censuelle.*

OCCUPATION. Titre par lequel on acquiert le domaine de propriété d'une chose qui n'appartient à personne, en s'en emparant dans le dessein de l'acquérir. VIII. 121. Des choses qui n'appartiennent à personne, dont la propriété peut être acquise par le premier occupant. 122, 123. Ces choses sont appelées par les jurisconsultes, *res communes*, *res nullius*. 123. V. *Choses*. La chasse est une sorte d'occupation. V. *Chasse*. Il en est de même de la pêche et de l'oisellerie. 137, 138. L'invention, la découverte des trésors, des épaves, des pays inhabités, sont des occupations. 139, 140, 141. V. *ces mots*. Droit de varech et choses gaives, dans la Coutume de Normandie. 148. V. *Varech*. Autres espèces d'occupations qui n'ont pas de nom particulier. 149. Par exemple, j'acquiers par occupation la propriété de l'eau que je vais puiser à la rivière. *Ibid*. D'après le droit romain, celui qui bâtit un édifice dans la mer ou sur son rivage, acquiert par occupation le domaine de la partie de la mer ou du rivage qu'il a occupée par ses bâtimens. 150. Il faut cependant la permission du magistrat. *Ibid*. Autre espèce d'occupation du droit des gens, par laquelle le souverain ou ses sujets acquièrent le domaine des choses qu'ils prennent sur leurs ennemis dans une guerre juste. 151. V. *Butin. Conquête. Prise*.

OFFICE. Les offices sont domaniaux, vénaux ou purs personnels. VI. 89. VIII. 108, 109. X. 18. La finance seule est dans le commerce. *Ibid*. V. *Choses*. Les offices vénaux de judicature et de finance sont immeubles, et peuvent être saisis réellement et vendus comme les autres immeubles. VI. 89, 90. IX. 278 *et suiv*. X. 17, 18. V. *Saisie-*

*réelle*. Les créanciers, pour conserver leurs droits, doivent former opposition au sceau. IX. 279, 280. Quand le conjoint survivant doit récompense à la communauté pour l'office qu'il retient, ou quand il est obligé de le laisser à la communauté? VI. 399-405. V. *Récompense*.
— V. *Communauté légale. Consignation. Don mutuel. Noblesse. Ordre. Propre de communauté. Rapport. Remploi. Retrait lignager.*

OFFICE DOMANIAL. Les offices domaniaux sont des droits du domaine engagés à des particuliers par contrat pignoratif. VIII. 601. V. *Choses. Contrat pignoratif. Office.*
— V. *Communauté légale. Récompense.*

OFFICE VÉNAL. Un office vénal peut-il être dû à une femme? I. 70. V. *Choses. Office.*
— V. *Communauté légale. Récompense.*

OFFICIAL. Juridiction de l'official pour prononcer sur la validité ou l'invalidité des fiançailles. V. 27, 28. V. *Fiançailles*. Pour fulminer les dispenses. 155-162. V. *Dispenses*. Sa compétence pour connaître de la nullité des mariages. 253, 254 et *suiv*. V. *Appel comme d'abus. Cassation de mariage*.

OFFRE DE FOI. V. *Foi et hommage*.

OFFRES DE PAIEMENT. Pour être valables, elles doivent être faites au créancier capable de recevoir, ou à celui ayant qualité pour recevoir à sa place. I. 339. Elles peuvent se faire à la personne indiquée par le contrat pour recevoir. 340. V. *Adjectus solutionis gratiâ.* Elles doivent être faites par une personne capable de payer. *Ibid.* Elles doivent être de la somme entière. *Ibid.* Il faut que la condition soit arrivée ou le terme échu, si la dette était conditionnelle ou à terme. *Ibid.* Elles doivent être faites au lieu où doit se faire le paiement. *Ibid.* V. *Lieu de paiement. Paiement.* Il doit être dressé un acte des offres et de la sommation faite au créancier de recevoir. *Ibid.* Cette sommation contient assignation devant le juge. *Ibid.* La sentence, qui ordonne la consignation, est signifiée au créancier, avec sommation d'être présent au dépôt. 340, 341. La consignation se fait au jour et à l'heure indiqués, et il en est dressé acte. 342. V. *Consignation. Dépens. Séquestre,*

V. *Rachat des rentes constituées. Réméré. Retrayant.*

**OFFRES RÉELLES.** V. *Offres de paiement,*

**OPPOSITION.** Voie ordinaire de se pourvoir contre les jugemens pardevant le juge qui les a rendus. IX. 141. Elle a lieu contre les jugemens rendus par défaut, faute de comparaître, ou faute de plaider. 142. V. *Défaut.* L'opposition n'est pas admise contre les jugemens rendus faute de plaider, au tour de rôle de l'affaire, *Ibid.* Autres oppositions non-recevables. *Ibid.* L'effet de l'opposition est de détruire le jugement vis-à-vis de la partie opposante. 143.

V. *Tierce-opposition.*

**OPPOSITION.** Acte conservatoire des droits d'un créancier, pour être

payé sur des valeurs, ou sur le prix des meubles appartenant à son débiteur. IX. 186, 187 et suiv. V. *Saisie-exécution*

**OPPOSITION AU MARIAGE.** V. *Bans de mariage. Empêchement de mariage.*

**OPPOSITION AUX SAISIES RÉELLES,** Il y en a quatre espèces : l'opposition afin d'annuler, afin de conserver, afin de distraire et afin de charge. IX. 235 et suiv. V. *Saisie réelle.*

**OPPOSITION AU SCEAU.** Opposition formée par le créancier du titulaire d'un office, qui empêche qu'on ne délivre les provisions, sur la résignation du débiteur, qu'à la charge de l'opposition. IX. 280. V. *Office. Saisie réelle.*

**OPPOSITION AUX SCELLÉS.** V. *Scellés.*

**ORDRE.** Entre les créanciers hypothécaires. VIII. 563. Jugement qui règle le rang dans lequel les créanciers doivent être payés sur le prix de l'adjudication des biens saisis. IX. 262, 263. X. 907. On ajoute à ce prix, pour être distribués comme lui, les revenus des biens saisis, perçus depuis le bail judiciaire. *Ibid.* Procédure pour parvenir à l'ordre. *Ibid.*

Règles pour fixer le rang dans lequel chaque créancier doit être colloqué dans l'ordre. VIII. 563. X. 908. Les créances privilégiées passent avant les créances hypothécaires. VIII. 563. V. *Privilége.* La créance, qui a profité et tourné à l'utilité commune des créanciers, doit être privilégiée ; lorsqu'elle a profité même aux créanciers privilégiés, ce privilége doit l'emporter. *Ibid.*

Les frais de consignation sont colloqués au premier rang. VIII. 563.
IX. 263. X. 908. Viennent ensuite
les frais extraordinaires de criées.
VIII. 563. IX. 263. Ils passent même
avant les redevances seigneuriales
et profits féodaux ou censuels. VIII.
564. IX. 264, 265. X. 908, 909. Les
frais funéraires de la dernière maladie du défunt. VIII. 565. IX. 265,
266. X. 908. La créance de celui
qui a tellement conservé l'héritage,
qu'il serait totalement péri sans le
travail qu'il a fait. VIII. 565. Telle
que celle des ouvriers qui ont fait des
réparations nécessaires à une maison. Ibid. Tous ceux qui ont fait
des réparations, fussent-ils même
créanciers hypothécaires, ont un
privilège égal, sans égard à la date
de leurs travaux. VIII. 565, 566. X.
908. Ceux qui ont amélioré l'héritage ont aussi un privilège, mais
seulement sur la plus-value. VIII.
566. X. 908. L'opposant à fin de
distraire renvoyé à l'ordre, ne peut
être colloqué pour le prix de la
portion de l'héritage qui lui appartenait, qu'après les créances privilégiées. VIII. 567. X. 909. Entre privilèges, on n'a égard qu'à la cause,
et non à la date de la créance. IX.
266.

Après les créances privilégiées,
on doit colloquer les créances hypothécaires des précédens propriétaires, avant celles du dernier. VIII.
567, 568. X. 909. Entre les créanciers d'un même propriétaire, l'hypothèque de celui qui a aliéné l'héritage à ce propriétaire, passe avant
les autres. VIII. 568. X. 909. Après
le vendeur, ou ceux dont le privilège est semblable au sien, le roi
a un privilège sur les héritages du
comptable. Ibid.

Après les créanciers privilégiés
hypothécaires, les créanciers simples viennent dans l'ordre de la
date de leurs hypothèques. VIII.
568. IX. 266, 267. X. 909. Même
ceux dont les créances existaient
avant l'acquisition de l'héritage par
leur débiteur commun. VIII. 568, 569.
Entre des créanciers du même jour,
celui dont le titre porte avant midi,
est préféré. VIII. 569. X. 909, 910.
Quid, s'il n'y a aucune mention ?
VIII. 569. Le créancier, qui ne présente qu'une seconde expédition de
son titre, n'est colloqué qu'à la date
de cette seconde expédition. Ibid.
Le créancier, qui a acquitté de ses
deniers une créance privilégiée, ou
plus ancienne, et qui s'est fait subroger, est colloqué au rang du
créancier qu'il a payé. IX. 266, 267.
X. 910. L'ancien créancier est colloqué par préférence à eux, pour
ce qui lui reste encore dû. IX. 267.
V. Subrogation. Les créanciers subrogés en différens temps aux hypothèques d'un même créancier,
sont tous colloqués concurremment.
VIII. 569, 570. IX. 267.

Ordre entre les créances qui da-
tent du contrat de mariage. VIII.
570. X. 910. La dot, le douaire,
les autres conventions de la femme,
le remploi de ses propres aliénés,
et l'indemnité pour les dettes auxquelles elle s'est obligée. V. 568.
VIII. 570, 571, 572, 573. La somme
apportée en communauté, dont la
reprise a été stipulée en cas de renonciation, doit-elle être censée
faire partie de la dot, pour être
préférée au douaire ? VIII. 571, 572.
Autres questions. 572.

Chaque créancier est colloqué
non-seulement pour son capital,
mais encore pour les arrérages,
intérêts et frais. VIII. 573. IX. 267.
Le créancier conditionnel est colloqué avant l'accomplissement de
la condition, mais il ne peut tou-

cher qu'après. IX. 267. X. 910. Aucun créancier ne peut être colloqué, s'il n'a fait opposition au décret; cette opposition peut être faite jusqu'au jugement de l'adjudication. VIII. 573. Tout ce qui a été dit sur le rang et l'ordre des hypothèques sur les héritages, s'applique aux autres immeubles. *Ib.* Ce qu'il y a de particulier touchant l'ordre et le rang des hypothèques sur les offices. VIII. 574. IX. 281, 282. X. 915, 916. V. *Action hypothécaire. Hypothèque.*

Sous-ordre, par lequel la somme pour laquelle un créancier a été colloqué utilement, est distribuée à ses créanciers particuliers. IX. 267, 268. X. 910, 911. On n'y procède qu'après que l'ordre a été réglé, et d'après les mêmes règles. IX. 268.

Comment se fait le paiement aux créanciers colloqués dans l'ordre? X. 912.

V. *Compensation. Décret volontaire.*

ORDRE. Synonyme d'endossement. III. 129. V. *Endossement.*

ORDRE DE SUCCÉDER. V. *Succession.*

ORDRES SACRÉS. Sont un empêchement dirimant de mariage. V. 60 *et suiv.* V. *Empêchement de mariage. Profession religieuse.*

OTAGE. V. *Rançon.*

OUVERTURE DES SUCCESSIONS. V. *Succession.*

OUVRAGE. V. *Louage d'ouvrage.*

OUVRIER. V. *Louage d'ouvrage. Louage de service.*

# P

PACTE. Nature des simples pactes dans le droit romain. I. 222, 223. Formalité de l'acceptilation. 223. Ces formes sont inconnues chez nous. *Ibid.* Différence entre les pactes et les contrats dans le droit romain, inconnue chez nous. I. 97, 98. Les pactes nus ne produisaient pas d'obligation chez les Romains. II. 274. V. *Obligation naturelle.*

V. *Caution.*

PACTE COMMISSOIRE. Clause du contrat de vente, par laquelle les parties conviennent que si l'acheteur ne paie pas le prix dans un temps limité, le contrat sera résolu. II. 205. IX. 660. Différence entre le droit romain et le nôtre, sur ce pacte. II. 205, 206. Il n'opère

pas de plein droit la résolution du contrat. 206. Il est fait en faveur du vendeur seul. *Ibid.* Il peut en user, ou contraindre l'acheteur au paiement du prix. *Ibid.* Une fois qu'il a opté, il ne peut plus changer. 206, 207.

L'action du pacte commissoire est personnelle réelle. 207. Elle a pour but la résolution du contrat. *Ibid.* Ce que doit rendre l'acheteur; il doit faire raison des détériorations survenues par sa faute. 207, 208. Ce que doit rendre le vendeur; il fait raison des améliorations. 208. Il ne rembourse pas les frais d'une acquisition dont il n'a pas profité. *Ibid.* Il n'est pas même tenu de restituer les arrhes. 209. V. *Arrhes. Amélioration. Dégradations.*

On peut convenir que l'acheteur

sera tenu de la différence du prix, si le défaut de paiement force le vendeur à revendre. 209. Que le vendeur gardera pour sûreté de cette différence dans le prix, la partie du prix qu'il aurait déjà reçue. *Ibid.* Cas où il n'est pas fixé de délai pour le paiement du prix. 210, 211. V. *Demeure.* Donne-t-il lieu au profit de quint ? IX. 660, 661. V. *Profit de quint.*

V. *Acheteur. Nantissement. Propre réel. Résolution.*

PACTE CONSTITUTÆ PECUNIÆ. Espèce d'obligation accessoire, qui est ajoutée à une première obligation, et qui n'est contractée que pour la corroborer. I. 279. Chez les Romains, il consistait à assigner à un créancier un certain jour ou un certain temps, dans lequel le débiteur promettait de payer. *Ibid.* Chez nous, c'est une convention par laquelle quelqu'un promet à un créancier de le payer. *Ibid.* On peut faire cette promesse à son créancier ou au créancier d'un autre. 279, 280. Utilité de ce pacte. 280, 281. Il était utile chez les Romains d'avoir plusieurs actions pour la créance d'une même chose. 281. Cette utilité n'existe pas chez nous. *Ibid.* Néanmoins toute promesse de payer à un créancier ce qui lui est dû, peut être appelée pacte *constitutæ pecuniæ. Ibid.* Ce pacte, pour exister, suppose une dette préexistante ; il ne peut contenir une donation. 282. Si cette dette était conditionnelle, le pacte sera valable, lorsque la condition s'accomplira. *Ibid. Quid,* si j'avais promis de payer, quand même la condition viendrait à défaillir ? *Ibid.* Il n'importe de quelle manière soit dû ce qu'on promet de payer. 282, 283. Le pacte est-il

valable, lorsqu'on s'oblige à payer une dette réprouvée par la loi civile ? 283. Différence, dans ce cas, entre le cautionnement et le pacte. *Ibid.* V. *Cautionnement.* Cas où cette dette est réprouvée par un vice de la cause d'où elle est née. 284. V. *Cause des contrats.* La dette, qui n'est dette que selon la subtilité du droit, ne peut servir de fondement au pacte. 284, 285. L'existence de la chose, qu'on promet de payer par le pacte, n'est pas toujours nécessaire pour sa validité. 285. Le pacte peut être consenti par une autre personne que le débiteur, à son insu et même malgré lui, pourvu qu'il existe une dette. 285, 286. On peut promettre, par ce pacte, à un autre que le créancier, pourvu que ce soit avec le consentement de ce dernier. 286. Le pacte *constitutæ pecuniæ* ne renferme pas nécessairement chez nous, comme chez les Romains, un terme dans lequel on promet de payer. *Ibid.* On peut promettre, par ce pacte, de payer une somme moindre, mais non plus grande que celle qui est due. 287. On peut promettre de payer une autre chose à la place de celle qui est due. 287, 288. Non-seulement le débiteur, mais un tiers le peut. 288. Le pacte diffère en cela du cautionnement. *Ibid.* V. *Cautionnement.* On peut s'obliger, par ce pacte, différemment que par l'obligation principale. 288, 289. Tandis que la caution ne peut s'obliger *in duriorem causam.* 289. On doit cependant exprimer, dans les titres nouvels, qu'on entend déroger au titre primordial. 290. V. *Caution. Titre nouvel.* Le pacte *constitutæ pecuniæ* ne renferme pas de novation. 290, 291. V. *Novation.* Il apporte des changemens à l'obligation. 290, 292, 293, 294. Il subsiste par sa propre force, et n'est pas une simple adhésion première à l'obligation. 291, 294, 295, 296. Le paiement de l'une de ces obligations éteint et acquitte l'autre. 291, 296, 297. Peu importe le mode de paiement. 297. Si le pacte ne comprend qu'une partie de l'obligation, son exécution par le paiement n'éteint celle-ci que jusqu'à concurrence. 297. Si deux personnes ont promis par le pacte, elles sont tenues solidairement comme deux fidéjusseurs. 297, 298. Pacte consistant à promettre certaines sûretés. 298. Faute de les donner, on peut être contraint au paiement de la dette. *Ibid.* Quand on est déchargé de cette promesse. *Ibid.*

PAIEMENT. Accomplissement réel de ce qu'on s'est obligé de donner ou de faire. 1. 299. Le paiement est la manière la plus naturelle dont les obligations puissent s'éteindre. 300. Pour être valable, il doit être fait par le propriétaire de la chose. *Ibid.* Le paiement d'une chose déterminée, fait par l'un des héritiers, est-il valable? 300, 301. Il faut que celui, qui paie, soit capable d'aliéner. 301. Si le paiement, fait par une personne incapable, est d'une chose qui se consomme, la consommation, qu'en fait de bonne foi le créancier, valide le paiement. *Ibid.* Toute personne capable peut faire un paiement valable à l'insu du débiteur, et même malgré lui, pourvu qu'il soit fait au nom du véritable débiteur. 301, 302. Le paiement fait au nom d'une personne qui ne devait pas, devient valable, si cette personne devient par la suite débiteur. 302. Le créan-

cier peut-il être forcé à recevoir son paiement d'un étranger, au nom de son débiteur? 302, 303. Il ne le peut, s'il s'agit d'une obligation de faire, qui ne puisse être exécutée indifféremment par un autre que le débiteur lui-même. 303.

Le paiement, pour être valable, doit être fait au créancier, ou à quelqu'un qui ait pouvoir de lui, ou qualité pour recevoir. 303, 304. Le paiement est fait valablement à l'un des héritiers du créancier pour sa part, et au cessionnaire de la créance, lorsque le transport a été signifié ou accepté. 304. Le paiement fait à l'ancien créancier, après la signification du transport, n'est pas valable. *Ibid.* V. *Transport.* Le paiement fait au créancier putatif est valable *Ibid.* Il en est de même de celui fait à l'héritier apparent. 305. V. *Héritier apparent.* Le paiement est nul, s'il a été fait à une personne incapable d'administrer son bien, à moins qu'elle n'en ait profité. *Ibid.* Le paiement fait au préjudice d'une saisie-arrêt, est nul vis-à-vis des opposans. V. *Saisie-arrêt.*

Le paiement fait à la personne qui a pouvoir du créancier, est valable, cette personne fût-elle incapable par elle-même. 306. On peut payer valablement au mandataire d'une personne qui a qualité pour recevoir. *Ibid.* Pour que le paiement fait au mandataire soit valable, il faut qu'il ait pu être fait valablement au créancier lui-même. *Ibid.* Il faut en outre que le pouvoir dure encore, ou que le débiteur ait ignoré la révocation. 306, 307. Si le pouvoir était faux, le paiement est nul. 307. V. *Mandat.* Le pouvoir donné par celui qui avait qualité pour recevoir,

18*

cesse avec sa qualité. *Ibid.* Le paiement est valable, soit que le pouvoir soit spécial ou général. *Ibid.* Le pouvoir de vendre ou de louer, renferme-t-il celui de recevoir le prix de la vente ou du louage? 308.

Quelles sont les personnes à qui la loi donne qualité pour recevoir à la place d'un créancier? 308, 309. La proximité de parenté, quelque étroite qu'elle soit, n'est pas une qualité suffisante pour recevoir pour celui avec qui elle existe. 309. On peut indiquer dans le contrat une personne à qui l'on convient que le débiteur pourra payer. 120, 309. V. *Adjectus solutionis gratiâ.* Le plus souvent cette personne est un créancier du créancier. *Ibid.* La chose, que l'on convient qui sera payée à un tiers, peut être différente ou moindre que celle qui serait payée au créancier. 309, 310. Le lieu et le temps du paiement peuvent aussi être différens. 310. On peut faire dépendre d'une condition l'indication, quoique l'obligation soit pure et simple; mais non *vice versâ. Ibid.* On peut aussi changer le terme. *Ibid.* Les héritiers du débiteur ont, comme lui, le droit de payer à la personne indiquée. 311. On ne paie pas valablement aux héritiers ou autres personnes qui représentent la personne indiquée. *Ibid.* A moins que cette personne ne soit un créancier du créancier. *Ibid.* On cesse de pouvoir valablement payer à la personne indiquée, lorsqu'elle a changé d'état. *Ibid.* Quoique la personne, dans l'état où elle est tombée depuis, eût pu être indiquée par le créancier. *Ibid.* Différence entre la personne indiquée par le paiement et le fondé de pou-

voir pour recevoir. 311, 312. Il ne dépend pas du créancier d'empêcher le débiteur de payer à la personne indiquée. 312. Le paiement de partie au créancier, ne fait pas cesser la faculté de payer le restant à la personne indiquée. *Ibid.*

Le paiement fait à une personne qui n'avait ni qualité, ni pouvoir pour recevoir, devient valable par la ratification postérieure du créancier, ou lorsque la somme payée a tourné par la suite à son profit, ou si cette personne est devenue l'héritière du créancier. 312, 313.

La chose due peut seule être payée. 313. Le créancier, qui a reçu autre chose par erreur, peut exiger la chose due, en offrant de rendre ce qu'il a reçu. 313, 314. On peut convenir par le contrat, ou postérieurement, de la faculté de payer autre chose que ce qui est dû. 120, 121, 314. Cette convention est toujours présumée faite en faveur du débiteur. *Ibid.* Le créancier n'est pas obligé de recevoir par parties ce qui lui est dû, quoique la dette soit divisible. 314, 315. L'une de plusieurs cautions ne peut obliger le créancier de recevoir le paiement par parties, tant que le créancier ne les poursuit pas. 315. Elle n'a d'autre ressource que de payer toute la dette, et de se faire subroger aux droits et actions du créancier. 316. Le paiement peut être fait par parties, lorsque le contrat a fixé qu'il y aurait deux ou plusieurs paiemens. *Ibid.* A défaut d'explications, cela s'entend de paiemens égaux. *Ibid.* La clause du paiement en deux lieux différens, renferme celle de payer par moitié dans chacun desdits lieux. 316, 317. Le juge peut ordonner un paiement provisionnel, lorsqu'il y a contestation sur la quantité de ce qui est dû. 317. Le paiement partiel est encore admis dans le cas de compensation pour partie de la dette, *Ibid.* Le créancier de plusieurs dettes, ou de plusieurs années d'arrérages, peut être forcé de recevoir partiellement l'une des dettes, ou une ou plusieurs années d'arrérages, *Ibid.*

Pour que le paiement d'une chose soit valable, il faut que la propriété irrévocable de cette chose soit transférée au créancier. 317, 318, 319. V. *Propriété.* Lorsque la dette est d'un corps certain, elle est valablement payée en quelqu'état qu'elle se trouve, pourvu qu'elle ne soit pas détériorée par le fait du débiteur. 319. Si la dette est d'un corps déterminé, celui qui est payé, doit n'avoir aucun vice notable. 319, 320. Le paiement fait avant la condition accomplie, n'est pas valable et peut être répété tant que la condition n'est pas encore survenue. 320. Le paiement fait avant le terme est valable. *Ibid.* V. *Condition. Terme de paiement.* Le paiement doit se faire au lieu convenu par la convention; à défaut de convention, au lieu où est la chose. 320, 321. Le débiteur ne peut changer la chose de lieu d'une manière dommageable au créancier. 321. Si la chose est indéterminée et conséquemment sans situation, elle doit être payée au domicile du débiteur. *Ibid.* Si la chose a été convenue payable au domicile du créancier, et qu'il ait depuis changé de domicile, il peut être forcé d'en élire un au lieu fixé par la convention. 322. V. *Domicile.* Le paiement se fait aux dépens du débiteur. *Ibid.*

L'effet du paiement est d'éteindre l'obligation et tout ce qui en est l'ac-

cessoire, et de libérer tous les débiteurs. *Ibid.* Un seul paiement peut éteindre plusieurs obligations, lorsqu'elles ont un seul objet. *Ibid.* Cette règle a lieu même à l'égard de différens créanciers. 323. Elle a lieu aussi à l'égard de différens débiteurs, *Ibid.* Toutes les fois seulement qu'il n'y a pas lieu à une cession d'actions d'un débiteur contre l'autre. 323, 324. La dette n'est pas éteinte vis-à-vis de ceux contre qui les actions du créancier ont été cédées. 324. Qui sont ceux qui, en payant une dette, ont droit de se faire céder les actions du créancier contre les autres débiteurs qui en sont tenus ? 324, 325. Le créancier est-il tellement obligé à cette cession, qu'il ne puisse exiger son paiement, lorsqu'il est, par son fait, dans l'impossibilité de la faire ? 325, 326, 327, 328. Cette cession a-t-elle lieu de plein droit, ou doit-elle être requise ? 329, 330. Quels en sont les effets ? 330, 331. V. *Subrogation.* Le paiement d'une partie de ce qui est dû éteint la dette pour cette partie. 332. Exception pour les dettes alternatives qui ne sont pas acquittées en partie, jusqu'à ce que l'une des deux choses entière soit payée. *Ibid.* Il en est de même à l'égard du paiement d'une obligation indéterminée. *Ibid.* Et dans le cas où le créancier est évincé d'un ou de plusieurs corps certains, à lui donnés en paiement d'une somme due. V. *Obligation alternative. Obligation indéterminée.* Lorsque le débiteur est obligé à plusieurs dettes, comment doit-on imputer les sommes par lui payées? 333. V. *Imputation.*

V. *Arrérages. Consignation. Compensation. Confusion. Délégation, Extinction de la chose due.*

*Lieu de paiement. Novation. Offres de paiement. Prescriptions. Réalisation. Remise de la dette. Terme.*

PAIEMENT PAR INTERVENTION. Paiement d'une lettre-de-change, lorsque le tiré refuse de payer, par un tiers, qui fait honneur à la signature du tireur ou des endosseurs. III. 170. Obligation et action qui naissent de ce paiement. 170, 171. V. *Lettre-de-change. Subrogation.*

PAPE. N'a aucun pouvoir en France sur les matières temporelles; ses bulles n'y ont autorité que lorsqu'elles ont été dûment enregistrées, ou confirmées par lettres-patentes de nos rois. VIII. 476.

V. *Dispenses.*

PAPIERS DOMESTIQUES. V. *Écritures privées.*

PARENTÉ. La parenté est la liaison que la nature a mise entre deux personnes qui descendent ou l'une de l'autre, ou d'une souche commune. v. 65, 66. VII. 16. x. 631. Il y a deux lignes de parenté, la directe et la collatérale. v. 66. VII. 16, 17. Le degré de parenté est la distance qu'il y a entre deux parens, laquelle se compte par le nombre de générations. *Ibid.* Dans la ligne directe, il n'y a qu'une seule manière de compter les degrés de parenté par le nombre des générations qui l'ont formée. v. 66, 67. En ligne collatérale, selon le droit civil, on compte toutes les générations en remontant depuis l'un des parens jusqu'à la souche commune, et toutes celles qu'il y a eu en descendant depuis la souche commune jusqu'à l'autre parent. 67. Selon le droit canonique, on ne

compte que les générations de l'un des parens jusqu'à la souche commune. v. 67. VII. 17, 18. x. 631. Si les deux parens sont à des degrés inégaux de l'auteur commun, on compte les générations dans la ligne de celui qui est le plus éloigné. v. 67, 68. A quelle époque a commencé dans l'église cette manière de compter les degrés selon le droit canonique, et comment s'est-elle établie? 68, 69, 70, 71, 72. V. *Affinité. Empéchement de mariage.* Parenté civile qui était formée par l'adoption entre l'adopté et son père adoptif, et tous les parens du nom et de la famille de son père adoptif. 100, 101. V. *Adoption.*

La parenté, pour donner le droit de succéder, doit être légitime et au degré successible. VIII. 18, 19. x. 632. Les bâtards ni les parens d'une ligne descendant d'un bâtard, ne succèdent pas. *Ibid.* V. *Bâtard.* Il n'y a de conjonction légitime que le mariage valablement contracté. VII. 19, 20. x. 632. Un mariage nul ne peut cependant donner la légitimité aux enfans, lorsqu'il a été contracté de bonne foi. *Ibid.* Mariages qui, quoique valables, sont cependant privés des effets civils. VII. 21, 22. V. *Mariage.* La légitimation par mariage subséquent peut donner aux enfans la parenté légitime. 23. V. *Légitimation. Succession.*

V. *Ajournement. Huissier. Récusation.*

PARRAIN. V. *Alliance spirituelle. Empêchement de mariage.*

PARTAGE. Le partage n'est pas, dans notre droit, un contrat d'échange, comme chez les Romains.

II. 278, 279. Chez nous le partage est un acte qui détermine la part indéterminée qu'avait, avant le partage, chaque copartageant dans la masse qui a été partagée, aux seules choses qui tombent dans son lot. 278. Il est distinct de la vente, et ne donne lieu à aucun profit, quoiqu'il y ait soulte. 279. V. *Soulte.* Les copartageans se doivent réciproquement la garantie des choses tombées dans leur lot. *Ibid.* Mais non comme le vendeur la doit à l'acheteur. 279, 280. Cette garantie se borne au rétablissement de l'égalité entre les copartageans. 281. Le cohéritier peut-il opposer, à son cohéritier évincé qui réclame, la perte qu'il a éprouvée par cas fortuit? 281, 282. Les copartageans sont garans entre eux de l'insolvabilité des débiteurs des rentes tombées dans leur lot. 282. *Secùs,* de la part du vendeur d'une rente. *Ibid.* Ils sont garans les uns pour les autres. *Ibid.* La lésion de plus du quart donne lieu à la rescision du partage. *Ibid.* V. *Cheptels. Garantie. Lésion. Légitime. Partage de la communauté. Partage des successions. Rescision. Société.*

PARTAGE DE LA COMMUNAUTÉ. Division qui se fait entre les parties des biens de la communauté. VI. 414. Un seul des héritiers du conjoint prédécédé, peut demander aux autres parties le partage des biens de la communauté. *Ibid.* Un mineur ne peut demander qu'un partage provisionnel des immeubles. 414, 415. V. *Mineur.* Mais il peut être provoqué à un partage définitif des immeubles par une partie majeure. 415. La demande aux fins de partage, doit être donnée contre toutes les parties. *Ibid.* Tant que

les parties sont dans l'indivision, l'action de partage n'est sujette à aucune prescription. *Ibid.*

Le partage des biens de la communauté commence ordinairement par celui du mobilier. VI. 416. X. 324. Il peut en être autrement. *Ibid.* On peut vendre les meubles au lieu de les partager, quand il n'y a pas de quoi payer les dettes. *Ibid.* Pour procéder au partage des immeubles, on fait une masse de tous ceux de la communauté selon leur valeur. VI. 416, 417. X. 324. La femme prélève, sur cette masse, le montant de ses reprises et autres créances. *Ibid.* Après ceux de la femme, se font les prélèvemens du mari. *Ibid.* Ensuite deux lots égaux sont formés et tirés au sort. *Ibid.* S'ils ne peuvent être égaux, on assujettit le plus fort à un retour. VI. 417, 418. V. *Soulte.* Si les parties ont partagé, sans avoir fait préalablement leurs prélèvemens sur la masse, elles doivent s'en faire raison après le partage. 418. Pour cela, elles font compensation jusqu'à due concurrence, des sommes dont chacune d'elles est créancière de la communauté; et celle qui reste créancière, après avoir fait confusion sur elle de sa moitié dans la somme qui lui est due, se fait payer l'autre moitié par l'autre partie. 418. La femme n'est obligée de compenser la somme dont elle est créancière, avec celle dont le mari est créancier, que jusqu'à concurrence de sa part dans la communauté. 419. Par la même raison, elle n'est obligée de faire confusion pour moitié de ce qui lui est dû, que jusqu'à concurrence de sa part dans la communauté. *Ibid.* V. *Compensation. Confusion.* Si l'une des parties est restée débitrice envers la communauté, par la liquidation,

elle doit en faire raison au partage.
420. Ou en ajoutant à la masse la
créance de la communauté contre
la partie débitrice, et en la lui
précomptant sur sa part, ou en
permettant à l'autre partie de prélever, avant le partage, une somme
égale sur la masse. *Ibid.* Si les deux
parties sont débitrices envers la
communauté, elles peuvent ou faire
entrer les deux créances dans la
masse, ou les compenser jusqu'à
due concurrence, en agissant pour
le restant dû, comme ci-dessus.
420, 421. Si les parties n'ont pas
fait raison des dettes lors du partage, elles en font compensation jusqu'à due concurrence, et celle, qui
reste débitrice, en confond la moitié sur elle, et doit à l'autre l'autre moitié. 421.

Le survivant et les héritiers du
prédécédé, peuvent convenir de liciter les conquêts de communauté. VI. 421. X. 324. V. *Licitation.*
Lorsqu'il y a divergence entre
les parties, le juge en ordonne,
après visite. VI. 421, 422. X. 324.
Un mineur ne peut demander la
licitation. VI. 422. Mais on peut
la demander contre lui. *Ibid.* Lorsqu'il y a une partie mineure, la
licitation doit se faire à l'audience
du juge. *Ibid.*

Le mari et la femme sont censés
avoir été seuls propriétaires des
biens qui sont tombés dans leur
lot. VI. 422, 423. La partie, au lot
de laquelle tombent ses propres
ameublis par elle, est censée en
avoir toujours été propriétaire au
même titre. 423. S'ils tombent au
lot de la partie qui n'a pas fait l'a-
meublissement, elle en est censée
propriétaire dès le temps où ils
ont été apportés à la communauté.
*Ibid.* V. *Ameublissement.* La licitation a le même effet que le par-

tage à l'égard de l'adjudicataire.
423, 424. Il en est de même dans
le cas de la vente de sa part indivise, faite par l'une des parties à
l'autre. 424.

Il y a lieu à la rescision du partage, lorsque l'une des parties a
été lésée au-delà du quart. 424,
425. V. *Lésion. Rescision.*

Les parties se doivent réciproquement garantie des effets tombés
dans leur lot. 425. V. *Garantie.*
Les évictions, dont les copartageans
sont garans, l'un envers l'autre, sont
celles dont il y avait une cause, ou
du moins un germe existant dès le
temps du partage. 425, 426. V.
*Eviction.* Il n'y a pas lieu à garantie, même dans ce cas, lorsque la
partie, qui a souffert l'éviction, en
a été chargée par le partage. 426.
Ni lorsque l'éviction procède d'une
cause qui n'est survenue que depuis
le partage. 426, 427. La garantie
n'oblige la partie qui en est
tenue, qu'à faire raison pour sa portion, à celle qui l'a soufferte, de la
valeur de la chose évincée. 427.
L'obligation de garantie des copartageans, s'étend aux charges réelles non déclarées par le partage.
427, 428. Il faut en excepter les
servitudes visibles. *Ibid.* Elle s'é-
tend aussi aux vices rédhibitoires
non déclarés. 428. Elle s'étend encore à l'insolvabilité des débiteurs
des créances et des rentes comprises au partage. 428, 429. Pour que
la garantie existe à l'égard des
créances de sommes exigibles, il
faut que le débiteur fût déjà insolvable à l'époque du partage, ou
qu'il le soit devenu avant l'expiration du temps nécessaire pour obtenir le paiement. *Ibid.* Il n'en est
pas de même pour les rentes que
le copartageant est tenu de continuer pour sa part, à quelque épo-

que que le débiteur soit devenu insolvable. *Ibid.* Cette garantie est plus étendue que celle qui a lieu pour le contrat de vente, à cause de la faveur accordée à l'égalité des partages. 429, 430. Les parties peuvent se décharger de l'obligation de garantie par une clause apposée au partage, ou par une convention intervenue depuis. 430, 431. De l'obligation de garantie naît une action de garantie avec une hypothèque privilégiée sur les biens compris au partage échus au lot du copartageant. 431.

V. *Communauté tripartite. Continuation de communauté. Dettes de la communauté. Retrait de mi-denier.*

PARTAGE DE LA SOCIÉTÉ. Sur tout ce qui est relatif au partage de la société, voyez aux mots : *Partage de la communauté, — des successions*, et *Société.*

PARTAGE DES SUCCESSIONS. Chaque cohéritier a contre son cohéritier l'action en partage, pour l'obliger à partager les biens qui sont communs entre eux. VII. 186. X. 652. Quelque temps qu'il y ait que la communauté dure. VII. 186, 187. X. 652, 653. Quand même ils seraient convenus de ne jamais provoquer le partage, ou quand même le défunt l'aurait défendu par son testament. VII. 187. X. 652. On peut convenir qu'il sera différé pendant un certain temps. *Ibid.* Cette convention exclut-elle un partage provisionnel ? VII. 187, 188. Une possession séparée par chacun des héritiers, ou par un seul, n'empêche pas le partage, à moins qu'elle n'ait duré trente ans. VII. 188. X. 652. Les cohéritiers majeurs peuvent seuls provoquer à un partage défi-

nitif. VII. 188, 189. Les tuteurs et curateurs ne peuvent provoquer pour leurs mineurs un partage définitif, si ce n'est des meubles, et seulement provisionnel des immeubles. VII. 189. X. 653. Mais ils peuvent être provoqués à un partage définitif même des immeubles, par leurs cohéritiers majeurs. *Ibid.* Quand le mari peut provoquer le partage des successions échues à sa femme. VII. 189, 190.

Le principal objet de l'action en partage, est la division des biens de la succession. VII. 190. X. 653. Les rapports que les héritiers se doivent sont aussi un des objets du partage. *Ibid.* V. *Rapport.* Les prestations personnelles des héritiers entre eux en forment le troisième objet. *Ibid.* Elles consistent dans ce que chacun d'eux a reçu ou payé pour le compte de la succession. VII. 190, 191. X. 653, 654. Dans ce qu'il doit à la succession, ou qui lui est dû par elle. VII. 191. X. 653. Dans le paiement des dommages et dégradations qu'il a causés sur les biens de la succession. *Ibid.* On lui fait raison de ce qu'il lui en a coûté pour les affaires de la succession. VII. 191, 192.

Forme de procéder au partage; estimation, formation et tirage des lots. 226, 227. Lorsque le partage ne peut avoir lieu, il faut procéder à la licitation. 228. V. *Licitation.*

Par le partage, chaque cohéritier est censé avoir seul succédé immédiatement au défunt, à tous les biens compris dans son lot. VII. 228, 229. X. 662. Le partage n'est pas attributif, mais seulement déclaratif de propriété. *Ibid.* Il ne donne pas ouverture aux profits féodaux et censuels. VII. 229. IX. 719. X. 662. Les hypothèques des créanciers personnels de chaque cohéritier, se restreignent sur les héritages échus dans son lot. *Ibid.* Le droit romain avait des dispositions contraires. vii. 229, 230. Les créanciers des héritiers ont le droit d'intervenir au partage. 230.

Lorsqu'un lot est trop fort, on le charge d'un retour envers le lot trop faible, pour rétablir l'égalité. vii. 220. x. 662, 663. Ce retour consiste ou dans une rente, ou dans une somme d'argent. *Ibid.* La rente, dont le lot le plus fort est chargé envers le plus faible, est une rente foncière. vii. 230, 231. x. 663. V. *Rente foncière.* La somme d'argent, dont il est chargé, constitue une dette personnelle de l'héritier à qui le lot est échu. vii. 231. x. 663. Le cohéritier, créancier de cette somme, a hypothèque sur les biens du lot chargé du retour. *Ibid.* La rente due pour le prix de cette somme, est une rente constituée. vii. 231, 232. V. *Rente constituée. Soulte.*

Les cohéritiers contractent par le partage l'obligation de se garantir réciproquement la libre possession des biens échus dans leurs lots respectifs. vii. 232. x. 663, 664. Pour que l'éviction, soufferte par un créancier, donne lieu à cette garantie, il faut qu'elle procède d'une cause ancienne, et qui existât au temps du partage. vii. 232, 233. x. 663, 664. Il faut qu'elle ne procède pas de la nature même de la chose, donnée par le partage pour être de telle nature. vii. 233. Il faut qu'elle ne soit pas arrivée par la faute de l'héritier qui la souffre. vii. 234. x. 664. Enfin, il faut que l'espèce d'éviction arrivée n'ait pas été expressément exceptée de la garantie. *Ibid.* Lorsque ces conditions concourent, il y a lieu à garantie, toutes les fois que les

choses échues à l'un des cohéritiers ne sont pas telles qu'elles ont été déclarées être par le partage. vii. 234, 235. x. 664. L'héritier, qui a eu connaissance, lors du partage, de la cause de l'éviction, est-il exclus de la garantie? vii. 235. x. 664. L'héritier, assigné sur une demande en éviction, doit appeler incontinent en garantie ses cohéritiers. vii. 235, 236. L'obligation de garantie consiste en ce que chacun des cohéritiers est tenu, pour sa part, d'indemniser son cohéritier de la perte que lui a causée l'éviction. 236. Si l'un d'eux est insolvable, sa part doit être répartie entre le cohéritier évincé, et les cohéritiers solvables. vii. 236. x. 665. Il y a lieu à la garantie des rentes, quelque long temps après le partage qu'elles deviennent caduques. vii. 236, 237. x. 664, 665. Elle peut être exclue, ou restreinte à un certain temps par une clause du partage. vii. 237. Garantie de fait pour les créances exigibles. *Ibid.* Cette action de garantie se prescrit par trente ans, du jour où elle est ouverte. 237, 238. V. *Garantie.*

Les biens échus au lot de chaque héritier sont hypothéqués par privilége à toutes les obligations résultantes du partage. vii. 238. x. 665. Cette hypothèque privilégiée a lieu, quand même le partage aurait été fait sous seing-privé. *Ibid.* Les tiers-détenteurs la prescrivent par dix et vingt ans. *Ibid.* V. *Hypothèque.*

Les partages sont susceptibles d'être rescindés dans les mêmes cas, et pour les mêmes causes que les autres actes. vii. 239. Il ne faut qu'une lésion du tiers au quart pour donner lieu à la rescision en faveur d'un majeur. *Ibid.* V. *Lésion.* Cette rescision doit être demandée dans les dix ans du partage. 240. V. *Res-cision.*

La subdivision des successions entre les représentans, se fait en suivant les mêmes règles que pour le partage principal. 57. V. *Représentation.*

V. *Douaire de la femme. Pétition d'hérédité. Propre. Propre de communauté. Propre réel. Succession.*

PART D'ENFANT. V. *Secondes noces.*

PARTIE CIVILE. V. *Accusation. Plainte.*

PATURAGE. Droit de pâturage, herbage.... etc., sous la Coutume d'Orléans. x. 265-270.

PAULETTE. V. *Récompense.*

PÊCHE. La pêche est une sorte d'occupation par laquelle on acquiert la propriété du poisson dont on s'empare. VIII. 137. La pêche dans la mer est permise à tout le monde. *Ibid.* La pêche dans les rivières navigables est un droit domanial qui n'appartient qu'au roi. *Ibid.* Dans les rivières non navigables, elle appartient aux propriétaires fondés en titre ou possession, sinon aux seigneurs hauts-justiciers. *Ibid.* Ceux qui pêchent sans droit dans les rivières navigables ou non navigables, sont punis par les ordonnances comme larrons et voleurs. 137, 138. V. *Chasse. Occupation.*

PÉCULE. Castrense, quasi-castrense, profectice, et adventice. VIII. 225, 226. Dispositions du droit romain. *Ibid.* V. *Esclave. Profession religieuse. Propriété.*

PEINES. Les peines sont graduées dans l'ordre suivant : la mort, la question avec réserve des preuves, les galères perpétuelles, le bannissement perpétuel, la question sans réserves de preuves, les galères à temps, le fouet, l'amende honorable, le bannissement à temps. IX. 431. Les peines capitales et afflictives sont celles de la mort naturelle, des galères à perpétuité, du bannissement perpétuel hors du royaume. VI. 173. IX. 439. Différens genres de peine de mort : la potence, la décollation pour les gentilshommes, la roue, le feu, l'écartellement. IX. 439, 440. Les peines peuvent être géminées. 440. Poing coupé, langue percée. *Ibid.* Question préalable. *Ibid.* Les peines capitales sont celles qui font perdre la vie civile au condamné, et emportent la confiscation de ses biens. *Ibid.* Les peines afflictives et non capitales sont toutes celles qui affligent la liberté ou le corps : les galères et la réclusion à temps, le fouet, le bannissement perpétuel hors d'une province, le pilori et le carcan, l'amende honorable. 440, 441. Quand la marque doit être ajoutée à ces peines. 440. Les peines seulement infamantes sont le blâme et l'amende. 441. Les peines non infamantes sont l'admonition, la condamnation à une aumône, et l'injonction. *Ibid.* Le condamné peut en outre être condamné à une réparation envers la partie civile. *Ibid.* S'il y en a plusieurs, ils sont condamnés solidairement à cette réparation, ainsi qu'aux dépens. 442. V. *Condamnation. Infâme. Jugement en matière criminelle. Mort civile.*

PEINE. V. *Obligation pénale.*

PÈRE DE FAMILLE. Responsable des délits de ses enfans mineurs, et de sa femme. i. 278. Lorsqu'il ne les a pas empêchés, ayant été en son pouvoir de le faire. *Ibid.* V. *Puissance maritale. Puissance paternelle.* Comment doit s'entendre la jouissance d'un bien en bon père de famille? iii. 312, 313. v. 494, 495. ix. 559, 56o. x. 776. V. *Faute. Louage des choses. Usufruit.*

PÉREMPTION. Extinction d'une instance par une discontinuation de procédures pendant trois ans, à compter du dernier acte. ix. 83, 84. Il faut que la péremption soit déclarée acquise par un jugement. i. 5o3, 5o4. Si le tribunal, qui la déclaré acquise, n'est en dernier ressort, on peut en appeler. 5o4. Sur cet appel, les juges ne prennent pas connaissance du fond. *Ibid.* La péremption éteint l'instance et non l'action. ix. 84. Toute instance, en quelque juridiction que ce soit, peut tomber en péremption. 84, 85. Une simple assignation, sans plus, est-elle susceptible de péremption? *Ibid.* Les instances sur les droits du roi, ou de droit public, n'y sont pas sujettes. 85. Il en est de même des saisies réelles, lorsqu'il y a bail judiciaire. ix. 85, 25o. *Secùs*, des instances d'opposition à cette saisie. *Ibid.* Péremption des instances d'appel. i. 5o4. ix. 14o, 141. V. *Appel.* La péremption a lieu contre mineurs et majeurs, et contre les communautés laïques. ix. 85, 86. V. *Communautés, Mineur.* Elle n'a lieu contre les églises, les hôpitaux et les fabriques, que lorsqu'il s'agit des fruits et des revenus, mais non du fonds. 86. Toutes les causes, qui interrompent une instance, empêchent la péremption de courir jusqu'à ce qu'elle ait été reprise. 86, 87. Elle est couverte par quelque acte de

procédure signifié par celui qui aurait pu l'invoquer. i. 5o4. ix. 87. Même par un acte signifié par l'autre partie, avant que la péremption ait été demandée. *Ibid.* La péremption détruit l'instance, et met les choses au même état que s'il n'y avait pas eu de demande. 87, 88. Le demandeur peut donner une nouvelle demande, s'il en est encore temps. *Ibid.* Les intérêts des sommes réclamées ne courront que du jour de la nouvelle demande. 88. V. *Intérêts compensatoires.* La péremption ne détruit pas les enquêtes, rapports d'experts, et autres actes probatoires, faits dans le cours de l'instance. *Ibid.* V. *Chose jugée. Interruption d'instance. Reprise d'instance. Retrait lignager.*

PERFECTION DU CONTRAT. V. *Contrat. Vente.*

PERQUISITION. Procès-verbal de perquisition, par lequel on exécute le décret de prise de corps contre l'accusé absent. ix. 398, 399. V. *Décret.*

PERSONNES. Toute personne, pour être l'objet des lois, doit jouir de la vie civile. x. 7. Division des personnes. viii. 1, 22, 38, 54, 55, 57. x, 9, 10, 11.

V. *Bâtard. Communautés. Curateur. Ecclésiastique. Etranger. Enfant. Femme mariée. Français. Garde - Noble. Gens de mainmorte. Interdit. Mort civile. Noblesse. Puissance maritale. Puissance paternelle. Religieux. Serfs. Succession vacante. Tiers - Etat. Tutelle, etc., etc.*

PERSONNE INTERPOSÉE. V. *Avantage indirect.*

PERTE DE LA CHOSE. Une chose a péri, lorsque ce qui constituait son essence n'existe plus. VII. 383, 384. X. 581, 582. Par qui la perte est-elle supportée? II. 24, 139, 140. III. 260.

V. *Charte-partie. Condictio indebiti. Demeure. Détérioration. Dommages-intérêts. Extinction de la chose due. Force majeure. Garantie. Louages. Retard. Risques. Réintégrande. Spoliateur. Vendeur.*

PÉTITION D'HÉRÉDITÉ. Action qu'a celui, à qui appartient une succession, contre ceux qui la lui disputent, ou qui refusent de lui rendre des choses qui en font partie. VIII. 281. X. 46. Elle ne peut être intentée que par l'héritier du défunt dont la succession est revendiquée. VIII. 282. Celui, qui n'est héritier que pour partie, ne peut revendiquer la succession que pour cette partie. 282, 283. Un cessionnaire de droits successifs peut aussi, du chef de l'héritier, son cédant, intenter la pétition d'hérédité. 283. Il peut appeler, dans ce cas, son cédant en garantie, à moins qu'il n'ait acheté à ses risques. *Ibid.*

La pétition d'hérédité peut être intentée contre tout possesseur de biens ou d'effets appartenans à la succession. 284. Elle est souvent précédée d'une demande à fin de partage entre cohéritiers, qui reste en suspens jusqu'à sa décision. 284, 285. Si plusieurs personnes possèdent des effets de la succession, l'héritier pour partie est obligé de les assigner toutes. 285. En un mot, l'héritier a la pétition d'hérédité contre tous ceux qui lui disputent la succession et sa qualité d'héritier. 285, 286. Non-seulement contre celui qui possède, mais on encore contre celui qui a cessé de posséder par son dol des effets appartenans à la succession. 286. *Quid*, si l'héritier a assigné quelqu'un qui ne possède aucun effet de la succession? 286, 287.

L'héritier doit établir, sur l'action en pétition d'hérédité, que la succession lui appartient en tout ou en partie. 287, 288. Si c'est un héritier testamentaire, il doit rapporter le testament. 288. Ce testament peut être repoussé par le défendeur, en l'attaquant pour des vices, soit de forme, soit du fond, ou pour cause d'incapacité ou d'indignité dans la personne de l'institué. 288, 289. Si c'est un héritier légitime, il établit son droit par sa généalogie, dûment justifiée. 289. Le possesseur est admis à la contredire. *Ibid.* Il peut repousser la demande, en prouvant qu'il est héritier testamentaire du défunt. *Ibid.* Peut-il opposer comme fin de non-recevoir au demandeur, qu'il a approuvé le testament, en recevant un legs particulier qu'il lui faisait. 289, 290. Le demandeur, en ce cas, perd-il son legs, si, en définitive, il n'obtient pas sa demande? 290.

Le procès sur la pétition d'hérédité suspend les droits que l'une et l'autre des parties avaient contre le défunt. 290, 271. Le temps de la prescription est-il pareillement arrêté pendant ce procès? 291. Les droits de la succession contre les parties en procès sont-ils également suspendus? *Ibid.* La pétition d'hérédité arrête l'action en partage. *Ibid.* Dès qu'elle est intentée, il n'est pas permis au possesseur des biens de la succession d'en rien vendre. 292. Si ce n'est les choses périssables, ou pour subvenir aux dépenses exercées pour la conservation des biens de la succession.

*Ibid.* Le procès sur la pétition d'hérédité n'empêche pas les créanciers d'être payés. *Ibid.* Les créanciers de corps certains, qui sont dans les mains du possesseur, doivent agir directement contre lui. 292, 293. Les créanciers d'une somme d'argent peuvent agir, soit contre l'une, soit contre l'autre des parties qui se disputent la succession. 293. Contre qui doivent agir les légataires ? *Ibid.*

Restitution qui doit être faite au demandeur qui a obtenu sa demande en pétition d'hérédité. 294. Distinction entre les possesseurs de bonne ou de mauvaise foi. *Ibid.* Quels sont ceux, en cette matière, qui sont possesseurs de bonne foi, et ceux qui sont possesseurs de mauvaise foi? 294, 295. Le possesseur doit rendre toutes les choses dépendantes de la succession qu'il a par-devers lui, les droits incorporels comme les choses corporelles. 295, 296. Même les choses dont le défunt n'avait que la nue détention. 296. Les fruits provenus des choses de la succession. 296, 297. Les actions par rapport à quelqu'une des choses de la succession qu'il a par-devers lui. 297. Toutes les choses qui tiennent à l'exploitation des héritages qu'il restitue. *Ibid.* Il n'est pas tenu de rendre les choses achetées pour lui des deniers de la succession, sauf à tenir compte de ces deniers. 297, 298. Il doit rendre les choses qu'il n'a commencé à posséder que depuis le procès. 298. Les possesseurs de bonne et de mauvaise foi sont tenus, de la même manière, de la restitution des choses appartenant à la succession, qui sont par-devers eux. *Ibid.* Mais ils sont tenus différemment de celles qu'ils ont cessé ou même manqué

de posséder. 298, 299. Le possesseur de bonne foi n'en est pas tenu. *Ibid.* Le possesseur de mauvaise foi en est tenu, lorsqu'il a cessé ou manqué de posséder par son fait, et par son dol. 299, 300. Excepté lorsque la vente de la chose a été faite par le possesseur pour l'avantage de la succession. 300. Ou que l'héritier aime mieux se faire rendre compte du prix, que de regarder la vente comme non avenue. 300, 301. La condamnation du possesseur, qui ne possède plus la chose, se convertit en dommages-intérêts. 301, 302. Le possesseur de mauvaise foi est tenu du prix des choses qui ont péri, quoique par cas fortuit. 302. Si un tuteur a possédé de mauvaise foi une succession pour son mineur, de quoi est tenu le mineur à sa majorité ? 302, 303. Si le demandeur en pétition d'hérédité n'est héritier que pour partie, le possesseur condamné ne doit lui rendre que sa part indivise dans les choses qu'il possède. 303. Cependant, si le possesseur n'est pas lui-même héritier, il doit remettre tout ce qu'il possède à l'héritier pour partie, qui le garantira des demandes des autres cohéritiers. 303, 304. Quoique la pétition d'hérédité soit une action réelle, le possesseur peut cependant être tenu à des prestations personnelles. 304. Ces prestations consistent dans le compte du prix des choses vendues, des fruits, et des dégradations et détériorations. *Ibid.* Le possesseur de bonne et de mauvaise foi est tenu de rendre compte de tous les profits qu'il a retirés des biens de la succession. 304, 305. Est-il tenu, lorsqu'il a racheté à bon marché un effet de la succession qu'il avait vendu chèrement, de le rendre en nature, ou seulement

le prix qu'il en avait reçu? 3o5. Il
doit tenir compte même des profits
déshonnêtes. 3o6. La règle ne souffre pas d'exceptions. *Ibid.* Différence entre le possesseur de bonne et
de mauvaise foi , quant aux prestations personnelles dont ils sont
tenus. 3o6 , 3o7. Le possesseur de
mauvaise foi est obligé de rendre compte de tout ce qui lui est
parvenu de la succession, quand
même il n'en aurait pas profité;
mais non le possesseur de bonne
foi, qui, pour en être tenu, doit
en être plus riche au moment de
la demande. 3o7 , 3o8. Dans quels
cas le possesseur de bonne foi
est-il censé enrichi au moment
de la demande, par ce qui lui
est provenu des biens de la succession ? 3o8, 3o9. A quel temps
doit-on avoir égard, pour savoir si
les profits, qu'il a pu retenir de la
succession, subsistent encore par-
devers lui à cette époque? 3io.
Après la litiscontestation, le possesseur de bonne foi est, à cet
égard, considéré comme étant de
mauvaise foi. *Ibid.* Règle, tirée des
principes ci-dessus, suivie dans la
jurisprudence française. 3i1. Le
possesseur est censé avoir profité,
et profiter encore au temps de la
demande, de tout ce qu'il a recueilli de la succession qu'il croyait
lui appartenir ; il doit en rendre
compte, déduction faite des dépenses. 3i1, 3i2. Le possesseur
de bonne foi n'est tenu de la restitution des fruits, que jusqu'à concurrence de ce qu'il s'en est trouvé
plus riche avant la litiscontestation ; le possesseur de mauvaise foi
en est tenu indistinctement. 3i2,
3i3. Après la litiscontestation, ils
en sont tenus pareillement. 3i3. V.
*Fruits.* Le possesseur de mauvaise
foi doit les intérêts des sommes

qu'il a employées à ses affaires ;
le possesseur de bonne foi ne les
doit pas. 3i3 , 3i4. Dans notre
jurisprudence , le possesseur ne les
doit que du jour qu'il a été mis en
demeure. 3i4. Le possesseur de
mauvaise foi est tenu des dommages-intérêts pour les dégradations
arrivées par son fait. 3i4, 3i5. Le
possesseur de bonne foi n'en est
tenu que dans le cas où il en aurait
profité , ou si elles ont eu lieu
depuis la litiscontestation. 3i5. Ces
principes sur les dégradations ont
lieu dans notre droit. *Ibid.* Le possesseur de mauvaise foi est-il tenu
de la prescription survenue des
créances de la succession, et de
l'insolvabilité de ses débiteurs ?
3i5 , 3i6. Prestations personnelles
dont est tenu le demandeur envers
le possesseur qui lui rend les biens
de la succession. 3i6. Dépenses
dont il doit le rembourser. 3i6 ,
3i7. Différence pour quelques-unes
entre le possesseur de bonne foi,
et le possesseur de mauvaise foi.
3i7, 3i8. Quant aux impenses, il
n'y a pas de différence entre eux
pour celles qui étaient nécessaires;
ils doivent en être remboursés.
3i9. *Quid*, des impenses utiles et
voluptuaires? *Ib.* V. *Impenses.* L'héritier doit aussi indemniser le possesseur des engagemens qu'il a contractés pour la succession. 3i9, 32o.

L'action, qui appartient au roi
ou au seigneur , succédans par
droit d'aubaine, de bâtardise, ou
de déshérence , n'est pas l'action
en pétition d'hérédité. 32o, 32i.
Nature de cette action. *Ibid.* De
même, le seigneur n'est pas héritier de son serf auquel il succède.
322. Le religieux, pourvu d'un bénéfice, ne laisse pas non plus une
hérédité, mais seulement un pécule.
VIII. 322. x. 47. V. *Action réelle*,

Aubaine ( *droit d'* ). *Bâtardise.*
*Déshérence. Profession religieuse.*
*Propriété. Revendication.*

PÉTITOIRE. Le pétitoire ne peut
être cumulé avec le possessoire. IX.
112. X. 146. V. *Complainte. Posses-*
*soire. Réintégrande.*

PIRATE. V. *Prise.*

PLACET. Qui se présente au juge,
pour faire appeler la cause à l'audience. IX. 42. Ce qu'il doit contenir. *Ibid.*

PLANTATIONS faites sur le fonds
d'autrui, ou avec les arbres d'autrui. VIII. 184, 185. V. *Accession.*

PLAINTE. Acte par lequel la partie lésée, ou la partie publique,
expose au juge le délit qui a été
commis, et demande à en faire la
preuve, et à en poursuivre la réparation. IX. 376. Elle se fait contre
personnes certaines ou incertaines.
*Ibid.* Sa forme, soit qu'elle soit
faite par la partie lésée, ou par la
partie publique. 376, 377. La
plainte donnée par la partie lésée,
doit contenir une déclaration expresse qu'elle se rend partie civile.
377. Elle peut le faire en tout état
de cause, lorsque la plainte a été
faite par la partie publique. *Ibid.*
Elle peut s'en désister dans les
vingt-quatre heures. *Ibid.* Sur la
plainte de la partie publique, ou
lésée, le juge permet d'informer.
375. V. *Information.* Il peut ordonner un monitoire, un rapport de
médecins, qu'il se transportera
lui-même sur les lieux. *Ibid.* V.
*Monitoire. Rapport de médecin.*
*Procès-verbal de juge.* En cas de
flagrant délit, il peut informer sans
aucune plainte. *Ibid.*

POLONAIS. La vente en est prohibée. II. 7.

POLICE D'ASSURANCE. V. *Assu-*
*rance.*

POLLICITATION. Ce qu'elle était
dans le droit romain, et quand elle
était obligatoire. III. 451. Elle
n'existe pas dans notre droit. I. 6.
III. 451. En quoi elle différait du
contrat. I. 5. V. *Contrat. Pacte.*

POLYANDRIE. V. *Polygamie.*

POLYGAMIE. Contraire à l'institution du mariage. V. 48 *et suiv.*
Permise par Dieu à certaines époques. 50, 51. Elle est proscrite
aujourd'hui par l'Évangile. 51. La
polyandrie a toujours été condamnée. *Ibid.* V. *Empêchement de*
*mariage.*

PORT D'ARMES. Ne s'entend pas
seulement en matière criminelle,
de fusils et d'épées; mais de toutes
les choses dont on peut se servir
pour maltraiter ou intimider. IV.
369.

PORT DE FOI. V. *Foi et hommage.*
*Retrait seigneurial.*

PORTEUR d'une lettre de change.
Ses obligations. III. 159, 171, 178.
V. *Lettre de change. Protêt.*

PORTION DISPONIBLE. V. *Réserve.*

POSSESSEUR de bonne ou de mauvaise foi. VIII. 257, 294, 295.
Le possesseur de mauvaise foi
a-t-il le droit de se faire rembourser les impenses et améliorations
qu'il a faites à l'héritage pendant
sa possession? 271, 274, 310, 319.
V. *Fruits. Pétition d'hérédité. Pos-*

*sesseur. Revendication. Tiers-dé-
tenteur.*

POSSESSION. La possession est
distincte de la propriété. VIII. 323.
Elle est une manière de l'acquérir.
*Ibid.* La possession est la détention d'une chose corporelle que
nous tenons en notre puissance, ou
par nous-mêmes, ou par quelqu'un qui la tient pour nous et en
notre nom. II. 145. VIII. 324. x.
928. Elle est un fait plutôt qu'un
droit. *Ibid.* Ses effets. VIII. 324, 325.
Question élevée par les jurisconsultes romains, si deux personnes
peuvent avoir jamais, chacune pour
le total, la possession d'une même
chose. 325. La possession peut procéder de plusieurs titres, et elle
diffère en cela de la propriété. 326.
V. *Propriété.*

La possession est civile ou naturelle. VIII. 326, 327. x. 928. La
possession civile doit procéder d'un
juste titre. VIII. 327. x. 928, 929.
Il y a autant de possessions différentes que de genres de titres. *Ibid.* Il
faut que le titre ait été suivi de
la tradition. *Ibid.* V. *Tradition.*
Le possesseur doit faire apparoir
de son titre, à moins que la possession ne soit assez longue pour le
faire présumer. *Ibid.* Le titre fait
présumer la bonne foi, tant qu'on
ne justifie pas du contraire. VIII.
328. V. *Titre.* Plusieurs espèces
de possession naturelle. VIII. 328.
x. 929. Celle qui est destituée de
titre et de cause. *Ibid.* Celles qui,
procédant d'un titre, est infectée
de mauvaise foi. *Ibid.* Celle qui
procède d'un titre nul. *Ibid.* Celle
qui procède d'un titre valable,
mais qui n'est pas de nature à transférer la propriété, telle que celle
d'un engagiste, d'un usufruitier,
d'un séquestre et de tous ceux qui

détiennent à titre précaire. VIII.
328, 329. x. 929, 930. La première
de ces possessions naturelles, lorsqu'elle a duré assez long-temps,
fait présumer le titre et cesse d'être
naturelle. *Ibid.* A l'égard des trois
autres, quelque long temps qu'elles durent, la qualité du titre réclame toujours contre elles. VIII.
330. De-là l'axiôme : il vaut mieux ne
pas avoir de titre, que d'en avoir
un vicieux. VIII. 330. x. 930. Ne
pas confondre la possession naturelle, avec la détention de ceux
qui détiennent pour un autre, et
au nom d'un autre. *Ibid.* Ces personnes n'ont qu'une simple garde
de la chose, et non la possession
naturelle. *Ibid.*

Différens vices des possessions.
VIII. 331. x. 930. La mauvaise foi
est la plus ordinaire. *Ibid.* Elle ne
se présume pas dans la possession
qui procède d'un juste titre. *Ibid.*
La violence est aussi une voie de
la possession. VIII. 331. x. 931.
Quand y a-t-il possession violente ?
VIII. 331, 332. x. 931. La clandestinité est encore un vice de la possession. VIII. 333. x. 931. Il faut
qu'elle ait existé au moment où la
possession a été acquise. VIII. 338,
334. x. 931. L'inhabilité du titre est
une quatrième espèce de vice de la
possession. VIII. 334.

On ne peut, par la seule volonté, ni par le seul laps de temps,
se changer à soi-même la cause de
sa possession. VIII. 335. x. 932. Le
principe s'applique même à la nue-
détention d'une chose que quelqu'un
possède pour un autre et au nom d'un
autre. VIII. 335, 336. x. 932. On
ne peut pas davantage changer les
vices et les qualités de sa possession;
telle elle a commencé, telle elle continue. VIII. 336. x. 932, 933. Le
vice de la possession continue dans

la personne de l'héritier ou du successeur de mauvaise foi. VIII. 257-
260. La possession de celui qui
succède à titre singulier à un autre,
lui est propre; il est libre de ne pas
y ajouter la possession vicieuse de
son auteur. VIII. 336, 337. X. 933.
Le détenteur d'une chose peut,
par l'acquisition d'un nouveau titre, commencer une nouvelle possession. VIII. 337. X. 933.

Il n'y a que les choses corporelles qui sont susceptibles de possession. VIII. 338. X. 933, 934. Parmi
celles-ci, les choses qui n'appartiennent à personne n'en sont pas
susceptibles. Ibid. Les choses incorporelles ne sont susceptibles que
d'une quasi-possession. VIII. 338,
339. X. 934. V. Choses.

La possession s'acquiert par la
volonté de posséder, jointe à la
préhension de la chose. VIII. 340,
341. X. 934. Question sur la nécessité de la préhension. VIII. 342.
Exceptions au principe, dans la
maxime, le mort saisit le vif. VIII.
342. X. 936. V. Tradition.

Quelles personnes sont incapables d'acquérir la possession d'une
chose? Ibid. La possession étant
un fait, le mineur et la femme
mariée peuvent posséder. VIII. 343.
X. 937. Mais celle-ci ne peut exercer les droits qui résultent de la
possession sans l'autorisation de
son mari. Ibid. Nous pouvons acquérir la possession, et par nous-
mêmes, et par ceux qui reçoivent la
chose pour nous et en notre nom.
Ibid. Il faut, pour cela, que ces
personnes aient l'intention de nous
l'acquérir. VIII. 343, 344. X. 987.
La possession commence pour nous,
dans ce cas, du moment où elles
ont reçu la chose pour nous, bien
que nous ne le sachions pas encore.
VIII. 344. X. 937. Si l'on a agi pour

moi sans mandat, je n'acquiers la
possession que du moment où j'ai
approuvé l'acquisition. Ibid.

Nous conservons la possession
ou par nous-mêmes, ou par d'autres qui la détiennent pour nous.
VIII. 345. X. 938. Lorsque nous
avons acquis la possession d'une
chose, la seule volonté suffit pour
nous la conserver, quoique nous
ne la détenions corporellement ni
par nous, ni par d'autres. VIII. 345,
346. X. 938. Il suffit même que la
volonté que nous avions eue en ac-
quérant, n'ait pas été révoquée par
une volonté contraire. VIII. 346. X.
938. En vertu de ce principe, la
possession des choses d'un défunt
passe de plein droit à son héritier
du jour de sa mort. Ibid. De même
la succession vacante possède,
quoiqu'elle ne soit pas susceptible
de volonté. VIII. 346, 347. Pour
continuer à posséder pour nous,
un tiers n'a pas besoin d'en conserver l'intention formelle. VIII.
347. X. 938. Sa volonté ne peut
pas changer le titre de sa possession.
Ibid. La possession ne cesse pas
d'être à nous, quoique ceux qui
possédaient pour nous l'aient transmise à d'autres qui croient posséder pour ces derniers. VIII. 347, 348.
Nous continuons de posséder par
l'héritier de celui qui possédait
pour nous. 348. Quand même l'héritier aurait cru le défunt propriétaire de l'héritage. Ibid. Nous continuons de posséder par un autre,
lorsqu'il a abandonné la chose avec
l'intention de retour. 348, 349.
Quid, s'il avait le dessein de n'y
plus revenir? 349.

Ces principes se trouvent répétés, et
appliqués à la prescription, sous le mot
Prescription de dix et vingt ans.

Nous pouvons perdre la possession d'une chose ou par notre volonté ou malgré nous. viii. 350, 351. x. 939. Nous la perdons par notre volonté, ou par la tradition que nous en faisons à un autre, ou par un abandon pur et simple, viii. 351. x. 939. Elle se perd et par la tradition réelle, et par les traditions feintes. *Ibid.* Le mineur ne perd pas la possession, en faisant la tradition à un autre. viii. 351. x. 939, 940. La possession est perdue au moment même de la tradition. viii. 352. x. 939. Si la personne, à qui je fais la tradition, ne jouissait pas de sa raison, et que je l'ignorasse, la possession lui est-elle transférée? *Ibid.* Celui, qui feint un abandon pur et simple de la possession d'une chose, a une volonté absolue de perdre la possession, sans la transférer à un autre. viii. 352, 353. V. *Déguerpissement.* L'abandon de la possession est ordinairement accompagné de l'abandon de la propriété. viii. 353. x. 939, 940. Il se fait ordinairement *corpore et animo;* mais il peut se faire quelquefois par la seule volonté. *Ibid.* Nous perdons malgré nous la possession d'un héritage, lorsqu'on nous en chasse, ou celui qui possédait pour nous. viii.354.x. 940. Nous en sommes chassés, lorsqu'on nous a contraints par force d'en sortir, ou lorsqu'en étant sortis, on nous empêche par force d'y rentrer. *Ibid.* Nous perdons encore la possession, lorsque nous la laissons usurper par quelqu'un qui en a joui pendant an et jour. viii. 354, 355. La saisie n'enlève pas la possession au débiteur saisi. 355. Nous perdons la possession des meubles, lorsqu'ils nous sont ravis ou dérobés. viii. 355. x. 941. Ou lorsque nous les avons perdus, de manière que nous ne savons

plus où ils sont. viii. 356. x. 941, 942. Il ne faut pas confondre les choses égarées avec les choses perdues. viii. 356. x. 942.

Droits du possesseur relativement à la chose possédée. viii. 357. x. 942. Les uns appartiennent au possesseur de bonne foi seulement, les autres à tous les possesseurs. viii. 357. x. 942, 946, 947. Sur ceux qui appartiennent aux seuls possesseurs de bonne foi. V. *Fruits. Prescriptions. Revendication.* La possession fait réputer le possesseur propriétaire de la chose, tant qu'elle n'est pas revendiquée, et reconnue appartenir à autre propriétaire. viii. 357, 358. x. 942. Le possesseur a une action pour se maintenir dans sa possession, s'il y est troublé, ou pour y être rétabli, s'il en a été dépossédé. viii. 358. x. 942. V. *Complainte. Propriété. Réintégrande.*

La possession d'un navire pendant vingt-quatre heures, en fait acquérir la propriété à celui qui l'a pris sur l'ennemi. viii. 155 *et suiv.* V. *Prise.*

V. *Avantage entre époux. Bénéfice d'inventaire. Jus in re. Pétition d'hérédité. Prescriptions. Ténement de cinq ans.*

POSSESSION IMMÉMORIALE. V. *Prescription centenaire.*

POSSESSION. V. *Complainte.*

PÉTITOIRE. V. *Possession. Réintégrande.*

POT DE VIN. V. *Réméré. Retrayant.*

POST-SCRIPTUM. Quelle est leur force comme preuve, lorsqu'ils ne sont pas signés. i. 450. V. *Écritures privées.*

POSTHUME. V. *Don mutuel. Enfant. Préciput légal.*

POUVOIR. V. *Mandat.*

PRÉCAIRE. Convention par laquelle, à votre prière, je vous donne une chose pour vous en servir tant que je voudrai bien le permettre, et à la charge de me la rendre à ma réquisition. IV. 42. Ses rapports avec le prêt à usage. *Ibid.* En quoi il en diffère dans notre droit. *Ibid* En quoi il en différait dans le droit romain. 42, 43. Il produit des obligations semblables à celles du prêt à usage, sauf que celui, qui a accordé précairement l'usage d'une chose, peut en demander de suite la restitution. 43. Celui, à qui l'usage d'une chose est accordé précairement, est tenu de la faute la plus légère. 43, 44. V. *Faute.* Il ne peut se servir de la chose qu'à des usages auxquels elle est propre. 44. Il ne peut la transporter au loin pour s'en servir. *Ibid.* V. *Prêt à usage. Possession.*

PRÉCAIRE ( CLAUSE DE ). Par laquelle le vendeur ou le donateur déclare qu'il n'entend plus tenir la chose que précairement de l'acheteur ou donataire. VII. 454. VIII. 203. V. *Donation entre-vifs. Tradition.*

PRÉCIPUT. On appelle ainsi ce que le survivant a droit de prélever sur les biens de la communauté, lors du partage qui en est à faire. VI. 267. Le préciput est légal ou conventionnel. *Ibid.* V. *Préciput conventionnel. Préciput légal.*

PRÉCIPUT CONVENTIONNEL. Convention stipulée dans le contrat de mariage, par lequel le futur époux aura dans la communauté par préciput, en cas de survie, ses habits, linges, armes, chevaux, livres, outils, selon sa qualité ; et la future, ses habits, bagues et joyaux. VI. 281, 282. X. 314, 315. Le mot *habits* ne comprend pas les bagues et joyaux, et réciproquement. *Ibid.* Le préciput est stipulé en choses, ou en une somme d'argent. VI. 282. Il est illimité, lorsqu'il est dit que le survivant prendra les choses de telle et telle espèce, ou limité lorsqu'on ajoute jusqu'à concurrence de tant. *Ibid.* On doit retrancher du préciput illimité les choses de l'espèce désignée qui ont été acquises en fraude pendant la dernière maladie du prédécédé. 282, 283. Quelquefois le survivant a le choix entre le préciput illimité et le préciput limité. 283. Le préciput conventionnel est regardé plutôt comme une convention de mariage que comme une donation. *Ibid.* Le prédécès du conjoint donne seul ouverture au préciput au profit du survivant. VI. 283. X. 315. La mort civile doit-elle être regardée comme un prédécès qui y donne ouverture. VI. 283, 284, 285. V. *Mort civile.* Si les deux conjoints sont morts par un même accident, il n'y a pas de préciput au profit des héritiers. 285. La dissolution de la communauté par une séparation ne donne pas ouverture au préciput. *Ibid.* S'il est d'une somme d'argent, la succession du prédécédé en sera débitrice. *Ibid.* S'il est en espèces, on en fait l'estimation qui reste due par chacun des conjoints qui précompte ces espèces sur sa part. *Ibid.* Le fisc confiscataire des biens de l'un des conjoints, fait raison à l'autre du préciput, lorsque le premier prédécède. 285, 286. Ce préciput ne s'exerce qu'en cas d'acceptation de la communauté par la femme ou ses héritiers. vi. 286. x. 315. A moins qu'il n'ait été convenu que la femme, en cas de renonciation , aurait son préciput. *Ibid.* V. *Communauté conventionnelle. Préciput légal. Renonciation à la communauté.*

PRÉCIPUT LÉGAL DES NOBLES. Droit accordé par la Coutume au survivant de deux conjoints nobles, de prélever, au partage de leur communauté, les biens-meubles en dépendant sous certaines charges. v. 657. vi. 268. La mort naturelle seule y donne ouverture. v. 658.

Pour qu'il ait lieu , il faut premièrement que les conjoints soient domiciliés sous une Coutume qui l'accorde. v. 658,659. vi. 268. Est-ce au temps du mariage ou au temps du prédécès de l'un des conjoints, qu'il faut qu'ils soient domiciliés sous la Coutume qui l'accorde? vi. 268, 269. Lorsque l'un des conjoints, domicilié sous une Coutume qui n'accorde pas le préciput, soumet sa communauté à la Coutume de l'autre conjoint qui l'accorde , cette convention suffit-elle pour lui donner droit au préciput, s'il survit? 269, 270. Secondement, il faut que les conjoints soient nobles. v. 659. vi. 270. Doivent-ils l'être dès le temps du mariage, ou s'il suffit qu'ils le soient lors du prédécès? *Ibid.* Un aubain ne peut le prétendre. v. 659. Troisièmement, il faut qu'il y ait eu communauté de biens entre les époux, et qu'elle subsiste au temps du prédécès. v. 659, 660. vi. 270. A-t-il lieu en cas de renonciation à la communauté ? vi. 271. Quatrièmement, il faut qu'il n'y ait pas d'enfans. v. 660, 661. vi. 271. V. *Enfans.* Un posthume

né vivant et à terme fait défaillir cette condition. *Ibid.* Peu importe que ce soient des enfans communs, ou que le prédécédé ait eus d'un précédent mariage. *Ibid.* Il n'y a que les enfans du prédécédé qui jouissent de l'état civil, qui puissent exclure le survivant. vi. 271, 272. L'enfant, quoique exhérédé, ne fait pas défaillir la condition. 272. Il n'en est pas de même de l'enfant qui a renoncé. *Ibid.* Les enfans, que le survivant a d'un précédent mariage, ne peuvent la faire défaillir, quand le prédécédé n'en a pas laissé. 272, 273. Cinquièmement, il faut que les parties, par leur contrat de mariage, n'aient pas renoncé au préciput de la Coutume. 273. Lorsqu'elles conviennent d'un certain préciput qu'aura le survivant, sont-elles censées, par cela seul, renoncer au préciput légal? *Ibid.*

Le préciput légal consiste dans la part du prédécédé dans les meubles de la communauté, qui se trouvent lors du prédécès. v. 662. vi. 273, 274. La Coutume de Paris excepte ceux qui, lors du prédécès, se trouvent dans la ville de Paris et dans les faubourgs. v. 662. vi. 274. Et ceux qui en auraient été transportés en fraude. *Ibid.* La Coutume entend donner, sauf cette exception, tous les autres effets de la communauté , tant incorporels que corporels, tels que les dettes actives mobilières. v. 663, 664. vi. 274, 275. Le préciput légal comprend non-seulement les dettes actives et créances de la communauté contre les tiers , mais aussi celles qu'elle a contre les conjoints. vi. 275, 276. L'exception de la Coutume de Paris tombe aussi sur les créances qui procéderaient de choses qui sont à Paris. 276. Le

transport momentané des meubles d'un lieu à un autre, n'empêche pas de les considérer comme appartenant au lieu où ils ont coutume d'être. v. 663, 664. vi. 276, 277. Des tableaux achetés à Rome par le mari, qui sont encore en route quand le préciput s'ouvre par le prédécès de la femme, ne sont pas compris dans l'exception. vi. 277. La Coutume n'entend parler que des meubles de la communauté, et ne comprend pas sous ce nom les héritages ameublis. *Ibid.*
Le préciput est accordé par la Coutume à la charge *de payer les dettes mobilières, et les obsèques et funérailles d'icelui trépassé.* v. 668. vi. 277. Ce sont seulement les dettes de la communauté, et non celles qui étaient particulières au prédécédé. v. 666. vi. 277, 278. Ainsi, si la succession du prédécédé était débitrice envers le survivant, il ne se fera pas de confusion dans sa personne. vi. 278. Ni de ses propres créances contre la communauté, pour le remploi du prix de ses propres, ou pour ses meubles réalisés. *Ibid.* Parce que, entre les conjoints, ces créances sont des immeubles fictifs, et que le préciput n'est pas chargé des dettes immobilières. 278, 279. V. *Réalisation. Remploi.* Le survivant, qui prend les meubles, confond le préciput conventionnel stipulé à son profit par le contrat de mariage. 279, 280. Le préciput légal oblige le survivant à acquitter les frais funéraires du prédécédé, quoique ces frais ne soient pas dettes de communauté. 280. V. *Frais funéraires.* Le survivant majeur, qui a accepté le préciput, peut-il, lorsqu'il a fait inventaire, se décharger des charges du préciput, en y renonçant, et offrant de compter

aux héritiers du prédécédé, des meubles de la communauté? v. 667, 668. vi. 280, 281. Variété des Coutumes sur les charges du préciput légal. v. 665, 666. V. *Communauté légale. Préciput conventionnel.*

PRÉDÉCÈS. V. *Don mutuel. Préciput conventionnel.*

PRÉFÉRENCE. V. *Louage des choses. Privilége.*

PRÉHENSION. Indispensable pour acquérir la possession de la chose; la volonté seule ne suffit pas. viii. 341, 342. V. *Possession. Tradition.*

PRENEUR. Celui qui prend une chose à loyer. iii. 232. V. *Bail. Cheptel. Louage des choses.*

PRENEUR (*Bail à rente*). Il est tenu de payer la rente au bailleur pendant tout le temps qu'il possédera l'héritage. ii. 540. Il doit les intérêts du jour de la demeure. *Id.* Il peut faire la retenue du vingtième en justifiant du paiement qu'il en a fait. 540, 541. S'il est troublé, il peut demander caution pour les arrérages de la rente. 541. L'obligation de payer la rente ne dure que tant qu'il possède l'héritage. *Ibid.* Le bailleur a contre le preneur une action pour en exiger le paiement, ou, à son défaut, pour rentrer dans l'héritage. *Ibid.* Dès qu'un terme est échu, la rente est exigible, sous bénéfice de répit. 541, 542. Mais le bailleur ne peut rentrer dans l'héritage qu'à défaut de paiement de plusieurs termes. 542. Lorsqu'il y rentre, il doit faire raison des améliorations, et les compenser jusqu'à concurrence avec les arrérages qu'il est encore en droit d'exiger. *Ibid.* Le preneur est tenu d'entretenir l'héritage baillé en bon état. 542, 543. En quoi consiste cette obligation, et quelle action elle donne au bailleur? 543. Le preneur est tenu de faire même les grosses réparations, et, en cela, il diffère de l'usufruitier. *Ibid.* V. *Réparations. Usufruit.* Il n'est pas tenu de reconstruire la maison tombée par vétusté. *Ibid.* Le preneur peut encore, de plus que l'usufruitier, changer la forme de l'héritage baillé à rente, 543, pourvu que la valeur de l'héritage reste assez forte pour assurer la rente. *Ibid.* Le preneur, lorsque le bail n'est pas perpétuel, est obligé de rendre l'héritage en bon état. 544. Il contracte les mêmes obligations de bonne foi que l'acheteur. *Ibid.* Si la rente qu'il fait est au-dessous de la moitié du juste prix de l'héritage, il y a lieu à rescision comme dans la vente. *Ibid.* V. *Lésion. Vente.* Il contracte encore d'autres engagemens par certaines clauses du contrat. *Ibid.* V. *Bail à rente.* Le preneur acquiert, par la tradition, le droit de *dominium* et de propriété de l'héritage. 568, 569. Il peut en disposer et en changer la forme. 543, 569. Néanmoins il ne peut le détériorer, de peur de diminuer les sûretés du bailleur. 569. L'héritage est au risque du preneur. 569, 570. S'il périt en entier, le preneur est libéré de la rente. 570. Il profite des accrues et augmentations. *Ibid.* V. *Action de rente foncière. Rente foncière.*

PRÉPOSÉ. Il contracte en son nom pour le compte de ceux qui l'ont préposé à une affaire. I. 47. V. *Action exercitoire et institoire. Commettant.*

PRESCRIPTION. Droit qui nous fait acquérir le domaine de propriété d'une chose, par la possession paisible et non interrompue que nous en avons eue pendant le temps réglé par la loi. VIII. 389. X. 440, etc. Manière d'acquérir du droit civil. *Ibid.* V. *Propriété.* Disposition du droit romain sur cette prescription avant Justinien. VIII. 390. Justinien établit la prescription de dix et vingt ans pour les immeubles. *Ibid.* Consacrée par la Coutume de Paris. 391. V. *Prescription de dix et vingt ans.* La Coutume d'Orléans et quelques autres n'admettent que la prescription de trente ans. VIII. 391. X. 440. V. *Prescription trentenaire.* Prescription des droits réels sur les immeubles, tels que rentes foncières, hypothèques, etc. VIII. 445 *et suiv.* V. *Prescription de dix et vingt ans.* Prescription contre l'Eglise et les communautés. 471 *et suiv.* V. *Prescription de quarante ans.* Prescription de cinq ans. 479. V. *Ténement de cinq ans.*

La loi sur la prescription est un statut réel. 500. C'est pourquoi la prescription pour acquérir la propriété d'un héritage, se règle par la loi de la situation de cet héritage. 500, 501. *Quid,* si l'immeuble est situé sous différentes Coutumes? 501. La rente foncière est censée avoir la même situation que l'héritage sur lequel elle est assise. 501, 502. *Quid,* si l'immeuble, sur lequel porte la rente, est situé sous des Coutumes différentes, et s'il appartient à différens propriétaires? 502. Une seigneurie, quant à la prescription, a sa situation au chef-lieu de la seigneurie; c'est la loi de ce chef-lieu qui règle la prescription de tous les droits de seigneurie. 503, 504. Les choses, qui n'ont pas de situation, telles que les rentes constituées et les meubles, se prescrivent selon la loi du domicile du propriétaire. 5o5. *Quid*, si, pendant le cours de la prescription, le propriétaire change de domicile? *Ibid.* La prescription des droits réels sur un héritage, se règle par la loi de la situation de cet héritage. 5o5, 5o6. *Quid*, par rapport à l'hypothèque que le créancier d'une rente constituée a sur un héritage? 5o6, 5o7. V. *Arrérages. Avantage entre époux. Bail à rente. Banalité. Cens. Charte - partie. Continuation de communauté. Corvée. Dépôt. Estimation. Etranger. Fin de non-recevoir. Hypothèque. Lettre-de-change. Nantissement. Obligation solidaire. Prescriptions. Rente foncière. Situation. Statut réel.*

PRESCRIPTION ANNALE. V. *Retrait lignager.*

PRESCRIPTION DES CRIMES. Les crimes s'éteignent par la prescription de vingt ans, du jour où ils ont été commis. IX. 462. Quand même, pendant ce temps, il y aurait eu plainte, décret et même condamnation par contumace. *Ibid.* S'il y a eu exécution par effigie, l'action dure trente ans. *Ibid.* Le duel ne se prescrit pas, dès qu'il y a eu poursuites, et empêche les autres crimes commis par le même accusé de se prescrire. 463. La prescription met le criminel à l'abri des peines qu'il n'a pas encore subies. *Ibid.* Elle ne le décharge pas de celles qu'il a encourues de plein droit. *Ibid.* V. *Mort civile.*

PRESCRIPTION CENTENAIRE. La possession centenaire équivaut à un titre et établit le domaine de propriété du possesseur. VIII. 517. Elle

s'applique aux choses et aux droits que les lois déclarent n'être sujets à aucune prescription, par quelque laps de temps que ce soit. 517, 518. Par exemple, aux droits de banalité, de moulin, de four, de pressoir et de corvées. 518. Aux dîmes inféodées. 518, 519. Il faut que la possession centenaire soit une juste possession. 519. Elle n'a pas d'effet, si l'on représente le titre d'où elle procède, et qu'il soit vicieux. *Ibid.* Distinction entre les titres vicieux et les titres seulement imparfaits. 519, 520. Ces derniers ne font pas obstacle à la possession centenaire, qui supplée ce qui manque à leur perfection. 520. Il y a des choses qu'on ne peut acquérir même par la possession centenaire. *Ibid.* Tels sont les droits seigneuriaux et le cens, dont elle ne peut affranchir. *Ibid.* Parce que la maxime *nulle terre sans seigneur* trouble sans cesse la possession. 520, 521. Les servitudes prédiales ne s'acquièrent pas sans titre par la possession centenaire, sous la Coutume de Paris, qui s'en exprime formellement. 521. *Quid* dans les Coutumes qui, en disposant qu'elles ne peuvent s'acquérir par prescription, par quelque temps que ce soit, n'ajoutent pas comme celle de Paris, même par cent ans? 521, 522. Peut-on opposer la possession centenaire au roi? 522. Cette question ne tombe pas sur les droits attachés essentiellement à la souveraineté, qui sont incommunicables et imprescriptibles. *Ibid.* Mais seulement sur les biens appartenans au domaine, qui pourraient être prescrits par les particuliers. 522, 523. Autorités citées. 523. V. *les autres prescriptions.*

PRESCRIPTION DE CINQ ANS. Prescription les hors mentionne

cription des lettres-de-change par cinq ans. III. 213 *et suiv.* X. 456. V. *Lettre-de-change.* Prescription des arrérages des rentes constituées. 67 *et suiv.* X. 456, 866. V. *Arrérages. Quittances. Rente constituée.* V. *Ténement de cinq ans.*

PRESCRIPTION DE DIX ET VINGT ANS. Article 113 de la Coutume de Paris, qui l'a consacrée. VIII. 392. Les choses qui sont dans le commerce en sont seules susceptibles. 392, 393. Les biens des mineurs n'en sont pas susceptibles. 393, 453. V. *Mineur.* Quand même la prescription aurait commencé à courir contre un majeur. 393, 394. Les biens des interdits et le fonds dotal n'en sont pas susceptibles, 394, ni les biens d'église et de communautés. *Ibid.* V. *Prescription de quarante ans.* Les biens appartenans pour partie à des mineurs, à l'Eglise et aux communautés, ne sont pas prescriptibles pour cette partie; ils ne le sont pas du tout, s'ils sont indivisibles. *Ibid.* V. *Communautés.* Les biens du domaine et de la couronne ne sont sujets à aucune prescription. 394, 395. Dispositions des lois *Julia* et *Plautia*, sur les biens emparés par violence. 395. Tous les immeubles réels et incorporels, autres que ceux exceptés par la loi, sont susceptibles de prescription. *Ibid.* On ne peut acquérir par la prescription une portion incertaine, mais bien une part déterminée d'une chose. 395, 396. La prescription court au profit du possesseur. 396. V. *Possession.* Le temps de la prescription, commencé dans la personne du défunt, court au profit de sa succession vacante. *Ibid.* Il faut que le possesseur soit capable d'acquérir par prescription. 397. Les étrangers en étaient exclus par le droit romain. *Ibid.* Il en est de même chez nous des étrangers non naturalisés. V. *Etranger.* Le seigneur féodal peut-il prescrire l'héritage qu'il possède; le vassal peut-il prescrire la seigneurie qu'il possède? 397, 398, 399. Le temps de la prescription ne court pas contre ceux qui ne peuvent agir. 399. Il ne court pas contre celui qui est absent pour le service de l'Etat, s'il n'y a personne qui soit chargé de ses affaires. 400. Différence entre le droit romain et le nôtre. *Ibid.* La prescription d'un héritage de la femme, vendu par le mari, ne court pas contre elle pendant le mariage. *Ibid.* V. *Femme mariée.*

Qualités que doit avoir la possession pour opérer la prescription. 401. Elle doit être civile et de bonne foi. *Ibid.* Qu'entend-on par la possession civile? *Ibid.* V. *Possession.* La bonne foi consiste dans la juste opinion qu'a le possesseur, qu'il a acquis le domaine de propriété de la chose qu'il possède. *Ibid.* Peu importe que cette opinion soit fondée sur une erreur de fait. 401, 402. Il n'en est pas de même de l'erreur de droit; elle ne constitue pas la bonne foi nécessaire pour prescrire. 402. V. *Erreur.* La bonne foi ne peut commencer que du jour où l'on sait que l'on est propriétaire. *Ibid.* Existe-t-elle en faveur de celui qui, par erreur, ne se croit pas légalement propriétaire? 402, 403. On peut n'être possesseur de bonne foi que pour une partie de l'héritage à prescrire. 403, 404. Il faut que la bonne foi dure pendant tout le temps requis pour prescrire; le droit romain ne l'exigeait qu'au commencement. 404. Cela ne s'entend que d'une même possession. 405. La bonne foi se présume dans le possesseur en vertu d'un juste titre. *Ibid.* V. *Bonne foi.*

La possession, pour acquérir la prescription, doit être publique. 405. Elle doit être paisible et non interrompue. 406. Deux espèces d'interruptions : l'interruption naturelle et l'interruption civile. *Ib.* L'interruption naturelle a lieu, lorsque le possesseur a cessé pendant quelque temps de posséder la chose. *Ibid.* Les Romains l'appelaient *usurpatio. Ibid.* Soit que le possesseur ait perdu la possession par négligence ou par sa faute, soit qu'il ait été dépossédé par violence. 406, 407. Il y a interruption, lorsque j'ai fait un bail de l'héritage au propriétaire, ou lorsque je l'en ai mis en possession à un autre titre. 407. S'il n'en était pas propriétaire alors, la possession est interrompue du jour où il le devient. 407, 408. La possession est-elle interrompue, lorsque l'immeuble est donné en gage à un créancier? 408. Elle ne l'est pas par la saisie réelle. 408, 409. Elle ne l'est, par la saisie féodale, que vis-à-vis du seigneur. 409. L'interruption civile résulte d'une interpellation judiciaire donnée contre le possesseur pour lui faire délaisser la chose. *Ibid.* Disposition du droit romain sur l'interruption civile. 409, 410. L'exploit d'assignation sur une demande en revendication, forme dans notre droit l'interruption civile. 411. Fat-il fait devant un juge incompétent. *Ibid.* Si elle est donnée au fermier, elle n'arrête pas la possession du propriétaire. *Ibid.* Lorsque la demande est tombée en péremption, la prescription a-t-elle été interrompue? 411, 412. Si l'assignation

n'a été donnée que pour partie de l'immeuble possédé, la prescription n'est interrompue que pour cette partie. 412, à moins que par-là il n'ait eu connaissance que ses droits n'étaient pas légitimes. 412, 413. La demande donnée contre l'un de plusieurs possesseurs, n'interrompt la prescription que contre lui. 413, à moins que la chose ne soit indivisible. *Ibid.*

Pour prescrire, il faut posséder en vertu d'un juste titre. 414. Qu'entend-on par un juste titre? 414, 415. V. *Titre.* Le contrat de vente est un juste titre qui peut servir de base à la prescription. 415. Il en est de même des actes équipollens à vente. 415, 416. V. *Vente.* Le titre de succession est aussi un juste titre. 416. Celui qui possède à ce titre, continue la possession de son auteur. 416, 417. C'est pourquoi il faut remonter au titre de son auteur. *Ib.* Cas où l'héritier peut commencer la possession à titre de succession. 417. Le titre de donation peut faire acquérir la prescription. *Ibid.* Il en est de même du titre auquel possède celui qui s'est emparé d'une chose abandonnée. 417, 418. Et du titre de legs. 418. Le titre de dot est aussi un juste titre, dans les pays de droit écrit. 418. Peu importe que la dot consiste en choses singulières, ou en universalités. *Ibid.* Ou que l'héritage ait été donné en dot avec ou sans estimation. 419. Si le mariage est nul, le titre de dot n'est plus un juste titre. *Ibid. Quid,* si l'homme a cru son mariage valable? 419, 420. La prescription de la dot court-elle du jour du mariage, ou du jour antérieur au mariage, où les choses ont été livrées au mari? 420. Si l'immeuble dotal prescrit par le mari, retourne après sa mort à la femme, le propriétaire peut-il le revendiquer contre elle? 421. Le titre *pro suo* peut servir de base à la prescription. 421, 422. C'est un titre général de possession de toutes les choses dont nous acquérons, ou dont nous croyons avec fondement acquérir la propriété. *Ibid.* Exemple du titre *pro suo.* 423. De quelle époque commence à courir la possession au titre *pro suo*? 423. L'on peut prescrire la chose que l'on possède à titre de paiement. 424. C'est le titre en vertu duquel elle m'était due, qui est le principal titre de la possession. 424, 425. Une chose payée de bonne foi, quoique non due, peut être prescrite. 425. Il faut, pour prescrire, que le titre, en vertu duquel on possède, soit valable. *Ib.* Une institution d'héritier, ou un legs, faits en faveur d'un incapable, ne peuvent faire prescrire. 426. L'adition d'une hérédité non ouverte, une donation entre conjoints par mariage, ne peuvent non plus engendrer une possession valable afin de prescrire. *Ibid.* Si le titre n'est nul que par un défaut de forme, qui a été couvert, la prescription court. 427. La vente nulle, comme vente, mais valable comme donation, est un juste titre. *Ibid.* Il faut que le titre ne soit pas suspendu par quelque condition. 428. La prescription ne peut courir avant l'accomplissement de la condition, quand même le possesseur croirait par erreur qu'elle est accomplie. *Ibid. Quid,* si la condition est accomplie, sans que le possesseur en ait encore connaissance? 428, 429. Il n'y a que les conditions suspensives qui empêchent la prescription de courir jusqu'à leur accomplissement. 429.

430. V. *Condition.* Il faut que le juste titre, d'où procède la possession, continue d'être le titre de cette possession pendant tout le temps acquis pour l'accomplissement de cette prescription. 430. L'opinion d'un juste titre, qui n'a point existé, ne suffit pas pour donner lieu à la prescription. 431. A moins que cette opinion n'ait un juste fondement. 431, 432. Cette opinion, appuyée sur un juste fondement, équivaut à un titre. 432, 433. Le possesseur doit justifier du juste titre d'où procède sa possession. 433. Si le titre est sous seing-privé, il ne fait pas foi de la date. 433. V. *Ecriture privée.* On peut, dans ce cas, prouver par témoins le temps de la possession. 433, 434. Quand le possesseur est reçu à prouver par témoins l'existence de son titre. 434. V. *Preuve testimoniale.* Quand il peut être cru sur son serment. *Ibid.*

Le temps de la prescription est de dix ans entre présens et de vingt ans entre absens. 435. Le temps ne s'en compte pas *de momento ad momentum;* la prescription est accomplie dès que le dernier jour des dix ou vingt années est commencé. 435, 436. Cette prescription diffère en cela de la prescription des actions personnelles qui n'est accomplie qu'après le dernier jour révolu. *Ibid.* Quand la prescription est-elle censée courir entre absens ou présens? 436. Elle court entre présens, lorsque le possesseur et le propriétaire demeurent dans le ressort du même bailliage royal, ou de la même sénéchaussée royale. *Ibid.* Quelques cas où, sans être dans le même bailliage, ils sont considérés comme tels. 437. La prescription court entre présens, quelqu'éloignés qu'ils soient du lieu où est situé l'héritage. *Ibid.* Il faut que le possesseur et le propriétaire aient leur domicile de fait et de résidence, et non de droit, dans le même bailliage. 437, 438. *Quid*, lorsque l'une des parties a deux domiciles dans deux bailliages différens? 438. Si l'une des parties n'a de domicile fixe nulle part, la prescription est censée courir entre absens. *Ibid.* Comment compter le temps de la prescription, si elle a commencé à courir entre présens, et qu'elle continue entre absens, ou *vice versâ*? 438, 439. *Quid*, lorsque l'immeuble appartient par indivis à deux propriétaires, ou est possédé indivisément par deux personnes habitantes dans des bailliages différens? 439. Si la chose est indivisible, la prescription ne s'accomplira que par vingt ans. *Ibid.* Union de la possession du successeur avec celle de son auteur. *Ibid.* Différence entre les héritiers et autres successeurs à titre universel, et les successeurs à titre singulier. *Ibid.* La possession de l'héritier n'est qu'une seule et même possession avec celle du défunt. 439, 440. Dans le droit romain, sa mauvaise foi n'empêchait pas la prescription, pourvu que son auteur eût été de bonne foi. 440. La possession de l'héritier a les mêmes qualités que celle du défunt. *Ibid.* L'héritier joint la possession du défunt à la sienne, s'ils ont été tous les deux de bonne foi, et s'il n'y a pas eu d'interruption. 440, 441. L'héritier peut-il acquérir par prescription l'héritage acheté de mauvaise foi par son auteur, mais dont lui-même a reçu, après la mort de celui-ci, la tradition de bonne foi? 441. Ces principes s'ap-

pliquent aux légataires universels. 441, 442. Le successeur à titre singulier, qui est de bonne foi, peut joindre à sa possession celle de son auteur également de bonne foi, pour prescrire. 442. Il faut que les deux possessions, pour pouvoir êtres unies, soient de justes possessions. 442, 443. Le vice de la possession de l'auteur, n'empêche pas le successeur à titre singulier d'acquérir par sa propre possession la chose qu'il possède de bonne foi. 443. En cela, le successeur à titre singulier diffère de l'héritier et du successeur universel. 443, 444. Il peut joindre aussi à sa possession les justes possessions des auteurs de son auteur. 444. Trois choses qui doivent concourir à l'égard de la possession de l'auteur, pour que le successeur à titre singulier la puisse joindre à la sienne. 444, 445.

Ces principes sur la possession se trouvent répétés d'une manière plus générale sous le mot Possession.

L'effet de la prescription de dix et vingt ans est de faire acquérir la propriété. 445. Elle la fait acquérir franche des rentes foncières, hypothèques, et autres charges, que le possesseur a ignorées. 445, 446. Différence entre cette prescription et la prescription à l'effet de libérer. 446, 447. Les rentes foncières ignorées du possesseur, sont prescrites, quoiqu'elles aient été payées, durant la possession, aux créanciers par les débiteurs personnellement tenus. 447. La prescription des rentes, hypothèques et charges, a lieu, soit que le possesseur ait acquis du propriétaire, ou de quelqu'un qui ne l'était pas. *Ibid.* Si le possesseur a acquis de quelqu'un qui n'était pas propriétaire, il faut qu'il ait prescrit la propriété, avant de prescrire les rentes, hypothèques et charges. 447, 448. Cependant, si le propriétaire ne se présente pas, le créancier ne peut pas soutenir qu'on n'a pas prescrit contre lui, pour empêcher la prescription de sa rente de courir. 448. Les rentes constituées ne sont pas sujettes à cette prescription, parce qu'elles ne sont plus une charge réelle des héritages. 448, 449. V. *Rente constituée.* Les rentes seigneuriales sont imprescriptibles comme le droit de la seigneurie lui-même. 449, 453. Ne sont imprescriptibles, en ce sens, que les rentes et redevances récognitives de la seigneurie directe. 449, 450. Toutes les autres rentes, dont un héritage est chargé, sont sujettes à cette prescription, 450. Le champart lui-même, lorsqu'il n'est pas seigneurial. 450, 451. En général, tous les droits réels qui portent sur l'héritage, sont sujets à cette prescription. 451. Le réméré, le retrait conventionnel, le droit de réversion. 451, 452. Les servitudes, soit réelles, soit personnelles, y sont de même sujettes. 452. Le possesseur d'une rente foncière acquiert-il par la prescription l'affranchissement de la faculté de rachat à laquelle elle était sujette? 453, 454. L'affectation des biens d'un homme au douaire de sa femme et de ses enfans, n'y est pas sujette. 453. Il en est de même des droits de substitution, lorsque la substitution a été dûment publiée et insinuée. *Ib.* V. *Douaires. Substitution fidéicommissaire.*

La prescription des rentes, hypothèques et charges, court au profit des mêmes personnes que la prescription des héritages. 454. Le principe que la prescription ne court pas contre le propriétaire qui a été dans l'impossibilité de revendiquer, s'applique au propriétaire des rentes, hypothèques et charges. 454, 455. S'il y a plusieurs rentes, quoique la prescription ne coure pas contre l'un des créanciers, elle ne laisse pas de courir contre les autres. 455. S'il n'y a qu'une rente, mais due à plusieurs créanciers, elle peut se prescrire contre les uns et non contre les autres. *Ibid.* Si le droit seul est indivisible, la prescription ne peut s'accomplir que contre tous ceux ensemble qui y ont droit. *Ibid.* La possession qui fait prescrire les rentes, hypothèques, et autres droits réels, doit être une possession civile, qui procède d'un juste titre, et qui soit de bonne foi. 455, 456. Il suffit que le possesseur croie de bonne foi être le propriétaire de l'héritage. *Ibid.* Cette possession doit être paisible et non interrompue. 456. La demande périmée l'interrompt-elle? *Ibid.* La bonne foi du possesseur cesse-t-elle par la communication qu'il a prise sur cette demande des titres du créancier ou du rentier? 456, 457. La demande donnée pour une rente, ou autre droit réel, n'arrête pas le cours de la prescription des autres droits réels assis sur le même immeuble. 457. *Quid,* si l'un de plusieurs propriétaires d'une seule rente forme une demande? *Ibid.* La demande en revendication de l'héritage interrompt-elle la prescription des rentes et hypothèques pour lesquelles il n'est formé aucune demande? 457, 458. Cas où le possesseur a succombé sur cette demande; où il en a eu congé; où

la demande a été abandonnée ; où
l'on a transigé. 457, 458. Les règles
sur le temps de cette prescription,
et sur l'union de la possession du
possesseur avec celle de ses auteurs,
sont les mêmes que pour la prescription de l'héritage. 459. V. *Possession. Prescription de trente ans.
Prescription de sept ans, et autres.
Rente foncière. Retrait lignager.*

Beaucoup de principes analysés sous
ce mot, se retrouvent indiqués sous le
mot PRESCRIPTION TRENTENAIRE à l'effet
d'acquérir, comme existans dans le dixième volume. On peut y avoir recours.

PRESCRIPTIONS PARTICULIÈRES.
Prescription de six mois contre les
marchands et fournisseurs. I. 428.
x. 456. Dispositions de l'ordonnance de Louis XII de 1510, de la
Coutume de Paris, et de l'ordonnance de 1673. *Ibid.* Dans quels
cas il y a lieu à la prescription
d'un an. I. 429. x. 456. Ces prescriptions n'ont pas lieu, lorsque
la créance est établie par écrit. I.
429, 430. Ni lorsqu'elles ont été
interrompues. 430. Elles n'ont pas
lieu dans les juridictions consulaires. *Ibid.* Ni contre les bourgeois qui vendent les denrées provenues de leurs terres. *Ibid.* La
prescription contre les marchands
et artisans court du jour de chaque fourniture. I. 430, 431. x.
456. Contre les médecins ou chirurgiens, elle ne court que du jour
de la dernière visite, ou de la
mort du malade. I. 431. S'il y a eu
plusieurs maladies, ils ont autant
d'actions séparées qui se prescrivent séparément. *Ibid.* La prescription contre les serviteurs court
de l'expiration de chaque terme de
paiement. 431, 432. Ces prescriptions courent contre les mineurs.
432. Elles sont fondées uniquement

sur la présomption du paiement.
*Ibid.* Le créancier peut déférer le
serment à son débiteur. *Ibid.* La
veuve et les héritiers du débiteur ne
peuvent être forcés de jurer que
sur la connaissance qu'ils auraient
que la somme soit due. 432, 433.
Si la veuve commune refuse le serment et que les héritiers le prê-
tent, doivent-ils être condamnés?
433. Lorsque la somme n'excède
pas cent livres, le créancier est
admis à prouver la promesse de
payer faite par le débiteur. *Ibid.*
Prescription de quarante jours
contre les journaliers pour le paiement de leurs journées. I. 433, 434.
x. 456. Prescription contre les procureurs. I. 434, x. 456. V. *Procureur ad lites.* Contre les huissiers. *Ibid.* V. *Huissiers.* Prescription contre la partie pour la
remise de ses pièces par l'avocat ou le procureur. I. 435. V.
*Avocat.* Ces prescriptions ont pour
fondement la présomption de paiement. *Ibid.*

Prescription par laquelle un
seigneur prescrit contre un autre
seigneur, le domaine de supériorité sur des héritages. VIII. 511,
512 *et suivans.* Prescription par
laquelle les gens de main-morte
acquièrent l'affranchissement du
droit qu'ont les seigneurs de leur
faire vider les mains des héritages
qu'ils acquièrent dans leur seigneurie. 516. V. *Gens de main-
morte.*

Prescription de l'action en garantie. II. 49. Du droit de réméré.
181, 182. Du retrait. 389.

Prescriptions des arrérages des
rentes constituées. III. 67 *et suiv.*
V. *Arrérages. Quittances.*

L'action qu'a le maître du navire
pour exercer son privilège sur les
marchandises qu'il a transportées,

se prescrit par un an. iv. 366. V. *Charte-partie.*

Prescription des lettres - de - change par cinq ans. iii. 213 *et suiv.* V. *Lettre-de-change.*

Prescription des loyers des matelots, par une année écoulée depuis le voyage fini. iv. 419. V. *Louage des matelots.*

PRESCRIPTION DE QUARANTE ANS. Contre l'église et les communautés. i. 415. viii. 471, 472. x. 454. Elle nous vient des capitulaires. *Ibid.* Motifs de cette prescription. *Ibid.* Dispositions des différentes Coutumes. viii. 472. Elle a lieu même contre les communautés séculières, telles que les communautés d'habitans. viii. 472. x. 454. La condition du possesseur n'est pas considérée. viii. 473. Elle est de même nature que la prescription de trente ans, au temps près qui est plus long. *Ibid.* Le possesseur n'est pas obligé de rapporter le titre d'où sa possession procède. *Ibid.* Mais le titre vicieux empêche la prescription de courir. *Ibid.* La bonne foi se présume tant que le contraire n'est pas prouvé. *Ibid.* Cette prescription ne court pas pendant le temps qu'il n'a pas été au pouvoir de l'église de réclamer la chose qui en fait l'objet. viii. 473, 474. x. 442. Comment se compte la prescription, lorsque l'église à succédé à un particulier, contre lequel elle avait commencé de courir. i. 415. viii. 474, 475. x. 441, 454, 455. *Quid,* du cas inverse? *Ibid.* L'ordre de Malte est sujet comme les autres gens d'église, à cette prescription. viii. 476. V. *Prescription trentenaire. Prescription de dix et vingt ans.*

PRESCRIPTION DE QUARANTE ANS.

Le débiteur hypothécaire, c'est-à-dire celui qui est obligé par acte notarié, ne peut opposer que la prescription de quarante ans. i. 425, 426. x. 455. Raisons de différence entre la prescription de trente ans, dans ce cas, et celle de quarante ans. i. 426, 427. x. 455. Comment cette prescription de quarante ans a été introduite? *Ibid.* Comment la prescription doit être comptée, lorsque le débiteur hypothécaire, qui l'avait commencée, a vendu son immeuble à un tiers, qui la continue. i. 427. La prescription de quarante ans n'est exigée que pour les hypothèques résultans d'actes notariés; les hypothèques judiciaires et légales sont sujettes à la prescription ordinaire. *Ibid.* Il en est de même des autres droits réels. *Ibid.* V. *Prescription trentenaire.*

PRESCRIPTION DE QUARANTE-UN ANS, qui a lieu dans la Coutume du vicomté de Sole. viii. 511. Elle est de même nature que celle de trente ans. *Ibid.*

PRESCRIPTION TRENTENAIRE. Fin de non-recevoir résultant du laps de temps auquel la loi a borné la durée de l'action, qui naît de la créance. i. 410, 411. x. 448. Elle a pour motif, la présomption de paiement ou de remise de la dette, et la peine de la négligence du créancier. i. 411. x. 448.

Quels droits sont sujets à cette prescription. x. 448, 449.

Cette prescription ne commence à courir que du jour que le créancier a pu intenter sa demande. i. 411, 412. x. 450. Ainsi elle ne court pas tant que l'action n'est pas ouverte. i. 412. x. 450. Si la dette est payable en plusieurs termes, la prescription ne court contre chaque portion de cette dette qu'à l'échéance de chaque terme. *Ibid.* Elle ne court pas, pendant la durée du mariage, contre les créances qu'a la femme contre son mari, ou contre un tiers qui aurait recours contre lui. 1. 412. x. 450. Elle ne court pas contre les mineurs. 1. 412, 413. x. 450. Si le créancier laisse des héritiers majeurs et mineurs, elle court contre les premiers pour leur part, si la chose due est divisible, sinon elle ne court pas. 1. 413. x. 450. Court-elle contre les insensés? 1. 413, 414. Elle court contre les absens. 414. Contre les successions vacantes. 1. 414. x. 451. Contre les fermiers du roi, et non contre lui. *Ibid.* Il faut quarante ans pour prescrire contre l'Eglise. 415. V. *Prescription de quarante ans.* Lorsqu'un particulier a acquis une créance de l'Eglise, ou *vice versâ*, le temps de la prescription ne doit être augmenté ou réduit que pour l'avenir, proportionnellement à ce qui en a déjà couru. *Ibid.*

L'effet de la prescription est de faire déclarer le créancier, contre lequel elle est accomplie, non-recevable. 416. Le créancier ne peut pas même alors déférer le serment au débiteur sur le paiement. *Ibid.* La prescription commencée ou accomplie a effet contre les héritiers ou successeurs du créancier, et peut leur être opposée. *Ibid.* En est-il de même à l'égard d'un substitué? 416, 417. La prescription peut avoir effet, même dans le for intérieur, lorsqu'elle est opposée par les héritiers du débiteur. 417.

Le temps de la prescription s'interrompt par la reconnaissance que fait le débiteur de la dette. 1. 416, 417. x. 451, 452. Peu importe que l'acte recognitif soit fait devant notaire ou sous signature privée, quand il ne regarde pas les tiers. 1. 418. x. 452. S'il les regarde, il faut qu'il ait acquis une date certaine avant l'accomplissement du temps de la prescription. *Ibid.* La reconnaissance verbale de la dette qui excède cent livres n'a aucun effet. *Ibid.* V. *Preuve testimoniale.* Le créancier peut cependant déférer le serment au débiteur, sur le fait de la reconnaissance. *Ibid.* Le paiement des arrérages d'une rente est une reconnaissance de cette rente. 1. 418, 419. x. 452. Comment se prouve le paiement de ces arrérages? *Ibid.* La prescription s'interrompt encore par une interpellation judiciaire faite au débiteur. 1. 419. x. 453. L'interpellation se fait, selon le cas, par un commandement ou par une assignation. *Ibid.* Un ajournement devant un juge incompétent interrompt-il la prescription? *Ibid.*

La reconnaissance de l'un des débiteurs solidaires, ou l'interpellation faite à l'un d'eux, interrompt la prescription à l'égard de tous. 1. 420. x. 453. V. *Obligation solidaire.* Il n'en est pas de même à l'égard de plusieurs héritiers du même débiteur. *Ibid.* La prescription n'est interrompue que pour la part de celui qui a reconnu la dette, ou qui a été interpellé. *Ibid.* Quand même il s'agirait d'une dette hypothécaire, dont chacun des héritiers serait tenu pour le total. *Ibid.* Différence entre les détenteurs de biens hypothéqués à une créance, et les débiteurs solidaires. 1. 420, 421. Si la dette est d'une chose indivisible, l'interruption à l'égard de l'un interrompt à l'égard de tous. 1. 421. x. 453. Effets de l'interpellation faite à tous ou à l'un des héritiers de l'un des débiteurs solidaires. 1. 42i , 422. L'interpellation judiciaire faite au débiteur principal , ou la reconnaissance de la dette par lui faite, interromptelle la prescription contre ses cautions? 422 , 423 , 424.

La prescription , quoiqu'accomplie , peut être couverte par la reconnaissance de la dette faite par le débiteur. 1. 424. x. 454. Différences entre la reconnaissance de la dette faite avant l'accomplissement de la prescription, à l'effet de l'interrompre, et celle qui est faite après le temps accompli. 1. 424 , 425. x. 454. Celui qui paie même pour partie seulement , après le temps accompli de la prescription, est censé y renoncer , et ne peut être admis à la répétition. 1. 425. La condamnation du débiteur , passée en force de chose jugée , couvre aussi la prescription. 1. 425. x. 454. V. *Prescription de quarante ans.*

V. *Rente foncière. Retrait lignager. Révocation des donations.*

PRESCRIPTION TRENTENAIRE. Admise dans certaines Coutumes pour faire acquérir la propriété des immeubles et l'affranchissement des rentes, hypothèques et autres charges dont ils sont chargés. viii. 46o. x. 440, 441. Elle est aussi admise par les Coutumes qui ont adopté celle de dix et vingt ans , en faveur des possesseurs qui ne rapportent point le titre de leur possession. *Ibid.*

Toutes les choses susceptibles de la prescription de dix ou vingt ans, le sont ordinairement de celle-ci. viii. 461. x. 441 ,442. V. *Prescription de dix ou vingt ans.* Excepté les droits de servitude, qui ne sont prescriptibles par trente ans , avec ou sans

titre , que dans les Coutumes qui ont rejeté la prescription de dix ou vingt ans. viii. 461 , 462. La Coutume de Berry soumet à cette prescription les biens d'église et des mineurs. *Ibid.*

Tout ce qui a été dit sur les personnes eu faveur desquelles court la prescription de dix ou vingt ans, s'applique à celle-ci. viii. 462. x. 442 , 443. Le seigneur peut acquérir par la prescription de trente ans sans titre , l'héritage qui relève de lui en fief; et le vassal peut de même , sans titre , acquérir une seigneurie par cette prescription. viii. 462, 463.

Tout ce qui a été dit de ceux contre qui la prescription de dix ou vingt ans ne court pas, s'applique à la prescription de trente ans. viii. 463. x. 442 , 443.

Il est indifférent, pour le temps de cette prescription, qu'elle coure entre absens ou présens. viii. 463. Elle est accomplie au commencement du dernier jour de la trentième année. *Ibid.* Elle diffère en cela de la prescription afin de se libérer. *Ibid.* Le possesseur peut joindre à sa possession celle de ses prédécesseurs. 464. La différence, pour cette union, qui existe entre les successeurs universels et les successeurs à titre particulier , dans la prescription de dix ou vingt ans , est la même pour celle de trente ans. *Ibid.*

Pour la prescription de trente ans , le possesseur n'a pas besoin de produire de titre. viii. 464. x. 443 , 444. Mais s'il en produit, il faut que ce soit un juste titre. viii. 464, 465. x. 444.

La possession de trente ans fait présumer la bonne foi. viii. 465. x. 444.

Les autres qualités de la pres

cription de trente-ans, et tout ce
qui est relatif à la possession publique et non interrompue, et à
l'union de la possession des successeurs, avec celle de leur auteur,
sont les mêmes que dans la prescription de dix ou vingt ans. VIII.
465. x. 445, 446.

C'est au possesseur qui oppose
la prescription de trente ans, à en
faire la preuve. VIII. 465, 466. Cette
preuve peut être ou littérale ou
testimoniale. 466.

L'effet de cette prescription est
de faire acquérir le domaine de
l'héritage ou autre droit immobilier par la possession pendant trente
ans. 467. Elle fait aussi acquérir
l'affranchissement des rentes, hypothèques et autres droits dont
l'héritage est chargé. Ibid. La prescription à l'effet de libérer, a le
même effet. Ib. Mais elle laisse subsister l'obligation naturelle de payer
la rente, quand le possesseur en a eu
connaissance avant l'expiration du
temps de la prescription. 468. Différence entre ces deux prescriptions
pour leur accomplissement par l'expiration du dernier jour. Ibid. Cette
prescription ne peut faire acquérir
la prescription des droits dont l'héritage est chargé, lorsque ces droits
sont imprescriptibles. Ibid. Les
droits seigneuriaux sont imprescriptibles pour le fonds, mais
prescriptibles pour leur qualité.
469, 470. Le cens se prescrit pour
la quotité, lorsque les prestations
ont été uniformes pendant trente
ans. 470, 471. V. Prescription de
dix et vingt ans et autres prescriptions. Servitude. Usufruit.

Beaucoup de principes, analysés au
mot PRESCRIPTION DE DIX ET VINGT ANS,
se trouvent seulement indiqués ici comme existans dans le dixième volume.
Nous n'avons pas cru devoir les répéter.

PRESCRIPTION DE SEPT ANS. Dans
la Coutume de Bayonne, elle faisait acquérir la propriété de l'immeuble possédé pendant sept ans,
et l'affranchissement des droits réels
dont il était chargé. VIII. 507. Elle paraît être la même que la prescription
de dix et vingt ans. 508. Ce que la
Coutume exige pour qu'elle ait lieu.
508, 509. V. Prescription de dix et
vingt ans. Prescription trentenaire.

PRESCRIPTION DE TROIS ANS. Des
meubles. VI. 579. VIII. 476. Elle a
lieu en pays de droit écrit, et sous
quelques Coutumes. Ibid. Conditions auxquelles elle a lieu. VIII.
476, 477. Est-elle admise dans les
Coutumes qui ne s'en sont pas expliquées ? VIII. 477. X. 440, 441.
Raisons pour l'admettre dans la
Coutume d'Orléans. Ibid. Elles ne
militent pas pour la Coutume de Paris; c'est une question problémati-
que de savoir si elle y est admise.
VIII. 477, 478. Lorsqu'elle a lieu, les
biens des mineurs et de l'église en
doivent-ils être exceptés ? 478. Les
choses furtives y sont-elles sujettes?
478, 479. Il faut que le possesseur
justifie d'un juste titre d'où sa possession procède et qu'elle soit de
bonne foi. 479. V. au reste, Prescription de dix et vingt ans, et les
autres prescriptions.

PRÉSENTATION. Formalité à laquelle est tenu tout défendeur, et
qui consiste à se présenter au greffe
dans un délai qui change selon les
juridictions. IX. 13. V. Défendeur.

PRÉSOMPTION. Jugement que la
loi ou l'homme porte sur la vérité
d'une chose, par une conséquence
tirée d'une autre chose. 1. 389. Les
présomptions se fondent sur ce qui
arrive communément et ordinairement. I 489. VII. 10.

Etymologie du mot présomption. 1. 490. En quoi elle diffère de la preuve positive. *Ibid*. Présomptions de droit, établies par la loi. *Ibid*. Elles se divisent en présomptions *juris et de jure*, et en présomptions *juris*. *Ibid*. Les premières excluent toute preuve qu'on voudrait faire du contraire. 490, 491. Elles ont, en cela, quelque chose de plus que la preuve littérale, vocale, et que la confession. *Ibid*. V. *Chose jugée. Serment décisoire*. Les présomptions *juris*, font preuve, mais sans exclure la preuve contraire. 491. Plusieurs exemples de présomptions de droit. 491, 492, 493. Les présomptions, qui ne sont pas établies par la loi, lorsqu'elles sont assez fortes, peuvent quelquefois faire preuve. 493, 494. Application de ce principe au procureur désavoué, qui a entre ses mains les pièces de celui qui le désavoue. 494. Les autres présomptions ne font pas preuve par elles-mêmes, et ne servent qu'à la compléter. *Ibid*. La réunion de plusieurs présomptions peut cependant équipoller à une preuve. 494, 495.

PRÉSOMPTION DE VIE ET DE MORT. VII. 139, 140. La présomption de vie de cent ans, n'est pas admissible. *Ibid*. V. *Absent. Succession*.

PRESTATIONS réciproques dont doivent se faire raison le vendeur et l'acheteur, dans le cas du réméré, de la rescision et de la résolution de la vente. II. 167-178, 185-195, 205. V. *ces mots*. Prestations que doivent se faire mutuellement le retrayant et l'acquéreur qui a possédé l'héritage sujet au retrait. 437-448. V. *Acquéreur (retrait lign )*. *Retrayant*. Prestations que se doivent, par le partage, les co-

héritiers et les copartageans. **V.** les mots *Partages. Société*. Prestations que se doivent les possesseurs dans le cas de la demande en pétition d'hérédité. VIII. 295-310. V. *Pétition d'hérédité*.

PRÊT DE CONSOMPTION. Contrat par lequel l'un des contractans donne et transfère la propriété d'une somme d'argent ou d'une certaine quantité de choses, qui se consomment par l'usage, à l'autre contractant, qui s'oblige de lui en rendre autant. IV. 47.

Quelles sont les choses qui sont de l'essence du prêt de consomption. 48. Il faut qu'il y ait une chose qui soit la matière du contrat, et qui soit prêtée pour être consommée. *Ibid*. Il faut que le prêteur fasse à l'emprunteur la tradition de la chose prêtée. 48, 49. A moins que la chose ne soit déjà par-devers l'emprunteur. *Ibid* Il faut que la propriété de la chose prêtée soit transférée à l'emprunteur. 49, 50. C'est le caractère distinctif du prêt de consomption. 50. Lorsque la propriété n'a pas été transférée, la consommation de la chose, faite par l'emprunteur, supplée à ce qui manquait à la validité du contrat. 50, 51. Pourvu qu'il ait été de bonne foi. 51. Sinon, il est tenu de la représentation de la chose envers son propriétaire. *Ibid*. Opinion de ceux, et entre autres de Saumaise, qui pensent qu'il n'intervient aucune aliénation de la chose dans le contrat de prêt de consomption. 51, 52, 53, 54. Celui qui reçoit la chose prêtée, s'oblige, en la recevant, à en rendre autant. 54, 55. Si l'emprunteur ne s'obligeait pas à en rendre véritablement autant, ce ne serait plus un véritable contrat de consomption. 55. Lorsque

20*

le prêt est d'une certaine quantité de choses fongibles, la variation du prix de ces choses n'est pas considérée lors de la restitution. 55, 56. Le consentement des parties doit intervenir sur tout ce qui forme la substance du contrat de prêt de consomption. 56, 57, 58.

Le contrat de prêt de consomption est du droit des gens. 58, 59. Il est de la classe des contrats de bienfaisance. 59. C'est un contrat réel. *Ibid.* Il est unilatéral. 59, 60. Il ne peut intervenir qu'entre les personnes capables de contracter. 60. Il faut que le prêteur soit propriétaire de la chose. *Ibid.*

Les choses susceptibles de ce contrat, sont celles qui se consomment par l'usage. *Ibid.* Il y en a deux espèces, celles qui se consomment par une consomption naturelle, et celles qui se consomment par une consomption civile. 60, 61. Exemples de la consomption civile. 61. Toutes ces choses, qui se consomment par l'usage, s'appellent choses fongibles. *Ibid.* Elles sont toutes susceptibles de prêt de consomption, qui ne peut s'appliquer à d'autres. 62.

Par ce prêt de consomption, l'emprunteur contracte envers le prêteur, l'obligation de lui rendre la somme ou la quantité qu'il lui a prêtée. *Ibid.* Ce contrat ne produit d'obligation que du côté de l'emprunteur. 63. Une personne est censée l'emprunteur, soit que la chose ait été délivrée à elle-même, soit qu'elle l'ait été à un autre par son ordre et pour son compte. *Ibid.* Le prêteur a, contre l'emprunteur et ses héritiers, une obligation personnelle. 63, 64. Il n'y a que lui et ses héritiers qui aient le droit de l'intenter. 64. Je n'en suis pas moins le prê-

teur, lorsqu'un autre a compté à un tiers une somme qui lui appartenait, pourvu qu'il l'ait fait en mon nom et pour moi. 64, 65. Cette numération renferme deux contrats de prêt. 65. Je suis le prêteur, quand même le prêt aurait été fait à mon insu, pourvu que je le ratifie. *Ibid.* Si je refuse de ratifier le prêt, la tradition de la somme des deniers qui a été faite à l'emprunteur, n'aura formé aucun contrat de prêt. 65, 66. Celui, qui a compté l'argent, aura cependant une action contre l'emprunteur pour se le faire rendre. 66. Lorsqu'un tiers a prêté en son nom, sans mon consentement, une somme ou des choses fongibles m'appartenant, qu'il avait entre ses mains, le prêt n'est pas valable. 66, 67. S'il le devient par la consomption de bonne foi de l'emprunteur, celui-ci contracte l'obligation de rendre la chose envers celui qui la lui a prêtée en son nom, quoique ne lui appartenant pas. 67. Je n'ai d'autre voie que de saisir-arrêter entre les mains de l'emprunteur, la somme qu'il doit rendre au prêteur, afin de le faire condamner à me la remettre. *Ibid.* Le prêteur a contre l'emprunteur l'action *ex mutuo* pour se faire rendre une somme d'argent pareille à celle qu'il a prêtée. *Ibid.* L'argent prêté doit être rendu sur le pied qu'il vaut au temps du paiement, et non sur celui qu'il valait au temps du contrat. 68, 69. C'est la valeur de la monnaie, et non les pièces qui font la matière du prêt. *Ibid.* Peut-on prêter, non une certaine somme, mais une certaine quantité d'écus, à la charge que l'emprunteur en rendra un pareil nombre, de même poids et aloi, soit qu'ils fussent augmentés ou diminués?

69, 70. Le prêteur a le droit de demander les intérêts de la somme prêtée, du jour de la demeure du débiteur. 70. V. *Demeure*. Le prêteur a également l'action *ex mutuo* pour se faire rendre les choses fongibles qu'il a prêtées. *Ibid.* Il ne suffit pas de rendre la même quantité; il faut que la chose rendue soit de la même qualité que celle prêtée *Ibid.* A défaut par l'emprunteur de pouvoir rendre la chose prêtée en pareille quantité et bonté, il en doit l'estimation, eu égard au prix qu'elle valait dans le temps et le lieu indiqués pour le paiement par le contrat. 70, 71. Si le temps et le lieu ne sont pas portés par le contrat, l'estimation se fait eu égard au temps de la demande, ou de la condamnation, si l'emprunteur a été en demeure de rendre la chose. 71.

A qui la chose prêtée doit-elle être rendue? *Ibid.* La somme d'argent prêtée, lorsque les parties ne se sont pas expliquées sur le lieu, doit être rendue au domicile du débiteur. 71, 72. Le prêteur peut stipuler que la somme qu'il prête lui sera rendue à son domicile. 72. Mais les parties ne peuvent convenir que l'emprunteur ferait à ses frais la remise de la somme dans un lieu différent de celui où elle a été prêtée. *Ibid.* La dette d'une quantité de choses fongibles, lorsqu'elle naît d'un prêt, doit être payable au lieu où s'est fait le prêt. 72, 73. Lorsque le contrat contient un certain terme, l'emprunteur a une exception contre la demande du prêteur formée avant ce terme. 73. Quand même il n'y aurait pas de terme, le prêteur ne serait pas reçu à demander la restitution de la somme aussitôt, ou même peu de temps après le prêt. 73, 74.

L'emprunteur a une exception pour se défendre de rendre ce qu'il doit, lorsqu'un créancier du prêteur a fait une saisie-arrêt entre ses mains. 74. L'emprunteur n'est pas déchargé de l'obligation de rendre la chose, quoiqu'elle soit périe entre ses mains aussitôt après le prêt. *Ibid.*

Le prêteur ne contracte aucune obligation envers l'emprunteur, excepté celles qui dérivent de la bonne foi. 74, 75. La somme d'argent ou la quantité de choses fongibles que l'emprunteur a reçues, s'appelle *sort principal*. 76. Tout ce que le prêteur exige de plus que le sort principal, s'appelle *intérêts*, ou *usure*. *Ibid.* V. *Dépôt. Intérêts. Prêt à la grosse. Prêt à usage. Usure.*

PRÊT A LA GROSSE. Explication de ce qu'est le contrat de prêt à la grosse. IV. 523. Il en est traité au Digeste et au Code, titres de *nautico fænore*. *Ibid.* Ce contrat n'est point usuraire. 523, 524. Le profit maritime est le prix des risques dont est chargé le prêteur. 524. Le prêt à la grosse est un contrat réel, unilatéral, intéressé de part et d'autre, et aléatoire. 524, 525. En quoi il ressemble au contrat d'assurance, et en quoi il en diffère. 525. V. *Assurance.*

Ce qui est de l'essence du prêt à la grosse. 525, 526. Il faut une somme d'argent que l'un des contractans prête à l'autre, aux conditions usitées dans ce contrat. 526. Il faut une ou plusieurs choses affectées, en cas d'heureuse arrivée, à la restitution de la somme prêtée, et dont les risques sont supportés par le prêteur. *Ibid.* Quelles sont ces choses? *Ibid.* On ne peut emprunter à la grosse sur le vaisseau ou sur les marchandises, au-delà de leur valeur. 527. Distinction entre le cas où l'emprunt a été fait au-delà de la valeur, avec ou sans fraude de la part de l'emprunteur. *Ib.* S'il n'y a pas de fraude, le contrat subsiste jusqu'à concurrence de la valeur des effets sur lesquels le prêt est fait. 527, 528. S'il y a fraude, le contrat est entièrement nul. *Ibid.* On ne peut emprunter à la grosse sur le fret à faire du vaisseau, ou sur le profit espéré des marchandises. 529 Conditions sous lesquelles les matelots peuvent emprunter à la grosse sur leurs loyers. 529, 530.

Il est de l'essence du prêt à la grosse qu'il y ait des risques maritimes auxquels soient exposées les choses sur lesquelles le prêt est fait. 530. Les risques sont tous les cas fortuits qui peuvent occasioner la perte de ces choses. *Ibid.* Les prêteurs à la grosse ne sont chargés même des accidens de force majeure, que lorsqu'ils arrivent dans le temps et dans les lieux des risques. 530, 531. V. *Assurance.*

Le profit maritime est de l'essence du contrat de prêt à la grosse. 532. En quoi il consiste. *Ibid.* On peut stipuler qu'il augmentera après tant de temps, ou en cas de survenance de guerre. 533. Le consentement des parties doit intervenir sur tout ce qui constitue le prêt à la grosse. 533, 534. Le contrat est nul, si le prêteur n'était pas propriétaire des deniers qu'il a prêtés. 534. V. *Prêt de consomption.* La preuve par témoins du contrat à la grosse n'est pas reçue. 534, 535. Le serment peut être déféré par le prêteur à l'emprunteur. 535. V. *Serment.* Ce que doit contenir l'acte du prêt à la grosse, et comment

il doit s'interpréter. 535, 536.

L'emprunteur s'oblige à restituer la somme prêtée avec le profit maritime, pour le cas où la perte des effets n'a pas eu lieu. 536. Quand cette condition existe et finit. 536, 537. *Quid*, si le prêteur n'a couru aucuns risques, parce que le voyage a été rompu? 537, 538. Cas où les risques ont commencé, mais où le voyage a été abrégé. 538, 539. Cas où les effets n'ont été qu'endommagés. 539. De quelles avaries est tenu le prêteur à la grosse, et que peut-on stipuler à cet égard? 539, 540, 541. V. *Avarie.* Si une partie seulement des effets a péri, ce contrat est réduit à la valeur des effets sauvés. 541. L'emprunteur doit-il, en ce cas, le profit maritime, à proportion du montant de la valeur des effets sauvés? *Ibid.* Si le prêt à la grosse a été fait sur un chargement qui excédait la somme prêtée, le contrat, en cas de naufrage, doit-il être réduit à la valeur du total des effets sauvés, ou à celle d'une portion seulement des effets sauvés, qui fût en même raison qu'était la somme prêtée à la valeur du chargement? 541, 542, 543, 544, 545. Action personnelle du prêteur contre l'emprunteur. 545. En quoi elle consiste? *Ibid.* Elle est privilégiée. 545, 546. Préférence entre les priviléges des différens prêteurs à la grosse. 546, 547. V. *Privilége.*

V. *Assurance. Avarie. Chartepartie. Intéréts compensatoires.*

PRÊT A USAGE. Contrat par lequel un des contractans donne gratuitement à l'autre une chose pour s'en servir à un certain usage; et celui qui la reçoit s'oblige de la lui rendre après qu'il s'en sera servi. IV. 1, 2. Il est de son essence qu'il y ait une chose prêtée, et un usage pour lequel elle est prêtée. 2, 3. L'usage doit être accordé gratuitement. 3. L'emprunteur s'oblige à rendre la même chose *in individuo*, qui lui est prêtée, après qu'il s'en sera servi. *Ibid.* Il ne doit s'en servir que pour l'usage pour lequel elle lui est prêtée. *Ibid.* Le consentement des parties doit intervenir sur l'usage et sur la chose. *Ibid.* Le prêt à usage est de la classe des contrats de bienfaisance et des contrats réels. 3, 4. C'est un contrat synallagmatique. 4, 5. C'est un contrat du droit des gens. 5. Rapports du prêt à usage avec la donation. *Ibid.* Ses rapports avec le prêt de consomption. *Ibid.* Ses rapports avec le louage et le précaire. 5, 6. Le contrat de prêt peut intervenir entre toutes les personnes capables de contracter. 6, 7. Toutes les choses qui sont dans le commerce, et qui ne se consomment pas par l'usage, peuvent être l'objet du prêt à usage. 7. Même les choses consacrées à Dieu, pourvu qu'elles soient prêtées pour des usages religieux. *Ibid.* Les écrits supprimés par arrêt, les mauvais livres, ne peuvent faire la matière du prêt à usage. 7, 8. Les choses qui se consomment par l'usage, ne peuvent en être l'objet, si ce n'est lorsqu'elles sont prêtées pour la montre. 8. On peut prêter la chose d'autrui. 9. V. *Chose d'autrui.* Mais on ne peut prêter à quelqu'un sa propre chose. *Ibid.* A moins que ce ne soit celui qui a le droit d'en jouir, ou qui la possède, qui la prête. *Ibid.*

L'emprunteur n'a qu'un droit personnel contre le prêteur, pour qu'il le laisse se servir de la chose prêtée. 9, 10. Ce droit de l'emprunteur se borne à l'usage pour lequel la chose lui a été prê-

tée. 10. En se servant de la chose prêtée à un autre usage, l'emprunteur contracte un vol. *Ibid.* V. *Vol.* L'emprunteur contracte l'obligation de rendre la chose prêtée, et de la conserver. 10, 11. Il n'est obligé de la rendre qu'après le temps porté par le contrat. *Ibid.* Si ce contrat n'en porte pas, après celui nécessaire pour l'usage pour lequel elle a été prêtée. *Ibid.* Le prêteur ne peut en demander plus tôt la restitution. *Ib.* Quand même il aurait besoin de la chose prêtée. *Ibid.* A moins que ce ne fût pour un besoin pressant et imprévu. 11, 12. Dans ce cas même, il doit accepter une chose semblable à la sienne, jusqu'à ce qu'elle puisse lui être rendue sans préjudice pour l'emprunteur. 12. Le prêteur peut encore demander la restitution de la chose avant le temps, lorsque l'usage, pour lequel il l'a prêtée, est entièrement achevé. 12, 13.

Il le peut encore, lorsque celui, à qui il l'avait prêtée pour un usage personnel, est mort avant l'expiration du temps. 13. Il en est autrement, si l'usage n'était pas personnel à l'emprunteur. *Ibid.* Si cependant l'emprunteur avait encore besoin de la chose pendant quelques jours après le temps, le prêteur devrait la lui laisser. 13, 14. La chose prêtée doit être rendue au prêteur. 14. Elle est censée lui être rendue, lorsqu'elle l'est à celui qui avait pouvoir de lui de la recevoir. *Ibid.* Ou à quelqu'un qui a qualité pour la recevoir pour lui. *Ibid.* Elle ne doit plus être rendue au prêteur, lorsque, depuis le prêt, il a perdu la vie civile ou changé d'état. *Ibid.* L'emprunteur ne doit pas rendre la chose au prêteur devenu fou, quand même il ne serait pas en-

core interdit. 15, 16. L'emprunteur peut provoquer la nomination
d'un curateur à qui il puisse se décharger valablement. *Ibid.* Lorsque le prêteur était un mineur et
que la chose prêtée fût à son usage, l'emprunteur peut valablement la lui rendre. 16. Si la chose
n'était pas à son usage, elle ne
peut être valablement rendue qu'à
son tuteur. *Ibid.* La chose prêtée
doit être rendue au lieu exprimé
par la convention. *Ibid.* Si aucun
lieu n'a été exprimé, c'est au domicile du prêteur. *Ibid.* Si, depuis
le prêt, le prêteur avait transporté
son domicile dans un lieu éloigné,
l'emprunteur n'est pas tenu de lui
rendre là la chose. 16, 17. La
chose prêtée doit être rendue en
l'état auquel elle se trouve. 17.
L'emprunteur n'est tenu que des
détériorations provenues par son
fait. *Ibid.* Il n'est pas tenu de celles
qui seraient en effet inévitables de
l'usage par lequel elle a été prêtée.
17,18.V.*Détérioration.* L'emprunteur n'est pas tenu de la restitution
de la chose prêtée, lorsqu'elle a
péri entre ses mains par accident
de force majeure. 18. Il est déchargé, lorsqu'il l'a rendue à celui
qui est venu la chercher de la part du
prêteur, quoiqu'elle ne lui soit pas
parvenue. *Ibid.* L'emprunteur n'est
pas tenu de rendre la chose incontinent, lorsqu'il s'exposerait par
là à un grand dommage. 18, 19. Il
peut la retenir tant que les impenses faites par lui, pour sa conservation, ne lui ont pas été remboursées par le prêteur. 19. Mais
non pour ce que le prêteur lui doit
*Ibid.* Il ne peut, pour se dispenser
de la rendre, opposer au prêteur
qu'elle ne lui appartient pas. 19,
20. Ni se prévaloir vis-à-vis de lui
d'aucune prescription de temps

qui la lui aurait fait acquérir. 20.
    L'emprunteur doit apporter tout
le soin possible à la conservation
de la chose prêtée. 20, 21. V.
*Faute.* Si celui à qui la chose a été
prêtée n'était pas capable de ce
soin très-exact, devrait-on l'exiger
de lui ? 21. L'emprunteur n'est pas
tenu du soin très-exact, lorsqu'il
y a convention contraire. 21, 22.
Il n'en est pas tenu non plus, lorsque l'usage de la chose prêtée ne
concerne pas l'intérêt seul de l'emprunteur, mais aussi celui du prêteur. 22. Il en est tenu dans tous
les autres cas, quand même le prêteur aurait prêté la chose avant
d'en être prié. 22, 23. Il est
tenu du simple vol de la chose
arrivé par défaut de précaution.
23. L'emprunteur est tenu aussi
d'apporter tous ses soins aux choses qui accompagnent la chose
prêtée. *Ibid.* Celui à qui la chose
a été prêtée, est-il tenu d'indemniser le prêteur de la perte ou délé-
rioration causée par un accident
arrivé sans aucune faute de sa part,
lorsque la chose prêtée, sans le prêt,
n'aurait pas été exposée à l'accident?
23,24, 25, 26. L'emprunteur n'est
déchargé des accidens de force majeure, que lorsqu'il n'a pu en sauver les choses qui lui ont été prêtées. 26. Cela a lieu surtout dans
le cas d'incendie, où l'emprunteur
aurait sauvé ses choses propres, de
préférence à celles prêtées. *Ibid.*
Surtout si les choses prêtées étaient
plus précieuses que les siennes qu'il
a sauvées. 26, 27. *Quid,* si les
choses de l'emprunteur qu'il a sauvées étaient plus précieuses que
celles prêtées qu'il a laissé périr?
27. L'emprunteur est tenu de la
perte ou détérioration de la chose
prêtée, quoique arrivée par un accident de force majeure, lorsqu'il

a , par sa faute, occasioné cet accident. 27, 28. Il en est de même, lorsque l'emprunteur a emprunté la chose pour ne pas exposer la sienne , en dissimulant qu'il en avait une. 28 , 29. Il en est tenu , lorsque l'accident n'est arrivé que depuis qu'il était en demeure de rendre la chose prêtée. 29. V. *Demeure*. Il en est tenu enfin , lorsqu'il s'y est volontairement soumis, et que le prêt a été fait expressément à cette condition. *Ibid*. Lorsqu'une chose est prêtée sans l'estimation d'une certaine somme , l'emprunteur est – il censé s'être chargé du risque des accidens de force majeure? 29, 30, 31, 32. V. *Estimation*.

Le prêteur a une action directe contre l'emprunteur et ses héritiers pour se faire rendre la chose prêtée. 33. Lorsqu'il a prêté à deux ou plusieurs personnes, peut-il intenter cette action contre chacune d'elles? *Ibid*. Cette action est divisible contre les héritiers de l'emprunteur. 33, 34. V. *Obligation dividuelle ou individuelle*. Cas où chaque héritier en est tenu pour le total. 34. Cette action est purement personnelle. *Ib*. L'objet principal de cette action est la restitution de la chose prêtée. 34, 35. L'emprunteur peut être condamné à des dommages - intérêts , lorsque la chose prêtée se trouve détériorée par sa faute. 35. Le prêteur peut-il demander le prix entier de sa chose détériorée, en offrant de l'abandonner à l'emprunteur ou seulement la somme dont on estime qu'elle est dépréciée? *Ib*. Si le prêteur a reçu sa chose sans aucune protestation, est-il encore recevable à actionner l'emprunteur pour les détériorations? 35, 36. L'emprunteur peut être encore con-

damné à des dommages-intérêts pour le retard apporté par lui à la restitution de la chose. 36. Il est tenu de la restitution des fruits produits par la chose prêtée et de tous ses autres accessoires. 36, 37. Le prêteur est obligé de n'apporter aucun trouble à l'usage de la chose prêtée. 37, 38. De-là , une exception pour l'emprunteur contre le prêteur qui demanderait la restitution de la chose, avant l'expiration du temps pour lequel elle a été prêtée. 38. Il a même une action contre le prêteur et ses héritiers, lorsqu'ils le troublent dans son usage. *ibid*. Elle n'a lieu que lorsque le trouble arrive de la part du prêteur ou de ses héritiers. 38 , 39. Le prêteur n'est pas garant du trouble apporté par les tiers; et , en cela , le prêt à usage diffère du louage. *Ibid*. Pourvu, toutefois, que le prêt ait été fait de bonne foi. 39. Le prêteur est tenu en outre de rembourser l'emprunteur des impenses extraordinaires qu'il a faites pour la conservation de la chose prêtée. 39, 40. L'emprunteur a un privilège sur la chose prêtée pour ses impenses. 40. V. *Privilége*. Il a aussi, pour s'en faire rembourser, l'action *contraria commodati* contre le prêteur. 40 , 41. Celui - ci ne peut, pour s'en décharger, abandonner la chose. *Ibid*. Le prêteur doit donner avis à l'emprunteur des défauts de la chose qu'il lui prête, qui sont à sa connaissance. 41. Le prêteur ne peut avoir à la fois et la chose et son prix. 41 , 42. V. *Précaire. Prêt de consomption*.

On peut prêter une chose à quelqu'un pour qu'il la voie et l'examine ou l'essaie. 44. Ces espèces de prêt ne sont pas de véritables prêts à usage, quoiqu'ils aient quelque chose de commun avec lui. 44, 45. Elles produisent des obligations semblables à celles qui naissent du prêt à usage. 45. Quant au soin dont est tenu, pour la conservation de la chose, celui à qui elle est donnée pour la voir et l'examiner ou l'essayer, il faut appliquer la règle ordinaire relative aux fautes. 45, 46. Il faut distinguer si c'est dans l'intérêt des deux contractans, ou seulement d'un seul, que la chose est donnée. *Ibid.* V. *Faute. Louage par échange. Preuve testimoniale.*

PRÊT USURAIRE. N'est pas permis. II. 17. V. *Usure. Change. Vente.*

PRÉTÉRITION. Sous le droit romain, la prétérition des enfans du testateur entraînait la nullité de tout le testament, à moins qu'il ne contînt la clause codicillaire. VII. 291, 293.

PRÊTRE. Ne peut se marier. V. 60 *et suiv.* V. *Empêchement de mariage.*

PREUVE. Des obligations et de leur paiement. Il y a deux espèces de preuves, la littérale et la testimoniale. I. 436. La confession, les présomptions et le serment, tiennent aussi lieu de preuves. *Ibid.* V. *Assurance. Confession. Copies de titres. Écritures privées. Présomption. Prêt à la grosse. Preuve littérale. Preuve testimoniale. Quittance. Serment. Titre authentique. Titre recognitif.*

PREUVE LITTÉRALE. Elle résulte des actes ou écritures. I. 436. Ces actes sont authentiques, ou privés; originaux ou copies, primordiaux ou recognitifs. 436, 437. V. *Écri-*

*tures privées. Titre authentique. Titre recognitif.*

PREUVE TESTIMONIALE. Celle qui se fait par la déposition des témoins. I. 462. Dispositions de l'ordonnance de Moulins et de l'ordonnance de 1667, sur la preuve testimoniale. 462, 463. Elles fournissent quatre principes généraux. 463. Celui, qui a pu se procurer une preuve par écrit, n'est pas admis à la preuve testimoniale pour les choses qui excèdent cent livres. *Ibid.* IX. 56, 57. Ce principe s'applique non-seulement aux conventions, mais à toutes les choses susceptibles d'une preuve par écrit. *Ibid.* Le dépôt volontaire et le prêt à usage sont compris dans la règle générale. I. 464. V. *Dépôt. Prêt à usage.* Il en est de même des marchés faits dans les foires et marchés, à moins qu'ils n'aient lieu de marchand à marchand. 464, 465. Devant les juges-consuls, la preuve par témoins est admise même au-delà de cent livres. I. 465. IX. 60. V. *Consulat.* La demande en dommages-intérêts, pour inexécution d'une convention verbale, doit être restreinte à cent livres, pour que l'on puisse être admis à prouver la convention par témoins. I. 465. On ne peut être admis à prouver par témoins une convention au-dessus de cent livres, sur une demande en paiement du restant de la dette, quoique ce qui reste dû ne s'élève pas au-dessus de cent livres. *Ibid.* Mais on peut être admis à prouver par témoins la promesse de payer ce qui reste dû, qui ne s'élève pas au-dessus de cent livres. 466. La preuve par témoins de plusieurs créances, dont chacune n'excède pas cent livres, mais qui, toutes ensemble, l'excédent, peut-elle être admise? *Ibid.*

La preuve testimoniale n'est pas admise contre un écrit, ni outre ce qui y est contenu. 1. 467. IX. 58, 59. La preuve littérale l'emporte sur la testimoniale. *Ibid.* La partie doit s'imputer de n'avoir pas fait exprimer dans l'acte ce qu'elle voudrait alléguer. *Ibid.* Peut-on prouver par témoins ce qui est contenu dans un renvoi non signé des parties? *Ibid.* V. *Renvoi à la marge.* Peut-on être admis à la preuve testimoniale du temps et du lieu dans lesquels un marché a été passé, et qui ont été omis dans l'acte? 1. 467, 468. Les témoins, qui ont assisté à l'acte, et les notaires qui l'ont reçu, ne peuvent être entendus pour expliquer ce qui y est contenu. 468.

On ne peut prouver contre et outre le contenu aux actes, quand même la chose serait au-dessous de cent livres. 1. 468. IX. 58, 59. Le paiement d'une dette moindre de cent livres, dont il y a un acte, peut-il être prouvé par témoins? *Ibid.* On peut prouver par témoins les faits de dol et de violence. 1. 468, 469. IX. 60. La défense de la preuve testimoniale, contre et outre le contenu aux actes, ne s'applique pas aux tiers, qui n'y ont pas été parties. 469. On admet la preuve par témoins contre et outre le contenu aux actes, et encore que l'objet excède cent livres, lorsqu'il y a un commencement de preuve par écrit. IX. 59, 60. V. *Commencement de preuve par écrit.* La preuve de l'état des hommes ne se fait que par les registres, à moins qu'ils ne fussent perdus, ou qu'il n'en ait pas été tenu. 61.

Celui qui n'a pas pu se procurer une preuve littérale, doit être admis à la preuve testimoniale. 1.

473. IX. 61. On est toujours admis à prouver par témoins les délits et quasi-délits, la fraude et les obligations qui naissent d'un quasi-contrat. 1. 474. IX. 60, 61. Les dépôts nécessaires, en cas d'incendie, ruine, tumulte et naufrage, et ceux faits dans les hôtelleries, peuvent se prouver par témoins. 1. 474, 475. V. *Dépôt.* Celui, qui a perdu, par un cas fortuit, la preuve littérale, doit être admis à la preuve testimoniale 1. 475. IX. 58. Il faut, pour cela, que le cas fortuit soit constant. 1. 476.

Comment se fait la preuve par témoins. *Ibid.* Le juge rend une sentence interlocutoire qui admet la partie à faire la preuve testimoniale, sauf preuve contraire. *Ibid.* V. *Enquête.* Le témoignage d'un seul ne fait pas preuve; il en faut au moins deux. 476, 477. S'il s'agit de deux créances ou de deux paiemens, il faut deux témoins pour chaque créance et pour chaque paiement. 477. Y a-t-il preuve, lorsque chaque témoin dépose sur un fait séparé, justificatif de la créance ou du paiement? *Ibid.* Une partie peut faire entendre jusqu'à dix témoins sur un même fait. 478. Le juge n'a aucun égard à la déclaration d'un témoin, nulle en la forme, *ibid.*, ni à celle qui est rejetée pour quelque cause de reproche, *ibid.*, ni à celle qui contient quelque chose qui peut faire suspecter sa sincérité. *Ibid.* Le témoin doit dire comment il a eu la connaissance du fait. 478, 479. La déposition des témoins n'a de poids qu'autant qu'elle n'est pas contredite par l'enquête de l'adversaire. 479. Quand la preuve d'une enquête doit prévaloir sur l'autre. *Ibid.* V. *Enquête. Reproche. Témoin.*

V. *Assurance. Dépôt. Entierce-ment. Prescriptions. Prêt à la grosse.*

PRÉVENTION. Droit qu'a le juge royal d'informer et connaître des crimes commis dans son ressort, sans que le juge ordinaire, dans le territoire duquel il a été commis, puisse en demander le renvoi. IX. 366, 367.

PRÉVÔT DES MARÉCHAUX. V. *Cas prévôtaux.*

PRIME. V. *Assurance.*

PRINCIPAL DES RENTES. Somme que le créancier de la rente a donnée au débiteur pour le prix de la constitution. III. 56. V. *Rente constituée.*

PRIORITÉ. V. *Hypothèque. Privilége. Retrait lignager.*

PRISE des vaisseaux ennemis. Elle a lieu ou par les vaisseaux de l'Etat, ou par les navires des particuliers armés en guerre. VIII. 153. Les premières appartiennent au roi. *Ibid.* Les secondes à ceux qui les font. *Ibid.*

Conditions auxquelles doit se soumettre celui qui arme un navire en course. *Ibid.* Il lui faut une commission de l'amirauté. 153, 154. Il ne peut l'obtenir d'un prince étranger, sans une permission du roi. 154. Tous les vaisseaux ennemis, de guerre ou marchands, peuvent être pris légitimement. 154, 155. A moins qu'ils n'aient un passeport, ou un sauf-conduit. *Ibid.* Non-seulement le vaisseau ennemi, mais toutes les marchandises et effets qui s'y trouvent, sont de bonne prise. 155. Un vaisseau français, pris par l'ennemi, devient sa propriété par vingt-quatre heures de possession, d'après le droit des gens et les lois de la guerre. *Ibid.* S'il est repris après les vingt-quatre heures, il est de bonne prise; s'il est repris avant les vingt-quatre heures, il est restitué au propriétaire, à la réserve du tiers qui est donné au navire qui l'a repris. 155, 156. Question importante sur ce point de jurisprudence. 156, 157. Le navire français, pris et possédé par l'ennemi pendant plus de vingt-quatre heures, est restitué à son ancien propriétaire, lorsqu'il est revenu de lui-même, par cas fortuit, et sans avoir été repris, dans les ports de France. 157, 158. Différence entre ce cas et celui où il a été repris. *Ibid.* La possession d'un navire par un pirate n'en enlève pas le domaine au propriétaire; lorsqu'il est repris sur le pirate, il lui est rendu. 158, 159. Dispositions contraires des lois de Hollande; inapplicables en France, malgré l'opinion de Valin. 159. Non-seulement les vaisseaux ennemis, mais tous ceux qui sont chargés de marchandises appartenant à l'ennemi, sont de bonne prise. 159, 160. Même les vaisseaux neutres. *Ibid.* Dérogation à ce principe rigoureux, dans les dernières guerres. 160. Si le propriétaire du navire, ou son préposé, ont ignoré avoir sur leur navire des marchandises appartenant à l'ennemi, leur bonne foi doit-elle empêcher la prise du vaisseau? 160, 161. Les marchandises appartenant à des sujets d'une puissance neutre, qui les porte à l'ennemi, pour trafiquer avec lui, ne sont pas sujettes à cette confiscation. 161. Excepté les munitions de guerre et de bouche, lorsqu'une place est assiégée ou bloquée. *Ibid.* Les vaisseaux des pirates sont de bonne prise comme ceux de l'ennemi. *Ibid.* Tout vaisseau combattant sous un autre pavillon que celui de l'Etat dont il a commission, ou ayant commission de deux différens États, est aussi de bonne prise. 161 ъ 162. Il en est de même de ceux dans lesquels on ne trouve ni chartes-parties, ni connaissemens ou factures. 162, 163. Tout vaisseau, qui refuse d'amener ses voiles après la semonce, peut y être contraint par artillerie, et il est de bonne prise. 163, 164. Le capitaine est responsable, sous peine de la vie, de ce qui aurait été pris sur le vaisseau qui a amené ses voiles. 164. Ce qui doit être observé par les capitaines de vaisseaux armés en guerre, lorsqu'ils font une prise; et comment se distribue le produit de la vente de la prise. 164, 165, 166, 167. V. *Charte-partie. Prisonniers de guerre. Rançon.*

PRISE DE CORPS. V. *Décret.*

PRISE A PARTIE. Moyen de se pourvoir contre la personne même du juge, devant le tribunal supérieur, pour la réparation du tort qu'il a causé en sa qualité de juge. IX. 153. Le dol, la fraude, la concussion, et le déni de justice, de la part du juge, donnent lieu à la prise à partie. *Ib.* La prise à partie se porte devant les cours où ressortit la juridiction du juge qui est pris à partie. 154. On ne peut prendre à partie, avant d'avoir obtenu un arrêt qui en accorde la commission. 154, 155. Les procureurs du roi ou fiscaux, et les évêques, pour le fait de leur official, peuvent être pris à partie. 155. V. *Incompétence. Juge.*

PRISE DE POSSESSION d'un bénéfice. V. *Complainte bénéficiale.*

PRISÉE. V. *Cheptel.*

PRISONNIERS DE GUERRE. Par le droit romain, et celui des anciens peuples, ils devenaient esclaves. VIII. 174, 175. Origine du mot latin *servus. Ibid.* A Rome, celui qui était pris par l'ennemi, perdait les droits de citoyen. *Ib.* S'il s'échappait, il était censé ne les avoir jamais perdus. 175. S'il mourait en captivité, il était censé mort dans l'intégrité de ses droits. *Ibid.* Il fallait, pour que les prisonniers de guerre devinssent esclaves, qu'ils eussent été pris dans une guerre solennellement déclarée. *Ibid.* Aujourd'hui, les prisonniers de guerre conservent tous leurs droits. *Ibid.*

PRIVÉS. Règles à suivre pour la vidange et le curement des privés communs. III. 547, 548. V. *Cloaque. Mur mitoyen.*

PRIVILÉGE DE JURIDICTION. En vertu duquel certaines personnes ressortissaient à une autre juridiction que leur juridiction naturelle. IX. 16, 17. V. *Exception déclinatoire. Incompétence.*

PRIVILÉGES. V. *Ecclésiastiques. Noblesse.*

PRIVILÉGE. Motif de préférence d'une créance hypothécaire sur une autre, qui s'estime par la cause de cette créance, et non par sa date, et qui lui donne rang avant les créances hypothécaires. VIII. 563.
Privilége du bailleur, sur les meubles qui garnissent l'hôtel ou la métairie louée. III. 337-340. IX. 188. X. 781. Il peut s'opposer à la saisie-exécution de ces meubles. *Ibid.* V. *Saisie-exécution.* Ce privilége a lieu sur les meubles apportés par

les locataires, quand même ils ne leur appartiendraient pas. III. 333. IX. 189. X. 782.

Ordre dans lequel le prix des meubles d'un débiteur doit être distribué aux créanciers privilégiés. IX. 193 *et suiv.* La créance des frais de saisie, de garde et de vente, passe en première ligne. *Ibid.* Les frais funéraires du défunt dont les meubles ont été vendus, viennent ensuite. 193, 194. Les frais de maladie après les frais funéraires. 194. Le créancier, qui a fourni des alimens au prisonnier, a un privilège général. *Ibid.*

Privilèges particuliers qui n'ont lieu que sur certains effets. *Ibid.* Le nanti de gage a un privilège sur les effets qui lui ont été donnés en nantissement. *Ibid.* Les hôteliers et maîtres de pension, sur les effets en leur possession appartenant aux personnes qu'ils ont logées et nourries. *Ibid.* Les seigneurs d'hôtel, pour leurs loyers, sur les effets de leurs locataires. 194, 195. Les seigneurs de rente foncière sur les meubles de l'héritage sujet à la rente, lorsqu'il est occupé par le débiteur de la rente lui-même. 195. Si la même maison est grevée de plusieurs rentes foncières, la plus ancienne est préférée. *Ibid.* Le privilège des seigneurs d'hôtel, de métairie et de rente foncière, ne dure que tant que les meubles sont dans les lieux. *Ibid.* Si les meubles ont été enlevés à l'insu desdits seigneurs, ils ont huit jours à l'égard des maisons de ville, et quarante à l'égard des métairies, pour les suivre. *Ibid.* Le privilège de celui qui suit les meubles, passe-t-il avant le privilège de celui chez lequel ils se trouvent? 195, 196. Privilèges des moissonneurs, des métiviers, des valets de la-

bour, des tonneliers et des valets de vigneron, qui passent avant celui du seigneur de métairie. 196. Privilège de celui qui a fourni la semence, sur les grains qui en sont provenus. *Ibid.* Des voituriers, sur les marchandises qu'ils ont voiturées. 197. En général, le privilège des ouvriers sur les choses qu'ils ont travaillées et façonnées, ne dure qu'autant qu'elles restent en leur possession. *Ibid.* Privilège du vendeur sur la chose vendue. *Ibid.* Privilèges des domestiques pour une année de leurs gages. *Ibid.* 197, 198. V. *Saisie-exécution.*

Les ouvriers maçons, couvreurs et autres, ont privilège sur les loyers et fermes arrêtés, pour les réparations nécessaires qu'ils ont faites à la maison ou à la métairie. 202, 203. Si le marché est verbal, pour qu'il y ait lieu au privilège, il faut que l'action ait été intentée dans l'année des ouvrages. 203. Quand même le débiteur conviendrait qu'ils n'ont pas été payés. *Ibid.* Viennent ensuite les seigneurs pour les droits seigneuriaux à eux dus, les seigneurs de rente foncière pour les arrérages dus. *Ibid.* Le vendeur d'un héritage n'a pas de privilège pour le prix, sur les loyers ou fermes. *Ibid.* Ces privilèges passent même avant les privilèges généraux. *Ibid.* A son rang, le premier arrêtant est préféré au second, le second au troisième, etc. 203, 204. V. *Saisie-arrêt.*

Rang des privilèges sur les héritages saisis dans lequel ils sont colloqués. 265, 266. Frais funéraires; privilège de celui qui a conservé la chose, des droits seigneuriaux; des opposans tardifs afin de distraire ou de charge, renvoyés à l'ordre; du vendeur et du copartageant ; du roi, lorsque le saisi est comptable, etc. *Ibid.* V. *Ordre.*

Priviléges du maître de navire sur les marchandises pour le fret ; et de l'affréteur sur le corps du navire, ses agrès et apparaux, pour l'exécution de la charte-partie. iv. 350, 365. V. *Charte-partie.*

V. *Consignation. Louage des choses. Partage des successions. Prêt à la grosse. Prêt à usage.*

Prix de la vente. Il doit être sérieux. ii. 9. Il doit être en proportion avec la valeur de la chose. 10. Cependant, il peut être au-dessous de cette valeur. *Ibid.* La vente peut même être faite à vil prix, pourvu que l'acheteur ne soit pas une personne incapable de recevoir par donation du vendeur. 11. V. *Lésion.* Le prix doit être certain et déterminé. *Ibid.* Il suffit qu'il doive le devenir. *Ibid.* Pourvu qu'il ne soit pas laissé au pouvoir de l'une des parties. *Ibid.* V. *Obligation.* L'estimation peut être faite par un tiers. ii. 12. Le prix doit être une somme de deniers. 12. Cependant par la suite l'acheteur peut donner autre chose en paiement. *Ibid.* Quel est le juste prix ? iii. L'étendue du juste prix change selon la nature des choses. *Ibid.* Il n'existe pas pour les choses rares et précieuses. *Ibid.* Dans quels cas l'acheteur doit les intérêts du prix. 129, 132. Quand l'acheteur peut ne pas payer le juste prix. 135, 136, 137. Prix d'affection. 112. Il n'est plus considéré comme tel, lorsque le vendeur avait le dessein ou était forcé de vendre à un autre. 112, 113. Il peut surpasser le juste prix, lorsque j'avais intention de garder la chose. *Ibid.* Pourvu que l'acheteur donne sciemment le surplus, et

qu'il ne soit pas énorme. 113, 114. V. *Rescision de la vente.*

V. *Acheteur. Action rescisoire. Louage des choses. Remploi. Rente foncière. Retrayant. Restitution. Tradition.*

Procédure civile. Forme dans laquelle on doit intenter les demandes en justice, y défendre, intervenir, instruire, juger, se pourvoir contre les jugemens et les exécuter. ix. 1. 95, 124, 156, 284.

Procédure criminelle. Forme dans laquelle on poursuit la réparation tant publique que particulière des crimes, contre ceux qui les ont commis. ix. 355. V. *Accusation. Crime. Plainte.*

Procès aux cadavres. Pour quels crimes ils se font, et comment ils s'instruisent ? ix. 459, 460.

Procès a la mémoire. Pour quels crimes ils se font, et comment ils s'instruisent ? ix. 357, 358. 460. La peine contre la mémoire est de la condamner à être supprimée. *Ibid.*

Procès-verbal de carence. i. 241. ii. 250. viii. 549.

Procès-verbal des juges. Procès-verbal que dresse le juge, après s'être transporté sur les lieux, pour constater le corps d'un délit. ix. 377, 378. Dans quels cas il y a lieu à ces procès-verbaux ; comment ils doivent être faits, ce qu'ils doivent contenir, et où ils doivent être déposés. 378. V. *Information. Plainte.*

Proculïens. Secte de jurisconsultes. Leur opinion sur l'échange. II. 273, 274. V. *Echange. Spécification. Procuration.*

PROCURATION. V. *Mandat.*

PROCURATION GÉNÉRALE. Une procuration générale comprend tout ce qui est relatif à l'administration des biens du mandant. IV. 285. Le procureur général peut consentir des baux. *Ibid.* Il ne peut renoncer sans un pouvoir exprès, à la faculté qu'a le propriétaire de donner congé à son locataire, pour habiter lui-même la maison. III. 370, 371. Il ne peut acheter tout ce qui est nécessaire pour l'exploitation des biens qu'il est chargé de faire valoir. IV. 285. Il fait faire les réparations. *Ibid.* Il reçoit ce qui est dû au mandant, et en donne quittance. *Ibid.* Il peut faire des saisies-mobilières sur les débiteurs. 285, 286. Il peut actionner ceux contre lesquels il n'y a pas de titre exécutoire. 286, 287. Il peut de même défendre aux demandes données contre le mandant. 287. Il peut déférer le serment décisoire au débiteur. *Ibid.* V. *Serment décisoire.* A-t-il le pouvoir de faire des transactions ? 287, 288. Il peut employer les deniers de son administration à payer les créanciers du mandant, ou au rachat des rentes dues par lui. 289. Peut-il l'employer en constitutions de rentes ou achats d'héritages ? *Ibid.* Il ne peut faire d'aliénations des biens du mandant, ni les hypothéquer, qu'autant que l'administration l'exige. 289, 290, 291. Il peut accepter les donations qui sont faites au mandant, mais non les successions qui lui échoient. 291, 292. Peut-il renoncer à une succession échue au mandant ? 292, 293. Il ne peut disposer de ses biens par donation. 293. Ni

faire gratuitement remise d'un droit qui lui appartient. *Ibid.* Certaines remises qui n'excèdent pas le pouvoir du procureur *omnium bonorum.* 293, 294. Les contrats frauduleux entre lui et les tiers n'obligent pas le mandant. 294, 295. V. *Condictio indebiti. Mandat. Procureur omnium bonorum.*

PROCUREUR AD LITES, procureur de la juridiction, à qui celui qui intente, ou contre lequel on intente une demande en justice, confie la poursuite de sa demande ou de sa défense. IV. 270. On considère ce contrat comme mandat, quoiqu'il ne soit pas gratuit. 271. Les procureurs reçoivent une rémunération plutôt qu'un salaire. 271. Un procureur en titre d'office de la juridiction où l'affaire est portée, peut seul être chargé du mandat *ad litem.* IV. 271, 272. IX. 8, 12, 13. Juridictions où le ministère des procureurs n'est pas nécessaire. IX. 12, 13. Comment se contracte le mandat *ad litem?* IV. 272. Désaveu de la partie. *Ibid.* Comment le procureur justifie de son mandat ? I. 494. IV. 272, 273. V. *Présomption.* Un procureur peut être valablement désavoué après sa mort. IV. 273, 274.

Les procureurs s'obligent à exécuter le mandat de leurs cliens, et à des dommages-intérêts en cas d'inexécution. 274. Ils sont tenus de défendre aux demandes incidentes formées dans le cours de l'instance. 275. Ils sont responsables des défauts de forme. II. 398, 399. IX. 273. X. 913. V. *Adjudication par décret.* Ils doivent rendre les pièces de la procédure et répondre des nullités qui s'y trouvent. IV. 275. Le client est tenu de rembourser au procureur ses déboursés et ses salaires. 275, 276. Celui-ci a droit de retenir jusqu'à ce paiement, tous les actes de procédure qui sont son ouvrage. *Ibid.* De quel jour date l'hypothèque du procureur sur les biens de son client, quand il en a une? 276. Distraction de la condamnation aux dépens en faveur du procureur. 276, 277. La partie condamnée aux dépens peut-elle opposer la compensation d'une somme qui lui est due par la partie qui a obtenu gain de cause, au procureur de celle-ci en faveur de qui la distraction a été faite? 277, 278.

La demande des procureurs pour leurs salaires se prescrit par deux ans, à compter du décès de leur partie, ou de leur révocation. I. 434. IV. 279, 280. Dans les affaires non jugées, ils ne peuvent les demander au-delà de six années, à moins qu'ils n'aient été arrêtés et reconnus. I. 434. Il résulte contre les procureurs une espèce de prescription de la remise des pièces à leurs parties. *Ibid.* La demande des parties contre eux pour la restitution des pièces, se prescrit par cinq ans du jour de la fin du procès, et par dix, lorsque le procès n'a pas été terminé. I. 435. V. *Prescriptions particulières.* Ces prescriptions sont fondées sur la présomption du paiement.

Le mandat *ad litem* finit comme les autres mandats. IV. 280. Après la mort du mandant, le procureur a besoin d'un nouveau pouvoir des héritiers. 280, 281. La partie peut révoquer son procureur. 281. V. *Mandat.*

V. *Donation entre-vifs. Dépens.*

**PROCUREUR OMNIUM BONORUM.** Celui à qui quelqu'un a donné une pro-

curation générale pour toutes ses affaires. IV. 281, 282. Distinction entre les procureurs *omnium bonorum simpliciter,* et les procureurs *omnium bonorum cum liberâ.* 282, 283. Une procuration générale peut, selon les circonstances, recevoir plus ou moins d'étendue. 283, 284. V. *Mandat. Procuration générale.*

**PROFESSION RELIGIEUSE.** Quand elle fait perdre la vie civile. VIII. 38, 39. Il faut que les vœux soient solennels. 39. Cinq choses exigées pour la solennité des vœux. 39, 40. On ne peut réclamer contre les vœux solennels après cinq années. 40. L'officier prononce sur les réclamations. *Ibid.* Dès l'instant de ses vœux, la succession du religieux profès est ouverte. 40, 41. Il perd dès cet instant tous les droits civils. 41. Il peut, dans certains cas, contracter pour raison de son pécule. *Ibid.* A qui appartient son pécule, après sa mort? *Ibid.* Les vœux simples ne rendent pas incapable d'effets civils. 42. Nature des engagemens formés par plusieurs congrégations régulières. 42, 43. *Quid,* des premiers vœux que formaient les jésuites. 43. Variations de la Jurisprudence sur ce point. 43, 44. Le jésuite, congédié avant trente-trois ans, rentrait dans les droits civils. 44, 45. Après trente-trois ans, il ne pouvait recouvrer ses biens à la vérité, mais il n'était pas privé de tous les autres droits. 45, 46. Édit et déclaration de Louis XV sur les jésuites. 46, 47. V. *Jésuite.* Les chevaliers de Malte sont incapables de tous effets civils. 47. *Quid,* des Ermites? V. *Mort civile.*

Insuffisance de la profession religieuse pour rompre le lien du mariage. V. 261, 262. Les deux

PROFIT DE VENTE OU DE QUINT. Profit qui est dû au seigneur toutes les fois que le fief est vendu, et qui consiste dans la cinquième partie du prix de la vente. ix. 627. x. 91. Son origine. *Ibid.* C'est la vente du fief même qui donne ouverture au profit de quint. ix. 628. x. 91. Lorsqu'il n'y a point de vente, il n'est pas dû de profit, encore bien qu'il y ait eu mutation de fief en conséquence d'une vente putative. ix. 628, 629. x. 92, 93, 99, 100. Il n'en est pas dû pour une vente rescindée; le seigneur doit le rendre, s'il l'a reçu. ix. 629, 630. x. 93, 94. Lorsque plusieurs mutations procèdent d'une même vente, il n'y a lieu qu'à un seul profit. ix. 630. x. 101, 102. La révocation du contrat ne donne pas ou-

21*

682. x. 112, 113. Dans l'étendue de quelles seigneuries ce privilége a-t-il lieu? ix. 682; 683. En quels cas? ix. 683, 684, 685. x. 112, 113. V. *Profit de rachat. Profit censuel.*

PROFIT MARITIME. V. *Prêt à la grosse.*

PROMESSE. En quoi la simple promesse diffère du contrat. i. 45. On ne peut promettre pour un autre. 32 *et suiv.* V. *Contrat. Écritures privées.*

PROMESSE D'ACHETER. Quand on peut faire une promesse d'acheter qui n'est pas une vente. ii. 218. L'enchère, dans les ventes judiciaires, est une promesse d'acheter. 218. Elle peut faire l'objet d'une obligation particulière. *Ibid.* Elle contient un temps ou non. *Ibid.* Quand le prometteur est déchargé dans ces deux cas. 218, 219. Elle contient le prix ou non. 219. Le prometteur ne peut être forcé d'acheter la chose le prix convenu, lorsqu'elle a été détériorée depuis la promesse. *Ibid.* Cela s'applique à l'enchère. *Ibid.* Cas où il peut être complètement déchargé de son obligation. *Ibid.* Il n'est pas tenu des impenses nécessaires faites entre la promesse et la vente. 219, 220. Ses obligations relatives aux fruits pendans. *Ibid.* V. *Enchère. Promesse de vente.*

PROMESSE DE LOUER. Différence entre cette promesse et le louage même. iii. 389, 390. V. *Promesse de vendre.*

PROMESSE DE MARIAGE. V. *Fiançailles.*

PROMESSE DE VENDRE. Convention par laquelle quelqu'un s'oblige envers un autre de lui vendre une chose. ii. 213. Différence entre la vente et la promesse de vendre. 213, 214. Pour qu'il y ait promesse de vendre, il faut qu'il y ait intention de s'obliger à vendre. 214. La chose, pour laquelle il y a promesse de vendre, reste au risque du prometteur. *Ibid.* Celui qui ne remplit pas sa promesse de vendre, ne peut être condamné qu'à des dommages-intérêts. 214, 215. Elle a lieu avec ou sans limitation de temps. 215. Le laps de temps opère la décharge de celui qui s'est obligé avec limitation de temps. *Ibid.* Dans le cas contraire, il faut une sentence. *Ibid.* Elle se fait en exprimant ou sans exprimer le prix. 216. S'il n'est pas exprimé, ce sera celui du temps du contrat ou de la demeure. *Ibid.* S'il est exprimé, le prometteur n'est pas tenu de le diminuer pour cause de détériorations survenues. *Ib.* Il peut retenir les accrues et alluvions. 217. Il ne peut exiger le remboursement des augmentations faites par lui depuis la promesse. *Ibid.* Il le peut, s'il s'agit d'impenses nécessaires. *Ibid.* Il a droit au remboursement des fruits et frais de culture, lorsque les fruits sont pendans au moment de la vente. *Ibid.* V. *Dommages-intérêts. Vente.*

PROMUTUUM. V. *Quasi-contrat promutuum.*

PROPRE. Les propres sont d'anciens héritages de nos ancêtres, qui nous sont advenus par succession. vii. 649, 650. x. 19. Les héritages, qui ne sont pas propres, sont acquêts. x. 19. Propre en matière de communauté. V. *Propre de communauté.* Les rentes constituées, auxquelles succède un Orléanais sous une Coutume qui les répute meubles, sont-elles propres? 19, 20. Les propres sont réels ou fictifs, naissans ou avilins, propres de côté et ligne, et propres sans lignes. VII. 650. Les immeubles soit réels, soit fictifs, sont seuls susceptibles de la qualité de propres. VII. 650, 651. X. 20. Comment on connaît à quelle ligne appartient un propre? X. 20, 21. Il peut appartenir pour moitié à une ligne, et pour moitié à l'autre. 21. Toute succession de nos parens, directe, ascendante, descendante, ou collatérale, fait des propres. VII. 651. Même la succession des ascendans aux choses par eux données à leurs enfans. Ib. V. Retour (droit de). La succession de l'un des deux conjoints par mariage, auquel succède l'autre, ne fait pas des propres entre les mains de ce dernier. VII. 651, 652, 653. X. 22. Il en est de même de la succession des seigneurs à titre de déshérence. VII. 653. Les donations et legs qui nous sont faits par nos père et mère, et autres ascendans, équipollent à succession pour faire des propres. VII. 653, 654. X. 22. Soit que nous acceptions leur succession, ou que nous y renoncions. VII. 654. X. 23. Quand même nous ne serions pas leurs héritiers présomptifs. Ibid. Dans les Coutumes où le fils aîné est seul héritier, ce qui est donné ainsi aux puînés leur est-il propre? VII. 654, 655. Pour que la donation à nous faite par nos ascendans, fasse un propre, il faut que ce soit l'immeuble même qui nous ait été donné. 655. Si mon père a acquis un héritage en mon nom, et qu'il me le donne ensuite, ou que je le trouve dans sa succession, sans avoir ratifié la vente, est-il propre ou acquêt pour moi? VII. 655, 656.

X. 24, 25. Les immeubles, que nous acquérons de nos ascendans à titre de commerce, ne nous sont pas propres. VII. 657. X. 22, 23. Quand même le titre d'acquisition serait qualifié donation. Ibid. La donation est censée vente, et fait des acquêts, jusqu'à concurrence des charges appréciables à prix d'argent qui sont imposées par la donation. VII. 657, 658. Il faut, pour cela, que ces charges ne soient pas intrinsèques à la chose donnée. Ibid. L'héritage donné par un père à son fils, en paiement de la somme d'argent qu'il lui avait promise en dot, est propre. VII. 658. X. 23, 24. La donation faite aux héritiers présomptifs en ligne collatérale, soit des acquêts, soit des propres, fait-elle des propres? VII. 658, 659, 660. X. 25. Les héritages donnés par les descendans aux ascendans, sont-ils propres? VII. 660. X. 25. La substitution fait des propres, lorsque le substitué est héritier en ligne directe descendante de l'auteur de la substitution. VII. 661. X. 25, 26. Lorsque le substitué est héritier du grevé même sous bénéfice d'inventaire, l'héritage substitué lui est propre pour la part dont il est héritier. VII. 661, 662. La remise de la confiscation faite par le roi aux héritiers du confisqué, ne fait que des acquêts. VII. 662, 663. X. 26. V. Confiscation. L'héritage propre, dans lequel je rentre par la rescision ou l'annulation du titre qui m'en avait fait perdre la propriété, reprend la qualité de propre en mes mains. VII. 664, 665. X. 26, 27. La révocation d'une donation pour ingratitude fait-elle des acquêts ou des propres? VII. 666. Quid du désistement de l'acheteur d'un héritage, donné pour défaut de paiement du prix? vii. 666, 667. Les immeubles, qui nous adviennent en vertu d'un droit auquel nous avons succédé, sont propres, comme si nous y avions succédé directement. vii. 667, 668. x, 27, 28. Différens cas et exemples auxquels s'applique le principe précédent. vii. 668, 669, *Quid*, de la transaction sur un héritage dont mon père m'a transmis la possession? vii. 669, 670. x. 29, 30. Tout ce qui advient à titre de partage et de licitation, advient pour le tout à titre de succession. vii. 670, 671. x. 31. V. *Licitation. Partage*. Il en est de même pour tout autre acte qui tient lieu de partage. vii. 671. Tout ce qui est uni et incorporé à un propre, est propre. vii. 671, 672. x. 31, 32. L'union civile, et de simple destination, ne fait point de propres. vii. 672. V. *Accession.* Ce qui reste d'un propre, est propre comme la chose même. vii. 673. x. 32. Tous les droits que nous retenons dans un propre, en l'aliénant, sont propres. vii. 673. La rente que l'on me constitue pour le prix de mon héritage propre, est un acquêt. *Ibid.* Les droits que l'on retient par rapport à un propre, sont aussi propres. 674. L'héritage, dont l'origine est incertaine, doit être présumé plutôt acquêt que propre. 674, 675. C'est à l'héritier aux propres à prouver la qualité de l'héritage. *Ibid.* Effets de la qualité des propres. 675. V. *Donation entre-vifs. Legs. Retrait lignager. Succession.* La qualité des propres s'éteint par l'extinction de l'immeuble qui en est l'objet. 675, 676. Lorsque l'héritage sort de la famille. 676. Lorsque quelqu'un de la famille commence à posséder à un titre qui fait des acquêts. *Ibid.* L'héri-

tage retiré par retrait lignager, ne perd pas sa qualité de propre. *Ib.* V. *Propre conventionnel. Propre fictif. Propre de communauté. Retrait lignager.*

Un grand nombre des principes, analysés sous ce mot, se trouvent répétés au mot PROPRE DE COMMUNAUTÉ, les propres de succession étant propres de communauté.

PROPRES DE COMMUNAUTÉ. En matière de communauté, on appelle propres les héritages qui n'entrent pas en communauté. vi. 97, 98. Les propres de succession sont toujours propres de communauté. vi. 97, 98. x. 291. Mais ceux-ci ne sont pas toujours propres de succession. *Ibid.* V. *Propres.* Application de la règle au titre de succession. vi. 98. Les héritages, qui adviennent à titre de succession d'un parent, sont propres de succession, et conséquemment propres de communauté. 98. Il en est de même des offices et des rentes. *Ibid.* Pour qu'une rente soit propre de succession, il ne suffit pas qu'elle soit réputée immeuble en la personne de l'héritier, il faut qu'elle l'ait été dans celle à qui il a succédé. 98, 99. Ainsi la rente, à laquelle un des conjoints succède à l'un de ses parens domicilié sous une Coutume qui la déclare meuble, entre dans la communauté. 99. Il n'est pas nécessaire qu'el immeuble, auquel on succède, pour être propre, ait été propre dans les mains de celui à qui l'on succède. 100. Le propre, auquel succède l'héritier aux acquêts par défaillance de la ligne, est propre en sa personne. *Ibid.* Pour qu'un héritage soit propre, il n'est pas nécessaire que l'héritier prouve que le défunt en était propriétaire. *Ibid.* Dans le cas même où un tiers, ayant intenté une demande en revendication, s'en serait désisté par une transaction, l'héritage reste propre. *Ib.* Si, par l'acte, l'héritier avait reconnu que l'héritage appartenait au demandeur en revendication, il serait conquêt de communauté. 101. Sans cela, la même décision peut avoir lieu, lorsque la somme donnée par transaction est égale à la valeur de l'héritage. *Ibid.* Hors ces deux cas, l'un des conjoints ne peut être admis à prouver, depuis la transaction, que l'héritage appartenait au revendiquant. *Ibid.* Lorsque l'héritage, auquel on succède, a été vendu au défunt, avec la promesse de ratification du propriétaire, qui n'a eu lieu que depuis l'ouverture de la succession, cet héritage n'en est pas moins un propre. 101, 102. Par la même raison, l'immeuble, auquel j'ai succédé, et que le défunt avait acheté à un mineur qui n'a ratifié que depuis sa mort, est aussi propre. 102. Si le défunt avait acheté à une femme mariée non autorisée, qui a consenti à me laisser en possession, l'immeuble est conquêt. 102, 103. Il suffit que l'on ait trouvé dans la succession, le droit en vertu duquel on est depuis devenu propriétaire d'un héritage, pour que cet héritage soit propre de succession, et conséquemment de communauté. 103. Application au cas du réméré. 103. Et à celui où l'immeuble avait été aliéné par le défunt sous une clause résolutoire. 104. Il en est de même encore dans le cas où je suis rentré dans un héritage, vendu par le défunt, faute par l'acheteur d'avoir payé le prix. 104, 105. Mais il faut, pour que l'immeuble soit propre, que le droit, auquel j'ai succédé, et qui m'a servi à me le succédé, et qui m'a servi à me le

procurer, soit la cause prochaine et immédiate de l'acquisition que j'en ai faite. 105. Autrement cet héritage est un acquêt. 105, 106. Les héritages confisqués sont-ils propres ou acquêts aux enfans ou autres héritiers du condamné, auxquels le roi en fait la remise. 106, 107. L'héritage, auquel l'un des conjoints a succédé, est propre de communauté, quoiqu'il n'ait pas dans la succession du défunt les effets d'un bien propre. 107. Peu importe que l'héritier soit de la ligne directe ascendante ou descendante, ou de la collatérale. *Ibid.* *Quid*, des biens donnés, auxquels les père et mère succèdent à leurs enfans, exclusivement à tous autres ? *Ibid.*

Application de la règle aux dons et legs faits en avancement de succession, ou pour en tenir lieu. 107. Les immeubles donnés ou légués à un enfant par son parent de la ligne directe ascendante, lui sont propres de succession, et par suite de communauté. vi. 107, 108, 2. 292. Et cela, quand même l'enfant donataire aurait depuis renoncé à la succession du donateur. 108. Quand même les héritages donnés excéderaient la part que l'enfant donataire eût dû avoir dans la succession du donateur. *Ibid.* Quand même l'enfant donataire ne serait pas l'héritier présomptif immédiat de son aïeul donateur, étant précédé par son père. *Ibid.* Quand même l'héritage ne passerait du père au fils que par le canal d'une tierce personne. 108, 109. Lorsqu'un père a fait donation à son fils d'une rente, dont il se constitue lui-même le débiteur envers lui, cette rente est-elle en la personne du fils, qui en est créancier, un acquêt ou un propre ? 109, 110.

Lorsqu'un père, débiteur envers son fils d'une somme qui lui a été promise en le mariant, lui donne à la place un héritage, cet héritage est propre. 110, 111. Mais à la charge de récompenser la communauté de la somme promise, qui y serait entrée: 111. V. *Récompense*. Les donations et legs faits par d'autres personnes que les ascendans, même à leur héritier présomptif, ne font que des acquêts, et conséquemment des conquêts de communauté. *Ibid.* Le rappel fait par un testateur des enfans d'un parent qui eût été son héritier, s'il ne fût prédécédé, afin de le représenter, est-il un titre de succession qui donne la qualité de propres aux héritages qu'il leur fait advenir? 111, 112. V. *Rappel à succession*.

Application de la règle aux accommodemens de famille. 112. Les héritages, que le fils reçoit de son père par des accommodemens de famille, sont des propres de succession, et conséquemment de communauté. 112, 113. L'immeuble, que le père donne à son fils pour s'acquitter de ce qu'il lui doit, est, à ce titre, un propre de communauté. 113. A la charge par le fils de récompenser la communauté de la somme qui aurait dû y entrer. *Ibid.* V. *Récompense*.

Application de la règle aux partages, licitations, et autres actes, qui en tiennent lieu. 113. Tous les héritages qui échoient à l'un des conjoints par partage de succession, sont propres de succession, et conséquemment de communauté, quoiqu'il y ait un retour en deniers. 113, 114. Principes contraires du droit romain. 114. Il en est ainsi, non-seulement à l'égard du premier partage entre les cohéritiers, mais pareillement à l'égard des subdivi-

sions. *Ibid.* Aussi, n'est-il pas dû de profit dans ce cas. 115. Après le partage, les créanciers particuliers de mes cohéritiers ne peuvent prétendre aucun droit d'hypothèque sur les immeubles tombés dans mon lot, quoique chargé d'un retour. *Ib.* Ces principes s'appliquent aux licitations, qui sont des actes qui tiennent lieu de partage. 115, 116. V. *Licitation*. Ainsi l'héritage adjugé par licitation à l'un des héritiers, lui est propre de succession pour le total, et propre de communauté. 116. Peu importe que la licitation ait été volontaire, faite devant notaire ou devant le juge, et que les étrangers aient été admis à enchérir. 117. Tous les actes, qui ont pour fin principale de faire cesser l'indivis entre cohéritiers, sont regardés comme tenant lieu de partage, et donnent lieu à l'application des mêmes principes. 117, 118. Ainsi l'immeuble, qui m'appartient en entier, parce que mon cohéritier m'a vendu la part indivise qu'il y avait, est propre de succession et de communauté. *Ibid.* Il en est de même de celui dont il aurait disposé envers moi par bail à rente ou à quelque autre titre commutatif. 118. Mais s'il m'a fait donation de la portion indivise, l'immeuble est acquêt pour cette portion. *Ibid.* Si le mari achète d'un cohéritier de sa femme la portion indivise qu'il a dans un héritage commun avec elle, en disant, dans l'acte, qu'il y paraît pour sa femme, l'immeuble entier est propre de communauté de la femme. 118. En est-il de même dans le cas où le mari n'a pas dit qu'il agissait pour sa femme? 118, 119. Si le cohéritier de la femme a vendu sa portion tant au mari qu'à la femme, est-elle, en ce cas, un conquêt? 119,

120. Si la succession est échue au mari, quoique la femme soit intervenue à l'acte, l'immeuble n'en est pas moins un propre du mari. 120. L'héritage propre paternel donné par l'héritier paternel à l'héritier maternel, en retour d'une portion de meubles de la succession, qu'il a prise de plus que lui, est un conquêt. *Ibid.* Il en serait autrement si cet immeuble avait été donné à l'héritier maternel, pour lui tenir lieu de sa part dans les acquêts du défunt. 120, 121. Dispositions de certaines Coutumes contraires aux principes ci-dessus exposés. 121, 122.

Les acquêts de chacun des conjoints sont conquêts, lorsque le titre ou la cause de leur acquisition n'a pas précédé le temps de leur communauté. 122. Sinon, ils sont propres de communauté. vi. 122. x. 292, 293. Quand même le titre, qui a précédé le temps de la communauté, n'aurait été ouvert que depuis sa durée. vi. 123. L'héritage donné par contrat de mariage est propre de communauté. vi. 123. x. 293. La règle a lieu, quand même le titre d'acquisition, qui a précédé le mariage, d'abord sujet à rescision, n'aurait été confirmé que durant la communauté. vi. 123, 124. x. 293. Ainsi la ratification donnée par le mineur pendant le mariage, ou par celui pour lequel on s'était porté fort, n'empêche pas l'immeuble d'être propre. *Ibid.* Il est au contraire conquêt, si mon vendeur s'en était dit faussement propriétaire, et que, depuis le mariage, j'aie traité avec le propriétaire véritable. vi. 125. A moins que ce dernier eût consenti simplement à me laisser l'héritage, en se réservant la répétition du prix contre mon vendeur. *Ibid.* Il reste propre, si, sur une demande en revendi-

cation, une transaction est intervenue pendant le mariage, par laquelle l'immeuble m'a été laissé pour une certaine somme d'argent. *Ibid.* Lorsqu'une commission, qu'avait le mari avant le mariage, est érigée en titre d'office, qu'il acquiert durant le mariage, l'office est conquêt. 126.

L'héritage acquis par l'un des conjoints, en vertu d'un droit non cessible de la nature, est propre, quoique le droit soit né durant la communauté. vi. 126. x. 292. Ainsi l'héritage retiré par retrait lignager, est propre de communauté. *Ib.* Mais non celui retiré par retrait conventionnel. *Ibid. Retrait lignager. Retrait conventionnel.*

Les immeubles donnés à l'un des conjoints, par acte entre-vifs ou par testament, sont conquêts de leur communauté légale. vi. 127. Une première exception a lieu, lorsque la donation précède le mariage, 127, 128. L'immeuble donné par contrat de mariage aux deux futurs conjoints, est propre de chacun d'eux pour moitié. 128. Si la donation est faite *aux futurs époux*, et que l'un d'eux soit l'héritier présomptif même collatéral du donateur, l'héritage est propre à celui-là seul pour le total. *Ibid.* Il est propre de la femme seule, quoiqu'il ait été donné par son proche parent *au futur époux. Ibid.* Il y a, dans ces cas, présomption que le parent a voulu donner au conjoint, son parent. 128, 129. Il y a exception à la règle, lorsque la donation est faite en avancement de succession; l'immeuble est alors un propre de communauté pour le donataire. 129. A moins que le père ou la mère n'aient déclaré dans l'acte qu'ils entendaient que l'immeuble entrât dans la communauté. *Ibid.* V.

*Ameublissement.* S'ils ont déclaré qu'ils le donnaient pour appartenir à chacun des deux époux par moitié, il est propre de communauté pour moitié à chacun d'eux. 129, 130. L'immeuble donné par l'enfant à son père, pendant son mariage, est un conquêt de communauté; il ne peut être considéré comme avancement de succession. 130. La Coutume de Paris ne considère comme avancement de succession et ne rend propres que les donations en ligne directe. 131. Une troisième exception est lorsque la donation est faite, à la charge que la chose donnée sera propre au donataire: VI. 131. XI. 292. Si l'acte est entre-vifs, la clause doit y être immédiatement apposée, à peine de non effet. VI. 131, 132. Cette condition peut être valablement imposée même par le parent qui a souscrit au contrat, par lequel il est dit que tout ce qui adviendrait par donation entrerait dans la communauté. 132. Cette clause doit être expresse. *Ibid.* La clause apposée à la donation faite à l'un des conjoints héritier présomptif du donateur, en ligne collatérale, que cette donation est faite en avancement de sa succession, rend propre l'héritage donné au donataire. 132, 133. La rente viagère léguée à l'un des conjoints avec l'expression que c'était *pour ses alimens,* est propre au donataire. 133. Dans tous les cas, les jouissances et revenus tombent dans la communauté. 133, 134. Une quatrième exception à la règle est dans le cas où la chose donnée ne peut subsister que dans la personne du conjoint donataire. 134. L'héritage aliéné avant le mariage, dans lequel un des conjoints rentre par la rescision, la résolution, ou la cessation de l'aliénation,

n'est pas conquêt. IV. 135. X. 294, 295. Le conjoint en redevient propriétaire par la rescision au même titre qu'il l'était, lorsqu'il l'a aliéné. *Ib.* Par la résolution, quoiqu'il ne soit pas remis au même état où il était avant la vente, néanmoins il possède au même titre, puisqu'il n'y en a pas d'autre. VI. 136. Il n'importe que la résolution se fasse *ex causâ antiquâ et necessariâ* ou *ex causâ novâ.* 136, 137. Exemples de diverses résolutions d'aliénation. 137. Le désistement de la vente, consenti par l'acheteur de l'héritage de l'un des conjoints qui n'a pas payé son prix, fait rentrer le conjoint dans l'héritage au même titre qu'il le possédait auparavant. *Ibid.* Mais s'il y a quelqu'augmentation de prix ou de nouvelles conditions, c'est une rétrocession, et l'héritage est conquêt. 137, 138. Dans le cas d'une rétrocession même, l'héritage est propre, s'il est dit qu'elle est faite pour tenir lieu de remploi au conjoint. 138. Cas de la rentrée dans l'héritage par la cessation de l'aliénation. *Ibid.*

Ce qui est uni, quoique pendant le mariage, par union réelle, à un héritage propre de communauté, est propre comme l'héritage. VI. 139. X. 295. Il n'en est pas de même de l'union civile. VI. 139, 140. Ni de celle qui n'est qu'une union de simple destination. 140. Exemples. *Ibid.* V. *Accession. Union.*

Ce qui reste d'un héritage propre, est propre de communauté, aussi bien que les droits qu'on a retenus dans cet héritage, ou par rapport à lui en l'aliénant. 141.

Les héritages et meubles, quoiqu'acquis durant la communauté, sont propres par la fiction de la subrogation, lorsqu'ils ont été acquis à la place d'un propre de communauté. vi. 141, 142. x. 295. Ce que c'est que la fiction de subrogation. vi. 142, 143. V. *Subrogation réelle.* La fiction n'a lieu qu'à l'égard des qualités extrinsèques d'une chose. *Ibid.* Il faut que la chose acquise à la place de celle aliénée, soit capable de la qualité qu'avait la chose aliénée. *Ibid.* Il faut qu'elle tienne lieu immédiatement de celle-ci. *Ibid.* La subrogation a lieu pour le total dans le cas d'échange, malgré la soulte qu'est obligé de donner le conjoint. 143. V. *Echange.* L'héritage acheté avec déclaration qu'il l'est avec les deniers du prix de la vente d'un héritage propre de l'un des conjoints, est propre de communauté à ce conjoint. 144. La déclaration doit être faite incontinent, par le même contrat. *Ibid.* V. *Remploi.* Lorsque c'est pour remploi des propres de la femme, il faut, outre la déclaration, que la femme consente à la subrogation. vi. 145, x. 295. Par ce consentement, l'immeuble subrogé devient aux risques de la femme. *Ibid.* Elle peut se faire restituer pour lésion, si elle était mineure. *Ibid.* Il n'est pas nécessaire que le consentement de la femme soit donné dans le contrat même d'acquisition. vi. 145, 146. Si elle ne s'est pas expliquée pendant la communauté, peut-elle, après sa dissolution, accepter pour son remploi l'acquisition de l'héritage, malgré les héritiers du mari? 146. On ne peut inférer de ce que la femme, créancière du remploi de ses propres, a acquis conjointement avec son mari, un héritage pendant le mariage, que ce soit pour lui tenir lieu de ses propres. 146, 147. Exception relative aux rachats des rentes pro-

pres des femmes, effectué en 1720 en billets de la banque royale, dans laquelle le consentement des femmes n'était pas nécessaire. 147.

L'immeuble, dont on ne trouve pas le titre d'acquisition, est présumé conquêt, lorsqu'aucun des conjoints ne prouve qu'il lui appartenait avant le mariage, ou qu'il lui fût propre. vi. 147, 148. x. 295, 296. V. *Communauté légale. Propre conventionnel. Puissance maritale. Réalisation.*

PROPRE CONVENTIONNEL. On appelle ainsi les propres formés par les conventions insérées dans les contrats de mariage, qu'une certaine somme, apportée par l'un des futurs en mariage, lui sera propre. vi. 213-224. vii. 697. x. 34. V. *Réalisation.* La clause qu'une somme sera employée en achats d'héritages, équipolle à la stipulation de propres. *Ibid.* La simple destination d'emploi en achats d'héritages, ne fait que des propres de communauté. vii. 697, 698. Les stipulations de propres, et les destinations en achat d'héritages, reçoivent de l'extension par l'addition de ces mots: *aux siens, à ses hoirs, à ses héritiers, à ceux de son côté et ligne.* vii. 698. x. 35. Les termes et *aux siens* ne comprennent que les enfans. x. 35. Les termes *aux siens* et *à ceux de son côté et ligne,* s'étendent aux collatéraux. *Ibid.* Les stipulations de propres qui n'ont pour objet que d'exclure de la communauté les sommes réservées propres, peuvent se faire par donations entre-vifs et par testament. vii. 699. Il n'en est pas de même des stipulations plus étendues qui changent l'ordre des successions, elles ne sont admises qu'à la faveur des contrats de mariage. *Ibid.* Elles sont de droit très-étroit ; elles ne s'étendent ni d'une personne à une autre, ni d'une chose à une autre, ni d'un cas à un autre. VII. 699, 700, 701. X. 34, 35, 36, 37, 38. Les propres conventionnels s'éteignent, lorsque la convention a reçu son effet. VII. 701. X. 38, 39. Par l'extinction des reprises ou remploi, auxquels la qualité de propre est attachée. VII. 701, 702. X. 39, 40. Par le transport que l'enfant, créancier de la somme stipulée propre, en fait à quelqu'un. X. 39. V. *Propre. Propre fictif. Propre de communauté.*

V. spécialement au mot RÉALISATION, où les mêmes principes sont développés avec plus d'étendue.

PROPRE FICTIF. On appelle ainsi l'immeuble, qui, par la fiction de la subrogation, remplace le propre que nous avons aliéné, et nous en tient lieu. VII. 677. Les propres fictifs sont parfaits ou imparfaits. X. 32. Les propres fictifs parfaits sont les propres de subrogation parfaite. *Ibid.* Propres fictifs imparfaits. 34. V. *Subrogation réelle.* Pour que cette subrogation ait lieu, il faut que la chose nouvelle soit immeuble, et qu'elle ait été acquise immédiatement à la place du propre aliéné, et pour en tenir lieu. VII. 677, 678. X. 32, 33. L'échange est susceptible de cette subrogation, et conséquemment de faire des propres fictifs. VII. 678, 679. V. *Échange. Quid*, s'il y a soulte? *Ib.* Plusieurs espèces où il est question de savoir si des héritages sont propres fictifs. 679, 680, 681, 682. Propres fictifs établis par les art. 94 de Paris, et 354 d'Orléans, selon lesquels les deniers provenant du rachat des rentes propres des

mineurs, remboursées durant leur minorité, ou l'emploi de ces deniers, sont propres comme les rentes mêmes dans la succession desdits mineurs décédés en minorité. 683. Différences entre cette subrogation de propres, et la subrogation parfaite des propres fictifs ordinaires. 683, 684. Pour que les héritages ou rentes acquis en emploi des deniers remboursés, soient propres, il n'est pas nécessaire de déclarer que le prix provient du rachat de la rente propre du mineur. 684. Utilité de faire cette déclaration, pour fixer le remploi à l'héritage qui a été acquis, lequel alors sera déterminément celui auquel succèdera l'héritier aux propres. 684, 685. L'héritier a-t-il le choix des meilleurs acquêts, pour le remploi qui lui est dû du rachat de la rente propre? 685, 686. Si le tuteur a dissipé ces deniers, l'héritier aux propres prend dans la succession du mineur sa créance contre le tuteur. 686. *Quid*, si les deniers du rachat ont été employés à acquitter les dettes du mineur? 686, 687. S'ils ont été employés à des réparations des héritages du mineur? 687, 688. Ce que la Coutume de Paris décide pour le prix du rachat des rentes propres du mineur, s'étend-il au prix des héritages et autres immeubles propres? 688, 689. *Quid*, du retour de partage payé au mineur? 689. *Quid*, des meubles qui lui sont échus par le partage, jusqu'à concurrence de la part qu'il aurait dû avoir dans les immeubles? *Ibid.* Tout ce qui vient d'être dit s'applique-t-il aux propres conventionnels? 689, 690. Les mêmes dispositions ont-elles lieu pour le prix des propres des interdits, comme pour ceux des mineurs? 690. Ces propres fictifs n'ont d'effet que dans

la succession du mineur. 690, 691.
Ils tombent dans la communauté
de l'héritier qui y succède, malgré
leur qualité. 691. Ils tomberaient
même (les deniers) dans celle du
mineur qui se marierait, sans les
stipuler propres. *Ibid.* Dans ces
cas, s'il décède marié en minorité,
son héritier aux propres prendra-
t-il dans sa succession le total, ou
seulement la moitié du rachat? 691,
692. Les propres fictifs s'éteignent
par la consommation de la fiction,
lorsque ses héritiers aux propres
lui ont succédé. 692. L'immeuble
acquis en remploi, auquel ils ont
succédé, est-il, en leur personne,
propre naissant ou avitin? 692, 693.
Si l'héritier du mineur est lui-même mineur, la fiction continue-t-
elle? 693. Les propres fictifs s'éteignent encore par la majorité du mineur. *Ibid.* La subrogation établie
par l'art. 94 de Paris, et l'art. 351
d'Orléans, s'étend-elle à autre
chose qu'à la qualité du propre?
694, 695, 696. V. *Propre. Propre
conventionnel.*

PROPRIÉTÉ. Droit de disposer à
son gré d'une chose, sans donner
néanmoins atteinte au droit d'autrui ni aux lois. VII. 114. Étendue
de ce droit. 114, 115. Impossibilité
de l'exercer, ou par un défaut de
la personne, ou par quelque imperfection du droit de propriété.
115. Distinction entre le fond du
droit et l'exercice de ce droit. *Ibid.*
Application au mineur, à l'interdit et à la femme mariée. 115, 116.
Quand la propriété est pleine et
parfaite, ou quand elle est imparfaite. 116. Nue propriété, séparée
du droit d'usufruit. *Ibid.* La propriété résoluble n'est qu'une propriété imparfaite. *Ibid.* Elle ne peut
être transmise que résoluble et avec

son imperfection. *Ibid.* L'acquéreur
de bonne foi acquiert par la prescription ce qui manquait à la perfection de la propriété. 116, 117.
La propriété est encore imparfaite,
lorsque l'héritage est chargé de
quelques droits réels. 117. On ne
peut, en exerçant le droit de propriété, donner atteinte aux droits
d'autrui, actuels ou futurs. 117,
118. Ni aux obligations du bon voisinage. 118. V. *Voisinage.* Ni aux
lois. *Ibid.*

Le droit de propriété suppose
nécessairement une personne en laquelle il réside. 118, 119. Ce peut
être une personne civile et intel-
lectuelle, et non une personne naturelle. *Ibid.* V. *Communautés.
Succession vacante.* Il est de l'essence du droit de propriété que
deux personnes ne puissent l'avoir
en même temps pour le total sur
une même chose. 119. Différence,
en cela, du *jus in re* et du *jus ad
rem. Ibid.* V. *Obligation solidaire.*
Plusieurs cependant peuvent avoir
la propriété en commun, chacun
pour une part. 119, 120. La propriété ne peut exister à deux titres
différens en même temps. 120.

Comment s'acquiert la propriété?
121. V. *Accession. Occupation.* Ces
deux modes d'acquérir la propriété
sont du droit naturel, et ne s'appliquent qu'aux choses qui n'appartiennent à personne. 197, 198.
Mode par lequel on fait passer le
domaine d'une chose d'une personne à une autre. 198. V. *Tradition.* Manières de transmettre le
domaine de propriété par le droit
civil, sans tradition ni prise de possession. 222. Il se transmet à titre
universel, dans le cas d'une succession, d'un legs universel ou d'une
substitution fidéicommissaire universelle. 222, 223. V. *Legs univer-*

*sel. Succession. Substitution fidéi-*
*commissaire.* Il se transmet à titre
singulier, dans le cas d'un legs ou
d'un fidéicommis particulier. 223,
224. V. *Legs particulier.* Les adjudications et la prescription sont
aussi des manières d'acquérir la
propriété par le droit civil. 224.
V. *Adjudication. Prescriptions.*

Comment et par quelles personnes nous acquérons le domaine de
propriété? 224, 225. Dispositions du
droit romain sur la manière dont
les pères de famille acquéraient
par leurs esclaves et par leurs enfans. 225, 226. V. *Esclave. Pécule.*
Plus d'esclaves chez nous. 226.
Admises relativement aux enfans,
en pays de droit écrit. 226, 227.
Nous acquérons par le ministère
d'autres personnes, qui ont qualité
ou pouvoir d'acquérir pour nous.
227. Quand elles n'auraient eu ni
qualité ni pouvoir, nous acquérons
par elles, en ratifiant ce qu'elles
ont fait. 227, 228.

Pour acquérir le domaine d'une
chose, il faut que nous ayons la
volonté de l'acquérir. 228. Par qui
s'exprime cette volonté, lorsqu'il
s'agit de personnes incapables? *Ib.*
Exceptions à ce principe pour les
choses que nous acquérons par accession, par succession et par testament. 228, 229. Il faut, outre la
volonté, dans certains cas, le fait
corporel qui constitue la tradition.

Comment se perd le domaine de
la propriété. 230. Il se perd ou par
notre volonté ou malgré nous. *Ibid.*
Il se perd par notre volonté, en faisant la tradition de la chose à quelqu'un à qui nous voulons en transférer le domaine. *Ibid.* Les personnes incapables peuvent perdre la
propriété des choses qui leur appartiennent par la volonté de ceux

qui agissent pour elles. *Ibid.* On
peut encore perdre le domaine par
le simple abandon qu'on fait de la
chose. 231. On ne peut abandonner le domaine d'une chose pour
une part indivise. *Ibid.* Il n'en est
pas de même d'une portion divisée
d'une chose. 231, 232. Les marchandises jetées à la mer ne sont
point abandonnées; le propriétaire
a le droit de les revendiquer. 232.
V. *Avarie. Jet.* Celui, qui consigne
une somme, n'en perd la propriété
que lorsque le créancier la fait
sienne en la retirant. *Ibid.* Le propriétaire d'un héritage, qui le déguerpit, en perd la propriété. 232,
233. V. *Consignation. Déguerpissement.* Le débiteur, qui fait une
cession de tous ses biens, n'en perd
la propriété qu'au moment où ils
sont vendus. 233. V. *Bénéfice de
cession.* Nous perdons la propriété
des choses qui nous appartiennent
malgré nous, par la vente qu'en
font nos créanciers après les avoir
saisies. 233. Par l'expropriation
pour cause d'utilité publique. *Ibid.*
Par la prise qu'en fait l'ennemi.
233, 234. V. *Prise.* Par la prescription acquise contre nous. 234.
Nous ne perdons pas la propriété
d'une chose par la seule perte de
sa possession. *Ibid.* A l'exception
des choses qui rentrent dans la communauté négative, lorsqu'elles ne
sont possédées par personne. *Ibid.*
Exemple des animaux sauvages qui
cessent de nous appartenir dès
qu'ils ne sont plus en notre pouvoir. 234, 235. Il n'en est pas de
même de ceux apprivoisés, qui
s'en vont et reviennent. 235. Si
l'édifice construit par moi, sur le
rivage de la mer, vient à être détruit, l'emplacement où il était assis
cesse de m'appartenir, et redevient
commun. *Ib.* V. *Revendication.*

*Pétition d'hérédité. Prescriptions.*
V. *Jus in re. Possession. Retrait lignager.*

PROTÊT. Acte solennel fait à la requête du porteur de la lettre-de-change, pour constater le refus que fait celui sur qui elle est tirée de l'accepter ou de la payer. III. 179. Protêt faute d'acceptation, et protêt faute de paiement. *Ibid.* Forme dans laquelle doit être fait le protêt. 180. Cette forme ne peut être suppléée par aucun acte. *Ibid.* Le protêt doit-il être fait à la fois au tiré, et au *besoin*, quand il y en a un ? 180, 181. Il doit être fait, faute de paiement, et au tiré, et à l'accepteur par intervention. 181. Le protêt, faute d'acceptation, se fait avant l'échéance de la lettre. 182. Le protêt, faute de paiement, se fait dans les dix jours après celui de l'échéance. *Ibid.* L'usage est de ne faire le protêt que le dixième jour. *Ib.* Si le dixième jour est un jour de fête, on n'en fait pas moins le protêt. 182, 183. Si la lettre n'a été endossée au porteur que depuis son échéance, dans le temps des dix jours de grâce, le jour du protêt n'est pas pour cela prorogé. 184. Le protêt des lettres payables à Lyon doit être fait le lendemain de l'échéance. 184, 185. Aucune loi ne règle le temps du protêt des lettres-de-change payables à vue. 185. Cas où il a été impossible au porteur de faire le protêt dans le délai de la loi. 185. Le porteur n'est pas dispensé du protêt, lorsque la lettre est égarée. 186. Ni lorsque le tiré est mort, et que les héritiers n'ont pas encore pris qualité. *Ibid.* Le protêt doit-il être fait, lorsque la faillite du tiré est arrivée et a été connue avant l'échéance. 186, 187. Le

porteur de la lettre, après avoir fait le protêt, doit poursuivre le tireur et les endosseurs, en le leur dénonçant. 187, 188. Usage de renvoyer la lettre au tireur avec le protêt, par simple missive. *Ibid. Quid*, si le tireur niait l'avoir reçue ? *Ibid.* Comment le prouver ? *Ibid.* Le porteur aura satisfait à la loi, en assignant le tireur ou les endosseurs en paiement, après le protêt. 188. Temps dans lequel le porteur est obligé d'agir en garantie. 188, 189. Le dernier endosseur, sommé en garantie par le porteur, doit à son tour dénoncer ses poursuites au tireur, ou aux endosseurs précédens. 189. Le porteur peut agir directement contre eux. *Ibid.* Exception au temps réglé pour en garantir par l'ordonnance, en faveur des lettres payables à Lyon. *Ibid.* C'est la loi du lieu où la lettre est payable, qui doit régler la forme des protêts et le temps de les faire, et de les dénoncer. 189, 190. Le porteur, qui n'a pas fait le protêt, ou qui ne l'a pas dénoncé dans le temps de la loi, est déchu de son action en garantie contre le tireur et les endosseurs. 190. Pour que ceux-ci puissent invoquer cette fin de non-recevoir, ils doivent prouver que le tiré avait provision, ou leur était redevable d'une somme égale au montant de la lettre, à l'époque où le protêt aurait dû être fait. 190, 191. V. *Acceptation. Lettre-de-change. Rechange.*

PROVISION. Exécution des jugemens par provision, et nonobstant appel. IX. 123-182. V. *Appel.* Provision qui peut être demandée sur les revenus des immeubles saisis réellement, par un créancier favorable, ou par le saisissant. IX. 243,

244. V. *Saisie réelle.* Paiement provisionnel, qui peut être, dans certains cas, ordonné par les juges. I. 317. V. *Paiement.* La partie civile peut, dans certains cas, demander, pendant le procès criminel, que l'accusé soit condamné à lui payer une provision. IX, 422, 423. Le juge d'instruction seul prononce. *Ibid.* Les sentences de provision s'exécutent nonobstant appel. *Ibid.* Ces provisions sont insaisissables. *Ibid.*

V. *Confession judiciaire.*

PUBERTÉ, fixée à quatorze ans pour les garçons, et à douze ans pour les filles. v. 46. V. *Empêchement de mariage.*

PUBLICATION DES BANS. V. *Ban de mariage.*

PUBLICATION DES SUBSTITUTIONS. Lecture qui doit en être faite à l'audience tenante. VII. 554 *et suiv.* Forme, temps et but de cette publication; par qui et contre qui le défaut peut en être opposé. 555-559. V. *Substitution fidéicommissaire.*

PUISSANCE MARITALE. Sur la personne de la femme. VI. 1. Elle est obligée de suivre son mari partout où il veut. VI. 1. x. 340. Excepté en pays étranger. *Ibid.* Quelle était la puissance du mari sur la personne de la femme dans l'ancien droit romain. VI. 2. Ce qu'elle est dans notre droit. *Ibid.*

La femme ne peut rien faire de valable sans l'autorisation de son mari. *Ibid.* Ce que c'est que cette autorisation. VI. 2, 3. x. 340, 341. Elle n'est pas fondée sur la faiblesse de la femme, mais sur la puissance du mari. VI. 3. x. 340.

Elle est très-différente de l'autorité du tuteur, dont un mineur a besoin pour contracter. *Ibid.* Celle-ci n'est requise qu'en faveur du mineur, qui seul peut l'opposer. *Ibid.* Le défaut de la première rend nul tous les actes faits par la femme. *Ibid.* V. *Mineur.* La nullité de l'acte fait par le mineur peut être couverte par la ratification expresse ou tacite. VI 3, 4. x. 340, 341. La ratification ne peut jamais rendre valable l'acte fait par la femme sans l'autorisation du mari. VI. 4. x. 340. Cette autorisation n'est pas un simple consentement; elle doit être expresse. *Ibid.* V. *Femme mariée. Ratification.* Elle est nécessaire du jour de la bénédiction nuptiale. *Ibid.* Coutumes qui y assujettissent la femme aussitôt qu'elle est fiancée. *Ibid.* Cette incapacité n'est obligatoire pour les tiers que lorsque les fiançailles ont été publiques. VI. 4, 5. Elle doit être restreinte aux Coutumes qui l'établissent. 5. V. *Fiançailles.* L'autorisation du mari peut être suppléée par celle du juge. *Ibid.* Comment l'obtenir? *Ib.* Elle a les mêmes effets que celle du mari. *Ib.* Seulement l'obligation, que la femme a contractée avec elle, ne peut être exercée sur les biens de la communauté, que jusqu'à concurrence de ce qu'elle a profité de l'affaire. *Ibid.* Le juge séculier seul peut donner l'autorisation à la femme. 6.

La femme séparée de biens a toujours besoin de l'autorisation de son mari, sauf pour les actes qui ne concernent que la simple administration de ses biens. 6, 7. Article de la Coutume de Paris. *Ibid.* Dispositions contraires de la Coutume de Montargis et de celle de Dunois. 7. La femme autorisée pour vendre un héritage, a besoin d'une nouvelle autorisation pour en recevoir plus tard le prix. *Ibid.* Le rachat d'une rente constituée, fait à une femme séparée, peut-il passer pour un acte de pure administration ? 7, 8. Pour qu'une femme, séparée par sentence, soit considérée comme telle, il faut que la sentence ait été exécutée. 8. La clause d'exclusion de communauté ne dispense la femme de l'autorisation pour aucun acte. *Ib.* V. *Exclusion de communauté. Séparation de biens.*

La femme, marchande publique, n'a pas besoin de l'autorisation de son mari pour les actes qui concernent son commerce. 8, 9. La femme, qui aide son mari dans le commerce qu'il fait, n'est pas marchande publique. 9. La marchande publique s'oblige elle et son mari par les actes qu'elle fait. *Ibid.* V. *Marchande publique.*

La femme, dont le mari a perdu l'état civil, n'a plus besoin ni de l'autorisation de son mari, ni de celle du juge. VI. 10. X. 342. Si le mari n'a été condamné que par contumace, il est plus sûr d'exiger que la femme soit autorisée par le juge. *Ib.*

La femme, dont le mari est en démence, a besoin de l'autorisation du juge. VI. 10. X. 352. Si elle a été nommée curatrice de son mari, elle est, par cela seul, autorisée pour tous les actes d'administration de leurs biens communs. *Ibid.* Mais non pour aliéner. *Ibid.*

Si le mari est absent, dans l'incertitude s'il est vivant ou mort, la femme doit avoir recours à l'autorisation du juge. VI. 10, 11. X. 342. Si le mari passait pour mort dans le public, la femme a contracté valablement sans autorisation. VI. 11, 12. V. *Absent.*

Le mari, quoique mineur, a le

droit de puissance maritale sur sa femme majeure, et le pouvoir de l'autoriser. VI. 12. X. 342. Quoiqu'il n'ait pas le pouvoir d'aliéner ses immeubles, il a néanmoins celui d'autoriser sa femme majeure pour l'aliénation des siens. *Ibid.* S'il souffre préjudice de l'aliénation qu'il a autorisée, il peut prendre des lettres de rescision contre elle. *Ib.* S'il s'agit d'un acte de donation fait par la femme avec rétention d'usufruit, le mari ne peut plus y porter atteinte. VI. 12, 13. V. *Rescision.* Si la femme est mineure, le mari aussi mineur ne peut l'autoriser que pour les actes de simple administration. VI. 13. X. 342. La femme est considérée comme émancipée par le mariage. *Ibid.* Le mari ne peut lui tenir lieu de curateur, que lorsqu'il est majeur. *Ibid.* La femme mineure, quoique autorisée par son mari majeur, ne peut valablement aliéner ses immeubles. *Ib.* L'autorisation laisse exister la nullité relative, établie en faveur des mineurs. *Ibid.*

L'autorisation du mari est exigée pour les aliénations de la femme, nécessaires ou volontaires, de meubles ou d'immeubles. VI. 13, 14. Soit qu'elles lui soient préjudiciables ou avantageuses. 14. Le contrat fait par une femme pour retirer son mari de prison, est excepté de la nécessité de l'autorisation. 14, 15. Observations de Lebrun sur cette exception ; cas où elle n'est pas admise. 15. Disposition de la Coutume de Normandie sur ce point. *Ibid.* La femme peut-elle également contracter sans autorisation, pour se retirer elle-même de prison, lorsqu'elle y est pour stellionat ? 15, 16. Quelques autres cas où des actes de la femme ont été déclarés valables, quoique contractés sans l'autorisation du mari. 16. Les contrats, qui interviennent pendant le mariage entre le mari et la femme, tels que les dons mutuels, ne sont pas exceptés de la nécessité de l'autorisation de la femme. 16, 17. Mais elle n'a pas besoin d'autorisation pour les dispositions testamentaires. 17. Coutumes qui exigent l'autorisation même dans ce cas. *Ibid.* Leurs dispositions sont des statuts personnels qui exercent leur empire sur tous les biens de ceux qui y sont sujets, quelque part qu'ils soient situés. *Ib.* V. *Statut personnel.* Si une femme, domiciliée dans une de ces Coutumes, a fait son testament sans autorisation, le vice en est-il purgé par la translation de domicile des conjoints sous une Coutume qui ne demande pas l'autorisation? 17, 18. Lorsqu'une femme mariée a fait son testament sans autorisation, étant domiciliée sous une Coutume qui ne l'exige pas, est-il valable, si, au temps de sa mort, elle se trouve domiciliée sous une Coutume qui l'exige? 18, 19. *Quid*, sous les Coutumes qui exigent l'autorisation, lorsqu'une fille a fait son testament avant son mariage? 20. La femme, qui a fait son testament avec l'autorisation du mari, en a-t-elle besoin pour le révoquer? *Ibid.* Les contrats, dont l'exécution est différée après la mort de la femme, ne peuvent être assimilés aux testamens; ils ont toujours besoin d'autorisation. *Ib.* La femme mariée n'a besoin d'autorisation que pour les actes qu'elle fait en son nom. 21.

La femme est tenue comme toute autre personne, sans le consentement de son mari, des obligations qui naissent d'un quasi-contrat, ou que la loi seule ou l'équité pro-duisent. 21, 22. V. *Quasi-contrat.* Ainsi elle est obligée par une obligation naturelle à rembourser une somme qui lui a été prêtée, et qui lui a servi à acquitter ses dettes. 22. Elle contracte aussi, sans le consentement de son mari, les obligations qui naissent de ses délits et quasi-délits. *Ibid.* V. *Délit. Quasi-délit.* La femme mariée, en prenant la qualité de fille majeure, ou de veuve, s'oblige-t-elle par son dol envers celui avec qui elle a contracté? 22, 23.

La femme ne peut ester en jugement sans l'assistance de son mari, soit comme demanderesse, ou comme défenderesse. VI. 23. X. 341. Ce principe a lieu même à l'égard de l'instance commencée par la femme avant son mariage. VI. 23, 24. La Coutume permet à la femme de se faire autoriser par le juge, sur le refus de son mari. 24. Il faut, pour cela, qu'elle justifie devant le juge du refus de son mari, par la sommation qui lui a été faite, de l'autoriser. *Ibid.* Le mari n'est pas tenu sur les revenus des biens de sa femme des condamnations prononcées contre elle, quand il a refusé de l'autoriser. *Ibid.* Les femmes séparées peuvent ester en justice, sans l'assistance de leur mari, pour tout ce qui concerne l'administration de leurs biens. 24, 25. Mais il faut que la séparation ait été exécutée. 25. V. *Séparation de biens.* Quelques Coutumes accordent ce pouvoir aux femmes marchandes publiques, pour les demandes relatives à leur commerce. *Ibid.* Il n'en est pas de même sous la Coutume de Paris. 25, 26. La femme accusée criminellement n'a pas besoin d'être autorisée. 26. La Coutume de Poitou décide qu'elle en a besoin, si elle veut poursuivre quelqu'un criminellement. *Ibid.* La Coutume d'Orléans l'en affranchit, tant en demandant qu'en défendant, pour les actions qui naissent des délits. *Ibid.* Mais les biens de la communauté, tant qu'elle dure, ne sont pas tenus des condamnations prononcées contre la femme. *Ibid.*

Comment l'autorisation du mari s'interpose dans les actes extrajudiciaires. vi. 27. x. 341. Une autorisation générale suffit pour tous les actes relatifs à la simple administration. *Ibid.* Elle doit être expresse et spéciale pour tous les autres actes. vi. 27, 28. x. 341. Il ne suffit pas que le mari donne son consentement à l'acte, il faut qu'il *habilite* expressément sa femme à le faire. vi. 28. x. 341. Ainsi, si le mari a consenti tacitement, s'il s'est obligé conjointement avec sa femme, ou comme sa caution, le contrat n'en est pas moins nul. *Ibid.* Il en est de même, lorsque le mari prête son ministère à sa femme, sans déclarer qu'il l'autorise. *Ibid.*

Le mari peut autoriser sa femme par un acte séparé, mais qui est annexé à la minute du contrat. 29. Néanmoins, il doit être fait mention dans l'acte, pour qu'il soit valable, de l'autorisation. *Ibid.* Lorsqu'une femme fait, en son propre nom, un contrat pour son mari, d'après une procuration de lui contenant autorisation, suffit-il que la procuration seule, sans l'autorisation, soit relatée dans l'acte ? 29, 30. L'acte, dans lequel une femme s'est dite autorisée, est nul, lorsque l'autorisation n'est intervenue qu'après l'acte ? 30.

L'autorisation du mari, dans les actes judiciaires, résulte de sa présence en qualité dans l'instance,

conjointement avec sa femme. vi. 30, 31. x. 341.

L'effet de l'autorisation est de rendre la femme aussi capable de l'acte pour lequel elle est autorisée, qu'elle le serait, si elle n'était pas mariée. vi. 31. Mais les actes qui seraient nuls, si elle n'était pas mariée, le sont malgré l'autorisation. *Ibid.* Différence, dans les effets, de l'autorisation donnée par le mari et celle donnée par le juge. 32. La première donne à la femme le pouvoir d'obliger indéfiniment la communauté par l'acte qu'elle passe. *Ibid.* Par la seconde, la communauté ne peut être obligée que jusqu'à concurrence de ce qu'elle a profité du contrat passé par la femme. *Ibid.* V. *Supra.* Le défaut d'autorisation rend l'acte absolument nul. *Ibid.*

Un autre effet de la puissance maritale est d'empêcher la prescription de courir contre la femme pendant le mariage, pour toutes les actions qui auraient pu réfléchir contre son mari. *Ibid.* Mais elle court à l'égard de celles qui ne réfléchissent pas contre le mari. V. *Prescriptions.*

Puissance du mari sur les biens de la femme. vi. 33. x. 543. En quoi elle consistait dans le droit romain. *Ibid.* Distinction qu'on y faisait entre les biens dotaux et les biens paraphernaux. *Ib.* Elle n'est pas connue dans le droit coutumier. *Ibid.* Les biens de la femme, s'y divisent en biens de la communauté, et biens propres. *Ibid.* Le mari est le maître absolu des biens de la communauté. vi. 33, 34. x. 344. Les biens propres de la femme sont les immeubles qu'elle n'a pas mis en communauté, et les meubles qu'elle en a exclus. vi. 34. V. *Propre de communauté. Réalisation.*

Ceux-ci diffèrent des biens mis en communauté, en ce que la femme est créancière de la reprise du montant desdits biens contre la communauté. *Ibid.* La femme reste propriétaire de ses biens propres de la première espèce. *Ibid.* Elle ne peut en être privée par le fait de son mari, mais elle peut l'être par sa négligence. vi. 34, 35. x. 343, 344.

Quoique non propriétaire des propres de sa femme, le mari a cependant sur eux un droit de bail. vi. 35. x. 343. Un de ses effets est de donner au mari, pendant le mariage, tout ce qu'il y a d'honorifique attaché aux biens propres de la femme. *Ibid.* Il peut prendre les titres des biens de sa femme. *Ibid.* Il est chargé des devoirs féodaux dont sont chargés les fiefs de sa femme. *Ibid.* Il jouit de tous les droits de justice attachés aux seigneuries de sa femme. vi. 35, 36. Un autre effet des droits du mari, sur les propres de sa femme, est d'en percevoir les fruits et revenus pendant le mariage et la communauté. 36. Un troisième effet est le droit qu'il a de les administrer. vi. 36. x. 343. Il peut faire seul les baux de ces biens, sans que la femme puisse revenir contre, à la dissolution du mariage. *Ibid.* Mais il faut qu'ils n'aient été faits que pour le temps ordinaire des baux à loyer ou à ferme. vi. 36, 37. x. 343. Disposition particulière de la Coutume de Paris, qui restreint à six ans la durée des baux des maisons de Paris, que peut faire le mari. vi. 37. L'obligation de garantie du mari, qui a fait des baux trop longs, n'est point à la charge de la communauté. *Ibid.* Il ne contracte cette obligation que lorsqu'il a fait le bail en son nom. *Ibid.* Pour que les baux faits par le mari obligent la femme, il faut encore qu'ils soient faits sans fraude. vi. 37. x. 343. Elle consiste dans le dessein de priver la femme de la jouissance de ses propres, après la dissolution de la communauté. *Ibid.* Quand elle se présume? vi. 37, 38. Le mari peut-il seul recevoir valablement le rachat des rentes propres de la femme? vi. 38. x. 343.

Tous les droits du mari, dont nous avons parlé, s'exercent même dans le cas d'exclusion de communauté. vi. 38. Mais non dans le cas de la séparation de biens, où la femme conserve l'administration de tous ses biens. 38, 39. V. *Séparation de biens.*

V. *Communauté légale.*

PUISSANCE PATERNELLE. Elle est un effet civil du mariage. v. 220, 221. Chez les Romains, elle faisait acquérir aux pères ce qui était acquis par leurs enfans. viii. 225, 226. x. 278. Conservée dans les pays de droit écrit. viii. 226, 227. V. *Pécule. Propriété.* Elle existe aussi dans les pays coutumiers. viii. 57. x. 278. Elle consiste dans l'autorité des père et mère, et dans les devoirs de respect des enfans. viii. 57, 58. x. 278. Les père et mère ont le droit de retenir leurs enfans près d'eux, ou de les envoyer où il leur plaît pour leur éducation. viii. 58. Les enfans ne peuvent entrer dans aucun état, si ce n'est au service du roi, sans le consentement de leurs père et mère. *Ibid.* Droit de correction. 58, 59. Comment il s'exerce, et quand l'autorité des juges est requise? *Ibid.* Quand finit l'autorité des père et mère sur leurs enfans? 59. Les enfans sont toujours tenus de requérir le consentement de leurs père et mère pour se marier. *Ibid.* Forme dans laquelle ce consentement doit être requis. 59, 60. Age auquel les enfans peuvent, après certaines formalités, passer outre au mariage, à défaut de consentement des père et mère. 60. Peines contre les enfans qui se sont mariés sans ce consentement. *Ibid.* Les enfans doivent des alimens à leurs père et mère indigens. 61. V. *Alimens.* Comment la condamnation de fournir ces alimens doit être prononcée selon leur richesse. *Ibid.* Ils en doivent également à leurs aïeuls et aïeules. *Ibid.* V. *Mariage.*

V. *Garde-Noble. Tutelle. Tuteur.*

# Q

QUASI-CONTRAT. Fait d'une personne, permis par la loi, qui l'oblige envers une autre personne, ou oblige une autre personne envers elle, sans qu'il intervienne aucune convention entre elles. I. 61, X. 48. Le consentement n'intervient pas dans le quasi-contrat. I. 62. La loi seule ou l'équité produit l'obligation. *Ibid.* Toutes personnes, même incapables, peuvent s'obliger et obliger les autres envers elles, par un quasi-contrat. *Ibid.* V. *Contrat. Obligation.* Les obligations résultant des quasi-contrats peuvent toujours se prouver par témoins. I. 474. V. *Preuve testimoniale.*

V. *Acceptation de succession. Action personnelle. Communauté. Puissance maritale. Rente foncière. Substitution fidéicommissaire.*

QUASI-CONTRAT-NEGOTIORUM GESTORUM. Gestion d'une personne, qui forme entre elle et une autre personne un quasi-contrat, qui produit des obligations semblables à celles que produit le mandat. IV. 296. Choses requises pour former ce quasi-contrat. 296, 297. Il faut une affaire qui en soit la matière, et deux personnes entre lesquelles il intervienne. 297. Peu importe que l'affaire fût en partie celle de celui qui l'a gérée. *Ibid.* L'affaire peut n'être pas celle de celui pour qui elle a été gérée, pourvu qu'il fût chargé de la gérer. 297, 298. Si elle n'était pas sienne, lorsqu'elle a été gérée, il suffit que l'approbation, qu'il a donnée depuis à la gestion, la lui ait rendue propre. 298, 299. La gestion des affaires d'un mineur ou d'un fou donne également lieu à ce quasi-contrat. 299. De même que la gestion des affaires d'une succession vacante. *Ibid.* Il faut que l'affaire ait été faite sans l'ordre de celui à qui elle appartient. 300. Autrement il y aurait mandat. *Ibid.* Il suffit que le gérant ait cru n'avoir pas d'ordres, *ibid.*, ou qu'il les ait outre-passés, *ibid.*, ou que les ordres eussent été donnés à un autre, *ibid.*, ou qu'il les ait reçus d'un tiers. 300, 301. Il faut que l'affaire ait été faite à l'insu de celui à qui elle appartient. 301. S'il l'a su, il y a mandat tacite. *Ibid.* V. *Mandat.* Si, le sachant, il s'est opposé à la gestion, il n'est pas obligé envers le gérant. 301, 302. Dans ce cas, le gérant a-t-il cependant une action pour les frais de sa gestion, lorsque celui, dont il a fait l'affaire, en a profité? 302, 303. Si l'affaire était celle de deux personnes, dont l'une seulement s'est opposée, le gérant a action contre l'autre. 3o3. Si l'affaire a été gérée sans intention de répéter les frais de la gestion, c'est alors une donation. 3o3, 3o4. Il n'y a pas de quasi-contrat, lorsqu'on n'a pas cru faire l'affaire d'un autre, mais la sienne. 3o3, 3o4, 3o5. Cependant il y a des cas où l'équité accorde une action à celui qui, en croyant faire son affaire, a fait celle d'un autre. 3o6. Le possesseur, qui a fait des impenses utiles, a une action contre le propriétaire, jusqu'à concurrence de ce qu'il en a profité. 3o6, 3o7. V. *Impenses. Possession.* Il ne peut rien répéter de plus. 3o7, 3o8. Cas où j'ai fait une affaire, que je croyais être l'affaire de Pierre, quoique cette affaire fût celle d'un autre, et ne le concernât pas. 3o8. L'équité me donne une action, dans ce cas, contre celui dont j'ai fait l'affaire. 3o8, 3o9. Cas où j'ai fait une affaire qui concernait plusieurs personnes, n'ayant en vue, en la faisant, que de faire celle de l'une d'elles. 3o9. L'équité me donne une action contre les personnes dont je n'avais pas en vue de faire l'affaire. 3o9, 3io. Cas où j'ai fait l'affaire d'une personne, sans intention de répéter les frais de ma gestion, et pour l'en gratifier. 3io. Je n'ai pas d'action dans ce cas. *Ibid.* Quand présume-t-on cette intention? *Ibid.* Quelles sont les circonstances qui peuvent ou non la faire présumer? 3io, 3ii, 3i2.

Obligations réciproques du *negotiorum gestor* et de celui dont il fait l'affaire. 3i2. Le *negotiorum gestor* n'est tenu de rendre compte que de l'affaire qu'il a bien voulu faire. 3i3. Il n'est pas obligé de faire ses autres affaires, à moins qu'elles ne soient une dépendance de celle qu'il a commencée. *Ibid.* Il peut être responsable de celle qu'il n'a pas faite, lorsqu'il s'est porté pour faire en général les affaires d'une personne. 3i4. Il l'est surtout, s'il n'a pas exigé de lui-même ce qu'il devait à cette personne, et que sa dette se soit prescrite. *Ibid.* Ses héritiers le sont, si la dette, qu'il n'a pas exigée de lui-même, était contractée sous la condition que ses héritiers n'en seraient pas tenus. 3i4, 3i5. Il est responsable, s'il n'a pas exigé de lui-même la somme qu'il devait, lorsqu'il aurait pu en faire un emploi utile. 3i5. Il faut, dans tous les cas, que la dette fût exigible. *Ibid.* Il n'est pas responsable, s'il ne devait qu'à la charge de recevoir quelque chose, qu'il n'a pas trouvé dans les biens de celui pour qui il gérait. 3i5, 3i6. On ne peut pas lui imputer de n'avoir pas exigé ce qui était dû par d'autres débiteurs. 3i6. S'il est créancier de la personne dont il gère les affaires, on peut lui imputer de n'avoir pas employé à se payer les sommes qui lui sont parvenues de sa gestion. *Ibid.* Le *negotiorum gestor* est tenu d'apporter à la gestion le même soin qu'un mandataire. *Ibid.* Il peut même être tenu, dans certains cas, d'un plus grand soin. 3i7. Quelquefois même il est tenu des pertes qu'il a souffertes par cas fortuit dans sa gestion. *Ibid.* Cas où il n'est obligé d'apporter que de la bonne foi à sa gestion, et où il n'est pas tenu des fautes commises par imprudence ou par impéritie. 3i7, 3i8. Il est tenu cependant des fautes commises par négligence. 3i8. Le *negotiorum gestor* est tenu, comme le mandataire, de rendre compte de sa gestion et de tout ce

qui lui en est provenu. 318, 319.
Il doit le subroger à toutes les
actions qu'il a acquises par sa gestion. 319. De l'obligation du gérant, naît l'action *negotiorum gestorum directa*, qu'a celui dont on a
fait les affaires. *Ibid.* Il a cette action contre celui qui a géré par
l'ordre du *negotiorum gestor. Ibid.*
Si deux personnes ont géré ensemble, elles ne sont pas tenues solidairement, comme le seraient deux
mandataires. 319, 320. Cette action passe à l'héritier de celui dont
on a fait les affaires, contre l'héritier du gérant. 320. Si l'héritier du
gérant a fait de nouvelles affaires,
il y a nouveau quasi-contrat. *Ibid.*
La ratification donnée à la gestion, n'éteint pas l'action. *Ibid.*
Celui, dont on a fait l'affaire, doit
rembourser le gérant de tout ce qui
lui en a coûté. 320, 321. Cette
obligation donne au gérant l'action *negotiorum gestorum contraria.* 321. Celui, dont on a fait l'affaire, ne contracte d'obligation
que lorsqu'il a approuvé qu'on ait
fait pour lui l'affaire: *Ibid.* Ou si
l'affaire était indispensable. *Ibid.*
Il suffit que l'affaire ait été utilement faite, quoique détruite depuis
par accident. 321, 322. Le gérant
n'a pas d'action contre moi pour
des réparations qu'il a faites à une
maison, quoique nécessaires, si
elles étaient si coûteuses, que
j'eusse préféré perdre ma maison
à les faire. 322. Dans le cas
surtout où il aurait pu me consulter. 322, 323. Si l'affaire, utilement gérée d'abord, est détruite
par la faute du gérant, il n'a pas
de répétition. 323. Dans le droit
romain, le gérant n'avait jamais
d'action contre l'impubère que jusqu'à concurrence de ce qu'il avait
profité de la gestion au moment de

la contestation en cause. 323, 324.
Cela est vrai pour les contrats,
mais non pour les quasi-contrats,
où l'on est obligé à son insu. 324,
325. V. *Mineur.* Cas où je ne contracte aucune obligation envers celui qui a géré mon affaire, quoique
j'en profite. 325. Le *negotiorum
gestor* ne peut intenter l'action *contraria*, avant d'avoir fourni un
compte. *Ibid.* L'action *contraria* a
pour objet le remboursement des
obligations contractées pour la
gestion. 325, 326. V. *Mandat.*
V. *Lettre-de-change. Paiement
par intervention.*

QUASI-CONTRAT PROMUTUUM. Quasi-contrat par lequel celui qui reçoit une somme d'argent, ou une
quantité de choses fongibles, qui
lui a été payée par erreur, contracte envers celui qui la lui a
payée par erreur, l'obligation de
lui en rendre autant. IV. 126. Ses
rapports avec le prêt de consomption, *mutuum.* 126, 127. Celui, à
qui la somme a été payée, sans
qu'elle lui fût due, contracte l'obligation de la rendre. 128. Celui, qui
a payé par erreur, ne peut prétendre aucun intérêt. *Ibid.* Il avait,
d'après le droit romain, deux actions *condictio certi*, et *condictio indebiti. Ibid.* La première est la
même qu'a le prêteur. *Ibid.* Pour
la seconde, V. *Condictio indebiti.*

QUASI-DÉLIT. Fait par lequel une
personne, sans malignité, mais par
une imprudence qui n'est pas excu-
sable, cause quelque tort à une
autre. I. 62. X. 48. En quoi il diffère du délit. *Ib.* Obligations auxquelles il donne naissance. *Ibid.*
V. *Action personnelle. Délit. Possession. Puissance maritale.*

QUASI - SOCIÉTÉ. V. *Communauté.*

QUASI-TRADITION. V. *Avantage entre époux.*

QUASI-USUFRUIT. V. *Don mutuel.*

QUARTE-FALCIDIE. V. *Réserve.*

QUARTE-TRÉBELLIANIQUE. V. *Réserve.*

QUESTION PRÉPARATOIRE. Interrogatoire, que le juge fait subir à l'accusé dans les tourmens, pour l'obliger, par leur violence, à confesser la vérité. IX. 435. La question est ordinaire ou extraordinaire, avec ou sans la réserve de preuves. *Ibid.* Elle est ordonnée par jugement, après la visitation du procès et l'interrogatoire subi à la chambre par l'accusé. *Ibid.* Pour qu'elle soit ordonnée, il faut que le crime soit constant, capital et méritant peine de mort, et qu'il y ait une preuve considérable contre l'accusé. *Ibid.* Il faut que le jugement soit en dernier ressort. 436. Ce qui doit être observé en donnant la question. *Ibid.* Si l'accusé confesse le crime, la preuve est complète. 436, 437. *Quid*, s'il rétracte ensuite son aveu? 437. S'il n'a point confessé le crime, et que la question ait été ordonnée sans réserve de preuves, il doit être absous. *Ibid.* S'il y a eu réserve de preuves, l'accusé peut être condamné à une peine afflictive ou pécuniaire. *Ibid.* V. *Jugement en matière criminelle.*

QUITTANCE. Acte passé pour la preuve des paiemens. I. 458. La quittance fait foi de ce qu'elle contient contre le créancier qui l'a donnée, et ses héritiers ou successeurs, soit qu'elle soit notariée, ou sous signature privée. *Ibid.* Cas où elle fait même foi sans être signée, quoique non passée devant notaire. 448, 449, 450, 458. Elle ne laisse pas d'être valable, lorsqu'elle exprime la somme payée, sans exprimer la cause de la dette, sauf, s'il y a plusieurs dettes, à faire l'imputation. 458, 459. V. *Imputation.* Elle est valable également, lorsque la cause est exprimée, et non la somme payée. 459. Mais elle se renferme dans les limites de la cause exprimée. *Ibid.* Si c'est une dette payable par termes, elle fait foi du paiement de tout ce qui a couru jusqu'au dernier terme d'échéance qui a précédé la date de la quittance. 459, 460. Si la quittance n'est pas datée, elle ne fait foi que du paiement d'un seul terme; ou de tous les termes échus du vivant du créancier, si elle a été donnée par son héritier. *Ibid.* Lorsqu'elle n'exprime ni les sommes payées, ni la cause de la dette, elle est générale et comprend toutes les différentes dettes dues à sa date. 460. Elle ne s'étend pas à celles non échues à l'époque de la date. *Ibid.* Ni aux principaux des rentes dues par le débiteur. *Ibid.* Ni à celles dont le créancier, quand il l'a donnée, n'avait pas encore vraisemblablement de connaissance. 460, 461. La quittance, dans laquelle le créancier atteste avoir reçu *ce que le débiteur lui doit*, comprend-elle ce qu'il devait comme caution, lorsqu'il était aussi débiteur de son chef? 461. *Quid*, si, après quittance générale, le débiteur présente un billet resté en sa possession? *Ibid.* Si la somme payée excède celle qui était due pour la cause exprimée, il y a lieu à répétition. *Ibid.* Les quittances des trois dernières années des arrérages des rentes, fermes, loyers, etc., forment une présomption du paiement des années précédentes. I. 462, 492. III. 307-310.

V. *Arrérages. Ecritures privées.*

# K

RACHAT. V. *Profit de rachat.*

RACHAT DES RENTES CONSTITUÉES. Le débiteur de la rente, et tous ceux qui y ont intérêt, peuvent obliger le créancier à souffrir le rachat. III. 87, 88. Il n'est pas même nécessaire, pour cela, d'être tenu de la rente. 88. Ceux, qui rachètent la rente, sont subrogés aux droits du débiteur. 88, 89. V. *Subrogation.* Cas où les personnes étrangères, et le créancier chirographaire du débiteur, peuvent racheter la rente. 89. Le rachat de la rente doit être fait au créancier ou à son mandataire, 89, 90; au tuteur, au curateur, au mari, aux administrateurs. 90. La femme, quoique séparée de biens, ne peut, sans autorisation, recevoir le rachat de ses rentes. *Ib.* V. *Femme séparée. Quid,* lorsque la propriété de la rente à racheter appartient à une personne, et l'usufruit à une autre. 90, 91. V. *Paiement.* Le rachat doit se faire pour le total; le créancier n'est pas obligé à souffrir le rachat pour partie. 91, 92. Quand le rachat partiel peut avoir lieu, et ses effets. 92, 93. Lorsque le créancier a permis le rachat partiel à l'un de plusieurs débiteurs solidaires, quand est-il censé l'avoir déchargé de la solidarité? 93, 94. Est-il censé, par cela seul, avoir aussi permis le rachat partiel aux autres? 94. V. *Obligation solidaire.* Le débiteur ne peut être reçu au rachat, qu'en payant tous les arrérages courus

jusque-là. *Ibid.* Le paiement de la moitié des arrérages ne suffit pas, lors même que la rente est rachetable en deux paiemens. *Ibid. Quid,* lorsque le débiteur n'était tenu que de la moitié de la rente? 94, 95. Rachat par le remboursement réel du principal. 95, 96. V. *Paiement. Quid,* si le remboursement avait été fait avec les propres deniers du créancier? 96, 97. Rachat par la consignation. 97. V. *Consignation.* Par la compensation; quand peut-il avoir lieu? 97, 98. V. *Compensation.* Des offres de racheter la rente. 98, 99. Les arrérages cessent du jour où elles ont été faites. *Ibid.* Quelles mesures doit prendre le débiteur, pour qu'elles soient valables. 99. V. *Offres de paiement.*

V. *Arrérages. Constitution de rente. Rente constituée. Récompense. Rente viagère.*

RACHAT DE RENTE FONCIÈRE. V. *Bail à rente. Rente foncière.*

RANÇON. Convention de rançon, en cas de prise maritime. VIII. 168. Dans quelle forme elle doit être faite? 168, 169. Les capitaines français ne doivent admettre les vaisseaux ennemis à rançon, que lorsqu'ils ne peuvent faire mieux. 169. Pour quel lieu le sauf-conduit est accordé au vaisseau rançonné? 170. Le capitaine, qui rançonne, doit retenir un ôtage pris parmi les principaux officiers du vaisseau rançonné. *Ib.* Rapport qu'il doit faire à son retour dans les ports de France. *Ibid.* Obligations qui naissent de la convention de rançon. *Ibid.* Le sauf-conduit donné au vaisseau rançonné le met à l'abri d'insultes de la part des vaisseaux français ou ses alliés, qu'il rencontre sur sa route. 170, 171. Le sauf-conduit n'a d'effet que lorsque le vaisseau est rencontré dans sa route, et dans le temps prescrit. 171. Le vaisseau rançonné est obligé de payer la rançon. 171, 172. S'il périt par une tempête, avant son arrivée, la rançon ne cesse pas d'être due. 172. En est-il déchargé, lorsqu'il a été pris hors de sa route, ou après l'expiration du temps porté par le sauf-conduit, par un corsaire français. 172, 173. Action récursoire du maître du navire rançonné, contre les propriétaires, tant du navire que des marchandises. 173. Action de l'ôtage contre le maître du navire et les propriétaires du vaisseau et des marchandises. 174. V. *Prise.*

RAPPEL A SUCCESSION. Acte par lequel une personne ordonne qu'en cas de prédécès de l'un de ses héritiers présomptifs, les enfans de cet héritier prédécédé le représenteront. VI. 111. VII. 116. C'est une ordonnance de dernière volonté. *Ibid.* Il est révocable jusqu'à la mort, à moins qu'il ne soit fait par contrat de mariage. *Ibid.* Peut-il être fait sans le consentement des héritiers présomptifs? VII. 116, 117. Par quel acte? 117. Si un seul des enfans du prédécédé est rappelé à une succession, y a-t-il la portion entière de son père, ou seulement celle qu'il aurait eue avec ses frères? *Ibid.* Distinction du rappel *intrà* ou *extrà terminos juris*, et ses différens effets. 116, 117, 118. V. *Représentation. Succession.*

Les père et mère rappellent aussi à leur succession leurs filles qui y avaient renoncé par avance, moyennant la dot qu'elles avaient reçue. VII. 42, 43, 44. V. *Renonciation aux successions futures.*

RAPPORT. Différentes classes de Coutumes, dont les unes n'imposent pas la charge du rapport, les autres l'imposent même en cas de renonciation, et les troisièmes en dispensent les enfans qui renoncent. VII. 192, 193. Il faut suivre celle du lieu où les héritages donnés sont situés. 193. V. *Statut réel.*

Principes de la Coutume de Paris, qui forment le droit commun. *Ibid.* Elle assujettit au rapport tous les avantages, tant directs qu'indirects, faits par les père, mère, ou autres ascendans, à leurs enfans. 193, 194. Le principe est le même sous la Coutume d'Orléans. X. 654. 655. Il y a avantage indirect, lorsqu'un père donne une chose à une tierce personne interposée, pour la rendre à son enfant. VII. 194. X. 654, 655. Il en est de même des actes, qui, sous un autre nom que celui de donation, contiennent un avantage de la part du père au profit de l'enfant. *Ibid.* Dans le cas d'une vente à vil prix par le père à son enfant, celui-ci est-il tenu au rapport de l'héritage, ou au rapport de ce qui manque du juste prix? II. 18. VII. 194, 195. Tout acte, quel qu'il soit, qui contient un avantage de la part d'un père ou d'une mère à leur enfant, oblige cet enfant au rapport. V. 577, 578. VII. 195, 196. Exemples de différens actes. *Ibid.* L'enfant doit le rapport non-seulement des sommes à lui données, mais de celles qui lui ont été prêtées. VII. 196. Pour qu'il y ait lieu à rapport, il faut qu'il soit sorti quelque chose des mains du père ou de la mère; un simple profit pour l'enfant ne suffit pas. VII. 197. X. 655. Lorsqu'une mère renonce à la succession de son frère, pour favoriser ses enfans mâles qui succèdent de leur chef, et par exclusion de ses filles, y a-t-il avantage indirect sujet à rapport au profit de celles-ci? VII. 197, 198. X. 655. *Quid*, si un père, colégataire avec son fils, répudie son legs au préjudice de ses autres enfans? VII. 198. Y a-t-il avantage sujet à rapport, lorsqu'une mère renonce à la communauté opulente d'un premier mari, pour favoriser les enfans du premier lit? VII. 198, 199. X. 655, 656. Ou lorsqu'elle accepte la communauté mauvaise, pour les décharger de la restitution de son apport? VII. 199, 200. X. 655, 656. Lorsqu'un père a acheté, et payé de ses deniers un héritage au nom de son fils, celui-ci n'est tenu qu'au rapport du prix. VII. 200. X. 656. Tout ce qui est fourni par les père ou mère à leurs enfans, pour alimens et éducation, n'est pas sujet à rapport. v. 577, 578. VII. 200, 201. X. 689, 690. Enumération et exemples. *Ibid.* Toutes ces choses, si elles sont léguées, et non pas fournies du vivant du défunt, deviennent sujettes à rapport. VII. 201. On est, ou on n'est point tenu au rapport des fruits ou des intérêts échus avant l'ouverture de la succession, ou la provocation à partage, selon les Coutumes. VII. 202, 203. X. 689, 690. L'héritier doit rapporter non-seulement ce qui lui a été donné à lui, mais ce qui a été donné à ses enfans. VII. 203. X. 656. La donation faite au fils est censée faite au père. *Ibid.* La fille est-elle obligée de rapporter à la

succession de son père, la donation par lui faite à son mari, en exprimant qu'elle a pour cause son amitié particulière pour son gendre, ou les services qu'il a reçus de lui? VII. 204, 205, 206, 207. X. 656. Distinction de différens cas pour la résolution de cette question. *Ibid.* *Quid*, des sommes prêtées au gendre? VII. 207. X. 656. Les petits-enfans, qui viennent à la succession de leur aïeul, par représentation de leur père ou mère, doivent rapporter tout ce qui a été donné à leur père ou mère par l'aïeul. VII. 207. X. 656, 657. Ils rapportent aussi la donation qui aurait été faite à l'un de leurs frères prédécédés. VII. 207, 208.

Le rapport se fait à la succession de la personne qui a donné. VII. 208. X. 657. Quand le père et la mère sont-ils présumés avoir donné séparément ou conjointement? VII. 208, 209. X. 657, 658. V. *Dot.* L'enfant doit-il rapporter à la succession de son père la donation qui lui a été faite par son aïeul paternel? VII. 209.

Le rapport n'est dû par l'enfant qu'aux autres enfans ses cohéritiers. VII. 209, 210. X. 658, 659. Les créanciers, de leur chef, ni les légataires à titre universel, ne peuvent le demander. VII. 210. X. 659. Le fisc peut-il le demander du chef de l'héritier confisqué? VII. 210, 211.

L'enfant, donataire d'immeubles, est obligé de les rapporter en nature, et non leur valeur. v. 580-584. VII. 211, 212. X. 660, 688. L'estimation, mise dans le contrat, n'empêche pas le rapport. *Ibid.* V. *Estimation.* L'héritage est aux risques de la succession à laquelle il doit être rapporté. VII. 212. Il doit être rapporté avec les améliorations et augmentations naturelles qui s'y trouvent lors du rapport. *Ibid.* V. *Améliorations.* S'il s'agit d'améliorations industrielles, il faut distinguer entre les impenses nécessaires, utiles, ou voluptuaires, pour savoir celles dont il doit être tenu compte à l'héritier donataire. 212, 213. V. *Impenses.* Il n'a que la voie de la rétention pour celles dont la succession doit lui faire raison. 213. La succession supporte les pertes ou diminutions qui ne viennent pas du fait du donataire. VII. 213, 214. X. 660. Si l'héritage est entièrement péri, il n'y a lieu à rapport, à moins qu'il n'ait péri par sa faute. VII. 214. X. 660, 661. Si la conversion de la chose donnée en une autre, a eu lieu sans la faute du donataire, il n'est tenu qu'à rapporter la chose convertie. VII. 214, 215. En cas d'aliénation, il doit le prix, si elle a été nécessaire; ou l'estimation de la chose au temps du partage, si elle n'a pas été nécessaire. VII. 215, 216. X. 660. Les cohéritiers, à qui le rapport est dû en nature, peuvent-ils évincer les tiers-acquéreurs à qui l'héritage donné a été vendu? VII. 216. X. 662. Coutumes qui permettent le rapport de la valeur au temps de la donation. *Ibid.* Le rapport des choses mobilières n'est pas dû en nature, mais du montant de leur valeur, lors de la donation. VII. 216, 217. X. 659. Comment se fait le rapport des offices? *Ibid.* Le cohéritier, au lot duquel tombe l'héritage rapporté, le prend libre de toutes charges, comme s'il en avait toujours été propriétaire. VII. 218. X. 661, 662. Au lieu de rapporter en nature, l'héritier donataire a l'alternative de moins prendre, lorsqu'il se trouve dans la succession des héritages de

pareille valeur et bonté que le sien. VII. 218. 219. X. 661.

Variété des Coutumes sur le rapport en succession collatérale. VII. 219. Celles de Paris et d'Orléans et la plupart des autres, n'obligent pas l'héritier collatéral au rapport; elles lui défendent seulement d'être héritier et légataire. *Ibid.* V. *Légataire.* Doit-on adopter la même règle, à l'égard de celles qui ne s'expliquent pas? 219, 220. Doit-on suivre la Coutume du lieu où le testateur avait son domicile, ou celle du lieu où l'héritage légué est situé? 220. V. *Statut réel.* La disposition de la Coutume de Paris, qui veut que personne ne soit héritier et légataire d'un défunt ensemble, a pour but de conserver l'égalité entre les cohéritiers. 221, 222. Cette incompatibilité de la qualité d'héritier et légataire, constitue une espèce de rapport que les héritiers sont obligés de faire des choses à eux léguées. 222, 223. Il faut, pour qu'elle ait lieu, être héritier de l'espèce de biens dont on est légataire. 223. On peut être héritier des biens situés sous une Coutume, et légataire des biens situés sous une autre. *Ibid.* L'héritier appelé par les deux Coutumes, peut-il accepter la succession pour les biens situés sous l'une, et la répudier pour les biens situés sous l'autre, afin de s'en tenir à son legs quant à ces derniers? 224. L'héritier aux propres d'une ligne peut être légataire des meubles et acquêts. *Ib.* L'héritier des biens maternels peut être légataire des propres paternels. *Ibid.* Le frère consanguin, succédant avec les frères germains du défunt, à ses propres paternels, peut-il être légataire des meubles et acquêts? 224, 225. Entre héritiers collatéraux, chacun n'est tenu de rapporter que ce qui lui été légué à lui-même. 225, 226.

Rapport que doit faire l'enfant douairier des choses qui lui ont été données, pour avoir droit au douaire. v. 573-584. V. *Douaire des enfans.*

V. *Bénéfice d'inventaire. Donation entre-vifs. Partage des successions. Récompense. Succession.*

RAPPORT D'EXPERT. V. *Expert.*

RAPPORT DES MÉDECINS. Rapport dénonciatif, qui, en matière de crimes, se fait sans aucune autorité de justice, par des médecins et chirurgiens, de l'état de la personne blessée ou du cadavre, à la requête des parties intéressées. IX. 379. Il peut être ordonné par le juge, soit qu'il y ait eu ou non un rapport dénonciatif. *Ibid.* Ce qu'ils doivent contenir dans l'un et l'autre cas. *Ib.* Dans le premier cas, les médecins et chirurgiens affirment leur rapport; dans le second, ils prêtent serment avant de le faire. *Ibid.* Charge des médecins et chirurgiens jurés. 379, 380. V. *Plainte.*

RAPT. V. *Dispenses. Empêchement de mariage.*

RATIFICATION. L'exécution nécessaire d'un acte n'est pas une ratification. IX. 327.

V. *Hypothèque. Paiement. Propriété. Propre de communauté. Puissance maritale. Retrait lignager.*

RATURE. V. *Testamens.*

RÉALISATION (CONVENTION DE). Celle par laquelle les futurs con-

joints ou l'un d'eux, dans leur contrat de mariage, excluent de la communauté leur mobilier, soit pour le total, soit pour partie. VI. 206. X. 307, 308. Elle restreint la communauté légale. *Ibid.* Elle est ou expresse ou tacite. VI. 206. X. 308. Expresse, lorsqu'il est stipulé que le mobilier ou le surplus des biens sera propre. *Ibid.* Ou lorsqu'il est dit qu'une somme d'argent sera employée en achat d'héritages. VI. 206, 207. X. 398, 708. Tacite, lorsque l'un des conjoints ou quelqu'un pour lui promet d'apporter une certaine somme à la communauté. VI. 207. X. 308. Le surplus des biens mobiliers est propre. *Ibid.* Autre exemple de réalisation tacite. *Ibid.* La réalisation peut avoir lieu aussi bien pour le mobilier qui adviendra durant le mariage, que pour celui que les parties avaient en le contractant. VI. 208. Lorsqu'il est stipulé que le surplus des biens sera propre, cette clause ne comprend que les biens existans alors. VI. 208. X. 308. Mais il suffit que le titre, en vertu duquel ils ont été depuis acquis, existât alors. *Ibid.* Ainsi le lot échu sur un billet de loterie que le conjoint avait stipulé propre à l'époque de son mariage, est propre. VI. 208, 209. La clause, qui réalise les biens qui adviendront, pendant le mariage, aux conjoints, ne s'étend pas non plus à ceux existans à l'époque du mariage. 209. Ni la clause que ce qui leur adviendra durant le mariage, par successions, leur sera propre, à ce qui leur serait donné ou légué par des étrangers. *Ibid.* Ni, *vice versâ*, ce qui leur adviendrait par donation à ce qui leur adviendrait par succession. *Ibid.* Les mots *ou autrement* ajoutés à ces sortes de clauses, sont des termes généraux qui comprennent tous les titres lucratifs. 209, 210. Lorsqu'un mineur, qui se marie, a plus du tiers de ses biens en mobilier, ce qu'il a de plus que ce tiers, est de droit réservé propre. x. 308.

L'effet de la réalisation est que les biens mobiliers des conjoints sont réputés immeubles et propres conventionnels, pour être exclus de la communauté. vi. 210. Ils diffèrent des immeubles réels propres de communauté, en ce qu'ils se confondent avec le mobilier de la communauté, qui est seulement chargée d'en restituer la valeur à sa dissolution. 210, 211. La réalisation, lorsqu'elle est simple, n'a d'effet que pour le cas de la communauté. 211. Elle est simple, lorsqu'on a dit simplement que le mobilier du conjoint serait propre. 211, 212. Lorsqu'il a été dit qu'une somme *serait employée en achats d'héritage*, et que l'emploi n'a pas eu lieu, ce n'est qu'une simple clause de réalisation. 212. Cette somme n'est qu'une simple créance mobilière dans la succession du conjoint. *Ibid.* Même à l'égard des héritiers de l'enfant de la femme, qui a fait une telle clause, lorsque le mari a négligé de faire l'emploi, et que la mort de la femme est survenue. *Ibid.* Le père succède à son fils à la reprise de cette somme, et non les héritiers aux propres maternels. *Ibid.* A moins que le mari ne se fût obligé formellement par l'acte, envers la famille de sa femme, à faire l'emploi. 212, 213.

Additions qu'on fait à la convention de réalisation, qui l'étendent au cas de la succession des enfans. 213. La première espèce consiste en ce que, après avoir dit que le mobilier serait propre au futur conjoint, on ajoute *et aux siens*. vi. 213.

x. 347. V. *Propre conventionnel.* Il n'y a que les enfans, petits-enfans, et la postérité du conjoint, même d'un précédent mariage, qui soient compris sous ces termes, et qui profitent de cette extension. vi. 213, 214. Lorsque tous les enfans sont morts, l'autre conjoint, qui leur succède, ne succède qu'à une créance mobilière. *Ibid.* Les termes et *à ses hoirs* ont le même sens que ceux *et aux siens*. *Ibid.* Une autre addition est celle qui se fait par ces termes, *et à ceux de son côté et ligne.* 214. Ces termes comprennent tous les parens même collatéraux du conjoint qui a fait la stipulation, et étendent à leur profit la fiction de la réalisation dans la succession du dernier mourant des enfans. 214, 215. On peut encore ajouter ces termes, *même quant à la disposition*, ou ceux-ci *quant à tous effets*. 215. Leur effet est de rendre le mobilier, ainsi réalisé, propre de disposition à l'égard du conjoint survivant. *Ibid.* Ces stipulations de propres peuvent comprendre non-seulement le mobilier, que le conjoint a lorsqu'il se marie, mais celui qui lui adviendra. *Ibid.* Elles peuvent même comprendre *tout ce qui adviendra directement aux enfans à naître du mariage, par des successions de sa famille.* 215, 216. Ces additions sont de droit étroit, et doivent s'interpréter selon le sens rigoureux et grammatical des termes. 216, 217. Elles ne s'étendent ni d'une personne à une autre, ni d'une chose à une autre, ni d'un cas à un autre. 217, 218, 219, 220. Elles ne peuvent avoir aucun effet qu'entre ceux qui étaient parties à la convention, leurs héritiers ou autres successeurs. 220, 221, 222. Lorsque l'un des conjoints a, par son contrat, réalisé son mobilier au profit des siens et de ceux de son côté et ligne, la créance, pour la reprise, doit-elle être réputée propre conventionnel, non-seulement vis-à-vis la personne de l'autre conjoint, et ceux qui viennent de son chef, mais même vis-à-vis tous ceux de la famille? 222, 223, 224. V. *Propre conventionnel.*

Comment s'éteignent les propres conventionnels formés par les additions faites à la convention de réalisation? 224, 225. Ils s'éteignent par la consommation de la fiction, lorsqu'ils ont eu tout l'effet qu'on s'est proposé par la convention qui les a formés. 225, 226. La créance pour la reprise du montant du mobilier réalisé s'éteint, comme toutes les autres créances, par le paiement. 226. Le propre conventionnel, qui n'est qu'une qualité de cette créance, est aussi éteint. *Ibid.* Exception pour le cas où le paiement de la créance, propre conventionnel, a été fait à un mineur décédé en minorité. 226, 227. La confusion éteint aussi les propres conventionnels, lorsque l'enfant, créancier de la reprise, devient héritier de l'autre conjoint qui en est débiteur, 227, à moins que l'enfant ne soit héritier sous bénéfice d'inventaire. *Ibid.* V. *Bénéfice d'inventaire.* Ou qu'ayant été héritier pur et simple du conjoint dernier décédé, son débiteur, il soit mort en minorité. 227, 228. Autre exception résultant autrefois de la clause *nonobstant toute confusion,* insérée dans le contrat, mais proscrite aujourd'hui par la jurisprudence. 228. V. *Confusion.* La qualité de propre est extrinsèque et personnelle, et s'éteint par le transport de la créance fait à un tiers, 228, 229, excepté dans le cas

où l'enfant, qui a fait le transport, meurt en minorité. 229. V. *Communauté conventionnelle. Transport.*

V. *Préciput légal. Puissance maritale. Propre conventionnel.*

RECEL. Omission malicieuse, faite par le survivant dans son inventaire, de quelques effets corporels, ou de quelques titres des biens et droits de la communauté 410, 411. x. 323, 324. Les omissions qui se trouvent dans l'inventaire ne passent pour recel, que lorsqu'il y a lieu de les présumer malicieuses. VI. 411. x. 324. V. *Inventaire.* Quand doivent-elles être présumées malicieuses? *Ibid.* Les héritiers de la femme ne peuvent se plaindre des recels faits par le mari, que lorsqu'ils ont accepté la communauté. *Ibid.* Le survivant qui a recélé, est déchu de sa part dans les meubles qu'il a recélés, et dans les droits et créances dont il a recélé les titres. 411, 412. La femme qui a recélé, est en outre privée du droit de renoncer. 412. Celui qui a recélé et qui a rapporté sur l'inventaire les objets recélés avant que les héritiers s'en soient aperçus, n'est pas passible de ces peines. *Ibid.* V. *Communauté légale.*

RECEVEUR DES CONSIGNATIONS. V. *Consignation.*

RECHANGE. Droit de change payé par le porteur d'une lettre de change protestée, pour se procurer l'argent dont il est privé par le défaut de paiement. I. 89. III. 149. Le tireur est tenu de rembourser le rechange à celui à qui il a fourni la lettre non payée. *Ibid.* L'intérêt du rechange n'est dû que du jour de la demande. *Ibid.* La lettre-de-change, donnée par le porteur au banquier qui lui fournit l'argent, doit être tirée sur le même lieu où s'est faite la remise de la lettre protestée. *Ibid.* Cas où il y aurait impossibilité de tirer sur le même lieu. 149, 150. V. *Dommages-intéréts. Lettre-de-change. Protét.*

RÉCOLEMENT. Acte par lequel il est donné lecture au témoin de sa première déposition, pour qu'il la change, ou qu'il y persiste. IX. 412. Tout témoin, quel qu'il soit, doit être récolé. *Ibid.* On peut omettre celui dont la déposition est inutile au procès. *Ibid.* On récole même ceux qui ont déclaré ne rien savoir. *Ib.* L'accusé, qui a chargé l'un de ses complices, est récolé comme témoin. *Ibid.* Le récolement ne peut être fait qu'après le règlement à l'extraordinaire qui l'ordonne. 413. Si ce n'est dans le cas d'une urgente nécessité. *Ibid.* Assignation à donner aux témoins pour le récolement, et comment ils peuvent y être contraints. 413, 414. Comment et où se fait le récolement, sa forme? 414, 415. Le récolement met la dernière main à la déposition du témoin, de manière qu'il ne lui est plus permis de la rétracter, sous peine d'être arrêté comme faux témoin. 415. V. *Faux incident. Réglement à l'extraordinaire.*

RECOMMANDATION. Acte par lequel un créancier déclare qu'il entend retenir en prison son débiteur déjà emprisonné, et charge le geôlier de sa garde. IX. 299. L'acte de recommandation doit contenir tout ce que contient l'acte d'écrou. *Ibid.* V. *Ecrou.* Il doit être signifié au prisonnier entre

les deux guichets. *Ibid.* Celui qui recommande doit consigner des alimens, à défaut par celui qui a emprisonné de l'avoir fait. *Ibid.* V. *Emprisonnement.*

RÉCOMPENSE. Chacun des conjoints doit récompense à la communauté, toutes les fois qu'il s'est enrichi à ses dépens. VI. 373. X. 330. Elle n'est pas toujours due de ce qu'il en a coûté à la communauté, mais seulement jusqu'à concurrence de ce que le conjoint en a profité. *Ibid.* Elle n'excède jamais ce qu'il en a coûté à la communauté, quelque grand qu'ait été le profit pour le conjoint. *Ibid.*

Toutes les fois que la communauté a acquitté les dettes propres de l'un des conjoints, il lui en est dû récompense. VI. 373, 374. X. 332. Lorsque la dette acquittée était une rente, le conjoint n'est débiteur à la communauté que de la continuation d'une pareille rente. VI. 374. X. 332. V. *Rachat des rentes constituées.* Opinion de ceux qui regardent la rente ainsi rachetée des deniers de la communauté, comme n'ayant fait que changer de créancier, et étant devenue un conquêt de communauté. VI. 375. X. 332, 333. Opinion contraire de ceux qui la regardent comme une nouvelle rente que le conjoint est censé avoir constituée au profit de la communauté, pour le prix de la somme qu'il en a tirée, avec subrogation aux priviléges et hypothèques de l'ancienne. VI. 375, 376. X. 333. A quel taux continuera la rente, si le taux légal n'est pas le même depuis son rachat, qu'il était auparavant? VI. 376, 377. X. 332, 333. Lorsque la rente rachetée des deniers de la communauté était une rente foncière due sur un héritage propre de l'un des conjoints, l'autre conjoint a-t-il pour la moitié qui doit en être continuée, les mêmes prérogatives qui sont dues aux seigneurs de rentes foncières? VI. 377. Le conjoint débiteur de la continuation de la rente à la communauté, pourra-t-il s'en libérer par le déguerpissement? 377, 378. Lorsque la rente foncière rachetée n'était pas rachetable, la rente continuée à la communauté le devient-elle? 378. Quels sont ceux des héritiers du conjoint, débiteur de la continuation de la rente foncière à la communauté, qui en seront chargés. 378, 379. V. *Rente constituée. Rente foncière.* Dans l'opinion de ceux qui pensent que la rente constituée à la communauté est la même, les hypothèques, que les créanciers du premier créancier de cette rente avaient sur elle, subsistent-elles? 379. Les articles 244 et 245 de la Coutume de Paris, qui autorisent la première opinion sont particuliers à cette Coutume. 380. Toutes les autres Coutumes admettent la seconde opinion. *Ibid.* Si la rente rachetée est une rente viagère, et que la personne, sur la tête de qui elle était créée, meure avant la dissolution, il n'est dû aucune récompense. VI. 380. X. 334. Autrement le conjoint, au profit duquel la rente a été rachetée, doit à l'autre conjoint la moitié de la rente qui lui appartient, pendant tout le temps de la vie du premier créancier. *Ibid.*

Chacun des conjoints doit récompense à la communauté de ce qu'il en a tiré pour ses héritages propres. VI. 381. Il la lui doit de ce qu'il en a

tiré pour devenir propriétaire d'un héritage qui lui est propre. 381, 382. Application de ce principe à divers exemples. *Ibid.* Il en est de même pour les sommes qu'il en a tirées pour rentrer dans un héritage que lui, ou ses auteurs, avaient aliéné avant le mariage. VI. 382. X. 330. Il doit récompense des sommes payées par la communauté pour les retours de partage d'immeubles qui lui sont propres, ou pour les parts données à ses copartageans, s'il s'est rendu adjudicataire sur licitation. VI. 382, 383. Il la doit encore pour le rapport effectif d'une somme d'argent, fait à la succession de son père, lorsqu'il ne lui revient que des immeubles. VI. 583. X. 334. À moins qu'elle ne lui ait été donnée durant la communauté. *Ibid.* Le conjoint, qui, dans une succession qui était composée de meubles et d'immeubles, a eu plus d'immeubles à proportion que de meubles, n'en doit pas récompense à la communauté. VI. 383, 384. Le conjoint doit récompense de ce qu'il a tiré des biens de la communauté pour conserver son héritage propre. 384.

Les impenses, qui ne sont pas d'entretien, faites sur l'héritage de l'un des conjoints, des deniers de la communauté, donnent lieu à la récompense. VI. 186, 187, 384, 385. X. 330, 331. Distinction entre les impenses nécessaires, utiles, et voluptuaires. VI. 385. X. 331. Le conjoint, sur l'héritage duquel l'impense nécessaire a été faite, doit toujours récompense de tout ce qu'il en a coûté à la communauté. VI. 385, 386. X. 331. La récompense pour impenses utiles n'est due qu'autant et jusqu'à concurrence de ce que l'héritage, sur lequel elles ont été faites, se trouve en être plus précieux au temps de la dissolution. vi. 386, 387. x. 331. Il n'est dû aucune récompense pour les impenses purement voluptuaires. vi. 387. x. 331. La communauté peut enlever les choses dans lesquelles consistent ces impenses, lorsque l'enlèvement peut s'en faire sans détérioration. *Ibid.* V. *Impenses.* Comment est dû récompense à la communauté, pour les frais faits par elle sur un héritage propre à l'un des conjoints, qui en perçoit seul les fruits? vi. 151-157. V. *Communauté légale.*

Il est dû récompense à la communauté de la somme qui en a été tirée pour le rachat d'une servitude d'un héritage propre de l'un des conjoints. vi. 387, 388. Si l'héritage appartient à la femme, et qu'elle n'ait pas consenti au rachat, elle peut se dispenser de la récompense, en offrant de souffrir la servitude. 388. Si c'est un droit d'usufruit qui a été racheté, et que le tiers, à qui il appartenait, soit mort avant la dissolution, il n'y a pas lieu à la récompense. vi. 388. x. 334. S'il a survécu à la dissolution, la récompense est due. *Ibid.* En quoi doit-elle consister? vi. 389. V. *Servitude. Usufruit.*

Le conjoint, qui a laissé croître en futaie des bois taillis de son héritage propre, doit récompense pour les coupes dont il a privé la communauté. vi. 380. x. 331, 332.

Le conjoint, qui a doté l'enfant qu'il a d'un précédent mariage, des biens de la communauté, en doit récompense. vi. 307-312, 390. x. 335. La femme la doit, soit qu'elle accepte la communauté, soit qu'elle y renonce. *Ibid.* Et cela dans les Coutumes qui défendent aux conjoints de s'avantager, quand même

il serait porté par le contrat de mariage de cet enfant, que son beau-père et sa mère l'ont doté conjointement. *Ibid.* Si le beau-père avait parlé seul à la dotation de l'enfant de sa femme, cette donation serait nulle dans lesdites Coutumes. *Ibid.* V. *Dot.* Lorsque le père et la mère ont doté conjointement un enfant commun, sans dire pour quelle part, la femme, en cas de renonciation, doit récompense pour sa moitié. vi. 393, 394. x. 335. A moins qu'il n'y ait une clause par laquelle il soit dit que la femme n'entend doter que sur la part à elle appartenante dans la communauté. vi. 394. On peut stipuler que la dot sera imputée en entier sur la succession du prédécédé. *Ibid.* Lorsque le père et la mère ont doté conjointement, mais pour des parts inégales, ils doivent récompense à la communauté. 394, 395. Celle des parties, qui a doté pour la plus grande portion, doit à l'autre la moitié de ce qu'elle a tiré de plus qu'elle de la communauté. *Ibid.* Lorsque le père et la mère donnent en dot un héritage propre du mari, la femme doit récompense à celui-ci de la moitié du prix de cet héritage, et de même, *vice versa*, si l'héritage est à la femme. 395. Lorsque le père et la mère ont donné en dot à l'enfant, le père telles choses, et la mère telles choses, ils ne se doivent pas de récompense. 395, 396. Celui, qui a donné des choses de la communauté, lui en doit récompense. 396. Lorsque le père et la mère ont donné une dot, composée tant d'effets de la communauté, que d'héritages, dont les uns propres au mari, et les autres à la femme, sans avoir distingué leurs parts, ils sont censés avoir doté chacun pour moitié, et doivent se faire raison de la différence. *Ibid.* Lorsque le père ou la mère se sont conjointement obligés, pour la dot de leurs enfans, pour une certaine somme qui n'est pas encore payée, la femme, qui renonce, en reste débitrice pour sa part, sans recours contre son mari. 397. Si le père a doté seul en effets de la communauté, il n'y a lieu à aucune récompense de sa part. *Ibid.* A moins qu'il ne paraisse que le mari n'a pas eu intention de donner en sa qualité de chef de la communauté. *Ibid.* Il en est de même dans le cas où il a doté seul, et promis une somme d'argent non encore payée. 397, 398. S'il a parlé seul, et donné un de ses héritages propres, la femme ne lui doit pas de récompense. 398. Lorsque la femme, autorisée, a doté seule, et a promis et fourni en effets de la communauté, une certaine somme, elle en doit récompense à la communauté. *Ibid.* V. *Dot.*

Le mari doit récompense à la communauté des sommes qu'il en a tirées pour acquitter des taxes imposées sur un office à lui propre. 398, 399. Il ne doit rien de ce qu'il en a tiré pour les frais de réception dans un office qui lui était propre, parce qu'il n'en profite pas. 399. Ni pour la paulette qu'il a payée de ses deniers. *Ibid.* L'officier, qui survit à la dissolution, a le droit de retenir l'office, conquêt de communauté, à la charge de récompenser la communauté du prix qu'il a coûté. vi. 390. x. 335, 336. Quel est le temps dans lequel le mari doit, après la dissolution, faire sa déclaration qu'il entend retenir l'office ? vi. 400. x. 336. S'il a fait cette déclaration en temps utile, il est censé avoir acquis l'office pour son propre compte, et non pour celui de la communauté. *Ibid.* S'il a déclaré qu'il n'entendait pas le retenir, l'office fait partie des biens de la communauté comme conquêt. vi. 400, 401. Lorsque le mari a laissé passer le temps, sans avoir fait de déclaration, l'office doit-il être regardé désormais comme conquêt, ou le mari est-il présumé l'avoir pris à ses risques pour le prix qu'il a coûté ? vi. 401, 402. x. 336. Le mari, qui, lors de la dissolution, retient l'office pour son compte, doit récompense à la communauté du prix qu'il a coûté, sans faire raison de l'augmentation de valeur. vi. 402. x. 336. Il ne doit rien à la communauté pour les sommes fournies par elle pour les frais de provision et de réception. vi. 402, 403. x. 336. Ni pour les taxes, à moins qu'elles n'aient procuré des augmentations d'émolumens. vi. 403. x. 336. Ce droit, en faveur du mari, a lieu à l'égard de tous les offices vénaux. vi. 403. x. 336. V. *Office.* Si le mari a acquis plusieurs offices pendant la communauté, il peut l'exercer à l'égard de tous, ou à l'égard d'un seul, pourvu que leur séparation ne le déprécie pas. vi. 403. x. 336. Ce droit ne peut s'exercer à l'égard d'un office dans lequel le mari ne se serait pas encore fait recevoir lors de la dissolution de la communauté. vi. 403. 404. Ni à l'égard de ceux qui ne constituent pas l'état de la personne qui en est revêtue. 404. Le mari ne l'a pas non plus à l'égard des offices domaniaux. *Ibid.* V. *Office domanial.* Il peut retenir, sans récompense, les offices de la maison du roi et autres semblables, auxquels il n'y a aucune finance attachée. 404, 405.

Le conjoint, qui a converti son mobilier en immeubles pendant le temps intermédiaire entre le contrat et la célébration du mariage, en doit récompense à la communauté. vi. 405. x. 436, 437. Comment sont dus les intérêts des récompenses, et de leur hypothèque? x. 337. V. *Communauté légale*.

V. *Dettes des conjoints. Propre de communauté. Retrait lignager. Séparation de dettes.*

RECONDUCTION. Contrat de louage qu'on présume intervenu entre le locateur et le conducteur, lorsqu'après l'expiration du temps d'un précédent bail, le conducteur a continué de jouir de la chose, et que le locateur l'a souffert. iii. 373. x. 790, 791, 816. La reconduction est un nouveau bail formé par la convention tacite des parties. *Ibid*. Elle n'a pas lieu, si, avant l'expiration du bail, le locateur avait donné une demande pour expulser le locataire, quoique celui-ci ait joui quelque temps après le bail expiré. iii. 374. Elle n'a pas lieu davantage, si, au temps de l'expiration du bail, l'une des parties n'était pas capable de contracter, ou si la succession du conducteur était vacante. 374, 375. Elle n'a pas lieu dans les baux judiciaires. 375.

Temps pendant lequel le conducteur doit rester dans les lieux après l'expiration du bail, pour qu'il y ait lieu à la tacite reconduction. 375, 376. Si le locateur, sans donner congé à son locataire, avait fait un bail qui eût date certaine à un autre, y aurait-il lieu à la tacite reconduction, malgré ce nouveau bail? 375.

Il n'y a pas de tacite reconduction, lorsque les parties sont convenues expressément par le bail qu'il n'y en aurait pas. 376. Cette clause a pour but d'éviter les surprises; elle n'exclut pas la tacite reconduction, lorsque telle paraît être la volonté des parties. 376, 377. Cette clause n'est mise qu'en faveur du bailleur. 377.

Pour quel temps avait lieu la tacite reconduction dans le droit romain? *Ibid*. Chez nous elle a lieu à l'égard des maisons de ville, pour un an, six ou trois mois, selon l'usage où l'on est de faire les baux pour un an, six ou trois mois. 377, 378. A l'égard des héritages de campagne, la tacite reconduction est d'autant d'années qu'il y a de soles ou saisons. iii. 378, 379. x. 792. Elle est d'une année pour les terres qui ne se partagent point en saisons. 379. Lorsqu'une métairie partagée en deux saisons a été donnée à ferme pour une seule année, et surtout si les saisons sont inégales, pour quel temps s'opère la reconduction? *Ibid*. Si la reconduction est d'une année, et que le conducteur ait joui plusieurs années, il y a autant de baux par reconduction que d'années, et de même pour les baux plus longs. 379, 380.

La tacite reconduction est censée faite pour le même prix, et aux mêmes conditions que le précédent bail. 380. Le fermier, qui s'était soumis à la contrainte par corps par le bail, est-il censé s'y être soumis par la tacite reconduction? *Ibid*. S'il y avait un pot-de-vin pour le premier bail, y a-t-il les mêmes hypothèques pour les loyers et les fermes de la reconduction, qu'il avait pour ceux du précédent bail? iii. 380, 381. x. 791. A-t-il au moins l'hypothèque pour les détériorations, lorsque le premier bail était notarié? 382.

Lorsqu'une chose a été louée par un acquéreur à son vendeur, il faut bien distinguer, lorsque la tacite reconduction a lieu, entre les clauses relatives à la vente, et celles relatives au bail. *Ibid.*

La tacite reconduction n'a pas lieu à l'égard des baux à longues années. 383. V. *Bail à longues années.* A - t - elle lieu dans les louages des meubles? 383, 384. A-t-elle lieu pour les services des serviteurs et ouvriers? 384. Il y a des droits incorporels qui en sont susceptibles. *Ibid.* Tacite reconduction appliquée aux baux des offices. 385.

Tacite reconduction qui a lieu dans le louage par échange. 432, 433. V. *Louage des échanges.*

V. *Bail. Louage des choses. Louage d'ouvrage.*

RECONNAISSANCE DE LA DETTE. V. *Confession extrajudiciaire. Titre recognitif.*

RECONNAISSANCE D'ÉCRITURES. Toute partie, qui se fonde sur une écriture privée, doit en donner copie, et conclure à ce que la partie adverse soit tenue de la reconnaître comme signée d'elle. IX. 44, 45. La partie assignée doit reconnaître ou dénier. 45. Elle ne peut, sur la reconnaissance, opposer de déclinatoire, si ce n'est à raison de la matière. *Ibid.* Faute de déclarer si l'acte est signé d'elle ou non, il est tenu pour reconnu. *Ibid.* Si un héritier est assigné pour reconnaître la signature de son auteur, faute par lui de le faire ou de comparoir, le juge ordonne la vérification de l'écriture par experts. *Ibid.* Devant les justices consulaires, on n'est pas tenu de conclure à la reconnaissance des billets. *Ibid.* S'ils sont déniés, les conseils renvoient devant les juges ordinaires. *Ibid.* V. *Consulat. Vérification d'écritures.*

RECONVENTION. Demande formée par le défendeur contre celui qui l'attaque. IX. 39. Elle ne peut être formée, si elle n'est la défense à la demande primitivement intentée. 40. V. *Demande incidente.*

RÉCUSATION. Exception qui tend à décliner la personne de quelqu'un des juges d'un tribunal. IX. 21. On peut récuser un seul juge, ou le tribunal entier. 21, 22. Un tribunal entier peut être récusé, si la partie assignée a un tiers contre le tribunal, ou si, parmi ceux qui doivent le composer, il n'y en a aucun contre lequel il n'existe quelque cause de récusation. 22. Dans quelle forme doit être faite la récusation? *Ibid.* Devant quel juge doit être renvoyée la cause? 22, 23. L'évocation d'une cour souveraine en une autre est une sorte de récusation du tribunal entier. 23. V. *Évocation.* Le juge peut être récusé toutes les fois qu'il a un intérêt pécuniaire, ou intérêt d'honneur, à la décision de la contestation. 23, 24. Cas où cet intérêt est présumé exister, de manière à donner lieu à la récusation. 24. Les relations de parenté, d'amitié et autres, que le juge a avec l'une des parties, peuvent aussi donner lieu à la récusation. 24, 25. Énumération des cas. 25, 26, 27. L'inimitié entre le juge et la partie est encore une cause de récusation. 27. Conditions pour que cette récusation puisse avoir lieu. 27, 28. Les relations ci-dessus mentionnées ne se considèrent que vis-à-vis de la vraie partie, et non pas des per-

sonnes ès-noms dans le procès. 28.
En matière civile, un juge, en qui
il y a quelque cause de récusation,
peut rester juge, lorsque les deux
parties y consentent par écrit. 28,
29. Si le juge est parent de l'une
des parties, suffit-il que l'autre
partie consente? *Ibid.* En matière
criminelle, le juge, susceptible d'ê-
tre récusé, ne peut jamais siéger.
29. Devoir du juge en qui il existe
quelque cause de récusation. 29,
30. La récusation doit se faire avant
la contestation en cause, à moins
que les causes n'en aient été connues que depuis par la partie. 30.
Procédure de la récusation. *Ibid.*
Comment elle doit être jugée, et
de l'appel des jugemens qui statuent sur elle? 30, 31.

REDDITION DE COMPTE. Toute
personne, qui a géré les affaires
d'autrui, est obligée d'en rendre
compte. IX. 98. Celui, dont les affaires ont été gérées, a à cet effet
une action en reddition de compte.
*Ibid.* Forme dans laquelle elle s'intente. 98, 99. Entre majeurs, le
compte peut se rendre devant notaires, ou devant le juge commis
par le jugement, s'il a été ordonné
en justice. 99, 100. Comment le
compte doit être présenté, et dans
quelle forme il doit être fait? 100,
101. Il doit être communiqué à
l'oyant, par acte de procureur à
procureur. 101, 102. Procédure
pour débattre le compte, et jugemens qui interviennent. 102. Comment on se pourvoit pour les omissions, erreurs, faux, ou doubles
emplois. 102, 103. Celui, qui a
géré les affaires, a également, contre
celui dont il a géré les affaires, une
action pour qu'il soit tenu d'en recevoir le compte, et de lui en donner décharge. 103. V. *Mandat.*

RÉDUCTION. V. *Don mutuel. Légitime. Secondes noces.*

RÉGALE. Le droit de régale, qui
appartient au roi, consiste principalement dans la collation de tous
les bénéfices du royaume. IX. 118.
Comment et devant qui s'intente
la demande en régale? 119. Comment elle se juge? *Ibid.* V. *Complainte bénéficiale.*

RÉGLEMENT A L'EXTRAORDINAIRE.
Jugement qui ordonne que les témoins ouïs et à ouïr seront réco-
lés en leurs dispositions, et confrontés aux accusés. IX. 410. Il ne
peut être rendu qu'après l'interrogatoire des accusés. 411. Sur les
conclusions de la partie publique,
et par le siège assemblé. *Ibid.* Le
réglement à l'extraordinaire tient
lieu de litiscontestation en matière
criminelle. *Ibid.* Si, après qu'il a
été rendu, la plainte s'étend à un
nouveau crime, ou à des complices, il faut un nouveau réglement.
*Ib.* V. *Confrontation. Récolement.*

RÉGNICOLE. V. *Français.*

RÉINTÉGRANDE. Action que celui, qui a été dépossédé par violence de quelque héritage, a contre celui qui l'en a dépossédé, pour
être rétabli dans sa possession. VIII.
366. IX. 111, 112. X. 943. Elle n'a
lieu que pour les immeubles. VIII.
366, 367. X. 943. Elle a les mêmes
prérogatives que l'action de complainte. *Ibid.* V. *Complainte.*

Il faut, pour qu'elle ait lieu,
que quelqu'un ait été dépossédé par
violence d'un héritage qu'il possédait. VIII. 367. X. 943. Ou qu'un
héritier soit empêché par violence
de se mettre en possession d'un héritage auquel il succède. VIII. 367.
X. 943. Peu importe que le posses-

seur soit dépossédé lui-même, ou ceux qui possèdent en son nom. VIII. 368. X. 943. Si la violence a été atroce, on peut agir criminellement par la voie de la plainte. *Ibid.*

Tous ceux, qui ont été dépossédés d'un héritage par violence, ont le droit d'intenter l'action en réintégrande. VIII. 368. Il suffit que la possession fût naturelle, destituée de titre, ou procédant d'un titre nul. VIII. 368, 369. X. 943. Celui, qui possédait pour un autre, n'a pas l'action en réintégrande ; il peut seulement agir en réparation du tort qu'il a souffert. VIII. 369. X. 943. L'usager et l'usufruitier peuvent l'intenter. *Ibid.* Les héritiers de l'usufruitier, mort depuis la violence ; sont-ils reçus à l'intenter ? VIII. 369, 370. Elle s'intente contre celui qui a commis la violence, ou contre ceux par les ordres de qui il a agi. VIII. 370. X. 943, 944. Ils en sont tenus solidairement. *Ibid.* Elle ne peut s'intenter contre celui qui est trouvé en possession de la chose, s'il n'a pas pris part à la violence. *Ibid.* On n'examine pas, sur cette action, les prétentions à la propriété ; elles ne peuvent justifier un acte de violence. VIII. 371. X. 943, 944.

L'action en réintégrande doit être intentée dans l'année. VIII. 371. X. 944. Sinon, il y a fin de non-recevoir contre elle. VIII. 372. On peut, pourvu que ce soit dans l'année, abandonner une demande en revendication déjà formée, pour intenter la réintégrande. *Ibid.* Au criminel, la violence peut être poursuivie pendant vingt ans *Ibid.*

La demande en réintégrande a pour objet de faire rétablir le demandeur en possession de l'héritage dont il a été dépossédé. *Ibid.* Ou d'en faire restituer le prix, si l'héritage ne peut plus être rendu en nature. *Ibid,* Le spoliateur est tenu de la force majeure. 372, 373. Parce qu'il est toujours en demeure de rendre. 373. V. *Demeure. Force majeure.* La demande a encore pour objet la restitution de toutes les choses qui se trouvaient dans l'héritage au temps de la dépossession. VIII. 373. X. 944. Quand même elles auraient péri sans la faute du spoliateur. *Ib.* Le demandeur, quant à ces choses, est cru à son serment. VIII. 394. V. *Serment.* La demande a encore pour objet la restitution des fruits. VIII. 374. X. 944. Le spoliateur doit faire raison de ceux qu'il n'a pas perçus, mais que le propriétaire aurait pu percevoir. *Ibid.* V. *Fruits.* Enfin, la demande a pour objet les dommages-intérêts. *Ibid.* Ils comprennent les pertes que le demandeur a souffertes, et le gain dont il a été privé. *Ibid.* V. *Dommages-intérêts.*

Procédure sur la demande en réintégrande. IX. 111, 112.

V. *Complainte. Contrainte par corps. Possession. Revendication.*

RELEVOISON. Sorte de censives sous la Coutume d'Orléans. VIII. 363, 364. X. 251. En quoi consiste le profit de relevoisons à plaisir ? VIII. 666. X. 251, 255, 256. Faculté de guesver. VIII. 666. X. 255, 256. Conditions du guesvement. VIII. 667, 668. X. 255, 256. En quels cas sont dues les relevoisons ? VIII. 669. Du chef de qui sont-elles dues ? VIII. 670. X. 253, 257, 258. Exceptions portées par l'art. 138 de la Coutume. VIII. 674. IX. 259. Ce qu'il y a de particulier dans les censives à droit de relevoisons à plaisir, pour la saisie censuelle, et quelles amendes sont dues dans ces censives? VIII. 674, 675, 676. x. 251, 252, 254, 260? V. *Cens. Saisie censuelle.*

RELIEF D'APPEL. Lettres de relief d'appel. IX. 134. V. *Appel.*

RELIGIEUX. V. *Donation entrevifs. Mort civile. Profession religieuse.*

REMBOURSEMENT. V. *Rente constituée. Retrayant.*

RÉMÉRÉ (CLAUSE DE). Clause par laquelle le vendeur se réserve de racheter la chose vendue. II. 178. IX. 631. Sa différence du contrat d'engagement, *ibid.*, et du contrat pignoratif. IX. 640. Elle peut être consentie par les mineurs. II. 179. Réfutation de l'opinion contraire. 179, 180.

Nature du droit de réméré. 180. Il est transmissible aux héritiers du vendeur. *Ibid.* A moins que l'exercice n'en ait été restreint à la personne seule du vendeur. 180, 181. Il est cessible. 181. Il est prescriptible par trente ans. 181. Même dans le cas où la faculté de l'exercer serait accordée à toujours. *Ibid.* Et où le contrat accorderait un temps plus long que celui de la prescription légale. 182.

Du droit de réméré naît l'action de réméré. 182. Elle est personnelle réelle. *Ibid.* Elle est divisible, lorsque la chose vendue est divisible. 183. Chaque héritier du vendeur ne peut l'exercer que pour sa part. *Ibid.* Néanmoins l'acheteur peut se refuser au réméré pour partie. *Ibid.* Quand l'action de réméré peut s'exercer, et contre qui elle s'intente? 184, 185. V. *Obligation dividuelle et individuelle.*

Effets du réméré. 185. L'ache-

teur ou le possesseur doit rendre la chose. *Ibid.* Il peut y être contraint par la force. *Ibid.* La chose est rendue en l'état où elle se trouve. 185, 186. L'acheteur est tenu des détériorations arrivées par son fait. *Ibid.* Il est tenu de la faute légère. *Ibid.* Il n'est pas tenu des détériorations arrivées sans son fait. *Ibid.* L'acheteur conserve les augmentations naturelles arrivées par alluvion, 186, 187, et à plus forte raison celles qu'il a faites à ses dépens. 187. Il en est de même pour le tiers d'un trésor trouvé sur l'héritage. 187, 188. *Secùs*, d'une mine. 188.

Lorsque le réméré s'exerce, depuis quelle époque l'acheteur doit-il les fruits? 188. Quand la vente à réméré, faite à vil prix, peut être considérée comme usuraire. 188. L'acheteur doit rendre les fruits pendans au jour de la vente. 188, 189. Doit-il rendre ceux pendans au jour du réméré, et depuis quelle époque? 189. Cas où le vendeur doit payer les labours et semences. 189, 190. Pour que les fruits soient dus par l'acheteur, faut-il qu'il y ait eu offre et consignation du prix par le vendeur? 189, 190, 191.

Le vendeur doit restituer le prix à l'acheteur. 191. C'est le prix du contrat. *Ibid.* Même dans le cas où le réméré aurait été convenu par un acte postérieur à la vente. 191, 192. On peut convenir que le vendeur paiera pour le réméré une somme plus forte ou moindre que le prix de la vente. 192. Le prix peut être rendu en monnaie différente de celles de la vente, pour peu qu'elle ait cours à l'époque du réméré. 192, 193. Il est rendu sans intérêts. 193. Quand même l'acheteur offrirait de compter des fruits. *Ibid.* Si le vendeur perçoit les fruits de l'année où s'exerce le réméré, il doit les intérêts du prix pour cette année. *Ibid.* Il doit le remboursement des charges acquittées par l'acheteur d'après le contrat. *Ibid.* Il doit aussi celui des pots-de-vin, épingles, loyaux-coûts, etc. 194. Il en est de même des lods et ventes. *Ibid.* Il doit les impenses nécessaires, autres que celles d'entretien. *Ibid.* Distinction à l'égard des impenses utiles. *Ibid.* Il ne doit rien pour les impenses voluptuaires. 194, 195. V. *Impenses.* Le vendeur est tenu des mêmes prestations envers le tiers-détenteur. 195. L'acheteur ne peut être contraint au délaissement qu'après ces remboursemens ou des offres valables, suivies de consignation. *Ibid.* Le vendeur n'est déchu, à défaut de ces prestations, que par un jugement. *Ibid.*

Le réméré opère la résolution du contrat. 195, 196. Il n'est pas dû de nouveau profit pour le réméré. 196. Le vendeur redevient propriétaire au même titre auquel il l'était avant. *Ibid.* L'héritage reprend les mêmes qualités qu'il avait avant la vente. *Ibid.* Le vendeur le reprend quitte de toutes charges et hypothèques imposées par l'acheteur. *Ibid.* Il y a une véritable revente, lorsque la faculté de réméré a été accordée par convention postérieure au contrat. *Ibid.* Le vendeur, en ce cas, est tenu des charges et hypothèques, etc. *Ibid.* Distinction entre les hypothèques imposées par l'acheteur avant ou après l'acte qui accorde la faculté de réméré. 196, 197.

Le droit de réméré s'éteint par la prescription. 197. Elle est conventionnelle ou ordinaire. *Ibid.* Le droit de réméré est éteint par la prescription conventionnelle, lors-

qu'il n'a pas été exercé dans le temps convenu. *Ibid.* Cette prescription court contre les mineurs. *Ibid.* Même dans le cas où le temps convenu serait de trente ans. 198. Pour que le vendeur soit déchu, après le temps écoulé, il faut une sentence qui le déclare tel. *Ib.* La prescription légale de trente ans n'en court pas moins contre le vendeur du jour du contrat. 198, 199. Celle-ci ne court pas contre les mineurs. 199. Ces principes sont applicables, lorsque le droit de réméré a été cédé à un tiers. 199, 200. Exception au principe de la déchéance par sentence. 200. Le droit de réméré s'éteint en outre comme toutes les autres créances. 201. Quand le vendeur est censé en avoir fait remise ou y avoir renoncé? *Ibid.*

V. *Acheteur. Contrat pignoratif. Prescription de dix et vingt ans. Propre de communauté. Propre réel. Remploi. Rescision. Retrait lignager.*

REMISE des adjudications des biens saisis, trois fois de quinzaine en quinzaine, avant de procéder à l'adjudication pure et simple, et définitive. IX. 247. V. *Adjudication sauf quinzaine. Saisie réelle.*

REMISE DE LA DETTE. Elle est un des modes dont s'éteignent les obligations; elle libère de plein droit. I. 358. La remise de la dette se fait par une simple convention, qui peut être conditionnelle. 358, 359. Dispositions du droit romain sur la forme dans laquelle elle devait se faire, en certains cas. *Ibid.* La remise de la dette peut être tacite. 359, 360. La remise du billet ou du titre fait présumer la remise de la dette. *Ibid.* La possession, en laquelle le débiteur se trouve du billet, fait-elle présumer que le créancier le lui a rendu. 360. La remise de la grosse d'un contrat dont il y a minute, ne fait pas présumer la remise de la dette. 361. Ni la restitution des choses données en nantissement. *Ibid.* Remise de la solidarité. *Ibid.* V. *Obligation solidaire.* Le défaut de réserve dans une quittance ne forme aucune présomption de la remise de la dette. *Ibid.* V. *Quittance.* Quand cette présomption peut résulter de ce que la somme due n'a pas été employée dans des comptes? 361, 362. La remise de la dette peut-elle se faire par la seule volonté du créancier, sans acceptation du débiteur? 362, 363. Elle peut se faire pour le total ou pour parties. 363. On distingue la remise réelle et la décharge personnelle. *Ibid.* La remise réelle éteint la dette. *Ibid.* La décharge personnelle ne libère que le débiteur et ses cautions, mais non les autres débiteurs de la même dette. 364. La décharge de la caution ne libère ni le débiteur principal, ni les cofidéjusseurs. *Ibid.* Le créancier peut-il licitement recevoir quelque chose d'une caution pour la décharger, sans l'imputer sur la dette? 365, 366. Cas où il y avait sujet de craindre l'insolvabilité du débiteur. *Ibid.* Le débiteur ne peut pas répéter ce que le créancier a reçu pour décharger la caution. 367. Le créancier seul, lorsqu'il dispose de ses biens, peut faire remise de la dette. 368. Un procureur-général, un tuteur, un administrateur, n'ont pas ce droit. *Ibid.* Exception pour certains droits seigneuriaux, dont ils peuvent faire remise. *Ibid.* Le créancier solidaire peut faire la remise, 369. La remise ne peut être faite qu'au débi-

teur. *Ibid.* Il faut, pour qu'elle soit valable, que le débiteur soit capable de recevoir par donation. *Ibid.* V. *Avantage entre époux. Hypothèque. Indivisibilité. Lettre-de-change. Paiement. Rente foncière. Réméré.*

REMISE DE L'HYPOTHÈQUE. V. *Hypothèque.*

REMPLOI. Du prix des propres des conjoints aliénés durant la communauté. VI. 358. X. 325. S'il n'a pas été fait en autres héritages ou rentes, celui des conjoints, à qui le propre aliéné appartenait, est créancier de la communauté de ce prix. VI. 358, 359, 360. X. 325, 361. Et de tout ce qui est parvenu à la communauté par l'aliénation de ce propre. *Ibid.* Ce principe a pour but d'éviter les avantages indirects entre époux. *Ibid.* V. *Avantage indirect entre époux.*

Le prix, sujet à la reprise, est celui pour lequel l'immeuble a été vendu. VI. 360. Par-là, on entend le prix principal avec tous ses accessoires, dont la communauté a profité. XI. 360. X. 326, 327. On doit y comprendre aussi le prix des charges appréciables à prix d'argent, imposées à l'acheteur, et dont la communauté a profité. VI. 360, 361. X. 326. V. *Prix.* La communauté ne doit les intérêts du prix que du jour de la dissolution. VI. 361. On doit faire raison à la communauté des fruits pendans, vendus avec l'héritage, dont elle a été privée VI. 361. X. 326. Et de l'intérêt du prix dont l'acquéreur aurait été affranchi pendant un certain temps. *Ibid. Vice versâ,* dans le cas où la communauté a joui à la fois du prix et de l'immeuble, dont la livraison n'a eu lieu que long-temps après le contrat. VI. 361, 362, x. 326. La communauté doit également faire raison de ce qu'elle aurait joui à la fois du prix d'une rente viagère, et d'un usufruit, et des arrérages ou des revenus depuis la vente. VI. 360. x. 326, 327.

Non-seulement la vente, mais toutes les espèces d'aliénations des propres des conjoints dont la communauté profite, donnent lieu à la reprise. VI. 362. Dans le cas de la dation en paiement, le conjoint, auquel appartenait le propre, est créancier de la communauté du montant des dettes pour lesquelles il a été donné. 363. V. *Dation en paiement.* Si c'est une donation rémunératoire, il est créancier du montant du prix des services dont la communauté a été libérée. *Ibid.* V. *Donation rémunératoire.* Si c'est une donation onéreuse, il est créancier de la reprise du prix des charges dont la communauté a profité. *Ibid.* V. *Donation onéreuse.* Si le propre du conjoint a été aliéné pour une rente viagère, la reprise est de la somme dont les arrérages de la rente viagère, courus depuis l'aliénation, jusqu'à la dissolution, excèdent les revenus de l'héritage. *Ibid.* Au cas d'échange pour des choses mobilières, le conjoint est créancier de la somme que valaient lesdites choses au temps qu'il les a reçues. 364. Si l'échange était d'un immeuble avec un retour, il est créancier du retour. *Ibid.* V. *Echange.*

S'il a donné son propre à bail à rente, il est créancier des deniers d'entrée ou autres choses mobilières qu'il a reçues. 364. Peu importe, pour que le conjoint ait le droit de reprise des choses dont il

n'a pas été fait remploi, que l'aliénation ait été volontaire ou nécessaire. *Ibid.* Il est créancier de la reprise du prix de l'héritage qui lui a été rendu sur une action de réméré ou de retrait. VI. 364. x. 327. Il n'en est pas de même du prix d'un immeuble acheté avant le mariage qui lui a été rendu sur une action rescisoire du vendeur. VI. 364, 365. x. 327. V. *Action rescisoire.* Il est créancier de la somme donnée sur une action rescisoire pour le supplément du juste prix d'un de ses immeubles vendu avant le mariage. VI. 363. Et de la somme donnée pour le prix des améliorations faites par lui sur un immeuble qu'il a délaissé sur une action hypothécaire. VI. 365. x. 327. Il n'a pas cette reprise du prix des améliorations, lorsqu'il a fait le délaissement sur une action en revendication. VI. 365, 366. x. 327, 328. V. *Revendication.* Si le délaissement est fait sur une transaction, le conjoint est créancier de la reprise de la somme donnée. VI. 366. x. 328.

La vente d'un office de la maison du roi, dont le mari était pourvu avant son mariage, faite pendant sa durée, peut-elle donner lieu au remploi du prix? VI. 366, 367. Il y a lieu à la reprise du prix des héritages aliénés entre le contrat de mariage, où il y a stipulation de communauté, et la célébration. VI. 367, 368. x. 328. Le conjoint a-t-il pareillement le remploi du prix de ses rentes rachetées dans le temps intermédiaire du contrat et de la célébration? VI. 368. x. 328. Le mari est-il tenu du remploi du prix des héritages vendus par sa femme séparée? VI. 368, 369.

V. *Communauté légale. Donation entre mari et femme. Ordre.*

*Préciput légal. Propre de commu-
nauté.*

RENONCIATION A LA COM-
MUNAUTÉ. Acte par lequel la
femme ou ses héritiers, pour n'ê-
tre pas tenus des dettes de la communauté, renoncent à la part qui
leur est déférée par la dissolution
de communauté, dans les biens dont
elle est composée. VI. 339. Son
origine. *Ibid.* Il n'y avait autrefois
que les femmes nobles qui pouvaient renoncer à la communauté. VI.
339, 340. X. 320. Aujourd'hui toutes les femmes et leurs héritiers le
peuvent également. VI. 340. X. 320.
La femme ne peut, par le contrat
de mariage, renoncer soit pour
elle, soit pour ses héritiers, à la
faculté qu'elle a de renoncer à la
communauté. VI. 341. V. *Conventions matrimoniales.* Disposition de
la Coutume d'Orléans à cet égard.
*Ibid.*

Comment se faisait autrefois la
renonciation à la communauté. VI.
342, 343. X. 320. Plusieurs Coutumes veulent qu'elle se fasse en justice. *Ibid.* Elle se fait pardevant
notaire dans celles qui ne s'en sont
pas expliquées. *Ibid.* Elle ne peut
se faire qu'après la dissolution. VI.
343.

Diversité des Coutumes sur le
temps que la femme et ses héritiers ont pour renoncer. *Ibid.* Elles
sont abrogées par l'ordonnance
de 1667 qui accorde le délai de
trois mois pour faire inventaire, et
de quarante jours pour délibérer.
VI. 343, 344. X. 320, 321. La veuve,
pendant ces délais, ne peut être
poursuivie par les créanciers pour
prendre qualité. VI. 344. X. 321.
Mais ceux-ci une fois expirés,
elle ne peut leur en opposer d'au-

tres, quand une clause de son contrat de mariage les lui aurait accordés. *Ibid.* Si la femme ne
renonce pas après ces délais, elle
est condamnée à payer la dette.
*Ibid.* Le jugement, qui la condamne, ne la rend pas commune, mais
seulement débitrice du créancier
qui l'a obtenu. VI. 345. X. 321.
La femme ne peut plus renoncer après avoir accepté. *Ibid.* A
moins qu'elle n'ait pris des lettres
de rescision contre son acceptation faite en minorité, *ibid.*; ou si
elle a été faite en majorité, à moins
qu'elle ne soit la suite du dol des
héritiers du mari. *Ibid.* Les créanciers de la femme peuvent néanmoins revenir contre son acceptation faite en fraude de leurs droits.
VI. 345, 346.

La femme, pour être reçue à renoncer, doit avoir fait inventaire.
VI. 346. X. 320, 368. Dans le cas
seulement où le prédécès du mari
est la cause de la dissolution. *Ibid.*
Alors même que la dissolution arrive par le prédécès du mari, la
femme peut accepter sans inventaire, lorsque son éloignement l'a
empêchée d'être en possession des
biens de la communauté. VI. 346,
347. Si les héritiers du mari ont
fait un inventaire, la femme n'est
pas tenue d'en faire un second. 347.
De même, si le mari en avait fait
un peu de temps avant sa mort.
*Ibid.* Des procès-verbaux de saisie
et de vente peuvent aussi servir
d'inventaire à la femme. *Ibid.* Si
le mari n'a rien laissé, la femme
doit en justifier par un procès-
verbal de carence. *Ibid.* V. *Inventaire. Recel.*

Par la renonciation, le mari ou
ses héritiers restent propriétaires
de tous les biens de la communauté.
347, 348. La femme est exclue du

précjput stipulé en faveur du survivant sur les biens de la communauté. 348. On doit néanmoins lui
laisser ses vêtemens. *Ibid.* Diversité des Coutumes sur ce point.
*Ibid.* La femme peut user, jusqu'à
la fin de l'inventaire, des provisions qui se trouvaient dans la maison à la mort du mari. *Ibid.* Elle
ne doit aucun loyer pour avoir ha-
bité dans la maison depuis cette
époque. *Ibid.* La femme, qui renonce, doit récompense au mari de
tout ce qu'elle a tiré de la communauté pour ses affaires particulières. 349.

La femme ou ses héritiers, qui
ont renoncé, sont déchargés de
toutes les dettes de la communauté.
vi. 349. x. 321. Ils en sont tenus
envers les créanciers, lorsque la
femme s'est obligée en son propre
nom ; mais ils ont leur recours
contre les héritiers du mari. *Ibid.*
Si la femme n'est pas obligée en
son nom, ils n'en sont pas tenus
même envers les créanciers. *Ibid.*
Cela s'applique aux fournitures
faites à la femme pour la maison.
*Ibid.* Et aux obligations contractées
par elle pour le commerce de son
mari. vi. 349, 350. x. 321, 322.
Mais non à celles faites à raison
de son commerce séparé, dont elle
est tenue envers les créanciers. *Ib.*
La femme, qui renonce, doit encore être acquittée des frais de
l'inventaire. vi. 350. x. 322. V.
*Acceptation de communauté.*

La renonciation à la communauté ne fait aucune mutation des
fiefs de la communauté, et ne
donne lieu à aucun rachat. ix. 723,
724.

V. *Communauté tripartite. Continuation de communauté. Dettes
de la communauté. Préciput conventionnel.*

RENONCIATION AUX SUCCESSIONS.
Acte par lequel celui, à qui une
succession est déférée, déclare la
volonté qu'il a de la répudier. vii.
180. x. 649, 650. Les personnes
capables d'aliéner peuvent seules
répudier une succession. vii. 180,
181. x. 660. On ne peut la répudier que lorsqu'elle est ouverte, et
qu'on en a connaissance. vii. 181.
x. 650. Exceptions pour les renonciations aux successions futures,
par contrat de mariage. *Ibid.* V.
*ce mot.* On ne peut répudier une
succession, quand on l'a acceptée.
*Ibid.* Forme de l'acte de renonciation. vii. 181, 182. x. 650. La part
de celui qui renonce, accroît à ses
cohéritiers, qui en ont été saisis
dès l'ouverture de la succession.
vii. 182. x. 651, 713. Comment
cet accroissement a lieu ? vii. 182,
183. V. *Accroissement.*

L'héritage a trois mois pour faire
inventaire, et quarante jours pour
délibérer s'il acceptera ou renon-
cera. vii. 183. x. 651. Les quarante
jours pour délibérer courent du
jour où l'inventaire est terminé,
s'il l'est avant les trois mois. *Ibid.*
Tant que les délais durent, les
créanciers et les légataires ne peuvent obtenir de condamnation contre l'héritier. vii. 184. x. 681. Dès
qu'ils sont expirés, l'héritier, sur
leur demande, est obligé de prendre un parti. vii. 184, 185. Sinon,
il est condamné comme héritier.
184, 185. Il peut renoncer sur
l'appel. 185. Il n'est déclaré héritier par la condamnation, que vis-
à-vis du créancier ou du légataire
qui a été partie au procès. *Ibid.*
Les intérêts de la somme demandée courent-ils du jour de la demande pendant le temps des délais ? x. 651. Le juge peut quelquefois proroger les délais. 651,

652. V. *Acceptation des successions. Succession.*

RENONCIATION AUX SUCCESSIONS FUTURES. On ne peut répudier un droit non ouvert, VII. 35. X. 633, ni faire des conventions touchant la succession d'un homme vivant. *Ibid.* Violation de ces deux principes en faveur de la conservation des biens dans les familles. VII. 36. Habituellement, il n'y a que les filles qui renoncent par leur contrat de mariage à la succession de leurs père et mère, en faveur de leurs frères ou de l'aîné seulement. VII. 36. X. 650. Le mâle puîné peut aussi renoncer au profit de son frère aîné. *Ibid.* Lorsqu'on n'a pas énoncé au profit de qui la fille a renoncé, tous ses frères germains en profitent. VII. 36, 37. *Quid,* des frères consanguins? 37. Si elle a renoncé au profit de son frère aîné, sans le nommer, c'est au profit de celui qui l'était lors de la renonciation. *Ibid.* La renonciation se fait à la succession du père et de la mère qui fournissent la dot à la fille. 37, 38. Quelquefois aux successions collatérales de ses frères et sœurs. 38. Elle ne peut se faire que par le contrat de mariage de l'enfant qui renonce. 38, 39. Elle doit être expresse. *Ibid. Quid,* s'il est dit par le contrat que la fille a promis de renoncer à la succession future? *Ibid.* La renonciation ne peut être faite que moyennant une dot qui est fournie à l'enfant par les père et mère. 39. Cette dot doit être payée comptant, ou payable dans un court délai. *Ibid.* Si la dot n'est fournie que par le père ou la mère, l'enfant ne peut renoncer qu'à la succession de celui qui l'a fournie. 39, 40.

La renonciation s'éteint par l'inexécution de la promesse de la dot, lorsque le père ou la mère sont en demeure de la payer. 40. Elle peut être éteinte quant à la succession de l'un, et non quant à celle de l'autre. 40, 41. Pour que la renonciation aux successions collatérales subsiste, il suffit que le père ou la mère ait payé la dot. 41. La renonciation s'éteint encore, lorsque la personne, à la succession de laquelle on a renoncé, meurt entre le contrat et la célébration du mariage. *Ibid.* Quand même la dot aurait été payée d'avance, lors du contrat. *Ibid.* La renonciation s'éteint de même par le prédécès de ceux au profit de qui elle est faite. 41, 42. Enfin, elle s'éteint par le rappel de celui qui a renoncé, de la part de celui à la succession duquel la renonciation a été faite. 42. Le consentement des frères, au profit de qui la renonciation a été faite, doit-il intervenir? *Ibid.* Le rappel peut se faire par quelque acte que ce soit. *Ibid.* La fille, qui a renoncé aux successions de père et mère, et collatérales, rappelée seulement par le père, recouvre-t-elle le droit de succéder à ses frères et sœurs? 43. V. *Rappel à succession.*

V. *Représentation en ligne directe. Succession.*

RENTE CONSTITUÉE. Rente annuelle et perpétuelle, que l'un des contractans vend à l'autre, pour un prix qui doit consister en une certaine somme de deniers qu'il reçoit de lui, sous la faculté de pouvoir racheter la rente, quand il lui plaira, pour le prix qu'il a reçu pour la constitution, et sans pouvoir y être contraint. III. 1. Autrefois la rente constituée était considérée comme un droit réel et foncier que l'acquéreur et créancier de la rente acquérait dans l'héritage sur lequel la rente était assignée. 55. Elle n'est plus aujourd'hui qu'une simple créance personnelle. III. 55. VII. 448. L'assignat sur un héritage ne donne qu'un droit d'hypothèque. *Ibid.* V. *Assignat.*

On distingue, dans la rente constituée, le principal et les arrérages. 56. Elle est susceptible de deux définitions, selon qu'elle est considérée par rapport aux arrérages ou au principal. 56, 57. Comment l'on peut dire que le créancier d'une rente constituée est créancier du capital, ou des arrérages. 57, 58.

Les rentes constituées sont-elles meubles ou immeubles? III. 58, 59. VI. 81 *et suiv.* VIII. 105, 106. V. *Choses.* Diversité des Coutumes sur ce point. *Ibid.* Sous les Coutumes qui les déclarent immeubles, elles ne laissent pas d'être telles, lorsque la constitution n'en a pas été passée devant notaires, ou lorsqu'elles deviennent exigibles en cas de faillite. III. 59. La rente constituée n'a pas de situation, elle est régie par la Coutume du domicile du créancier. III. 59. VI. 86, 555. VIII. 107. La rente peut changer de nature, lorsque le créancier change de domicile, ou lorsqu'elle devient la propriété d'un autre créancier. III. 59, 60. Sauf les droits acquis aux tiers. 60. L'assignat sur un immeuble ne donne pas une situation aux rentes constituées. *Ibid.* Certaines rentes ont cependant leur situation dans le lieu où le bureau du paiement est établi. 61.

Le droit de rente constituée est un droit divisible. *Ibid.* V. *Obligation dividuelle et individuelle.*

Le débiteur d'une rente consti-

tuée en doit payer chaque année les arrérages. 62 *et suiv.* V. *Arrérages.*

Comment s'établit le droit de rente constituée à prix d'argent. 73. A défaut de titre primordial de constitution, le droit peut s'établir par des titres récognitifs. *Ibid.* Distinction entre les reconnaissances *ex certâ scientiâ* et les reconnaissances *in formâ communi. Ibid.* V. *Titre recognitif.* Une reconnaissance de la première espèce, quoique unique, fait pleine foi de la rente. 73, 74. Elles ne font foi de ce qu'elles contiennent de plus que les titres, qu'à défaut de ce titre primordial. 74. Si elles contiennent moins, et qu'il y en ait plusieurs remontant à trente ans, le surplus est prescrit. *Ibid.* Les reconnaissances de la seconde espèce doivent être au nombre de trois au moins pour faire foi. 74, 75. Il faut, dans tous les cas, que l'acte de reconnaissance, pour faire foi de la rente, ait été passé par le débiteur, et ait eu pour fin de la reconnaître, et de l'y obliger. 75, 76. Quand des reconnaissances, qui ne font pas entièrement foi, établissent cependant une présomption capable de prouver la rente au possessoire. 76, 77. Quelquefois le droit de rente constituée s'établit même au pétitoire, par le rapport de simples actes probatoires de la prestation des arrérages. 77, 78. La prestation des arrérages pendant dix ans, fait présumer la rente, sauf preuve contraire. *Ibid.* La prestation des arrérages pendant trente ans, établit la preuve entière de l'existence de la rente en faveur du créancier. 78, 79. Le débiteur n'est pas reçu, dans ce cas, à prouver qu'il ne devait pas, à moins qu'il ne voulût prouver que la rente était usuraire.

Le vice d'usure, dans une rente constituée, ne se purge jamais. III. 79, 80. V. *Usure.* Il vaux mieux n'avoir pas de titre, dans ce cas, que d'en avoir un vicieux. 80. Pour que les quittances fassent présumer, ou prouvent la rente, il faut qu'elles soient causées, ou du moins la plupart, pour arrérages de rente perpétuelle. *Ibid.* Il n'est pas nécessaire que le titre de la rente y soit relatif. 80, 81. V. *Quittances.* Il faut qu'elles aient été passées devant notaires. 81. Lorsque le créancier est un corps ou une communauté, le paiement des arrérages peut s'établir par les registres de recette. *Ibid.* Le paiement des arrérages pendant cent ans et plus, établit le droit de la rente constituée, sans qu'il soit besoin que les quittances expriment rien. 81, 82.

Une rente, dans le doute, est-elle présumée constituée à prix d'argent, et rachetable? 82, 83. Le créancier, pour se défendre du rachat, peut justifier de la nature de la rente, par des reconnaissances et autres documens. 83, 84. Une seule reconnaissance, dans laquelle le titre de la rente est relaté, est suffisante. *Ibid.* Si le titre n'est pas relaté, il faut au moins trois reconnaissances pour justifier de la foncialité de la rente. 84. Un grand nombre de quittances, donnant à la rente la qualité de foncière, suffit pour l'établir. 84, 85. Autres documens par lesquels peut s'établir la foncialité de la rente. 85. Sur quel pied est rachetable la rente dont le créancier ne justifie pas la foncialité, lorsqu'on ignore pour quelle somme elle a été constituée? 85, 86.

Comment s'éteignent les rentes constituées? 87. Le rachat est le mode d'extinction le plus naturel et le plus ordinaire. *Ibid.* V. *Rachat des rentes constituées.* Elles s'éteignent encore par la remise de la rente faite au débiteur, par la novation, par la confusion. 100. V. *Ces mots.* La part de l'héritage, sur lequel la rente est assignée, n'éteint pas la rente. *Ibid.*

*V. Arrérages. Bail à rente. Choses. Constitution de rente. Communauté légale. Divisibilité. Donation entre mari et femme. Partage des successions. Prescription de dix et vingt ans. Rachat des rentes constituées. Rente viagère. Récompense. Retrait lignager. Soulte. Transport.*

RENTE FONCIÈRE. La rente, dans le bail à rente, doit être quelque chose de certain et déterminé. II. 531. Elle peut consister en argent, ou en fruits, ou denrées. *Ibid.* Elle n'est due que par partie, à mesure du temps qui s'écoule de la possession du preneur et de ses successeurs. *Ibid.* C'est une charge réelle de l'héritage baillé, et non de la personne du preneur. *Ibid.* Elle diffère sur ces trois derniers points du prix de la vente. *Ibid.* V. *Prix. Vente.*

Elle diffère des fermes et loyers, en ce qu'elle est due principalement par l'héritage, dont la propriété est transférée à la charge de payer la rente, ce qui n'a pas lieu dans le louage. 532. Le preneur, dans le bail à rente, a l'héritage à ses risques; dans le louage, il reste aux risques du bailleur. *Ibid.* Dans le premier, le preneur est obligé de payer la rente, quoiqu'il n'ait rien recueilli; le fermier au contraire obtient une diminution. 533. Néanmoins le preneur ne doit rien, s'il a été réellement dépossédé de l'héritage pendant plusieurs années. *Ibid.* V. *Louage des choses.*

Différence de la rente foncière des servitudes. *Ibid.* V. *Servituées.* En quoi elle diffère aussi de l'hypothèque. 534. V. *Hypothèque.* Elle produit des arrérages qui naissent et sont dus chaque jour, comme la rente constituée. *Ibid.* Elle diffère néanmoins de celle-ci, en ce qu'elle n'est pas, comme elle, une dette personnelle de celui qui l'a constituée, mais une charge réelle de l'héritage baillé. 534, 535, 555, 556, 557. Elle est due par l'héritier du preneur, non comme héritier, mais comme succédant à l'héritage, et le possédant. 535. Il n'en est pas de même des rentes constituées. *Ibid.* Les arrérages de rentes foncières ne sont pas, comme ceux des rentes constituées, sujets à la prescription de cinq ans. *Ibid.* V. *Arrérages. Bail à rente. Preneur. Rente constituée.*

La rente foncière n'est pas rachetable par sa nature. 535, 536. Elle diffère en cela de la rente constituée. *Ibid.* Exception relative aux rentes foncières dont les maisons de ville sont chargées. 536. Restriction de la Coutume de Paris aux rentes créées pour le bail des maisons, *si elles ne sont les premières après le cens. Ibid.* Ses dispositions, sur ce point, s'appliquent à tout le royaume. 537. Quand une rente est *réputée la première après le cens. Ib.* Le droit de rachat est imprescriptible. *Ibid.* Il ne peut y être dérogé par la convention. *Ibid.* A quel taux doit-il avoir lieu? 537, 538. Les rentes foncières dues à l'église, quoique sur des maisons de ville, ne sont pas sujettes au rachat. 538. V. *Bail à rente.*

Les créanciers de rentes foncières ont plusieurs actions. 557, 558. Ils ont une action personnelle contre le preneur et les héritiers, et contre les tiers-détenteurs de l'héritage. 558. Contre les premiers, elle naît du contrat. *Ibid.* Elle naît contre les derniers du quasi-contrat, par lequel, en possédant l'héritage, ils sont censés s'être obligés à payer la rente. *Ibid.* Le tiers-détenteur, en passant titre nouvel, n'ajoute rien à la première obligation. 559. V. *Titre recognitif.* L'obligation de payer les arrérages de la rente passe à tous les héritiers du preneur ou du tiers-détenteur. *Ibid.* Quant aux arrérages courus depuis la mort du défunt, il n'y a que ceux de ses héritiers qui succèdent à l'héritage qui en soient tenus. *Ibid.* Mais chacun de ceux-là en est tenu pour le total, quelque petite que soit la portion de l'héritage qu'il possède. 559, 560. Il peut seulement exiger que le créancier le subroge en ses droits et actions contre tous les autres détenteurs. 560. V. *Obligation solidaire.* Les créanciers de rente foncière ont une action personnelle contre les détenteurs pour les arrérages courus pendant leur possession, et une action hypothécaire pour les autres. 560, 561. Le possesseur ne peut renvoyer le créancier qui l'actionne hypothécairement à discuter les débiteurs personnels. 561. Si le possesseur n'a pas eu connaissance de la rente, il n'est pas tenu personnellement de ses arrérages, mais hypothécairement. 561, 562. V. *Action hypothécaire. Hypothèque.* Le créancier de la rente a encore contre le possesseur de l'héritage une action pour qu'il soit tenu de lui passer titre nouvel. 562. C'est une action mixto. *Ibid.* V. *Action mixte.* Elle se cumule avec les précédentes par un même exploit. *Ibid.* Elle se donne contre tous les nouveaux propriétaires ou possesseurs de l'héritage sujet à la rente foncière. 562, 563. Le propriétaire qui n'est pas en possession, n'y est pas sujet. 563. La saisie ne fait pas cesser la possession. *Ibid.* Il faut être détenteur pour soi-même, pour y être sujet. *Ibid.* Le mari y est sujet pour les propres de sa femme. 563, 564. L'usufruitier en est tenu. 564. Le nu-propriétaire en est également tenu, à la charge par l'usufruitier de l'acquitter des arrérages, *Ibid.* Celui, qui possède un héritage comme s'en portant pour le propriétaire, en est tenu aussi. *Ibid.* Le seigneur de fief n'est pas tenu des rentes de l'héritage de son vassal qu'il tient en ses mains pour saisie féodale. *Ibid.* V. *Saisie féodale.*

Le créancier de la rente foncière a une espèce de droit de gage sur les fruits nés de l'héritage et sur les meubles qui le garnissent. ii. 565. x. 786, 787. Il n'a pas ce droit à l'égard du locataire ou des fermiers de l'héritage. *Ibid.* Il est préféré sur lesdits fruits et meubles, à tous les autres créanciers de son débiteur. *Ibid.* Lorsque ces meubles et fruits ont été déplacés, le créancier a le droit de suite contre eux pour les faire rentrer dans les mains du débiteur. ii. 566. Il peut les faire saisir pour trois termes échus de sa rente sans avoir de titre exécutoire, *Ibid.*

Le créancier de la rente doit contribuer avec le preneur aux charges et aux impositions extraordinaires faites sur l'héritage. 566, 567. Surtout à celles qui sont en pure charge. *Ibid.* Il ne contribue pas à celles qui tournent au profit de l'héritage. 567. Si l'héri-

tage est en fief, et que le bailleur ne se soit pas retenu la directe de l'héritage, le preneur doit seul les profits. *Ibid.* S'il est en censive, le preneur seul doit aussi les cens annuels. *Ibid.* Comment se paient les droits de vente de la rente et de celle de l'héritage. *Ibid.* Le créancier et le débiteur de la rente foncière contribuent chacun pour leur part dans le profit censuel de relevoison à plaisir. 568. V. *Relevoison.*

Comment s'éteignent les rentes foncières ? 602. V. *Rescision de bail à rente. Résolution du bail à rente.* Par la destruction de l'héritage survenue par force majeure. 602, 603. La rente n'est pas éteinte, si la destruction survient par le fait ou la faute du preneur. 603. Il faut que cette destruction soit totale. *Ibid.* Lorsque le bail porte la clause de fournir et faire valoir, la rente n'est pas éteinte. 603, 604. La rente foncière s'éteint encore par le rachat qui en est fait au créancier. 604. Par la remise faite par le créancier, et par la novation. *Ibid.* Par la consolidation. *Ibid.* Elle est encore éteinte, lorsque, sur une saisie réelle, l'héritage est adjugé sans charge de la rente. *Ibid.* Les rentes foncières s'éteignent encore par la prescription. *Ibid.* Les rentes foncières seigneuriales sont imprescriptibles. 604, 605. Il y a deux espèces de prescription auxquelles sont sujettes les rentes foncières. 605. La première est celle qui résulte de la possession du détenteur qui possède comme franc de la rente foncière, l'héritage qui en est chargé. *Ibid.* Elle ne peut avoir lieu qu'à l'égard des tiers détenteurs, qui ont acquis à titre singulier l'héritage, sans avoir été chargés de la rente, et sans en avoir eu connaissance, et à l'égard de leurs héritiers. *Ibid.* Cette prescription est établie par l'article 114 de la Coutume de Paris. 605, 606. Il faut cinq choses, d'après cet article, pour qu'il y ait lieu à cette prescription. 606. Premièrement, il faut que le tiers-détenteur ait possédé pendant dix ans entre présens, et vingt ans entre absens. *Ibid.* Ce que la Coutume entend par *entre présens* et *entre absens. Ibid.* Pour acquérir cette prescription, on peut joindre la possession de ses auteurs à la sienne. *Ibid.* Deuxièmement, il faut que la possession n'ait pas été interrompue soit de fait, soit de droit. 606, 607. Troisièmement, que la possession ait été de bonne foi. 607. Le droit canonique exige que la bonne foi ait duré pendant tout le temps de la possession. *Ibid.* Quatrièmement, il faut que le possesseur produise son titre d'acquisition, dans lequel la rente ne lui a pas été déclarée. 607, 608. Si le titre n'est pas produit, la prescription ne peut être acquise que par trente ans. 608. Cinquièmement, il faut qu'il n'y ait rien de la part du créancier qui empêche la prescription de courir contre lui. *Ibid.* Elle ne court pas si le preneur, après l'aliénation qu'il a faite de l'héritage, en est demeuré cependant en possession apparente. *Ibid.* Elle ne court pas non plus contre la femme dont le mari a vendu, comme libre, un héritage appartenant à elle, chargé d'une rente foncière. *Ibid* Ni contre les mineurs pendant leur minorité. *Ibid.* Ni contre l'église. 608, 609. Cas où l'église succède à un particulier contre lequel la prescription avait commencé à courir. 609. Elle court, quoique, pendant ce temps, le créancier ait été payé de

sa rente. *Ibid.* Cette prescription est de droit commun. *Ibid.*

La seconde espèce de prescription est celle qui résulte du non-usage du créancier à qui elle est due. 609, 610. Le temps de cette prescription est de trente ans. 610. Excepté lorsque le premier ou autre possesseur s'est obligé à la payer par acte devant notaires, auquel cas elle est de quarante ans. *Ibid.* Les règles de la prescription ordinaire de trente ans s'appliquent à ce cas. *Ibid.* Lorsque le possesseur d'une partie de l'héritage est libéré par cette prescription, les autres possesseurs ne sont pas reçus à s'en prévaloir. *Ibid.* V. *Prescription trentenaire. Prescription de dix et vingt ans.*

V. *Assignat. Bail à rente. Déguerpissement. Dettes des successions. Communauté légale. Jus in re. Partage des successions. Soulte. Récompense. Retrait lignager.*

RENTE SEIGNEURIALE. Une rente créée par un bail à cens, peut en être distincte et n'être pas seigneuriale. VIII. 449. Les rentes et redevances seigneuriales sont-elles prescriptibles? 449, 453. V. *Prescription de dix et vingt ans.*

V. *Bail à rente. Rente constituée. Rente foncière.*

RENTE VIAGÈRE. Rente dont la durée est bornée au temps de la vie d'une ou de plusieurs personnes. III. 101. Les rentes viagères se constituent, par donations, testamens, contrats intéressés, ou à prix d'argent. *Ibid.* Le contrat de rente viagère est un contrat intéressé, réel, aléatoire, unilatéral, ressemblant à la donation ou à la vente. 102, 103.

Il est de son essence qu'il y ait

une personne sur la tête de qui la rente soit constituée. 103. Elle peut l'être sur la tête d'une ou plusieurs personnes. *Ibid.* Le contrat est nul, lorsque la personne, au temps du contrat, était dangereusement malade d'une maladie ignorée des parties, et dont elle est morte peu de temps après. *Ibid.* Il n'importe quelle soit la personne sur la tête de qui la rente est constituée, lorsqu'elle n'est pas partie au contrat, puisqu'elle n'acquiert aucun droit. 103, 104.

Il est de l'essence de la rente viagère, que l'acquéreur de cette rente aliène son capital. 104. L'acquéreur peut néanmoins répéter ce prix, lorsque le constituant ne satisfait pas aux conditions du contrat. 104, 105. Différences entre le contrat de rente viagère, et celui de rente perpétuelle, dans le cas de répétition du capital pour inexécution du contrat. 105. Autres différences relatives à la vente par décret de l'héritage sur lequel la rente est hypothéquée, et à la caution. 105, 106. Différences entre ces deux contrats, sur les conditions requises pour leur validité. 106, 107. Le constituant d'une rente viagère n'a pas la faculté de rachat. *Ibid.* Il n'y a pas de taux réglé pour les contrats de constitution de rente viagère. 107. Elles peuvent être constituées autrement qu'en argent. *Ibid.*

Entre quelles personnes peut se passer le contrat de rente viagère? 108. Il est interdit aux gens de main-morte, lorsque la rente excède le taux légal. *Ibid.* Nous ne pouvons donner de l'argent à rente viagère, au taux légal, à ceux à qui nous ne pouvons donner. 108, 109. Il en est de même, si la rente n'excède que de peu de chose le taux

légal. 109. V. *Avantage indirect.* Le contrat de rente viagère peut-il intervenir entre un mari et une femme séparés de biens? *Ibid.* V. *Séparation de biens.* On peut stipuler que la rente viagère, après la mort de l'acquéreur, continue en faveur d'un tiers, pendant sa vie. 109, 110. *Quid,* si ce tiers est incapable de recevoir par donation de l'acquéreur? 110. Application au cas où la rente aurait été constituée sur la tête de deux époux incapables, d'après la loi, de s'avantager. *Ibid.*

Le contrat de rente viagère peut être passé sous seing-privé ou pardevant notaires. 111. On peut y apposer les mêmes clauses qu'au contrat de constitution de rente perpétuelle. *Ibid.* Clause par laquelle le constituant rendra aux héritiers du créancier de la rente, une partie de la somme qu'il a reçue, lors de la constitution. 111, 112. Le contrat de rente viagère peut être mêlé de rente perpétuelle, lorsque le constituant doit, après la mort du créancier de la rente, continuer à ses héritiers une rente de tant, rachetable de tant. 112. La rente, qui doit être continuée aux héritiers, peut-elle excéder le taux légitime des intérêts de la somme d'argent dont elle est rachetable? 112, 113. Lorsque la rente viagère est constituée par testament et qu'il est dit qu'un terme sera payé d'avance, ce terme est-il acquis à la succession du créancier de la rente, qui meurt avant son échéance, ou doit-elle le restituer? 113, 114. Différence de la nature des rentes viagères, et de la nature des rentes perpétuelles. 114. La rente viagère n'a pas de capital; elle consiste dans la créance des arrérages qui en doivent durer pendant tout le temps de sa durée, 114. Les rentes viagères sont-elles meubles ou immeubles ? III. 114, 115. VI. 88. VIII. 106. X. 16, 17. V. *Choses.* Peut-on constituer une rente viagère pour le prix d'arrérages de rente constituée, ou d'intérêts dus par le constituant ? III. 116. Elles sont régies par la loi du domicile du créancier. *Ibid.* Sont-elles susceptibles de saisies-arrêts de la part des créanciers de ceux à qui elles sont dues, et peut-on stipuler qu'elles n'en seront pas susceptibles ? 116, 117. De la prestation des arrérages des rentes viagères. 117, 118. V. *Arrérages.*

La rente viagère s'éteint par la mort de la personne sur laquelle elle est constituée. 119. Elle n'est pas éteinte par la mort civile de cette personne. *Ibid.* Le créancier est obligé de justifier de l'existence de la personne sur la tête de laquelle elle est constituée, à la réquisition du débiteur. 119, 120. Les rentes viagères s'éteignent aussi comme les rentes perpétuelles. 120. V. *Rachat des rentes. Rente constituée.* Le contrat de rente viagère donne-t-il lieu au retrait féodal ? IX. 773. V. *Retrait féodal.*

V. *Communauté légale. Don mutuel. Propre de communauté. Remploi.*

RENVOI A FINS CIVILES. Dans quels cas il peut être prononcé à la requête des accusés ? IX. 424, 425. V. *Requête au criminel.*

RENVOIS A LA MARGE. Quelle preuve font-ils, lorsqu'ils ne sont pas signés ? I. 449, 450. Peut-on admettre la preuve par témoins de ce qu'ils contiennent ? 467. V. *Ecritures privées. Preuve testimoniale.*

RÉPARATION. Les réparations sont charges des fruits, à l'exception des grosses, qui sont charges de la propriété. II. 133. V. 506, 507. Distinction entre les réparations d'entretien et les reconstructions. II. 581, 582. V. 506, 507. Comment le fermier judiciaire doit faire procéder aux réparations de l'héritage saisi ? IX. 229, 230. V. *Bail judiciaire.* Privilége de ceux qui ont fait des réparations à la chose dont le prix est distribué entre les créanciers. VIII. 565. V. *Ordre.*

V. *Communauté légale. Déguerpissement. Don mutuel. Douaire de la femme. Louage des choses. Preneur (bail à rente). Quasi-contrat negotiorum gestorum. Séparation de dettes. Usufruit.*

RÉPARATION CIVILE. Les héritiers d'un défunt sont tenus de la réparation civile du délit qu'il avait commis. I. 408, 409. V. *Mort du débiteur et du créancier.* Lorsqu'il y a plusieurs accusés, ils sont condamnés solidairement à la réparation civile. IX. 441, 442. La prescription de vingt ans pour les crimes a-t-elle lieu à l'égard de la réparation civile ? 463. V. *Prescription des crimes.*

V. *Séparation de dettes.*

RÉPARATIONS LOCATIVES. Menues réparations, qui proviennent de la faute des locataires, et non de la vétusté ou mauvaise qualité des parties dégradées. III. 280, 324. Quelles sont-elles, et quand doivent-elles être faites ? 280, 325, 326. Lorsqu'il y a un jardin dans la maison louée, l'entretien de ce jardin est à la charge du locataire. 326. Le ramonage des cheminées est une réparation locative. *Ibid.* Responsabilité des locataires en cas d'incendie causé par le défaut de ramonage. *Ibid.* Deux locataires qui ont la jouissance d'un escalier commun dans la même maison, doivent le réparer chacun pour sa part. 326, 327. Les fermiers sont tenus de l'entretien des bâtimens de la ferme, de celui des haies et du curement des fossés. 327. Sur les réparations dont doivent être tenus les locataires ou fermiers, il faut suivre l'usage des lieux. *Ibid.* V. *Louage des choses.*

RÉPÉTITION. C'est à celui qui répète une chose indûment payée à prouver qu'elle n'était pas due. I. 489. V. *Confession extrajudiciaire. Compensation. Condictio indebiti. Quasi-contrat promutuum.*

RÉPIT. V. *Lettres de répit.*

RÉPLIQUES. Réponses du demandeur aux défenses du défendeur, qui se signifient par acte de procureur à procureur. IX. 39. V. *Défenses.*

REPRÉSENTATION EN LIGNE DIRECTE. Fiction de la loi, par laquelle des enfans sont rapprochés et placés dans le degré de parenté de leurs père et mère, lorsqu'il se trouve vacant, pour succéder au défunt, en leur place, avec ses autres enfans. VII. 46; 50. X. 633, 634. Les quatre Coutumes de Ponthieu, de Boulonnais, d'Artois et du Hainaut, sont les seules qui la rejettent. VII. 46, 50. Elle a lieu à l'infini dans la ligne directe descendante. VII. 47. X. 633. Il n'est pas nécessaire que l'enfant, qui succède par représentation, ait été héritier de son père ou de sa mère qu'il représente. *Ibid.* On ne peut représenter un homme vivant, qui jouit de l'état civil. VII. 47, 48. X. 634. Les enfans d'un fils exhérédé peuvent-ils le représenter, lorsqu'il est

vivant, ou même lorsqu'il est prédécédé? VII. 48, 49. X. 634. V. *Exhérédation. Quid,* des enfans de l'indigne, et de la fille mariée exclue de la succession de ses père et mère, ou par la Coutume, ou par sa renonciation? VII. 49, 50. V. *Indignité. Renonciation aux successions futures.* Les enfans, qui viennent à la succession par représentation du fils du défunt, excluent-ils les enfans d'un autre fils du défunt, qui a renoncé? VII. 50. X. 634. Les enfans d'un fils prédécédé excluent-ils les enfans d'un autre fils vivant, lequel est exhérédé? VII. 50, 51. La représentation ne donne jamais aux représentans plus que n'en aurait eu le représenté. VII. 51. X. 634. La représentation donne-t-elle aux filles de l'aîné prédécédé le préciput d'aînesse qu'aurait leur père, qu'elles représentent? VII. 51, 52. La fille d'un aîné prédécédé le représente-t-elle au droit d'aînesse? 52. V. *Aînesse (droit d').* Représentation à l'effet de partager par souches et non par personnes. VII. 52, 53. X. 635. Les petits-enfans, en égal degré, d'un défunt, à la succession duquel tous ses fils ont renoncé, partagent-ils par souches ou par personnes? VII. 53. V. *Représentation en ligne collatérale. Retrait lignager. Succession.*

REPRÉSENTATION EN COLLATÉRALE. Les Coutumes de Paris et d'Orléans l'admettent en faveur des neveux et nièces. VII. 106, 107. X. 637, 695, 696. Mêmes principes généraux que pour la représentation en ligne directe. 107. Les représentans succèdent non-seulement au degré, mais à tous les avantages personnels de la personne représentée. 107, 108. Ex-

ception à ce principe dans l'article
321 d'Orléans, qui veut que les
enfans des frères n'excluent pas les
sœurs du défunt dans les fiefs. VII.
108, 109. x. 696. Il faut, pour cela,
qu'il n'y ait pas de frère vivant.
VII. 109. x. 696. Sont-elles exclues,
s'il y en a un qui renonce? *Ibid.*
Les neveux, enfans du frère, excluent-ils les neveux, enfans d'une
sœur, lorsqu'il n'y a pas de frère
vivant? VII. 109, 110. La nièce,
fille du frère; aura-t-elle le même
droit? 110, 111. S'il y a une sœur
survivante, partage-t-elle le bénéfice de l'exclusion avec les neveux,
fils du frère? *Ibid. Quid*, dans les
Coutumes qui ne s'en sont pas expliquées? 111. La représentation
en faveur des neveux et nièces, n'a
lieu que lorsqu'il se trouve, à l'ouverture de la succession, quelque
frère ou sœur du défunt qui les ex-
clurait. 111, 112. La succession,
en ce cas, a lieu par souches. *Ibid.*
Si les neveux viennent de leur
chef, elle a lieu par tête. 112. En
est-il de même, lorsque le défunt
a laissé un frère qui a renoncé à la
succession? *Ibid.* A défaut de frères
et sœurs du défunt, ses oncles et
tantes concourent avec ses neveux
et nièces. 113. Cette disposition de
la Coutume est contraire à la novelle 118. 113, 114. *Quid*, dans
les Coutumes qui ne s'en sont pas
expliquées? 114. De la représentation à l'infini admise par certaines Coutumes. 114, 115, 116. Du
rappel qui supplée à la représentation. 116. V. *Rappel à succession.*
*Représentation en ligne directe. Suc-
cession.*

REPRISE D'APPORT ( CLAUSE DE ).
Convention faite par la femme,
dans le contrat de mariage, qu'elle
pourra, à la dissolution de la com-

munauté, en y renonçant, reprendre ce qu'elle y a mis. VI. 246. x.
310? Cette convention est de droit
très-étroit. *Ibid.*

La dissolution seule de la communauté y donne ouverture. VI.
246, 247. x. 311, 313. La renonciation n'est pas une condition
qui la suspende. *Ibid.* S'il est dit
que *la future seule survivante pourra renoncer à la communauté...* il ne
s'ensuit pas qu'elle ne puisse exercer le même droit, lorsque la communauté est dissoute par une séparation de biens. VI. 247. La reprise
exercée par la femme, à qui seule
elle était accordée, après la séparation de biens, ne peut être répé-
tée contre ses héritiers par le mari
qui lui a survécu. 247, 248. Il n'y
a que la dissolution, qui arrive par
le prédécès du mari, ou par une
séparation, qui puisse donner ouverture, au profit de la femme, au
droit de reprise. 248. Et celle qui arrive par le prédécès de la femme, qui
puisse y donner ouverture au profit
des enfans, expressément compris
dans la convention. 248, 249.

La femme est censée n'avoir stipulé que pour elle seule, lorsqu'elle n'a pas expressément compris les héritiers dans la convention. VI. 249. x. 310, 311. Quand
même la clause serait conçue en
termes impersonnels. VI. 249, 250.
Pour que les enfans aient droit à la
reprise, il faut que la femme les
ait expressément compris dans la
convention. VI. 250. x. 311. Les
mots *enfans*, *siens*, *hoirs*, comprennent les enfans de tous les degrés, et même ceux des précédens
mariages. VI. 250, 251. x. 311. V.
*Enfans.* A moins qu'il n'y ait une
restriction *aux enfans qui naîtront
du mariage.* VI. 251. x. 311, 312. Ces
termes, *qui naîtront du mariage,*

lorsque effectivement il n'en est né aucun, et que le même droit était accordé aux héritiers collatéraux, n'empêchent pas d'admettre à la reprise les enfans d'un précédent mariage. *Ibid.* De même ces termes, *la future et les héritiers collatéraux pourront,* etc., etc., n'excluent pas les enfans qui sont censés compris dans la convention. VI. 251, 252. x. 312. Mais, à défaut d'enfans, les père et mère, et autres héritiers de la ligne directe ascendante de la femme, doivent-ils être aussi censés compris dans la convention? VI. 252, 253. x. 312. A défaut d'héritiers collatéraux, le curateur à la succession vacante, ou le seigneur à qui la succession a été déférée, ne peuvent exercer la reprise. VI. 253. x. 312. Espèce, dans laquelle il y a eu question de savoir si les enfans étaient compris dans la convention pour la reprise de l'apport de la femme. VI. 253, 254. Autre espèce. 255.

L'action pour la reprise peut être exercée par toutes les personnes qui ont succédé aux droits de la femme, ou qui les exercent pour elle. 255, 256. Pourvu qu'elle-même en eût été investie, lors de l'ouverture du droit qu'elle transmet. 256. Ses créanciers peuvent aussi l'exercer. VI. 256. x. 312. Ils peuvent même renoncer pour elle à la communauté, si elle l'avait acceptée quoique mauvaise, en fraude de leurs droits, pour favoriser ses enfans débiteurs de la reprise. *Ibid.* Les héritiers et autres successeurs de l'héritier de la femme compris dans la convention, peuvent également exercer le droit de reprise ouvert au profit de leur auteur. VI. 257. Si l'héritier compris dans la convention, après avoir accepté la succession de la femme sous bénéfice d'inventaire, abandonne les biens aux créanciers, il leur abandonne en même temps le droit de reprise qu'ils peuvent exercer. VI. 257. x. 312. Le légataire universel laissé par la femme, qui l'a institué avec un enfant compris dans la convention, peut, après l'envoi en possession, exercer le droit de reprise. VI. 257, 258. x. 312, 313. Ce droit s'est ouvert au profit de l'héritier, qui l'a transmis au légataire universel. *Ibid.* Mais le légataire universel ne peut exercer la reprise, si l'héritier a renoncé à la succession. VI. 258, 259. x. 313.

La clause de reprise de l'apport étant de droit étroit, lorsqu'il est dit que la femme reprendra *ce qu'elle a apporté*, cela ne s'entend que de ce qu'elle avait au moment du mariage. VI. 259. x. 313. Espèces et décisions. VI. 259, 260. Lorsqu'il est dit que la reprise se fera sous la déduction d'une somme que le mari pourra retenir pour l'indemniser des frais de noces, les héritiers du mari ont aussi le droit de la retenir. 260. La femme peut stipuler pour elle la reprise de tout son apport sans condition, et pour ses héritiers, compris dans la convention, la reprise sous la déduction d'une somme au mari pour frais de noces. 260, 261. Question sur cette espèce. 261. Lorsque le père de la femme, compris dans la convention, exerce la reprise, la déduction imposée par la femme à ses héritiers, pour frais de noces envers le mari, doit être supportée en total par le père, et non en partie par les héritiers aux propres maternels. 261, 262. Lorsque la convention est conçue en ces termes: *la future et ses enfans qui naîtront du mariage, reprendront* ce qu'elle a apporté en communauté ; les enfans qu'elle a du précédent mari auront aussi cette reprise, mais sous la déduction de la somme de quatre mille livres que le mari retiendra pour frais de noces ; comment l'enfant du mariage, et l'enfant du précédent mari, au profit desquels il y a eu ouverture à la reprise, supporteront-ils la déduction ? 262, 263, 264. Il ne peut y avoir d'autres choses comprises dans la reprise stipulée au profit de l'héritier, que celles auxquelles il a droit de succéder. 264, 265.

La reprise des effets mobiliers de la femme ne se fait pas en nature. vi. 265. x. 314. On suit pour leur valeur l'estimation faite lorsqu'ils sont entrés dans la communauté. *Ibid.* Lorsque la reprise de dettes actives de la femme a été stipulée, le mari est débiteur non-seulement des sommes qu'il a effectivement reçues, mais de celles qu'il aurait dû recevoir. *Ibid.* Les héritages se reprennent en nature, lorsqu'ils se retrouvent entre les mains du mari. *Ibid.* Il est tenu des détériorations. vi. 265. x. 314. Il doit lui être fait compte des améliorations. *Ibid.* La femme ne peut revendiquer contre les acquéreurs les héritages ameublis, sujets à la reprise, aliénés par le mari. vi. 265, 266. La femme, qui exerce la reprise, doit-elle faire déduction de ses dettes passives qu'elle avait lors du mariage ? 266, 267. La créance pour la reprise de l'apport de la femme, est mobilière pour raison du mobilier qu'elle a apporté, et immobilière pour raison des héritages qu'elle a ameublis. 267. V. *Communauté conventionnelle. Choses. Ordre. Remploi.*

REPRISE D'INSTANCE. Elle est forcée ou volontaire. ix. 82. Forme dans laquelle elle se fait. *Ibid.* Un successeur à titre singulier peut-il reprendre l'instance, ou seulement intervenir ? *Ibid.* A défaut de reprise d'instance volontaire, l'autre partie assigne en reprise d'instance. 83. Si l'affaire était en état d'être jugée, lors du décès, il n'y a pas eu d'interruption, et il n'y a lieu à reprendre l'instance. *Ibid.* On ne peut reprendre une instance périmée. *Ibid.* V. *Interruption d'instance. Péremption.*

REPROCHE. Cas dans lesquels les témoins peuvent être reprochés. I. 479-484. V. *Témoin.* Reproche des témoins en matière criminelle. V. *Confrontation. Jugement en matière criminelle.*

RÉPUDIATION des legs. V. *Legs.* Des successions. V. *Renonciation aux successions.* Des substitutions. V. *Substitution fidéicommissaire.*

REQUÊTE CIVILE. Voie extraordinaire de se pourvoir contre les arrêts et jugemens en dernier ressort, pardevant le juge qui les a rendus. I. 497. ix. 144. Cas généraux dans lesquels il y a ouverture à requête civile. I. 497 498. ix. 144, 145. Cas spéciaux dans lesquels il n'y a ouverture à la requête civile qu'en faveur de certaines personnes. I. 499. ix. 145, 146. Ouverture en faveur des mineurs et communautés, lorsqu'ils n'ont pas été suffisamment défendus. ix. 146. On ne peut se pourvoir par requête civile que contre les arrêts et jugemens en dernier ressort, non susceptibles d'opposition. 147. On peut se pourvoir contre un seul chef. *Ibid.* On ne peut se pourvoir qu'une seule fois par requête civile. *Ibid.* La requête civile doit être intentée dans les six mois de la signification de l'arrêt ou jugement à partie. 1. 499, 500. IX. 148. Le délai ne court que du jour où les pièces ont été reconnues fausses, ou recouvrées, si la requête civile est fondée sur l'un de ces deux motifs. *Ibid.* Le roi peut relever du temps par des lettres de dispense en grande chancellerie, enregistrées. *Ibid.* Pour se pourvoir par requête civile, il faut, sur une consultation signée de trois anciens avocats, obtenir des lettres en chancellerie. IX. 149. L'impétrant doit consigner une amende de trois cents francs envers le roi, et de cent cinquante francs envers la partie, pour le cas où il perdrait son procès. 149, 150. Les requêtes civiles sont portées dans la cour ou juridiction qui a rendu le jugement en dernier ressort, contre lequel on se pourvoit. 149, 150. Exception pour la requête civile incidente, qui est portée à la juridiction où est pendante la contestation à laquelle elle est incidente. 150. Procédure sur la requête civile. 15... ... La requête civile n'empêche pas l'exécution de l'arrêt ou du jugement attaqué. 151, 152. Les juges, s'ils trouvent les moyens de requête civile valables, remettent les parties au pareil état qu'elles étaient avant l'arrêt ou le jugement. 152. On plaide ensuite de nouveau sur le fond. *Ibid.* V. *Chose jugée. Requête d'opposition.*

REQUÊTE AU CRIMINEL. Requête de la partie civile à fin de provision, pendant l'instruction du procès. IX. 422. V. *Provision.* Requêtes des accusés pour être élargis ou remis en état de soit ouï. 423, 424. V. *Élargissement.* Pour être reçus en procès ordinaire, et à fins civiles, en convertissant le procès criminel en instance civile. 424, 425. Cette conversion ne peut avoir lieu que lorsqu'il y a une partie civile. 425. Requête des parties au principal, quand l'instruction est terminée. 425, 426. Elle contient les moyens tant de la forme que du fond. *Ibid.*

REQUÊTE D'OPPOSITION. Voie pour attaquer les jugemens des présidiaux, ouverte dans les mêmes cas, et pour les mêmes causes que la requête civile. 1. 499, 500. V. *Requête civile.*

RESCISION. Les mineurs, soit eux-mêmes, soit leurs héritiers, sont restituables contre les actes qu'ils ont passés en minorité, pour quelque besoin que ce soit. IX. 320. Quand même ils se seraient dits majeurs dans l'acte. *Ibid.* Notre droit diffère en cela du droit romain. *Ibid.* Ils sont restituables, soit qu'ils aient passé ces actes depuis leur émancipation, ou avec l'autorité de leurs tuteurs, ou que leurs tuteurs les aient passés pour eux en cette qualité. 320, 321. En général, ils sont restituables contre quelque espèce d'acte que ce soit, par lequel ils ont été lésés. 321. Quand le mineur est-il censé lésé? 321, 322. Ils ne sont pas restituables contre les actes de pure administration nécessaire, faits par leurs tuteurs, ou par eux depuis leur émancipation. 322. La violence, la crainte, le dol, l'erreur, et la lésion sont des motifs de rescision des actes passés par les majeurs. IX. 322, 323, 324, 325, 326. V. *ces mots.*

*V. Lettres de rescision. Puissance maritale.*

RESCISION DU BAIL A RENTE. Le bail à rente peut être rescindé. II. 570. La lésion de plus de moitié du juste prix y donne lieu. 570, 571. Le preneur peut repousser l'action rescisoire, en consentant à augmenter la rente. 571. Doit-il les intérêts du supplément de prix du jour du contrat, ou de celui de la demande? *Ibid.* La rescision du bail à rente s'exerce dans les mêmes cas que celle de la rente. *Ibid.* Cependant le bailleur n'y est pas admis, s'il est prouvé qu'il connaissait bien la valeur de tout héritage au temps du contrat. *Ibid.* Ses effets, et les prestations auxquelles elle donne lieu, sont aussi les mêmes que dans le cas de la vente. *Ibid.* Avec cette différence que le preneur, même de bonne foi, est tenu des dégradations causées par sa négligence. 571, 572. V. *Rescision de la vente.*

RESCISION DES PARTAGES. V. *Partage de la communauté. Partage des successions. Société.*

RESCISION DE LA VENTE. L'effet de la rescision est de remettre les choses au même état que si le contrat n'avait jamais existé. II. 152. Elle a lieu pour lésion énorme. 152, 155. Il faut qu'il s'agisse d'une vente d'immeubles. 159. Les ventes par décret n'y sont pas sujettes, *ibid.*, ni celles des droits successifs, 159, 160, à moins qu'elles ne soient faites à un cohéritier. 160. Il faut que la lésion soit de plus de moitié du juste prix. *Ibid.* V. *Lésion.* C'est le prix du temps du contrat. 161. V. *Prix.* L'estimation en est faite par ex-

perts. *Ibid.* Le trésor ou la mine, découverts depuis la vente, n'en font pas partie. 161, 169. Les droits seigneuriaux et de centième n'y entrent pas. 161, 162. La charge ou le risque, dont l'acheteur a été chargé, doit faire partie de l'estimation, 162; la charge de réméré exceptée. 162, 163.

Effets de la rescision. 167. L'acheteur doit rendre l'immeuble et les fruits. *Ibid.* De quelle époque doit-il les fruits? 167, 168. Quels fruits? 167, 168, 169. Il doit rendre tous les accessoires de l'immeuble. 169. Il doit faire raison des dégradations dont il a profité, comme des coupes de hautes futaies. *Ibid.* Le vendeur doit rendre le prix et ce qui en dépend. *Ibid.* Les intérêts ne sont dus que lorsque les fruits sont rendus. *Ibid.* Le vendeur doit faire raison à l'acheteur des impenses nécessaires. 169, 170. Il ne doit les impenses utiles que jusqu'à concurrence de ce qu'il en profite. 170. Il ne doit rien pour les impenses voluptuaires. 170, 171. Les impenses utiles se compensent avec les détériorations. 171. Il doit l'intérêt des impenses ●●●●. *Ibid.* Il ne doit pas les f●●●●● du contrat. *Ibid.* Différence entre les prestations du vendeur et de l'acheteur. *Ibid.* La rescision prononcée contre le tiers-possesseur, l'oblige aux mêmes choses que l'acheteur. 171, 172. Toutefois, il n'est tenu qu'indirectement et non personnellement du rapport des fruits et des dégradations. 172. Jusqu'à concurrence seulement du prix payé par l'acheteur avec les intérêts. *Ibid.* Le vendeur rentre dans l'héritage, exempt de toute charge établie par l'acheteur. 173. Le créancier hypothécaire, en ce cas, peut empêcher la rescision en payant le supplément du prix. 174.

Effets de la rescision, quand elle a été obtenue par l'acheteur contre le vendeur. 176, 177. Le vendeur doit rendre le prix. 177. Il n'est pas obligé au remboursement des frais du contrat et autres. *Ib.* Différence avec l'action rédhibitoire. *Ibid.* Le vendeur doit les impenses nécessaires faites sur l'héritage. *Ibid.* Il doit les dépenses utiles jusqu'à concurrence de la plus value. *Ibid.* Il ne doit rien pour les impenses voluptuaires. *Ib.* L'acheteur peut les enlever, si elles en sont susceptibles. *Ibid.* Obligations du vendeur dans le cas où la chose ne lui est pas rendue. 177, 178. L'acheteur est tenu de rendre l'héritage tel qu'il se trouve. 178. Avec les meubles qui le garnissaient, ou leur estimation. *Ib.* V. *Action rédhibitoire. Propre de communauté. Retrait lignager.*

RESCRIPTION. Lettre pour laquelle je demande à quelqu'un de payer ou de compter pour moi à un tiers une certaine somme. III. 225. En quoi elle diffère de la lettre-de-change. *Ib.* Elle a ordinairement pour objet de faire payer par un tiers la dette d'un créancier à qui l'on remet la rescription. 225. 226. Il intervient trois personnes dans ce contrat : l'indiquant, l'indiqué, et celui à qui l'on indique. 226. Il renferme deux contrats de mandat ; l'un entre l'indiquant et l'indiqué ; l'autre entre l'indiquant et celui à qui il indique. *Ibid.* V. *Mandat.* Le créancier de l'indiquant, porteur de la rescription, n'est obligé à aucunes diligences contre la personne indiquée. 226, 227, 228. Lorsque le débiteur indiqué souscrit la rescription, il n'est pas pour cela libéré envers l'indiquant, ni celui-ci envers son créancier porteur de la rescription. 227. C'est en cela que la rescription diffère de la délégation. *Ibid.* V. *Délégation.* Les autres créanciers de l'indiquant peuvent, après l'acceptation de l'indiqué, faire arrêt utilement sur les fonds qu'il doit à l'indiquant. 227, 228. La rescription peut être révoquée par l'indiquant tant qu'elle n'a pas été acquittée. 228, 229. Les rescriptions peuvent aussi être d'usage pour les prêts et les donations. 229. Dans ces deux cas, il n'intervient pas de mandat entre l'indiquant et celui à qui il indique. 229, 230. V. *Lettre - de - change. Mandat.*

RÉSERVE. Dans le droit romain, la réserve de l'héritier consistait dans la quarte-falcidie vis-à-vis des légataires, et dans la quarte-trébellianique vis-à-vis des fidéicommissaires universels. VII. 328., 329. Variété des Coutumes sur la quantité des biens dont on peut disposer par testament. 329. Principes des Coutumes de Paris et d'Orléans. *Ibid.* La portion disponible se fixe sur les biens appartenant au testateur à son décès. 329, 330. Ces Coutumes réservent à l'héritier les quatre quints des propres réels. VII. 330. X. 541. V. *Propre.* Le propre réel ameubli est sujet à la réserve, comme s'il n'avait pas été ameubli. *Ibid.* Ce sont les quatre quints de l'universalité des propres du défunt, et non les quatre quints de chaque héritage propre qui sont réservés à l'héritier. VII. 330, 331. X. 541. Lorsque le défunt a laissé des propres situés en différentes Coutumes, et qu'il a légué en entier ceux qui sont situés dans l'une, l'héritier peut-il retenir les quatre quints de ces derniers? VII. 331, X. 542, 543. Doit-il, pour retenir les quatre quints de ceux-ci, offrir d'abandonner le quint de ceux situés sous l'autre Coutume, qui ne sont pas légués? VII. 331, 339. X. 541, 542, 543. Si le défunt a laissé des propres paternels et maternels, sont-ce les quatre quints de l'universalité de ces propres, ou les quatre quints des propres de chaque ligne, qui forment la réserve? VII. 331, 332. La réserve des quatre quints des propres appartient aux héritiers du côté et ligne d'où les propres procèdent. 332. L'héritier grevé du legs peut s'en décharger en abandonnant aux légataires les biens disponibles, c'est-à-dire les meubles, les acquêts et le quint des propres, VII. 333. X. 544, 545. Ce qui est dû par l'héritier au défunt est-il compris dans cet abandon? Ibid. L'héritier, qui a disposé du mobilier sans faire inventaire, est-il admis à faire cet abandon? Ibid. Les biens abandonnés contribuent aux dettes en proportion de leur valeur. VII. 333, 334. X. 544, 545. La portion disponible, les dettes déduites, se partage au marc la livre de leurs legs entre les légataires particuliers. VII. 335. X. 545. Les légataires de corps certains qui se trouvent dans la portion disponible, doivent-ils prendre ces corps certains, sans diminution ni contribution avec les autres legs? VII. 335, 336. X. 545, 546. Lorsque le testateur a légué plus que le quint de ses propres, l'héritier est-il obligé, pour retenir sur ses propres légués l'excédant du quint, d'abandonner aux légataires tous les biens disponibles auxquels il succède? VII. 336, 337, 338, 339. Quid, lorsque l'héritier aux pro-

pres n'est pas l'héritier des autres biens disponibles? 339, 340. V. Legs. Les réserves coutumières ne sont pas toutes faites en faveur des enfans en leur qualité d'héritiers V. 373.

V. Douaire de la femme.

RÉSOLUTION DU BAIL A RENTE. La résolution du bail ne le résout et ne le détruit que pour l'avenir. II. 572. Les mêmes clauses résolutoires ont lieu dans le bail à rente que dans la vente. Ibid. Le bail se résout encore par le déguerpissement, et la destruction totale de l'héritage. Ib. V. Déguerpissement. Résolution de la vente.

RÉSOLUTION DES BAUX. V. Bail.

RÉSOLUTION DE LA VENTE. Elle a lieu pour vices rédhibitoires. II. 100. V. Vices rédhibitoires. Elle peut avoir lieu avant l'exécution par le consentement des parties qui se désistent. 152, 153. Il en est de même, si elle n'a été suivie que d'une tradition feinte. 153. Il y a désistement, lorsqu'une nouvelle vente est faite entre les parties, soit pour un prix différent, ou sous une condition nouvelle. 153, 154. Lorsque le contrat n'est exécuté qu'en partie, il peut être résolu, mais seulement pour l'avenir. 154. S'il était exécuté de part et d'autre, la rétrocession constitue une vente nouvelle. Ibid. V. Désistement. Rétrocession. Rescision de la vente.

Le réméré donne encore lieu à la résolution de la vente. 195, 196. V. Réméré.

V. Propre de communauté. Retrait lignager.

RESPONSABILITÉ. V. Commettant. Maître. Père de famille.

RESTITUTION. V. *Entiercement.*
*Fruits. Pétition d'hérédité. Répé-*
*tition. Condictio indebiti. Reven-*
*dication. Retrait lignager.*

RETARD. V. *Demeure. Domma-*
*ges-intéréts. Perte.*

RÉTENTION D'USUFRUIT. VII. 463.
VIII. 203, 204. x. 469. V. *Dona-*
*tion entre-vifs. Tradition.*

RETENUE. Des dixième et vingtième, accordés aux débiteurs des
rentes constituées. III. 63, 64. V.
*Arrérages. Impositions.*

RETOUR ( DROIT DE ). Droit existant dans les pays de droit écrit,
par lequel les choses données par
les pères, mères et ascendans, à
leurs enfans, retournent au donateur par la mort du donataire. VII.
502, 503. Ce droit est tiré des lois
romaines, selon lesquelles la dot
profectice retournait par la mort
de la femme, à celui qui l'avait donnée. *Ibid.* Ce droit n'est pas en
usage dans les pays coutumiers; les
ascendans du donataire ne succèdent aux choses par eux données
à leurs enfans qu'à titre de succession. 503, 651. Ce titre fait des
propres. 651. V. *Propre. Réver-*
*sion.*

RETOUR DE LOTS. V. *Partages*
*des successions et de la commu-*
*nauté.*

RETRAIT. Droit de prendre le
marché d'un autre, et de se rendre
acheteur à sa place. II. 289. x. 716.
Véritable subrogation. *Ibid.* V. *Su-*
*brogation.* Retrait lignager, féodal,
et conventionnel. *Ibid.* V. *ces mots.*
V. *Dation en paiement. Echan-*
*ge, Remploi. Vente de droits liti-*
*gieux.*

RETRAIT CONVENTIONNEL. Droit
qui naît d'une convention apposée,
lors de l'aliénation d'un héritage,
par laquelle celui, qui l'a aliéné, a
stipulé que lui et ses successeurs
auraient le droit, toutes les fois que
l'héritage serait vendu, d'avoir la
préférence sur les acheteurs, et de
prendre leur marché. II. 496. Différence avec le droit de réméré.
*Ibid.* V. *Réméré.* Il s'appelle droit
de refus sous la Coutume d'Orléans.
x. 742. V. *Droit de refus.* Il n'est
pas nécessaire, pour se le réserver,
d'avoir la seigneurie directe de l'héritage qu'on vend. II. 496. C'est un
véritable que celui, à qui il appartient, a dans l'héritage. 497. Différences et rapports entre ce retrait,
et le retrait féodal et lignager. x.
743. Le retrait conventionnel l'emporte sur le retrait lignager. II. 499.
Est-il pareillement préférable au
retrait féodal ? 499, 500. Lorsque
le retrait conventionnel a été stipulé par un premier vendeur, et
que l'héritage est revendu avec la
même clause, le premier vendeur
est préféré au second pour le retrait
à exercer sur le second acquéreur.
500. L'action en retrait conventionnel est réelle. II. 501. x. 743.
Elle est cessible. II. 501, 502. x.
743. Elle se transmet aux héritiers
de celui à qui elle appartient,
quoique non encore intentée. II.
502. L'héritier aux acquêts y succède, quoique le fond du droit de
retrait conventionnel soit un propre. 502, 503. Elle peut n'être pas
cessible, si telle a été la volonté des
parties. 503. Interprétation des différens termes qu'on peut employer.
*Ibid.*
Les immeubles seuls sont sujets
au retrait conventionnel. 504. Ils
n'ont pas besoin d'avoir la qualité
de propres. *Ibid.* Ce qui a été ven-

RET

du avec l'héritage n'y est pas sujet. 5o4, 5o5. A l'exception des meubles aratoires. 5o5.

Les mêmes contrats, qui donnent ouverture au retrait lignager, la donnent au retrait conventionnel. II. 5o5. x. 744. A moins de clauses particulières ou de restrictions dans les titres. *Ibid.* Le retrait conventionnel s'exerce sur les ventes par décret. *Ibid.* Le retrait conventionnel est couvert, dès que la vente est parfaite, sans que la tradition ait encore eu lieu. 5o6. V. *Retrait lignager.*

Le retrait conventionnel appartient à celui qui a retenu ce droit par le contrat, et à ses héritiers et autres successeurs à ce droit. II. 5o8. x. 745. Les gens de mainmorte ne peuvent l'exercer ? II. 5o8, 5o9. V. *Gens de main-morte.* Le retrait conventionnel peut être exercé par l'usufruitier de ce droit. II. 51o, 511. x. 745. Il ne peut l'être sur la vente faite par le retrayant lui-même. II. 511.

Le retrait conventionnel ne peut être exercé par celui qui était héritier ou caution du vendeur. II. 511. x. 746. Ni par celui qui y a renoncé. II. 512. Le mari, qui a autorisé sa femme à vendre, peut l'exercer sur l'héritage vendu. *Ib.* Autres cas semblables. *Ibid.* Il peut être exercé sur quelque acheteur que ce soit. 513. Même sur les gens de main-morte qui ont reçu des lettres du roi pour acheter. *Ibid.* Sur tout possesseur de l'héritage. *Ibid.* S'il y a eu plusieurs ventes, il s'exerce à volonté sur l'une ou l'autre. *Ibid.* Il ne peut s'exercer pour partie sur les héritages sujets tous au même retrait conventionnel. 513, 514. Il le peut, lorsqu'une partie seulement des héritages du marché sont soumis au retrait conventionnel. 514.

L'acquéreur ne peut forcer à l'exercer pour le tout. *Ibid.*

Dans quel délai doit s'exercer le retrait conventionnel? 515, 516. Il s'exerce par voie d'action ou par voie d'exception. 516. Si c'est par voie d'action, on suit les formes ordinaires. II. 5o6. x. 746. La nullité de l'exploit n'entraîne pas la déchéance du retrait. *Ibid.* Elle doit être opposée *ab initio litis.* *Ib.* Il s'exerce par voie d'exception, lorsque le retrayant déclare, sur l'assignation à lui donnée par l'acquéreur, qu'il entend l'exercer. II. 517.

Tout ce qui est relatif aux effets du retrait lignager est applicable au retrait conventionnel. 52o. V. *Retrait lignager.*

L'héritage retiré par retrait conventionnel est un conquêt dans la communauté du retrayant. 521, 522.

L'extinction de l'héritage éteint le droit de retrait conventionnel, comme celui de retrait lignager. 522. Quand la prescription éteint le droit de retrait conventionnel? II. 522, 523. x. 746. Il est éteint, si celui, qui a le droit de retrait, a donné son consentement à l'acquisition de l'acheteur. II. 523, 524. x. 746. Règles communes à l'extinction des trois espèces de retrait. *Ibid.* V. *Acquéreur (Retr. lig.). Propre de communauté. Retrayant.*

RETRAIT LIGNAGER. Droit que la loi accorde aux parens du vendeur d'un héritage, lorsqu'il est vendu à un étranger, de s'en rendre acheteur à sa place. II. 29o. x. 716. Pourquoi il est appelé *lignager.* *Ibid.* Inconnu chez les Romains. II. 291. Etabli dans toute la France par un édit de Henri III non exécuté. *Ibid.* Il a pour fondement l'attachement de nos pères aux biens de leurs ancêtres. 291, 292. Les Coutumes qui l'établissent sont des statuts réels. 292. V. *Statut réel.* C'est celle du lieu où les héritages sont situés qui règle tout ce qui y a rapport. *Ibid.* Ce droit est un pur bénéfice accordé par loi municipale à la famille. *Ibid.* Il ne peut être cédé à un étranger. *Ibid.* La famille n'en peut être privée par aucune clause. II. 292, 293. x. 716. Celles-là même, qui n'y donneraient qu'indirectement atteinte, sont nulles. II. 293. Cependant le vendeur peut se porter fort que sa famille n'exercera pas le retrait. 293, 294. Fraudes concertées entre le vendeur et l'acheteur pour exclure les lignagers. 294. Les lignagers sont admis à les prouver par témoin. *Ibid.* Le droit de retrait lignager est un droit favorable. 294, 295. L'atteinte portée au droit de retrait lignager est condamnable même dans le for intérieur. 295.

L'action du retrait lignager est personnelle réelle. II. 295. x. 716. Elle peut être intentée contre les possesseurs de l'héritage. II. 296, 364, 365. Elle participe de celles appelées chez les Romains, *populares actiones.* II. 296. x. 717. Elle n'est transmissible aux héritiers du lignager que lorsque celui-ci l'a intentée. *Ib.* Elle passe aux héritiers aux propres de la ligne d'où l'héritage procède. II. 296, 297. A défaut d'héritiers aux propres, elle appartient à l'héritier aux acquêts. *Ib.* Elle ne peut être cédée à un étranger, même après avoir été intentée. II. 298. x. 717. Coutumes où elle appartient au parent du degré le plus proche. II. 298. Elle peut être continuée par le légataire universel du lignager mort après l'avoir exercée. *Ibid.* Elle est

divisible. 299. Le possesseur de l'héritage peut cependant être poursuivi pour le total. *Ibid.* L'acheteur peut forcer les héritiers du retrayant à retirer le tout. *Ib.* V. *Obligation dividuelle ou individuelle.*

Les héritages seuls sont l'objet du retrait lignager. II. 299, 300. x. 718, 719. Le mot *héritage* comprend non-seulement les fonds, mais les droits réels qu'on y a. II. 300. x. 719. Application de ce principe aux seigneuries utiles et aux baux à longues années. II. 300, 301. x. 719. Le droit des engagistes est aussi sujet au retrait lignager. II. 301. V. *Engagiste.* Les droits de fief, de censive, de champart, de rente foncière, y sont aussi sujets. 302. La vente d'un droit d'usufruit n'y donne pas lieu. *Ibid.* Même lorsqu'elle est faite par le propriétaire. 302. A moins qu'il ne vende peu de temps après, à la même personne, ou à personnes interposées, la propriété. 303. Il y a présomption de fraude, en ce cas. *Ib.* Un droit de justice, les dîmes inféodées, sont sujets au retrait. II. 303. x. 719. Une créance ayant pour but un immeuble, y est aussi sujette. II. 303, 304. x. 719. Même avant que d'avoir été exercée. II. 304. L'action de réméré, donnée à un tiers, n'y donne lieu que quand elle est exercée. *Ibid.* Les rentes constituées n'y sont pas sujettes. 305. Il a lieu pour les offices, tant que l'acheteur n'est pas encore pourvu. *Ibid.* Il n'a pas lieu pour les créances d'argent immobilisées. *Ibid.* Ni pour les meubles, même lorsqu'ils forment une universalité. 305, 306. Lorsqu'ils sont vendus avec des immeubles, il y a lieu à ventilation. 306. Les bois vendus pour être coupés, et les fruits pendans par racine, n'y sont pas sujets. 11. 3o6. x. 720. Présomption de fraude, si le fonds est vendu à la même personne avant la coupe. 11. 3o6, 3o7.

Qualité des héritages pour qu'ils soient sujets au retrait. 3o7. Diversité des Coutumes sur ce point. *Ib.* Signification du mot *propre* en matière de retrait. 11. 3o7, 3o8. x. 718. Les propres sont sujets au retrait sous la Coutume de Paris, à quelque titre que le vendeur les ait acquis de son parent. 11. 3o8, 3o9. x. 718. La jurisprudence a étendu cette disposition aux Coutumes qui ne s'en sont pas expliquées. 11. 3o9. Différens cas où les héritages sont ou deviennent propres, et conséquemment sujets aux retraits. 3o9, 31o. Tout ce qui est uni réellement à un héritage est propre, et sujet au retrait comme l'héritage même. 31o, 311. *Secùs*, si c'est une union civile, où de simple destination. 311. V. *Union.* Ce qui reste d'un héritage propre, est propre et sujet au retrait comme lui. *Ibid.* Il en est de même des droits retenus dans l'héritage, et vendus séparément. 311, 312. Et de l'héritage subrogé à l'héritage propre. 312. V. *Subrogation réelle. Secùs*, lorsqu'un héritage est acquis en échange d'une rente propre. *Ibid.* L'héritage propre aliéné et racheté par le vendeur, n'est pas propre. 312, 313. A moins qu'il n'en soit redevenu propriétaire par la rescision ou la résolution du contrat. 313, 314. Ou par la révocation pour cause d'ingratitude de la donation qu'il en avait faite. 314.

Les choses non sujettes au retrait, ne le deviennent pas, parce qu'elles sont vendues avec un héritage qui y est sujet. 314, 315. A l'exception des meubles destinés à l'exploitation du fonds. 315. La

Coutume d'Orléans a une disposition contraire. 11. 315. x. 720, 765. Applicable, lorsque les choses à retirer avec l'héritage sont régies par elle. 11. 315, 316.

Contrats et actes qui donnent ouverture au retrait lignager. 11. 316. x. 720. La vente volontaire comme la vente forcée y donnent ouverture. 11. 316, 317. x. 720. La vente par décret y donne également lieu dans la plupart des Coutumes. 11. 317, 318. x. 720, 767. Les ventes pour utilité publique n'y donnent pas lieu. 11. 318. x. 720. Le contrat à rente viagère y donne lieu, quoique qualifié donation, lorsque la rente excède le revenu de l'héritage. 11. 318, 319. Il en est de même de l'échange d'un héritage contre des choses mobilières. 11. 319. x. 721. V. *Echange.* Et de la donation en paiement d'un héritage. *Ibid.* Même quand il a été donné pour le rachat d'une rente constituée. 11. 319, 320. Ou en paiement de la dot par le mari. 320. A moins, dans ce cas, que l'héritage n'eût été ameubli et mis dans la communauté par le mari. *Ibid.* Pour que la dation en paiement donne lieu au retrait, il faut que la chose due soit de l'argent, ou quelque chose de mobilier. *Ibid.* V. *Dation en paiement.* La donation rémunératoire, lorsque les services sont appréciables en argent, donne lieu au retrait. 11. 320. x. 721. Il en est de même de la donation onéreuse, lorsque les charges sont appréciables. 11. 321. V. *Donation rémunératoire et onéreuse.* Le bail à rente rachetable y donne lieu aussi. *Ibid.* Dès le temps du bail. *Ib.* Sans que la clause de rachat ait besoin d'être exprimée dans le bail. 321, 322. V. *Bail à rente.*

Contrats et actes qui ne sont pas sujets au retrait. 322. L'échange d'un immeuble contre un autre immeuble. *Ibid. Quid*, de l'échange d'un immeuble contre une rente constituée? 322, 323, 324. Distinction entre les Coutumes qui font les rentes constituées meubles, ou qui les font immeubles. *Ibid.* Il n'y a lieu au retrait que dans le premier cas. *Ibid.* L'échange d'un héritage contre un office n'y donne pas lieu. 324. L'échange d'un immeuble contre un immeuble, fait avec soulte, peut être sujet au retrait. 324. Les Coutumes de Paris et d'Orléans, exigent, pour cela, que la soulte excède la moitié de la valeur de l'immeuble. 324, 325. Diversité des autres Coutumes sur ce point. 325. Le retrait n'a lieu sous la Coutume de Paris, qu'au prorata de la soulte. 326. Il a lieu pour le total, sous la Coutume d'Orléans et autres. 327. Préférence de Pothier pour cette dernière. 327, 328. Dans le premier cas, il n'y a que la famille de celui-ci qui reçoit la soulte, à pouvoir l'exercer. 328. Dans le second cas, l'un et l'autre héritages y sont soumis. 329. Dans le cas de fraude et de déguisement d'une vente sous un contrat d'échange, il y a lieu au retrait. *Ibid.* La preuve par témoins de la fraude est admise. *Ibid.* Il y a présomption légale de fraude, dans le cas où l'héritage a été revendu, par l'un du contrat, à celui qui l'a donné en échange. *Ibid.* De même, lorsque l'un des contractans est resté en possession de l'immeuble donné par lui en échange. 329, 330. Ou lorsqu'il l'a fait racheter par un tiers. 330. *Quid*, s'il est convenu par l'acte que l'un des contractans pourra racheter son im-

meuble pour une certaine somme. 330, 331. Le bail à rente non rachetable n'est pas sujet au retrait. 331. Dispositions diverses des Coutumes sur cette matière. 331, 332. Le contrat de société et l'ameublissement n'y donnent lieu non plus. 332. Il en est de même de la donation. 333. A moins qu'elle ne soit mêlée de vente. *Ibid.* La donation mutuelle d'héritages n'en est pas exceptée. *Ibid.* La vente, quoique mêlée de donation, est également sujette au retrait. 333, 334. A moins qu'elle ne porte une remise entière et immédiate du prix, 334. La transaction sur un héritage litigieux ne donne pas ouverture au retrait. 334, 335. Excepté dans le cas de fraude. 335. Il en est de même de la licitation entre copropriétaires. 335, 336. Quand même elle se ferait avec un tiers acquéreur de la part de l'un des copropriétaires, lequel deviendrait adjudicataire. 336, 337. Les actes qui contiennent la résolution d'une vente, ne donnent pas lieu au retrait. 337. Application au réméré exercé sur moi, d'un immeuble acheté par mon père. 337, 338. Si le réméré n'avait pas été stipulé par le contrat de vente, mais postérieurement, il y a lieu au retrait. 338. Le rachat d'une rente foncière, créée sous faculté de rachat, n'est pas sujet au retrait. *Ibid. Secùs*, si la rente foncière n'était pas rachetable, et que le créancier en ait reçu volontairement le paiement. 338, 339, 340. Les ventes nulles, ou simulées, ne peuvent donner ouverture au retrait. 340.

Le retrait est ouvert du jour où le contrat est parfait. II. 341, x. 722. La tradition n'est pas nécessaire pour qu'il en soit ainsi. *Ibid.* Il est ouvert du jour de l'événement de la condition, si le marché est fait sous condition suspensive. 11. 342. x. 722. Du jour du consentement donné par le propriétaire, si la vente est faite par un tiers sans procuration. *Ibid.* Du jour du contrat, dans le cas de ratification du mineur devenu majeur. *Ibid.*

Le retrait lignager est accordé à la famille du vendeur. 11. 343. x. 723. Le vendeur est celui qui vend son héritage. *Ibid.* La femme est venderesse, lorsqu'elle consent à la vente de son propre, faite par le mari, en son nom. *Ibid.* Le mari est seul vendeur, lorsqu'il vend un conquêt de communauté. 11. 343, 344. x. 723, 759. La femme est venderesse, lorsque le mari vend un de ses héritages propres ameublis. 11. 244, 245. Le débiteur est vendeur de l'immeuble saisi sur lui. 345, 346. Celui-là n'est pas vendeur, qui, sur une demande hypothécaire d'un créancier du vendeur de son père, délaisse l'héritage. 346. Celui, qui a fait cession de ses biens à ses créanciers, qui les vendent en direction, est véritablement vendeur. *Ibid.* Le possesseur de l'héritage d'autrui, qui le vend en son propre nom, est vendeur. 346, 347. Le retrait lignager est accordé à la famille du vendeur du côté d'où procède le propre vendu. 347. Cas où l'on ignore celui qui a fait entrer le propre dans la famille. 347, 348. Ce qui a lieu dans les Coutumes souchères. 348. Dispositions de certaines Coutumes sur le degré dans lequel il faut être, pour exercer le retrait. *Ibid.*

Il faut être parent légitime pour exercer le retrait. 11. 349. x. 724. Ceux qui ont perdu l'état civil, ne peuvent l'exercer, *ibid.*, ni les

étrangers, *Ibid.* Un parent le peut, quoiqu'il ne fût ni né ni conçu lors du contrat qui l'a ouvert. 11. 349, 350. x. 723, 724. Il peut l'être au nom de celui qui est seulement conçu, par le moyen d'un curateur. 11. 350. x. 724. L'exhérédé n'en est pas privé. *Ibid.* Le vendeur ne peut l'exercer de son chef sur sa propre vente, 11. 350. x. 725, ni le covendeur, pour la portion de son copropriétaire. 11. 350, 351. x. 726. Quand l'héritage est indivis, et qu'ils vendent ensemble pour le total. *Ibid. Secùs*, si l'acte contenait des ventes que chacun aurait faites de sa portion. 11. 351. x. 726. Le vendeur peut exercer le retrait sur sa propre vente en qualité de tuteur de ses enfans. 11. 352. x. 725. Et comme héritier de son parent, qui avait formé la demande en retrait sur sa vente. 11. 352. De même un parent du vendeur, devenu son héritier, peut l'exercer, 353, à moins que le vendeur n'ait expressément garanti l'acheteur du retrait lignager. *Ibid.* La caution du vendeur peut aussi l'exercer. *Ibid.* Le parent, chargé de vendre l'héritage de son parent, peut en exercer le retrait de son chef. 354. Application aux tuteurs et aux curateurs d'une succession vacante, *ibid.*, non applicable à l'héritier bénéficiaire. 11. 354. x. 725., 726. Celui, sur qui l'héritage est vendu par décret, n'est pas admis au retrait. 11. 354. Le juge, qui a fait l'adjudication, y est admis. 355. Le lignager, qui est convenu avec l'acheteur, soit avant, soit depuis le contrat, de ne pas exercer le retrait, y est non-recevable. 11. 355. x. 724, 725. Cette convention ne peut être opposée qu'au lignager avec qui elle a été faite. *Ibid.* Elle est valable à son égard, même lorsqu'elle a été faite par lui, avant le contrat, avec le vendeur. II. 355, 356. Le lignager, qui intervient à la vente, est présumé renoncer au retrait, 356, à moins qu'il n'existe d'autres droits auxquels il ait renoncé expressément. 357. Un lignager est-il non-recevable au retrait, lorsqu'il a cédé son droit de retrait à un étranger? 357, 358. Le lignager, acheteur conjointement avec un étranger, n'est pas recevable au retrait de la portion de son coacquéreur. 358. Le mari, lignager de sa femme, qui l'autorise à vendre un de ses propres, ne renonce pas au retrait. 358. Le notaire, lignager du vendeur, et qui a reçu le contrat, n'en est pas exclu, ibid., à moins que le vendeur n'ait assuré par l'acte même n'avoir aucuns parens qui puissent exercer le retrait. 358, 359. Le parent, qui a refusé le marché proposé par le vendeur, peut également exercer le retrait sur l'étranger qui l'a accepté. II. 359. x. 725.

Coutumes qui préfèrent pour le retrait le plus proche parent du vendeur au plus éloigné. II. 359. La proximité se considère avec la personne du vendeur. Ibid. Diversité de ces Coutumes. 359, 360. Suivant Paris et Orléans, le parent le plus éloigné est préféré au plus proche, quand il l'a précédé dans sa demande, II. 360. x. 724, 755, 756, pourvu que la demande soit valable. Ibid. La seconde demande est toujours subordonnée à la validité de la première. II. 360, 361. Exception au principe, en faveur des enfans, frères ou sœurs du vendeur. 361. Si les deux demandes sont données en même temps, la proximité du degré l'emporte, Ibid. Deux demandes sont-elles données en même temps, lorsqu'elles sont don-

nées le même jour? 361, 362. La Coutume d'Orléans admet la priorité d'heure. 362. Quid, de la Coutume de Paris? Ibid. Préférence et concurrence entre plusieurs parens au même degré. 362, 363. La représentation a-t-elle lieu en matière de retrait? 363, 364. V. Représentation. Lorsqu'elle est admise, l'un d'entre plusieurs neveux du vendeur, qui se présente seul au retrait, l'exerce pour toute la portion de celui qu'il représente. 364.

Le retrait lignager s'exerce sur l'acquéreur étranger, ou sur les héritiers et autres successeurs. II. 364. x. 726, 748. Il s'exerce aussi contre les possesseurs de l'héritage. Ibid. Il est plus équitable d'actionner ceux-ci que l'acquéreur. II. 365. Prorogation de délai accordée à cet effet par la Coutume d'Orléans. Ibid. Si l'héritage est transmis avant la demande à une succession de la famille, le retrait ne peut être exercé contre lui. Ibid. Il peut être exercé sur le seigneur qui a retiré par retrait féodal. II. 365. x. 727, 760. Il n'en est pas de même du retrait conventionnel. II. 365, 366. L'héritage, légué à un tiers, au cas où il serait aliéné hors de la famille, appartient au légataire, dans le cas de vente, et ne peut être retiré. 366, 367. Le retrait lignager peut-il s'exercer sur le roi? II. 367. x. 726. Cas où l'acquisition est faite pour cause d'utilité publique. Ibid. Lorsqu'un lignager a acheté, ou est devenu héritier de l'acheteur, le retrait ne peut être exercé sur lui. Ibid. Le retrait ne peut être exercé sur l'acheteur étranger, dont la femme est lignagère, tant que la communauté dure. II. 367, 368. x. 727. Si les enfans de l'acheteur étranger

qui exigent que l'acquéreur se fasse donner acte devant notaires de sa possession. 381. Du jour de la lecture et prohibition du contrat devant la porte de l'église du lieu de la situation. *Ibid.* Du jour où l'acheteur a porté la foi, si c'est un héritage en fief. *Ibid.* La souffrance et les offres équipollent à foi sous les Coutumes de Paris et d'Orléans. 381, 382. Coutumes qui ne requèrent aucune formalité pour que le temps coure. *Ibid.* L'édit des insinuations ordonne que le retrait ne courra que du jour de l'insinuation. II. 382. x. 736, Il faut également que les formalités des Coutumes soient remplies. *Ibid.* Le registre seul des insinuations fait foi qu'elle a eu lieu. II. 382, 383. Le greffier est responsable, s'il n'a pas inscrit. *Ibid.* Le défaut d'insinuation empêche le temps de courir, même à l'égard des parens présens au contrat. 383. Lorsqu'il y a ratification de la vente, il est prudent de la faire insinuer. Dans le cas d'une vente déguisée, et d'une contre-lettre, le temps ne court pas, tant que la contre-lettre n'a pas été insinuée. II. 283. x. 736, 737. Le temps ne court pas pendant le temps des manœuvres employées pour dissimuler la vente. II. 383, 384. Le temps ne court pas pendant le temps que dure la faculté du réméré accordée par le contrat. 384. Si le temps de réméré a duré trente ans, l'action en retrait est éteinte. 385. Le temps du retrait ne court pas pendant la prorogation accordée par le réméré. *Ibid.* Il court pendant le procès entre le vendeur et l'acheteur sur la validité du contrat. 385, 386. De même à l'égard du lignager, pendant le procès qu'il a avec le vendeur sur la propriété de l'héritage vendu. 386. L'appel du décret forcé, par lequel il a été ouvert, n'arrête pas le temps du retrait. *Ibid.* Ni la poursuite d'un décret volontaire fait par l'acquéreur sur lui-même. *Ibid.* La minorité d'un lignager n'empêche pas le temps de courir. *Ibid.* Cas où c'est le tuteur qui est acheteur. 387.

Il suffit que l'exploit de demande soit donné dans le délai. *Ibid.* Exception de la Coutume de Paris. *Ibid.* S'il y a plusieurs acquéreurs, le lignager, qui n'en a actionné qu'un dans le délai, est déchu envers les autres. 387, 388. La Coutume d'Orléans permet d'actionner les détenteurs, lorsque l'acquéreur n'est pas domicilié dans son bailliage. 388. S'il n'y a pas de détenteur, on a recours à la proclamation. *Ibid.* Sous la Coutume d'Orléans la demande donnée contre l'acquéreur, qui a aliéné, empêche le temps de courir vis-à-vis du tiers-détenteur. 388, 389. La demande donnée après le délai est nulle de plein droit. 389. L'abandon fait sur cette demande au lignager par l'acquéreur, est une nouvelle vente. 389, 390. Conséquences à l'égard des tiers. 390. L'héritage ainsi abandonné est un acquêt pour le lignager. *Ib.* Néanmoins, vis-à-vis de l'acquéreur, qui a fait le délais, il y a eu retrait. *Ibid. Quid*, à l'égard des tiers, dans le cas où une sentence a condamné l'acquéreur à délaisser par retrait, quoique la demande eût été faite après le temps ? 390, 391. La demande en retrait, non contestée, se périme par un an. 391. Par trois ans, si elle a été contestée. *Ibid.* L'appel d'une sentence en débouté de retrait est sujet aux délais ordinaires de l'appel. 391, 392. V. *Appel.*

La demande en retrait s'exerce par un exploit de demande ordinaire. 392. Si le lignager est mineur, elle s'exerce par son tuteur ou curateur. *Ibid.* Si c'est une femme, par son mari. *Ibid.* Par le père, si ce sont des enfans sous puissance paternelle, et quand même il serait le vendeur. *Ibid.* Si c'est un enfant qui n'est pas né, par un curateur *ad hoc.* 393. Lorsqu'elle est portée contre l'acheteur, elle doit l'être devant le juge de son domicile. *Ibid.*

Capacité de l'huissier. *Ibid.* V. *Huissier.* L'huissier doit-il se faire assister de recors? n. 393, 394. x. 727, 728. L'exploit de demande en retrait ne peut être fait la nuit, ii. 394, ni les jours de fête, excepté dans le cas d'absolue nécessité. 394, 395. L'exploit de demande doit-il contenir le jour à comparoir? 395, 396. Il n'y a pas de nullité, lorsque le retrayant a assigné un délai trop long ou trop court, 396, ni lorsque le degré de parenté du demandeur et du vendeur n'y est pas relaté. *Ibid.*

Formalités particulières exigées par les différentes Coutumes pour la validité de la demande en retrait. ii. 396, 397. x. 727, 728. La Coutume d'Orléans n'exige, outre les formalités ordinaires, que l'élection de domicile du demandeur dans le territoire de la justice du défendeur. ii. 397. x. 728. C'est la Coutume du lieu où est situé l'héritage qui règle ces formalités. ii. 397, 398.

En matière de retrait, la nullité de la demande pour défaut de forme, emporte la déchéance du droit du demandeur. ii. 398. x. 728. Ce défaut peut être opposé jusqu'au jugement, et sur l'appel. *Ibid.* Le retrayant déchu de son

droit pour un défaut de forme, a-t-il son recours contre l'huissier ou contre le procureur? ii. 398, 399. V. *Huissier. Procureur. Retrayant.*

Effets du retrait lignager. 448. Tous les droits actifs résultans du contrat passent en la personne du retrayant. 449. Néanmoins l'acquéreur reste propriétaire de l'héritage jusqu'à la tradition. *Ibid.* V. *Propriété. Tradition.* Lorsque le retrait est exercé sur l'héritier aux acquêts immeubles de l'acquéreur mort dans l'année du retrait, et avant la demande en retrait, le prix en appartient à cet héritier aux acquêts, et non à l'héritier aux meubles. 449, 450. Il en est de même, lorsque l'acquéreur n'est mort que depuis la demande en retrait, et les offres à lui faites, pourvu que, lors de sa mort, le retrait n'ait été ni reconnu, ni adjugé. 450, 451. Si l'acquéreur n'est mort qu'après le jugement ou la reconnaissance, le prix en appartient à l'héritier au mobilier. 451. Le retrayant est censé avoir acheté directement du vendeur. *Ibid.* C'est contre lui qu'il a l'action de garantie, en cas d'éviction. 452. Il peut également exercer contre lui toutes les actions résultantes du contrat de vente. *Ibid.* L'acquéreur n'est pas libéré par le retrait de ses obligations envers le vendeur, mais il en est indemnisé par le retrayant. ii. 451. x. 732. Le vendeur peut exercer contre le retrayant tous les droits retenus par lui dans l'héritage. ii. 452, 458. Dans le cas de retrait, il n'y a qu'une vente et qu'un seul profit à payer. 452, 459. Les droits réels, que l'acquéreur avait sur l'héritage avant la vente, et qui s'étaient éteints par la confusion, renaissent après le retrait. ii. 452, 453.

x. 731 , 732. Exception dans le cas où ces droits réels ont été estimés lors de la vente, et déduits du prix. 11. 453.

Les hypothèques et autres charges réelles imposées par l'acquéreur sur l'héritage, s'éteignent par le retrait. 454. Celle du créancier qui a prêté de l'argent pour payer le prix, n'est pas éteinte. *Ib.* V. *Subrogation.* La saisie de l'héritage par les créanciers de l'acquéreur n'empêche pas le retrait; mais le retrayant est obligé de leur rembourser le prix. 454, 455. Ce prix leur est distribué dans l'ordre de leurs priviléges et hypothèques. 455. Lorsque le remboursement a été fait à l'acquéreur, ses créanciers ont contre lui un recours pour la perte de leurs droits réels. *Ibid.* *Quid,* dans le cas où il avait donné des droits réels sur l'héritage à titre gratuit? 455, 456. V. *Hypothèque.*

Le retrayant est tenu, relativement aux baux, de même que l'était l'acquéreur. 456. Si c'est l'acquéreur qui était le fermier ou locataire de l'héritage avant la vente, le retrayant est-il tenu d'entretenir son bail? 456, 457. Si le bail a été fait peu de temps avant la vente, il est réputé frauduleux, et le retrayant n'est pas tenu de l'entretenir. 457. Les baux renouvelés de bonne foi dans l'an du retrait par l'acquéreur doivent être entretenus par le retrayant. *Ibid.* V. *Bail.*

Si l'acquéreur a acheté d'un mineur, le retrayant est sujet à l'action rescisoire du vendeur. 458. Il est sujet à la restitution des fruits, comme l'acquéreur l'eût été. *Ibid.* Même en cas où l'acquisition faite d'un majeur aurait un vice que le retrayant a ignoré. 458, 459.

Il n'est dû dans le cas du retrait qu'un seul profit, dont le retrayant devient débiteur, s'il n'a pas été payé par l'acquéreur. 459, 460. C'est au retrayant que le seigneur doit le demander après le retrait. 460. L'amende pour ventes recélées est due par l'acquéreur sans répétition du retrayant. *Ibid.* Le retrait fait cesser les poursuites faites par le seigneur contre l'acquéreur, qui reste cependant débiteur des dépens faits contre lui. *Ibid.* L'acquéreur, qui a payé le profit, le répète du retrayant et non du seigneur. 460, 461. Le retrayant privilégié, qui a remboursé le profit à l'acquéreur, peut le répéter contre le fermier du domaine. 461. Le retrayant devient débiteur du profit envers le seigneur qui est acquéreur, quoique la vente, avant le retrait, n'y donnât pas lieu. 461, 462. Le profit est dû par le retrayant au fermier des droits seigneuriaux du temps de la vente. 462. V. *Profits.*

L'héritage retiré est un acquêt du retrayant. *Ibid.* Cependant si le retrayant est en communauté, l'héritage retiré est pour lui un propre de communauté. 11. 462, 463. x. 732. V. *Propre de communauté.* Le retrayant est débiteur envers la communauté de la somme qu'il en a tirée pour exercer le retrait. 11. 463. Il a une année pour s'acquitter depuis la dissolution de la communauté. *Ibid.* Le retrayant peut abandonner l'héritage retiré à la communauté. *Ibid.* Il est censé l'avoir fait, lorsqu'il n'a pas payé dans l'année. *Ibid.* Si le retrait avait eu lieu avant le mariage, le retrayant ne serait pas reçu à abandonner l'immeuble pour indemniser la communauté de la somme qu'il y aurait prise pour payer le prix. 463, 464. V. *Ré-compense.*

L'héritage retiré, quoiqu'acquêt dans la succession du retrayant, passe à ses héritiers aux propres. II. 464. X. 732. Sous la condition de rendre aux héritiers des acquêts le prix dudit héritage. II. 465. X. 732, 733. C'est la Coutume qui investit de ce droit l'héritier aux propres. *Ibid.* Si l'héritier aux propres ne rembourse pas le prix dans l'an, l'héritier aux acquêts reste définitivement héritier. II. 466. X. 733. S'il a remboursé, il peut se mettre en possession de l'héritage, ou si l'héritier aux acquêts y est, intenter contre lui la demande en pétition d'hérédité. II. 465. L'héritier aux acquêts doit la restitution des fruits depuis la mort du défunt. II. 465, 466. Cependant il peut prétendre la déduction des intérêts du prix depuis le décès. 466. S'il y a un légataire universel, l'héritier aux propres lui laisse le quint de l'héritage et les quatre cinquièmes de ce qu'il en a coûté au défunt pour l'avoir. *Ibid.* L'héritier aux propres n'est tenu des dettes qu'en raison de la plus value de l'héritage à l'ouverture de la succession, sur ce qu'il en a coûté. *Ibid.* Ce droit de succéder à l'héritage retiré est accordé à l'héritier aux propres de la ligne d'où cet héritage procède. 466, 467. Sur le refus des héritiers aux propres de succéder à l'héritage retiré, quand ils acceptent la succession aux propres du défunt et qu'il existe d'autres propres, les parens plus éloignés de la même ligne, ne sont pas admis à succéder à cet héritage. II. 467. X. 734. Si les héritiers plus proches n'acceptent pas la succession, les plus éloignés peuvent être admis

à succéder à leur place à l'héritage, après les avoir sommés de prendre qualité dans les quarante jours depuis l'inventaire. II. 467. L'héritier en partie aux propres exclut pour le total l'héritier aux acquêts. *Ibid.* Sous la Coutume d'Orléans, l'héritier aux propres, quoique collatéral, succède à l'héritage retiré. II. 467. X. 734. La Coutume de Paris n'assujettit l'héritier aux propres qu'à rendre le prix à l'héritier aux acquêts. II. 468. La Coutume d'Orléans l'oblige à rendre le prix avec les loyaux coûts et mises. II. 468. X. 735, 759. Il déduit de son prix la valeur des dégradations faites par le défunt, qui ont produit de l'argent. II. 468, 469. Celles qui n'ont pas produit d'argent, peuvent venir sous la Coutume d'Orléans, en compensation des améliorations. 469. Les deux Coutumes veulent que le remboursement soit fait dans l'an et jour du décès. *Ibid.* La préférence, qui appelle l'héritier aux propres à la succession de l'héritage que le défunt a retiré, s'étend-elle au cas où le défunt aurait acquis l'héritage propre de son lignager? 469, 470. L'héritage retiré est un ancien propre de la famille d'où il procédait, entre les mains de l'héritier aux propres qui y a succédé au retrayant. 470. Il est propre naissant entre celles de l'héritier aux acquêts, et ne remonte pas plus haut qu'à la personne du retrayant. *Ibid.* Si l'héritier réunit les deux qualités, l'héritage est un propre de la ligne d'où il procède anciennement. *Ibid.* V. *Propre.*

Le droit de retrait lignager s'éteint par le retour à la famille. II. 471. X. 735. Ce retour n'arrête pas la demande en retrait qui l'a précédé. *Ibid*. La demande en retrait contre l'acquéreur, qui possède encore l'héritage, quoiqu'il l'ait revendu au vendeur, est valable. II. 471, 472. Le retour à la famille par l'acquisition faite par un parent éloigné, n'éteint pas le retrait que peut exercer un parent plus proche. II. 472. x. 735. Le droit de retrait s'éteint encore par la perte de l'héritage. *Ibid*. Quoiqu'elle ait eu lieu par la faute lourde de l'acquéreur, celui-ci n'est pas tenu envers le retrayant de sa plus value sur ce qu'il a coûté. *Ibid*. A moins que l'acquéreur n'ait commis la faute depuis sa demeure. *Ibid*. Le droit de retrait subsiste pour ce qui reste de la chose. II. 472, 473. Le lignager doit rembourser le total. 473.

L'exception de la prescription annale peut être opposée à l'exercice du retrait. II. 473. x. 736, 748. A défaut de celle-ci, il peut être repoussé par la prescription de trente ans. II. 473. x. 737. L'acquéreur direct qui n'a pas fait courir la prescription annale, ne peut opposer celle de dix ou vingt ans. *Ibid*. Les acquéreurs subséquens peuvent l'opposer, s'ils sont de bonne foi. II. 474. Peuvent-ils opposer celle de dix ou celle de vingt ans au lignager demeurant dans le même bailliage qu'eux? *Ibid*. La minorité d'un ou plusieurs des lignagers n'interrompt pas ces prescriptions. *Ibid*. V. *Prescriptions*. Le procès intenté à l'acquéreur sur la propriété de l'héritage, lui donne-t-il une exception contre la demande en retrait lignager? 475. V. *Choses litigieuses*.

Le retrayant peut être attaqué par l'action en répétition de retrait. 493, 494. Ce que c'est que cette action. 494. Elle est fondée sur le dol du lignager et de l'étranger auquel il a prêté son nom pour exercer le retrait. *Ibid*. L'acquéreur qui l'intente n'est tenu qu'à prouver la fraude. *Ibid*. Cas où cette fraude est présumée. 494, 495. L'effet de cette action est que l'héritage est rendu à l'acquéreur. 495. Celui-ci ne doit les sommes qu'il a reçues du retrayant qu'autant qu'il en a profité. *Ibid*. La jouissance du prix se compense avec celle de l'héritage. *Ibid*. V. *Retrait de mi-denier*. V. *Retrait conventionnel. Retrait féodal*.

RETRAIT LITIGIEUX. V. *Vente de droits litigieux*.

RETRAIT DE MI-DENIER. Retrait qui, lorsque deux conjoints, communs en biens, dont l'un était lignager du vendeur, l'autre étranger, ont acheté, durant la communauté, un héritage propre du vendeur, a lieu sur la moitié appartenant, après la dissolution de la communauté, au conjoint étranger. II. 476. x. 738. C'est un véritable retrait lignager. *Ib*. Les mêmes contrats lui donnent ouverture qu'à celui-ci. II. 476, 477. x. 738. Seulement ils ne donnent ouverture au retrait de mi-denier qu'après la dissolution du mariage. II. 477. Pour qu'il ait lieu, il faut que l'un des conjoints soit lignager ou vendeur, et l'autre étranger. II. 477. x. 738. Que l'héritage ait été acquis durant le mariage de ces conjoints. *Ibid*. Que les conjoints aient été en communauté de biens. II. 477, 478. x. 738, 739. Peu importe que le mari et la femme, ou le mari seul, aient été parties au contrat. II. 478. S'il y a continuation de communauté, le retrait de mi-denier ne sera ouvert que lors de la dissolu-

tion de cette communauté. *Ibid.*
Si, durant le mariage, il y a dissolution de communauté par une séparation de biens, cette dissolution y donne ouverture. 478, 479. Si le mari étranger aliène l'héritage durant la communauté, le retrait est ouvert au profit de toute la famille de son vendeur, sur la vente qui lui en a été faite. 479, 480. Si, au contraire, le mari lignager revend l'héritage, la vente, qui lui en a été faite, ne donne pas lieu au retrait. 480. Mais la revente y donne lieu. *Ibid.* Le don mutuel en usufruit n'arrête pas le retrait des héritiers du conjoint lignager sur le survivant étranger, donataire mutuel. II. 480, 481. x. 739. Il en est de même du don mutuel fait au survivant lignager par le prédécédé étranger. II. 481. x. 739. V. *Don mutuel.*

Le retrait de mi-denier a pour objet la *part* et *portion* du conjoint non lignager ou de ses héritiers. II. 481. x. 739, 740. Si la femme lignagère renonce à la communauté, il y a lieu au retrait pour le tout sur le mari. II. 482. Il en est de même, si, par le partage, l'héritage entier tombe au lot du conjoint étranger. 482, 483. Ce retrait n'est que de la portion du conjoint étranger. 483.

Il est accordé à la famille du vendeur. II. 483. x. 740. Néanmoins le conjoint lignager ou ses héritiers lignagers sont préférés aux autres. *Ibid.* Il faut que les héritiers du conjoint lignager, pour être admis à ce retrait, soient eux-mêmes lignagers. II. 483, 484. x. 740. Les héritiers étrangers du conjoint lignager n'y sont pas admis, même dans le cas où ils sont avec des héritiers lignagers. II. 484. x. 740, 741. Ceux-là seuls, parmi les héritiers lignagers, qui veulent exercer le retrait, l'exercent en entier. II. 484. x. 741. Si tous le veulent, celui qui a prévenu n'est pas préféré. II. 485. Le retrait de mi-denier a lieu sur le conjoint étranger de la ligne du vendeur, et sur ses héritiers aussi étrangers de cette ligne. *Ibid.* Si, parmi ses héritiers, il y en a de lignagers, le retrait n'en a pas moins lieu sur ceux qui sont étrangers. *Ibid.* Il ne peut être exercé sur les héritiers étrangers du conjoint lignager. *Ibid.*

Le retrait de mi-denier s'exerce dans l'an et jour. II. 485, 486. x. 741. L'an et jour court du jour de la dissolution de communauté. II. 486. Les mêmes causes qui l'empêchent de courir pour le retrait ordinaire, l'empêchent pour celui-ci. *Ibid.*

Il s'exerce au partage de la communauté. II. 487. x. 741. Cette demande est regardée comme un incident en partage. II. 487. Il suffit de porter l'héritage dans le lot du lignager pour le prix de son acquisition et des loyaux coûts. *Ibid.* Ce qui se fait dans le cas où une partie seulement des héritiers du lignager l'exerce. 487, 488. Si la femme lignagère, ou ses héritiers, renoncent à la communauté, leur demande en retrait s'exerce dans les formes ordinaires. 488, 489. V. *Partage de communauté.*

Le retrayant rembourse les mêmes choses que dans le retrait ordinaire. II. 489. x. 741. Différence relativement aux impenses non nécessaires. *Ibid.* Le terme fatal de vingt-quatre heures pour le remboursement n'a pas lieu dans le retrait de mi-denier qui se fait au partage. II. 489. x. 742. V. *Retrayant.*

Ses effets. II. 489. Lorsqu'il

s'exerce au partage, le conjoint lignager possède l'héritage comme un conquêt de communauté. 489, 490. Les hypothèques, dont le mari l'a grevé pendant le mariage, ne sont pas éteintes. 490. Le vendeur, devenu héritier du conjoint lignager, pourrait l'exercer. *Ibid.* Les héritiers doivent les profits pour succession de l'héritage retiré. *Ibid.* Si le retrait ne s'exerce pas au partage, il a les mêmes effets que le retrait ordinaire. 490, 491. Dans ce cas, il n'y a pas lieu à un nouveau profit. 491. Si c'est la femme qui l'exerce, en cas de renonciation, les hypothèques et autres droits réels imposés par le mari s'éteignent. 491, 492.

Le retrait de mi-denier s'éteint par la prescription annale. 492. Elle court contre les mineurs et contre les majeurs. 492, 493. Ce retrait ne s'éteint pas par le retour à la famille, le conjoint lignager et les héritiers ayant la préférence sur les autres parens. II. 493. X. 742. Il est éteint, lorsque le conjoint lignager ou ses héritiers laissent comprendre dans le partage l'héritage, et qu'il tombe au lot du conjoint étranger, le tout sans protestation. II. 493. V. *Retrait lignager.*

RETRAIT FÉODAL OU SEIGNEURIAL. Droit qu'a le seigneur, en sa qualité de seigneur, de prendre le marché de l'acquéreur, lorsque l'héritage mouvant de lui est vendu. II. 496. IX. 579. X. 136. Sa nature change dans les diverses Coutumes. II. 496, 497. IX. 759, 760. X. 136, 137. A quoi elle est fixée aujourd'hui. *Ib.* Il s'appelle retrait seigneurial ou féodal. II. 497, 498. Dans ce dernier cas, il appartient à la nature des fiefs. 498. Le retrait lignager est préféré au retrait féodal. *Ibid.*

Les lignagers peuvent exercer le retrait même sur le seigneur féodal qui les a prévenus. *Ibid.* Le retrait féodal est-il préférable au conventionnel? 499, 500. S'il y a une clause expresse dans l'acte d'inféodation qui permette au seigneur de retirer toutes les fois que l'héritage sera vendu, c'est alors un retrait conventionnel. 500.

L'action de retrait féodal est réelle. II. 501. X. 144, 145. Elle est cessible. II. 501, 502. Elle se transmet aux héritiers de celui à qui elle appartient, quoique non encore intentée. 502. Lorsque la seigneurie est un propre, l'action de retrait féodal se transmet à l'héritier aux propres. 502, 503.

Les immeubles seuls sont sujets au retrait féodal. II. 504. IX. 779. Ils n'ont pas besoin d'avoir la qualité de propres. *Ibid.* Il n'y a que le fief même qui y soit sujet. *Ibid.* Ce qui a été vendu avec l'héritage n'y est pas sujet. II. 504, 505. A l'exception des meubles aratoires. 505.

Les mêmes contrats, qui donnent ouverture au retrait lignager, la donnent au retrait seigneurial. II. 505. IX. 761-779. X. 142, 143, 144. A moins de clauses particulières ou de restrictions dans les titres. *Ibid.* Le retrait seigneurial s'exerce sur les ventes par décret. *Ibid.* Il est ouvert aussitôt que la vente est parfaite, même avant la tradition réelle. II. 506. IX. 761. X. 142, 143. La rétrocession faite après la tradition par l'acquéreur ne prive pas le seigneur du retrait. *Ibid.* Si la vente est faite sous une condition suspensive, le retrait n'est ouvert qu'après son accomplissement. *Ibid.*

A qui est accordé le droit de retrait seigneurial. II. 506, 507.

Il doit rendre l'acquéreur indemne. *Ibid.* Il doit lui restituer le prix, n. 400. C'est le prix porté au contrat. *Ibid.* Le retrayant peut être reçu à prouver que ce prix est plus fort que celui véritablement convenu. *Ibid.* Si la vente est reconnue et qu'on ignore le prix, il est fixé par experts. 400, 401. On peut quelquefois s'en rapporter au dire de l'acquéreur, quand le retrait s'exerce sur lui. 401. Le retrayant doit restituer à l'acquéreur le supplément de prix que celui-ci a payé au vendeur depuis la vente, sur une action pour cause de lésion. 401, 402. *Quid*, dans le cas où le supplément a été payé par la seule volonté de l'acheteur? 402. L'acheteur qui a fait un décret sur lui, et s'est porté adjudicataire pour un prix plus fort, doit être remboursé de ce dernier prix par le retrayant. *Ibid.* Lorsque l'héritage vendu est péri en partie, et que le retrait a lieu pour ce qui en reste, le retrayant doit tout le prix. 402, 403. *Vice versâ*, s'il est augmenté, le retrayant en profite. 403. On doit déduire du prix dû par le retrayant, celui des fruits pendans et autres jouissances dont l'acquéreur a profité. *Ibid.* Le retrayant doit également le prix, lorsque l'acquéreur l'a payé par compensation. 403, 404. De même s'il l'a payé par le moyen de la novation. 404. Mais il n'est pas tenu de l'acquitter de la nouvelle dette. *Ibid.* A moins que la novation n'ait fait partie de la convention. *Ibid.* Le retrayant doit également le prix, lorsque la libération de l'acquéreur a eu lieu par la confession. 404. De même lorsque le vendeur a fait remise du prix à l'acquéreur, pourvu qu'il n'y ait pas eu de fraude. 404, 405.

Le retrayant doit procurer à l'acquéreur la décharge du prix qu'il doit encore. 405. Il peut ou payer à lui-même ce qu'il doit encore, ou lui en rapporter décharge. *Ib.* Il est plus sûr de payer au vendeur. *Ib.* Si le prix n'est pas encore exigible lors du retrait, le retrayant peut obliger le vendeur à l'accepter pour débiteur, en lui donnant bonne et suffisante caution? 405, 406. Le retrayant peut-il au moins jouir vis-à-vis de l'acquéreur des mêmes termes et délais dont celui-ci jouit vis-à-vis du vendeur? 406, 407. Si le terme a été accordé en faveur du vendeur, l'acheteur ne peut exiger d'être déchargé avant qu'il soit arrivé. 407. Le retrayant alors est tenu de donner caution. *Ibid.* Il en est de même quand l'acquéreur est chargé de la prestation d'un rente non remboursable. *Ib.*

Le retrayant doit rembourser les charges appréciables imposées à l'acheteur par le contrat. 408. Le retrayant n'est pas forcé de payer d'avance le prix de ces charges que l'acheteur n'a point encore acquittées. *Ibid.* Il suffit qu'il donne caution. *Ibid.* Il en est surtout ainsi, lorsqu'il s'agit de charges personnelles, qui n'exigent point d'avances. 409. Si les charges ne sont pas appréciables, le retrayant n'en doit pas tenir compte. *Ibid. Quid*, dans le cas d'un prêt considérable que l'acheteur a fait au vendeur par le contrat? *Ibid.* Le retrayant doit indemniser l'acquéreur de tous les loyaux coûts de l'acquisition. 410. Il ne s'agit que des coûts dont l'acquisition a été la cause prochaine et immédiate. *Ibid.* Il ne doit pas la somme donnée par l'acquéreur à un plus prochain lignager, pour le faire renoncer au retrait. *Ibid.* Sous le nom de loyaux coûts sont compris les pots-de-vin et épingles qui ont fait partie des conditions de la vente. 411. Les frais du contrat. *Ibid.* Ce qui a été donné à l'entremetteur du marché. *Ibid.* Les frais de voyages faits par l'acheteur, à cause de son acquisition. *Ibid.* Les consultations d'avocats, lorqu'il y a eu un juste sujet de consulter. 412. Les intérêts du prix payés par l'acheteur, lorsqu'il n'a pas perçu les fruits en dédommagement. *Ibid.* Le retrayant doit-il tenir compte à l'acquéreur de l'intérêt du prix, lorsqu'il offre de compter des fruits qu'il a perçus, et que l'année a été stérile? *Ibid.* Les frais de décret sur l'acheteur, pour la sûreté de l'acquisition, font partie des loyaux coûts. *Ibid.* Les frais de l'instance contre le vendeur pour l'obliger à l'exécution du contrat. *Ibid.* Ceux sur la demande en retrait, quand l'acquéreur ne l'a pas contestée. *Ibid.* V. *Loyaux coûts.* Le droit de franc-fief que l'acheteur a payé, lorsque le retrayant est sujet lui-même à ce droit. 413. Est-il dû, lorsque le retrayant n'y est pas sujet? *Ibid.* Le retrayant n'est pas tenu des droits qu'ont été obligés de payer les gens de mainmorte sur lesquels il exerce le retrait. 413, 414. Les profits seigneuriaux, les frais de ports de foi et dénombrement, les reconnaissances de rentes foncières, et déclarations d'hypothèques, font partie des loyaux coûts. 414. Le retrayant les doit à l'acquéreur, quand même, par dignité, il en serait dispensé. *Ib.* *Quid*, dans le cas où c'est l'acquéreur qui est privilégié et que le retrayant ne l'est pas? 414, 415. Le retrayant doit rendre à l'acquéreur la portion des profits dont le seigneur lui a fait remise. 415. Il ne s'agit pas de la remise du quart faite à tous les

acquéreurs par les receveurs des domaines du roi. 416. Le remboursement de la remise n'est pas dû, lorsque l'acquéreur ne l'a obtenue et n'a payé le profit que depuis la demande en retrait. *Ibid.*

Il doit rembourser à l'acquéreur les impenses qu'il a faites sur l'héritage même. 416, 417. Il ne doit rien pour les impenses voluptuaires. 417. Ni pour les impenses utiles, mais qui n'étaient pas nécessaires. *Ibid.* Néarmoins il doit permettre à l'acquéreur d'enlever ce qui peut l'être sans détérioration. 417, 418. Il ne doit rien à l'acquéreur qui s'est obligé par son contrat à faire des plantations, et qui les a faites dans le délai du retrait. 418. *Quid*, dans le cas où l'héritage a été vendu comme acquêt, et par conséquent non sujet au retrait? 418, 419. Les rachats volontaires de rentes foncières, faites par l'acquéreur, ne donnent pas lieu au remboursement. 419. Cependant celui-ci peut les faire revivre à son profit. *Ibid.* Le rachat d'une servitude ne donne pas lieu non plus au remboursement. *Ibid.* Les impenses nécessaires doivent être remboursées par le retrayant. 419, 420. Elles comprennent celles d'entretien. *Ib.* Les impenses pour faire venir, ou pour recueillir les fruits de l'année, sont une charge de ces fruits. 420. Ce remboursement a lieu, quand même les travaux n'existeraient plus lors du retrait. *Ibid.* Il consiste dans tout ce qui a été déboursé par l'acquéreur relativement à ces impenses. *Ibid.* Pourvu qu'il n'y ait pas faute grossière de sa part. 420, 421. V. *Impenses.*

Lorsque le retrait s'exerce sur un tiers, le retrayant lui rembourse tout ce qu'il aurait remboursé au premier acquéreur. 421. Si le deuxième acquéreur a acheté plus cher que le premier, il a recours pour le surplus du prix contre ce dernier. *Ibid.* Au contraire, si le deuxième acquéreur a acheté moins cher que le premier, celui-ci ne peut répéter contre l'autre le surcroît de prix. 421, 422. Le lignager plus proche, qui a la préférence sur le lignager plus éloigné qui a prévenu, est-il obligé de le rembourser de ses frais ? 422, 423. Le lignager qui exerce le retrait sur le seigneur qui a exercé le retrait féodal, le doit-il ? 423.

Terme dans lequel le retrayant est obligé de rembourser le prix de la vente. *Ibid.* Le juge peut accorder un délai pour une juste cause. 423, 424. De quelle époque ce terme commence à courir ? 424. Les formalités exigées pour le faire courir doivent être remplies dans toute espèce de ventes. *Ibid.* La Coutume de Paris veut que le retrayant paie ou consigne dans les vingt-quatre heures après le retrait adjugé par sentence. II. 424, 425. x. 728, 751, 752. Le délai ne courra que de la signification, si le jugement est par défaut. *Ibid.* Si l'heure n'est pas exprimée, du coucher du soleil. *Ibid.* S'il y a appel par l'acquéreur, le délai ne court pas. *Ibid.* V. *Appel.* Il faut encore que l'acquéreur ait déposé son contrat au greffe pour que le délai coure. II. 425. Quand même il en aurait donné copie. *Ibid.* Ce dépôt doit être fait partie présente et dûment appelée. 425, 426. Il faut, en troisième lieu, qu'il ait affirmé, devant le juge, la sincérité du prix de son acquisition. 426. Cette affirmation n'a lieu que lorsque l'acquéreur en est requis. *Ibid.* Si l'acquéreur n'a pas déposé son contrat,

pendant combien de temps, depuis la sentence adjudicative, le retrayant peut-il poursuivre l'acquéreur ? 426, 427. Termes dans lesquels s'exprime la Coutume d'Orléans. II. 427. x. 728, 751, 752. Elle n'exige pas, pour que le délai coure que l'acquéreur ait déposé son contrat au greffe. II. 427. S'il y a lieu à ventilation, le délai ne court qu'après qu'elle est faite. 428. Le délai pour exercer le retrait est un temps continu. *Ibid.* S'il tombe un jour de fête, il n'est pas prolongé. *Ibid.* C'est un temps fatal. *Ibid.* Ce temps doit-il se compter de *momento ad momentum* ? 428, 429.

Sous la Coutume de Paris, il n'y a pas de terme prescrit pour le remboursement des loyaux coûts et mises. 429. *Secùs*, sous la Coutume d'Orléans. *Ibid.* S'ils ne sont pas liquidés, il faut un jugement pour obliger le retrayant à les rembourser dans un délai prescrit. 429, 430.

Si l'acquéreur refuse de recevoir le remboursement, ou s'il est absent, le retrayant doit faire des offres et consigner. II. 430. x. 728, 729. Pour que les offres soient valables, il faut qu'elles soient faites au domicile de l'acquéreur. *Ibid.* Elles doivent être faites en espèces ayant cours au temps et au lieu où elles se font. II. 430. x. 729. On ne tient compte ni de la diminution, ni de l'augmentation des espèces. II. 431. x. 729. L'offre de remettre la quittance tient lieu d'offres. *Ibid.* Les offres par le retrayant de compenser une somme que l'acquéreur lui doit, tiennent-elles lieu d'offres en espèces ? II. 431, 432. x. 729. Les offres doivent être réelles. II. 432. x. 729. Elles doivent être intégrales. *Ibid.* La consignation de la somme totale ne rétablit pas le défaut d'offres partielles, *ibid.*, même dans le cas où le retrait a été adjugé à deux personnes. II. 432, 433. Dans ce cas, celui, qui a remboursé le total, ne peut opposer la déchéance à l'autre. 433. Les offres doivent être suivies de consignation. II. 433. x. 730. Cette consignation doit se faire partie appelée. II. 433, 434. x. 730.

Elle doit être intégrale. II. 434. x. 730. Cas où le prix du contrat n'est pas le véritable prix. *Ibid.* Elle doit être faite dans les mêmes espèces offertes. *Ibid.* Malgré la diminution survenue. II. 434, 435. x. 730. S'il y a eu augmentation, l'acquéreur en profite. *Ibid.* Si elle est faite en l'absence de l'acquéreur, elle doit lui être signifiée dans le délai fatal de vingt-quatre heures. *Ibid.* L'acquéreur peut demander la nullité des offres. *Ibid.* Pendant ce temps, les deniers consignés sont aux risques de l'acquéreur, si la consignation est déclarée valable; du retrayant; si elle est déclarée nulle. *Ibid.* Si le retrayant retire la consignation, il est déchu du retrait. 436. De même si une saisie a été faite sur les deniers consignés, et déclarée valable. *Ibid.* Le lignager, qui a donné la demande en retrait, peut-il être contraint par l'acquéreur à prendre son marché? *Ibid.* V. *Acquéreur (retrait). Consignation. Offres.*

Les obligations du retrayant, dans le retrait seigneurial et dans le retrait conventionnel, sont les mêmes que dans le retrait lignager. II. 517. IX. 799-803. x. 150, 747. Excepté en ce qui concerne le terme fatal dans lequel le retrayant lignager est tenu de rembourser ou consigner le prix. II. 157. Différence à

cet égard. *Ibid.* Autre différence consistant en ce que c'est l'acheteur, dans le cas du retrait seigneurial ou conventionnel, qui est tenu des frais de la ventilation qui a lieu, quand tous les héritages vendus ne sont pas sujets au retrait. 517, 518. Il n'en est pas ainsi dans le cas du retrait lignager. *Ibid.* Le retrayant en est tenu avec l'acquéreur, lorsqu'il s'agit d'une adjudication faite sur saisie réelle. *Ibid.* Autre limitation. 518, 519. V. *Acquéreur (retrait). Retrait conventionnel. Retrait seigneurial.*

RETRANCHEMENT des donations pour la légitime des enfans. VII. 504 et suiv. V. *Légitime. Réserve. Secondes noces.*

RÉTROCESSION. V. *Propre de communauté. Résolution de la vente.*

RÉUNION DES FIEFS. Retour de la partie à son tout. IX. 822, 823. x. 157. Variété de la jurisprudence et des Coutumes sur la manière dont se fait la réunion. IX. 823, 824. Réunion selon les principes de la Coutume de Paris. 824, 825, 826. Réunion d'un fief, conquêt de la communauté, à un autre fief conquêt. 827, 828. Réunion qu'opère la confusion des successions paternelles et maternelles. 829. Réunion des fiefs selon les principes de la Coutume d'Orléans. IX. 829, 830, 831. x. 157, 158, 159. V. *Fief.*

RÉVÉLATION. V. *Monitoire.*

REVENDICATION. Action qui naît du droit de propriété, par laquelle le propriétaire, qui a perdu la possession de sa chose, la revendique contre celui qui la possède. VIII. 236. x. 47. Elle est réelle. *Ibid.*

Toute chose meuble ou immeuble, corporelle ou incorporelle, peut en être l'objet. viii. 237. Lorsqu'elle s'applique aux meubles corporels, elle s'appelle entiercement. vi. 578. viii. 237. ix. 208. V. *Entiercement.* Il n'y a que les choses particulières qui puissent en être l'objet. viii. 237, 238. Celles qui n'appartiennent à personne, ne peuvent l'être. 238. Dans le droit romain, lorsque ma chose était mêlée à celle de la personne qui la possédait, j'avais l'action *ad exhibendum*, pour la forcer à l'en détacher et à me la rendre. *Ibid.*

La revendication n'appartient qu'à celui qui a la propriété de la chose, et ne peut être intentée que par lui. 239. Il n'est pas nécessaire qu'il ait une propriété parfaite et irrévocable; il suffit qu'elle soit actuelle. *Ibid.* Ni que ce soit une propriété pleine; la nue propriété suffit. 240. L'emphytéote, l'engagiste, peuvent revendiquer. *Ibid.* Le propriétaire pour partie, peut revendiquer sa part. *Ibid.* Cas où la revendication est accordée au juste possesseur, quoiqu'il ne soit pas encore propriétaire. *Ibid.* Action publicienne du droit romain. *Ibid.* Il n'est pas nécessaire que le titre qui sert de fondement à la possession, fût valable; il suffit que le possesseur l'ait cru tel. 240, 241. L'ancien possesseur ne peut revendiquer que contre celui qui possède sans titre. 241. Cas où il peut revendiquer même contre le propriétaire, qui détient sa chose, ou contre un autre possesseur de bonne foi. 241, 242.

L'action en revendication se donne contre celui qui est trouvé en possession de la chose. 243. Peut-elle être donnée contre celui qui est en possession au nom d'un autre ? *Ibid.* Comment agir dans ce cas ? 243, 244. Pour revendiquer une chose, dont j'étais propriétaire par indivis, et dont ma portion seule a été usurpée, je ne dois actionner que celui qui l'a usurpée, et non mon copropriétaire véritable. 244. Si le défendeur nie posséder la chose, celui, qui revendique, est tenu de prouver sa possession. *Ibid.* De quoi est tenu le défendeur, qui, sans être possesseur, a cependant soutenu le procès. 244, 245. L'action en revendication ne peut être donnée contre l'héritier du possesseur, qu'autant qu'il est lui-même possesseur. 245. Différence en cela de cette action avec les actions personnelles. *Ibid.* L'héritier possesseur, pour actionner en revendication, peut appeler ses cohéritiers en garantie. *Ibid.* Les héritiers du possesseur de mauvaise foi sont tenus personnellement de toutes les demandes accessoires à la revendication. 246. Ils sont tenus de continuer l'instance, lorsque leur auteur défunt avait contesté en cause. 246, 247. La revendication peut avoir lieu contre celui qui, par malice, a cessé de posséder la chose, pour se soustraire à cette action. 247. Elle ne doit être intentée que lorsqu'on a perdu entièrement la possession de la chose. 247, 248. V. *Complainte. Réintégrande.* Dans le droit romain elle devait être précédée de l'action *ad exhibendum.* 248.

Comment se fait la revendication des meubles ? 248. V. *Entiercement.* La revendication des immeubles se fait par un exploit donné au possesseur, aux fins qu'il soit condamné à les délaisser. 250, 251. Comment la chose revendi-

26*

quée doit y être désignée? 251. Le procès s'instruit et se décide par l'examen des titres respectifs. *Ibid.* Le demandeur en revendication n'a d'autres droits , pendant le procès, que d'empêcher le possesseur de faire des dégradations sur l'héritage revendiqué. 251 , 252. Forme de l'action en revendication d'une rente. 252. Le demandeur peut, pendant le procès, arrêter le principal sur le débiteur de la rente. *Ibid.* Le demandeur, pour obtenir sa demande, est obligé de la fonder sur quelque titre de propriété de l'héritage ou de la rente qu'il revendique. 253. V. *Titre.* Il faut , pour cela, que la possession du défendeur ne remonte pas au-delà de ce titre. 253, 254. On revendique à bon droit, quoique celui, de qui l'on tient l'héritage, n'en fût pas propriétaire; la possession de bonne foi suffit. 254. Cas où le demandeur et le défendeur produisent tous les deux des titres. *Ibid.* Si ces titres émanent de la même personne , celui des deux, qui a été mis en possession le premier, est considéré comme vrai propriétaire. *Ibid.* S'ils émanent de deux personnes différentes, dont les droits ne sont pas prouvés, celui, qui se trouve en possession, reste propriétaire. 254, 255.

Si la revendication est admise, le défendeur doit délaisser l'immeuble au demandeur. 256. Il doit délaisser avec lui toutes les choses qui en font partie , et qui ont été comprises dans la demande. *Ibid.* S'il s'agit d'une rente, le débiteur doit la payer à celui qui en a été reconnu propriétaire par la sentence, sur la seule signification de cette sentence à lui faite. 257. En quel état doit être rendue la chose revendiquée? *Ibid.* Distinction en-

tre le possesseur de bonne et de mauvaise foi. *Ibid.* Le possesseur de mauvaise foi est tenu de toutes les détériorations par lui faites. *Ibid.* Le possesseur de bonne foi n'est tenu que de celles dont il a profité , ou qu'il a faites depuis la demande. 257, 258. V. *Possession.* Quand y a-t-il lieu à la restitution des fruits? 258. V. *Fruits.* Prestations personnelles du demandeur dans l'action de revendication. 266. Il doit rendre indemne le possesseur des sommes qu'il a payées à des créanciers auxquels la chose était hypothéquée. *Ibid.* Il doit lui rembourser les impenses nécessaires , autres que celles d'entretien , qu'il a faites pendant sa possession. 267. Le possesseur de mauvaise foi déduit, de son compte des fruits, les impenses d'entretien qu'il a faites. 267, 268. Le possesseur de bonne foi doit être remboursé des impenses utiles qu'il a faites. 268. Jusqu'à concurrence seulement de ce que la chose s'en trouve augmentée de valeur. 268, 269. Les juges peuvent modifier ce principe, selon les circonstances. 269 , 270. Des impenses peuvent augmenter le prix de l'héritage de différentes manières. 270 , 271. Le propriétaire n'est tenu de rembourser les impenses utiles au possesseur, que sous la déduction de ce qu'il s'en trouve déjà remboursé par les fruits qu'il a perçus. 271. Doit - on rembourser au possesseur de mauvaise foi les impenses utiles qu'il a faites ? 271. Cujas pensait qu'il devait être remboursé. 272. Opinion contraire de l'auteur. 272, 273 , 274. Pour que le possesseur puisse prétendre au remboursement , fallait-il qu'il fût encore de bonne foi, quand il a fait les impenses ? 274. Quand le possesseur de mauvaise foi peut emporter les choses qu'il a mises dans l'héritage? 274, 275. V. *Impenses*. Le possesseur condamné à délaisser la chose au demandeur, n'est pas fondé à exiger de lui la restitution du prix. 275. A moins que le prix payé par le possesseur n'ait tourné au profit du propriétaire. *Ibid.* Le possesseur a quinze jours, à partir de la signification de la sentence, pour délaisser l'héritage. 276. A défaut de le faire, il est condamné à une amende de deux cents francs, et aux dommages-intérêts du propriétaire. *Ibid.* S'il persiste, le propriétaire se fait mettre en possession *manu militari*. VIII. 276. IX. 169. Liquidation préalable à faire des prestations à payer par le propriétaire au possesseur. VIII. 276, 277. Liquidation des fruits. 277, 278. V. *Fruits*. A quoi est condamné le possesseur qui s'est mis dans l'impossibilité de restituer la chose? 278, 279. V. *Pétition d'hérédité. Propriété.*

V. *Action réelle. Avantage entre époux. Droit de suite. Eviction. Remploi. Propre de communauté.*

REVENDICATION DE CAUSE. Revendication, qu'avait le droit de faire une juridiction, d'une cause qui lui appartenait, et qui était pendante à une autre juridiction. IX. 20, 21. V. *Exception déclinatoire.*

RÉVERSION (DROIT DE). VII. 104, 651. V. *Prescription de dix et vingt ans. Propre. Retour (droit de).*

RÉVISION DES PROCÈS. Le condamné, qui a recouvré des pièces ou découvert des faits, propres à justifier son innocence, peut obtenir du roi des lettres qui ordonnent la révision du procès. IX. 473. Procédure pour y parvenir. 473, 474. Si l'impétrant succombe, il est condamné à l'amende, et aux dommages-intérêts de la partie civile. 474. Les lettres de révision peuvent être obtenues par la veuve, les enfans, et même les parens collatéraux du condamné défunt, à l'effet de purger sa mémoire. 474, 475. Formes à suivre pour arriver à ce but. *Ibid.* Cette poursuite ne peut s'exercer après trente ans du jour de l'exécution. 475.

RÉVOCATION DES DONATIONS. Les donations sont révoquées par la survenance d'enfans au donateur. VII. 480, 481. X. 496, 497. C'était une question autrefois. *Ibid.* De quelque valeur que les donations puissent être. VII. 481. X. 497. Excepté les petits présens de choses mobilières. *Ibid.* La révocation a lieu, à quelque titre que la donation ait été faite, encore qu'elle soit mutuelle. VII. 481, 482. X. 497. Les donations rémunératoires, onéreuses, consistant dans une remise à un débiteur, ou pour causes pies, y sont aussi sujettes. *Ibid.* Il en est de même de celles faites aux conjoints en faveur du mariage, à moins qu'elles ne soient faites par les conjoints entre eux ou par les descendans. VII. 482, 483. X. 497, 498. La donation, qui contient une clause expresse qu'elle ne pourra être révoquée pour cause de survenance d'enfans, est-elle néanmoins sujette à cette révocation? VII. 483, 484, 485. X. 498.

Pour que cette révocation ait lieu, il faut que le donateur n'eût pas d'enfans au temps de la donation. VII. 485. X. 498. A-t-elle lieu, lorsque le donateur avait alors un seul enfant, ou un petit-fils, ou un en-

fant conçu dont il avait connaissance ? vii. 485, 486, 487. x. 498.
*Quid*, si c'est la femme enceinte
qui a donné? vii. 487. Il faut que
l'enfant existant soit légitime, pour
empêcher la révocation. vii. 487.
x. 498. Quoiqu'il y eût un enfant,
s'il est absent, digne de l'exhérédation, ou que ce soit une fille, dans
les familles nobles, il peut y avoir
lieu également à la révocation. vii.
487, 488. x. 498, 499. De quelque
manière qu'il survienne un enfant
au donateur, soit par naissance,
ou autrement, la donation est révoquée. vii. 488. La naissance d'un
petit-enfant la fera-t-elle révoquer? *Ibid. Quid*, de la naissance
d'un posthume, né après la mort
du donateur? 489.

Dès que la survenance d'enfant
a lieu, la donation est révoquée de
plein droit. vii. 489. x. 499. Le
donateur a, dans ce cas, une action contre le donataire, et même
contre les tiers détenteurs, pour
recouvrer les choses données. vii.
489, 490. x. 499. Nature de cette
action. vii. 480. x. 500. Le donataire est tenu de rendre la chose
donnée, avec les fruits du jour de
la notification à lui faite de la survenance de l'enfant par exploit en
bonne forme. vii. 490, 491. x. 500.
Pour que le tiers-détenteur soit
tenu des fruits, il faut, avec la notification, lui donner copie de la
donation. vii. 491. x. 500, 501. Le
donateur rentre dans les héritages
donnés libres d'hypothèques et de
toutes charges réelles, imposées
par le donataire. *Ibid*. Même pour
la dot ou le douaire de sa femme,
et quand même le donateur se serait obligé comme caution au contrat de mariage. *Ibid*.

La demande en révocation pour
survenance d'enfants, se prescrit
par trente ans. vii. 491, 492. x. 501.
Ils ne courent que du jour de la
survenance de l'enfant. vii. 492. x.
501. S'il est né plusieurs enfans,
est-ce du jour de la naissance du
premier ou du dernier? *Ibid*. Le
donateur est-il recevable à demander la révocation après la mort de
l'enfant, dont la naissance y a
donné lieu. vii. 493. Y est-il recevable, lorsque, depuis la survenance d'enfans, il a approuvé soit
expressément, soit tacitement la
donation? *Ibid*.

Les donations peuvent encore
être révoquées par l'ingratitude du
donataire envers le donateur. vii.
494. x. 501. Il y a ingratitude, selon la loi romaine, lorsque le donataire a proféré des injures atroces contre le donateur. vii. 494,
495. x. 501, 502. V. *Injure*. Y a-
t-il ingratitude non-seulement
dans le cas de calomnie, mais même
lorsque les injures sont vraies? vii.
495. Il y a ingratitude, si le donataire
a donné des coups au donateur,
s'il a causé sa ruine, s'il a attenté
à sa vie. 495, 496. S'il a refusé
d'exécuter les conditions imposées à
la donation, écrites ou non écrites.
496. Il peut y avoir d'autres causes d'ingratitude, qui sont laissées
à l'arbitrage du juge. *Ibid*. Les quatorze causes d'exhérédation sont des
causes de révocation pour ingratitude. *Ib.* V. *Exhérédation*. Le refus
d'alimens au donateur est aussi une
de ces causes. 496, 497. Pour qu'il y
ait lieu à révocation, il faut que l'injure ait été commise par le donataire
lui-même. 497. Peu importe qu'il
soit mineur. 497, 498. Il faut qu'elle
ait été commise envers le donateur lui-même. 498. L'injure commise envers la femme ou les enfans
du donateur, pendant sa vie, y donne-t-elle lieu? *Ibid*. Quelles sont,

parmi les donations, celles qui ne sont pas sujettes à la révocation pour cause d'ingratitude. VII. 498, 499. X. 502.

Différences entre les effets de la révocation pour survenance d'enfans, et de celle pour cause d'ingratitude. VII. 499, 500. Cette dernière ne se fait qu'en vertu d'une cause nouvelle et non inhérente au contrat. 500. Elle ne peut être exercée contre les tiers-détenteurs. VII. 500. X. 502, 503. Le donateur ne rentre par elle dans la propriété des choses données, qu'à la charge de tous les droits réels que le donataire y a imposés avant la demande en révocation. Ibid. Le donateur peut-il, lorsque les choses données sont passées dans les mains de tiers, demander au moins au donataire la restitution du prix ? VII. 500, 501. X. 503. Quid, dans le cas d'échange ? VII. 501. Quid, si c'est de l'argent qui a été donné? Ibid.

L'action en révocation pour ingratitude n'appartient qu'au donateur et ne peut être exercée que contre le donataire. VII. 501, 502. X. 503. Cependant, lorsque la demande a été une fois donnée, les héritiers peuvent suivre, ou être poursuivis. Ibid. L'action en révocation pour ingratitude se prescrit comme l'action d'injure ou de crime, qui y donne lieu. VII. 502. La réconciliation du donateur et du donataire est une fin de non-recevoir contre elle. VII. 502. X. 503. V. Donation entre-vifs. La révocation pour cause d'ingratitude fait-elle rentrer les biens dans les mains du donataire au même titre où il les possédait, ou est-elle un titre nouveau ? VII. 666. V. Don mutuel.

RÉVOCATION DES TESTAMENS ET DES LEGS. Cette révocation est gé-

nérale ou particulière. VII. 372. La première a lieu, lorsque tout le testament est révoqué; la seconde, lorsqu'une disposition particulière du testament est seulement révoquée. Ibid. La révocation est expresse ou tacite. VII. 372. X. 578. La révocation expresse résulte d'un acte écrit, dans lequel le testateur a exprimé sa volonté. VII. 372, 373. X. 578, 579. Un second testament, quoique nul en la forme, ne laisse pas de valoir quant à la clause de révocation qu'il contient. VII. 373. X. 578. Pour que la révocation expresse d'un legs particulier soit valable, il faut qu'il y ait identité de personne et de chose entre le testament et la révocation. VII. 373, 374. Divers cas où la chose léguée est comprise dans la révocation. 374. La révocation tacite se présume, lorsque le testateur lègue à la même personne une partie de ce qu'il lui avait légué en entier. VII. 374. X. 578. Lorsqu'il lègue par un deuxième testament la même chose qu'il avait déjà léguée à une autre personne. VII. 374, 375. X. 578. Lorsque le testateur a barré ou raturé son testament en tout ou en entier. VII. 375. X. 578. Lorsqu'il a aliéné, à quelque titre que ce soit, depuis le testament, la chose qu'il avait léguée. Ibid. Quand même l'aliénation serait nulle. Ibid. Un simple engagement de la chose n'a pas le même effet. VII. 375, 376. X. 578. Lorsque de grandes inimitiés sont survenues, depuis le testament, entre le testateur et le légataire. VII. 376. X. 578, 579. Le legs fait à un domestique est censé révoqué, lorsque celui-ci a été chassé. Ibid. Enfin lorsque le testateur a légué par un motif qui vient à cesser. VII. 376, 377. X. 579. Le testateur nè peut valablement s'interdire, ni même gêner la faculté qu'il a de révoquer son testament. VII. 377, 378. X. 579. La reconnaissance, que fait le testateur d'une dette qu'il doit, est-elle révocable ? VII. 378. X. 579. V. *Legs. Testament.*

RISQUE. Cas fortuit qui peut occasioner la perte de la chose. IV. 530.

La chose vendue est aux risques de l'acheteur du jour du contrat parfait, quoiqu'elle ne lui ait pas encore été livrée. II. 139. Elle périt pour lui, pourvu qu'il n'y ait pas faute de la part du vendeur. *Ibid.* L'obligation de l'acheteur de payer le prix, n'en subsiste pas moins, quoique celle du vendeur soit éteinte.139,140.V.*Perte de la chose.* La détérioration de la chose vendue sous condition est aux risques de l'acheteur. 144. La perte totale tombe sur le vendeur. *Ibid.* Si la vente est alternative, la perte de l'une des choses est aux risques du vendeur. *Ibid.* Si elles périssent toutes les deux, la perte est pour l'acheteur. *Ibid.*

V. *Assurance. Echange. Extinction de la chose due. Prêt à la grosse. Rescision de la vente.*

RIVAGE DE LA MER. V. *Occupation. Propriété.*

RIVIÈRE. V. *Accession. Alluvion. Fleuve. Ile.*

ROI. Le roi est-il assujetti aux lois qu'il donne à ses peuples ? II. 367. V. *Prescriptions. Retrait lignager. Succession irrégulière.*

RÔLE des causes qui se tient au greffe de chaque siége. IX. 42. Quand et comment met-on les causes au rôle et les en fait-on sortir ? *Ibid.*

# S

SABINIENS. Secte de jurisconsultes romains. Leur opinion sur l'échange. II. 273, 274. V. *Echange. Spécification.*

SACRILÉGE. En quoi consiste le crime du sacrilége ? IX. 361. V. *Cas royaux.*

SAISIE-ARRÊT. Acte judiciaire, fait par huissier, par lequel un créancier met sous la main de justice les créances de son débiteur, avec assignation aux débiteurs de son débiteur, pour déclarer ce qu'ils doivent, et être condamnés à en faire délivrance à l'arrêtant, jusqu'à concurrence de ce qui lui est dû, et assignation au débiteur de l'arrêtant pour consentir l'arrêt. IX. 198. X. 859, 860. En quoi diffère le simple arrêt de la saisie-arrêt ? *Ib.* V. *Arrêt.* On peut saisir-arrêter sans titre exécutoire. X. 859. Créances insaisissables. IX. 199, 200. Procédure de la saisie-arrêt; dénonciation au débiteur; assignation de l'arrêté en déclaration; dénonciations aux autres créanciers arrêtans, ou aux cessionnaires. IX. 200, 201. X. 860. La créance, une fois arrêtée, appartient aux créanciers, il ne peut être rien fait à leur préjudice. IX. 202. Préférence entre les créanciers arrêtans. 202, 203. V. *Privilége.* Après les priviléges, le

premier arrêtant est préféré au second, le second au troisième, etc. 203,
204. Les créanciers peuvent saisir
une créance, quoique cédée par
transport, lorsque le transport ne
leur en a pas été signifié. 204, 205.
Si elle a été transportée avant d'être
exigible, elle est saisissable malgré le transport signifié ; le transport ne vaut qu'arrêt. 205. Le second cessionnaire est préféré au
premier, s'il a signifié son transport avant lui. *Ibid.* V. *Transport.*

SAISIE CENSUELLE. Main-mise du
seigneur sur l'héritage qui relève
à cens, à l'effet d'empêcher le censitaire d'en jouir, jusqu'à ce qu'il
ait satisfait à ses devoirs. VIII. 656,
657. x. 238, 239. Sa nature. *Ibid.*
Pour quelles choses elle peut être
faite ? VIII. 657, 658. x. 239. Quelles
personnes peuvent saisir censuelle-
ment. *Ibid.* Forme de la saisie censuelle. VIII. 658, 659. x. 239. In-
fraction à la saisie censuelle. VIII.
660, x. 239. Opposition à la saisie
censuelle. VIII. 661, 662. x. 239.
V. *Cens. Saisie féodale.*

SAISIE-EXÉCUTION. Acte par lequel un créancier, par le ministère d'un sergent, met sous la main
de justice les meubles corporels de
son débiteur, pour les vendre, et
sur le prix être payé de ce qui lui
est dû. IX. 170. X. 855.
On ne peut saisir et exécuter
qu'en vertu d'un jugement ou d'un
acte exécutoire. IX. 170-174. X. 855.
V. *Acte exécutoire.* Il faut que la
créance soit exigible, certaine et
liquide. IX. 174. X. 856. Il n'importe qu'elle consiste en une somme de deniers, ou en une certaine
quantité d'espèces. *Ibid.*
Tous les meubles du débiteur

peuvent être saisis. IX. 175. Exception à l'égard de certains meubles
qui, par faveur et pour une certaine
quantité seulement, ne peuvent être
saisis. 175, 176.
Avant de saisir, il faut, outre
la signification de l'acte de créance, ou du jugement, faire commandement au débiteur de payer.
IX. 177. X. 856. L'huissier, qui fait
le commandement, a qualité pour
recevoir le montant de la créance.
*Ibid.* Faut-il un délai entre le
commandement et la saisie ? IX.
177. X. 857. Les meubles d'un débiteur peuvent être saisis partout
où ils se trouvent. IX. 177, 178.
Les marchandises pour la provision de Paris ne peuvent être ar-
rêtées par une saisie sur les chemins. 178. Les meubles étant dans
la maison d'un tiers, ne peuvent
qu'y être arrêtés, pour faire
condamner le tiers à en faire
délivrance. *Ibid.* La saisie ne
peut être faite qu'en plein jour.
*Ibid* Elle ne peut avoir lieu les
jours de fête, si ce n'est en cas de
détournement, ou sur les chemins.
*Ibid.*
Formalités de la saisie, auxquelles doit se conformer l'huissier. IX.
178, 179. X. 857. Il doit appeler
deux voisins pour être présens à la
saisie. *Ibid. Quid*, s'il trouve les
portes fermées, ou si on refuse de
les ouvrir ? IX. 179. Ce que doit
contenir le procès-verbal de saisie.
179, 180. Il est laissé copie de la
saisie à la personne, ou aux personnes saisies. 180. Forme particulière de la saisie des fruits pendans par racine. *Ibid.*
Il doit être établi un gardien
à la saisie. IX. 180, 181. X. 857. Il
est choisi par l'huissier ou présenté par le saisi ; dans ce dernier
cas, il prend le nom de dépositai-

re. ix. 181. Différence entre le gardien et le dépositaire, quant à la nature de leurs obligations. 181, 182. Le saisi, sa femme et ses enfans, ses domestiques, ses frères, neveux et oncles, à moins qu'ils n'y consentent ; les parens et alliés de l'huissier, le saisissant, ne peuvent être établis gardiens. 182, 183. Ne peuvent être établies pour gardiens que des personnes en état de répondre des objets confiés à leur garde et qui puissent facilement y être contraints. 183, 184. L'huissier, après avoir établi le gardien, le met en possession des objets saisis. 184. Le gardien est tenu de les représenter, il est responsable du détournement qui pourrait en être fait. *Ibid.* Il ne peut se servir des choses saisies pour son usage particulier. *Ibid.* Il est contraignable par corps pour la représentation des choses confiées à sa garde.185. Quand et comment les gardiens sont déchargés de la garde, et quel salaire leur est alloué ? 185, 186. V. *Gardien. Séquestre.*

On établit un commissaire aux saisies des fruits pendans par racine, pour les récolter ; tout ce qui est dit sur le gardien lui est applicable. 186.

Le saisi peut former opposition à la saisie, et l'attaquer dans le fond et dans la forme. ix. 186, 187. x. 858, 859. Le saisi doit assigner le saisissant pour être fait droit sur son opposition ; sinon le saisissant peut à son tour l'assigner en main-levée. *Ibid.* Le saisi, qui prouve qu'il ne devait rien, a droit à des dommages-intérêts. ix. 187. x. 859. D'autres créanciers peuvent former opposition à la saisie déjà faite par un premier créancier. ix. 187. x. 858. Cette opposition a pour objet de se faire payer sur le prix des meubles, soit par privilége, soit par concurrence avec le saisissant. *Ibid.* Les créanciers opposans deviennent, pour ainsi dire, cosaisissans, et tout doit être fait avec eux. ix. 187, 188. x. 858. Le seigneur d'hôtel ou de métairie a le droit de s'opposer à la saisie des meubles de ses locataires, pour en obtenir main-levée, si le saisissant n'aime mieux se charger du bail. ix. 188. V. *Privilége.* Celui, qui se prétend propriétaire de tout en partie des objets saisis, peut former une opposition à fin de recréance, pour qu'ils soient distraits de la saisie, et à lui restitués. 188, 189. Cette opposition n'est pas reçue, lorsque la saisie est faite par un seigneur d'hôtel ou de métairie, sur les meubles de ses locataires. 189. Celui, qui a privilége sur une des choses saisies, peut former l'opposition à fin de récréance, afin de la faire vendre séparément. *Ibid.* Le saisi a un droit de recréance, quant aux objets qui auraient été saisis, et qui n'auraient pas dû l'être. 189, 190. Saisie sur saisie ne vaut, soit de la part du premier saisissant, soit de la part de différens saisissans. ix. 190. x. 857. 873. Si des effets ont été oubliés dans une première saisie, on procède à une saisie nouvelle, qui n'est que la continuation de la première. *Ibid.* La seconde saisie, plus ample que la première, vaut quelquefois, et la première est convertie en opposition. ix. 190. x. 358. 873. Il en est de même pour la seconde saisie formée par le maître d'hôtel ou de métairie. ix. 190, 191. Ou lorsque le premier saisissant est suspect de collusion avec le failli. 191.

Huitaine après la saisie, lorsqu'il n'y a pas d'opposition, le saisissant peut procéder à la vente des

meubles saisis. *Ibid.* En cas de retard , il peut être contraint à le
faire par le saisi. *Ibid.* Le saisi peut
obtenir du juge une prorogation,
lorsqu'il y a un dépositaire gratuit. *Ibid.* Forme dans laquelle il
est procédé à la vente. 191 , 192 ,
193. V. *Vente de meubles.* S'il n'y
a pas d'opposition , le prix de la
vente est remis au saisissant. 193.
S'il y a des oppositions, il est distribué selon l'ordre des priviléges,
approuvé par le juge. 193 , 194,
195 , 196 , 197. V. *Privilège.*

SAISIE FÉODALE. Faute de dénombrement. IX. 622 , 623. X. 88,
221, 223. Elle diffère complètement de la saisie féodale, faute de
foi non faite. 623. Nature de cette
saisie. 623 , 624. Sa forme. 624 ,
625. Elle finit lorsque le dénombrement a été donné. 625, 626.
V. *Dénombrement.*

SAISIE FÉODALE. Acte solennel
par lequel le seigneur se met en
possession du fief mouvant de lui,
lorsqu'il le trouve ouvert, et le réunit à son domaine, jusqu'à ce qu'on
lui en ait porté la foi IX. 527, 528.
X. 64. Différence entre cette saisie
et la saisie réelle. IX. 528. X. 64, 65.
Qui sont ceux qui peuvent saisir
féodalement ? IX. 528, 529. X. 65,
66 , 67. *Quid,* de l'apanagiste, de
l'engagiste, du grevé de substitution, du seigneur non investi ? IX.
529. Du suzerain qui tient en sa
main le fief de son vassal ? 529, 530,
531, 532. Du possesseur de bonne
foi, du mari, des tuteurs, curateurs, procureurs et titulaires de
bénéfices. 533. De l'usufruitier, du
fermier, du commissaire à la saisie
réelle. 534, 535, 536, 537. Si la
saisie féodale peut se faire pour
partie, et dans quels cas? 537, 538.

Pour quelles causes la saisie féodale se fait-elle ? IX. 538, 539,
540, 541. X. 67, 68. Quand peut-
elle être faite, et quelles en sont
les formalités ? IX. 541, 542, 543.
X. 68, 69. Ses effets. IX. 544. X. 69,
70, 71. A quelles choses s'étend la
saisie féodale ? IX. 545, 546, 547.
Le seigneur a le droit de percevoir
tous les fruits, tant naturels que
civils, qui se percevront pendant
le temps que durera la saisie. 547,
548. Quand les fruits naturels commencent à appartenir, ou cessent
d'appartenir au seigneur? 548, 549,
550, 551. Même question pour les
fruits civils. 551, 552, 553, 554.
V. *Fruits.* Droits attachés au fief,
que le seigneur, qui a saisi, peut
exercer. 554, 555, 556. Charges
de la saisie féodale. 557. Le seigneur, lorsqu'il perçoit les fruits,
doit-il restituer au vassal les frais
de labour et semences? 557, 558.
Distinction entre les charges réelles, anciennes et naturelles, et les
charges nouvelles imposées par le
vassal. 558, 559. Obligations du
seigneur qui a saisi féodalement.
559, 560, 561. Il doit jouir en bon
père de famille; de quelle faute
est-il tenu ? *Ibid.* V. *Faute.* Le
seigneur est-il obligé d'entretenir
les baux faits par le vassal ? 561 ;
562, 563. Peut-il déloger son vassal ? 564. La saisie féodale finit par
le laps de trois ans, si elle n'a été
renouvelée par le seigneur, et par
la réception en foi du vassal ou des
offres de foi par lui valablement
faites. IX. 564, 565. X. 71. Opposition que peut former le vassal à la
saisie, soit pour le fond, soit pour
la forme. IX. 565. X. 72. La saisie
tient par provision pendant le procès sur l'opposition, si ce n'est lorsque le vassal produit un acte de réception en foi, ou lorsqu'il désa-

voue le seigneur. ıx. 565, 566. **V.**
*Commise (droit de). Désaveu. Fief.*

**SAISIE-GAGERIE.** Ce que c'est, et
en quoi elle diffère de l'arrêt et de
la saisie-exécution ? ııı. 346, 347.
ıx. 207, 208. **V.** *Louage des choses.*

**SAISIE MOBILIÈRE. V.** *Saisie-exécution. Séquestre.*

**SAISIE RÉELLE.** Acte judiciaire,
par lequel un créancier met sous la
main de justice l'héritage ou autres
immeubles de son débiteur, à l'effet d'en poursuivre la vente, pour
être payé sur le prix. ıx. 209. x.
880. Choses susceptibles d'être saisies réellement. x. 880, 881. On ne
peut saisir qu'en vertu d'un titre
exécutoire, pour une dette certaine
et liquide, et qui soit au-dessus de
cent livres. ıx. 209, 210. x. 881.
On ne peut saisir que sur la personne qui s'est obligée elle-même,
et qui est propriétaire de l'héritage. ıx. 210, 211. x. 882. Sur
quelles personnes la saisie réelle
peut être faite ? x. 882, 883. Juridiction dans laquelle doit se faire
la saisie. ıx. 211, 212. x. 885, 886.
La saisie réelle doit être précédée d'un commandement. ıx. 213.
x. 884, 919. Ce que doit contenir
ce commandement, et comment il
doit être fait ? ıx. 213, 214. x. 884.
**V.** *Commandement.* On peut saisir
dès le jour du commandement. ıx.
214. x. 885. Les immeubles d'un
mineur ne peuvent être saisis qu'a-
près la discussion préalable de son
mobilier. ıx. 214, 215. x. 884. Si
l'immeuble est commun à un mineur et à un majeur, le défaut de
discussion du mobilier entraîne-t-il
la nullité pour le tout ? ıx. 215, 216.
**V.** *Mineur.* La Coutume d'Orléans
veut que le créancier, pour pou-

voir saisir réellement, prenne une
commission au greffe. ıx. 216. x.
885.
Comment se donne l'exploit de
saisie réelle ? ıx. 216, 217. x. 886,
887, 919, 920. Outre les formalités ordinaires, il doit contenir la
mention du titre exécutoire, et du
commandement. ıx. 217. La justice, en laquelle se poursuivra la saisie, avec indication, ou élection
de domicile pour le saisissant et le
saisi, dans cette justice. *Ibid.* La
déclaration du lieu où est situé
l'héritage, avec la désignation détaillée des parties dont il se compose. 217, 218. Pour la saisie des
fiefs, il suffit de saisir le manoir,
avec les appartenances et dépen-
dances, sans plus de détail. 218.
S'il y a des héritages en censives
dépendans du fief, il faut les désigner séparément. 218, 219. L'exploit doit contenir la mention que
l'huissier a mis des panonceaux ou
brandons à la porte de l'héritage.
219. Qu'il a apposé des affiches à
la porte de l'église paroissiale du
lieu. *Ibid.* Il doit contenir l'établissement du commissaire, *ibid.*, la
mention des noms, surnoms, domiciles et vacations des témoins.
220. La saisie doit être enregistrée
au greffe de la justice où elle se
poursuit. ıx. 220. x. 886.
Aussitôt que la saisie est faite,
le commissaire entre en fonctions.
ıx. 220, 221. x. 886, 888. La saisie doit être enregistrée par lui
dans les six mois, sous peine de
nullité. ıx. 221. x. 889. Ce que contient l'enregistrement ; cas où une
précédente saisie était déjà enregistrée ; but de cet enregistrement.
ıx. 221, 222. x. 889, 890. Le commissaire doit faire procéder aux
baux judiciaires des biens saisis. ıx.
222. x. 890. Il doit faire rentrer les

loyers et fermes ou arrérages. *Ibid.*
Il ne peut faire aucun paiement,
sans un jugement rendu avec le saisissant et le saisi. IX. 222, 223. X.
890. Il doit porter la foi pour les
héritages saisis. IX. 223. Il rend
compte de son administration,
quand sa commission est finie. IX.
223. X. 891. Comment se font les
baux judiciaires? IX. 223, 224. X.
891 *et suiv.* V. *Bail judiciaire.*

Criées et affiches par lesquelles
on annonce au public que l'héritage est saisi réellement, et sera
vendu par décret. IX. 231. X. 887.
Où et à quel jour elles doivent être
apposées et faites? IX. 231, 232. X.
887, 888. Nombre des criées et
leur ordre. IX. 232, 233. X. 887.
Frais et procédure des criées. IX.
233. X. 887. Comment elles doivent être certifiées, et procédure
pour obtenir cette certification. IX.
233, 234. X. 887, 888. V. *Criées.*

Appel qui peut être fait de la
saisie réelle, fondé sur les mêmes
moyens que l'opposition à fin d'annuler. X. 893. V. *ci-dessous.*

Oppositions qui peuvent être
formées aux saisies réelles. IX. 234,
235. X. 893, 894. L'opposant les
forme entre les mains du sergent
qui fait les criées ou au greffe de
la juridiction où la saisie se poursuit. IX. 235. X. 897. Il doit élire
domicile. *Ibid.* Opposition à fin
d'annuler, qui est formée par la
partie saisie, ou par un tiers, aux fins
de faire déclarer la saisie nulle. IX.
235. X. 894. Elle n'est plus recevable après le congé d'adjuger, dont
la partie saisie peut seulement interjeter appel. *Ib.* Elle empêche la
saisie, jusqu'au congé d'adjuger.
*Ibid.* Comment on en obtient main-
levée. IX. 235, 236. Oppositions à
fin de conserver, formées par les
créanciers hypothécaires, pour la

conservation de leurs droits sur
l'immeuble saisi. IX. 236, 237. X.
896, 897. Elles n'arrêtent pas la
saisie, se convertissent en saisies-arrêts sur le prix, et ne se jugent que lors de l'ordre. *Ibid.* V.
*Ordre.* Oppositions à fin de distraire, et à fin de charge, qui sont
formées par le propriétaire d'un
héritage compris dans la saisie, ou
d'un droit réel sur l'immeuble saisi. IX. 237, 238. X. 894, 895. Procédure à suivre sur ces oppositions.
IX. 237, 238. X. 894, 895. On ne les
reçoit pas après le congé d'adjuger, si ce n'est de la part de l'église
et des mineurs. IX. 238, 239. X.
895. Incidens qui peuvent arriver
pendant le cours de la saisie réelle.
IX. 239. X. 897, 898. Contestation
sur la préférence entre deux saisissans. IX. 239, 240. X. 897, 898.
Demande en subrogation à la saisie par les opposans, soit parce
que le saisissant en a donné main-
levée, soit parce qu'il est en demeure de la poursuivre. IX. 240,
241. X. 898, 920. Demande du
créancier privilégié, ou ancien,
pour se faire livrer l'héritage saisi,
pour l'estimation qui en sera faite.
IX. 241, 242. X. 898, 899. Elle
doit être formée avant le congé
d'adjuger. IX. 242. X. 899. Incident
à fin de vendre, sans observer les
formalités ordinaires des saisies
réelles. IX. 243. Demande en provision qui peut être faite sur le revenu des biens saisis, soit par le
saisi, soit par quelque créancier
favorable, ou par le saisissant,
pour le remboursement de ses avances. 243, 244.

Procédure pour parvenir au congé d'adjuger. IX. 245. X. 887. Quand
et comment doit-il être rendu? IX.
245, 246. X. 887. S'il peut s'exécuter nonobstant appel? IX. 246.

quelle se fait l'apposition des scellés. 336, 337. Le juge doit établir à la garde des scellés quelqu'un de la maison ou quelque voisin. *Ibid.* Il ne comprend pas sous les scellés les meubles et effets réclamés par des tiers comme leur appartenant, avec la preuve à la main. 337. S'ils n'administrent pas de suite la preuve, les effets sont compris sous le scellé, sauf aux prétendans à faire opposition aux scellés. *Ibid.* Toute personne, créancière du défunt, ou qui prétend des droits sur les effets renfermés sous le scellé, peut former opposition aux scellés, pour empêcher qu'ils ne soient levés, sans qu'elle y soit appelée. *Ibid.* Dans quel temps et comment se fait la levée des scellés? 338, 339.

SECONDES NOCES. On peut contracter un second mariage, après la dissolution du précédent. v. 299, 300. On peut en contracter même un plus grand nombre. *Ibid.* Chez les Romains, la veuve ne pouvait se remarier qu'un an après la dissolution du mariage précédent. 300. Chez nous, la veuve, pour se remarier, n'est pas tenue d'attendre un certain temps. 300, 301. L'Eglise regarde cependant les seconds et ultérieurs mariages comme défavorables. 301.

Edit des secondes noces de François II, et son objet. 301, 302. Termes du premier chef de l'édit et loi romaine dont il est tiré. v. 302, 303, vii. 518, 519 x. 345, 346. La défense de l'édit est faite aux veuves ayant enfant, ou enfans de leurs enfans, de leur précédent mariage. v. 303, 304. vii. 522. x. 347. L'enfant à naître, dans ce cas, est supposé déjà né. v. 304. La défense du premier chef de l'édit s'applique-t-elle aux hommes veufs, ayant des enfans du précédent mariage, comme aux femmes? *Ibid.* C'est à tous les seconds et ultérieurs maris ensemble, ou à toutes les secondes ou ultérieures femmes ensemble que l'édit défend à la femme ou à l'homme qui se remarie, de donner plus que la valeur de la part de l'enfant le moins prenant. v. 305, 322. vii. 524, 525. Il défend aussi de donner aux père, mère ou enfans desdits maris, ou autres personnes qu'on puisse présumer être par dol ou fraude interposées. v. 305, 306, 307. vii 521. x. 346. Il en est de même à l'égard des parens de la femme, lorsque c'est le mari qui se remarie. v. 307. L'édit ne reçoit pas d'application aux donations faites après la mort du second mari ou de la seconde femme. vii. 522. x. 347. V. *Avantage indirect.*

Tous les dons et avantages, qu'une femme fait à ses seconds et ultérieurs maris, ou un homme à ses secondes et ultérieures femmes, sont sujets à la réduction de l'édit. v. 307, 308. vii. 519, 520. x. 306. Quand les donations onéreuses y sont sujettes? v. 308. Les donations mutuelles et égales en chances et en valeur entre le mari et la femme, sont-elles sujettes à la réduction? v. 308, 309. vii. 519, 520. Les donations sont réductibles, soit qu'elles soient entre-vifs, soit qu'elles soient testamentaires. v. 310. Soit qu'elles aient été faites durant le mariage, ou avant le mariage. *Ibid.* A moins qu'elles n'aient été faites long-temps avant le mariage, et sans y avoir aucun égard. *Ibid.* Non-seulement les donations formelles, mais les avantages qui se trouvent renfermés dans les conventions ordinaires de mariage, sont sujettes à la réduction. v. 310, 311. vii. 520. L'apport inégal de la femme à la communauté peut quelquefois être considéré comme un avantage indirect. v. 311, 312. VII. 520. X. 346. Dans la communauté légale, la valeur beaucoup plus considérable du mobilier de la femme, qui y tombe, est-elle considérée comme avantage indirect? v. 312, 313. VII. 520. Ce que le mari apporte à la communauté par un talent lucratif, peut-il suppléer à ce qu'il a apporté en biens moins que la femme? v. 313, 314. VII. 520. La femme fait-elle un avantage à son mari, en ne se réservant pas comme propres les successions mobilières qui lui échoient durant le mariage? v. 314, 315. *Quid*, de la clause du contrat du second mariage, par laquelle on convient que les successions même immobilières tomberont dans la communauté? 315, 316. La clause, par laquelle on a fixé la part d'une seconde femme dans la communauté, contient-elle un avantage indirect, lorsque cette part surpasse la part réelle qu'elle y aurait eue? 316, 317. Le douaire conventionnel est considéré comme avantage sujet à la réduction de l'édit, en ce qu'il surpasse le douaire coutumier. v. 317. VII. 521. Le douaire coutumier ne peut être considéré comme un avantage fait à la femme. v. 317, 318. VII. 521. V. *Douaire de la femme.*

Dans quel cas il y a lieu à la réduction de l'édit? v. 319. VII. 520. X. 347. La part d'enfant le moins prenant, à laquelle est réductible la donation, est la part à laquelle l'enfant le moins prenant a droit, et non celle dont il veut bien se contenter. v. 319, 320. VII. 523, 524. X. 347. Si une fille, moyennant une dot qu'elle a reçue, inférieure à sa légitime, renonce à la

succession de la mère, la donation, faite par celle-ci à son second mari, doit-elle être réduite à cette dot? v. 320. VII. 523. Lorsque la succession de la femme se partage par souches entre les petits-enfans de différentes souches, la donation doit se mesurer sur la part échue à celle des souches qui a la moindre part. v. 321. VII. 523, 524. X. 347. Si les petits-enfans laissés par la femme sont tous de la même souche, la part du mari se mesure sur la part de l'enfant qui a la moindre. v. 321. V. 524.

Tous les enfans du donateur ou de la donatrice du second comme du premier mariage, profitent de la réduction aux termes de l'édit. v. 322, 323. VII. 526. Les enfans du second mariage ont droit de demander cette réduction, pour peu qu'un enfant du précédent mariage ait survécu à sa mère ou à son père. v. 323. VII. 526. X. 349. Les enfans, pour demander la réduction, n'ont pas besoin d'être héritiers. v. 323, 324. VII. 526. X. 348. Les enfans exhérédés n'y sont pas admis. v. 324. X. 348. *Quid*, des filles qui, dans certaines Coutumes, sont exclues des successions de leurs père et mère, lorsqu'elles ont été dotées? v. 324, 325. VII. 526. L'approbation donnée par l'enfant à la donation, du vivant de sa mère, et même une renonciation formelle à exercer son droit, ne le rend pas non-recevable à demander la réduction. v. 325. VII. 528, 529. X. 349.

Action personnelle réelle qu'ont les enfans contre le second mari, ou contre les tiers-détenteurs, pour revendiquer les biens donnés qui font partie du retranchement. v. 325, 326, 332. VII. 525, 526. X. 348. Cette action est une espèce de *condictio ex lege*, et quelquefois une action *utilis in rem*. v. 326. x. 348. Cette action est ouverte par la mort du donateur ou de la donatrice. v. 327.

Estimation à faire des immeubles donnés pour juger s'il y a lieu à retranchement. *Ibid*. Cette estimation se fait eu égard à la valeur des choses, au temps de l'ouverture de la succession, à moins que les biens n'aient été détériorés par la faute du second époux donataire. 327, 328. Soit que les biens aient augmenté ou diminué de valeur. 328. La valeur des impenses utiles et nécessaires faites par le donataire, doit être déduite du prix de l'estimation. 328, 329. V. *Impenses*. Tout cela a lieu, soit que les biens soient encore dans les mains du donataire, soit qu'ils aient été aliénés par lui. 329. Si la vente des biens, faite par le donataire, était une vente forcée, qu'eût été également obligé de souffrir le donateur ou la donatrice, on ne comprend dans l'estimation que le prix de cette vente. *Ibid*. Les rentes, comme les autres biens, ne sont estimées qu'eu égard à leur valeur au temps de l'ouverture de la succession. 329, 330. *Quid*, si la rente a été remboursée au donataire? 330. On ne considère pas, dans l'estimation des biens, la valeur qu'ils ont pu acquérir ou perdre depuis la mort de la donatrice. 331.

L'estimation faite, s'il y a lieu à réduction, les enfans et le mari procèdent au partage des biens donnés. 331, 332. Les fruits de la portion retranchée appartiennent aux enfans du jour de la mort de la donatrice. 332. Quand les tiers-détenteurs des biens donnés, contre qui les enfans sont obligés de se pourvoir, sont tenus de la restitution des fruits. *Ibid*. Si la dona-

tion consiste en biens mobiliers, le droit des enfans à la réduction consiste dans une créance d'une somme d'argent. 333. Privilége qu'ils ont sur ceux qui sont restés en nature au second mari. *Ibid*. La portion retranchée ne se partage pas entre les enfans à titre de successions ou de cohéritiers. v. 333, 334. vii. 526. Ils y ont droit, même lorsqu'ils ont renoncé. *Ibid*. Ils ne sont pas tenus des dettes de la succession de leur mère, à proportion de la portion retranchée qui leur revient, v. 334. vii. 526, à moins d'hypothèque antérieure à la donation, ou de fraude. *Ibid*. La part de la portion retranchée, qu'a l'enfant, ne doit pas être imputée sur la légitime. v. 334, 335. V. *Légitime*. Le fils aîné, héritier de sa mère, a-t-il droit de prétendre son droit d'aînesse dans les biens nobles qui se trouvent dans la portion retranchée? v. 335. vii. 527. x. 348. Le second mari doit-il être admis à partager la portion retranchée et à y prendre la même part qu'y prendrait l'un des enfans? v. 335, 336. vii. 526. x. 349.

Nature de la disposition par laquelle une personne, en se mariant, donne à son second époux une part d'enfant, par son contrat de mariage. v. 337. x. 349, 350. Cette donation diffère de l'institution contractuelle; mais, comme elle, elle devient caduque par le prédécès du donataire. *Ibid*. S'il laisse des enfans, il y a une substitution vulgaire présumée en leur faveur. v. 338.

Dans quels biens le second époux doit prendre sa part d'enfant, et comment elle se règle? *Ibid*. Quelle sera la part d'enfant, s'il n'y a pas d'enfans du second mariage? v.

338. vii. 530. x. 350. Le fils unique de la donatrice doit-il exercer son droit d'aînesse vis-à-vis du mari donataire, de la part d'enfant? v. 339. vii. 529. x. 350. Si la donatrice a laissé deux enfans, la part du mari est du quart. *Ibid.* Comment se fixe la part d'enfant, dans les biens nobles, lorsque la donatrice a laissé plus de deux enfans. v. 339, 340, 341. vii. 529, 530. x. 350. Si la donatrice avait réduit la part de l'un de ses enfans, la part du mari diminuerait d'autant. v. 341. Le mari donataire peut-il demander le rapport de la somme donnée à l'un des enfans, pour la faire entrer dans la masse sur laquelle doit être calculée sa part? 341, 342.

Le second chef de l'édit défend aux personnes qui se remarient de rien donner à leur second époux des avantages qu'elles ont eus de leur précédent mariage. v. 342, 343. vii. 531. x. 351. On considère comme avantages du précédent mariage tous les biens dont le précédent époux a disposé directement ou indirectement, à titre gratuit, envers celui qui se remarie. v. 343, 344. vii. 531, 532. x. 351. Ce que la femme a reçu à titre de douaire est-il entièrement considéré comme tel ou seulement jusqu'à concurrence de ce qu'il excède le douaire coutumier. v. 344. vii. 532. x. 351. Quand le préciput conventionnel et le préciput légal sont ainsi considérés? v. 344, 345. vii. 531, 532. x. 351, 352. La réserve de l'édit ne s'applique pas aux biens que la mère a recueillis dans la succession des enfans de son premier mariage, ni aux meubles qu'elle a eus comme gardienne noble de ses enfans. v. 345. x. 352. Les donations, faites par des tiers, en faveur du précé-

dent mariage, ne sont pas sujettes à la réserve de l'édit. v. 346. vii. 532. x. 352. Par cette réserve, l'édit charge la femme d'une espèce de substitution fidéicommissaire envers les enfans du premier mariage. v. 346, 347. x. 352. V. *Substitution fidéicommissaire.* Les immeubles, que les enfans reçoivent de cette manière de leur père, sont des propres paternels. v. 347. x. 333. vii. 535, 536. Les biens réservés ainsi, ne s'imputent pas sur la légitime des enfans dans la succession de leur mère. v. 347, 348. vii. 534. x. 353. La femme ne peut aliéner ni obliger les immeubles qu'elle a reçus de son premier mari, qu'à la charge de la substitution légale. v. 348, 349. vii. 534. x. 354. Les enfans ont le droit de revendiquer ces immeubles aliénés; mais ils peuvent être repoussés par l'exception de garantie, lorsqu'ils sont héritiers de leur mère. v. 348, 349. vii. 534. x. 354. V. *Exception de garantie.* Si la donation faite à la mère consistait en argent et choses mobilières, les enfans ont contre elle une créance de pareille valeur, avec hypothèque sur ses biens. v. 349. x. 354. L'un des enfans du premier mariage ne peut être avantagé plus que les autres dans ces biens par sa mère. v. 349, 350. vii. 535. x. 353. Les enfans de tous les autres mariages ne peuvent rien prétendre à ces biens, quand même leur mère n'en aurait pas laissé d'autres. v. 350, 351. vii. 536. Les enfans du second mariage peuvent-ils empêcher ceux du premier de rien prendre dans les biens que leur mère a reçus à titre gratuit de leur père, lorsqu'elle n'a pas convolé à de troisièmes noces. v. 350, 351. vii. 538. Les enfans ou petits-enfans d'un premier mariage, pour recueillir la substitution, n'ont besoin d'être héritiers ni de leur père ni de leur mère. v. 351. vii. 536. x. 353. La fille, qui a renoncé en faveur de ses frères, et après avoir été dotée, à la succession de son père, doit-elle prendre part aux biens compris dans la substitution légale? v. 351, 352, 353. *Quid,* de l'enfant exhérédé? v. 353. vii. 536. x. 353. V. *Exhérédation.* L'aîné a-t-il le droit d'aînesse dans cette substitution? v. 353, 354. vii. 537.

Cette substitution s'éteint par le prédécès de tous les enfans du donateur. v. 354. vii. 537, 538. En est-il de même lorsque le preneur, mari donateur, meurt sans laisser d'enfans? v. 355. vii. 538.

Extension que la Coutume de Paris a donnée à l'édit, par rapport aux conquêts que la femme qui se remarie a de ses précédens mariages. v. 355, 356. vii. 538, 539. x. 355. Elle ne peut disposer de ces conquêts au profit de ses second et subséquens maris, au préjudice des enfans des mariages pendant lesquels ils ont été faits. v. 357. vii. 539. x. 355. Par l'expression de conquêts, la Coutume entend-elle la part qu'a eue la femme dans tous les biens de la communauté, tant meubles qu'immeubles, ou seulement les conquêts immeubles? v. 357, 358, 359, 360. vii. 539, 540. Analyse d'un plaidoyer de d'Aguesseau sur cette question. *Ibid.* Le mobilier, que la femme a apporté, en se mariant, à sa première communauté, est-il aussi compris sous les termes de la Coutume? v. 360, 361, 362. vii. 540. Jurisprudence contraire; conciliation. v. 362, 363. vii. 540. Les biens acquis pendant la continuation de communauté de la mère

avec ses enfans d'un premier mariage, sont-ils compris dans la disposition de la Coutume? v. 363, 364. Effets, par rapport au second mari, de la défense faite à la femme de disposer des conquêts de son premier mariage. v. 364. vii. 540, 541. La donation de conquêts, faite par la femme à son second mari, n'est-elle nulle que pour les portions qu'en auraient eues les enfans du premier mariage, ou est-elle nulle absolument, même à l'égard des enfans du second mariage? v. 364, 365. vii. 541. S'il ne se trouve pas d'enfans du premier mariage, lors de la mort de la femme, la donation subsiste. v. 366, 367. vii. 541. x. 355, 356. S'il y en a, eux et les enfans du second mariage ont, pour réclamer les biens donnés, la même action qu'ils ont aux termes du premier chef de l'édit. v. 367. La Coutume défend encore à la femme remariée de disposer des conquêts de ses précédens mariages envers quelque personne que ce soit. v. 368. vii. 542. Nature de cette défense de disposer des conquêts, et en quoi elle diffère de la substitution légale établie par le second chef de l'édit. v. 368, 369. vii. 543. x. 355. Cette interdiction de disposer des conquêts envers quelque personne que ce soit, est bornée aux portions qu'y auraient dû avoir les enfans du premier mariage.' v. 370. vii. 543. Quelles aliénations sont comprises sous la défense de disposer des conquêts, établie par l'article de la Coutume? v. 370, 371. vii. 544. Il n'est plus maintenant défendu à la femme de les vendre et de les hypothéquer. v. 371. Le droit qui appartient aux enfans de faire infirmer les dispositions que leur mère a faites, des conquêts

27*

n'est ouvert què lors de sa mort.
v. 371, 372. vii. 544. Faut-il que
les enfans soient héritiers de leur
mère., pour pouvoir user de ce
droit? v. 372, 373, 374. vii. 541.
Les enfans du second mariage n'ont
aucune part dans la portion afférente
aux enfans du premier, qui avait
été donnée par leur mère à un
étranger, et qu'ils ont réclamée.
v. 374, 375. vii. 543. L'interdiction de disposer cesse pour la mère
par la dissolution du second mariage, et par la mort des enfans
du premier. v. 375. vii. 545. La
disposition de la Coutume de Paris
sur les conquêts du précédent mariage, doit-elle être étendue à
l'homme qui s'est remarié? v. 376,
377. vii. 545, 546. x. 356. Cette
disposition n'a pas lieu dans les
Coutumes qui ne s'en sont pas expliquées. v. 377. Cette disposition
est un statut réel; ainsi la donation est réglée par la loi de la
situation des biens. v. 377, 378. V.
Statut réel. Les héritages seuls ont
une situation. 378. V. Situation.
Les rentes, les créances et les choses mobilières se régissent par la
loi de la personne. 378, 379.

Peines de l'ordonnance de Blois
contre les veuves qui contractent
des mariages avec des personnes
indignes. 379, 380. Quelles personnes, aux termes de cet article,
sont considérées comme indignes.
380. La veuve ne peut faire au
mari aucune espèce d'avantage
direct ou indirect. Ibid. A partir
des convéntions du mariage, elle
ne peut ni aliéner ni engager ses
biens. 380, 381. Cette interdiction n'a pas d'effet rétroactif. 381.
Les enfans du mariage indigne,
ont un droit égal à celui des
enfans du premier, sur les biens
aliénés dont ceux-ci ont obtenu

la révocation. Ibid. La disposition
de l'ordonnance de Blois doit-elle
être étendue à un homme veuf
ayant enfans, qui se remarie à
une femme indigne de sa condition? 381, 382. V. Mariage.

SÉDUCTION. Quand la séduction
rend le mariage nul? v. 169.
V. Empéchement de mariage. Mariage.

SEIGNEUR. Nulle terre sans seigneur. ii. 91. Quand le seigneur
perd sa directe par sa déloyauté
envers son vassal. ix. 598, 599.
x. 84, 85. Seigneur suzerain. x.
52. V. Banalité. Fief. Succession
irrégulière. Retrait seigneurial.

SEIGNEURIE. Imprescriptible ex-
tinctivé, mais non translativé. viii.
397, 511, 512. V. Prescription de
dix et vingt ans.

SÉNATUS-CONSULTE VELLÉIEN. Il
défendait aux femmes de s'obliger
comme cautions. i. 227. Restreint
par la novelle 134 de Justinien.
Ibid. Admis dans toute sa vigueur
en Normandie, sans la modifica-
tion de la novelle. Ibid. Il est
statut personnel quant à la première partie, et statut réel, quant
à la seconde. 228. V. Caution.
Statut personnel. Statut réel.

SÉPARATION CONTRACTUELLE. Convention par laquelle les futurs conjoints stipulent que chacun d'eux
jouira séparément de ses biens. vi.
293, 294. Elle prive le mari de la
jouissance des biens de la femme.
294. V. Exclusion de communauté.
La femme, par cette convention,
a le droit de faire tous les actes de
simple administration, mais non

ceux d'aliénation. *Ibid.* Elle doit contribuer aux charges du mariage. *Ibid.* La séparation contractuelle est irrévocable, et empêche la communauté de pouvoir jamais exister entre les conjoints. *Ibid.* La femme peut convenir qu'elle jouira séparément d'un certain héritage. 294. Les acquisitions faites par elle de ses épargnes sur les revenus de cet héritage, tombent-elles dans la communauté? 294, 295. V. *Communauté conventionnelle. Séparation de biens.*

SÉPARATION DE BIENS. La femme peut demander la séparation de biens, toutes les fois que sa dot est en péril. VI. 318, 319. X. 319. Il n'est pas nécessaire que le mari soit devenu entièrement insolvable. *Ib.* Ni que le mauvais état de ses affaires soit arrivé par sa faute ou sa mauvaise conduite. *Ib.* Le défaut d'emploi des deniers dotaux de la femme, stipulés propres, est aussi un moyen de séparation. VI. 319. La femme, qui n'a pas apporté de dot à son mari, peut aussi demander la séparation. *Ibid.* La femme seule peut demander la séparation de biens. *Ibid.* Cas auxquels Lebrun estime que le mari peut aussi être reçu à la demander. 319, 320. V. *Dot.*

La séparation de biens doit être prononcée par sentence de juge. 320, 321. Afin de prévenir les avantages prohibés entre époux. *Ibid.* V. *Avantage entre époux.* La transaction, qui l'établissait, est nulle, quand même elle aurait été homologuée en justice. *Ibid.* La femme, qui veut demander la séparation, doit auparavant s'y faire autoriser par le juge. 321. La demande est portée devant le juge du domicile des parties. *Ibid.* Il ne doit ordon-

ner la séparation que sur la preuve du mauvais état des affaires du mari, qui met la dot en péril. 321, 322. Et cela quand même le mari avouerait les faits, pour éviter la collusion. 322. C'est la sentence du juge qui dissout la communauté. *Ibid.* Il faut qu'elle ait été *publiée en jugement à jour ordinaire, le juge séant.* 322, 323. Formalités relatives à la publication de cette sentence pour toutes les femmes, et pour celles des marchands et des banquiers à peine de nullité. 323, 324. Pour que la séparation soit valable, il faut encore qu'elle ait été exécutée sans fraude. 8, 25, 324. V. *Exécution.*

L'effet de la séparation est de dissoudre la communauté. VI. 324. X. 319. Elle ne donne pas ouverture au préciput ou au douaire de la femme. *Ibid.* V. *Douaire de la femme. Préciput.* La femme, après avoir obtenu la séparation de biens, peut-elle accepter la communauté et en demander le partage? VI. 324, 325. La séparation a-t-elle un effet rétroactif jusqu'au jour de la demande, de sorte que ce que la femme acquiert dans le temps intermédiaire entre la demande et la sentence, ne tombe pas dans la communauté? 325, 326. Par la séparation, la femme acquiert le droit d'administrer ces biens sans être autorisée, mais non de les aliéner. 327. V. *Séparation contractuelle.*

La séparation judiciaire peut être détruite par le consentement mutuel des parties qui remettent leurs biens ensemble. *Ibid.* La simple réunion des époux, dans le cas où la séparation de biens est la suite d'une séparation de corps, suffit pour opérer cet effet. 327, 328. Dans le cas de simple stipulation de biens, il faut que le rétablissement de la communauté soit constaté par un acte devant notaire, ou au greffe. 328, 329. Dans ce cas, les choses sont remises au même état que s'il n'y avait jamais eu de séparation. 329, 330. Les actes d'administration faits par la femme dans l'intervalle, n'en sont pas moins valables. 330. Le rétablissement de la communauté n'a pas d'effet vis-à-vis des tiers auxquels la séparation a fait acquérir un droit. *Ibid*. Il ne peut apporter aucune limitation ou restriction à la première communauté. 330, 331. V. *Communauté légale. Puissance maritale. Séparation contractuelle.*

SÉPARATION DE DETTES ( CONVENTION DE ). Elle consiste en ce que les parties conviennent par leur contrat que leur communauté ne sera point chargée des dettes qu'elles ont contractées avant le mariage. VI. 229. X. 309. Lorsque les conjoints ont, par leur contrat, apporté chacun une somme certaine, ou quelque corps certain, leurs dettes antérieures au mariage doivent-elles être, par cela seul, censées exclues de la communauté? VI. 229, 230, 231. X. 309. Il n'y a de comprises dans la séparation des dettes, que les dettes des conjoints qui ont été contractées antérieurement au mariage. VI. 232. X. 309, 310. Peu importe que le terme ou la condition ne soient arrivés que durant le mariage. *Ib.* Ou qu'elles n'aient été liquidées qu'à cette époque. VI. 232, 233. La réparation civile d'un délit commis avant le mariage, quoique adjugée par sentence rendue pendant le mariage, fait partie de la séparation de dettes. 233. *Quid*, à l'égard de l'amende dans le même

cas? 233. X. 310. Les dépens faits sur les contestations formées avant le mariage, sont compris dans la convention de séparation de dettes. VI. 233, 234. Parce qu'ils proviennent d'une cause antérieure au mariage. *Ibid*. Si le mari a repris l'instance d'un procès engagé par sa femme avant le mariage, il n'y a que les frais faits avant le mariage qui soient compris dans la séparation de dettes. 234. Le prix d'un bâtiment, que j'ai donné ordre de bâtir avant mon mariage, fait partie de la séparation de dettes. *Ibid*. Le reliquat du compte d'une tutelle ou d'une administration dont j'étais chargé avant le mariage, n'est compris dans la séparation que pour les articles dont j'étais débiteur avant le mariage. 234, 235. Les intérêts et les arrérages des dettes et des rentes exclues de la communauté, courus depuis le mariage, sont à la charge de la communauté. VI. 235. X. 310. Ceux courus avant le mariage sont compris dans la séparation de dettes. *Ibid*. La convention, par laquelle ces intérêts et arrérages courus pendant le mariage, seraient exclus de la communauté, est-elle valable? *Ibid*.

Si les dettes comprises dans la séparation ont été acquittées des deniers de la communauté, le conjoint ou ses héritiers lui en doivent récompense à sa dissolution. VI. 236. X. 310. Le mari peut être poursuivi durant la communauté par les créanciers de la femme, pour les dettes exclues de la communauté, s'il n'a pas fait inventaire de son mobilier. *Ibid*. Cet inventaire doit être fait devant notaires. *Ibid*. Le contrat en tient lieu, lorsqu'il contient par détail les biens mobiliers que la femme apporte en mariage. *Ib*. Le compte rendu à la femme, quoique depuis le mariage, peut aussi en tenir lieu. vi. 237. Dans le cas où une veuve se remarie, il doit être fait devant notaires en présence du tuteur de ses enfans du premier mariage. *Ibid*. Il faut en outre que, sur la demande des créanciers de la femme, le mari leur représente l'inventaire, ou l'estimation d'icelui. *Ibid*. Il leur compte du prix, si les meubles ne se trouvent pas en nature. *Ib*. Mais non des fruits perçus durant le mariage. 238. V. *Communauté conventionnelle. Forfait de communauté. Franc et quitte.*

SÉPARATION D'HABITATION. Elle intervient sur la demande de la femme ou sur celle du mari. v. 289.

Causes pour lesquelles la femme peut demander la séparation d'habitation. 289, 290. Elles sont laissées entièrement à l'arbitrage et à la prudence des juges. 290. Les mauvais traitemens du mari sont une des causes les plus ordinaires pour la femme de demander la séparation. 290, 291. A quoi l'on doit avoir égard pour apprécier ces mauvais traitemens? 291. Le refus des choses les plus nécessaires à la vie par le mari, une accusation capitale calomnieusement intentée par lui contre sa femme, sont pour elle des causes de séparation. 291, 292. L'épilepsie, les maladies, la folie, l'adultère du mari, ne sont pas pour la femme des causes de séparation. 292, 293.

La séparation ne peut être prononcée que par le juge séculier, en grande connaissance de cause. 293, 294. La femme peut demander à être autorisée à se retirer dans un lieu décent pendant le procès. 294.

Le mari doit lui fournir les choses à son usage, et lui payer une pension pendant ce temps. *Ibid*. Le juge ordonne la preuve des faits articulés par la femme, lors même qu'ils seraient avoués par le mari. 294, 295. La réconciliation rend la femme non-recevable à se plaindre de tous les mauvais traitemens qui l'ont précédée. 295. Le juge, sur l'enquête, prononce la séparation, ou condamne la femme à retourner avec son mari. *Ibid*.

La séparation d'habitation laisse la femme libre de s'établir où elle voudra. *Ibid*. Elle emporte la séparation de biens. 295, 296. V. *Séparation de biens*. Elle ne rompt pas le lien du mariage. 289, 296. Tous les effets de la séparation cessent, lorsque la femme séparée est volontairement retournée avec son mari. 296.

Le mari peut demander la séparation pour cause d'adultère de la femme. 296, 297. Lui seul est tenu à intenter l'accusation de ce crime contre elle. *Ibid*. Les héritiers peuvent la continuer, si elle a été intentée de son vivant, et qu'il ne s'en soit pas désisté avant sa mort. 297. Le ministère public ne peut l'intenter, que lorsqu'il y a scandale et prostitution publique. *Ibid*. Peine des femmes adultères. 297, 298. V. *Adultère. Communauté légale. Divorce.*

SÉPARATION DES PATRIMOINES. Droit qu'ont les créanciers et légataires d'une succession, de demander contre les créanciers particuliers de l'héritier, la séparation des biens de la succession d'avec ceux de l'héritier, pour être payés sur ceux de la succession préférablement aux créanciers de l'héritier. vii. 266, 267. x. 673. Les créan-

ciers hypothécaires n'ont pas besoin de demander cette séparation.
vii. 267. Tous les créanciers peuvent la demander. *Ibid.* Pourvu
qu'il n'y ait pas novation dans
leur créance. 267, 268. On peut la
demander, tant que les biens sont
susceptibles d'être séparés. vii.
268. x. 674. Les créanciers de la
succession, qui n'ont pu, après la
séparation, être payés sur les biens
de la succession, pourront-ils être
payés sur les biens de l'héritier,
après que les créanciers particuliers de l'héritier auront été payés?
vii. 268, 269. x. 674. Les créanciers de l'héritier peuvent-ils demander contre ceux de la succession, qu'on sépare les propres
biens de l'héritier? vii. 269. x.
674. V. *Dettes des successions.*

SÉQUESTRE. Espèce de dépôt, que
deux ou plusieurs personnes, qui
ont une contestation sur une chose,
font de la chose contentieuse à un
tiers, qui s'oblige de la rendre,
après la contestation terminée, à
celle d'entre elles à qui il sera décidé qu'elle doit être rendue. iv.
190. ix. 108. Il est conventionnel
ou judiciaire. iv. 191. En quoi le
séquestre conventionnel diffère du
dépôt. *Ibid.* Il a toujours lieu par
suite d'une contestation entre deux
ou plusieurs parties. 191, 192. Il ne
conserve pas la possession aux dé-
posans. *Ib.* Les immeubles peuvent
être séquestrés comme les meubles. iv. 192. ix. 109. Le séquestre
ne doit rendre la chose, que lorsque la contestation est terminée.
*Ibid.* Le séquestre et les parties
déposantes contractent réciproquement les mêmes obligations que
dans le dépôt ordinaire. *Ibid.* Celles-ci sont tenues solidairement
des indemnités dues au séquestre.

iv. 192, 193. Le séquestre est tenu
de la faute légère, si le contrat
n'est pas gratuit. 193. V. *Faute.*

Il y a plusieurs espèces de sé-
questres judiciaires. *Ibid.* Dans le
cas de saisie, l'établissement d'un
gardien aux effets saisis est une espèce de séquestre judiciaire. *Ibid.*
Il participe du louage, en ce qu'il
n'est pas gratuit. *Ibid.* Le gardien
n'est obligé qu'envers le saisissant.
193, 194. La partie saisie ne cesse
pas de posséder par le gardien.
194. Les huissiers ne peuvent établir pour gardiens leurs parens ou
alliés. *Ibid.* La partie saisie peut
elle-même présenter un dépositaire,
qui se charge de la garde des effets. 194, 195. Différences de ce
contrat avec le précédent. 195.
Dans le premier, le gardien ne
s'oblige qu'envers le saisissant;
dans le second, le dépositaire s'o-
blige envers le saisi et le saisissant.
*Ibid.* L'un a lieu moyennant salaire, l'autre est gratuit. *Ibid.* Le dépositaire est tenu de la faute légère
envers le saisissant, et de la faute
lourde envers le saisi. 195, 196.
Il est, comme le gardien, contraignable par corps à la représentation des objets saisis. 176. V. *Contrainte par corps. Saisie-exécution.*
Le séquestre judiciaire proprement
dit est celui qui est ordonné par
le juge. 196, 197. Le juge ou les
parties, sur son ordre, choisissent
la personne séquestrée. *Ibid.* Autre
espèce de séquestre judiciaire consistant dans le dépôt d'une somme
d'argent ordonné ou confirmé par
le juge, sur le refus du créancier
de la recevoir. 197. V. *Consignation.*

La demande en séquestre doit
être formée avec la demande principale, ou du moins avant la contestation en cause. ix. 109. Procé-

dure à suivre pour faire ordonner le séquestre. *Ibid.* Procédure après le jugement qui l'ordonne. 109, 110. Qualités que doit avoir la personne chargée du séquestre. *Ibid.* Mise en possession du séquestre et ses fonctions. 110, 111. Il doit faire procéder au bail judiciaire des héritages séquestrés. *Ibid.* V. *Bail judiciaire.* Quand finit le séquestre, et comment est déchargée la personne qui en était chargée. 111.

V. *Dépôt.*

SERFS. Différence entre les serfs et les esclaves des Romains. VIII. 20. Serfs de corps, serfs d'héritages, et serfs de meubles. 21. Leurs obligations. *Ibid.* Coutumes dans lesquelles ils se trouvent. 22. V. *Gens de main-morte. Personnes. Succession.*

SERMENT. Les parties ajoutent quelquefois le serment à leurs conventions, pour en assurer l'accomplissement. 1. 56. Les gens d'Eglise en avaient autrefois introduit l'usage. 56, 57. Ce serment n'a que peu ou point d'effet dans le for extérieur. 57. Effet de ce serment, suivant les lois romaines. *Ibid.* Il n'a d'effet chez nous que dans le for de la conscience. 58. Il faut, pour cela, que l'engagement soit valable et licite. 58, 59. La promesse, accompagnée de serment, quoique extorquée par violence, est-elle obligatoire devant Dieu et dans le for de la conscience? 59, 60. V. *Contrat.*

SERMENT. Il y a trois espèces principales de serment usitées dans les procès civils. 1. 525, 526. Le serment décisoire. 526. V. *Serment décisoire.* Le serment de la partie

qui est interrogée sur faits et articles. 535, 536. V. *Interrogatoire sur faits et articles.* Le serment déféré par le juge, de son propre mouvement à l'une des parties. 536. V. *Serment d'office.*

SERMENT DÉCISOIRE. Celui qu'une partie défère ou réfère à l'autre, pour en faire dépendre la décision de la cause. 1. 526. Il peut être déféré sur toute espèce de contestation, et dans quelque instance que ce soit. *Ibid.* Pourvu que ce soit sur le propre fait de la partie à qui on le défère. *Ibid.* Il peut aussi lui être déféré sur la connaissance qu'elle peut avoir d'un fait à elle étranger. *Ibid.* Le demandeur défère le serment au défendeur, en tout état de cause, lorsqu'il croit n'avoir pas une preuve suffisante du fait qui sert de fondement à sa demande. 527. Faut-il qu'il existe quelque commencement de preuve, pour que le demandeur soit reçu à déférer le serment? 527, 528.

Il n'y a que les personnes capables qui puissent déférer ce serment, et auxquelles il puisse être référé. 529, 530. Celui, à qui le serment ne peut être référé, parce qu'il ne s'agit pas de son propre fait, peut-il le déférer à sa partie adverse? 530.

Effets du serment déféré, référé, fait ou refusé. 531, 532. La force du serment résulte de la convention intervenue entre les parties, de s'en tenir à ce que l'une d'elles aura affirmé. 532. Tant que la délation du serment n'a pas été acceptée, elle peut être révoquée. *Ibid.* Le serment décisoire n'a d'effet qu'à l'égard de la chose sur laquelle il a été déféré, et vis-à-vis de ceux qui l'ont déféré, ou prêté à leurs héritiers, et autres successeurs. 532, 533. Le serment prêté vis-à-vis de l'un des créanciers solidaires, exclut les autres. 533. La caution est déchargée, lorsque le débiteur a juré ne rien devoir. *Ib.* De même, *vice versâ*, parce que la dette est éteinte. 534. *Quid*, lorsqu'une veuve et ses enfans sont appelés à prêter serment, sur un paiement contre lequel ils allèguent la prescription, et que les uns le prêtent, tandis que l'autre le refuse? 433. V. *Prescriptions particulières*. On peut se faire restituer contre son serment, pour cause de dol pour avoir engagé à le déférer. *Ibid.* Les mineurs peuvent aussi quelquefois être reçus à se faire restituer contre le serment. 535. V. *Mineur.*

V. *Compensation. Fin de non-recevoir. Prêt à la grosse. Procuration générale. Prescription trentenaire. Réintégrande. Tuteur.*

**Serment d'office.** Le juge le défère pour la décision de la cause, ou pour déterminer la quotité de la condamnation. 1. 536. Pour que le premier cas ait lieu, il faut que la cause ne soit ni totalement justifiée, ni dénuée de preuves, et que le juge en ait réellement connu. 537, 538. Cette connaissance consiste dans l'examen du mérite de la preuve, de la qualité du fait, et de la qualité des parties. *Ibid.* Les juges ne doivent user du serment qu'avec précaution, à cause des dangers qu'il présente. 538. Ils doivent l'employer surtout dans le cas où la preuve du fait est déjà considérable, sans cependant être complète. *Ibid.* Exemple d'une preuve incomplète, qui peut être fortifiée par le serment. 538, 539. Ce serment ne peut être référé. 539. Le serment, pour déterminer la quotité de la condamnation, ou

*juramentum in litem*, était divisé chez les Romains, en *juramentum affectionis* et *juramentum veritatis.* 539, 540. Ce dernier seul est admis chez nous; et il n'a lieu que lorsque, la demande étant prouvée, il n'y a d'incertitude que sur la somme à laquelle le défendeur doit être condamné. 540. Le juge, chez nous, limite une somme jusqu'à concurrence de laquelle la partie doit être crue sur son serment. 540, 541.

**Serment supplétoire.** V. *Serment d'office.*

**Serviteur.** Ce que l'on entend par ce terme. 1. 429, 481, 482. Distinction entre le serviteur et le domestique. ix. 388, 389. V. *Domestique. Louage de services.*

**Servitude.** Droit de se servir de la chose d'autrui à quelque usage, ou d'en interdire quelque usage au propriétaire ou possesseur. x. 419. Les servitudes sont réelles ou personnelles. *Ibid.* Il n'est traité ici que des servitudes réelles ou prédiales qu'a le propriétaire d'un héritage sur un héritage voisin, pour la commodité du sien. *Ibid.* Les droits de servitude réelle sont indivisibles. iii. 277. x. 420. V. *Obligation, dividuelle et individuelle.* Le possesseur de l'héritage à qui la servitude est due, ne peut s'en servir que pour l'héritage à qui elle est due. x. 420. Le propriétaire de l'héritage, qui a le droit de l'aliéner, peut seul imposer le droit de servitude. 420. S'il y a plusieurs propriétaires, ils ne peuvent l'imposer que de concert. 420, 421. Il en est de même quant à l'acquisition des servitudes par un ou plusieurs propriétaires d'un héritage.

421. Titres par lesquels se constituent les servitudes. 421, 422. Elles peuvent s'acquérir même tacitement par la destination du père de famille. 422 ; 429, 430. Peuvent-elles s'acquérir par la seule possession de simple tolérance, destituée de titre, fût-elle-même centenaire? VIII. 521, 522. X. 422, 428. V. *Possession. Prescription centenaire.* Actions négatoire et confessoire, touchant les droits de servitude. X. 47, 422. C'est à celui qui prétend le droit de servitude à le justifier. 422. Par quel titre il se justifie? 422, 423. Comment s'éteignent les servitudes? 423. Par la destruction soit de l'héritage dominant, soit de l'héritage servant. *Ib.* Par la réunion des deux héritages dans la même main. 423-430. Par la résolution du droit du propriétaire qui les a imposées. 423, 424. Par la remise qu'en accorde le propriétaire de l'héritage dominant. 424. Par la prescription de trente ans. 424, 425. Distinction entre les servitudes rustiques et urbaines. *Ibid.* Les premières se prescrivent par le seul défaut d'usage. *Ibid.* Pour prescrire les secondes, il faut que celui qui les doit, en acquière la liberté par un fait. 425. Les servitudes s'éteignent et se purgent par les décrets. 425.

SIGNIFICATION DE TRANSPORT. V. *Transport.*

SITUATION des rentes foncières, des droits seigneuriaux, des droits réels, et des hypothèques, quant au statut réel qui doit les régir. VIII. 500, 501. V. *Statut réel.* Des rentes constituées. III. 59. VI. 86, 555, 556. VIII. 107.

V. *Choses. Donation entre mari et femme. Secondes noces. Statut personnel.*

SOCIÉTÉ. Contrat par lequel deux ou plusieurs personnes mettent ou s'obligent de mettre en commun quelque chose, pour en faire en commun un profit honnête, dont elles s'obligent réciproquement de se rendre compte. III. 443. X. 375. Différences entre la société et la communauté. III. 444. La communauté n'est qu'un quasi-contrat. *Ibid.* V. *Communauté.* Le contrat de société est du droit naturel; il est consensuel, synallagmatique et commutatif. 445.

Il est de l'essence de la société que chacune des parties y apporte quelque chose, argent, effets, travail ou industrie. *Ibid.* Il n'est pas nécessaire que ce que chacune des parties apporte soit de même nature. 445, 446. Il faut que ce soit quelque chose d'appréciable. 446. La société doit être contractée pour l'intérêt commun des parties. *Ibid.* Chacune des parties doit avoir part dans les gains ou profits, en raison de ce qu'elle a apporté à la société. 446, 447. Il n'est pas nécessaire, dans tous les cas, qu'elle y ait effectivement part; il suffit qu'elle puisse espérer l'y avoir. 447, 448. Il faut que l'objet de la société soit licite. 448.

De ce que l'équité requiert dans le contrat de société. *Ibid.* Chacun des associés ne doit avoir de part dans les profits, qu'en proportion de la valeur qu'il a apportée à la société. 448, 449. Distinction entre le cas où l'associé n'apporte que l'usage d'une somme qu'il prélève à la fin de la société, ou la somme même. 449. Exception au principe, dans le cas où, dès le temps du contrat, l'associé ayant eu connaissance que son coassocié apportait moins que lui, veut bien cependant l'admettre à partage égal. 449, 450. Autre exception dans le cas où l'avantage de l'associé, qui reçoit plus qu'en proportion de sa mise, est compensé par un autre avantage qu'a son coassocié. 450. Chacun des associés doit supporter, dans la perte que fera la société, la même part qu'il doit avoir dans le gain. 451. Exception en faveur de celui qui, outre sa mise, apporte son travail et son industrie. *Ibid.* L'associé, qui apporte en son particulier quelque avantage à la société, peut être déchargé pour partie ou pour le total des pertes. *Ibid.* Cela veut dire qu'il profitera, s'il y a des gains, et qu'il ne souffrira pas, s'il n'y a que des pertes. *Ibid.* Tout contrat de société simulé, qui couvre un prêt usuraire, est nul. 452. On impute sur la mise sociale du prétendu associé, ce qu'il a reçu comme part dans les profits. *Ibid.* Question sur la légitimité d'une fameuse convention imaginée par les casuistes. 452, 453. Exemples de différens cas de contrats de société simulés, qui couvrent des prêts usuraires. 453, 454, 455. Cas où un particulier place une somme d'argent dans le commerce d'un marchand, qui s'oblige de la lui rendre à la fin de la société, sans qu'il supporte aucune perte. 453. *Quid,* si celui, qui a apporté la somme, avec part dans les profits et dans les gains, vend sa part sociale pour une somme égale à sa mise, au marchand dans le commerce duquel il l'a placée? 454. *Quid,* s'il se fait assurer, par ce marchand, la somme qu'il a apportée dans la société, moyennant quoi ce dernier le garantit de toute perte? 454, 455. *Quid,* lorsque l'associé

vend sa part, bonne ou mauvaise, à un tiers ou à son associé? 455. Présomption, dans certains cas, que ces conventions, qui interviennent durant la société, ne sont que l'exécution d'un pacte secret. *Ibid.* V. *Usure.*

Deux espèces de société, la société universelle et la société particulière. 456. V. *Société particulière. Société universelle.*

Différentes clauses qui se rencontrent dans les contrats de société. 469. Clauses concernant le temps auquel la société doit commencer, et celui qu'elle doit durer. *Ibid.* Clauses qui concernent l'administration de la société. 469, 470. Un des associés peut être nommé gérant avec des pouvoirs de telle ou telle étendue. 470. La gestion, lorsque les pouvoirs du gérant n'ont pas été fixés, ne lui donne que ceux qu'on a coutume de renfermer dans une procuration générale. *Ibid.* Le gérant ne peut jamais transiger sur les procès de la société. 471, 472. Quelqu'étendus que soient ses pouvoirs, il ne peut jamais disposer par donation des effets de la société. 472. Exceptions à ces principes sur les droits du gérant, en faveur du mari, administrateur de la société conjugale. *Ibid.* Différences entre les pouvoirs d'un gérant, et ceux d'un porteur de procuration générale. 471, 472. La gestion est donnée quelquefois à plusieurs des associés. 472. *Quid,* lorsqu'il y a division entre eux? *Ibid.* V. *Gérant.* Clauses qui concernent les parts que chacun des associés devra avoir dans les gains et pertes. 472, 473. Clauses qui concernent les manières de récompenser celui des associés qui, quoiqu'ils soient associés pour portions égales, a apporté plus que les autres à la société. 474. La clause par laquelle celui qui a apporté plus que les autres à la société, prélèvera cette somme au partage de la société, avec les intérêts de chaque année de sa durée, est-elle usuraire? 474, 475, 476.

Quelles sont les personnes capables de contracter société? 477. Les mineurs commerçans sont réputés majeurs pour le fait de leur commerce. *Ibid.* Le contrat de société se forme par le seul consentement des parties. *Ibid.* Quant à la preuve, il faut distinguer entre les différentes espèces de société. *Ibid.* V. *Société commerciale. Société particulière. Société universelle.*

Du droit des associés dans les choses dépendantes de la société. 481. Chacun d'eux peut s'en servir, pourvu que ce soit pour l'usage auquel elles sont destinées, et sans empêcher ses associés d'en user à leur tour. *Ibid.* S'il s'agit de choses à louer en entier, chacun des associés ne peut s'en servir pour sa part, de manière à empêcher de louer le tout. *Ibid.* Chacun des associés peut obliger les autres à faire avec lui les impenses nécessaires pour la conservation des choses de la société. 482. Aucun des associés ne peut faire de changemens ou innovations sur les héritages de la société. *Ibid.* De quoi est tenu celui qui, cependant, en aurait fait. *Ibid.* Chaque associé ne peut aliéner ni engager les choses de la société, si ce n'est pour la part qu'il y a. 482, 483. Dans les sociétés de commerce, les associés ont un égal pouvoir d'administrer l'un pour l'autre les affaires sociales. 483.

Chaque associé peut s'associer un tiers, quant à sa part, mais non l'associer à la société. *Ibid.* Le tiers n'est obligé de faire de compte de ses gains qu'à celui-là seul qui se l'est associé. 483, 484. L'associé, qui s'est associé un tiers, est responsable du dommage causé par ce tiers à la société. 484, 485. Le dommage peut-il se compenser avec les profits procurés par ce tiers à la société? *Ibid.* L'associé est responsable envers ce tiers du dommage causé à la société par ses coassociés. 485. L'associé ne peut associer un tiers à la société, eût-il même l'administration sociale. *Ib.*

Chaque associé n'est tenu des dettes de la société que pour sa part, à moins que la solidarité n'ait été expressément stipulée. 490. En est-il tenu pour sa part virile, ou pour la part qu'il a dans la société? 490, 491. Lorsque la dette n'a été contractée que par l'un des associés, lui seul en est tenu envers le créancier, sauf à s'en faire faire raison par son coassocié. 491. V. *Dettes de la communauté. Société en nom collectif.*

Obligations respectives des associés entre eux, et action qu'ils ont les uns contre les autres. 492. Chaque associé est débiteur envers la société de tout ce qu'il a promis d'y apporter. 492, 493. Si les choses qu'il a promis d'apporter à la société sont des corps certains, il est déchargé de son obligation, lorsqu'ils ont péri sans sa faute et avant sa demeure. 493. S'ils ont péri depuis sa demeure, il doit en tenir compte à la société, s'ils n'eussent pas péri également pour elle. 493, 494. Si la chose due n'est pas un corps certain, l'associé continue d'en être débiteur, quoiqu'elle soit périe, ou qu'elle ne soit plus en son pouvoir. 494, 495. L'associé est garant envers la société de l'éviction des choses qu'il y a apportées. 495. V. *Eviction*. Il n'y a pas lieu à la garantie en cas d'éviction dans les sociétés universelles de tous ses biens. *Ibid*. L'associé doit à la société tous les fruits qu'il a perçus des choses qui auraient dû être apportées à la société. 495, 496. Si c'est une somme d'argent, il doit les intérêts. 496. Chaque associé doit rapporter à la société tout ce qu'il a perçu du fonds commun. 496. Il doit les intérêts des sommes appartenant à la société, qu'il a employées à son usage particulier. *Ibid*. Dans les sociétés universelles, il ne les doit qu'à partir de la dissolution. *Ibid*. Chaque associé doit compte de tous les gains qu'il a faits par son industrie. 496, 497. L'associé, qui a une créance sur un débiteur de la société, doit imputer ce qu'il reçoit sur la créance de la société et sur la sienne, par proportion de chaque dette. 497. *Quid*, lorsque l'associé, ayant donné quittance pour sa part entière sans imputation, le débiteur est ensuite devenu insolvable? 497, 498. L'associé n'est pas tenu de rapporter les gains dont la société n'a été que la cause occasionelle. 498. L'associé est tenu envers la société du dommage qu'il lui a causé par sa faute. 498, 499. Il n'est tenu que de la faute ordinaire. *Ibid*. V. *Faute*. Il ne peut compenser le dommage causé avec les profits considérables qu'il aurait procurés. 499. Choses dont un associé peut être créancier de la société, et dont les autres associés sont obligés de lui faire raison, chacun pour sa part. 499, 500. Ils doivent la restitution des choses dont la société n'avait que la jouissance, après sa dissolution. *Ibid*. Les sommes déboursées et les obligations contractées pour les affaires

de la société. 500. L'indemnité des risques et des hasards courus pour lesdites affaires. 500, 501. Mais seulement des risques et hasards indispensables, et qui sont une suite naturelle de la gestion de ces affaires. 501, 502. Chaque associé n'est tenu envers l'autre qu'en raison de sa part dans la société. 502. L'insolvabilité de l'un se répartit également entre tous les autres. *Ibid*. Chaque associé doit laisser son coassocié jouir et user des choses communes; contribuer à leur réfection et conservation, et en souffrir le partage, lors de la dissolution. 502, 503.

Action *pro socio* qu'a chaque associé contre son coassocié pour l'accomplissement des obligations dont il est tenu. 503. Lorsqu'elle est formée, chaque partie est fondée à demander son renvoi devant des arbitres. 503, 504. V. *Arbitres*. Comment ces arbitres sont nommés, et comment ils prononcent? 504.

Différentes manières dont finit la société. 505. Par l'expiration du temps pour lequel elle a été contractée. *Ibid*. Par l'extinction de la chose mise en société. *Ibid*. Soit que la société fût de la chose même, ou seulement de ses fruits. 505, 506. Lorsque l'un des associés, qui n'a mis en société que son industrie, cesse de pouvoir la donner pour cause de maladie, la société cesse-t-elle? 506. La société, contractée pour une négociation, finit avec cette négociation. *Ibid*. Toute société finit de plein droit par la mort de l'un des associés. 506, 507. L'héritier du défunt ne succède qu'à la part du défunt dans les pertes et dans les gains, et non dans les droits pour l'avenir. 507. Peut-on valablement convenir que l'héritier de l'associé décédé, deviendra associé à la place du défunt ? *Ibid.* La mort de l'un des associés dissout la société même entre les associés survivans. 507, 508. La mort civile et la faillite de l'associé, produisent les mêmes effets que la mort naturelle, quant à la dissolution des sociétés. 508. La société peut se dissoudre par le consentement mutuel des associés. *Ibid.* Les sociétés faites sans limitation de temps, peuvent se dissoudre par la volonté seule de l'un des associés, pourvu que la renonciation soit faite de bonne foi, et non à contre-temps. 508, 509. Quand cette renonciation est-elle de mauvaise foi, ou à contre temps ? 509, 510. Si la société a été contractée pour un temps limité, l'un des associés ne peut la dissoudre avant l'expiration de ce temps, à moins d'un juste sujet. 510. Quels motifs sont considérés, dans ce cas, comme de justes sujets pour lui demander la dissolution. 510 ? 511. La renonciation de l'un des associés doit être signifiée par lui à ses coassociés. 511. Il est prudent de faire statuer sur la validité de cette renonciation. *Ibid.*

Effets de la dissolution de société. 512. Tous les contrats qui interviennent, après la dissolution, de la part des associés, sont pour leur compte seul, à moins qu'ils ne fussent une suite nécessaire de la société. *Ibid.* A moins que l'un des associés, ayant un juste sujet d'ignorer la dissolution, ait contracté en son nom et pour elle. 512, 513. Les paiemens de choses dues à la société, faits à un seul des associés après la dissolution, par des tiers de bonne foi qui l'ignoraient, sont valables. 513, 514. Lorsqu'une chose a été mise en société pour la jouissance, cette jouissance cesse du jour de la dissolution. 514. Si

les fruits sont alors pendans et prêts à couper, ils appartiennent au propriétaire de la chose, à la charge de rembourser les labours et semences à ses associés, pour leur part. *Ibid.* Diversité des Coutumes sur ce point. *Ibid.* Laquelle doit-on suivre ? 514, 515. V. *Statut personnel.* Tout ce qui provient des choses communes depuis la dissolution jusqu'au partage, est commun aux associés. 515, 516.

Chacun des associés ou son héritier peut demander qu'il soit procédé entre eux au compte et partage de la société. 516. V. *Partage.* La demande en partage doit être donnée contre tous les associés ou leurs héritiers. *Ibid.* S'il y a des immeubles dans la société, les mineurs ne peuvent demander le partage, mais on peut le demander contre eux. 516, 517. V. *Mineur.* La demande en partage peut être donnée aussitôt après la dissolution de la société, sauf les conventions de surseoir pendant un certain temps. 517. Tant que l'indivision dure, on ne prescrit pas contre l'action en partage. *Ibid.* Avant de procéder au partage, on procède au compte de ce que chacun des associés et la société se doivent mutuellement. 517, 518. Ce compte fait, on dresse la masse des choses qui composent la société, avec leur estimation. 518. On procède ensuite au partage par lots en commençant par les meubles. 518, 519. En cas d'inégalité des lots, le lot fort paie un retour au lot plus faible. 519. V. *Soulte.* Si les meubles ne sont pas partageables, on procède à la licitation. 519, 520. V. *Licitation.* Les dettes actives de la société entrent dans les lots, lorsqu'elles sont dues par de bons débiteurs. 520. Si elles sont douteuses, elles restent indivises, et quelqu'un est chargé de les liquider. *Ibid.* Les dettes passives ne tombent pas en partage; elles peuvent cependant être distribuées à la charge des partageans. 520, 521. Egalité requise dans les partages. 521. Obligations qui naissent du partage. *Ibid.* Soultes; elles produisent intérêt du jour du partage. *Ibid.* Hypothèques privilégiées du créancier de la soulte sur le lot qui en est chargé. *Ibid.* Lorsqu'un lot est chargé immédiatement d'une rente envers un autre, cette rente est foncière. 521, 522. Les copartageans contractent réciproquement l'obligation de se garantir les choses comprises dans leurs lots respectifs. 522. V. *Garantie.* L'effet du partage est de dissoudre la communauté qui existait entre associés depuis la dissolution de la société. 523, 524. Différence entre notre droit et le droit romain, sur l'effet du partage. 524. Chacun des copartageans est censé avoir toujours été propriétaire des choses comprises en son lot. *Ibid.* Ces principes s'appliquent aux partages par licitation ou avec soulte. 524. V. *Communauté.*

V. *Assurance. Cheptel. Communauté tripartite. Continuation de communauté. Louage par échange. Mandat. Retrait lignager.*

Société anonyme. Société par laquelle deux ou plusieurs personnes conviennent d'être de part dans une certaine négociation qui sera faite par l'une d'entre elles en son nom seul. III. 467, 468. Ses rapports avec la société en commandite. 468. L'associé connu est seul tenu des dettes envers les créanciers. 489, 490. Les associés inconnus en sont tenus indéfini-

ment envers lui. *Ibid.* V. *Société commerciale.*

Société commerciale. Il y en a trois espèces, la société en nom collectif, en commandite et anonyme. III. 466.

Toute société de commerce doit être rédigée par acte devant notaires ou sous signature privée. 497. Extrait de l'acte doit être enregistré au greffe du consulat et affiché en public. *Ib.* Où ces formalités doivent être remplies, lorsqu'il n'existe pas de consulat. *Ibid.* Est soumis aux mêmes formalités tout acte apportant changement à l'acte primitif de société. *Ibid.* Dans les sociétés de commerce, les associés ont un égal pouvoir d'administrer l'un pour l'autre les affaires sociales. 483. V. *Société anonyme, en commandite, et en nom collectif.*

Société en commandite. Société entre un négociant et un particulier, pour un commerce qui sera fait au nom du premier, et auquel le second ne contribue que pour une somme d'argent qui lui donne une part aux profits, et jusqu'à concurrence de laquelle seulement il est tenu des pertes. III. 467. V. *Société commerciale.* L'associé principal est seul tenu des dettes de la société. 489, 490. Les commanditaires ne sont tenus envers lui que jusqu'à concurrence des fonds qu'ils ont mis dans la société. *Ibid.* V. *Société commerciale.*

Société en nom collectif. Celle que font deux ou plusieurs parties pour faire en commun un certain commerce au nom de tous les associés. III. 466. Les marchés sont signés *un tel et compagnie. Ibid.*

Cette société se compose des choses que les associés y ont mises et de celles que chacun d'eux a acquises durant la société pour le compte social. 466, 467. Les choses acquises par l'un des associés avec les deniers de la société, mais pour son compte personnel, tombent-elles dans la société? *Ibid.*

Chacun des associés est tenu solidairement des dettes. 486, 490. Exception au droit commun; sur quoi elle est fondée? 486. Quand une dette est réputée dette de la société? 486, 487. Il faut que celui qui l'a contractée, eût le pouvoir d'obliger tous les associés. 487. L'associé a ce pouvoir lorsqu'il lui a été donné expressément ou tacitement par ses coassociés. *Ibid.* Il oblige encore ses coassociés, lorsque celui, avec qui il a contracté, avait un juste sujet de croire qu'il avait ce pouvoir. *Ibid.* Quand a-t-on un juste sujet de croire qu'un associé avait le pouvoir de contracter au nom de ses associés? 487, 488. Un facteur ou instituteur, préposé par les associés, les oblige solidairement. 488. Pour que la dette, contractée par l'un des associés, oblige les autres, il faut qu'elle ait été contractée au nom de la société. 488, 489. Dans ce cas, les associés sont obligés, quand même la dette n'aurait pas tourné au profit de la société. 489. Si l'associé a contracté en son nom seul, les coassociés ne sont point obligés, quoique la dette ait tourné au profit de la société. V. *Société commerciale.*

Société léonine. Société par laquelle un des associés serait sujet à supporter sa part de la perte, sans qu'il pût jamais avoir part aux profits. III. 447, 573. Cette société est usuraire et illicite. *Ibid.* V. *Usure.*

Société particulière. Il y en a de plusieurs espèces. III. 464. Sociétés particulières qui se contractent pour mettre en commun certaines choses, ou seulement l'usage ou les fruits à percevoir de ces choses. 464, 465. Quand la perte des choses mises en société tombe sur la société ou sur chacun des associés qui les y a mises. *Ibid.* Société pour l'exercice d'une profession. 465, 466. Sociétés pour un commerce. 466. V. *Société commerciale.* Tout acte de société particulière doit être rédigé par écrit, et la preuve testimoniale n'en peut être reçue, lorsque son objet excède la somme de cent livres. 480.

Société taisible. Les sociétés taisibles ne sont pas admises dans notre droit, si ce n'est dans quelques Coutumes qui les ont conservées, et dans la société entre mari et femme. III. 477, 478. x. 375, 379. V. *Continuation de communauté.*

Société universelle. Deux espèces de société universelle : la société *universorum bonorum*, et la société *universorum quæ ex quæstu veniunt.* III. 456.

La société *universorum bonorum* est celle par laquelle les parties contractantes conviennent de mettre en commun tous leurs biens présens et à venir. *Ibid.* Elle peut être contractée entre personnes dont l'une est plus riche que l'autre. 456, 457. Dès l'instant du contrat, tous les biens de chacun des associés deviennent communs entre eux. 457. Il en est de même de leurs dettes actives. *Ibid.* Toutes les acquisitions qu'ils font sont censées faites pour le compte social. 458. Tout ce qui advient à un titre quelconque, à chacun des associés, tombe dans la société. *Ibid.* Excepté les donations et legs qui ont été faits avec la condition qu'ils n'y tomberaient pas. *Ibid.* La condition apposée dans un contrat d'achat n'a pas le même effet. *Ibid.* Ce que l'un des associés a acquis par des voies criminelles ou déshonnêtes ne tombe pas dans la société. 459. La société supporte les charges des biens dont elle se compose, tant présentes que celles à venir. 459, 460. Sous le nom de charges, sont comprises les dépenses personnelles de chacun des associés et de ses enfans. *Ibid.* Les dots et les sommes données pour procurer un établissement aux enfans, font-elles partie de ces charges? 460, 461. La société n'est pas tenue des folles dépenses des associés, 461, ni des amendes ou réparations civiles auxquelles ils auraient été condamnés pour quelque délit. *Ibid.* La société serait tenue des condamnations, si elle avait profité sciemment des choses provenues du délit. 461, 462.

La société *universorum quæ ex quæsiu veniunt*, est celle que les parties contractent de tout ce qu'elles acquièrent pendant le cours de la société, à quelque titre de commerce que ce soit. 462. Les biens-meubles et la jouissance des immeubles des associés entrent dans cette société. *Ibid.* Il faut que l'acquisition soit faite à un titre de commerce. 462, 463. Toute acquisition, quoique faite en son nom personnel par l'un des associés, appartient à la société. 463. Les héritages acquis pendant la société,

mais en vertu d'un titre qui lui est antérieur, ou de la résolution d'un contrat fait avant qu'elle existât, ne tombent pas dans la société. *Ib.* Il en est de même de l'héritage acquis par droit de retrait lignager, ou par échange. *Ibid.* La société est tenue de toutes les dettes mobilières des associés. 464. Elle n'est tenue, pendant sa durée, que de celles contractées pour le compte social par les associés. *Ibid.* L'acte de société doit être passé par écrit. 478. Si l'acte est sous seing-privé, il ne peut être opposé aux tiers. 478, 479. V. *Acte sous seing-privé.*

V. *Communauté. Société. Société particulière. Société taisible.*

SOLIDARITÉ. V. *Obligation solidaire.*

SOMMATION RESPECTUEUSE. V. *Mariage. Puissance paternelle.*

SOUFFRANCE. Délai accordé au vassal pour porter la foi. IX. 509. X. 620. La souffrance est légale ou demandée. *Ibid.* Quelle est la souffrance légale dans le cas où il y a ouverture à la foi par la mutation du vassal? IX. 509, 510, 511, 512, 513. X. 62, 63. Lorsqu'il y a ouverture, par la mutation du seigneur? IX. 513, 514, 515. X. 62, 63. Par la mutation tant du seigneur que du vassal? IX. 515, 516. X. 62, 63. Souffrance qui se demande au seigneur. IX. 516. Quelles personnes peuvent la demander? 516, 517. A quelles personnes elle peut être demandée, et qui peut l'accorder? 517. Où, comment, et sous quelle condition doit-elle être demandée? *Ibid.* Effet de la souffrance accordée, ou valablement demandée. 518, 519. Quand expire la souf-

France. ix. 519. x. 63. Souffrance qui se demande par le commissaire, dans l'intérêt des créanciers du vassal. ix. 519, 510. V. *Foi et hommage.*

SOULTE. V. *Partage de la communauté et des successions. Propre de communauté. Retrait lignager. Société.*

SOUS-ORDRE. Ordre dans lequel la somme, pour laquelle un créancier a été colloqué utilement, est distribuée entre les créanciers de ce créancier. ix. 267, 268. x. 910. 911. V. *Ordre.*

SPÉCIFICATION. Action de former une nouvelle substance avec une matière qui ne nous appartient pas. viii. 191. Cela a lieu, ou de manière que la matière ne puisse plus reprendre sa première forme, ou de manière qu'elle le puisse. *Ibid.* Division entre les Sabiniens et les Proculéiens sur la question de savoir si la nouvelle matière devait appartenir à celui qui l'a formée, ou au propriétaire de la matière. 191, 192. Pour que celui, à qui la matière appartenait, en perdît le domaine, même dans le système des Proculéiens, il fallait qu'elle eût perdu sa forme substantielle et principale, pour passer dans une autre. 192, 193. Troisième opinion qui distinguait entre le cas où la matière ne pouvait plus reprendre sa première forme, et le cas où elle le pouvait. 193, 194. Dans le premier, la nouvelle substance appartenait à celui qui l'avait composée; dans le second, le propriétaire de la matière pouvait la réclamer. *Ibid.* Cette opinion a été embrassée par Justinien dans ses instituts. 194, 195. Elle est la plus

équitable. 195. Dans tous les cas, celui, dont la matière a été employée, doit en recevoir le prix. 193, 194, 195. V. *Accession. Confusion.*

SPOLIATEUR. Le spoliateur est tenu de la force majeure qui peut faire périr la chose spoliée, parce qu'il est toujours en demeure de la rendre. i. 398. viii. 372, 373. V. *Demeure. Force majeure. Réintégrande. Vol.*

STATUT PERSONNEL. Disposition de la Coutume qui a pour objet principal de régler l'état des personnes. x. 2. Il ne s'applique qu'aux personnes qui y sont sujettes par le domicile qu'elles ont dans le lieu régi par ce statut. *Ibid.* 
V. *Banalité. Caution. Communauté. Douaire de la femme et des enfans. Garde-Noble. Légitime. Puissance maritale. Société. Testament. Testament olographe. Sénatus-consulte-Velléien. Statut réel.*

STATUT RÉEL. Disposition de la Coutume qui a pour objet principal les choses. x. 6. Elle ne s'applique qu'aux choses qui sont soumises à son empire. *Ibid.* Comment se détermine la situation des choses? viii. 109. x. 6, 7. Choses qui n'ont pas de situation. viii. 109, 110. x. 7. Elles sont régies par la loi de la personne. *Ibid.* V. *Choses.* Statuts qui concernent la forme des actes. x. 7.
V. *Banalité. Communauté. Donation entre-vifs. Donation entre mari et femme. Douaire de la femme. Garde-Noble. Habitation (droit d'). Institution d'héritier. Légitime. Prescriptions. Rapport. Retrait lignager. Secondes noces. Statut personnel. Testament. Usufruit.*

STELLIONAT. Terme générique qui comprend toute espèce de dol, de fraude et d'imposture, qui n'a pas de nom particulier. IX. 285, 286. Il s'applique particulièrement au dol de celui qui dissimule à l'acheteur ou au prêteur, les hypothèques dont son immeuble est grevé. III. 38.

Action à intenter contre le stellionataire. *Ibid.* Elle cesse, lorsque le créancier connaissait au temps du contrat l'hypothèque qui existait sur les biens. 38, 39. Il ne peut ignorer les hypothèques des femmes et des mineurs. 39. Cas où le débiteur a lui-même ignoré l'hypothèque qui frappait ses biens. *Ibid.* Différence entre ce cas et celui où il est de mauvaise foi. 39, 40. La contrainte par corps peut être prononcée contre le stellionataire. IX. 286. V. *Constitution de rente. Contrainte par corps. Hypothèque.*

STIPULATION. On ne peut stipuler pour autrui. I. 32 *et suiv.* V. *Contrat.*

STIPULATION DE PROPRE. V. *Réalisation.*

SUBORNATION. V. *Témoins.*

SUBROGATION. Fiction de droit, par laquelle un créancier est censé céder ses droits, actions, hypothèques et priviléges, à celui de qui il reçoit son dû. X. 845. Le paiement avec subrogation est un vrai paiement. *Ibid.* En quoi la subrogation convient avec le transport. *Ibid.* V. *Transport.* Tous ceux qui sont tenus d'une dette avec d'autres ou pour d'autres, ont droit, en payant cette dette, à le faire subroger aux actions du créancier contre les autres débiteurs. I. 324.

X. 448. Le créancier ne peut le leur refuser. *Ibid.* Mais il peut le refuser à un étranger, que rien n'obligerait à payer. I. 325. X. 849, 850. Exception en faveur de celui qui paie une lettre-de-change par intervention. I. 325. V. *Lettre-de-change.* Le créancier, qui, par son fait, s'est mis hors d'état de pouvoir céder ses actions contre les autres débiteurs, doit être exclus de sa demande contre l'un d'eux, par l'exception *cedendarum actionum?* I. 325, 326, 327. Application de ce privilége au *mandator pecuniæ credendæ*, et aux cautions. *Ibid.* V. *ces mots.* Il s'applique également aux fidéjusseurs entre eux : si le créancier a déchargé l'un d'eux, il ne peut demander aux autres le paiement que déduction faite de sa part, puisqu'il ne peut céder ses actions contre lui. 327, 328. A moins que le fidéjusseur déchargé, n'ait cautionné, qu'après les autres. 328. Application du principe aux débiteurs solidaires. *Ibid.* V. *Obligation solidaire. Quid,* si le créancier avait laissé perdre un droit hypothécaire, qui servait de sûreté à la créance ? 328, 329.

La subrogation n'a pas lieu de plein droit, si ce n'est dans les cas où la loi l'accorde : elle doit être requise. I. 329. X. 846, 848. Pourvu qu'elle ait été requise au moment du paiement, elle a lieu, malgré le refus du créancier. I. 329. X. 848, 849. Le *mandator pecuniæ credendæ* peut seul l'obtenir *ex intervallo,* après le paiement. I. 329. X. 849. Cas où la subrogation a lieu de plein droit en vertu de la loi, sans avoir besoin d'être requis. I. 329. X. 846. Elle a lieu de plein droit en faveur d'un nouveau créancier qui fournit des fonds pour payer l'ancien, contre le débiteur et tous ses coobligés. x. 850, 851. Quelles choses doivent concourir pour cela? 851. Elle a lieu de plein droit en faveur de celui qui paie une lettre de change par intervention. i. 329. En faveur de l'un des conjoints, lorsqu'une rente, due par l'autre conjoint, a été rachetée des deniers de la communauté. i. 329, 330. x. 846, 847. V. *Récompense.* En faveur du créancier hypothécaire qui paie à un autre créancier hypothécaire, qui le prime, ce qui lui est dû par le débiteur commun. i. 330. viii. 553, 554, 555. x. 834, 835, 846, 847. Sauf dans ces cas, la subrogation aux créanciers hypothécaires, doit toujours être requise. i. 330. x. 867. Le tiers détenteur, qui paie au créancier hypothécaire, sans requérir la subrogation, peut cependant exercer sur cet immeuble les droits de ce créancier contre tous les créanciers postérieurs à lui. *Ibid.*

La subrogation est une espèce de vente de tous les droits du créancier, qui les fait passer sur la tête de la personne subrogée. i. 330,331. Elle se fait pour le total ou pour partie, selon que celui, qui paie, doit avoir recours pour le total ou pour parties. i. 331. x. 852, 853. Le codébiteur solidaire subrogé peut-il exercer solidairement contre chacun de ses codébiteurs les actions du créancier? *Ibid.* Ce n'est que par fiction que la créance subrogée est réputée exister. i. 331, 332. Dans le cas de la subrogation d'un nouveau créancier aux droits de l'ancien, les droits de l'ancien ne passent au nouveau que modifiés par la nature du contrat qui est intervenu entre celui-ci et le débiteur, de manière toutefois que le nouveau créancier ne puisse avoir plus, par la subrogation, que n'aurait

eu l'ancien. x. 853, 854. Si un créancier a subrogé successivement différentes personnes, et qu'il reste encore créancier pour partie, elles doivent venir par concurrence entre elles, et il leur est préféré. 854. V. *Action hypothécaire. Dettes des successions. Douaire de la femme. Hypothèque. Ordre. Propre. Retrait lignager. Tiers-détenteur. Rachat des rentes constituées.*

SUBROGATION RÉELLE. Quand elle peut avoir lieu. ii. 276, 277. vi. 142, 143. vii. 599, 600, 677 et *suivantes.* V. *Communauté légale. Échange. Propre de communauté. Propre fictif. Retrait lignager. Substitution fidéicommissaire.*

SUBROGATION A LA SAISIE RÉELLE. ix. 240, 241. x. 898. V. *Saisie réelle.*

SUBSTITUTION. En pays coutumier, on n'admet que la substitution vulgaire ou directe, et la substitution fidéicommissaire. vii. 547. Les substitutions pupillaires et exemplaires n'y sont pas admises. *Ibid.* Les substitutions sont simples ou graduelles, universelles ou particulières. 548. V. *Substitution fidéicommissaire. Substitution vulgaire.*

SUBSTITUTION FIDÉICOMMISSAIRE. Disposition que je fais d'une chose au profit de quelqu'un, par le canal d'une personne interposée, que j'ai chargée de la lui remettre. vii. 547.

La substitution fidéicommissaire se fait ordinairement par testament. vii. 549. x. 523. Elle peut se faire aussi par donation entre-vifs. vii. 549. Dans ce cas, elle oblige le donataire à rendre au

substitué , quand même celui-ci
n'aurait été ni né, ni conçu à l'époque de la donation. 549 , 550. Les
substitutions suivent la nature de
l'acte qui les contient. 550, 551 ,
552 , 553. Elles ne peuvent être
changées ou révoquées du consentement du donateur ou du donataire, quoique le substitué n'ait pas
paru à la donation. 551 , 552. La
substitution portée par un acte qui
ne contient pas d'autres dispositions , est une disposition testamentaire. 552 , 553. Le substitué
n'a pas besoin, pour être saisi,
d'accepter la donation contenant
substitution. 553. Les substitutions
de droits et effets mobiliers , sont
nulles, si elles ne contiennent la
clause expresse qu'il sera fait emploi des deniers en nature , et de
ceux provenant de la vente ou du
recouvrement desdits droits et effets. VII. 553. x. 529, 530. Exception à l'égard des bestiaux, usten-
siles , et meubles meublans. *Ibid.*
Il doit à peine de nullité, être fait
un état et prisée desdits meubles
et effets. *Ibid.*

Les substitutions doivent être
publiées et insinuées. VII. 554. x.
530. Quelles substitutions sont sujettes aux formalités de l'insinuation et de la publication? VII. 554,
555. x. 530. Où l'insinuation et la
publication doivent-elles se faire?
VII. 555 , 556. Comment et dans
quel temps se font-elles? 557, 558.
Par quelles personnes , et contre
qui le défaut d'insinuation et de
publication peut-il être opposé ?
558, 559. V. *Insinuation.*

Il n'importe de quels termes un
testateur se soit servi , pour faire
une substitution , pourvu qu'il ait
suffisamment manifesté la volonté
qu'il a eu de la faire. VII. 561 , 562.

x. 613. Exemples de différens termes qui contiennent ou ne contiennent pas de substitution. VII. 561 ,
562 , 563. x. 613. Quand doit-on
supposer un fidéicommis tacite?
VII. 563. x. 616. Si l'on peut tirer
du testament , par voie de conséquence, que le testateur a eu l'intention de faire un fidéicommis ,
la substitution est aussi valable que
si elle était exprimée. *Ibid.* Il faut
que la conséquence soit nécessaire,
de manière que le testament la
suppose. *Ibid.* Exemples de substitutions tacites. 563, 564. Termes
qui expriment ou non , qu'une
substitution est graduelle. VII.
564. x. 523 , 616. Espèces dans
lesquelles on doit supposer un
degré de substitution qui n'est pas
exprimé. VII. 565 - 569. Pour supposer un premier degré de substitution tacite entre deux héritiers
ou légataires, il faut que ce soit le
survivant seul qui soit chargé de
restituer au tiers, et qu'il soit
chargé de lui restituer le total. VII.
565, 566, 567, 568. x. 616. Lorsque le testateur a grevé son héritier ou son légataire envers quelqu'un , sous la condition qu'il
mourrait sans enfans, y a-t-il un
premier degré de substitution tacite
de cet héritier ou légataire , envers
son enfant, s'il en a? VII. 568 , 569.
Circonstances auxquelles on avait
égard avant l'ordonnance , pour
supposer un premier degré de sub-
titution au profit des enfans , et qui
ne sont plus d'aucune force aujour-
d'hui, soit réunies, soit séparément.
569, 570. Selon l'ordonnance, une
seule cause fait supposer une substitution au profit des enfans; c'est
lorsqu'ils sont chargés de restituer.
571 , 572. Interprétation de différens termes relatifs à ce cas. 572 ,
573.

Règles sur l'interprétation des substitutions, des conditions, clauses, et termes qui s'y rencontrent. VII. 574. X. 643. On doit rechercher ce qu'a voulu l'auteur de la substitution, sans s'attacher aux termes. *Ibid.* Beaucoup de règles sur l'interprétation des legs, sont communes aux substitutions. *Ibid.* V. *Interprétations des legs.* Le terme d'enfant employé dans la disposition, est restreint aux enfans du premier degré. VII. 575. Employé dans la condition, il comprend tous les descendans. *Ibid.* Dans tous les cas il ne comprend jamais que les enfans légitimes, et ceux qui jouissent de l'état civil. *Ibid.* La condition *s'il meurt sans enfans*, s'entend même des enfans exhérédés par le grevé. 575, 576. Il suffit, pour faire manquer cette condition, que le grevé laisse un seul enfant, ou sa veuve grosse. 576. *Quid*, si le grevé et son enfant unique sont morts en même temps? *Ib.* Le mot fils ne comprend pas les filles. 577. S'étend-il aux petits fils et aux autres degrés ultérieurs? *Ibid.* Les termes *descendans mâles* s'entendent-ils seulement des fils, ou même des fils des filles? 577, 578.

Le terme de famille, ou race, employé dans les substitutions, comprend tant les parens du nom, que ceux qui le sont par les femmes, à moins d'explication. III. 578, 579. Si le testateur substitue à quelqu'un *sa famille*, est-ce la sienne, ou celle du grevé qu'il a entendu substituer? 579. La famille substituée vient à la substitution dans l'ordre établi par le testateur. VII. 579. X. 617. S'il n'a rien ordonné, ce sont ceux qui sont en plus proche degré du grevé qui la recueillent. VII. 579, 590. X. 617.

Suit-on le même ordre entre les parens d'une famille appelée à la substitution, que celui qui est prescrit par la loi pour les successions *ab intestat*? VII. 580, 581. X. 617. Si le testateur a voulu que les mâles fussent préférés aux filles, cela s'entend seulement en proximité de degrés. VII. 581. L'auteur de la substitution laisse quelquefois au grevé le choix de celui des enfans, ou de la famille, à qui il restituera les biens donnés, VII. 581. X. 617. Espèces dans lesquelles il y a question de savoir si ce choix est accordé au grevé. VII. 581, 582. Le grevé ne dispose pas envers la personne qu'il choisit, il ne peut lui imposer aucune charge. VII. 582. X. 539. Ce choix peut être fait par quelque acte que ce soit, pourvu que ce soit par écrit. VII. 582, 583. Il faut que la personne choisie pour recueillir la substitution, existe ou soit capable au temps de son ouverture. 583. Le mineur grevé peut faire ce choix sans l'assistance de son tuteur. *Ibid.* Le grevé, qui a perdu l'état civil, ne peut plus faire ce choix. *Ibid. Quid*, si le grevé est mort sans faire de choix, ou si son choix est devenu caduc? 583, 584.

La défense d'aliéner renferme quelquefois une substitution fidéicommissaire tacite. VII. 584. X. 615. Il faut, pour cela, que le testament soit fait en faveur de quelqu'autre que celui à qui la défense est faite. VII. 584, 585. Il suffit d'ailleurs qu'on puisse connaître en faveur de qui cette défense est faite, sans que cela soit exprimé. 585. La défense de tester faite à l'héritier ou au légataire, renferme une substitution en faveur de ses plus proches parens, des biens qu'il laissera à son décès. 585, 586.

La défense d'aliéner hors de la famille, imposée au donataire entre-vifs, est-elle une substitution au profit de la famille, comme elle le serait par testament? vii. 586. x. 615. Il ne peut, au reste, y avoir de substitution ouverte, dans ces cas, pour la famille, que si le donataire ou légataire aliénait hors la famille. vii. 586, 587. La disposition faite par lui des biens donnés à quelqu'un de la famille, n'y donne pas ouverture et lui est personnelle. 587. Une aliénation hors de la famille, à quelque titre que ce soit, y donne lieu. *Ibid.* S'il avait été défendu à l'héritier ou au légataire d'aliéner seulement pendant sa vie, les aliénations faites par actes entre-vifs y donneraient seules ouverture. 588. Dans ce cas, les dettes contractées par lui, qui donneraient lieu, après sa mort, au décret et à la vente des biens donnés, y donnent ouverture. *Ibid.* La défense de vendre ne s'étend pas à la donation. *Ibid.* La défense d'aliéner ne comprend pas les aliénations nécessaires. *Ibid.* La vente des biens donnés pour acquitter les dettes du testateur ne donne pas ouverture à la substitution. 588, 589. La transmission *ab intestat* de ces biens par le légataire, n'y donne pas plus ouverture. 589. *Quid,* si le légataire, avant d'aliéner, a sommé tous les membres de la famille d'acheter? *Ibid.* Quelles personnes sont appelées à la substitution résultant de la défense d'aliéner hors la famille? 590.

Les mêmes personnes, qui peuvent faire des testamens ou des donations entre-vifs, peuvent faire les substitutions testamentaires ou les substitutions entre-vifs. 591. De même ceux qui peuvent recevoir par donation entre-vifs ou par testament, peuvent recevoir les substitutions entre-vifs et les substitutions testamentaires. 592. Nul ne peut être héritier et légataire substitué vis-à-vis de son cohéritier, soit qu'il soit appelé nommément ou collectivement. 592, 593. Si des héritiers sont grevés réciproquement de substitution à leur décès, les uns envers les autres, les survivans, héritiers du défunt, peuvent-ils recueillir la substitution du premier décédé? 593. Nos légataires et donataires, nos débiteurs, nos héritiers et leurs héritiers peuvent être grevés de substitution. 593, 594. Les légataires peuvent toujours être grevés de substitution jusqu'à la mort du testateur. 594, 595. Le donateur ne peut pas, après la donation, disposer par substitution des biens donnés. vii. 595. x. 539. Pas même un père à l'égard de ses enfans. *Ibid.* Exceptions pour les donations faites en pays de droit écrit par un père à ses enfans, et entre mari et femme. vii. 595, 596. Toutes réserves faites par le donateur de charger de substitution les donations faites par contrat de mariage, sont nulles. 596. Si le donateur fait une nouvelle libéralité au donataire, il peut y imposer pour condition la substitution de tout ou partie des choses données en premier lieu. vii. 596. x. 539. On ne peut grever quelqu'un de substitution, que jusqu'à concurrence de la libéralité qu'il a reçue. vii. 596, 597. L'héritier n'en peut être grevé que jusqu'à concurrence de la portion disponible. 597.

Les substitutions sont universelles ou particulières, pures et simples ou avec certaines limitations. 597, 598. Les substitutions universelles sont composées de toutes les choses, tant meubles qu'immeubles, auxquelles a succédé celui qui est grevé. 598. Toutes les choses qu'il a acquises depuis, en vertu de quelque droit auquel il a succédé à l'auteur de la substitution, y sont également comprises. VII. 598, 599. X. 564, 565. À la charge par le substitué de rembourser le grevé, lors de la restitution des biens substitués, de ce qu'il a déboursé pour les avoir. VII. 599. Les choses, qui tiennent lieu au grevé de celles qui étaient comprises en la substitution, sont comprises, à leur place, dans la substitution. 599, 600. V. *Subrogation réelle*. Ce qui se réunit aux biens substitués, ou même aux choses particulières qui en font partie, est compris dans la substitution, soit universelle, soit particulière. 600, 601. L'union civile et celle de simple destination n'ont pas le même effet. 601. Les fruits nés ou perçus par l'héritier grevé jusqu'à l'échéance de la substitution, n'y sont pas compris, à moins que l'auteur de la substitution ne l'ait spécialement ordonné. VII. 601, 602. X. 566. *Quid*, de certains profits féodaux, qui sont considérés comme fruits ? VII. 602. Les fruits appartiennent au grevé, quand même ils seraient les fruits d'un grand nombre d'années, et quoiqu'ils fussent en maturité à l'époque de la mort. 603. Les fruits nés ou perçus avant la mort font partie de la substitution. *Ibid.* Les fermages en font partie, quoique non encore échus, si la récolte était faite avant la mort. *Ibid.* Le grevé d'une substitution universelle peut retenir, sur les biens substitués, tout ce qu'il a payé pour les dettes de la succession. VII. 604. X. 567. Si ce n'est les arrérages des rentes et intérêts courus depuis la

mort. *Ib.* V. *Arrérages. Intérêts.* On doit aussi lui tenir compte de tout ce qu'il a payé pour les autres charges de la succession. *Ibid.* V. *Dettes des successions.* Enfin, de toutes les mises qu'il a faites pour le bien de la succession. 605. Distinction entre les impenses de simple entretien dont il est tenu, et les grosses impenses. *Ibid.* Ces dernières sont nécessaires, utiles ou voluptuaires. *Ibid.* Il doit être remboursé des impenses nécessaires, lorsqu'elles ne sont pas provenues du défaut d'entretien. *Ibid.* Des impenses utiles, jusqu'à concurrence seulement de ce que le fonds en a profité. 605, 606. Il ne lui est rien dû pour les impenses voluptuaires. 606. V. *Impenses.* Il doit être tenu compte au grevé des frais des procès qu'il a été obligé de soutenir pour les biens de la succession. *Ibid.* Pourvu qu'ils eussent pour objet la conservation de ces biens à la substitution. *Ibid.* Les substitutions universelles peuvent être faites de ce qui restera des biens de la succession à l'héritier après son décès. VII. 606, 607. X. 567. Toutes les aliénations faites de bonne foi par le grevé, sont soustraites de la substitution. VII. 607. S'il a profité du prix, soit pour améliorer ses héritages, payer ses dettes ou autrement, il doit un remplacement au substitué. 608. Cependant il peut consommer les biens substitués pour ses besoins. VII. 608. X. 567. Différence entre cette substitution limitée et les substitutions universelles ordinaires, relativement aux fruits qui appartiennent au substitué et aux créances que le grevé avait contre l'auteur de la substitution. VII. 608, 609. X. 567. Substitution *de tout ce qui restera en nature, des biens de*

*la succession ; de tout ce dont l'hé-*
*ritier n'aura pas disposé; de tout ce*
*dont il n'aurait pas disposé de son*
*vivant.* vii. 609. Toutes les choses
qui peuvent être l'objet d'un legs
particulier, peuvent l'être d'une
substitution particulière. 610. Différence entre les meubles et les immeubles. *Ibid.* Le grevé peut être
chargé de substituer sa propre
chose ou même la chose d'autrui.
*Ibid.* V. *Legs.*

Effet des substitutions avant
leur ouverture, et obligation du
grevé. 611. L'héritier, en outre
grevé de substitution, est, avant
l'ouverture, seul propriétaire des
biens substitués. 611, 612. Tout
ce qui a été jugé et prescrit avec
le grevé, est irrévocable. *Ibid.* Le
substitué ne peut faire revivre les
droits de la succession, sans aucun
motif. 612. Le grevé peut recevoir le prix du rachat des rentes,
et des aliénations forcées. 612,
613. Sauf au substitué ou au curateur à la substitution, le droit de
mettre opposition sur le prix pour
la conservation de la substitution.
613. Le droit du grevé est résoluble de plein droit au profit du substitué par l'ouverture de la substitution. *Ibid.* Il doit conserver les
choses données en bon père de famille, et il est tenu à cet égard
de la faute légère. 613, 614. V.
*Faute.* Il ne peut aliéner les immeubles sujets à la substitution, les hypothéquer, ni leur imposer aucune
charge réelle au préjudice de la
substitution. 614. Si ce n'est pour
la dot et le douaire de sa femme,
lorsqu'il manque de biens libres.
614, 615. Cette hypothèque subsidiaire n'aurait pas lieu, si le donateur avait ordonné que les biens
donnés ne fussent hypothéqués
pour aucune cause que ce fût.

615. Elle a lieu à l'égard des grevés, fils, petits-fils du donateur,
quelles que soient les personnes
substituées. 615, 616. Elle n'a lieu
à l'égard des collatéraux et des
étrangers, que lorsqu'il résulte de
la donation la présomption que la volonté du donateur a été que le grevé
se mariât. 616. D'où résulte cette
présomption ? *Ib.* Cette hypothèque
subsidiaire a lieu dans tous les degrés d'une substitution graduelle.
617. Pour tous les mariages que
peut contracter le grevé. *Ibid.* Les
femmes des second et ultérieurs
mariages, ne peuvent l'exercer
contre les enfans du mariage précédent, qui recueillent la substitution. *Ibid.* A-t-elle lieu pour la
dot et le douaire d'un mariage
contracté avant la substitution ?
617, 618, 620. Que comprend la
restitution de dot de la femme,
pour laquelle elle a l'hypothèque
subsidiaire sur les biens dont son
mari est grevé ? 618, 619. A quoi
s'étend cette hypothèque pour le
douaire ? 619, 620. Cette hypothèque peut être exercée par la
femme, ses héritiers et même ses
créanciers. 620. L'aliénation ou
l'engagement des biens substitués
peut-il être permis dans d'autres
cas très-favorables ? 621. L'acheteur
d'un héritage compris dans une
substitution, ne peut exercer contre
le vendeur l'action en garantie,
quand même elle aurait été stipulée. ii. 89. Le substitué, avant
l'ouverture, n'a, par rapport
au bien substitué, aucun droit
formé, mais une simple espérance.
vii. 621. S'il meurt avant l'ouverture de la substitution, elle devient
caduque. *Ibid.* Le grevé, ni les
tiers – acquéreurs des immeubles
substitués ne peuvent prescrire la
libération de la substitution avant

son ouverture. 621, 622. Le possesseur, qui n'a pas acquis du grevé,
peut prescrire. 622. Le décret ne
purge pas les substitutions, fus-
sent-elles ouvertes lorsqu'il a été
fait, à moins qu'il n'ait été poursuivi sur un tiers-possesseur capable de prescrire. 622, 623. Le substitué peut faire tous les actes conservatoires des biens auxquels il a
droit. 623. Quels sont ces actes?
*Ibid.*

Le grevé doit faire inventaire de
tous les effets mobiliers, titres et
enseignemens de la succession.
623, 624. Le substitué ou son curateur doit y être appelé; le procureur du roi y assite. *Ibid.* A défaut de l'avoir fait, il est privé des
fruits, qui sont donnés au substitué, jusqu'à ce qu'il l'ait fait.
624. Il est tenu de faire insinuer et
publier la substitution. 624, 625.
Il doit vendre les meubles et faire
emploi des deniers. 625. V. *Inventaire. Vente de meubles.*

Une substitution est ouverte,
lorsque le droit en est acquis au
substitué. 626. Les règles pour
l'ouverture des legs sont les mêmes pour l'ouverture des substitutions. *Ibid.* Toute substitution est
présumée faite sous la condition
de la mort du grevé, si le contraire ne paraît. *Ibid.* La substitution,
dont est grevé quelqu'un par son
père ou ses descendans envers un
étranger, est présumée avoir pour
condition s'il meurt sans enfant.
627. Il faut que toutes les conditions apposées à une substitution
soient accomplies, pour qu'elle
soit ouverte. *Ibid.* La restitution
anticipée des biens substitués
équipolle à l'ouverture de la substitution, entre le grevé et le substitué. 627, 628. Elle ne peut préjudicier aux tiers. 628. Le substi-

tué ne peut, avant l'accomplissement de la condition de la substitution, revendiquer sur les tiers-
acquéreurs les biens qu'ils ont acquis du grevé. *Ibid.* Les créanciers hypothécaires du grevé peuvent exercer l'action hypothécaire
sur les biens sujets à la substitution, jusqu'à l'événement qui la
rend ouverte. 628. 629. Les créanciers chirographaires peuvent aussi
exercer l'action révocatoire des
biens que le grevé a remis par anticipation au substitué, jusqu'à
cette époque. 629. Si le substitué,
à qui la remise anticipée a été faite,
meurt avant l'ouverture, les appelés après lui ont action contre le
grevé en délivrance de la substitution. 629, 630.

Par l'ouverture de la substitution, le substitué devient de plein
droit propriétaire des choses substituées. vii. 630, 631. x. 554. Le
grevé reste cependant possesseur,
et fait les fruits siens, jusqu'à la
demande en délivrance. vii. 631. x.
554. Le substitué tient son droit
directement de l'auteur de la substitution, et non du grevé, quoique la mutation se fasse du grevé
à lui. vii. 631, 532. L'ouverture
de la substitution donne au substitué les mêmes actions que l'ouverture des legs donne aux légataires.
vii. 632. x. 554. V. *Délivrance des
legs. Legs.* Action personnelle de
revendication, et hypothécaire.
*Ibid.*

Les substitutions testamentaires
s'éteignent, de la part du testateur,
de la même manière que les legs.
vii. 633. Les substitutions entre-
vifs sont irrévocables. 633, 634.
Les substitutions testamentaires,
en pays de droit écrit, s'éteignent,
de la part de l'héritier, par la ca-

ducité de l'institution. 634. Exception à l'égard des testamens militaires, et de ceux qui contiennent la clause codicillaire. *Ibid.* En pays coutumier, les substitutions ne peuvent recevoir d'atteinte, soit de la part de l'héritier, soit de la part du légataire universel. 635. La substitution s'éteint de la part du substitué, lorsqu'il meurt, ou lorsqu'il devient incapable de là recueillir avant son ouverture. VII. 635. X. 580, 581. L'exhérédé est-il incapable de recueillir la substitution dont son père est grevé envers lui ? VII. 635, 636. X. 580. La substitution s'éteint par la répudiation qu'en fait le substitué. VII. 636. X. 580, 581. Cette répudiation peut être faite même avant l'ouverture, par une convention entre le grevé et le substitué, que ce dernier ne lui demandera pas la substitution. VII. 636, 638. X. 581. Comment, dans quelle forme, et par quel consentement, peut se faire cette répudiation ? VII. 636, 637. X. 581. La répudiation, faite après l'ouverture, met le substitué sans droits vis-à-vis du grevé, et sans obligations vis-à-vis des appelés. VII. 637, 638. La renonciation à la substitution faite avant son ouverture, ne forme qu'un engagement personnel ; sur lequel les parties peuvent toujours revenir. 638, 639. Différences entre cette renonciation et la répudiation qui a lieu après l'ouverture et question. 639, 640. Un mineur peut-il se faire restituer contre cette renonciation? *Ibid.* La substitution est éteinte par la perte des choses substituées arrivée sans le fait ni la faute du grevé. VII. 640. X. 581. V. *Extinction des legs. Legs.* Par la défaillance des conditions de la substitution. VII. 641. Quand les conditions sont-elles

censées défaillir? *Ibid.* V. *Condition.* La substitution est encore éteinte, dans le cas auquel le substitué devient l'unique héritier pur et simple du grevé. 641, 642. Manière particulière dont s'éteignent les substitutions graduelles, par l'accomplissement du nombre des degrés limités par l'ordonnance. 642. Une substitution graduelle ne peut avoir d'effet que pour deux degrés, non comprise l'institution. VII. 642. X. 523. Les testateurs ou donateurs, ne peuvent, même par contrat de mariage, déroger ni directement, ni indirectement, à cette disposition de l'ordonnance. VII. 643. Un legs fait à la charge que le légataire n'entrerait en jouissance qu'après l'extinction de la race du testateur, qui jouirait en usufruit de degrés en degrés, est-il une substitution graduelle contraire à l'ordonnance ? 643, 644. Différence dans la manière de compter les degrés de substitution, dans les différens parlemens. 644. On ne compte, dans tous les cas, que les degrés qui ont un effet. 644, 645. Ils ont un effet, lorsque la personne appelée à recueilli avec effet les biens substitués. *Ib.* Il suffit même qu'elle ait accepté la substitution, ou ses créanciers pour elle, ou qu'elle en ait demandé la délivrance. 645. Lorsque l'héritier d'un légataire a vendu la chose substituée dans sa famille avec prohibition d'aliéner, et que ceux de la famille la revendiquent, ceux-ci forment-ils le premier ou le second degré de substitution? 645, 646. Le premier degré de substitution n'est jamais que le second dans la disposition. 646. L'héritier *ab intestat* grevé, forme-t-il le premier degré de disposition, outre lequel il ne puisse y avoir que deux degrés de substitution? 646, 647. V. *Délivrance des legs. Legs. Propriété. Secondes noces.*

SUBSTITUTION VULGAIRE. Substitution par laquelle je lègue quelque chose à quelqu'un, au cas que celui, à qui je l'ai léguée en premier lieu, ne recueille pas le legs. VII. 547. V. *Secondes noces. Substitution.*

SUCCESSEUR UNIVERSEL. V. *Institution d'héritier. Légataire universel.*

SUCCESSEUR PARTICULIER. V. *Ayant-cause.*

SUCCESSION. Transmission des droits actifs et passifs d'un défunt en la personne de son héritier. VII. 1. X. 628. A défaut d'héritier, la succession est vacante. *Ibid.* La succession est légitime ou testamentaire. *Ibid.* Le droit coutumier n'admet que la première. *Ibid.*

Il n'y a que les citoyens jouissant des droits civils qui puissent transmettre leur succession. VII. 3. Ont cette qualité les Français naturels et les Français naturalisés. VII. 1, X. 628, 629. V. *Naturalisation.* Les étrangers ou aubains n'ont pas le droit de transmettre leur succession; elle appartient au roi. VII. 4, 5. X. 629 V. *Aubaine (droit d').* Exceptions au droit d'aubaine dans certains cas déterminés. VII. 5. Les Français, qui ont perdu les droits de citoyens par une abdication de leur patrie, ou par un établissement en pays étranger, sont aussi incapables de transmettre leur succession en France. VII. 5, 6. X. 629. Quand l'abdication de la patrie se présume? VII. 6. X. 629. V. *Français.* Il en est de même des morts civilement. VII. 6, 7. V. *Mort ci-*

vile. Des religieux, après qu'ils ont fait profession. 7. V. *Profession religieuse.* Des serfs mortaillables. *Ibid.* V. *Serf.*

Pour être capable de succéder, il faut exister lors de l'ouverture de la succession. VII. 8. X. 629. Il suffit d'avoir été conçu à cette époque, pourvu qu'on soit né viable. VII. 8, 9. X. 629. Quelle est la présomption? VII. 9. X. 629, 630. C'est à ceux qui ont intérêt à ce que l'enfant soit né viable, à prouver qu'il l'était effectivement. *Ib.* Dans le cas d'absence de l'héritier, lors de l'ouverture de la succession, est-ce à ses représentans à prouver son existence, pour exercer ses droits, ou aux autres prétendans à prouver son décès? VII. 9, 10. La présomption de vie de cent ans ne peut être invoquée par les premiers. VII. 10. X. 630. V. *Absent.* Pour être capable de succéder, il faut jouir de la vie civile. VII. 11. X. 630. Les aubains ne succèdent pas en France. *Ibid.* V. *Aubaine (droit d').* Exception en faveur des enfans aubains, mais domiciliés dans le royaume, qui concourent avec des enfans français ou naturalisés. *Ibid.* Autres exceptions. VII. 11, 12. Le Français, qui a a liqué sa patrie, perd le droit de succéder en France. VII. 12. X. 631. Celui, qui a perdu la vie civile par une condamnation à une peine capitale, le perd également. VII. 13. Nature de la condamnation, pour qu'elle produise cet effet. 13, 14. V. *Contumace. Mort civile.* Le religieux qui a fait profession, est aussi incapable de succéder. VII. 14, 15. X. 630. Le jésuite, congédié avant l'âge de trente ans, est censé n'avoir jamais perdu sa capacité. VII. 15. X. 630. V. *Profession religieuse.*

Il faut être parent du défunt,

446 SUC

SUC

pour être capable de lui succéder. vii. 16. x. 631. V. *Parenté*. Pour donner le droit de succéder, il faut que la parenté soit légitime et en degré successible. vii. 18, 19. x. 631, 632. Causes qui, sans donner atteinte à l'état civil d'un parent, le privent du droit de succéder. vii. 28. x. 632, 633. V. *Exhérédation. Indignité. Renonciation aux successions futures*. Coutumes qui excluent les filles mariées de la succession de leurs père et mère. vii. 43, 44. Cette exclusion n'a pas lieu sous les Coutumes de Paris et d'Orléans. *Ibid*. On succède différemment aux meubles et aux immeubles, et, parmi ceux-ci, aux propres et aux acquêts. 44.

Ordre de succéder en ligne directe. 45. Les enfans d'un défunt sont appelés à sa succession préférablement à tous les autres parens. vii. 45. x. 633. Le descendant le plus près dans la même ligne, exclut ceux qui le suivent. *Ibid*. Les enfans représentent leur père dans leur ligne pour succéder concurremment avec les autres descendans au même degré que lui. vii. 45, 46. x. 633, 634. V. *Représentation en ligne directe*. La succession, à défaut d'enfans, est déférée aux père et mère, ou autres ascendans du défunt. vii. 88, 89. x. 635, 636. Droit des novelles sur la succession des ascendans. *Ibid*. Droit des Coutumes de Paris et d'Orléans sur la succession des ascendans aux meubles et acquêts. vii. 89, 90. x. 636. Les ascendans ne succèdent pas aux propres qui ne sont pas de leur côté et ligne, à l'exclusion des collatéraux de la ligne de ces propres. vii. 90, 91. x. 636. C'est le sens de la règle : propre héritage ne remonte. *Ibid*. Cependant ils ont l'usufruit des

conquêts faits pendant la communauté, devenus propres naissans du côté du prédécédé en la personne de ses enfans. vii. 92. x. 636. Cette succession à l'usufruit a lieu en faveur des aïeux et aïeules, comme en faveur des père et mère. vii. 92, 93. Il faut qu'il y ait eu communauté entre les conjoints. 93. De quels *descendans* parle l'article des deux Coutumes, en disant : au cas que lesdits enfans décèdent sans enfans ou *descendans d'eux?* 93, 94. Les biens conquêts de communauté, et avenus aux enfans par le décès de l'un des conjoints, ne cessent pas d'être sujets à cet usufruit, parce que la séparation de biens aurait été, après leur acquisition, prononcée entre les époux. 95. *Secùs*, de ceux acquis depuis la séparation. *Ibid*. Le survivant peut-il succéder à l'usufruit des propres ameublis par le prédécédé, qui auraient passé à ses enfans par le décès du prédécédé? 95, 96. *Quid*, de ceux qu'il aurait ameublis lui-même? 96, 97. *Quid*, lorsque l'ameublissement est indéterminé? 97, 98. V. *Ameublissement*. Le survivant succède-t-il en usufruit aux conquêts de sa communauté, donnés par le prédécédé à son enfant, et auxquels l'enfant s'est tenu? 98. Si le conquêt a passé au petit-fils, le survivant y succédera-t-il en usufruit à son petit-fils? *Ibid*. Cet usufruit est accordé au survivant à titre de succession. 99. Il n'y a pas lieu dans les Coutumes qui ne s'en expliquent pas. *Ibid*. Les aïeux et aïeules sont héritiers de leurs enfans aux propres qui proviennent de leur côté et ligne. vii. 99, 100. x. 636. Ils succèdent aux héritages acquis par leurs enfans, qui se trouvent dans la succession de leurs petits-fils, lorsque ceux-ci ne laissent ni frères ni sœurs. VII. 100. Raison pour laquelle les frères et sœurs des petits-fils excluent les aïeuls et aïeules. *Ibid.* Les enfans des frères et sœurs les excluent-ils par représentation de leurs père et mère? 100, 101. Les neveux et nièces, ou oncles et tantes, descendus de l'aïeul du défunt, excluent-ils le bisaïeul et la bisaïeule? 101, 102. Les père et mère et autres ascendans, succèdent privativement à tous autres, aux choses par eux données à leurs enfans, décédés sans postérité. 102, 103. L'ascendant donateur est-il préféré à un autre ascendant, plus proche en degré, et du même côté? 103, 104. Cette préférence de l'ascendant a lieu même dans la succession de son petit-fils qui a succédé aux choses données à son père. 104. *Quid*, s'il le tenait à titre de donation, de son père premier donataire? *Ibid.* C'est à titre de succession que l'ascendant donateur succède aux choses par lui données à ses enfans. *Ibid.* V. *Réversion.* Autres cas auxquels les père et mère et autres ascendans, succèdent aux propres de leurs descendans. 105, 106.

En succession collatérale, les collatéraux les plus proches en degré du défunt, viennent ensemble à sa succession, et excluent ceux qui sont dans un degré plus éloigné. VII. 106. X. 637, 638. Limitation que souffre la règle par le droit de représentation. *Ibid.* V. *Représentation en collatérale.* Prérogative du double lien. VII. 119 *et suiv.* V. *Double lien.* Prérogative de masculinité dans la succession collatérale des fiefs. 129. Fondée sur ce que les filles autrefois n'étaient pas capables de posséder des fiefs. *Ibid.* V. *Fief.* C'est le sexe de la personne représentée qui doit être considéré, et non celui des représentans. *Ibid.* Le mâle, qui succède par représentation de sa mère, n'exclut pas ses sœurs qui la représentent avec lui. 130. Les neveux excluent-ils les nièces dans la subdivision par représentation des fiefs échus à leur souche? 130, 131. Récompense qu'ils se doivent mutuellement, lorsqu'il est échu à cette souche plus ou moins de biens féodaux qu'elle n'en amendait dans son lot. 131. Lequel doit l'emporter, en pareil degré, ou de la prérogative de la masculinité, ou de celle du double lien? 131, 132. Dans le droit romain, la succession du conjoint prédécédé, qui ne laissait pas de parens, était transmise au survivant. X. 639.

Comment on succède aux propres. VII. 133. V. *Propres.* Coutumes souchères, Coutumes de côté et ligne, Coutumes où est en vigueur la maxime *paterna paternis, materna maternis. Ibid.* Quelle disposition doit-on suivre dans les Coutumes qui ne se sont pas expliquées sur la succession des propres? 133, 134. Dans les Coutumes *paterna, paternis,* etc., les parens paternels excluent-ils la mère et les parens maternels, de la succession à un héritage avenu au défunt de la succession de son frère germain, qui le tenait lui-même du père commun? 134. Dans les Coutumes souchères, il suffit, pour succéder aux propres, d'être parent en quelque degré que ce soit, de celui qui les a mis dans la famille, pourvu qu'on soit le plus proche en degré du défunt. 134, 135. En pareil degré avec le défunt, celui, qui descend directement de celui qui a mis le propre dans la famille, est préféré à celui qui ne le touche que de parenté collatérale. 135. Lorsqu'il ne reste aucun parent de la ligne d'où le propre procède, les parens de l'autre ligne peuvent-ils y succéder? 135, 136, 137.

La succession s'ouvre par la mort naturelle du défunt. VII. 138, 139. X. 640. De quelle époque doit être présumée ouverte la succession d'un absent, dont la vie ou la mort est également incertaine? VII. 139. X. 640, 641. V. *Absent.* Comment les parens doivent se faire mettre en possession de la succession de l'absent? VII. 139, 140. X. 640, 641. Quelle est la présomption, lorsque deux personnes, héritières l'une de l'autre, sont mortes à peu près en même temps, pour déterminer laquelle a survécu et succédé à l'autre? VII. 140. X. 641, 642. La profession religieuse, valablement faite, donne ouverture à la succession de celui qui l'a fait. VII. 140, 141. V. *Profession religieuse.* La condamnation à une peine capitale, en faisant perdre la vie civile, donne aussi ouverture à la succession de celui qui est condamné. 141, 142. Cas où la condamnation est prononcée contre un contumace. *Ibid.* V. *Mort civile.* La succession est acquise à l'héritier du jour où elle est ouverte, selon la règle le mort saisit le vif. VII. 142. X. 602, 603. V. *Saisine.* L'héritier est saisi de cette manière non-seulement de sa part, mais de celles qui lui accroissent par les renonciations de ses cohéritiers. VII. 143. L'héritier plus éloigné en degré, qui accepte la succession après la renonciation de l'héritier plus proche, est censé saisi du jour de l'ouverture. *Ibid.* L'héritier est saisi sans aucun acte de volonté de sa part. 143, 144. Mais il ne peut être saisi malgré sa volonté; n'est héritier qui ne veut. VII. 144, 145. X. 703. La saisine reste suspendue jusqu'à l'acceptation ou la répudiation. VII. 144, 145. L'héritier, qui meurt sans s'être prononcé, transmet la faculté de renoncer à ses héritiers. *Ib.* La saisine fait passer, du jour de la mort du défunt, tous les droits et toutes les obligations en la personne de l'héritier. 145. La possession même des choses appartenant au défunt, passe à l'héritier. 145, 146. V. *Acceptation des successions. Bénéfice d'inventaire. Renonciation aux successions. Partage des successions. Rapport. Dettes des successions.*

V. *Etranger. Propre. Propriété. Retrait lignager.*

SUCCESSION AUX FIEFS. Droit d'aînesse, dans la ligne directe descendante. X. 139. V. *Aînesse (droit d').* Préférence des mâles sur les filles à pareil degré, dans la ligne collatérale. VII. 129, 130. X. 159.

SUCCESSION FUTURE ne peut être l'objet d'une obligation. I. 68, 69. V. *Obligation. Renonciation aux successions futures.*

SUCCESSION IRRÉGULIÈRE. On appelle ainsi la succession des bâtards, des religieux curés; celles qui sont déférées au roi et aux seigneurs. VII. 270. X. 675. Le roi seul succède aux biens délaissés par des aubains non naturalisés. *Ibid.* Et à ceux des bâtards morts *ab intestat. Ibid.* Cas où le seigneur haut-justicier peut succéder à ceux-ci. *Ibid.* Le haut-justicier succède par droit de déshérence aux citoyens décédés *ab intestat*, et sans héritiers. *Ibid.* Ceux qui succèdent ainsi, ne succèdent qu'aux biens, et non à la personne. VII. 271. X. 675. V. *Aubain. Bâtard. Déshérence.*

SUCCESSION VACANTE, est une véritable personne civile. VIII. 119. V. *Personne. Prescription trenténaire. Propriété. Succession.*

SUGGESTION. Il y a suggestion, lorsque le testateur a fait ses dispositions dans la vue de se délivrer des importunités de ceux qui l'y portaient. VII. 303. X. 533. De telles dispositions sont nulles. VII. 303, 304. La suggestion se prouve par écrit et par témoins. VII. 304. X. 533. Pour que la preuve par témoins soit admise, il faut que les faits de suggestion soient pertinens et circonstanciés. *Ibid.* La présence du légataire à la confection du testament, n'est pas un fait pertinent de suggestion. *Ibid.* La dictée des

dispositions du testateur par un tiers, est, dans certains cas, un fait pertinent de suggestion. *Ibid.* La suggestion, pour annuler un testament, doit avoir existé lors de la confection du testament. *Ibid.*

V. *Legs, Testament.*

SURCHARGE. V. *Mur mitoyen.*

SURETÉ. V. *Caution. Constitution de rente. Emploi. Hypothèque. Nantissement.*

SURVIE. V. *Don mutuel. Préciput conventionnel.*

SURVENANCE D'ENFANS. Quand elle annulle les donations et testamens. VII. 371, 372. V. *Legs. Testament.*

V. *Révocation des donations.*

SYMBOLE. V. *Tradition.*

# T

TACITE RECONDUCTION. V. *Reconduction.*

TAILLES. Deux parties d'un morceau de bois fendu en deux, dont deux personnes se servent pour marquer la quantité de fournitures que l'une d'elles fait journellement à l'autre. I. 450. X. 950. Elles tiennent lieu d'écritures, et font une preuve littérale. I. 450, 451. X. 950. V. *Preuve littérale.*

TAILLIS. V. *Récompense.*

TAUX LÉGAL. V. *Constitution de rente. Usure.*

TAXE. V. *Don mutuel. Office.*

TAXE DES DÉPENS. V. *Dépens.*

TÉMOIN. Différence entre les qualités des témoins appelés pour déposer d'un fait, ou pour être présens à la confection des actes. I. 479. Reproches qu'on peut proposer contre les témoins. *Ibid.* Les témoins peuvent être reprochés pour défaut de raison, tels que les enfans et les insensés. 479, 480. Pour défaut de bonne famé, tels que les infâmes et les décrétés de prise de cops. 480. Pour soupçon de partialité, tels que ceux qui ont quelqu'intérêt à la décision de la cause. *Ibid.* La déposition des parens ou alliés de l'une ou de l'autre ligne , jusqu'au quatrième degré inclusivement , est rejetée. 481. Ils ne peuvent déposer ni en faveur de la partie , ni contre elle. *Ibid.* On rejette aussi assez ordinairement les dépositions des serviteurs et domestiques. *Ibid.* Quelles personnes sont comprises sous ce nom? 481 , 482. V. *Serviteur.* On n'entend pas le témoignage des avocats, procureurs, tuteurs, ou administrateurs de la partie. 482. Les membres d'un corps ou communauté, ne peuvent témoigner en sa faveur; mais leurs parens le peuvent. *Ibid.* On rejette la déposition des témoins qui sont en procès avec la partie contre qui ils sont produits. 483. Distinction , pour l'admission du reproche , entre les procès civils et criminels. *Ibid.* Grande circonspection du juge dans ce cas. *Ibid.* Le soupçon de subrogation est aussi une cause de reproche. 484. Quand a-t-il lieu? *Ibid.* V. *Preuve testimoniale. Reproche.*

**Témoin instrumentaire.** Qualité qu'ils doivent avoir. x. 823 , 824.

**Témoin.** (Matière criminelle). V. *Confrontation. Information. Récolement.*

**Témoin testamentaire.** Pour être témoin d'un testament , il faut être citoyen français, jouissant de l'état civil. vii. 284, 285. x. 526, 527. Les religieux ne peuvent l'être , pas même les curés capables de recevoir les testamens. vii. 285. x. 527. La capacité putative d'un religieux , établi dans un lieu où on ignore sa profession religieuse, suffit pour qu'il puisse être témoin. x. 527. De même les novices, les morts civilement , les

condamnés à une peine infamante , les personnes décrétées de prise de corps, les femmes, les mineurs de vingt ans en pays coutumier, et les impubères en pays de droit écrit ne peuvent être témoins. vii. 285, 286. x. 527. Ne peuvent encore l'être , ceux qui ne savent signer ; les clercs , domestiques et serviteurs de celui qui reçoit le testament, et les légataires. vii. 286. x. 527. V. *Etranger. Testament. Testament mystique.*

**Temps.** Le temps n'éteint pas les obligations. i. 404. On peut néanmoins valablement convenir qu'on ne sera obligé que jusqu'à un certain temps. 404 , 405. Subtilités du droit romain sur l'extinction des obligations par l'expiration du temps. *Ibid.* Si celui , qui est obligé pour un certain temps, a été mis en demeure par une demande en justice avant l'expiration de ce temps, il ne peut plus se libérer que par le paiement. 405. Dans les obligations de ce genre , il faut soigneusement consulter l'intention des parties. *Ibid.* V. *Obligation.*

**Ténement de cinq ans.** Sorte de prescription de cinq ans , qui fait acquérir l'affranchissement de certaines rentes et hypothèques dont un héritage est chargé, à celui qui l'a possédé pendant cinq ans. viii. 479, 480. Cette espèce de prescription est admise par les Coutumes d'Anjou, du Maine, de Tours et de Lodunois; dispositions de ces Coutumes. 480, 481. Les dispositions de ces Coutumes embrassent les immeubles réels, et les immeubles incorporels. 481, 482. Quelles sont les espèces de charges des héritages ou autres immeubles, dont le ténement de cinq ans affranchit? 482. Ces Coutumes n'en exceptent que les rentes foncières créées par bail d'héritage. 482, 483. Toutes les hypothèques sans exception, même celles qui sont accessoires d'une rente foncière, sont purgées par le ténement de cinq ans. 483,484. Il en est de même du douaire. 485. Le ténement de cinq ans est restreint aux rentes, charges, et hypothèques dont l'héritage est chargé depuis trente ans. *Ibid.* Quelle que soit la personne qui les a établies. *Ibid.* Le véritable propriétaire de l'héritage peut seul opposer le ténement de cinq ans. 486. Cependant le possesseur avec juste titre est admis à l'opposer, tant que le propriétaire ne se présente pas. *Ibid.* Si l'acquéreur est un des enfans ou l'héritier présomptif de l'obligé auxdites charges, cet acquéreur n'en peut obtenir l'affranchissement que par la prescription de trente ans. 486, 487. Cette exception a été introduite pour empêcher les fraudes. 487. Exemple de fraude possible. 487, 488. Un second motif de cette exception est que la connaissance d'une telle rente parvient plus difficilement au créancier, que si elle était faite à un étranger. 488. Le fils du vendeur, qui a exercé le retrait lignager sur l'acquéreur de son père, peut-il opposer le ténement de cinq ans? 489. L'exception s'applique au petit-fils, quoique son père vive encore. 489, 490. Et au parent collatéral, héritier présomptif. 490. Il faut que l'acquéreur ait eu cette qualité dans le temps du contrat d'acquisition. 490, 491. L'exception s'applique aussi aux enfans du collatéral présomptif héritier. 491. La femme qui, à la suite de la séparation de biens, a reçu du mari un immeuble en paiement de ses reprises, peut-elle opposer le ténement de cinq ans de cet immeuble? 491, 492. Contre quelles personnes court la prescription du ténement de cinq ans? 492, 493. Court-elle contre les mineurs? *Ibid.* Court-elle contre l'église? 493, 494. Court-elle contre les absens? 494, 496. Quelle qualité doit avoir la possession, pour acquérir par le ténement de cinq ans? 495. Il faut qu'elle procède d'un juste titre. *Ibid.* V. *Titre.* Il faut que la possession ait été de bonne foi. 496. Qu'elle ait été naturelle, paisible, et non interrompue pendant le temps de cinq ans. *Ibid.* Enfin, il faut qu'elle ait été publique et notoire. 497. Elle commence à courir du jour où les créanciers ont la juste connaissance de l'acquisition. 498. *Quid,* lorsque le fermier ou usufruitier a acquis l'héritage, et a continué à y demeurer? 498, 499. Quand commence à courir la prescription de cinq ans, et quand est-elle censée accomplie? 499, 500. V. *Prescription de dix et vingt ans. Prescription de trente ans, et autres.*

TERME DE PAIEMENT. Espace de temps accordé au débiteur pour s'acquitter de son obligation. 1. 115. Terme de droit et terme de grâce. 115, 116. Différence du terme et de la condition. 116. V. *Condition.* L'effet du terme est de différer l'exigibilité de la dette jusqu'à ce qu'il soit révolu. *Ibid.* Le terme de droit a en outre l'effet d'empêcher la compensation jusqu'à ce qu'il soit arrivé. 116, 117. V. *Compensation.* Le terme est présumé apposé en faveur du débiteur seul,

29*

117. Excepté, dans les lettres de change. *Ibid.* Quand la dette peut être exigée avant le terme ? 117, 118. Du terme joint aux conditions. 118. Distinction entre le cas où il est apposé à la condition ou à la disposition. V. *Obligation. Paiement.*

Quand le terme accordé à l'acheteur pour le paiement, fait courir les intérêts. II. 129-132. V. *Intérêts. Prix.*

V. *Action ex empto. Caution. Legs. Lettres de change. Paiement. Tradition.*

TESTAMENT. Déclaration que fait une personne, selon la forme prescrite par la loi, de ses dernières volontés sur la disposition qu'elle entend faire de ses biens après sa mort. VII. 273. X. 522. Point de différence, en droit coutumier, entre les testamens et les codicilles. *Ibid.* Un testament ne peut être fait conjointement par deux personnes. VII. 274. X. 531. Exceptions pour les testamens des père et mère, contenant partage entre leurs enfans, et pour les donations mutuelles pour cause de mort entre époux. VII. 274, 275, 288. X. 531. Tout testament doit être rédigé par écrit. VII. 275. Il ne peut être fait par signes. *Ibid.* Le testament est olographe, solennel, mystique ou militaire. VII. 375. X. 524. V. *ces mots.*

Différentes dispositions que les testamens peuvent renfermer. VII. 291, 292, 293, 294. V. *Institution d'héritier. Legs. Substitution fidéicommissaire.* Les dispositions relatives aux obsèques du testateur, doivent être exécutées, pourvu qu'elles soient raisonnables. 295.

Différens vices qui peuvent se rencontrer dans les dispositions testamentaires et les annuler. VII.

295 *et suiv.* X. 531 *et suiv.* V. *Legs. Suggestion.*

Personnes capables, ou non, de faire un testament. VII. 309, 591. 592. X. 534. Les mineurs et les femmes mariées peuvent tester. *Ibid.* V. *Femme mariée. Mineur.* Pour tester, il faut jouir des droits de citoyen. VII. 309, 310. Les étrangers sont incapables de tester, sauf certaines exceptions. VII. 310. X. 534. V. *Etranger.* Les religieux, qui ont perdu l'état civil par la profession religieuse, ne peuvent pas faire de testament. VII. 310, 311. X. 335. V. *Profession religieuse.* Les condamnés à une peine qui emporte la privation de l'état civil en sont également incapables. VII. 311, 312. X. 535. V. *Mort civile.* La capacité de tester fondée sur l'état civil est requise tant au temps de la mort qu'au temps du testament. VII. 312. X. 535, 536. A quel âge peut-on tester ? VII. 313, 314. X. 536. Diversité des Coutumes sur ce point. *Ibid.* On suit la Coutume de Paris, qui est le droit commun. VII. 314. Le testament, fait par un homme en démence, est nul, quand même il n'aurait pas été interdit. 314, 315. Les héritiers peuvent l'attaquer, malgré la déclaration du notaire que le testateur était sain d'entendement. 315. L'interdit pour cause de prodigalité ne peut faire de testament. *Ibid.* V. *Interdit.* Les muets peuvent-ils tester ? *Ibid.* La loi, qui règle la capacité de tester, est un statut personnel; c'est celle du domicile du testateur qui doit être suivie. 316. Mais la loi, qui empêche de disposer des propres par testament, avant un certain âge, est un statut réel. *Ibid.* V. *Statut personnel ou réel.*

Incapacités de recevoir par testament. VII. 317. X. 536, 591, 592

Les religieux sont absolument incapables de recevoir par testament, si ce n'est à titre de pension viagère pour alimens. VII. 317, 318. X. 536. Il en est de même des condamnés privés de l'état civil. VII. 318. X. 536. Les communautés, corps, confréries, etc., etc., non autorisés, ou ayant fait vœu de pauvreté, ne peuvent rien recevoir par testament. VII. 318. X. 537. Les étrangers, quoique domiciliés, en sont aussi incapables. VII. 318, 319. X. 536. Les gens de main-morte ne peuvent recevoir par testament ni rentes constituées, ni héritages, ni droits réels. VII. 319. X. 537. Les legs qui leur sont faits ne peuvent être que mobiliers, et n'excèdent jamais la partie mobilière de la succession. *Ib.* V. *Gens de main-morte.* Toutes les personnes qui ont quelque pouvoir sur l'esprit du testateur, ne peuvent rien recevoir de lui par testament. VII. 320. X. 537. Application aux tuteurs, administrateurs, pédagogues, médecins, directeurs et confesseurs du défunt. *Ibid.* Les maris et femmes peuvent-ils se donner par testament? VII. 321. La concubine du testateur ne peut rien recevoir par son testament. *Ibid.* Les bâtards incestueux ou adultérins ne peuvent recevoir que des alimens. VII. 321. X. 538. Les bâtards ordinaires sont incapables de legs universels. *Ibid.* V. *Bâtard.* Les legs faits aux domestiques sont réductibles. VII. 321, 322. Incapacité qui résulte de la qualité d'héritier, nul ne pouvant être héritier et légataire. VII. 322. X. 538, 619. V. *Légataire.* Le testateur peut grever de legs et de fidéicommis, non-seulement son légataire, mais même son héritier. VII. 322, 323. V. *Substitution fidéicommissaire.*

Quelles sont les choses qui peuvent être léguées? VII. 324 *et suiv.* X. 539, 540. V. *Legs.* Jusqu'à quelle concurrence de ses biens un testateur peut-il léguer? VII. 328 *et suiv.* X. 541. V. *Réserve.* De l'exécution des testamens et des actions qu'ont les légataires. VII. 341 *et suiv.* X. 555. V. *Exécuteur testamentaire. Légataire. Legs.*

Comment un testament pouvait être rompu par le droit romain? VII. 370, 371. Chez nous, la mort civile du testateur, par condamnation capitale, annulle le testament. 371, 372. Il en est de même de la survenance d'enfans, à moins que, depuis la naissance, le testateur paraisse n'avoir pas changé de volonté. *Ibid.* V. *Mort civile.* Le testateur peut révoquer expressément ou tacitement, en tout ou en partie, un précédent testament. VII. 372. VI. 299. V. *Révocation des testamens et des legs.*

V. *Communauté légale. Don mutuel. Etranger. Puissance maritale.*

TESTAMENT AB IRATO. Est-il valable? VII. 298, 299. V. *Legs.*

TESTAMENT EN TEMPS DE PESTE. Sa forme, et après combien de temps il cesse d'être valable? VII. 290. X. 529.

TESTAMENT MARITIME. Ce que l'ordonnance prescrit à son égard. X. 529.

TESTAMENT MILITAIRE. Toute personne qui occupe des fonctions militaires peut faire un testament militaire. VII. 289. X. 529. Il faut, pour cela, qu'elle soit en expédition militaire, en quartier hors du royaume, prisonnière chez l'ennemi ou dans une place assiégée. *Ibid.*

Par qui ils peuvent être reçus? *Ibid.* Ils doivent être signés. vii. 289, 290. x. 529. Ils cessent d'être valables six mois après le retour du testateur dans un lieu où il puisse tester dans la forme ordinaire. vii. 290. x. 529.

TESTAMENT MYSTIQUE. Forme compliquée du testament mystique. vii. 287. Celui qui ne peut parler, peut cependant faire un testament mystique. 287, 288. On peut, pour le testament mystique, se servir de témoins qui ne savent pas signer, ou qui sont légataires. 288. Les héritiers institués ou substitués ne peuvent l'être. *Ibid.*

TESTAMENT NUNCUPATIF. Il se fait de vive voix, en présence de sept témoins, ou huit, lorsque le testateur est aveugle. vii. 287. V. *Témoin testamentaire.*

TESTAMENT OLOGRAPHE. Celui qui est écrit entièrement et signé de la main du testateur. vii. 275. x. 525. Il est admis dans tout le pays coutumier et dans quelques pays du droit écrit. *Ibid.* Doit-on suivre la loi du domicile du testateur ou celle du lieu où le testament olographe a été écrit? vii. 275, 276. Le testament olographe, pour être valable, doit être entièrement écrit, daté et signé de la main du testateur. vii. 276. x. 525. Un seul mot en interligne, d'une main étrangère, le rend nul. vii. 276, 277. x. 525. La date peut être écrite en chiffres. vii. 277. x. 625. La signature doit être à la fin de l'acte. *Ibid.* Les interlignes de la main du testateur sont valables. *Ibid.* Les ratures n'annullent que les dispositions raturées, et seulement lorsque les mots raturés sont

essentiels. *Ibid.* Lorsque la rature est illisible, elle peut quelquefois donner lieu à l'annulation de tout le testament. vii. 277, 278. x. 525. Le testament doit être déposé chez un notaire, pour qu'il en reste minute. vii. 278 x. 525. Si le testateur a fait profession religieuse, son testament est nul à défaut de ce dépôt avant sa profession. *Ibid.* Il doit être contrôlé et insinué. vii. 278, 279. Enfin, il doit être reconnu par les héritiers du testateur, sinon vérifié par experts. 279. V. *Vérification d'écritures.* Une lettre missive, par laquelle quelqu'un écrirait à un autre qu'il lui fait un legs, ne peut être considérée comme un testament. x. 525.

TESTAMENT SOLENNEL. Il doit être reçu par deux notaires, ou par un notaire et deux témoins. vii. 279. x. 525. Les témoins doivent être suffisamment désignés et nommés dans le testament. vii. 279, 280. x. 526. Le notaire écrit le testament, tel qu'il lui est dicté par le testateur. vii. 280. x. 527, 528. Il en fait lecture au testateur, et fait mention expresse de cette lecture. vii. 280. x. 528. Il le signe, et le fait signer par les témoins et le testateur. *Ibid.* Si ce dernier ne peut signer, il en est fait mention. *Ibid.* Les ratures non essentielles, quoique non approuvées, ne vicient pas l'acte. vii. 280. Les interlignes sont nuls, sans préjudicier au surplus. *Ibid.* Le testament doit être reçu par un notaire compétent. vii. 280, 281. Il n'est pas nécessaire que le testateur soit domicilié, ni les biens, dont il dispose, situés dans le territoire de la juridiction du notaire. *Ibid.* Le testament reçu par un notaire mineur est valable, lorsque les parties ont été de bonne foi. 281. Un notaire peut recevoir le testament de ses parens. *Ibid.* Les notaires royaux apostoliques peuvent recevoir les testamens des gens d'église. *Ibid.* Les curés, sous certaines Coutumes, peuvent les recevoir dans l'étendue de leur paroisse. VII. 282. X. 526. Un curé, interdit par le supérieur ecclésiastique, peut-il recevoir des testamens ? VII. 281, 282. Pour que le curé soit compétent, il n'est pas nécessaire que le testateur ait un domicile sur la paroisse. 283. Les chapelains de certains hôpitaux ont le droit de recevoir les testamens des malades. 283, 284. Dans certains lieux, les officiers municipaux et de justice ont droit de recevoir les testamens. *Ibid.* Les ecclésiastiques et autres personnes, qui reçoivent les testamens, doivent les déposer chez le notaire du lieu. 284. Nul ne peut recevoir un testament qui dispose en sa faveur, ou en faveur de ses parens jusqu'au degré de cousins-germains inclusivement. VII. 285. X. 526. Quelles personnes peuvent être témoins dans un testament ? VII. 284, 285, 286. V. *Témoin testamentaire.*

TERRAGE. V. *Champart.*

TIERCEMENT. Enchère du tiercement que l'on est admis à faire pendant huit jours d'un tiers en sus du montant de l'adjudication des biens saisis. IX. 253. V. *Adjudication par décret.*

TIERCE OPPOSITION. Opposition qu'un tiers, qui n'était pas partie dans l'instance, forme au jugement qui lui préjudicie. IX. 143. Elle peut être formée en quelque temps que ce soit. *Ibid.* Amende qu'encourt celui qui la forme mal à propos. *Ibid.* V. *Opposition.*

TIERS. V. *Ecritures privées. Titre authentique.*

TIERS-DÉTENTEUR. Action hypothécaire à laquelle il est soumis. VIII. 544 *et suiv.* X. 47, 830, 831. Exceptions qu'il peut opposer. VIII. 546 *et suiv.* De quelles impenses il est tenu ? 550. V. *Impenses.* Il peut exiger la subrogation aux droits et actions du créancier dont il paie la dette, ou auquel il délaisse l'héritage. 554, 555. Quand il est tenu des dégradations ou des fruits ? 557. V. *Action hypothécaire.*

V. *Addictio in die. Déguerpissement. Pacte commissoire. Possesseur. Réméré. Rescision.*

TIERS-ÉTAT. VIII. 1, 20. V. *Personnes.*

TIRÉ. Obligations du tiré envers le tireur d'une lettre-de-change. III. 160, 161. Ce dernier a contre lui l'action directe de mandat. *Ibid.* V. *Lettre-de-change.*

TIREUR. Obligations du tireur d'une lettre-de-change envers le tiré. III. 162 *et suiv.* Ce dernier a contre lui l'action contraire de mandat. *Ibid.* V. *Lettre-de-change.*

TITRE. On appelle ainsi tout contrat ou acte en conséquence duquel quelqu'un a été mis en possession d'une chose. VIII. 414. Le juste titre est celui qui est de nature à transférer la propriété. 212, 253, 414, 495. L'opinion d'un juste titre, quoique erronée, équivaut au titre. 241. Pour prescrire, il faut posséder en vertu d'un juste titre. 414. Différentes espèces de justes titres qui peuvent servir de base à la prescription. 415 *et suiv.* V. *Prescription de dix et vingt ans. Ténement de cinq ans.*

Personne ne peut se faire de titre à soi-même. I. 444, 445, 447.
Il vaut mieux ne pas avoir de titre
que d'en avoir un vicieux. VIII. 330.
V. *Possession.* Les titres sont les
accessoires de la chose vendue. II.
21. V. *Accessoires.*

TITRE AUTHENTIQUE. Acte reçu
par un officier public avec les solennités requises. I. 437. Il faut
qu'il soit reçu dans le lieu où l'officier public a le droit d'instrumenter. *Ibid.* L'acte authentique, nul
par l'incompétence ou l'interdiction de l'officier, ou par défaut de
forme, vaut comme écriture privée,
s'il est signé des parties. *Ibid.* V.
*Notaire.* L'acte authentique original
nal fait pleine foi par lui-même de
son contenu. 437, 438. Quand il a
besoin d'être légalisé. *Ibid.* Il ne
peut être attaqué que par l'inscription de faux. *Ibid.* V. *Faux incident.* Il fait foi contre ceux qui y
ont été parties, leurs héritiers, et
ceux qui sont à leurs droits, de
tout le dispositif de l'acte. *Ibid.* Il
fait foi aussi de ce qui y est exprimé en termes énonciatifs, lorsque
les énonciations ont un trait à la
disposition. 438. L'acte authentique ne fait foi contre les tiers que
de l'existence de la convention.
439. Il ne fait pas foi contre eux
des énonciations qu'il contient, à
moins qu'elles ne soient soutenues
d'une longue possession. *Ibid.* Un
inventaire, dans lequel il a été dit
qu'il a été trouvé une obligation
contre un tel, fait-il foi de la dette
contre le débiteur qui est un tiers ?
440. V. *Écritures privées.*

TITRE COLORÉ en matière de bénéfices. V. *Complainte.*

TITRE EXÉCUTOIRE. On appelle
ainsi un acte devant notaires, portant obligation, ou un jugement de
condamnation. VIII. 543. X. 855. V.
*Acte exécutoire. Saisie-exécution.*

TITRE LUCRATIF. Une personne
ne peut posséder en même temps
la même chose à deux titres lucratifs différens. I. 392, 393. V. *Extinction de la chose due. Propriété.*

TITRE NOUVEL. V. *Titre recognitif.*

TITRE PRIMORDIAL. Premier titre
passé entre les parties entre lesquelles une obligation a été contractée. I. 447. V. *Titre recognitif.*

TITRE RECOGNITIF. On appelle
ainsi celui qui est passé par les débiteurs, leurs héritiers ou successeurs, depuis le titre primordial. I.
457. Il y en a de deux espèces, ceux
appelés *ex certâ scientiâ,* et ceux *in
formâ specificâ.* I. 457. III. 73. Dans
les premiers, la teneur du titre primordial est relatée ; ils dispensent
de le représenter. *Ib.* Les seconds
ne contiennent pas la teneur du
titre primordial ; ils ne le confirment qu'autant qu'il est vrai, sans
dispenser de le représenter. *Ib.*
Plusieurs titres recognitifs confor-
mes, dont quelqu'un est ancien, ou
un seul ancien, soutenu de la possession, équipollent au titre primordial, et dispensent de le rapporter. *Ibid.* Le reconnaissant ne
peut être obligé à rien de plus, ou
de différent, de ce qui est porté par
le titre primordial. I. 457, 458. Si
le titre recognitif reconnaît moins
qu'il n'est porté par le titre primordial, et qu'il y ait plusieurs reconnaissances uniformes, qui remon-
tent à trente ans, il y a prescription pour le surplus. 458. V. *Rente
constituée. Titre primordial.*

TOUR D'ÉCHELLE. Espace que celui, qui bâtit, laisse au-delà de son bâtiment ou de son mur. III. 555. La loi romaine obligeait tout voisin à le conserver en faveur de son voisin. *Ib.* Chez nous, il faut avoir un titre pour l'exiger. 555, 556. Il est incompatible avec le droit d'acquérir la mitoyenneté du mur du voisin, afin d'appuyer sur lui son bâtiment. *Ibid.* V. *Mur mitoyen. Voisinage.*

TOURNE. V. *Partage. Soulte.*

TRADITION. Translation que fait une personne à une autre de la possession d'une chose. VIII. 198. Différentes espèces de traditions. II. 145. VIII. 198. x. 41, 42. La tradition réelle est celle qui se fait par une préhension corporelle de la chose. *Ibid.* Comment elle a lieu, quand il s'agit d'un meuble corporel, d'un fonds de terre, ou d'une chose qui tient à mon héritage ? 198, 199. La tradition a force par elle-même, par le seul consentement de celui qui la tolère. 199. La tradition symbolique est celle par laquelle on remet entre les mains de quelqu'un, non la chose même, mais quelque chose qui la représente, et qui la met en son pouvoir. II. 146. VIII. 199. x. 41, 42, 935. Elle est équivalente à la tradition réelle. II. 146. VIII. 200. x. 42. Exemples. *Ibid.* La tradition *longæ manús* est celle qui consiste dans la seule montrée de la chose, sans aucune préhension corporelle, avec la faculté de s'en mettre en possession. II. 146. VIII. 200. x. 935. Elle est équivalente à la tradition réelle. *Ibid.* Elle s'applique à une somme d'argent, et aux héritages. VIII. 201. La marque, qu'un acheteur met, du consentement du vendeur, aux choses qu'il lui a ven-

dues, tient lieu de tradition, quand les choses sont d'un grand poids. 201, 202. La tradition par la fiction *brevis manús* consiste à feindre que quelqu'un m'a rendu une chose qu'il tenait de moi, et que je la lui ai livrée incontinent de nouveau, pour la posséder dorénavant à titre de vente ou de donation. II. 146. VIII. 202, 203. x. 42. Quand elle s'emploie. *Ibid.* Il y a des clauses qu'on appose aux contrats de vente ou de donation ou autres semblables, qui sont censées renfermer une tradition feinte. VIII. 203. x. 43. Telles sont les clauses de constitut, de précaire, de rétention d'usufruit. VII. 453, 454. VIII. 203, 204. x. 469. V. *Constitut. Précaire. Usufruit.* Autres clauses qui contiennent également tradition feinte. VIII. 204. Clauses de dessaisine-saisine, sous la Coutume d'Orléans. VII. 204, 205. x. 46. 516, 517. Les choses incorporelles ne sont pas susceptibles de véritable tradition. II. 147. VIII. 205. x. 43. A l'égard des droits réels tels que les servitudes, elle consiste dans l'usage et dans la tolérance de celui qui la souffre. *Ib.* A l'égard des créances, la tradition ne peut s'en faire que par la signification qui est faite du transport à celui qui en est le débiteur. II. 147. VIII. 205, 206. x. 43. 469. 470. V. *Transport.*

Conditions pour que la tradition transfère la propriété. II. 147. VIII. 207. x. 44. Il faut, en premier lieu, que la tradition se fasse par le propriétaire de la chose, ou de son consentement. II. 147. VIII. 207. Un consentement général et implicite suffit. VIII. 208. C'est au temps de la tradition que doit intervenir le consentement du propriétaire. *Ibid.* La tradition faite par un mandataire en son nom, et non en celui du mandant pour lequel il était chargé de la faire, transfère-t-elle la propriété? 209. La tradition de la chose vendue sur saisie, ou sur licitation, quoique faite sans le consentement du propriétaire, est valable. 209, 210. Pour que la tradition transfère la propriété, il faut, en second lieu, qu'elle soit faite par une personne capable d'aliéner ou de son consentement. II. 151. VIII. 210. La tradition de la chose d'autrui ne donne que la possession de bonne foi. II. 151. La tradition faite par un débiteur insolvable, même en fraude de ses créanciers, est valable. VIII. 211. Il en est de même de celle faite par le grevé de substitution. *Ibid.* La tradition ne peut transférer la propriété qu'autant qu'elle est faite en vertu d'un titre vrai ou putatif. 212. V. *Titre.* Elle la transfère en vertu d'un titre putatif, sauf l'action *condictio indebiti.* V. *Condictio indebiti.* Le consentement réciproque des parties doit intervenir sur la tradition. 213. Il doit d'abord intervenir sur la chose qui en fait l'objet. *Ibid.* Et sur la personne à qui se fait la tradition. 214. Il n'est pas toujours nécessaire que celui qui reçoit la tradition soit une personne déterminée à qui on ait voulu la faire. *Ib.* Il faut encore que le consentement intervienne sur la translation de propriété. *Ibid. Quid,* si l'acheteur a acheté une chose qu'il croyait faussement ne pas appartenir à son vendeur? 214, 215. La tradition faite par un tuteur ou un procureur, en cette qualité, d'une chose qu'il ne savait pas lui appartenir, ne transfère pas la propriété. 215. Autre cas. *Ibid.* Faut-il que le consentement

intervienne aussi sur la cause pour laquelle se fait la tradition? 216.

Condition particulière à la tradition qui se fait en exécution d'un contrat de vente. *Ibid.* La tradition ne transfère la propriété, dans ce cas, qu'après le paiement du prix ou lorsque l'acquéreur a été satisfait sur ce paiement. II. 150. VII. 216, 217. Lorsque le vendeur a vendu sans terme pour le paiement, il n'est dessaisi de la propriété qu'après le paiement. VIII. 217, 218. Le terme exprès vaut paiement. II. 150. Il en est de même si le vendeur a suivi la foi de l'acheteur. 151. Une chose vendue à deux acquéreurs appartient à celui auquel elle a été livrée. 148. Les créanciers peuvent saisir la chose vendue et non livrée par leur débiteur. *Ibid.* Cela n'a pas lieu dans le cas où il y a eu tradition feinte, constatée par un acte authentique. 148, 149. Dispositions sur ce point de la Coutume de Paris. VIII. 218. V. *Vente.*

L'effet de la tradition est de transférer le droit de propriété à celui à qui elle est faite. *Ibid.* Elle le transfère tel que l'avait le précédent propriétaire. 218, 219. La tradition faite par le propriétaire putatif a encore pour effet de servir de base à la prescription. II. 151. VIII. 219. La seule convention peut-elle faire passer le domaine de propriété d'une personne à une autre, sans la tradition? VIII. 219, 220, 221. Opinion de Grotius et de Puffendorf. *Ibid.* C'est un principe reçu dans la jurisprudence que la propriété ne peut passer d'une personne à une autre que par une tradition réelle ou feinte de la chose. 221. Exceptions à ce principe. 221, 222. Ses conséquences. 222. V. *Propriété.*

V. *Avantage entre époux. Donation entre-vifs. Jus in re. Possession. Retrait lignager. Vente.*

TRANSACTION. Convention qui se fait sur des prétentions pour lesquelles il y avait entre les parties procès mû, ou prêt à mouvoir. 1. 22. N'est pas sujette à la rescision pour cause de lésion. *Ib.* V. *Lésion.* Cas où elle a quelque rapport avec la vente. II. 286, 287. VI. 100, 101. IX. 649, 650, 651, 777.

V. *Procuration générale. Propre. Propre de communauté. Remploi. Retrait lignager. Tuteur.*

TRANSPORT. Des rentes et créances. II. 244. Différence du *transport-cession* et du *transport de simple délégation.* 245. Le *transport-cession* contient une vente et l'autre seulement une *indication* du paiement. *Ibid.* Différence de celle-ci et de la novation. *Ibid.*

La vente des rentes n'est parfaite que par la signification du transport. 246. Cette signification est pour les créances ce qu'est la tradition pour les choses corporelles. II. 245, 246. VIII. 205, 206. Il en est de même de l'acceptation du transport, ayant date certaine, faite par le débiteur. VIII. 206. Faute de signification ou d'acceptation, la propriété de la créance n'est pas transférée au cessionnaire. *Ibid.* Exception au principe pour les lettres-de-change, les billets à ordre, et les billets ou papiers payables au porteur. 206, 207. Conséquences du principe relativement aux paiemens et aux saisies faits avant la signification. II. 246, 247. V. *Propriété. Tradition.*

Le vendeur d'une rente ou d'une créance est tenu de délivrer les titres et de la garantir. 247. Garan-

tie de droit qui a lieu sans convention. *Ib.* Garantie de fait qui consiste à garantir la solvabilité du débiteur. 247, 248. Est-elle comprise dans ces termes : *Garantir de tous troubles et empêchemens quelconques?* 248 Garantie de fournir et faire valoir, *Ib.* A quoi elle oblige? 248, 249. Elle donne à l'acheteur son recours contre le vendeur à défaut de paiement. *Ibid.* Pourvu que l'acheteur ne soit pas en faute. 249, 250. Mais il faut, pour cela, que le débiteur soit insolvable. 250. L'acheteur doit discuter ses biens. *Ibid.* Sur quels biens doit porter la discussion? 250, 251. Elle se fait aux risques de celui qui la réclame. 251. Garantie de fournir et faire valoir après simple commandement. 251. En quoi elle diffère de celle qui précède? *Ibid.* Clause équipollente à celle de fournir et faire valoir. 251, 252.

Le vendeur ne doit rien dissimuler de ce qu'il sait sur la créance qu'il vend. 252. Peut-on acheter une créance pour un moindre prix que la somme due? 252, 253. Cela est licite dans le for extérieur, quand la solvabilité du débiteur n'est pas garantie. 253. S'il n'y a pas de garantie à courir, cela n'est pas licite dans le for de la conscience. 253, 254. Il y a lieu à restitution. 254. Comment doit-elle avoir lieu, si le débiteur est devenu insolvable par cas fortuit depuis la vente? 254, 255 Distinction entre le for extérieur et le for intérieur. 256. Le prix peut être moindre, quand le paiement doit être fait autre part qu'au lieu de la vente. *Ibid.* Dans le for extérieur, une rente peut être achetée pour un prix moindre que son principal, 256, non dans le for intérieur. *Ibid.* Elle ne peut l'être, si la vente est faite avec la clause de fournir et faire valoir, 256, 257, sans quoi il y aurait usure. *Ibid.* Elle peut l'être, même avec cette clause, lorsque la rente est au-dessous du fur de l'ordonnance. 257. Dans ce cas, le vendeur peut toujours la racheter pour le même prix. 257. V. *Rente constituée.* Quand même ce serait une rente foncière. 257, 258. L'acheteur peut s'y refuser, en le déchargeant de la clause de faire valoir. *Ibid.* L'acheteur est-il tenu de faire raison au vendeur de ce qu'il a reçu de plus que le prix de la rente, par le rachat que le débiteur lui en a fait? 258. V. *Acheteur. Garantie. Vendeur. Vente de droits litigieux.*

V. *Avantage entre époux. Endossement. Lettre-de-change. Paiement. Réalisation. Saisie-arrêt. Subrogation.*

Trésor. Le trésor appartient-il par droit d'invention à celui qui le trouve, ou par droit d'accession au propriétaire du lieu où il est trouvé? VIII. 141. Les lois romaines le partageaient entre eux. *Ibid.* Chez nous, le seigneur haut-justicier, l'inventeur et le propriétaire du lieu, en ont chacun un tiers. *Ibid.* Pour que l'inventeur ait des droits, il faut que le trésor ait été trouvé par cas fortuit. *Ibid.* On n'entend par trésor qu'une chose dont on n'a aucun indice à qui anciennement elle ait appartenu. 141, 142. V. *Epave. Invention.*

V. *Acquéreur (retr. lign.). Communauté légale. Epave. Réméré. Rescision. Usufruit.*

Trouble apporté à la possession, de fait ou de droit. VIII. 364. IX. 166. V. *Complainte.* Comment l'acheteur peut être troublé relative-

ment à la chose vendue? II. 47. V. *Garantie.* Trouble apporté à la jouissance du locataire ou fermier. III. 266 *et suiv.* V. *Louage des choses.*

Tutelle. Droit attribué à quelqu'un par une autorité publique, pour gouverner la personne et les biens d'un mineur. VIII. 62. Différence entre la tutelle du droit coutumier et celle du droit romain. *Ibid.* La tutelle légitime s'appelle *garde* sous certaines Coutumes. 63. V. *Garde bourgeoise. Garde-Noble.* Comment la tutelle légitime est déférée par les Coutumes, et notamment par la Coutume d'Orléans? VIII. 63, 64. X. 280. De la tutelle dative. VIII. 64, 65. X. 280. Comment elle se donne? *Ibid.* De la composition du conseil de famille. VIII. 65. Nul ne peut être élu tuteur, s'il ne jouit des droits civils. *Ibid.* Conditions et règles de l'éligibilité. VIII. 65, 66. X. 280, 281. Causes d'excuses de la tutelle. VIII. 66, 67. X. 280, 281. Différence entre les excuses d'une tutelle déjà acceptée ou non encore acceptée. VIII. 67. Le tuteur, qui se fait décharger de la tutelle, a-t-il la répétition des frais qu'il fait pour y parvenir? 67, 68. Comment finit la tutelle? VIII. 76, 77. X. 283, 284. V. *Tuteur. Tutelle dative.*

Tutelle dative. V. *Tutelle.*

Tutelle légale. V. *Garde-Noble. Puissance paternelle.*

Tuteur. Le tuteur a l'administration de la personne et des biens du mineur. VIII. 68. Pouvoir du tuteur sur la personne du mineur. 68, 69. Pouvoir sur ses biens. 69. Tout ce qu'il fait par rapport à eux a la même efficacité que si ces biens lui appartenaient. *Ibid.* Actes que peut faire le tuteur au nom du mineur. 1. 44, 45, 47. 111. 28, 29. viii. 70, 71. x. 282. Il ne peut aliéner volontairement ses immeubles. viii. 71. Il peut être forcé à une aliénation nécessaire. 72. Obligations du tuteur. *Ibid.* Serment. viii. 72, 73. x. 280. Inventaire et formalités relatives aux meubles du mineur. viii. 73. Le tuteur doit faire rentrer les deniers dus au mineur, sous sa responsabilité. viii. 73, 74. x. 281, 282. Il est tenu de faire emploi des deniers qu'il a entre les mains. viii. 74, 75. Il doit entretenir en bon état les héritages du mineur. 75. Grosses réparations. *Ibid.* Le tuteur ne peut aliéner les fonds du mineur, ou entamer ses capitaux pour ses alimens et son éducation. 75, 76. *Secùs*, pour son établissement. 76. Si les revenus sont considérables, la famille règle les sommes à employer pour les alimens et l'éducation du mineur. viii. 76. x. 283. La tutelle finie, le tuteur doit rendre compte de son ad-

ministration. viii. 78. x. 282, 283. Toute transaction entre lui et le mineur devenu majeur, avant ce compte rendu, est nulle. *Ibid.* Comment ce compte doit être fait? *Ibid.* Quelles choses doivent y entrer? *Ibid.* Justifications qui doivent l'accompagner. viii. 79, 80. x. 282. Il est rendu aux frais du mineur. viii. 80. La somme formant le reliquat du compte, produit de plein droit intérêts jusqu'au paiement. *Ibid.* Hypothèque du mineur sur les biens du tuteur. *Ibid.* Contrainte par corps contre le tuteur. *Ibid.* V. *Tutelle.*

V. *Constitution de rente. Contrainte par corps. Donation entrevifs. Hypothèque. Legs. Louage des choses. Mariage. Puissance paternelle. Retrait lignager.*

Turbes. L'ancien usage des enquêtes par turbes est abrogé, et remplacé par des actes de notoriété, qui servent à fixer le sens douteux des Coutumes. ix. 56.

# U

Union. Union réelle et union civile. 11. 311. Union naturelle, union industrielle, et union de simple destination. 576. *Accession. Déguerpissement. Propre de communauté. Retrait lignager. Substitution fidéicommissaire.*

Usage. Il doit être suivi relativement aux vices rédhibitoires de la vente. V. *Vice rédhibitoire.*
V. *Jus in re. Prêt à usage. Usance.*

Usance. Temps qu'il est d'usage

d'accorder dans un pays pour le paiement des lettres-de-change. 111. 126, 127. Réglé à trente jours par l'ordonnance de 1673. *Ibid.* Il court du jour de la lettre. 127. V. *Lettre-de-change.*

Usucapion. Ce qu'elle était dans l'ancien droit romain. viii. 390. V. *Prescriptions.*

Usufruit. Le droit d'usufruit consiste à percevoir les fruits de la chose dont on a l'usufruit. v. 483. x. 410. Quand commence l'usufruit de la douairière et du titulaire de bénéfice. 483 , 484. Tout usufruitier peut céder son droit d'usufruit, sans le consentement du propriétaire. 11. 243. v. 484, 485. Le propriétaire a-t-il la préférence sur l'étranger à qui l'usufruit a été cédé? *Ibid.* Coutumes qui le décident à l'égard de l'usufruit cédé par la douairière. v. 485.

L'usufruit comprend la jouissance des fruits naturels et des fruits civils. *Ibid.* Les fruits naturels sont tout ce qu'une chose produit et reproduit. *Ibid.* V. *Fruits.* L'usufruitier n'a aucun droit sur les carrières , à moins qu'elles ne fussent inépuisables , ou que ce fût pour les réparations de l'héritage. 485, 486. Un trésor n'est pas considéré comme fruit de la terre où il est trouvé. 486. V. *Trésor.* Les bois de haute futaie ne sont pas considérés comme fruits. *Ibid.* L'usufruit ne peut les abattre, si ce n'est pour les réparations, ou pour les charges annuelles de l'héritage. 486, 487. Il en est autrement des bois taillis. *Ibid.* Les fruits sont acquis à l'usufruitier par leur perception. 487. Ils sont censés perçus , quand ils sont séparés de la terre où ils étaient pendans. *Ibid.* Exception à ce principe à l'égard des bois sujets au droit de gruerie sous la Coutume d'Orléans. 487, 488. V. *Gruerie.* L'usufruitier doit-il rembourser les frais de labour et semences des fruits pendans à l'ouverture de l'usufruit? 488, 489. *Quid*, de la douairière, commune en biens, ou qui a renoncé? *Ibid.* Les fruits civils sont les revenus d'une chose qui ne consistent qu'en droits et créances. 492. V. *Fruits.* Ils sont acquis à l'usufruitier , aussitôt qu'ils sont nés , et ils sont nés dès qu'ils commencent à être dus.

*Ibid.* Les fermes sont dues après la récolte ; les loyers et les arrérages de rentes se comptent de jour à jour. 490, 491. Les droits honorifiques d'une terre sujette à usufruit ne sont pas considérés comme fruits civils , et n'appartiennent pas à l'usufruitier. 491. Droits honorifiques qui sont cependant accordés à la douairière. 491, 492. L'usufruitier a la jouissance des choses accessoires à celles dont il a l'usufruit. 493. Il jouit des servitudes actives du fonds sujet à l'usufruit. 493, 495. Application du principe à la douairière. *Ibid.*

L'usufruitier doit jouir en bon père de famille des héritages dont il a l'usufruit. 494, 495. Ce qu'on entend par jouir en bon père de famille. *Ib.* Si l'usufruitier contrevient à cette obligation, le propriétaire a action contre lui. 495, 496. L'usufruitier ne peut changer la forme de l'héritage, ni le convertir à d'autres usages. v. 496, 497, 498. x. 410. Quand même la nouvelle forme le rendrait plus précieux , et d'un plus grand revenu. *Ibid.* Action qu'a le propriétaire contre l'usufruitier qui contrevient à cette obligation. v. 498. L'usufruitier est tenu de donner caution de jouir en bon père de famille , et de rendre les choses dans le même état. 499. V. *Caution.* Dispositions des Coutumes sur cette caution , et sur celle qui est due par la douairière. 499, 550. *Quid*, dans les Coutumes qui ne se sont pas expliquées sur la caution de la douairière? 500, 501.

L'usufruitier est-il tenu d'entretenir les baux faits par le propriétaire ? v. 501 , 502. x. 409. L'usufruitier est tenu d'acquitter les charges foncières de l'héritage sujet à l'usufruit , pendant tout le temps qu'il dure. v. 502, 503. De quelles charges est-il tenu, lorsque l'héritage est féodal ? 503, 504. Doit-il le droit des relevoisons à plaisir établi par la Coutume d'Orléans? v. 504, 505. vi. 667. Application de ces principes à la douairière. *Ibid.*

L'usufruitier est tenu de toutes les réparations d'entretien qui sont à faire pendant l'usufruit. v. 506. vi. 663. Quelles réparations sont réputées d'entretien, ou grosses réparations? 506, 507. V. *Réparations.* L'usufruitier peut-il s'affranchir des réparations d'entretien en abandonnant l'usufruit ? 506. Cas où les réparations soit grosses, soit d'entretien, auraient été nécessitées par le fait de l'usufruitier ou du propriétaire. v. 506, 507. vi. 663. L'usufruitier n'est pas tenu des réparations d'entretien qui étaient à faire lors de l'ouverture de l'usufruit. v. 507. Peut-il obliger l'héritier à les faire ? 507, 508.

Le propriétaire doit laisser jouir l'usufruitier tant qu'il ne mésuse pas de son droit. 508, 509. Il ne peut rien détruire de ce qui est sur l'héritage chargé d'usufruit. 509. Il peut cependant abattre des bois pour les grosses réparations. *Ibid.* Le propriétaire ne peut faire sur l'héritage sujet à l'usufruit, aucune construction non nécessaire, quand même il en serait bonifié. 509, 510. Il ne peut établir, ni remettre aucune servitude au préjudice de l'usufruitier. 510, 511. Il peut faire ce qu'il lui plaît sur un héritage voisin de celui sujet à l'usufruit, quoique l'usufruit en soit gêné. 511, 512. Il est obligé de retirer de l'héritage toute chose à lui appartenante qui serait obstacle à l'usufruit. 512. L'usufruitier peut-il obliger le propriétaire à faire les grosses réparations ? v. 512, 513. vi. 663, 664. Le propriétaire, qui les a faites, peut-il exiger de l'usufruitier le paiement de l'intérêt du prix qu'elles ont coûté, pendant le temps de l'usufruit, à proportion de ce qu'elles augmentent sa jouissance ? vi. 664, 665. L'usufruitier ne peut être contraint à rebâtir la maison. v. 513. Le propriétaire doit-il rembourser aux héritiers de l'usufruitier, les impenses faites sur l'héritage par leur auteur, et dont il profite ? 533, 534. Les améliorations viennent-elles au moins en compensation avec les dégradations? 534.

L'usufruit s'éteint par la mort naturelle de l'usufruitier. 514. S'éteint-il par la mort civile ? 514, 515. V. *Mort civile.* Il s'éteint par la remise que l'usufruitier en fait au propriétaire. 515. Il s'éteint par le non-usage pendant trente ans. 515, 516. Lorsque l'usufruitier n'a joui ni par lui-même, ni par un autre qui ait joui en son nom. 516. L'usufruitier est censé jouir par cela seul qu'il a touché le prix de son usufruit vendu, ou les loyers, lorsqu'il l'a loué. 517. L'usufruit s'éteint par la résolution du droit du constituant, lorsqu'elle provient d'une cause ancienne et nécessaire. 518. Par la consolidation de la propriété et de l'usufruit dans la même main. 518, 519. L'usufruit revit-il, lorsque le titre de l'acquisition, que l'usufruitier a fait de la propriété, n'est détruit que pour l'avenir, quoique par une cause ancienne et nécessaire ? 519, 520. L'usufruit s'éteint par l'extinction de la chose qui y est sujette. 520. *Quid,* lorsque la chose n'a fait que changer de forme? 520, 521, 522. V. *Consolidation. Extinction de la chose.*

V. *Apport. Don mutuel. Garan-*

tie. *Jus in re. Récompense. Retrait lignager. Preneur ( bail à rente ). Vente d'usufruit.*

USUFRUIT LÉGAL. V. *Don mutuel. Douaire de la femme. Garde-noble.*

USUFRUITIER. On ne peut être usufruitier de sa propre chose. II. 145, 146. V. *Usufruit.*

USURE. Tout ce que le prêteur exige de l'emprunteur de plus que le sort principal. IV. 76. Il y en a deux espèces, l'usure lucrative et l'usure compensatoire, qui n'est connue que sous le nom d'intérêts. *Ibid.* Injustice que renferme l'usure. 77, 78. Elle est défendue par l'Ecriture-Sainte et la tradition. 78-85. Elle l'est aussi par les ordonnances de nos rois. 85, 86. Opinion de ceux qui pensent que les prêts de commerce peuvent être légitimement stipulés avec des intérêts. 86, 87. Suivant eux, il n'y a que l'argent prêté pour un usage de consomption qui ne puisse produire des intérêts. 87. Mais l'argent prêté pour un usage d'emploi et d'accroissement, tel que dans les prêts de commerce, peut en produire. 88. Les prêts de commerce sont plutôt un bail à intérêt de la valeur prêtée, qu'un prêt de consomption. 88, 89. Les textes de l'Ecriture-Sainte ne s'appliquent qu'aux prêts faits aux pauvres. 89, 90. Mais cette distinction entre les prêts de consomption et ceux faits pour un usage d'emploi et d'accroissement, est impossible dans la pratique. 90, 91. Elle n'a aucune solidité par elle-même. 91. Le profit, que

fait le commerçant sur l'argent prêté, n'est pas une raison pour que j'exige des intérêts de lui. 91, 92. Il a fait ces profits sur une chose qui lui appartenait. 92. Car la propriété de la chose est transférée à l'emprunteur par le prêt de consomption. *Ibid.* Il ne peut être considéré comme un louage. 92, 93. V. *Louage des choses.* Quant au profit, dont se prive le prêteur, il peut, en certains cas, exiger des intérêts compensatoires au taux légal. 93. V. *Intérêts compensatoires.* On ne peut, afin d'obtenir des intérêts, se prévaloir de ce que, dans la vente, quoique la propriété soit transférée, l'acquéreur doit cependant les intérêts du prix jusqu'au paiement, pour la jouissance qu'il a de la chose. 93, 94. La distinction relative aux Ecritures, qui ne parleraient que des prêts faits aux pauvres, a été de tous temps inconnue, et ne peut être admise. 94, 95, 96. Les deniers pupillaires ne sont pas exceptés de la règle qui défend le prêt à intérêt. 97, 98. Pour qu'il y ait usure, il faut qu'il soit intervenu un contrat de prêt. 98, 99. Il y a prêt usuraire, quoiqu'il soit déguisé sous l'apparence d'un autre contrat. 99. De-là la distinction de l'usure en formelle et palliée. *Ibid.* Ce qu'un créancier exige de son débiteur pour une prorogation de terme, est une usure. 100. L'intérêt retenu par le débiteur pour récompense de l'anticipation d'un paiement fait avant terme, est aussi une usure. *Ibid.* V. *Escompte.* Le contrat de constitution de rente, régulièrement formé et observé, n'est pas usuraire. 100, 101. Il faut surtout qu'il y ait aliénation complète du principal de la rente. *Ibid.*

Le contrat n'en est pas moins licite, quoiqu'un tiers puisse, à la connaissance même du constituant, forcer le débiteur de la rente au remboursement. 101, 102, 103. V. *Constitution de rente.*

Pour qu'il y ait usure, il faut que le prêteur retire un profit du prêt. 103. Il n'y a pas d'usure, si ce n'est que le dédommagement d'un préjudice causé par le prêt. *Ibid.* Le profit seul, dont le prêt est la cause principale, est usure. 103, 104. Il faut encore que ce profit ait été exigé par le prêteur. 104. Le présent fait par le prêteur à l'emprunteur, après la restitution du prêt, n'est pas usure, à moins qu'il n'ait été promis. 104, 105. Usure mentale des théologiens. 105, 106.

Exemples de profits usuraires. II. 17, 188. IV. 107. En général tout profit qui est exigé pour le prêt, est profit usuraire. *Ibid.* Est usuraire tout service appréciable, exigé de l'emprunteur outre la restitution de la somme prêtée. IV. 108, 109. Est usuraire la jouissance ou l'usage que le prêteur conviendrait qu'il pourrait avoir de la chose à lui donnée en nantissement par l'emprunteur. 110. Y a-t-il usure dans un prêt fait à la charge de rendre la pareille dans l'occasion? 110, 111, 112.

Toutes conventions qui stipulent l'usure sont nulles. 113, 114. Elles ne produisent pas même d'obligation naturelle. *Ibid.* L'emprunteur est-il tenu des intérêts, s'il les a promis sur la foi du serment? 114. La restitution des intérêts est due à l'emprunteur qui les a payés. *Ibid.* Par le tuteur personnellement, s'il s'agissait de deniers pupillaires. 114, 115. Peines prononcées contre l'usure par les ordonnances. 115, 116. L'usure ne se couvre jamais. III. 15. Mais l'action en répétition des arrérages usuraires se prescrit par trente ans. 15, 16, 79, 80. V. *Prescription de trente ans. Rente constituée.*

V. *Antichrèse. Change. Cheptel. Constitution de rente. Lettre-de-change. Réméré. Société. Société léonine. Transport.*

UTILITÉ PUBLIQUE. V. *Vente forcée.*

# V

VAGABONDAGE. Crime de ceux qui n'ayant profession ni métier, ni domicile certain, ni bien pour subsister, ne peuvent être avoués, ni faire certifier de leur bonne vie et mœurs par personnes dignes de foi. IX. 368. V. *Accusation. Cas prévôtaux.*

VAISSEAU. V. *Choses. Communauté légale.*

VARECH. Droit de varech et choses gaives. La Coutume de Normandie comprend sous ces mots toutes choses que l'eau jette à la terre par tourmente ou fortune de mer, ou qui y arrivent si près de terre, qu'un homme puisse y toucher avec sa lance. VIII. 148. Ces choses appartiennent au seigneur haut-justicier qui les fait vendre ou les garde, selon leur nature. *Ibid.* Il en doit la restitution, ou du prix, au propriétaire. *Ibid.* V. *Épaves. Occupation.*

VASSAL. V. *Fief. Seigneur.*

VENDEUR. Quels sont ses engage-mens? II. 19. Il est obligé de faire avoir à l'acheteur la chose vendue librement à titre de propriétaire. *Ibid.* A livrer la chose. 19. A veil-ler à sa conservation jusqu'à la livraison. 19, 20. Le vendeur est tenu des frais de la livraison. 20. Il doit livrer les accessoires de la chose vendue. *Ibid.* Par la livrai-son, le vendeur ne transfère que les droits qu'il avait sur la chose et non la propriété. 21. V. *Propriété.* Temps et lieu où la chose doit être livrée. 22. Le vendeur n'est tenu d'apporter à la conservation de la chose qu'une diligence commune. 23. Cette obligation cesse, lorsque l'acheteur est en demeure d'enlever la chose. *Ibid.* V. *Acheteur. De-meure.* Néanmoins, dans ce cas, le vendeur est tenu de son dol ou de la faute lourde. *Ibid.* V. *Dol. Faute.* L'obligation de livrer la chose cesse, lorsqu'elle périt sans sa faute, et n'étant pas en demeure de la livrer. 24, 139. Il est tenu de livrer ce qui en reste. *Ibid.* Si elle a péri par sa faute, il est tenu des dom-mages-intérêts. *Ibid.* V. *Domma-ges-intérêts. Perte de la chose.* Il est tenu de la perte de la chose vendue, quoique périe sans sa faute, lorsqu'il était en demeure de la li-vrer. 24. A moins qu'elle n'eût péri également chez l'acheteur. 25. L'obligation de livrer cesse lorsque la chose a cessé d'être dans le com-merce. *Ibid.* De même, lorsqu'il en a été dépouillé par violence. *Ibid.* S'il a été lui-même évincé, il est tenu des dommages-intérêts. *Ib.* Le vendeur peut être poursuivi par l'action *ex empto,* lorsqu'il n'a pas livré la chose. 26. S'il refuse de livrer la chose qu'il a en sa pos-

session, il peut y être contraint par la force. 29, 30. A moins que l'intérêt public ne s'y oppose. 30. Il est tenu, après la tradition, de garantir l'acheteur de toutes évic-tions. 37. V. *Garantie.* Il n'est pas tenu de transférer la propriété de la chose qu'il vend. 68, 76. V. *Pro-priété. Tradition.*

Il est obligé, dans le for inté-rieur, de ne rien dissimuler des défauts de la chose qu'il vend. 105, 106. Encore qu'il ne l'ait pas ven-due au-delà de ce qu'elle vaut avec ces défauts. *Ibid.* La bonne foi l'o-blige à faire connaître tout ce qui concerne la chose. *Ibid.* Réticences qui obligent le vendeur dans le for extérieur. 107. Si la chose n'appar-tenait pas au vendeur, ou qu'elle fût soumise à des charges ou hypo-thèques. *Ibid.* L'acheteur, en ce cas, peut demander la rescision du contrat sans avoir été troublé. *Ib.* Le vendeur est condamné par corps à la restitution du prix. *Ibid.* Ces deux effets n'ont pas lieu, lorsque le vendeur a ignoré les charges, ou qu'il n'était pas propriétaire. *Ibid.* Parmi plusieurs vendeurs, ceux-là seuls, qui ont commis le dol, sont tenus de cette action. *Ibid.* V. *Con-trainte par corps. Dol. Stellionat. Transport.* Dans le for extérieur, le vendeur ne doit rien dissimuler des circonstances extrinsèques qui intéressent l'acheteur. 108, 109. Exemple d'un marchand qui vint vendre du blé à Rhodes dans une disette, et qui ne dit pas qu'il était suivi d'un grand nombre de vais-seaux chargés de grain. 109, 110. Le profit qu'il retira du haut prix du blé est injuste. *Ibid.* Dans le for intérieur, le vendeur ne peut pas vendre au-delà du juste prix. 111, 112. Il n'en est pas de même dans le for extérieur. *Ibid.* Cela est permis, même dans le for de la conscience, lorsqu'il s'agit d'un prix d'affection. 112. V. *Prix.* Cela est encore permis, lorsque le marchand vend une chose qu'il voulait garder. 114. On peut vendre au-delà du juste prix, quand on vend à crédit. 115. Pourvu que le surplus du juste prix n'excède pas le préjudice que le crédit fait souffrir au vendeur. *Ibid.* L'augmentation du prix selon l'usage des lieux, quand l'acheteur a terme, ne change pas le juste prix. 115, 116.

Obligations qui résultent pour le vendeur des clauses particulières du contrat. 116. Il est obligé de faire raison du défaut de contenance. *Ibid.* Lorsque deux choses ont été vendues, il peut opposer le surplus de la contenance de l'une, pour compenser le défaut de contenance de l'autre. 118. A moins que la portion qui a plus de contenance, fût inférieure à l'autre en bonté. *Ibid.* V. *Acheteur. Action ex empto. Contenance.* Le vendeur est responsable de la qualité de la chose exprimée par le contrat. 119. L'acheteur a droit à des dommages-intérêts. *Ibid.* Il peut même demander la rescision du contrat. *Ibid.* Les dommages et intérêts s'estiment différemment selon les circonstances et la qualité des personnes. 120. Ils sont dus quand même le vendeur aurait été dans l'erreur lui-même sur la qualité. *Ibid.* Les qualités vagues ne contiennent aucun engagement. *Ib.* Il est obligé de faire emploi du prix, quand la clause d'emploi a été inséré dans l'acte. 122. Ou bien le contrat est nul. *Ibid.* A moins que le vendeur n'offre à l'acheteur des sûretés suffisantes. *Ibid.* V. *Emploi.*

Ses obligations envers celui dont il a vendu la chose, le sachant. 122,

123. Si la chose est mobilière, le propriétaire a contre lui une action, pour se faire restituer sa chose, ou le prix à son défaut. 123. Ce prix peut être plus considérable que celui pour lequel il l'a vendue. *Ibid.* Il peut être en outre tenu de dommages-intérêts. *Ibid.* S'il en est redevenu possesseur, le propriétaire a le choix de demander ou la chose ou le prix. *Ibid.* Si la chose est immobilière, le vendeur est tenu de rendre le prix au propriétaire. 124. Ou de le subroger à ses droits contre l'acheteur, s'il ne l'a pas reçu. *Ibid.* Peu importe que le vendeur la possédât sans titre, ou avec juste titre, à titre lucratif ou à titre onéreux. *Ibid.* Si le vendeur a vendu de bonne foi la chose d'autrui qu'il possédait à titre de donation, et qu'elle ait péri depuis, il n'est tenu que de la restitution du prix. *Ibid.* En est-il tenu, dans le cas où il avait acheté cette chose de bonne foi à celui qui n'en était pas propriétaire? 125, 126, 127. V. *Vol.*

Quelle personne est considérée comme le vendeur, en matière de retrait lignager? II. 343–348.

V. *Action rescisoire. Arrhes. Addictio in die. Action ex empto. Bailleur (bail à rente). Demeure. Dommages-intérêts. Éviction. Fait et cause. Garantie. Promesse de vente. Pacte commissoire. Prestations. Résolution de la vente. Tradition.*

Vente. Contrat par lequel l'un des contractans s'oblige envers l'autre de lui faire avoir librement, à titre de propriétaire, une chose pour le prix d'une somme d'argent, que l'autre contractant s'oblige réciproquement de lui payer. II. 1. Nature de ce contrat. 3. Il est consensuel., synallagmatique, et commutatif. *Ibid.* Trois choses nécessaires pour qu'il existe. *Ibid.*

Il faut une chose qui fasse l'objet du contrat. 4. Il suffit qu'elle doive exister. *Ibid.* Elle peut être une chose incorporelle. *Ibid.* Exemple du coup de filet. *Ibid.* On peut vendre valablement la chose d'autrui. 5. On ne peut vendre à quelqu'un la chose dont il est déjà propriétaire. *Ibid.* Je peux acheter ce qui manque à mon droit de propriété. *Ibid.* On peut acheter sa chose, sous la condition qu'elle cessera de nous appartenir. 6. On ne peut vendre les choses qui sont hors du commerce. 7. Ni celles nuisibles à la santé. *Ibid.* On ne peut acheter les choses dont on a l'administration. *Ibid.* La nullité est relative, et ne peut être demandée que par le mineur ou autres. 8. Le tuteur peut enchérir et acheter les biens saisis du mineur. *Ibid.* Les choses chargées de substitution peuvent se vendre. *Ibid. V. Substitution fidéicommissaire. Ibid.* Les biens des mineurs, des interdits, de l'église, des corps et communautés, ne peuvent être vendus que par décret du juge. *Ibid.* Ils peuvent seuls opposer la nullité de la vente faite autrement. *Ibid.*

Il faut un prix, pour qu'il y ait une vente. 9. *V. Prix.*

Il faut qu'il y ait consentement de la part des parties contractantes. 13. Il peut être donné par lettres. 14. Il peut se faire entre présens verbalement et sans écrit. 15. Il doit intervenir sur la chose, sur le prix, et sur la rente même. 16. L'erreur sur la chose annulle le contrat. *Ibid. V. Erreur.*

La vente déguisée qui contient un prêt usuraire, est nulle. 17. *V. Usure.* Elle est nulle, lorsqu'elle con-

tient une donation déguisée, si elle est faite à vil prix à une personne incapable de recevoir. 18.

Vente à l'essai. 120, 121. La clause d'essai est résolutoire, et non conditionnelle. *Ibid.* Elle est en faveur de l'acheteur. *Ibid.* Par elle, le vendeur s'engage à reprendre la chose, si elle ne convient pas à l'acheteur, et à lui rendre le prix. *Ib.* Temps pendant lequel elle peut être exercée. *Ibid.* Si la chose périt, le vendeur est déchargé. *Ibid. V. Acheteur. Perte de la chose. Vendeur.*

La vente est parfaite, quand les parties sont convenues du prix pour lequel la chose serait vendue. 141. S'il s'agit de choses qui se vendent au poids, au nombre, ou à la mesure, la vente n'est parfaite que lorsqu'elles ont été pesées, comptées ou mesurées. 142. A moins qu'elles n'aient été vendues en bloc. *Ibid.* Quand une chose est vendue en bloc ou à la mesure. 140. Choses qui se vendent à la charge de les goûter. *Ibid.* La vente n'est parfaite qu'après la dégustation. 143, 144.

Tradition qui doit être faite de la chose vendue. II. 145 *et suiv. N. Tradition. Vendeur.*

Vente non suivie de tradition, dont les parties se sont désistées. IX. 663. Qui n'a pas eu son effet, faute de paiement du prix. 664, 665.

Contrats équipollens à vente. II. 318, 322. III. 233. VIII. 415, 416. IX. 636, 637, 638, 639 *et suiv.* 761-767 *et suiv.* X. 104, 105. *V. Dation en paiement. Donation rémunératoire. Donation onéreuse. Donation à rente viagère. Echange. Licitation. Partages. Transaction. Prescription de dix et vingt ans. Retrait lignager.*

V. *Adjudication. Bail à rente. Louage des choses. Promesse de vente. Rente foncière.*

VENTE DE LA CHOSE D'AUTRUI. A quoi elle oblige le vendeur? II. 123, 127. V. *Chose d'autrui. Vendeur.*

VENTE CONDITIONNELLE. V. *Condition. Vendeur.*

VENTE DE DROITS LITIGIEUX. Elle a pour objet l'événement incertain du procès. II. 259. Le vendeur ne garantit rien. *Ibid.* Il n'est tenu qu'à la bonne foi. *Ibid.* En quoi elle consiste. 259, 260. Il y a dol, quand il persuade que ses prétentions, qu'il sait mal fondées, sont soutenables. 260. Il doit alors, dans le for de la conscience, rembourser les frais du procès à l'acheteur. *Ibid.* Il les doit aussi au débiteur. 260, 261.

L'acheteur doit le prix. 261. Quand en doit-il l'intérêt? *Ibid.* Il ne doit rien dissimuler de ce qu'il sait à l'avantage de la créance qu'on lui cède *Ibid.*

Effets de la cession de droits litigieux contre le débiteur. 261. L'acheteur ne peut exiger de lui plus que son prix avec les intérêts. *Ibid.* Lois romaines. *Ibid.* Cela n'a lieu que pour les cessions à titre de vente et non pour les donations de droits litigieux. *Ibid.* A moins que la donation ne soit simulée. 261, 262. Autres cas exceptés par les lois romaines. 262, 263. Cas où la cession est faite comme accessoire de la vente d'une autre chose. 263, 264. L'exception est admise pour la vente de droits litigieux faite en justice. 264. On n'a égard ni à la qualité de la personne, ni à la nature du prix. *Ibid.* L'acheteur ne peut déguiser ses poursui-

tes sous le nom du cédant *Ibid.* C'est un véritable retrait accordé au débiteur sur le cessionnaire. 264, 265. Pour l'exercer, le débiteur doit rendre le cessionnaire indemne de son acquisition. 265. Il y est admis même après avoir contesté la demande formée contre lui. *Ibid.* Il ne le serait plus après une longue instruction. *Ibid.*

Le débiteur est tenu, dans le for de la conscience, du surplus du prix qui complète la dette, lorsqu'il sait devoir. 266. Le cédant ne peut exercer ces droits. *Ibid.* V. *Transport.*

VENTE DE DROITS SUCCESSIFS. Vente de l'hérédité d'un défunt. II. 130. Conditions pour sa validité. *Ibid.* On ne peut vendre l'hérédité future d'une personne, si ce n'est par contrat de mariage. 231. La vente d'une hérédité qui ne nous appartient pas est valable. *Ibid.* On peut vendre ses prétentions sur une hérédité. *Ibid.* En ce cas, le vendeur n'est pas garant, à moins qu'il n'y ait dol de sa part. 231, 232. En vendant une hérédité, on vend tout ce qui en est provenu et proviendra, et non le titre et la qualité d'héritier. 232.

L'engagement du vendeur consiste à faire avoir à l'acheteur tout ce qui est provenu et proviendra de l'hérédité. 232. 233. Il en est tenu, ou du prix, vis-à-vis de ce dernier, même lorsque la chose a péri, par cas fortuit, depuis la vente entre les mains d'un tiers. 233, 234. Dans tous les cas, il n'est pas garant de la qualité des choses. 234. Il n'est pas tenu de celles qui ont péri avant la vente. *Ibid.* Il est tenu de la dette due par une succession qu'il a acceptée à celle qu'il a vendue, quoiqu'éteinte

par la confusion. 235. Il doit remettre à l'acheteur les titres des
dettes actives. *Ibid.* Il n'est pas
tenu de l'insolvabilité des débiteurs
s'il n'est en demeure de livrer les
titres. *Ibid.* Il doit faire raison
à l'acheteur de tout ce qu'il devait à celui dont il a vendu l'hérédité. *Ibid.* S'il a reçu quelque somme indûment, il n'est pas tenu
d'en faire raison. 235, 236. Est-il
tenu de faire raison des fruits perçus par lui avant la vente? 236.

Obligations de l'acheteur des
droits successifs. 236. Il est tenu
de payer le prix, de rembourser le
vendeur de tout ce qu'il a pu lui
en coûter par rapport à la succession, et de lui rapporter quittances
des créanciers. II. 236. VII. 251. Il
doit rembourser au vendeur la
créance due par l'hérédité qu'il a
achetée, à une succession dont celui-ci a depuis hérité. II. 236, 237.
Il en est de même de tout ce qui
pouvait être dû par le défunt au
vendeur son héritier. II. 137. VII.
252. L'héritier n'a pas de répétition
contre l'acheteur pour ce qu'il a
indûment payé. 237, 238. A
moins qu'il n'ait été condamné par
sentence. *Ibid.*

Si depuis la cession qu'un héritier pour partie a faite à quelqu'un de ses droits successifs, son
cohéritier renonce à la succession,
la part de ce renonçant accroît-elle,
pour le profit comme pour les charges, au cédant ou au cessionnaire?
238, 239, 240, 241, 242. V. *Accroissement. Renonciation aux successions.* Le cessionnaire de droits successifs est tenu comme son cédant
des dettes de la succession. VII.
251. V. *Dettes des successions.*

VENTE D'USUFRUIT. Elle peut être
faite par le propriétaire de la chose.

II. 242 ; 243. Par l'usufruitier au
propriétaire. 243. En ce cas, l'usufruit est éteint. *Ibid.* Elle peut encore être faite par l'usufruitier à
un tiers. *Ibid.* La durée de l'usufruit, dans ce cas, est subordonnée
à la vie de l'usufruitier vendeur.
*Ibid.* Ce dernier est toujours tenu
personnellement des charges de
l'usufruit vis-à-vis le propriétaire.
243, 244. V. *Usufruit.*

VENTE FORCÉE. Quand une vente
est forcée. II. 225. Vente forcée,
pour cause d'utilité publique. *Ibid.*
Le propriétaire est contraint, dans
ce cas, de vendre sa chose. 226.
Elle passe à l'État, quitte de toutes charges. *Ibid.* Cas où la vente
forcée peut avoir lieu dans un intérêt particulier. *Ibid.*

VENTE EN JUSTICE de meubles ou
d'immeubles. II. 227. Les biens des
mineurs ne peuvent se vendre qu'en
justice. 228. Décret des héritages
par les créanciers hypothécaires.
*Ibid.* V. *Adjudication par décret.
Saisie réelle.* La vente en justice
est ou pure et simple, ou sous la
condition qu'il ne surviendra pas
d'enchérisseurs. 228. Dans ce dernier cas, elle s'appelle *adjudication sauf. Ibid.* Dans les décrets,
l'adjudication pure et simple est
toujours précédée de l'*adjudication
sauf. Ibid.* La condition, sous laquelle elle se contracte, est suspensive. *Ibid.* Différence entre
l'*adjudication sauf* et la clause *addictio in diem.* 228, 229. En quoi
elle diffère avec une simple enchère?
*Ibid.* Ce qu'elles ont de commun.
229, 230. V. *Adjudication sauf.
Enchère.*

VENTE DE MEUBLES. Forme dans
laquelle se fait la vente des meubles

V. *Complainte. Possession. Réin-tégrande. Rescision.*

VISITE D'EXPERTS. V. *Experts.*

VŒUX. Conditions pour que les vœux soient valables. v. 60. Les vœux solennels sont un empêchement dirimant de mariage. 54 *et suiv.* Depuis quelle époque ? 55-59. V. *Empêchement de mariage. Profession religieuse.*

VOIE PUBLIQUE. Obligation du riverain de prêter passage sur son fonds, lorsque la voie publique est impraticable. III. 556. V. *Voisinage.*

VOISINAGE. Quasi-contrat qui forme des obligations réciproques entre les propriétaires ou possesseurs d'héritages contigus les uns aux autres. III. 549. X. 426. Obligation réciproque de se borner. *Ibid.* V. *Bornage.* Chaque voisin doit user de son héritage de manière à ne pas nuire à son voisin. III. 552, 553. X. 426. Le propriétaire d'un fonds supérieur ne doit pas envoyer ses eaux sur le fonds inférieur ; de même que le propriétaire de celui-ci ne doit pas les faire refluer sur le fonds supérieur. III. 553. Elles doivent suivre leur pente naturelle. *Ibid.* Chacun des voisins a une action à fin de destruction des ouvrages qui lui causeraient un tel préjudice. 553, 554. V. *Eaux.* Dispositions des Coutumes qui consacrent ce principe de bon voisinage. 554. Nul ne doit envoyer dans la maison voisine une fumée incommode. *Ibid.* Application du principe à la distance à laquelle les arbres doivent être

plantés du fonds voisin, pour qu'ils ne puissent lui nuire ni par leurs racines, ni par leurs branches. 554, 555. V. *Arbre.* A la distance à laquelle les murs et les maisons doivent être bâtis de l'héritage voisin, pour ne pas lui nuire. 555, 556. V. *Tour d'échelle.* Le voisin doit souffrir le passage des ouvriers du voisin par sa maison, sauf la réparation des dégâts. III. 556. X. 426, 427. Lorsque la voie publique est impraticable, le voisin doit prêter passage sur son héritage. *Ibid.* V. *Voie publique.* Un voisin peut être contraint par son voisin de lui vendre la mitoyenneté de son mur de séparation, lorsqu'il veut y appuyer un bâtiment. III. 556, 557. V. *Mur mitoyen.*

VOL. C'est un vol de vendre, le sachant, une chose mobilière appartenant à autrui. II. 123. V. *Vendeur.* Et de se servir d'une chose que l'on a reçue en dépôt. IV. 167. V. *Dépôt.*

Quand peut-on dire qu'il y a vol sur les grands chemins ? IX. 369. V. *Consignation. Prêt à usage.*

VOL DE CHAPON. Certaine quantité de terre à laquelle a droit l'aîné autour du manoir. VII. 70 *et suiv.* V. *Aînesse (droit d').Manoir.*

VOLEUR. V. *Spoliateur.*

VUE. Paiement à vue d'une lettre-de-change. V. *Lettre-de-change.*

VUES. Comment peuvent exister les servitudes de vues sous la Coutume d'Orléans ? X. 428, 431. V. *Servitude.*

FIN.

www.ingramcontent.com/pod-product-compliance
Lightning Source LLC
Chambersburg PA
CBHW031622210326
41599CB00021B/3269